U0550222

世紀心理學叢書

台灣東華書局（繁體字版）
浙江教育出版社（簡體字版）

台灣東華書局出版之《世紀心理學叢書》，除在台發行繁體字版外，並已授權浙江教育出版社以簡體字版在大陸地區發行。本叢書有版權（著作權），非經出版者或著作人之同意，本叢書之任何部分或全部，不得以任何方式抄錄發表或複印。

台灣東華書局 謹識
法律顧問蕭雄淋律師

願爲兩岸心理科學發展盡點心力

—— 世紀心理學叢書總序 ——

　　五年前一個虛幻的夢想，五年後竟然成爲具體的事實；此一由海峽兩岸合作出版一套心理學叢書以促進兩岸心理科學發展的心願，如今竟然得以初步實現。當此叢書問世之際，除與參與其事的朋友們分享辛苦耕耘終獲成果的喜悅之外，在回憶五年來所思所歷的一切時，我個人更是多著一份感激心情。

　　本於一九八九年三月，應聯合國文教組織世界師範教育協會之邀，決定出席該年度七月十七至二十二日在北京舉行的世界年會，後因故年會延期並易地舉辦而未曾成行。迄於次年六月，復應北京師範大學之邀，我與內子周慧強教授，專程赴北京與上海濟南等地訪問。在此訪問期間，除會晤多位心理學界學者先進之外，也參觀了多所著名學術機構的心理學藏書及研究教學設備。綜合訪問期間所聞所見，有兩件事令我感觸深刻：其一，當時的心理學界，經過了撥亂反正，終於跨越了禁忌，衝出了谷底，但仍處於劫後餘生的局面。在各大學從事心理科學研究與教學的學者們，雖仍舊過著清苦的生活，然卻在摧殘殆盡的心理科學廢墟上，孜孜不息地奮力重建。他們在專業精神上所表現的學術衷誠與歷史使命感，令人感佩不已。其二，當時心理科學的書籍資料甚為貧乏，高水平學術性著作之取得尤為不易；因而教師缺乏新資訊，學生難以求得新知識。在學術困境中，一心為心理科學發展竭盡心力的學者先生們，無不深具無力感與無奈感。特別是有些畢生努力，研究有成的著名心理學家，他們多年來的心血結晶若無法得以著述保存，勢將大不利於學術文化的薪火相傳。

返台後，心中感觸久久不得或釋。反覆思考，終於萌生如下心願：何不結合兩岸人力物力資源，由兩岸學者執筆撰寫，兩岸出版家投資合作，出版一套包括心理科學領域中各科新知且具學術水平的叢書。如此一方面可使大陸著名心理學家的心血結晶得以流傳，促使中國心理科學在承先啟後的路上繼續發展，另方面經由繁簡兩種字體印刷，在海峽兩岸同步發行，以便雙邊心理學界人士閱讀，而利於學術文化之交流。

顯然，此一心願近似癡人說夢；僅在一岸本已推行不易，事關兩岸必將更形困難。在計畫尚未具體化之前，我曾假訪問之便與大陸出版社負責人提及兩岸合作出版的可能。當時得到的回應是，原則可行，但先決條件是台灣方面須先向大陸出版社投資。在此情形下，只得將大陸方面合作出版事宜暫且擱置，而全心思考如何解決兩個先決問題。問題之一是如何取得台灣方面出版社的信任與支持。按初步構想，整套叢書所涵蓋的範圍，計畫包括現代心理科學領域內理論、應用、方法等各種科目。在叢書的內容與形式上力求臻於學術水平，符合國際體例，不採普通教科用書形式。在市場取向的現實情況下，一般出版社往往對純學術性書籍素缺意願，全套叢書所需百萬美元以上的投資，誰人肯做不賺錢的生意？另一問題是如何邀請大陸學者參與撰寫。按我的構想，台灣出版事業發達，也較易引進新的資訊。將來本叢書的使用對象將以大陸為主，是以叢書的作者原則也以大陸學者為優先考慮。問題是大陸的著名心理學者分散各地，他們在不同的生活環境與工作條件之下，是否對此計畫具有共識而樂於參與？

對第一個問題的解決，我必須感謝多年好友台灣東華書局負責人卓鑫淼先生。卓先生對叢書細節及經濟效益並未深切考量，只就學術價值與朋友道義的角度，欣然同意全力支持。至於尋求大陸合作出版對象一事，迨至叢書撰寫工作開始後，始由北京師範大學教授林崇德先生與杭州大學教授朱祖祥先生介紹浙江教育出版社社長曹成章先生。經聯繫後，曹先生幾乎與卓先生持同樣態度，僅憑促進中國心理科學發展和加強兩岸學術交流之理念，迅即慨允合作。這兩位出版界先進所表現的重視文化事業而不計投資報酬的出版家風範，令人敬佩之至。

至於邀請大陸作者執筆撰寫一事，正式開始是我與內子一九九一年清明節第二次北京之行。提及此事之開始，我必須感謝北京師範大學教授章志光先生。章教授在四十多年前曾在台灣師範大學求學，是高我兩屆的學長。由章教授推薦北京師範大學教授張必隱先生負責聯繫，邀請了中國科學院、北京大學及北京師範大學多位心理學界知名教授晤談；初步研議兩岸合作出版叢書之事的應行性與可行性。令人鼓舞的是，與會學者咸認此事非僅為學術界創舉，對將來全中國心理科學的發展意義深遠，而且對我所提高水平學術著作的理念，皆表贊同。當時我所提的理念，係指高水平的心理學著作應具備五個條件：(1) 在撰寫體例上必須符合心理學國際通用規範；(2) 在組織架構上必須涵蓋所屬學科最新的理論和方法；(3) 在資料選取上必須注重其權威性和時近性，且須翔實註明其來源；(4) 在撰寫取向上必須兼顧學理和實用；(5) 在內容的廣度、深度、新度三方面必須超越到目前為止國內已出版的所有同科目專書。至於執筆撰寫工作，與會學者均表示願排除困難，全力以赴。此事開始後，復承張必隱教授、林崇德教授、吉林大學車文博教授暨西南師範大學黃希庭教授等諸位先生費心多方聯繫，我與內子九次往返大陸，分赴各地著名學府訪問講學之外特專誠拜訪知名學者，邀請參與爲叢書撰稿。惟在此期間，一則因行程匆促，聯繫困難，二則因叢書學科所限，以致尚有多位傑出學者未能訪晤周遍，深有遺珠之憾。但願將來叢書範圍擴大時，能邀請更多學者參與。

心理科學是西方的產物，自十九世紀脫離哲學成爲一門獨立科學以來，其目的在採用科學方法研究人性並發揚人性中的優良品質，俾爲人類社會創造福祉。中國的傳統文化中，雖也蘊涵著豐富的哲學心理學思想，惟惜未能隨時代演變轉化爲現代的科學心理學理念；而二十世紀初西方心理學傳入中國之後，卻又未能受到應有的重視。在西方，包括心理學在內的社會及行爲科學是伴隨著自然科學一起發展的。從近代西方現代化發展過程的整體看，自然科學的亮麗花果，事實上是在社會及行爲科學思想的土壤中成長茁壯的；先由社會及行爲科學的發展提升了人的素質，使人的潛能與智慧得以發揮，而後才創造了現代的科學文明。回顧百餘年來中國現代化的過程，非但自始即狹隘地將"西學"之理念囿於自然科學；而且在科學教育之發展上也僅祇但求科學知識之"爲用"，從未強調科學精神之培養。因此，對自然科學發展具有滋養作用的社會科學，始終未能受到應有的重視。從清末新學制以後的近百年間，雖然心理學中若干有關科目被列入師範院校課程，且在大學中成立系所，而心理學的知識既未在國民生活中產生積極影響，心理學的功能更未在社會建設及經濟發展中發揮催化作用。國家能否現代化，人口素質因素重於物質條件。中國徒有衆多人口而欠缺優越素質，未能形成現代化動力，卻已構成社會沈重負擔。近年來兩岸不斷喊出同一口號，謂廿一世紀是中國人的世紀。中國人能否做為未來世界文化的領導者，則端視中國人能否培養出具有優秀素質的下一代而定。

現代的心理科學已不再純屬虛玄學理的探討，而已發展到了理論、方法、實踐三者統合的地步。在國家現代化過程中，諸如教育建設中的培育優良師資與改進學校教學、社會建設中的改良社會風氣與建立社會秩序、經濟建設中的推行科學管理與增進生產效率、政治建設中的配合民意施政與提升行政績效、生活建設中的培養良好習慣與增進身心健康等，在在均與人口素質具有密切關係，而且也都是現代心理科學中各個不同專業學科研究的主題。基於此義，本叢書的出版除促進兩岸學術交流的近程目的之外，更希望達到兩個遠程目的：其一是促進中國心理科學教育的發展，從而提升心理科學研究的水平，並普及心理科學的知識。其二是推廣心理學的應用研究，期能在中國現代化的過程中，發揮其提升人口素質進而助益各方面建設的功能。

出版前幾經研議，最後決定以《世紀心理學叢書》作為本叢書之名稱，用以表示其跨世紀的特殊意義。值茲叢書發行問世之際，特此謹向兩位出版社負責人、全體作者、對叢書工作曾直接或間接提供協助的人士以及台灣東華書局編審部工作同仁等，敬表謝忱。叢書之編輯印製雖力求完美，然出版之後，疏漏缺失之處仍恐難以避免，至祈學者先進不吝賜教，以匡正之。

張春興 謹識
一九九六年五月於台灣師範大學

世紀心理學叢書目錄

主編 張春興
台灣師範大學教授

心理學原理
張春興
台灣師範大學教授

中國心理學史
燕國材
上海師範大學教授

西方心理學史
車文博
吉林大學教授

精神分析心理學
沈德燦
北京大學教授

行為主義心理學
張厚粲
北京師範大學教授

人本主義心理學
車文博
吉林大學教授

認知心理學
彭聃齡
北京師範大學教授
張必隱
北京師範大學教授

發展心理學
林崇德
北京師範大學教授

人格心理學
黃希庭
西南師範大學教授

社會心理學
時蓉華
華東師範大學教授

學習心理學
張必隱
北京師範大學教授

教育心理學
張春興
台灣師範大學教授

輔導與諮商心理學
鄔佩麗
台灣師範大學教授

體育運動心理學
馬啟偉
北京體育大學教授
張力為
北京體育大學副教授

犯罪心理學
羅大華
中國政法大學教授
何為民
中央司法警官學院教授

特殊兒童心理與教育

工業心理學
朱祖祥
浙江大學教授

管理心理學
徐聯倉
中國科學院研究員
陳龍
中國科學院研究員

消費者心理學
徐達光
輔仁大學副教授

實驗心理學
楊治良
華東師範大學教授

心理測量學
張厚粲
北京師範大學教授
龔耀先
湖南醫科大學教授

心理與教育研究法
董奇
北京師範大學教授
申繼亮
北京師範大學教授

體育運動心理學

馬 啟 偉
北京體育大學教授

張 力 爲
北京體育大學副教授

東華書局 印行

自　序

　　體育運動心理學對於許多人來說，似乎還是一個比較陌生的名詞。但我們從她近些年的長足發展中，也看到了她存在和進步的必然性。首先，人們對體育運動功能的認識，已經從健身轉變為健身和健心兼而有之，特別是健心功能，是任何其他活動都無法取代的；其次，體育作為德、智、體三位一體的教育的重要組成部分，關係千百萬兒童和青少年的全面發展；最後，競技體育不僅是人們飯後茶餘津津樂道的話題，而且，奧林匹克運動在人們的心目中還被賦予了許多特殊的社會意義，例如，中國北京申辦 2000 年奧運會在國人心中激起的情感浪花，至今還難以平靜。總之，正是社會對體育運動的需求，給體育運動心理學的發展帶來了生機和動力。

　　讀者如果翻閱一下目錄就會立刻發現，本書的撰寫思路，既和以往中國各類體育心理學和運動心理學教科書完全不同，也和其他國家體育運動心理學體系有很大區別。我們認真借鑒了國內外心理學和體育運動心理學發展過程中所積累的研究成果和思想體系，以體育運動的發展對心理學提出的問題和要求為出發點，收集資料、組織討論，力求反映心理學和體育運動心理學發展的時代精神。在內容的選擇上，我們特別注意了以下一些問題：

1. 對參與體育活動的動力系統問題給予特殊的關注，如第二章動機、第三章歸因、第六章情緒，均是專章討論此類問題；第四章第三節對喚醒水平與情緒體驗關係問題的討論也涉及動力調節系統；此外，在第六章中還專門討論情緒與動機的關係問題。作者認為，過去中國體育運動心理學的一些教科書對此問題重視不夠，而競技體育和大眾體育的社會實踐卻表明，動機問題是極其重要的。

2. 對喚醒、焦慮、應激問題給予特殊的關注，在第四章和第五章予以詳細討論，因為這些問題與操作成績關係密切，直接影響運動活動的功效，這是眾所周知的。

3. 對反應時問題給予特殊的關注，在第九章和第十章予以詳細討論。作者認為，反應時在大多數運動項目中同運動技能學習和運動技能表現關係密切，又是進行體育運動心理學研究最為常用的指標，儘管它看上去易於為人們所理解，但實際上卻是十分複雜的。反應時所涉及的實驗心理學問題，並未引起研究人員的足夠重視，在體育運動領域進行的研究結果，也多有矛盾之處。鑒於反應時問題在心理學和體育運動兩大領域的特殊重要性和複雜性，對其進行詳盡討論，是極其必要的。

4. 除了儘量地介紹國內外體育運動心理學的最新研究成果之外，還特別注意介紹了不同理論觀點和互不一致的研究結果，力求客觀地反映本學科發展的全貌。科學的重要特徵在於其具有嘗試性、暫時性和可辯駁性。科研人員在研究當中遇到"理想"與"現實"的矛盾，同其他社會生活領域一樣，是不可避免的。從形式上考慮，讀者手中的這本書經印刷廠切割裁剪，十分規範，但從內容上考慮，作者並不打算給讀者呈獻一本經過"純化"的四四方方的體育運動心理學專著，因為科學發展史表明，許多科學發現產生於例外和反證。我們應尊重科學研究的實際情況，重視不同理論觀點和研究結果中可能孕育的科學發現的"種子"。

除了以上一些特殊考慮以外，本書對於體育運動中的認知問題、個性問題、社會心理學問題、運動技能學習問題以及心理技能訓練問題，也都進行了專門的討論，力求在廣度和深度兩個方面反映當今體育運動心理學研究的總趨勢。

本書既可作為大學本科生和研究生的教材，也可作為研究人員的參考資料。對於希望了解體育運動心理學的其他學科的研究者，本書也不失為一部很好的參考材料。如果讀者希望在本書的基礎上對有關問題進行深入探討，那麼，相信本書各章末所列的建議參考資料和書末所列的參考文獻會給讀者提供這種深入探討的線索。

本書在內容的取捨和體系的編排上，沒有依照傳統，在試圖體現"百家爭鳴"方針的同時，也不迴避提出作者的個人見解，有不當之處，歡迎讀者批評指正。

世紀心理學叢書主編台灣師範大學張春興教授和臺灣東華書局負責人卓鑫淼先生對這部叢書以及本書的問世作出了最為重要貢獻：懷此宏圖大略，實屬不易；將其付諸實施，更是艱辛。他們為推動海峽兩岸文化交流和中國心理科學發展所作的努力，令人深感欽佩。北京體育大學體育管理系黃強為本書做了許多繁複的計算機文字處理工作，使本書得以順利出版，在此謹表謝意。

馬啟偉、張力為 謹識
一九九六年三月於北京體育大學

目　次

世紀心理學叢書總序 ………………………………………… iii
世紀心理學叢書目錄 ………………………………………… viii
自　序 ………………………………………………………… xiii
目　次 ………………………………………………………… xvii

第一章　總　論

　第一節　體育運動心理學發展的簡要回顧 ………………… 3
　第二節　體育運動心理學的性質和任務 …………………… 9
　第三節　中國體育運動心理學發展的重要議題…………… 17
　本章摘要 ……………………………………………………… 24
　建議參考資料 ………………………………………………… 26

第二章　體育運動中的動機問題

　第一節　動機概述 …………………………………………… 29
　第二節　動機的重要理論 …………………………………… 36
　第三節　運動動機的培養和激發 …………………………… 54
　本章摘要 ……………………………………………………… 62
　建議參考資料 ………………………………………………… 64

第三章　訓練與競賽中的歸因問題

　第一節　社會認知的歸因理論 ……………………………… 67
　第二節　控制點 ……………………………………………… 71
　第三節　歸因的五個維度 …………………………………… 77
　第四節　習得性無助感 ……………………………………… 80

第五節　改善歸因的具體建議 …………………………… 83
　　本章摘要 ……………………………………………………… 90
　　建議參考資料 ………………………………………………… 91

第四章　喚醒與運動操作

　　第一節　倒 U 型假說與運動成績 …………………………… 95
　　第二節　喚醒水平與操作成績關係的其他理論 …………… 109
　　第三節　喚醒水平與情緒體驗的關係 ……………………… 120
　　本章摘要 ……………………………………………………… 131
　　建議參考資料 ………………………………………………… 133

第五章　焦慮與運動操作

　　第一節　應激與焦慮的概念 ………………………………… 137
　　第二節　運動焦慮 …………………………………………… 143
　　第三節　焦慮的測量 ………………………………………… 146
　　第四節　體育運動心理學中焦慮研究的問題 ……………… 159
　　本章摘要 ……………………………………………………… 162
　　建議參考資料 ………………………………………………… 164

第六章　體育運動中的情緒調節

　　第一節　情緒與動機的關係 ………………………………… 167
　　第二節　賽前情緒與運動表現 ……………………………… 170
　　第三節　情緒的機理與情緒的調節 ………………………… 175
　　第四節　簡易情緒調節方法 ………………………………… 178
　　本章摘要 ……………………………………………………… 187
　　建議參考資料 ………………………………………………… 189

第七章　體育運動中的認知問題

　　第一節　體育運動的感知覺問題 …………………………… 193
　　第二節　體育運動的記憶問題 ……………………………… 201

第三節　運動員的智力問題…………………………………… 215
　　第四節　體育運動的注意問題………………………………… 227
　　本章摘要………………………………………………………… 233
　　建議參考資料…………………………………………………… 235

第八章　運動技能
　　第一節　運動技能概述………………………………………… 239
　　第二節　運動技能形成的階段性……………………………… 244
　　第三節　練習為形成運動技能的途徑………………………… 251
　　第四節　運動技能的相互作用………………………………… 264
　　本章摘要………………………………………………………… 281
　　建議參考資料…………………………………………………… 282

第九章　運動員的反應時問題（一）
　　第一節　反應時研究的起源…………………………………… 287
　　第二節　反應時的基本含義…………………………………… 291
　　第三節　與反應時相關的主體性因素………………………… 301
　　本章摘要………………………………………………………… 321
　　建議參考資料…………………………………………………… 323

第十章　運動員的反應時問題（二）
　　第一節　與反應時相關的客體性因素………………………… 327
　　第二節　體育運動與反應時…………………………………… 342
　　本章摘要………………………………………………………… 357
　　建議參考資料…………………………………………………… 359

第十一章　運動員的個性心理特徵
　　第一節　運動員個性評價的意義……………………………… 363
　　第二節　運動員的個性特徵…………………………………… 367
　　第三節　運動員個性研究工作的發展趨勢…………………… 378

本章摘要⋯⋯⋯⋯⋯⋯⋯⋯⋯⋯⋯⋯⋯⋯⋯⋯⋯⋯⋯⋯⋯⋯⋯⋯ 385
建議參考資料⋯⋯⋯⋯⋯⋯⋯⋯⋯⋯⋯⋯⋯⋯⋯⋯⋯⋯⋯⋯⋯ 387

第十二章　心理技能訓練（一）

第一節　心理技能訓練概述⋯⋯⋯⋯⋯⋯⋯⋯⋯⋯⋯⋯⋯⋯ 391
第二節　目標設置訓練⋯⋯⋯⋯⋯⋯⋯⋯⋯⋯⋯⋯⋯⋯⋯⋯ 393
第三節　放鬆訓練⋯⋯⋯⋯⋯⋯⋯⋯⋯⋯⋯⋯⋯⋯⋯⋯⋯⋯ 400
第四節　表象訓練⋯⋯⋯⋯⋯⋯⋯⋯⋯⋯⋯⋯⋯⋯⋯⋯⋯⋯ 413
本章摘要⋯⋯⋯⋯⋯⋯⋯⋯⋯⋯⋯⋯⋯⋯⋯⋯⋯⋯⋯⋯⋯⋯ 431
建議參考資料⋯⋯⋯⋯⋯⋯⋯⋯⋯⋯⋯⋯⋯⋯⋯⋯⋯⋯⋯⋯ 433

第十三章　心理技能訓練（二）

第一節　注意集中訓練⋯⋯⋯⋯⋯⋯⋯⋯⋯⋯⋯⋯⋯⋯⋯⋯ 437
第二節　認知調節訓練⋯⋯⋯⋯⋯⋯⋯⋯⋯⋯⋯⋯⋯⋯⋯⋯ 441
第三節　系統脫敏訓練⋯⋯⋯⋯⋯⋯⋯⋯⋯⋯⋯⋯⋯⋯⋯⋯ 450
第四節　模擬訓練⋯⋯⋯⋯⋯⋯⋯⋯⋯⋯⋯⋯⋯⋯⋯⋯⋯⋯ 455
第五節　生物反饋訓練⋯⋯⋯⋯⋯⋯⋯⋯⋯⋯⋯⋯⋯⋯⋯⋯ 458
本章摘要⋯⋯⋯⋯⋯⋯⋯⋯⋯⋯⋯⋯⋯⋯⋯⋯⋯⋯⋯⋯⋯⋯ 467
建議參考資料⋯⋯⋯⋯⋯⋯⋯⋯⋯⋯⋯⋯⋯⋯⋯⋯⋯⋯⋯⋯ 470

第十四章　體育運動中的社會心理學問題

第一節　體育運動的社會化作用⋯⋯⋯⋯⋯⋯⋯⋯⋯⋯⋯⋯ 473
第二節　教練員的領導行為⋯⋯⋯⋯⋯⋯⋯⋯⋯⋯⋯⋯⋯⋯ 481
第三節　體育運動團體的凝聚力⋯⋯⋯⋯⋯⋯⋯⋯⋯⋯⋯⋯ 491
第四節　體育運動的攻擊性行為⋯⋯⋯⋯⋯⋯⋯⋯⋯⋯⋯⋯ 499
本章摘要⋯⋯⋯⋯⋯⋯⋯⋯⋯⋯⋯⋯⋯⋯⋯⋯⋯⋯⋯⋯⋯⋯ 510
建議參考資料⋯⋯⋯⋯⋯⋯⋯⋯⋯⋯⋯⋯⋯⋯⋯⋯⋯⋯⋯⋯ 512

第十五章　體育運動心理學的研究方法

第一節　科學方法的內涵⋯⋯⋯⋯⋯⋯⋯⋯⋯⋯⋯⋯⋯⋯⋯ 515

第二節　研究變量及其相互關係……………………520
　第三節　測驗的客觀性與正確性……………………530
　第四節　應用心理測驗的注意事項…………………551
　本章摘要………………………………………………555
　建議參考資料…………………………………………556

第十六章　體育運動心理學常用實驗指導

　第一節　運動員認知心理特徵實驗…………………559
　第二節　運動員個性心理特徵實驗…………………586
　本章摘要………………………………………………593
　建議參考資料…………………………………………593

參考文獻……………………………………………………595

索　引

㈠漢英對照………………………………………………643
㈡英漢對照………………………………………………657

第 一 章

總　　論

本章內容細目

第一節　體育運動心理學發展的簡要回顧
一、簡述世界體育運動心理學的發展　3
二、簡述中國體育運動心理學的發展　5
三、體育運動心理學與心理學和體育科學的關係　7

第二節　體育運動心理學的性質和任務
一、體育運動心理學的性質和任務　9
二、體育運動心理學研究的主要領域　10
三、體育運動心理學研究的運動項目特徵　10
四、中國體育運動心理學目前的主要工作領域　12
　(一) 運動員心理特徵評定
　(二) 運動員心理技能訓練和心理諮詢
　(三) 運動員心理選材
　(四) 解決傳輸系統問題與培訓教練員

第三節　中國體育運動心理學發展的重要議題
一、擴展研究領域　17
二、注意體育心理學和運動心理學的平衡發展　19
三、研製適合中國體育運動特點的測量工具和方法　20
四、借鑒認知運動心理學的發展成果　22
五、重視生理心理學的研究　23

本章摘要

建議參考資料

社會經濟的發展和生活質量的提高，使人們有了更多的休閒時間和更大的活動空間。現在，體育運動活動已不僅是保持人們身心健康的必要手段，而且已成為人們生活的一種基本需要。研究體育運動的各種科學也隨之應運而生，**體育運動心理學** (exercise and sport psychology) 便是其中一門年輕而富有生命力的新學科。誠然，無論是在體育教育領域還是在競技運動領域，無論是對於體育教師、學生，還是對於教練員、運動員、裁判員、觀眾、球迷、記者，心理因素都是人們最常提及的、最熟悉的、最熱衷的話題之一，但將體育活動中這些心理因素作為對象進行系統的科學研究，卻並不為人們所熟知。現在，畢竟，她已跨入了科學的殿堂，成為心理科學和體育科學的重要組成部分。

體育運動心理學是一門應用學科，其研究動力主要來自社會需要、母科學心理學、相關學科以及體育科學的發展，而各學科的發展實際上也體現了社會需要。中國的經濟、社會以及體育各方面的迅速發展，正在不斷地給體育運動心理學提出更多的挑戰，例如，在大眾體育領域，體育鍛鍊能夠給人們帶來什麼心理學效益？在競技體育領域，採取哪些心理學手段才能最大限度地在訓練中發展並在比賽中體現運動員的潛在能力？在體育教育領域，如何通過體育活動發展學生的心理品質？這些問題既體現了社會的需要，也蘊涵著體育運動心理學自身發展的機會。

現在，體育運動心理學已經是體育院系學生的必修課程，也是體育科學研究的一個主要方面。為了使讀者對她有一個全面的了解，本章將討論：

1. 體育運動心理學發展的歷史過程。
2. 從心理科學和體育科學兩種角度闡明體育運動心理學的地位。
3. 體育運動心理學的性質。
4. 體育運動心理學的主要研究方向。
5. 體育運動心理學的研究特點。
6. 中國體育運動心理學當前的主要工作領域。
7. 中國體育運動心理學發展的前景。

第一節　體育運動心理學發展的簡要回顧

一、簡述世界體育運動心理學的發展

艾賓浩斯 (Hermann Ebinghaus, 1850～1909) 對心理學的發展有一句廣為流傳的名言："心理學有一長期的過去，但只有短暫的歷史"（引自波林，1982，ii）。前半句話指的是心理學淵源流長，對心理學問題的探討可追溯至古代中國、古代希臘的哲人，如孔子、孟子、亞里士多德等；後半句指的是心理學作為一門科學從哲學中脫胎出來，不過才有 100 多年的歷史，其標誌一般認為是馮德 (Wilhelm Wundt, 1832～1920) 於 1879 年在德國萊比錫建立了世界上第一個心理學實驗室。而體育運動心理學作為心理學的分支學科，就更顯年輕。以目前掌握的資料而論，最早出現的體育運動心理學文獻是美國印第安那大學的崔里特 (Triplett, 1897) 發表在《美國心理學雜誌》上的一篇論文。作者進行了一項實驗以研究**社會促進效應** (effect of social facilitation) 問題，觀察觀眾在場對運動技能表現的影響。作者發現，當有人在場或進行比賽時，自行車運動員的騎行成績要比自己單獨騎自行車時更快。

更為重要的是，1923 年，被稱為美國體育運動心理學之父的格里菲斯 (Coleman Roberts Griffith, 1893～1966) 在美國伊利諾大學開設了世界上第一門體育運動心理學課程；1925 年，他建立了世界上第一個體育運動心理學實驗室，系統地進行了一系列的體育運動心理學實驗 (Wiggins, 1984; Kroll & Lewis, 1970)。如果我們把德國心理學家馮德在萊比錫建立世界上第一個心理學實驗室看作是心理學發展史的重要里程碑的話，那麼，格里菲斯的這一工作，則在體育運動心理學發展歷程中起了劃時代的作用。他的主要研究領域包括**運動技能學習** (motor learning)、**運動技能操作** (motor performance) 以及體育運動中的個性問題。他研製出一些儀器設備，用以測量運動知覺、心理覺醒程度、視覺、聽覺、觸覺反應時、穩定性、肌肉協調能

力、肌肉緊張和放鬆程度以及學習能力等運動心理特徵 (Kroll & Lewis, 1970)。1926 年，他編寫了世界上第一部體育運動心理學教科書《教練心理學》，1928 年，又出版了《運動心理學》。1938 年，他作為體育運動心理諮詢專家，受聘於芝加哥一家棒球俱樂部代表隊，對運動員進行了一系列運動測驗和紙筆測驗，以確定運動員的心理狀態和心理潛力 (Anshel, 1990)。

在 20 世紀 20～30 年代，前蘇聯的體育運動心理學也處於萌芽和初創階段。前蘇聯的中央體育學院即莫斯科體育學院的心理學教研組和列寧格勒體育學院的心理學教研組研究了訓練過程中技能形成的特點、體育活動對發展知覺、記憶、注意和想像的影響，以及體育對個性形成、智力發展的作用等課題。

與此同時，西德的體育運動心理學也開始發展，1927 年和 1929 年分別出版了《運動心理學》、《體育心理學》和《體操和運動員的人格類型》等著作 (參見祝蓓里，1986)。

在 40～50 年代，儘管體育運動心理學的發展速度不是很快，但卻有許多運動技能學習實驗室相繼建立，使得研究人員在對體育活動中的**運動行為** (motor performance) 進行研究時有了更為複雜和更為科學的方法。通過這種研究，體育運動領域的科學家們在研究設計、儀器研製和使用、統計技術等方面也得到很大提高，論及運動技能學習、運動技能操作之機制的文章數量也在增加 (Anshel, 1990)。

於 60～70 年代，體育運動心理學得到了前所未有的迅速發展，其重要標誌有二：第一，1965 年，由義大利運動醫學聯盟倡議，在羅馬召開了第一屆運動心理學會議，成立了**國際運動心理學會** (International Society of Sport Psychology)。此後，每四年召開一次國際運動心理學會議 (見表 1-1)。第二，1970 年，《國際運動心理學雜誌》創刊，它溝通了世界各國運動心理學研究的信息，推動了體育運動心理學的科學研究。

各國體育界積極支持體育運動心理學科學研究的開展，相繼成立了有關的學術團體。例如，前蘇聯在二次大戰後成立了**運動心理學學會** (Sport Psychology Association)；日本於 1950 年在體育學會內成立了**體育運動心理專科分會** (Division of Psychology of Physical Education)；於 1967 年，**北美運動心理學會** (North American Society for the Psychology of Sport and Physical Activity) 成立；60 年代末，**歐洲運動心理學聯合會** (European Federation of Sport Psychology) 成立；1991 年，**亞洲及南太平洋地區運動心理學會** (Asian-South Pacific Association of Sport Psychology) 成立。

表 1-1　歷屆運動心理學大會情況

屆數(年代)	地點	主題
第一屆(1965)	羅馬	運動員的心理準備；運動心理療法的價值；運動動機；運動活動與個性
第二屆(1968)	華盛頓	運動員的心理準備；運動動機；體育活動中的自我努力；運動心理學的學科性質
第三屆(1973)	馬德里	運動心理學的一般任務；競爭心理；運動訓練以及競爭能力；作為娛樂手段的身體活動和運動活動
第四屆(1977)	布拉格	兒童入學前後的體育心理學問題；缺陷兒童體育心理學的特徵；青少年、成人的娛樂心理；運動活動的心理分析；競技者心理緊張的問題；運動中必需的心理品質和動力學特徵；社會心理學和體育活動
第五屆(1981)	渥太華	運動員生活的心理意義；體育與生活相適應；從初學者到運動員的運動訓練方法；運動與生活中的自我控制；體育政策；指導和計畫心理；21 世紀的運動心理學
第六屆(1985)	哥本哈根	
第七屆(1989)	新加坡	運動心理學和人的運動表現
第八屆(1993)	葡萄牙	計算機應用；教練與心理學；認知與決策；體育運動中的文化差異；測量與方法學問題；健康、幸福與心理學；運動操作與技能掌握；體育運動中的問題；職業訓練；學校體育與心理學效應；社會心理過程；選材與發展

(採自馬啟偉、張力為，1996)

二、簡述中國體育運動心理學的發展

中國古代就已開始萌發了一些同體育運動活動有關的心理學思想，這些思想散見於《禮記》、《莊子》、《史記》、《呂氏春秋》、《夢溪筆談》等著名著作中，包含著運動發展心理、運動保健心理、技能形成心理、運動競賽心理、運動戰術心理、心理訓練等方面的論述，閃耀著中國運動心理學史前時期的火花，對中國運動心理學的發展有著積極的影響(柴文袖，1991)。

我國著名體育教育家馬約翰先生早在 1926 年就撰寫了題為〈運動的遷移價值〉的論文，這是作者所能了解到的中國現代體育運動心理學的最早的專論。1942 年，全國武術和體育研究院的吳文忠、蕭忠國先生編譯出版了我國第一部《體育心理學》。

於 1957 年，前蘇聯運動心理學家魯吉克 (Rudik, Pefer Antonovich, 1893～　) 的《心理學》被介紹到中國。各體育院系逐漸開設運動心理學的課程，而這部著作也成為該課程的主要依據 (Ma, 1989)。

後來因政治上的失誤，蘇聯和中國的心理學被打入冷宮近二十年之久，至 70 年代後期才重見天日。1979 年，中國心理學會體育運動心理專業委員會成立；1980 年，中國體育科學學會運動心理學會成立。兩會均由馬啟偉博士所推動。現有會員 300 多人，主要為大、中、小學教師、科研人員和教練員。兩會的建立，標誌著中國體育運動心理學開始走向迅速發展的道路。自此以後，北京、黑龍江、遼寧、吉林、山東、山西、廣州、貴州、四川、湖南、湖北、上海、河南、河北、雲南、廣西等 16 個省市均設有本地區的體育運動心理學專業委員會。1986 年，中國運動心理學作為團體會員加入國際運動心理學會；1991 年，中國運動心理學會作為發起國之一，組織建立了亞洲及南太平洋地區運動心理學會。

自中國運動心理學學會建立以來，共組織了 11 次全國學術會議，其中有些是作為全國體育科學大會的分科學術會議組織的。最近的一次運動心理學學術論文報告會於 1993 年 12 月在廣州舉行，會議中研討的主要問題有：(1) 運動心理學某些理論和方法問題；(2) 運動員的心理諮詢和心理技能訓練問題；(3) 體育教學和心理學教學中的心理學問題；(4) 運動技能學習問題；(5) 認知心理學和生理心理學在競技體育中的應用問題。儘管中國體育運動心理學的起步較晚，但發展很快，且有著一個光明的未來。

三、體育運動心理學與心理學和體育科學的關係

體育運動心理學的長足發展，不但使她在體育科學研究領域得到廣泛承認和普遍重視，同時，她也在其母科學心理學領域得到承認。到目前為止，許多國家的心理學會都將其列為分支學科並設立有專業分會。例如，美國、前蘇聯和中國三個國家，均在全國心理學會之下專設體育運動心理學專業分會，以推動本國體育運動心理科學發展事宜。

在體育教育單位，體育運動心理學課程普遍受到重視，如前蘇聯的二百多所體育院系都開設有體育運動心理學課程；美國不僅在高等體育專業裏設有運動心理學課程，且可以培養這一專業的博士研究生，在行為科學和工效科學中也有體育運動心理學的內容；日本體育大學的學生要先修教育心理學後，再修體育心理學。

在體育運動領域，心理因素在競技上被視為獲取成績的重要因素之一，心理技能訓練已是運動訓練系統不可分割的組成部分。加拿大教練協會曾對全國體育管理組織進行過一項調查，以了解當前運動科學領域的實踐情況以及今後對運動科學發展的需求。對 41 份調查結果的分析顯示，體育運動心理學、生理學和生物力學是三門應用最多也是最為重要的學科 (表 1-2)。

表 1-2　不同體育學科對各級體育管理組織的重要性 *

體育科學學科	調查得分	重要性等級
體育運動心理學	2.1	1
生理學	2.5	2
生物力學	2.7	3
運動醫學	3.0	4
運動技能學習	3.3	5
成長與發展	3.9	6
體育社會學	4.4	7

* 本表資料係根據加拿大體育教練協會在 1979 年對全國體育管理組織調查結果。量表等級為 1~7，1 代表最重要；表內得分為平均值。

(採自 Gowan, et al., 1979)

這一調查結果從一個側面充分表明，體育運動心理學已成為**體育科學**(sports science) 的重要研究分支。

但在科學研究方面，體育運動心理學的許多方面才剛剛起步，從研究數量來看，她落後於運動生理學和運動醫學（表 1-3），這種情況，似乎與她的重要作用不相匹配。她是一門需要不斷完善自己的年輕學科，同時，也是一門發展迅速、充滿生命力的應用學科。

表 1-3 體育科學部分學科文獻占體育文獻總數的百分比

學科 年代	文獻總數	體育運動心理學		運動生理學		運動醫學		運動生物力學	
		篇數	%	篇數	%	篇數	%	篇數	%
1975 年	8311	713	8.57	747	8.98	716	8.61	231	2.77
1976 年	10990	755	6.86	883	8.03	939	8.54	392	3.56
1977 年	13485	847	6.28	952	7.05	1044	7.74	446	3.30
1978 年	16824	1107	6.57	1281	7.61	1471	8.74	645	3.83
1979 年	16831	1102	6.54	1002	5.95	1240	7.36	642	3.81
1980 年	16870	1259	7.46	1381	8.18	1349	7.99	605	3.58
1981 年	19083	1255	6.57	1380	7.23	1349	7.06	605	3.17
1982 年	21432	1437	6.70	1619	7.55	1386	6.46	468	2.18
1983 年	17593	945	5.37	1701	9.66	1384	7.86	492	2.79
1984 年	18911	1018	5.38	1708	9.03	1649	8.71	415	2.19
1985 年	19324	1069	5.53	1671	8.64	1518	7.85	745	3.85
1986 年	18789	1196	6.36	1822	9.69	1485	7.90	377	2.00
1987 年	16781	795	4.73	1678	9.90	1572	9.36	663	3.95
1988 年	17663	1086	6.14	1769	10.01	1713	9.69	577	3.15
1989 年	16077	1016	6.31	1653	10.28	1631	10.14	485	3.01
1990 年	16527	1035	6.26	1665	10.07	1837	11.11	571	3.45
1991 年	12783	751	5.87	1632	12.76	1523	11.91	390	3.05
1992 年	6393	369	5.77	697	10.90	804	12.57	285	4.45
總計	284667	20096	7.05	27962	9.82	26886	9.44	9847	3.45

(採自 Silver Platter 3.0；SPORT Discus 1975-December, 1992)

第二節　體育運動心理學的性質和任務

一、體育運動心理學的性質和任務

　　現代的體育教學過程，是在心理活動的支配與調節下逐漸使動作達到自動化的過程。技能掌握的水平依賴於心理過程的機能水平和發展水平，如運動表象、空間時間的定向與判斷、反應、思維、注意、情緒等，都參與了技術動作的調節，是提高技術動作水平的基礎。戰術是比賽制勝的手段，戰術意識的運用、戰術意圖的預見、戰術心理定勢等等，無不參與到技能訓練中去，是充分有效地發揮技能水平的重要心理因素。

　　高水平競技運動的不斷發展，使運動員間的成績差距日益縮小，競爭愈演愈烈，對於實力相當的對手來說，得失往往取決於心理能力的高低上。比如，賽前能否消除心中雜念，保證睡眠，能否進行有效的**心理預演** (mental rehearsal)，賽中能否將喚醒水平控制在適宜的程度，使心不顫，手不抖，能否阻斷觀眾甚至是裁判的干擾，將注意集中於當前任務上，都可能對比賽結果產生決定性的影響。如何在賽前以及賽中進行有效的心理調整以保證技術、戰術、身體潛力的充分發揮，達到**巔峰狀態**(或**最佳競技狀態**) (peak performance)，已經成為廣大教練員、運動員十分關注的問題。另外，運動員的選拔內容也必須包括心理因素。**心理選材** (talent selection by psychology) 要根據體育運動心理學的原理，借助於有效和可靠的心理測量、心理實驗等手段，按照各專項的心理特徵，為教練員提供預測信息，以便從訓練的起點開始就實行最優化的訓練。毫無疑問，體育運動心理學的產生、發展，正是體育運動實踐和整個社會發展的需要促成的。作為心理學的分支學科，她是闡明體育運動的心理學基礎、研究人在體育運動中心理活動的特點及其規律的科學。它的主要任務包括：

　　1. 研究人在體育運動中心理過程的特點和規律以及人的個性差異與體育運動的關係，比如：在體育活動中存在**自信心** (self confidence) 方面的男女性別差異嗎？哪些因素會影響人們參加體育活動的動機？

　　2. 研究體育運動對人的心理過程和個性特徵產生的短期影響和長期影響，比如：有氧訓練對人的焦慮水平有什麼短期效應和長期影響？長期的運動訓練會促進或改變運動員的個性嗎？體育活動會加強殘疾人生活中的獨立性和自信心嗎？

　　3. 研究掌握運動知識、形成運動技能、進行技能訓練的心理學規律，比如：如何克服運動技能形成過程中的高原現象？如何利用遷移規律更快地掌握運動技能？哪些影響運動技能掌握、提高的重要心理因素更多地受遺傳因素制約？

　　4. 研究運動競賽中人的心理狀態問題，比如：比賽中的最佳喚醒水平是什麼？如何在比賽中達到最佳喚醒水平？如何區分和評定運動員的心理負荷和**心理疲勞** (mental fatigue)？優秀運動員在比賽的關鍵時刻運動操作的注意中心是什麼？

二、體育運動心理學研究的主要領域

　　表 1-4 顯示，近 30 年來，體育運動心理學在個性、動機、體育教育等領域進行了大量的研究。儘管個性研究的數量最多，但近些年對個性的關注程度似乎在減少，而對教練員、應激、自信心、婦女等問題的關注程度有所增加。個性是心理學研究的傳統領域，得到了深入的發掘和廣泛的應用，體育運動心理學也步心理學研究的後塵，在這一領域進行了大量的研究。但隨著社會的發展及心理學本身的發展，體育運動心理學的研究領域在逐步擴大，以適應社會發展的需要。可以說，這也是體育運動心理學不斷發展並走向成熟的一個標誌。

三、體育運動心理學研究的運動項目特徵

　　在運動科學領域，學科不同，所側重的運動項目也有所不同。例如，**運動生理學** (exercise physiology) 和**運動醫學** (sport medicine) 對體能性為主的運動項目（如賽艇、舉重等）和易損傷運動項目（如摔跤、體操等）的研究更為重視。**運動生物力學** (sport biomechanics) 則對技術動作規範性

表 1-4　1975～1992 年不同運動心理學研究領域的研究數量

年代	個性	動機	體育教育	婦女	教練員	焦慮	應激	心理訓練	性別差異	殘疾者	觀眾	自信心	裁判	進攻性
1975	145	95	114	72	46	50	35	25	38	15	11	2	1	0
1976	129	112	77	99	44	93	53	40	31	11	15	5	1	0
1977	128	97	87	103	69	66	68	68	32	12	17	17	4	0
1978	167	147	130	129	78	97	69	78	67	15	13	12	6	1
1979	104	96	87	76	110	78	62	82	47	14	23	8	8	1
1980	129	125	112	100	86	114	65	86	78	11	21	15	5	2
1981	128	133	101	67	82	78	90	89	89	28	26	15	4	0
1982	118	180	184	100	168	99	125	179	87	18	16	16	6	1
1983	73	143	74	60	91	73	85	68	64	18	11	19	3	2
1984	83	128	77	84	102	93	83	66	77	17	10	19	7	1
1985	107	148	75	85	100	106	83	82	71	17	20	16	9	0
1986	101	147	99	111	110	111	104	85	88	34	9	19	4	0
1987	102	100	83	92	101	80	92	69	62	19	9	24	3	0
1988	117	128	112	110	115	102	113	61	77	17	14	29	7	0
1989	73	117	147	122	113	88	77	48	68	14	36	36	6	1
1990	64	85	96	91	105	72	96	61	65	39	12	20	8	1
1991	49	82	77	73	91	55	68	47	45	27	10	13	7	1
1992	16	47	27	32	35	35	37	18	29	24	6	7	3	1
總計	2400	2387	2038	1889	1757	1577	1501	1295	1213	381	327	292	92	12

(採自 Sliver Platter 3.0；SPORT Discus 1975-December, 1992)

強的項目（如體操、舉重、賽艇、游泳等）的研究更為重視。

對於體育運動心理學來說，有三個方面的因素影響著研究方向：

1. 運動項目的普及程度　越受群眾歡迎的、普及程度越高的運動項目，也越為研究者所熟悉，越容易找到被試，自然也越容易受到體育運動心理學的關注。

2. 運動項目的性質　心理因素的作用往往在技能性為主的項目（如排球、籃球等）中比在體能性為主的項目（如舉重、賽艇等）中更為明顯和突出，因此，技能性項目的教練員和運動員也更重視比賽的心理準備，這種來自實踐領域的需要也就成為運動心理學家進行探索和研究的巨大動力。

3. 進行實驗控制的難易程度 為了得到可靠和有效的研究結果，必須嚴格控制實驗條件。而大多數運動項目的進行均為動態過程，要實施實驗控制並應用各種儀器進行動態觀測會遇到很多困難。因此，運動心理學家常常希望尋找那些易於進行實驗控制的"靜態運動項目"（如射擊）進行研究（表 1-5）。

表 1-5　1975～1992 年不同體育科學學科在各主要運動項目中的研究概況

學科	文獻總數	運動心理學 篇數	%	運動生理學 篇數	%	運動醫學 篇數	%	運動生物力學 篇數	%
射擊	2644	249	9.41	81	3.06	112	4.23	66	2.49
排球	3408	319	9.36	132	1.56	125	1.48	125	1.48
籃球	8466	780	9.21	223	2.63	296	3.49	114	1.34
擊劍	959	82	8.55	71	7.40	47	4.90	13	1.35
摔跤	2688	223	8.29	295	10.97	328	12.20	29	1.08
足球	6312	491	7.77	387	6.13	524	8.30	92	1.45
體操	5758	422	7.32	210	5.58	940	16.04	470	12.50
乒乓球	812	52	6.40	37	4.55	23	2.83	19	2.33
舉重	2324	114	6.19	378	16.26	288	12.39	226	9.72
游泳	10331	630	6.09	1439	13.92	1057	10.23	734	7.10
柔道	1004	53	5.27	105	10.45	96	8.56	27	2.68
射箭	1280	65	5.07	14	1.09	18	1.40	26	2.03
田徑	10316	501	4.85	980	9.45	834	8.08	726	7.03
羽毛球	833	39	4.68	35	4.20	30	3.60	27	3.24
跳水	3529	157	4.44	388	10.99	699	19.80	150	4.25
賽艇	2124	88	4.14	377	17.74	182	8.56	157	7.39
總計	62788	4295	6.84	5152	8.20	4999	7.96	3001	4.77

(採自 Sliver Platter 3.0；SPORT Discus 1975-December, 1992)

四、中國體育運動心理學目前的主要工作領域

（一）　運動員心理特徵評定

運動員心理特徵評定往往是**心理諮詢**(psychological consultation)、

心理技能訓練和心理選材的第一步。通過對運動員心理特徵的評定，我們可以了解不同運動項目之間的心理差異，了解不同運動員之間的心理差異，這既可以更好地進行有針對性的心理諮詢和心理技能訓練，同時，也可以為運動員的心理選材提供參照標準。1980 年至 1982 年，武漢體育學院承擔了國家體委重點科研課題 (優秀運動員心理特徵研究)，在這一課題的研究過程中，他們開發了一批適用於體育運動要求的專門儀器和測試方式，通過對 2719 人的測試，搜集了短跑、體操、游泳、排球運動員心理特徵的大量資料，為更好地理解運動員的心理特徵奠定了研究基礎。自此以後，有關運動員心理特徵的研究層出不窮，包括許多研究生的論文也以此為研究方向。從近幾年在科學刊物上發表和科學會議上交流的論文來看，此類問題的論文占了最大的比重 (表 1-6)。

表 1-6　1992 年第四屆全國體育科學大會運動心理學論文內容

論文涉及的領域	篇　數
運動員和教練員的心理特徵	13
優秀運動員的心理技能訓練	8
生理心理研究	4
運動技能學習	4
運動心理測試方法	1

(採自馬啟偉、張力為，1996)

(二)　運動員心理技能訓練和心理諮詢

中國運動員的**心理技能訓練** (詳見第十二、十三兩章) 和**心理諮詢**工作是從 80 年代初開始的。起初，有幾位運動心理學家應中國射擊隊和中國射箭隊的邀請，開始對幾名運動員進行心理技能訓練以及心理諮詢的大膽嘗試，其中一名雙向飛碟運動員在調整心理狀態之後參加比賽，創造了世界紀錄。於是，更多的運動隊 (如跳水、游泳、體操、田徑等隊) 也相繼要求接受心理學家的幫助，優秀運動員的心理技能訓練進一步廣泛開展起來。

在第 24 屆奧運會之前，像乒乓球運動員韋晴光等堅持進行系統心理技能訓練的運動員取得了理想的成績。而不少失敗者則從失敗中更清醒地認識到心理因素對比賽勝負的重要性。因此，在準備第 11 屆亞運會和第 25 屆奧運會期間，不少項目的教練員（如田徑、射擊、羽毛球、乒乓球、擊劍、射箭等）都把心理技能訓練列入了運動員整體訓練計畫之中。由於他們與心理學家密切配合，堅持系統訓練並加強了賽前的心理準備，大多數運動員都能以積極的心態參加比賽，這是他們在亞運會和奧運會上取得成功的重要因素之一。

另外，中國運動心理學家還針對某些單項運動的世界錦標賽、世界盃賽等，為運動員進行了心理技能訓練和心理諮詢。如接受心理技能訓練幫助的乒乓球運動員何智麗、耿麗娟，跳水運動員童輝、李藝花，羽毛球運動員關渭貞、農群華，射擊運動員張山、王義夫等等，都多次奪取世界冠軍。初步統計，十幾年來，在接受心理技能訓練和心理諮詢的運動員中，有 30 名世界冠軍和 20 名亞洲冠軍。

總之，近些年來，優秀運動員的心理技能訓練其範圍正在由小到大，其方法也正在由單一到多樣，一步一步深入發展起來，心理技能訓練的效果正在日益明顯地體現出來，並為越來越多的人所認識和承認 (張力為、丁雪琴，1994)。

於 1987 年，中國運動心理學會承擔了國家體委的重點研課題（我國優秀運動員心理諮詢和心理品質的調查研究），根據課題的計畫，在第六屆全國運動會的比賽場地設立了心理諮詢中心。諮詢服務過程中使用的主要方法包括認知調節、按摩放鬆、音樂放鬆、表象訓練等。這種臨場的運動心理諮詢服務受到運動員和教練員的普遍歡迎，共有 15 個省市的 288 名運動員在臨比賽前和比賽期間前往心理諮詢中心尋求運動心理學的幫助，並收到良好的效果。

(三) 運動員心理選材

許多教練員都相信這樣一句話：選材正確等於成功了一半。選材問題成為制約運動成績的重要因素，普遍受到高度重視。在選材上，今天多費一份力，將來就可少費十份力。國家體委對運動員的選材工作十分重視，將它作為一項戰略任務，從 1980 年開始，即組織了大型綜合性科研課題（優秀青少年運動員科學選材）的研究，其中的心理選材是整個課題的重要組成部分。

心理選材和形態選材、身體選材、機能選材、技術選材相比，有些特殊性，主要表現為：

1. 有些心理指標不用"好──壞、高──低"的方式評價，如**氣質** (temperament)，粗分有膽汁質、多血質、粘液質、抑鬱質，除抑鬱質一般不適合從事競技運動外，其他三種及其亞型、混合型在許多項目中均有分布，常常難以判斷孰優孰劣。

2. 有些心理指標為非連續型變量，不如身高、體重、血壓、肺活量等連續型變量那麼精確，如神經類型、動機水平、焦慮程度等。

3. 許多心理指標相關性小，獨立性強，進行綜合評判會遇到困難，如一個人的**神經類型** (nerve pattern) 比較理想，但智力發展水平中等，肌肉感知覺能力較差，使教練員在做出取捨判斷時進退維谷。

一般來說，心理選材需要解決以下問題：

1. 確定出某個專項的關鍵性心理特徵，方法有專家評判、多元回歸分析和因子分析等。
2. 確定出關鍵性心理特徵中受遺傳因素影響較大的選材性心理特徵。
3. 以較高水平運動員為參照體，制定選材模式，包括少年運動員的常模。
4. 對於根據以上模式選擇出的運動員進行追踪研究，以檢驗這一模式的有效性並發現問題，進一步完善選材模式。

應當指出，選材的關鍵是在業餘體校中那些剛剛開始從事正規運動訓練的兒童，這是最初級的選材，也是最重要的選材。如果第一關把不好，各個訓練層次上的教練員都將會不斷遇到棄之可惜、用之不妥的問題。

(四) 解決傳輸系統問題與培訓教練員

在運動訓練中，**教練員** (coach) 是主帥。由於各種條件的限制，我們不可能培養出大批體育運動心理學家到運動隊長期地工作。在許多情況下，解決運動員的心理問題，主要靠教練員。教練員同運動員朝夕相處，對運動員的身體、技術、心理等方面的情況了解得十分細緻、全面，這是指導心理技能訓練很有利的條件。因此，對教練員的培訓工作具有重要的戰略意義。

這一點，曾從加拿大教練協會的一項調查中得到了的印證，已成為各級體育行政組織的共識 (表 1-7)。

表 1-7　加拿大全國各級體育管理組織尋求運動科學支持的主要領域 *

尋求運動科學支持的領域	調查得分	重要性等級
教練員的培訓	1.9	1
運動員的比賽準備	2.3	2
運動員的選材	2.7	3
解釋現有研究結果	2.9	4
進行新的研究	3.0	5

* 量表等級為 1~7，1 代表最重要。表內得分為平均值。

(採自 Gowan, et al., 1979)

美國運動心理學家馬騰斯 (Martens, 1987) 曾專為教練員編寫了一套培訓教材，取名為《教練員運動心理學指南》，他在〈前言〉中寫道：

> 北美的教練員和體育行政領導有時把蘇聯和東歐國家體育上的成就歸功於先進的體育科學知識，他們堅信這些知識就是蘇聯和東歐國家運動員成功的原因。但事實並非如此，至少對於我所考察過的運動心理學領域來說並非如此。蘇聯和東歐國家在如何使運動員做好心理準備方面至少落後北美 10 年，他們目前掌握的大部分知識我們 10 年前就已掌握。但是，在通過精心建立的傳輸系統來普及已掌握的運動心理學知識方面，蘇聯和東歐國家至少領先我們 10 年。(Martens, 1987)

為了縮小與蘇聯及東歐國家在"傳輸系統"方面的差距，美國已開始實施對教練員的體育科學知識的系統培訓，全國、各州和地方一級的體育組織和教育機構在廣泛採用統一的"美國教練員培訓計畫"。這一措施抓住了培養運動員這個問題的關鍵。

中國現在也已經積極開展了教練員的崗位培訓工作，主要形式是國家體委統一領導，各個體育院校和省市體委負責實施，分項分級進行培訓，目前已有田徑、體操、足球、籃球、排球、游泳等項目開始了初、中、高級的定期培訓班，體育運動心理學是各期培訓的必修內容。在教練員的培訓過程當中，需要強調的重點是：

1. 使教練員具備從科學角度而不是經驗角度理解運動員心理問題的意識，認識到科學和經驗有時是不一致的；
2. 使教練員懂得有必要首先考察自己的行為是否符合心理學原則；
3. 使教練員具體掌握可操作性較強的心理技能訓練方法和心理調節方法，以便在實踐中應用；
4. 使教練員認識到心理技能訓練同技能訓練、身體訓練一樣是十分艱苦、長期的工作。運動員的心理調節也是一種技能，可稱為心理技能，要掌握它、表現它，必須經過系統的、長期的、不間斷的訓練。那種要求心理技能訓練一學就會、會就能用、用則必靈的簡單想法是不切實際的。

除了培訓規劃以外，在一些重大的國際國內比賽之前，也經常舉辦運動心理學的講座，如 1984 年的洛杉磯奧運會和 1992 年的巴塞隆那奧運會之前，都曾為國家隊的教練員專門舉辦過運動心理學的講座，這些講座受到了教練員的普遍歡迎。

第三節　中國體育運動心理學發展的重要議題

一、擴展研究領域

在研究內容的廣度方面，前蘇聯運動心理學的人力、物力偏重於競技運動心理學方面，強調體育運動心理學為運動實踐服務的社會效益，著重研究高水平運動員的心理選材、心理特徵和心理技能訓練等問題 (Shneidman, 1979) (表 1-8)。

表 1-8　前蘇聯體育運動心理學的大型科研課題示例

承擔科研課題的機構	科　研　課　題
莫斯科全蘇體育科研所	不同運動條件下運動員的心理可靠性及技能訓練中的自我克制機制
莫斯科體育學院	運動活動中最佳條件的心理因素和動機因素
列寧格勒體育學院	不同體育運動的心理特徵及影響高水平競技運動的因素
列寧格勒體育科研所	技術和身體練習的心理基礎及心理緊張的忍耐力
基輔體育學院	技術訓練的心理基礎及繁重工作後的康復問題
亞美尼亞體育學院	教練員工作的心理條件
契聯明斯克體育學院和前蘇聯教育科學院普通心理及教育心理科研所	運動員選材問題
沃高格拉德體育學院	念動訓練問題

(採自 Shneidman, 1979)

　　相比之下，美國運動心理學儘管缺乏國家行政支持，研究課題多為各大學教授自選，但研究範圍十分廣泛。前國際運動心理學會主席辛格 (Singer, 1978) 認為，體育運動心理學不僅應關注競技體育運動，也應關注群衆體育運動，對於不同性別、不同年齡、不同水平、不同身體狀態者 (正常人和殘疾者)，都應有所關注，這是社會發展的需要。在這種思想指導下，美國體育運動心理學的研究方向除高級運動員的競技心理學問題之外，還涉及到前蘇聯和中國體育運動心理學較少涉及的體育運動中的婦女、性別差異和性別角色、殘疾人、觀衆、兒童、群體凝聚力、攻擊性、適於體育運動的標準化心理測驗等多方面、多層次的問題，這種研究方向與前蘇聯形成了鮮明的對照 (表 1-9)。應當說，這種多方面、多層次的研究，不但有利於社會的發展，也有利於心理學自身的發展。

表 1-9　前蘇聯和美國運動心理學研究領域的不同

研究對象	前 蘇 聯	美　　國
對一般人的測試	28 %	53 %
對運動員的測試	55 %	39 %
其他方面的研究	17 %	8 %

(採自 Salmela, 1984)

中國體育運動心理學的科研方向與前蘇聯相似，也是偏重於高水平運動員的心理特徵、心理選材、心理諮詢和心理技能訓練等等問題。80 年代以來，國家體委組織實施了多項重點體育運動心理學科研課題（表 1-10），這種對科研工作的行政支持，在資源有限的條件下，保證了科研工作的方向以及人力、物力的集中，對中國體育運動心理學的發展起到了定向作用和推動作用，也體現了中國體育運動心理學的優勢和特點。但是，也應看到，隨著中國政治經濟的迅速發展、全民健身運動的開展以及對學校體育教育的高度重視，中國體育運動心理學也應適應社會發展的需要，拓寬其研究範圍，走多元化的發展道路。

表 1-10　國家體委組織的體育運動心理學重點科研課題示列

年　代	承擔科研課題的機構	科　研　課　題
1980 年	武漢體育學院	優秀運動員心理特徵研究
1984 年	國家體委科研所	優秀跳水運動員心理技能訓練的研究
1987 年	中國運動心理學會	對我國優秀運動員心理諮詢和心理品質的研究
1991 年	北京體育師範學院	高級射手比賽發揮穩定性的研究

(採自馬啟偉、張力為，1996)

二、注意體育心理學和運動心理學的平衡發展

如前所述，中國體育運動心理學的發展偏重於高水平運動員為中心的競技運動，產生了明顯的社會效益。但對學校體育教育中心理學問題的關注不夠，使得該領域的研究成為整個體育運動心理學的薄弱環節。應當看到，**體育教育** (physical education) 是整個教育系統中的重要組成部分，關係到人的全面發展，其中的心理學問題的研究，具有重要的戰略意義，值得體育運動心理學研究者做出更多的投入。祝蓓里指出 (1986)，世界體育運動心理學研究的一個新動向就是要求體育心理學和運動心理學逐漸分家，成為兩門獨立的學科。

於 1993 年，北京體育師範學院教授劉淑惠作為主要負責人參與北京師範大學心理系郭德俊教授主持的國家自然科學基金課題〈目標結構對青少年歸因的影響〉，這是體育運動心理學家在體育教育方面做更多投入的重要標

誌。該課題研究的主要內容是探討競爭、合作和個體化三種目標結構對青少年學習成就、自我評價和歸因的影響，探討在這三種情景下所形成的三種動機系統：能力評價系統、合作動機系統和任務掌握系統的不同特點，以及這三種動機系統在激發成就動機中的作用和相互關係，為教師、教練員制定激發、培養、形成和發展青少年的成就動機提供理論依據。顯然這一類在體育教育領域進行的心理學研究，將會給整個體育運動心理學的發展帶來生機。

美國著名認知心理學家，諾貝爾獎獲得者司馬賀教授 (Herbert A. Simon, 1916~) 於 1984 年在北京心理學會上作了題為〈關於心理學的發展道路和展望〉的報告，他指出，**認知心理學** (cognitive psychology) 至少有兩個應用方面的研究，其中之一是強調如何把認知心理學應用於教育方面。體育是教育的重要組成部分，因此，從認知心理學的角度研究和解決體育運動中的教學和心理問題是有指導性意義的 (季瀏，1987)，可能成為體育運動心理學研究的新的突破點。

三、研製適合中國體育運動特點的測量工具和方法

迄今為止，在中國體育運動心理學實踐中的絕大多數測量工具有兩大特點：一是借用普通心理學的常用測量工具，二是借用國外的常用測量工具。這兩個特點有直接聯繫，因為我國普通心理學領域也大量借用了國外的測量工具。這就自然而然地帶來了適用性問題。

借用心理測量工具的適用性直接同研究目的有關。如果研究者從普適性出發，希望了解運動員和一般人在某項心理特徵上的異同，那麼，借用為一般人制定的測量工具就比較合適，這時，我們可以參照正常人的常模，對運動員做出恰當的評價。在這種情況下，大家均以正常人的平均水平為基準來考慮運動員的操作成績。但是，如果研究者從獨特性出發，希望研究運動訓練對運動員某些心理特徵的影響這類問題，似乎就有必要考慮採用較為特殊的評價手段。比如，欲了解"幼兒基本體操訓練對幼兒心理發展的影響"，與其利用瑞文標準推理測驗這類普適性測量工具，不如自行設計想像力、模仿力、表現力、自信、勇敢、內外向等方面的測量手段，因為後者更有針對性，更符合研究主題。

目前，許多體育運動心理學家正致力於設計、發展和完善適用於體育運

動特點的測量工具,如馬騰斯的運動競賽焦慮測驗(Martens, 1982)、奈特弗的注意方式測驗(Nideffer, 1976a)、奈西達的體育成就動機量表(Nishida, 1988)以及韓拉翰的運動歸因方式問卷(Hanrahan, Grove & Hattie, 1989)等。蘇州大學王文英、張卿華教授1980年制定,以後又多次修定的"80.8"神經類型測試表,在中國體育運動心理學界也得到廣泛應用並受到國內外學者的重視(王文英、張卿華,1983)。姚家新等人(姚家新,1994)最近研製的 WT 運動員智力測試系統(WT 是武漢體育學院兩詞漢語拼音的第一個字母),也是這方面的一次認真嘗試。如圖 1-1 所示,有關體育運動心理學特殊量具的研究呈現不斷上升的趨勢,特別是從 1985 年到 1989 年間,這種上升趨勢表現得更為明顯。其主要涉及的領域有動機、態度、自信心、焦慮以及身體形象等(Ostrow, 1990)(表 1-11)。

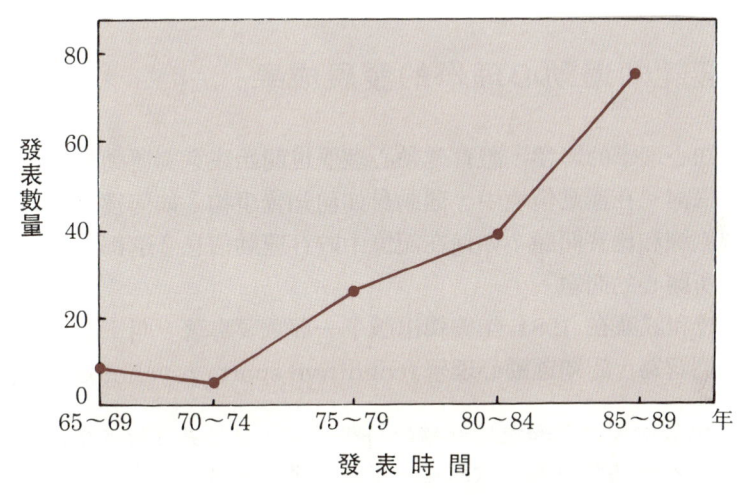

圖 1-1　1965 年至 1989 年出現的運動心理測量方法
(根據 Ostrow, 1990, p.8 資料繪製)

應該說,引進國外的測量工具到國內,引進普通心理學的測量工具到體育運動心理學,是發展中國運動心理學的一條捷徑,常有事半功倍之效。另一方面,我們在使用過程中也確實發現有些測量工具對於解決體育運動心理學的問題並非十分有效,在實踐中解決某些問題時還時常發現沒有現成的測量工具可以利用,這就需要我們自己動手設法研制和發展適用的測量工具和

表 1-11　1965 年至 1989 年出現的體育運動心理測量方法所涉及的領域

領　　域	百分比
動機	31
態度	22
自信心	19
焦慮	14
身體形象	14

(採自 Ostrow, 1990)

測量手段。這樣做常常要花很大的人力、物力，要費很多時間，一項標準化的心理測驗在解決諸如項目篩選、信度、效度、常模等測量學問題時會遇到許多困難，這是眾所周知的。

四、借鑒認知運動心理學的發展成果

受認知心理學的影響，體育運動心理學也開始注意對運動員的特殊認知過程加強探討。在運動情境中，運動員如何知覺事物？如何獲得運動知識？如何解決訓練和比賽問題？如何在記憶中貯存運動信息？這都是體育運動心理學家們所關心的問題。

斯特拉和威廉在 1984 年編輯出版了一部重要專著，叫《認知運動心理學》，他們認為，**認知運動心理學** (cognitive sports psychology) 是：

> 對運動員心理過程和記憶結構的科學研究，目的是理解並優化運動員的個人和集體行為。按照這一定義，運動員被看作是活躍的有機體，他們在積極地尋找、過濾、有選擇地處理、重新組織並創造著信息。(Straubh & Willliam, 1984)

認知運動心理學注重對運動員技能表現的"軟件"成分的分析，即研究與技能的認知成分有關的各類問題，比如：技能水平高的運動員對比賽信息的編碼和提取同一般運動員有什麼不同嗎？速度更快嗎？運動員對環境的視覺搜索和一般人不同嗎？和一般人相比，運動員在比賽環境中是否選擇不同的信息加以注意？高水平運動員做出複雜的比賽決策時，其速度和一般人有什麼不同嗎？比賽中的知覺預測有什麼特徵？等等。這些研究課題明顯地受到了認知心理學經典性研究在方向上和方法上兩個方面的啟示。一些體育運動心理學家按照以上研究模式在體育運動領域進行了開創性的研究，取得了一些振奮人心的結果，給體育運動心理學的發展帶來了活力和生機。除了一些實際研究以外，認知心理學對運動心理學的影響還表現在一些體育運動心理學家正在試圖構建運動心理學的新模式。比如，斯特拉和威廉 (Straubh & William, 1984) 在前面提到《認知運動心理學》這本書中，以認知為主題、主線來探討範圍十分廣泛的體育運動心理學問題，作為探索體育運動心理學發展新方向的大膽嘗試，使讀者強烈地感受到心理學發展潮流中的"時代精神"，啟發人們嚴肅地思考這樣一個問題，認知運動心理學不是一門學科的流派，而是一種帶有"元理論"性質的認識、方法或導向，它將深入體育運動心理學曾經涉及的每一領域並推動其向縱深發展，更為重要的是，它還將開闢研究的新領域。

五、重視生理心理學的研究

研究者們在試圖描述體育運動領域的心理現象時，常會借助生理指標，如測量表象訓練效果的腦電圖和肌電圖，測量反應時的電機械延遲等。研究者們在試圖解釋體育運動領域中的心理現象時，常常會探討其生理機制，如運動員的**智力差異** (intelligence difference) 似乎與腦相圖反映的**神經生理** (neurophysiology) 現象有關。1994 年駱正指出，生理指標和生理機制是體育運動心理學對某些重要問題進行研究所必然涉及的兩個重要方面。如果能夠將運動、心理和生理 (主要是神經生理) 三者結合起來，可能會給體育運動心理學帶來許多新的發現。目前，有些研究在這方面進行了探討，所用的生理指標主要是腦電圖、肌電圖、皮電圖、心率、血壓等，多用作監測心理技能訓練的效果，顯然，這一領域有更多的深層問題在等待研究者們繼續開發。今天，生理學的研究已進入分子水平，體育運動心理學如果能夠注意借鑒生理學發展的最新成果，或許會對本身的研究領域有更加深刻的認識。

當然，如同科學家不必等到對某一金屬的結構了解之後，再去研究它的導電特性一樣，進行體育運動心理學的研究，也並不是一定要先走分子生理學這條路才行。從不同水平去研究同一對象是科學發展的有效途徑。我們知道,與人類行為有關的科學大致包括:(1) 社會學、(2) 心理學、(3) 神經生理學、(4) 生物物理學和生物化學、(5) 物理學。荆其誠指出 (荆其誠,1990),這些科學都從不同水平研究人的行為活動,包括心理活動。這些科學在研究共同的生命現象中彼此關聯、相互印證。生命界的各種現象,從社會現象、心理現象到生理現象,最後都是到生物物理和生物化學現象,而生物物理和生物化學現象又都可以歸結為物理現象。因為一切現象都是物質的運動,所以物理學是一些科學的最基礎部分。

　　各門科學雖然互相關聯,但不必等待在一個水平上把問題弄清楚之後,才能在另一個水平上開展研究。例如,人們可以從神經生理學水平研究人的某一活動,而不一定非要對神經元、神經突觸有清楚的了解之後才能了解人類的行為,提出心理學的理論。我們不一定對個體行為有了充分理解之後,才能研究人際關係的社會學問題。心理學是處於神經生理學和社會學之間的科學,各個不同層次的學科都以人為對象,從不同的層次或水平對人進行研究。同時也考慮各學科之間的相互關係,加深對人的本質的了解。

　　儘管作者在第二、三、四、五小節提出了體育運動心理學發展的幾個可能方向,但最重要的還是第一小節談到的擴展研究領域的問題。我們需要一個更為開闊的思路去考慮體育運動中的心理現象,根據社會發展的需要,從不同層面、不同角度進行研究,才能取得對這些心理現象的更為完整、更為深刻的認識。

本 章 摘 要

1. 於 1925 年,格里菲斯在美國伊利諾斯大學建立了世界上第一個運動心理學實驗室,這一事件,是運動心理學發展史上的重要里程碑。

2. 於 1965 年,**國際運動心理學會成立**,推動了運動心理學在全世界迅速發展。

3. 於 1979 年,**中國心理學會體育運動心理專業委員會**成立;1980 年,

中國體育科學學會運動心理學會成立。自此，中國運動心理學開始走向迅速發展的道路。

4. **體育運動心理學**的產生與發展，體現了體育運動實踐和整個社會發展的需要。作為心理學的分支學科，她是闡明體育運動的心理學基礎、研究人在體育運動中心理活動的特點極其規律的應用科學。

5. **體育運動心理學**的主要研究任務是：研究人在體育運動中心理過程的特點和規律以及人的個性差異與體育運動的關係；研究體育運動對人的心理過程和個性特徵產生的影響；研究掌握運動知識、形成運動技能、進行技能訓練的心理學規律；研究運動競賽中人的心理狀態等問題。

6. 在技能為主的項目（如籃球）和"靜態運動項目"（如射擊）中，由於心理因素的重要性更為突出和較易進行實驗控制，體育運動心理學的研究與應用也更為廣泛。

7. 中國體育運動心理學的主要工作領域包括運動員心理特徵的評定、運動員的**心理技能訓練**和**心理諮詢**、運動員的**心理選材**、對教練員進行心理學知識的培訓等。

8. 擴大研究領域，關注體育教育及群眾體育中的有關心理學問題，適應社會需要不斷增長的趨勢，是中國運動心理學發展必須重視的問題。

9. 測量方法和實驗方法是衡量某一學科發展水平的一個尺度，設計適用於中國國情和體育運動特性的測量方法和實驗方法，是中國體育運動心理學發展的重要途徑之一。

10. 借鑒與移植母學科和其他科學的最新發展成果，是各門科學發展的共同特點。對於體育運動心理學而言，應特別重視和利用**認知心理學**和**生理心理學**發展的新成果。

11. **認知運動心理學**注重對運動員和技能表現的"軟件"成分的分析，即研究與技能的認知成分有關的各類問題，認知運動心理學將運動員看作是活躍的有機體，他們在積極地尋找、過濾、有選擇地處理、重新組織並創造著信息。

12. 生理指標和生理機制是體育運動心理學對某些重要問題進行研究所必然涉及的兩個重要方面。如果能夠將運動、心理和生理三者結合起來，可能會給體育運動心理學帶來許多新的發現。

13. 各門科學雖然互相關聯，但不必等待在一個水平上把問題弄清楚之後，才能在另一個水平上開展研究。我們需要一個更為開闊的思路去考慮體育運動中的心理現象，根據社會發展的需要，從不同層面、不同角度進行研究，以取得對這些心理現象的更為完整、更為深刻的認識。

建議參考資料

1. 祝蓓里(1986)：體育運動心理學的歷史與現狀。心理學報，2期，224～226頁。
2. 柴文袖(1991)：我國古代運動心理學思想再探。體育科學，5期，89～92頁。
3. 張力為(1991)：運動心理學研究中若干方法學問題的探討。體育科學，5期，85～88頁。
4. 張力為(1991)：中國運動心理學發展若干問題的探討。體育科學，4期，83～86頁。
5. 馬啟偉(編譯)(1982)：和教練員運動員談談心理學(一)。北京體育學院學報，3期，62～66頁。
6. 駱 正(1994)：論我國運動心理學的發展戰略方向。河南體育科技，1期，39～41頁。
7. Ma, Q. W. (1989). The development of sport psychology in China. *Proceedings of 7th world congress in sport psychology*. pp. 206～209.
8. Schilling, G. (1992). State of the art review of sport psychology. *Sport Science Review*, 2, 1～12.
9. Singer, R. N. (1993). Contemporary perspectives on sport psychology. *The Journal of sports medicine and physical fitness*, 1, 1～12.
10. Singer, R. N. (1993). Sport psychology: an integrated approach. *Proceedings of 7th world congress in sport psychology*. pp. 131～146.

第二章

體育運動中的動機問題

本章內容細目

第一節 動機概述
一、動機的基本含義 29
二、動機與需要和目的的關係 30
　(一) 動機與需要
　(二) 動機與目的
三、驅力與誘因 31
四、動機的種類 32
　(一) 生物性和社會性動機及物質性和精神性動機
　(二) 直接動機和間接動機
　(三) 缺乏性動機和豐富性動機
　(四) 無意識動機
　(五) 外部動機和內部動機

第二節 動機的重要理論
一、馬斯洛的需要層次論 36
　(一) 基本思想
　(二) 意義與作用
二、認知評價論 39
　(一) 一般概念和研究成果
　(二) 體育運動實踐中應注意的問題
　(三) 意義與作用
三、社會認知論 46
　(一) 自定效能方面的研究
　(二) 主觀能力和目標傾向的研究
　(三) 體育運動中動機研究的新設想
　(四) 意義與作用

第三節 運動動機的培養和激發
一、滿足運動員的各種需要 55
　(一) 追求樂趣的需要
　(二) 歸屬的需要
　(三) 展示才能與自我價值的需要
二、正確運用強化手段 57
三、激發動機的直接方法 58
　(一) 依從方法
　(二) 認同方法
　(三) 內化方法
四、激發動機的間接方法 60
五、保持訓練和比賽的趣味性和啟發性 60
六、給予自主權並培養責任心 60
七、因材施教及區別對待 62

本章摘要

建議參考資料

人們從事任何活動，都要解決兩個問題，首先是要不要做，然後是如何去做。第一個問題就是動機問題，它涉及人們活動的方向和強度。

心理學對動機問題的研究有四大思路：一是從生物學角度進行研究，探討動機的遺傳、神經和內分泌基礎，如關於饑、渴、性、睡眠等現象的研究多從其生理機制着手。二是從學習角度進行研究，如從條件反射和社會模仿的角度探討動機與學習的相互關係。三是從認知角度進行研究，如從人的主觀期待、對誘因價值的評價以及對成敗的認知着手探討動機。四是綜合性研究，即博採眾長，將以上三個維度結合在一起，綜合分析人的動機。

動機問題作為行為的起點和原因，在心理學涉及到的許多領域都是十分重要的，體育運動領域也不例外。90年代以前，中國的體育運動心理學未能給予動機問題以應有的重視，各種教科書很少有專章討論動機問題的。顯然，這種狀況不能適應體育運動發展的需要。90年代以後，動機問題逐漸受到重視，一些體育運動心理學的專著開始設專章討論動機問題，動機研究也開始增多。競技運動領域和健身運動的實踐不斷給體育運動心理學的研究者們提出有關動機的問題。例如：體育活動為什麼會成為某些人樂趣的來源和日常的需要，而另一些人則因為體育活動而傷害了自尊心？為什麼有人會不顧生命危險從事攀岩活動，有人連續幾天不間歇地跑步，有人從四、五歲起便開始系統的專業化訓練，甚至要忍受極大的傷痛堅持訓練？究竟體育活動能夠給人們的生活帶來什麼？顯然，要令人滿意地解釋這些問題，需要從社會、文化、經濟等方面進行全方位的分析，但就體育運動心理學的任務來說，我們僅重點地從個體以及個體和社會交互作用的角度對這類動機問題進行分析和闡述。本章將討論：

1. 動機的基本概念。
2. 動機的不同類別，特別是直接動機和間接動機、外部動機和內部動機在體育運動中的意義。
3. 和體育運動關係密切的幾個重要的動機理論及其研究成果。
4. 在體育運動實踐中如何培養、激發人們的動機。

第一節　動機概述

一、動機的基本含義

動機 (motivation) 是推動一個人進行活動的心理動因或內部動力。它的基本含義是：能引起並維持人的活動，將該活動導向一定目標，以滿足個體的念頭、願望或理想等。動機是個體的內在過程，行為是這種內在過程的結果。

一般說來，動機的作用 (基本功能) 有三類：(1) 始發作用。動機可引起和發動個體的活動；(2) 指向或選擇作用。動機可指引活動向某一目標進行或選擇活動的方向；(3) 強化作用。動機是維持、增加或制止、減弱某一活動的力量。心理學就是從"方向"和"強度"這兩個角度理解動機問題。"方向"與一個人目標的選擇有關，即人為什麼要做某件事；"強度"與一個人激活的程度有關，即為了達到某一目標，人正在付出多大努力。例如，有的人本可以在音樂或美術方面有所造詣，但卻選擇了他自己並不擅長的體育作為奮鬥的事業，這是動機的方向問題；又如，在相同條件下，為什麼有的運動員能夠長期堅持在一天中進行 5 個單元的刻苦訓練 (早上，上午，中午，下午，晚上)，即除了規定的訓練時間之外，自己還要去補課，而有的卻不能，這是動機的強度問題。

那麼，哪些因素會影響動機的強度和方向呢？一般說，有兩大類因素，即人的內部**需要** (need) 和外部條件。內部需要是指個體因對某種東西的缺乏而引起的內部緊張狀態和不舒服感，比如有長跑習慣的人，長時間不鍛鍊就會感到難受。內部需要能產生願望和推動行為的力量，引起人的活動。動機就是由需要構成的。外部條件指環境因素，即個體之外的各種刺激，包括各種生物性的和社會性的因素。比如，體委系統和各個企業給奧運會金牌獲得者以高額獎金、汽車、住房，對他們的貢獻表示認同和獎勵。環境因素是產生動機的外部原因。行為可由需要引起，也可由環境因素引起，但往往是內外因素交互影響的結果。其中內因是主要的，外因通過內因起作用。某一時刻最強烈的需要構成最強的動機，而最強的動機決定人的行為。

二、動機與需要和目的的關係

需要、動機、目的三個詞在日常語言中往往混用，但在心理學上則給予不同的解釋，以利於對人的心理活動的分析 (張述祖，沈德立，1987)。

(一) 動機與需要

需要與動機緊密聯繫。如果把需要本身看作為動機，我們也不能認為這就是錯誤的觀點，因為人的絕大部分動機，都是需要的具體表現。但是需要和動機也有以下二點細微的差別：

1. 動機是需要的動態表現 需要處於靜態時則不成為動機。或許可以這樣理解：當需要未轉化為動機之前，人不可能有所活動；只有當需要轉化為動機之後，人才能開始活動。例如餓了需要找食物，但通過什麼樣的活動去找食物，就要由環境條件和本人條件來決定：是去食堂買，還是自己做，或者上飯館吃。如果食堂開飯時間已過，自己做又沒有爐火，就只好決定上飯館去吃。如果你還沒有根據條件來決定究竟選擇上述三種活動中的哪一種時，你就只是有了吃飯的需要，還沒有形成動機。如果你已經根據條件決定上飯館的活動時，你才真正產生了上飯館吃飯的動機，或者說吃東西的需要已經轉換成了上飯館吃飯的動機。

2. 行為並非全部由需要引起 一些並非屬於需要的心理因素 (如偶爾產生的某個念頭、一時的情緒衝動等) 也有可能成為行為的動因。例如，某運動員正在埋頭訓練，突然聯想到一位朋友的不幸遭遇，心裏十分難過，於是也可能中斷訓練。這種干擾的念頭與情緒也是一種動機，但不是需要，至少不是當前活動的需要。

(二) 動機與目的

動機與目的既有區別又有聯繫。動機是驅使人們去活動的內部原因，而目的則是人們通過活動所要達到的結果。如前例所述，產生了上飯館吃飯的動機之後，還要進一步決定到什麼樣的飯館吃什麼樣的東西，才能使活動得以具體進行，因為街上的飯館很多，食品的種類和價格差異也很大。此時吃東西的需要就進一步由去飯館吃飯的動機，轉換成到什麼飯館吃什麼東西的目的。動機與目的的關係表現為如下幾方面：

1. 動機和目的可能是完全一致的。
2. 動機和目的是可以相互轉換的 (因此目的也常常具有動機的功能)。
3. 有時，目的相同，動機不同；也有時，動機相同，目的不同。

比如，同樣以選擇某一運動專項為目的，有的人是因為這一運動專項人材缺乏，有的人是因為這一專項適合自己的興趣，還有的人是因為這一運動專項有一個知名的教練。

三、驅力與誘因

驅力和誘因是動機的兩個重要概念。心理學家在考慮動機問題時，這兩個概念長期占有統治地位 (布恩・埃克斯特蘭德，1985)。**驅力** (drive) 指驅使有機體進入活動，與身體的生理需要相聯繫的內部激起狀態，是從後面對行為的推動，實際上，它就是上面談到的內部需要。**誘因** (incentive) 指引起個體動機，並能滿足個體需求的外在刺激，實際上，它就是上面談到的環境因素。儘管這兩個概念看起來比較抽象，但仍可在實驗條件下給以定量化的說明。比如，在實驗室中，可採取某種強迫的方法讓受過訓練的老鼠在筆直的小徑上直奔存有食物的目標箱。當然，老鼠知道在終點處有食物。為使老鼠跑得更快，激發其動機的方法無非有兩個：

1. 增加對食物的需求度 可以增加牠們對食物的需求程度，驅使老鼠獲取食物，如增加不給食物的時間。24 小時沒進食的老鼠比剛吃過食物的老鼠跑得更快。這就是增加驅力的方法。驅力是老鼠獲取食物的內在動力，增加驅力就是增加老鼠的內部動機，驅力越大，動機越強，老鼠跑得越快。注意，需要導致驅力，但絕不等於驅力。假如讓老鼠長時間挨餓，牠對食物的需求會變得很高，但當牠虛弱得不能行動時，驅力就會逐漸減少。

2. 增加外部的獎勵辦法 也可以通過增加外部獎勵的辦法，誘使老鼠獲取食物，可以提高目標箱中食物的數量和質量。數量更多、品種更好的食物更具吸引力，老鼠跑得也就更快。這就是增加誘因的方法。誘因是老鼠獲取食物的外在動力，在一定範圍內增加誘因，有可能增加老鼠的外部動機，使其相應的行為表現得更加明顯。

動機就是驅力和誘因，"推"和"拉"兩種作用相結合的產物。

四、動機的種類

根據不同的分類標準，可以對動機進行不同的分類。

(一) 生物性和社會性動機及物質性和精神性動機

這是根據需要的種類和對象來分類的。以生物性需要為基礎的動機稱為**生物性動機** (biological motivation)，如因饑餓、口渴而產生的動機；以社會性需要為基礎的動機稱為**社會性動機** (social motivation)，如成就動機、交往動機。同時，根據動機所追求的對象，也可將動機分為**物質性動機**(或**生理性動機**) (physiological motivation) 和**精神性動機**(或**心理性動機**) (psychological motivation)。這種分類方法注重動機與需要的關係，認為以需要的性質可以決定動機的性質。

(二) 直接動機和間接動機

這是根據興趣的特點來分類的。以直接興趣為基礎，指向活動過程本身的動機是**直接動機** (direct motivation)；以間接興趣為基礎，指向活動的結果的動機是**間接動機** (indirect motivation)。例如，有的運動員對於自己所從事的運動本身感興趣，認為它是對自己身體機能的積極挑戰，從中可以最大限度地發揮和體現自己的潛力，體驗到一種效能感和滿足感，這種訓練動機屬於直接動機，即指向訓練本身的動機。也有人對大運動量訓練本身不感興趣，僅認為它是為戰勝對手所必須克服的困難，這種枯燥的訓練僅有助於競賽的勝利，這樣的訓練動機屬於間接動機，即指向訓練的結果的動機。一個運動員在訓練中往往同時受到這兩種動機的驅動。

（三） 缺乏性動機和豐富性動機

缺乏性動機(或匱乏動機)(deficiency motive) 是以排除缺乏和破壞、避免威脅、逃避危險等需要為特徵的動機。它包括生存和安全的一般目的。缺乏性動機以張力的縮減為目的。例如，有的運動員為逃避即將到來的比賽而謊稱傷病，不願出場，這種動機屬於缺乏性動機。詐傷是為了逃避比賽失敗的"威脅"，是為了降低或減輕心理負荷並將這種負荷保持在最低水平。還有的人為保住自己在隊中的主力位置而被迫刻苦訓練，這也屬類似情況。不難預測，隨著張力的縮減，這種缺乏性動機也會隨之減弱。

豐富性動機(或享有動機)(abundancy motive) 是以經驗享樂、獲得滿足、理解和發現、尋找新奇、有所成就和創造等欲望為特徵的動機。它包括滿足和刺激的一般目的。與缺乏性動機相反，它往往趨向張力的增強而不是張力的縮減。例如，人們做許多事情往往不能緩和任何已知的驅力；看恐怖電影，讀偵探小說，玩電子遊戲，到原始森林探險等，都是在追求刺激而不是避免刺激，期望得到興奮、愉快、賞識和威望等。豐富性動機受誘因激發而不是受驅力激發，力圖把刺激保持在高水平上。

（四） 無意識動機

無意識動機(或潛意識動機)(unconscious motivation) 指人沒有覺察到自己的需要、欲望、意向和目的，沒有意識到自己行為的真正理由而無意識地去獲取成功以達到無意識的目的的動機。有時候，一個人的選擇和行動不常是對後果的深思熟慮的產物，從這個意義上看，人的行為有時是不合理的。這並不是說人不了解自己行為的意義，但他意識上所經驗到的動機，往往是真正無意識動機的精心構造的虛偽的表面，他對於自己動機的了解只是一種合理化。例如，一位大會主席在會議開始時向大家宣布："現在會議結束！"為什麼會出現如此口誤，將"開始"講成"結束"呢？可能連他自己都未充分意識到，實際上他是不願意召開和主持這個會議的。

（五） 外部動機和內部動機

1. 外部動機和內部動機的基本含義　這是根據動機的來源分類的。來源於客觀外部原因的動機稱為**外部動機**(或外在動機)(extrinsic motivation);來源於主觀內部原因的動機稱為**內部動機**(或內在動機) (intrinsic motivation)。

外部動機以社會性需要為基礎,人通過某種活動獲得相應的外部獎勵或避免受到懲罰以滿足自己的社會性需要。它是汲取外部力量的動機,是從外部對行為的驅動。例如,某運動員參加體育運動並取得了成功可能是為了獲取讚揚和公眾的承認,或是為了獲取獎杯和薪金,或者是為了通過參加運動隊來滿足自己歸屬的需要等等。總之,行為的動力來自外部的動員力量。

內部動機是以生物性需要為基礎,通過積極參加某種活動,應付各種挑戰,從中展示自己的能力,實現自己的價值,體驗到莫大的快樂和效能感。它是汲取內部力量的動機,是從內部對行為的驅動。如在活動中取得成功,則這種活動和成功本身就構成了一種**內部獎勵** (intrinsic reward),對人起到激發作用。例如,某運動員由於熱愛自己的專項而參加訓練和比賽,他們參賽是為了一種內在的自尊,這促使他們在比賽中即使沒人觀看也會竭盡全力去拚搏,或在訓練中能夠不厭其煩地千百次重復某一動作。總之,行為的動力來自內部的自我動員。

一般說來,運動員參加體育運動完全可能既為了內部獎勵,也為了**外部獎勵** (extrinsic reward),也就是說其動機既有外部的又有內部的,運動員的運動表現同時受到這兩種因素的影響 (圖 2-1)。這兩種動機對於體育運

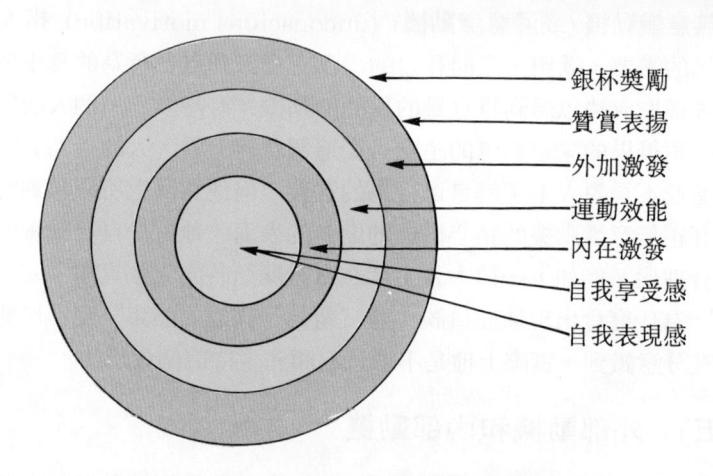

銀杯獎勵
讚賞表揚
外加激發
運動效能
內在激發
自我享受感
自我表現感

圖 2-1 內在動機和外在動機的產生及其相互作用
(採自馬啟偉,1983a)

動活動均是有意義的。但應該看到，體育運動之所以有一種吸引千百萬人的特殊魅力，主要是因為它能使人們在自己選擇的活動中迎接身體性挑戰時產生興奮感以及能力不斷提高的滿足感。從這個意義上說，內部動機或許具有更重要的作用。

2. 外部動機和內部動機的關係　　外部動機對內部動機的影響既可以是積極的，也可以是消極的，這主要取決於外部獎勵的方式及運動員對內部獎勵和外部獎勵重要程度的認識。如果獎懲得當，則外部獎勵甚至小範圍內的懲罰可激發運動員的正確行為，並促進外部動機向內部動機的轉化；反之，則有可能破壞內部動機，得到相反的效果。

關於內部動機和外部動機的關係，美國心理學家德西做過一系列的實驗（見劉淑慧等，1993a），他將被試分為三組，讓他們去完成一些十分有意思的題目。甲組被試在開始解題之前就被告知每解出一道題就付出多少酬金，乙組被試是在完成規定的解題任務之後宣布解出一題的酬金，丙組被試不給任何報酬。在規定的解題時間結束之後，三組被試留在各自的房間裏，所有房間裏放有雜誌和另外一些同樣類型的問題。他們可以在房間內隨意從事任何活動，沒有其他人在場，也不對他們提出任何要求。實驗的假設是此時仍去解題的人，是純粹由於興趣即內部動機所驅使。

實驗結果表明，不給任何報酬的丙組和實驗後才給報酬的乙組要比實驗前就告知給予報酬的甲組有更多的人在實驗後自由活動的時間裏用更多的時間去繼續解題。因此，德西得出這樣的結論：獎勵會產生使內在動機削弱的效應。這種效應以後就被稱為**德西效應**（Deci effect）。

隨著研究的進一步深入，學者們認為將動機分為內部的和外部的仍不足以揭示行為激起和調節的本質特徵。而真正影響行為自我激發和調節的是人們對行為的自主性或控制性意識。**自主性**（autonomy）是指，出自行為者意願，由其自由選擇和承擔責任。控制性是指，在某種壓力下趨於特定行為。獎勵是一種社會控制手段，限制了人的自主性動機。德西認為：事先就告知將給予獎勵的被試，在完成工作任務的過程中，就會把當前做的事歸於因為我將為此得到報酬，也會考慮給予我的獎勵對於我所要完作的任務來說是否值得一幹。而在完成解題任務後給予獎勵的被試內部動機未被削弱，這一點或許正是考慮給予獎勵的時機的依據。

不過，"德西效應"僅指單獨給予獎勵所產生的結果。如果在給予獎勵的同時伴隨著正反饋,由於正反饋表明了對能力的肯定,效應就複雜了。既可能引起內部動機的下降,也可能提高或維持內部動機水平。這與個體的需要水平和自我意識等因素有關。這裏所說的正反饋是指在給予獎勵的同時,用語言或其他形式表明獎勵是對受獎人能力和貢獻的一種積極性肯定(劉淑慧等,1993a)。

總的來說,從外部動機向內部動機的轉化與以下三種因素有關:

1. 有強有力的外部獎勵使運動員產生反應;
2. 運動員體驗到最初的成功(由外部獎勵覺知自己的能力在提高);
3. 使運動員意識到外部獎勵並非最終的獎賞,而對所達到的成就產生的自我滿足感才是最終的獎賞。

第二節 動機的重要理論

一、馬斯洛的需要層次論

需要層次論(hierarchy of needs theory)是由美國心理學家馬斯洛(Maslow, 1970)提出的,在國際、國內均產生了重大影響。

(一) 基本思想

1. 人類五等級的需要 人類有各種各樣的需要,按其發生之先後可分為五個等級(圖 2-2)。**生理的需要**(physiological need)如饑餓、口渴、空氣、性等是人類第一需要,也是推動人類行動的最大動力。第二是**安全的需要**(safety need),如安全感、穩定性、迴避危險、擺脫恐懼等都是安全上的需要,另外如避免失業、防治職業病、保持健康等則屬廣義的安全。第三是**愛與歸屬需要**(belongingness and love need),人都希望愛別人,也需要別

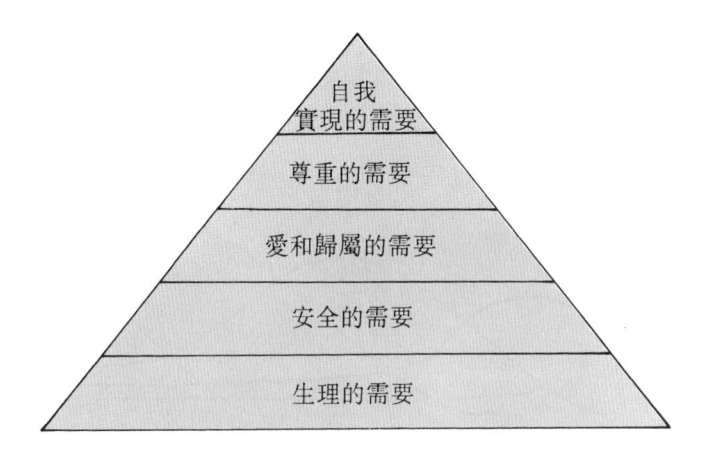

```
         自我
       實現的需要
      尊重的需要
    愛和歸屬的需要
   安全的需要
  生理的需要
```

圖 2-2 需要的層次
(採自 Maslow, 1970)

人的愛,這是廣義的愛;此外,人類還傾向於歸屬某一團體,在團體中幫助與被幫助、愛護與被愛護,這實際上是交際的需要。第四是**尊重的需要** (self-esteem need),人總是希望有一定的個人威信、自尊、權力和名譽,希望自己努力的成就得到他人的承認和尊重。

人類最高的需要層次是**自我實現需要** (self actualization need),它指人類把自我中潛在的東西變成現實的行為傾向。自我實現是個人理想和抱負的實現,是個人潛能的充分發揮,是使自己達到盡善盡美的理想境界。自我實現有兩個方面含義:豐滿人性的實現和個人潛能的實現。人的基本動機就是以最有效和最完整的方式最大限度地表現自己的潛力。自我實現就是要求充分發揮個人的潛力和才能,對社會做出自認為有意義、有價值的貢獻,以實現自己的理想和抱負。

2. 各層需要依序升級 當下一級需要基本滿足後,上一級需要才能成為行為的驅動力。但這種逐級上升具有波浪式演進的性質 (圖 2-3)。

3. 五種需要有高低級之分 其中生理的、安全的和交際的需要是低級需要,可以通過改善外部條件來加以滿足;而尊重的需要和自我實現的需要是高級需要,是從內部得到滿足的。

4. 大多數需要層次是按序列上升 絕大多數人的需要層次是按照一個固定的序列上升的,但也存在個別差異。例如,有些人把自尊看成比愛、

生理的　　　安全的　　　愛和歸屬的　　尊重的　　　自我實現的

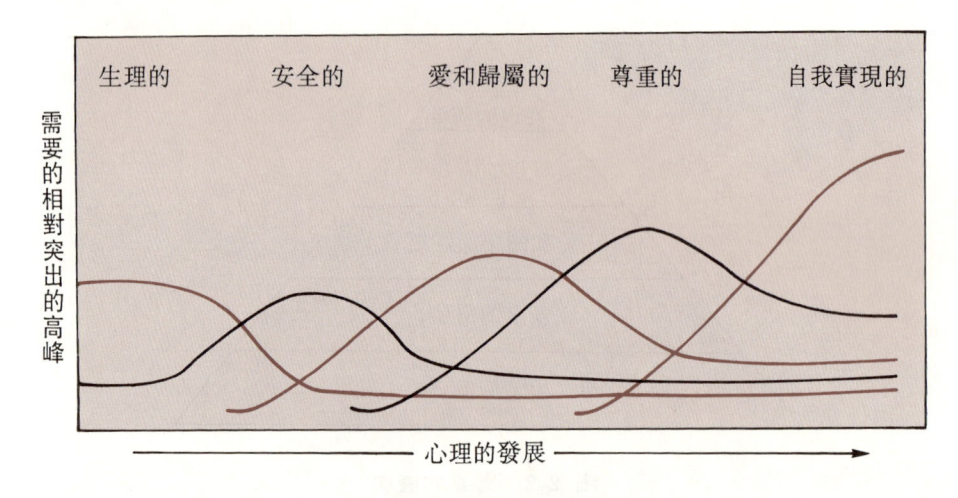

需要的相對突出的高峰

心理的發展 →

圖 2-3　需要層次的波浪式演進

安全等更為重要，因而目空一切，高傲自大等；有些人儘管低級需要難以滿足，但仍然從事創造活動。

(二) 意義與作用

1. 該理論對需要的分類較為系統、具體，儘管目前仍有爭議，但對於現代管理、教育以及心理學的實踐仍具有重要的啟發和指導作用。在體育運動心理學中，了解運動員的各種需要是培養和激發運動動機的必要前提。需要層次論對運動隊的管理、運動動機的激發以及其他人際關係領域的實踐具有重要的指導意義。比如，在大眾體育中，歸屬需要的滿足是理解人們參與動機的主線之一；在競技體育中提倡自我實現精神，顯然是有助於提高運動員訓練的自覺性和目的性。

2. 該理論忽視大多數人需要的主觀能動性，忽視高級需要對低級需要的調節控制作用，因而在解釋一些現象時遇到困難（例如科學家不畏強權勇於堅持真理等等）。

3. 馬斯洛是人本主義心理學的創始人，其需要層次論是人本主義的一部分。雖然他一再指出自我實現並非我行我素、自私自利，它是無私的、以他人為中心的，但人本主義強調個人的理想、抱負和完善，強調個人發展，其基本思想是使人人都成為自我實現的人，但却忽視了個人發展與社會發展的結合。這一點應引起我們的注意。

二、認知評價論

體育運動是人們為了追求樂趣而從事的最普遍的活動，其動機基礎無疑是很複雜的。孩子們玩追逐遊戲的動機在程度上與掙六位數工資的職業運動員參加籃球聯賽的動機有很大不同。認知評價理論從人的內部動機出發，強調人的興趣感、能力感、控制感和主動感在體育運動中的重要性，對於哪些因素對內部動機影響最大，如何解釋內部動機方面產生的可觀察到的變化等問題，進行了深入的探討，認為內部動機這一概念有助於解釋許多不可思議的體育現象，有助於解釋為什麼有人在不可能獲得明顯外部獎勵時仍然津津樂道於某一活動的行為。比如，沒完沒了地投幾個小時的籃或一遍又一遍地在冰場上滑 8 字。在體育運動中，主要的獎勵往往是來自內部的，這不但對一般的體育愛好者來說是如此，就是對運動員、教練員來說，也時常如此。

(一) 一般概念和研究成果

內部動機是以能力需要和自我決策需要作為基礎的，因此，**認知評價論** (cognitive evaluation theory) 認為，任何影響能力感和自我決策感的事件都可影響人的內部動機 (Deci & Ryan, 1980)。而且，每一事件均具有兩種功能：控制功能和信息功能。

事件的控制功能與人們的自我決策經驗有關。具有高度控制性的事件是迫使人們按照某種特殊方式去行動、思考、體驗的事件，具有低度控制性的事件是使人們感到自己可以選擇做什麼和如何做的事件。如果事件的控制性很高，人們就感到自我決策的可能性很小，感到因果關係是由外部因素決定的，感到自己的行為是無能為力的。如果控制性很低，人們就感到自我決策的可能性很大，感到因果關係是由內部因素決定的，感到自己的行為取決於自己的動機和目標。

事件的信息功能給人們提供有關能力方面的信息。這種信息可能是積極的，也可能是消極的。積極信息提示著具備某種能力並可促進能力的提高，消極信息則提示著或確證能力不足。另外，信息可以處於自我決策的參照系統中，但也可以處於非自我決策的參照系統中。認知評價理論認為，積極信息（如高信息性低控制性）會加強內部動機。加強內部動機的事件稱**信息性事件** (informational event)；在非自我決策情況下的積極信息往往加強的是外部動機而不是內部動機。加強外部動機的事件稱為**控制性事件** (controlling event)，因為這些事件的控制性功能超過了信息性功能。另外，消極信息如果暗示著能力不足或使人感到無法達到所期望的結果，就往往既破壞內部動機，也破壞外部動機，導致缺乏動機和無助感。

下面我們將以內部動機作為主線，討論哪些事件會提高內部動機，哪些事件會降低內部動機。

1. 事件的控制性功能 過去的研究發現 (Ryan, Vallerand & Deci, 1984)，像金錢、食物和獎品這類外部獎勵均會使內部動機下降，這在不同年齡、不同性別和不同任務的各種研究中，得出的結論都是如此。另外，以最後時限、監視以及懲罰威脅為條件的研究也得出了相同的結論。可能的解釋是，這些外部促動因素被廣泛地用來控制人，因此人們往往對這些事件的控制性方面體驗得很深刻，人們感到他們的自我決策權是極其有限的。例如，一個男孩一開始出於個人興趣打排球，但後來逐漸把賽季末得到運動衫作為自己參加這項運動的原因。他最初的動機是內部的（我打球是因為好玩），但後來就變成外部的了（我打球是為了得到運動衫）。根據認知評價論，這種轉變會伴隨著自我決策權的喪失，因為這個男孩的行為是由獎勵物來控制的。隨著自我決策權的喪失，他更少受到內部動機激發，一旦外部獎勵喪失吸引力，或難以得到這些外部獎勵，他就很可能退出此項運動。

根據上述推理，可以預測，當一種獎勵的控制性表現得十分顯著、十分強烈時，參加體育活動的內部動機將下降。這一假設在奧立克和摩莎 (Orlick & Mosher, 1978) 關於獎勵對參加體育活動內部動機的研究中得到了支持。在這項研究中，他們使用自由活動時間內選擇體育活動的時間作為內部動機的指標，對 9～11 歲的兒童進行初測以評估他們從事平衡器活動（一項有趣的運動性平衡任務）的初始內部動機水平。然後，讓這些孩子們在有獎勵（因從事這項活動而得到一個獎杯）或無獎勵的條件下繼續從事這項活動。四天以後，對這些孩子的內部動機進行終測。結果發現，獎勵條件下的兒童在自由活動時間內選擇體育活動的時間比初測時減少，與此相反，無獎勵條件下的兒童在自由活動時間內選擇體育活動的時間比初測時增加。這一事實表明，引入外部獎勵會損害兒童從事這種有趣活動的內部動機。

萊恩 (Ryan, 1977, 1980) 曾以認知評價理論作為指導，調查了體育獎學金對男女大學生運動員內部動機的影響。在頭兩項研究中，他用調查表評估兩所大學運動員的內部動機，並對獲得獎學金的男運動員和未獲得獎學金的男運動員進行了比較。結果發現，前者參加運動的外部原因更多，對運動活動的樂趣更少。在第二項範圍更為廣泛的研究中，他運用認知評價論的信息性-控制性概念來預測體育獎學金和運動員性別在內部動機上的交互作用。他推測，獲得體育獎學金的男運動員會認為自己是為金錢而從事體育，因此對體育活動的樂趣將比未獲得體育獎學金的男運動員為少，這種獎勵是控制性的。另一方面，獲得獎學金的女運動員由於此事較為新奇，在女子體育運動中不多見，因此會將此事看作是標誌自己個人能力的信息，這種獎勵便被體驗為含控制性較少的事件，因而內部動機也就不會遭到破壞。他從 12 所大學中抽取了 424 名男運動員和 188 名女運動員進行調查。結果表明，女運動員的反應和預測相同，獎學金並未損害她們參加運動活動的內部動機。男運動員則根據項目不同而對獎學金有不同的反應；橄欖球運動員的反應和預測相同，"給打球付酬"損害了他們的內部動機；摔跤運動員的反應更類似於女運動員的反應，獎學金並未損害他們的內部動機。萊恩認為，獎學金對於橄欖球運動員可能更具控制性，因為利用獎學金來吸引運動員是橄欖球運動的慣例。但對於摔跤運動員來說，由於獎學金較少，因此可能更多地被看作是能力的標誌 (調查表明，和橄欖球運動員相比，摔跤運動員認為在本項目中能夠獲得獎學金的人數百分比更低)。

2. 外部因果性和內部因果性 按照認知評價理論，如果某一事件加強了一個人進行自我決策的感受和知覺，主觀上的因果關係控制點就更偏向於內部，內部動機也會提高。祖科曼等人 (Zuckerman, Porac, Lathin, Smith & Deci, 1978) 曾探討了選擇權對內部動機的影響。這一研究發現，如果給一些被試提供選擇問題和分配時間的決定權，這些被試的內部動機就有所提高，而那些沒有決定權的被試，其內部動機則沒有提高。

湯普森和萬科爾 (Thompson & Wankel, 1980) 曾考察了對一項活動的選擇感對婦女參加身體鍛鍊班的影響。在一個身體鍛鍊班中，登記參加的學員被隨機分入實驗組 (選擇) 和控制組 (無選擇)。主試設法使控制組的被試相信，為他們提供的訓練計畫並未考慮他們的特殊愛好，同時告訴實驗組的被試，在他們的訓練計畫中已考慮到了他們的活動要求。但實際上，主試對兩組訓練計畫做了精心安排，使被試對兩組活動的喜好程度在實際上相等，因此，兩組的差別僅在於對有無選擇權的主觀感受不同。他們對持續 6 週的出勤率進行了記錄，結果發現，主觀選擇組的出勤率顯著高於主觀無選擇組。這一結果說明，在沒有獎勵時，主觀自由 (IsoAhola, 1980) 或自我決策 (Deci & Ryan, 1980) 是堅持體育活動的重要基礎。

3. 事件的信息性功能 如果某一事件所包含的信息可以標誌人們從事某種有意義活動的能力，並使人們體驗到進行自我決策的因果性，我們就說這一事件的信息性很強。認知評價論認為，如果某一事件的信息性很突出，內部動機就將隨人們對能力的感受和知覺而變化，能力感的提高會導致內部動機的加強，而能力感的下降則會導致內部動機的減弱。費希爾(Fisher, 1978) 的一項研究對上述假設提供了直接支持，儘管她在研究設計中沒有採用運動活動。她的研究發現，如果被試感到無法自我決定自己的操作水平，那麼能力水平和內部動機就無關。但是，如果被試感到能夠自我決定自己的操作水平，那麼在能力水平和內部動機之間就有一種高度正相關的關係。

　　有幾項研究曾評價了操作表現的信息對體育活動內部動機的影響。體育活動中操作表現信息的主要來源，是教練員和隊友的口頭反饋，因此這一變量就被用來作為一些內部動機實驗的指標。比如，有一項研究 (Ryan, et al., 1984) 曾評估了完成一項平衡器任務時，積極反饋和消極反饋對內部動機的影響。實驗是這樣進行的：每四次練習後，給被試以積極反饋 (如"你完成得真好") 或消極反饋 (如"你完成得不太好")，結果表明，反饋具有主效應，積極反饋提高了內部動機，消極反饋降低了內部動機。他們的研究還證明，能力感作為反饋對內部動機產生影響的中介變量有著極其重要的作用。對反饋條件 (積極反饋、無反饋和消極反饋) 所進行的路徑分析表明，能力感在反饋和內部動機之間起著調節作用，從而支持了認知評價理論。能力感解釋了內部動機方差中的 40% 多，而反饋本身僅解釋了 8%。

　　維勒蘭德 (Vallerand, 1983) 的另一項研究調查了積極反饋的數量是否會影響後繼的內部動機問題。被試是 50 名 13~16 歲的橄欖球運動員，讓他們在模擬的橄欖球情景中完成一項很有趣的決策任務。在 24 次實驗練習中，被試接受 0、6、12、18 或 24 次有關他們操作表現的積極語言反饋。結果發現，和沒有得到積極反饋的被試相比，得到積極反饋的各組被試，其內部動機更強，但得到積極反饋的各組被試之間沒有差異。這說明，就反饋對內部動機的影響來說，反饋的數量並不是關鍵性的因素，反饋的意義才是關鍵性的因素。如果被試將反饋看作是自己能力的反映，那麼，不論反饋的數量是多是少，內部動機都會得到加強。

4. 信息性功能和控制性功能 儘管積極反饋常常表現出可以加強內部動機，但是也應看到，在某些情況下，人們也可將它體驗為控制性的。例如，積極反饋強調人們應當如何去做，在某種程度上，它還迫使人們去儘量做好。彼特曼等人 (Pittman, Davey, Alafat, Wetherill & Kramer, 1980) 的研究以及萊恩 (Ryan, 1982) 的研究既包括了信息性的積極反饋，也包括了控制性的積極反饋，兩項研究均表明，前者對內部動機的促進作用比後者更大。例如，當告訴被試："你做得真不錯，達到了你應當達到的標準"或者"你做得真不錯，你的數據對我的研究目的很有用"的時候，他們的內部動機較少得到激發，而當給他們以不含控制成分的積極反饋時，他們的內部動機提高了很多。

不但以控制性方式給以獎勵會產生消極影響，而且，即便以信息性方式給以獎勵，也有可能產生消極影響，儘管這些消極影響主要產生在因成績不佳而沒有得到獎勵的人身上。維勒蘭德等人 (Vallerand, Gauvin & Halliwell, 1982) 曾進行了一項研究以檢驗這一假設。在該研究中，完成平衡器任務的一半被試得到了獎勵 (1 美元的"最佳成績獎")，另一半被試沒有得到獎勵。設置得獎的條件是為了模擬真實運動情景，即給成績優異的運動員以獎杯、獎牌或其他形式的獎勵。研究結果表明，正如預期的那樣，未得到獎勵的被試比得到獎勵的被試體驗到的能力感更少，表現出的內部動機也更弱。由此看來，甚至傳遞積極反饋信息並相對不含控制性評價的獎勵也可能對沒有得到獎勵的人產生始料未及的消極影響。這些結果對於體育教師、教練員、家長以及其他對提高運動成績感興趣的人或許是十分重要的。

5. 個人差異 認知評價論強調獎勵和反饋等事件對於承受者的意義。我們討論過的大多數研究，通過操縱事件 (如強調或減小某事件的控制性功能) 探討了這一問題。還有幾項研究則以個人差異變量為基礎，預先選擇出特點不同的組，然後再探討某事件對不同被試組的影響。波基諾和巴里 (Boggiano & Barrett, 1984) 考察了反饋對內外部動機定向不同的兒童產生的影響。他們認為，對外部動機定向者給以的積極反饋不會被體驗為是由被試個人引發的,因此會加強被試的外部定向,而對內部動機定向者給以的積極反饋會被體驗為是由被試個人引發的,因而會加強被試的內部動機。他們預測並的確發現,積極反饋使內部動機定向者的內部動機提高得更多,但使外部動機定向者的內部動機提高得較少。他們的另一個有趣發現是,儘管消極反饋降低了外部動機定向者的內部動機和操作成績,但這種消極反饋對於內部動機定向者來說代表著一種挑戰,因此,它使內部動機定向者的內部動機和操作成績均保持不變。

伊恩 (Earn, 1982) 曾利用洛特 (Rotter, 1966) 的控制點測量方法來探討與獎勵有關的個人差異。他將被試分為內控組和外控組,預測並發現,如果以一種模糊的形式呈現獎勵,使這種獎勵的信息性和控制性特徵不很清楚的話,這種獎勵就會使內部控制點組的內部動機提高,使外部控制點組的內部動機下降。也許這是由於具有內部控制傾向的人往往將獎勵解釋為信息性的,而具有外部控制傾向的人則往往將獎勵解釋為控制性的。

6. 競賽中的信息性和控制性問題 有許多運動活動都帶有競賽的特徵。有些運動項目的競賽是針對個人的內部標準進行的,也有些運動項目的競賽則是與對手直接的面對面的交鋒。在後一種形式中,比賽的目的似乎就是擊敗對手。

德西和萊恩 (Deci & Ryan, 1980) 認為,將重點放在取勝本身,可能會使人覺得這是該活動的外部因素,會使人把比賽活動當作取勝的工具,而不是當作其本身就很有趣的事,這就可能引起內部動機的降低。另外,直接的競爭在某些情況下帶有強烈的自我投入意義,而這種自我投入會降低內部動機。德西等人 (Deci, Betley, Kahle, Abrams & Porac, 1981) 曾探討過競賽對內部動機的影響。在他們設計的一項研究中,被試或者與對手直接競爭,或者爭取比對手更快地解決難題,或者僅僅是當著另一被試的面盡自己所能迅速解決難題。第一項條件代表著面對面的競爭,第二項條件代表著同某一優秀標準競爭;結果發現,在後繼的自由選擇活動期內,和對手面對面競爭的被試其內部動機下降,和某一優秀標準競爭的被試則沒有表現出這種內部動機的下降。這種效應對女性表現得更為明顯。溫伯格和里根 (Weinberg & Ragan, 1979) 也探討過競賽對內部動機的影響。他們讓被試在兩種競賽條件和一種非競賽條件下完成轉盤追踪的任務,結果發現,在兩種競賽條件下,男性被試的內部動機得到加強,女性被試的內部動機沒有改變,而在非競賽條件下則未發現這樣的效應。

(二) 體育運動實踐中應注意的問題

體育教師、教練員、家長的定向對於兒童的內部動機有著重要影響。德西等人 (Deci, Schwartz, Sheinman & Ryan, 1981) 曾對教師進行過一項研究，評估他們是傾向於"控制兒童"還是傾向於"支持兒童獨立自主"。結果發現，在與兒童交互作用的過程中，傾向於高度控制方式的教師所帶的學生，其內部動機和自尊程度都較低，而傾向於給學生提供更多自主機會的教師所帶的學生，其內部動機和自尊程度都較高。那麼，在體育活動中，應當在什麼範圍內利用外部壓力、語言反饋或物質獎勵來激發運動員？應當在什麼程度上對學生或對兒童強調競賽的意義？答案部分地取決於人的目標和價值觀。

作為職業教練員或運動隊的各級管理者，如果唯一的目標是取勝，則強烈的外部定向可能是達到該目標的必要且有效的途徑。在競爭極其激烈的現代社會，沒有取勝就意味著經濟損失或可能的失業，這樣，控制性的、外部的定向當然是可以理解的，甚至是合乎情理的。競技體育同其他高競爭、高壓力的職業一樣，不大關注運動員結束運動生涯之後的內部動機。因此，如果強調的重點只是達到最佳成績或最佳結果而不考慮心理健康方面的問題，那麼，也許可以這樣說："壓力越大越好"。將運動員的自尊心、生活目標和比賽成績掛鉤，提供重獎或施加比賽壓力，或者使用其他的外部手段也許的確具有激發動機的作用。

但是，如果不考慮競技體育，我們認為，強調取勝的控制性方式對於體育教育活動和業餘體育活動都是不適宜的。在體育教育活動和業餘體育活動中，主要目標應當是提高人們對體育活動本身的興趣和認識，鼓勵人們終生積極參與健身活動，促進人的全面發展。體育教育應提高人們對運動技能的鑑賞力，同時還應滿足所有參加者 (不僅僅是獲勝者) 的心理需要，體育教育還應通過向人們提供自我決策和能力體現的機會和方式，來提高人們的自尊感和自信心。如果希望提高參加體育活動的內部動機，那麼，外部壓力、取勝定向和物質獎勵往往起到相反作用。即便是職業的優秀運動員，也不應將爭取獲勝作為唯一的目標，運動員不應只關注誰贏得勝利，還應注意如何進行比賽，並希望他人也能從體育活動中得到樂趣。只要能堅持這種體育精神，就有可能使人們從體育運動中獲得更多的樂趣，並使人們由於參與體育活動而生活得更加健康和幸福。

(三) 意義與作用

1. 認知評價論注重認知特徵對於動機的直接作用，為運動動機的培養和激發提供了具有重要價值的理論依據，具有指導意義。

2. 該理論注重內部動機的積極作用，主張從內部激發動機，這一點符合辯證唯物主義的哲學觀，是完全正確的。

3. 該理論有用對立的觀點看待內部動機與外部動機關係的傾向，忽視外部動機的作用，這一點應予以注意。

三、社會認知論

近些年來，**社會認知論** (social cognitive theory) 對體育運動領域整個動機研究的方向所起的影響作用越來越大 (Roberts, 1992)。這一學派的研究者們將人的動機行為看作為社會情景中人的認知過程和思維過程的體現。人的認知過程與控制感、能力感、目標感和價值觀有關，對人的動機過程有著重要影響。羅伯特 (Roberts, 1992) 認為，目前，動機領域研究的趨勢是對影響動機的兩種認知過程的高度重視，即對人的自我觀念 (如能力感、控制感) 和目標價值觀念的高度重視。這一理論強調的中心是與不同目標傾向和動機行為相聯繫的期待與價值。在社會認知理論的旗幟下，有三種不同的觀點或學派 (Roberts, 1992)，從不同的角度對體育運動領域的動機問題進行了大量的研究。這三個學派是：自定效能論 (Bandura, 1977a, 1986)，主觀能力論 (Harter, 1978) 和動機目標論 (Dweck, 1986；Dweck & Elliot, 1983；Maehr & Braskamp, 1986；Maehr & Nicholls, 1980；Nicholls, 1984a, 1984b, 1989)。下面我們將分別闡述這三種理論的基本思想和主要研究成果。

(一) 自定效能方面的研究

自定效能 (或自我效能) (self efficacy) 是社會心理學和動機心理學中的一個重要概念，指一個人對自己能否成功地完成一項任務所秉持的信心和期望，對自己成功地完成一項任務所具備的潛能的認識。圖 2-4 對效能信息、成績表現、不同經驗、語言勸導、生理狀態和效能期望、行為模式、思維模式各因素之間的關係，做了一個概括說明。這些主要的信息來源決定了人的動機水平，並從人們所接受的挑戰、進行的努力和堅持的時間中體現出來。自定效能影響著人的認知過程，例如成功與失敗的表象、目標傾向、歸因等等，這些認知過程進而影響著人們的動機狀態 (Feltz, 1988a)。

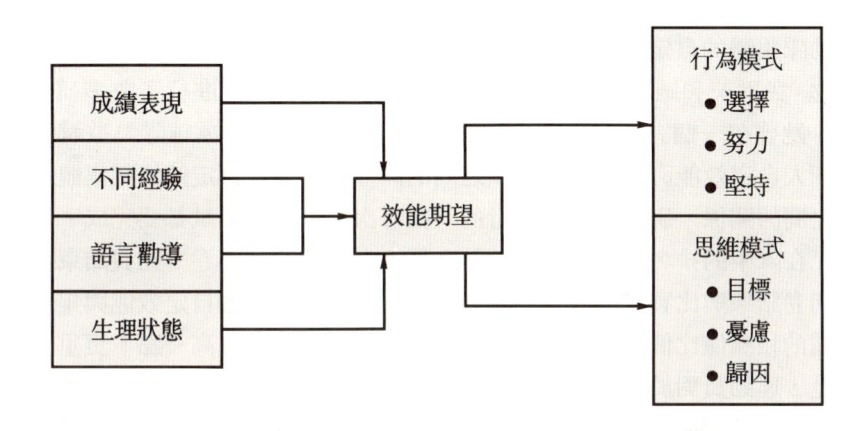

圖 2-4　效能信息、效能期望、行為以及思維模式的主要來源及其相互關係

(採自 Feltz, 1988a)

體育運動領域中有關自定效能的實驗室研究和現場研究主要圍繞三個方面進行，即自定效能與運動成績的關係、自定效能與體育活動動機的關係以及如何提高自定效能。

1. 自定效能與運動成績的關係　體育運動領域絕大多數自定效能的研究都是圍繞這個問題進行的。許多研究表明，自定效能越高，努力程度越高，運動成績越好 (Gould, Weiss, 1981; Weinberg, 1986; Feltz, 1988a)。威斯等人 (Weiss, Wiese & Klint, 1989) 發現，省級水平的體操運動員，其自定效能水平同比賽成績的相關為 r＝0.57。溫伯格等人 (Weinberg, Gould & Jackson, 1979) 在實驗室實驗中也得到了類似的結果，相關係數為 r=0.68。在這一類研究中，自定效能大多能可靠地預測運動成績，其相關係數一般均超過 r=0.50。費爾茨 (Feltz, 1981) 則發現，如果利用過去的運動成績和自定效能一起預測運動成績，其效果要比單獨用自定效能預測運動成績好。還有研究發現，如果被試在完成力量性任務之前，進行提高自定效能的認知準備，所取得的成績就會比不進行認知準備的控制組或進行其他類型認知準備的實驗組 (Wilkes, Summers, 1984) 更好。

體育運動領域有關自定效能和運動成績關係的研究所涉及的另一個問題是運動隊集體的自定效能，它源出於班杜拉 (Bandura, 1986) 的集體自定效能概念。費爾茨和她的同事 (Feltz, et al., 1989) 在這方面進行了許多研究。比如，她曾在一個有 32 場比賽的賽季中，以 7 個大學冰球隊為被試，考察了個人自定效能與集體運動成績之間的關係以及集體自定效能與集體運動成績之間的關係。研究是這樣進行的：在每次比賽前，被試都要完成一份關於自己在隊中的排名、集體自定效能和個人自定效能的問卷，比賽結束後，再對問卷結果與比賽成績進行相關分析。結果發現，集體自定效能與集體運動成績的相關僅比個人自定效能與集體運動成績的相關稍高一點。更重要的發現是，運動員對於自己在隊中排名的知覺可以比個人自定效能和集體自定效能更好地預測集體運動成績 (Feltz, et al., 1989)。這一結果提示，運動員關於自己在隊中排名的知覺可能是測量主觀能力的更好方法，而集體自定效能可能較易受答題偏差的影響。

2. 自定效能與動機的關係 根據社會認知理論，自定效能應是促進動機的重要因素；自定效能高者，參與體育活動的動機也應較高，反之則應較低。這種預測得到了一些研究的支持 (Bezjak & Lee, 1990；Dzewaltowski, Noble & Shaw, 1990)。比如，嘉西亞等人 (Garcia & King, 1991) 最近對一組辦公室的老年工作人員進行了一項研究，先對他們進行自定效能的初測，然後，將其分入三個不同的身體鍛鍊組和一個控制組進行為期一年的身體鍛鍊，結果發現，自定效能與身體鍛鍊的堅持性有可靠的、中等程度的正相關 (六個月時測得的相關為 r=0.42，一年時測得的相關為 r=0.44)，自定效能高者，身體鍛鍊的堅持性也更好。

3. 提高自定效能方面的研究 如果自定效能與運動成績和運動動機均有正相關的關係，那麼，即便還不能確定這種關係就是因果關係，但至少存在這樣一種可能，即通過提高自定效能來提高運動成績和運動動機。有些研究表明，通過不同手段，如觀看有助於提高自定效能的錄像片 (Leavitt, Young & Connelly, 1989)、鼓勵性的自我暗示 (Weinberg & Jackson, 1990)、表象 (Feltz & Riessinger, 1990)，均可有效地提高自定效能。還有些研究表明，通過自定效能的提高，可以進而提高堅持進行肌肉耐力性活動的時間 (Feltz & Riesinger, 1990)。

更引人注意的是，哈羅威等人 (Holloway, Beuter & Duda, 1988) 在一項研究中假設，體育運動情景中 (力量練習) 提高的自定效能，可以遷移到其它生活情景，提高人們生活的自信心。他們以 27 名青年婦女為被試，其中 6 名自願參加了一項為期 6 周的力量練習，8 名婦女為無運動活動的控制組，13 名婦女為輕微活動的控制組。實驗結果支持了他們的假設，實驗組的被試不但提高了力量訓練的自定效能和身體能力的信心，而且還提高了整個生活的自定效能和自信心。布羅笛 (Brody, Hatfield, & Spalding, 1988) 也發現，掌握了一項高危險性的運動技能後，該項任務自定效能的提高，可以遷移到其他相似的高危險活動中去。

4. 研究自定效能的方法 目前，研究自定效能的方法主要有兩種，一種是通過實驗者的控制操縱自定效能 (Weinberg, Jackson, Gould, & Yukelson, 1981)。比如，可以讓被試同另一作為主試合作者的"假被試"進行功率自行車的比賽，規定讓某些被試始終以 10 秒鐘領先以形成一個高自定效能組，讓另一些被試始終以 10 秒鐘落後以形成一個低自定效能組，再觀察兩組被試的後繼行為表現。或者讓不同被試觀看內容不同的錄像帶，以形成不同的自定效能。另一種是通過問卷測定自定效能，再與被試的其它特徵如運動成績、堅持進行體育活動的時間等進行相關分析。比如，萊克曼等人 (Ryckman, Robbins, Thornton & Cantrell, 1982) 曾編製了一個**身體自定效能量表** (Physical Self-Efficacy Scale，簡稱 PSE)。該量表又分為兩個分量表，一個是含 10 個條目的**主觀身體能力分量表** (Perceived Physical Ability，簡稱 PPA)，比如，其中有這樣一個問題："我的伸展性極好"；另一個是含12個條目的**身體性自我表現自信心分量表** (Physical Self-Presentation Confidence，簡稱 PSPC)，比如，其中有這樣一個問題："因為我的姿勢不好看，所以人們對我的印象不好"。要求被試根據六點里科特式量表做答。

5. 對自定效能研究的簡要評論 在大衆體育領域，自定效能研究關注的主要問題是從事體育活動的動機問題。在競技體育領域，自定效能研究關注的主要問題是自定效能與運動成績的關係問題。儘管這些問題引起了國外體育運動心理學工作者的廣泛興趣，但國內的體育運動心理學研究較少涉及自定效能這一概念，就筆者所掌握的有限資料來看，我們尚缺乏這方面的專門研究。其原因主要有三：一是國內體育運動心理學較少涉及大眾體育問題，大多數體育運動心理學工作者集中精力在競技體育方面；二是國內體育運動心理學對動機問題還未引起足夠的重視；三是對這類社會心理學的概念缺乏可靠有效的測量手段和實驗技術進行定量評價。實際上，在對運動員進行的心理諮詢和心理訓練中，許多體育運動心理學工作者都遇到了自定效能對運動成績的影響問題。它往往同運動員的注意方向、情緒控制等共同影響著運動員的運動表現，應當引起足夠的重視。

總的來說，體育運動領域有關自定效能的研究已經初步確定了自定效能與運動成績和運動動機的正相關關係，因此，今後的研究有必要進一步探討下列諸項問題：

1. 它是否是穩定的個性特質，抑或可以隨不同情景和不同任務而不斷地變化？
2. 通過認知訓練，它在多大程度上是可以變化提高的？
3. 有哪些因素與自定效能有關？

對這些問題的回答將有助於我們理解人的認知過程與體育運動之間的關係，並為心理選材、心理諮詢和心理技能訓練的實踐工作提供理論依據。

(二) 主觀能力和目標傾向的研究

這方面的研究主要集中在確定哪些心理因素和行為因素會影響人的主觀運動能力，這種主觀運動能力又如何影響人的後繼行為和運動成績 (Feltz, 1992；Harter, 1978；Roberts, Kleiber & Duda, 1981)。這類研究十分強調對目標問題的探討，同時，也十分重視人們如何解釋自己的能力，這種解釋又如何影響後繼的能力感 (Duda, Olson & Templin, 1991)。

在完成一項任務的過程中，如果強調的重點是任務本身，那麼，人們對自己表現出的能力的知覺是以自己個人為參照系統的，不同他人做比較。因此，可以預測，這種**任務定向** (或**工作取向**) (task orientation) 有助於培養和提高人的主觀能力感 (Elliott & Dweck, 1988)。而**自我定向** (ego orientation) 則不同，它考慮的主要是個人的能力水平。在這種情況下，人們對自己表現出的能力的知覺意味著對自己是否比別人強這個問題做出的評估。因此，可以預測，這種自我定向更有可能使人們產生能力不足之感 (Duda, 1992)。研究也的確表明，同自我定向相比，任務定向可更好地提高人們的能力感，而這種能力感對人們的運動成績 (Feltz, 1988a) 以及從事體育活動的持久性 (Burton & Martins, 1986；Roberts, Kleiber & Duda, 1981) 均有重要影響。

關於動機的社會認知理論認為，在體育運動中，目標傾向可能是影響內部動機的重要因素。具體來說，可以預測，任務定向可以激發對任務的直接興趣，而自我定向則會導致內部動機的下降。比如，杜達和尼克爾斯 (Duda & Nicholls, 1989) 曾以高中學生為被試進行了一項研究，方法是採用〈體育活動任務定向和自我定向調查表〉來確定在任務定向和自我定向以及滿足感、枯燥感、興趣感之間的相關，表 2-1 總結了這次調查的結果：任務定向與從事體育活動時的樂趣感有可靠的正相關，與枯燥感有負相關。

在另一項研究中，杜達等人 (Duda & Nicholls, 1989) 讓被試進行六分鐘的次最大強度自行車功率練習，然後，對被試提出一些問題。根據高任務定向/低自我定向的被試的報告，在練習過程中，被試體驗到的**主觀努力水**

表 2-1　任務定向、自我定向和樂趣感、興趣感、枯燥感之間的相關

動機別 \ 被試別 定向別	全體被試 任務定向	全體被試 自我定向	女性被試 任務定向	女性被試 自我定向	男性被試 任務定向	男性被試 自我定向
樂趣、興趣	0.34**	0.05	0.58***	0.30**	0.30**	-0.12
枯燥	-0.28*	-0.00	-0.42***	-0.19	-0.19	0.10

* P＜0.05　　** P＜0.01　　*** P＜0.001

(採自 Duda & Nicholls, 1989)

平 (rate of perceived exertion，簡稱 RPE) 更低，積極情緒更多。因此，杜達等人認為，體育教師、教練員以及其他體育管理人員應當盡力創造並維持一種積極氣氛，幫助體育參加者建立一種高度的任務定向。這一點正是高度競爭定向、成績定向的體育世界存在的一個嚴重問題。

　　有一些實驗室的研究也考察了任務定向和自我定向對體育活動中內部動機的影響。比如，威勒蘭德等人 (Vallerand, Gauvin & Halliwell, 1986) 報告，如果讓男孩子們先從事一項競爭定向的活動而不是任務定向的活動，那麼，在以後可自由支配的時間內，他們花在該項任務上的時間就更少。

　　從上述研究中，我們或許可以總結出一個初步的結論：在體育運動中，在目標傾向和動機過程、成就行為、價值感之間，存在著交互影響的關係。

(三) 體育運動中動機研究的新設想

　　最近，羅伯特 (Roberts, 1992) 強烈主張，以社會認知理論為基礎的研究應有一個統一的模式 (見圖 2-5)，這一框架詳細說明了動機以及大多數需要這種動機支持的行為。在這一模式中，人的行為是有目的性的、目標導向的、理智的。在競爭性的環境中，體現能力的目標是一個能量增強的構念，因而也是一個充滿活力的動機性概念。

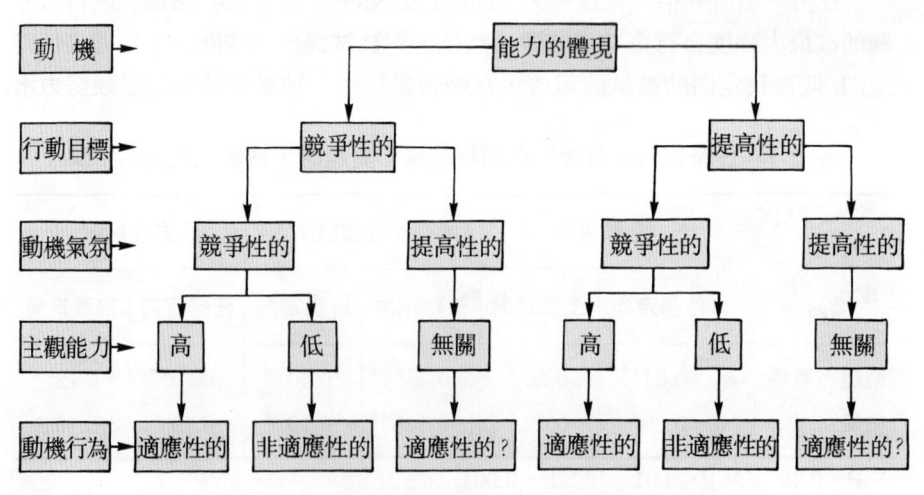

圖 2-5　動機的動力過程——一個整合的模式
(採自 Roberts, 1992)

羅伯特特別強調，體育運動領域的動機研究需要對不同的理論和研究結果進行整合並對動機的動力性過程進行深入探討。

當然，自社會認知理論出現以後，也不乏指責與批評的聲音。利杰斯基 (Rejeski, 1992) 曾指出，社會認知理論及其相關研究存在一些重要缺陷：

1. 沒有評估被試對行為強化的價值感；
2. 單純強調過程定向；
3. 忽視人們周圍的社會關係和生活中重要人物對動機行為的影響；
4. 是在社會認知的框架中對幾種不同研究路線的拼合，而不是嚴謹、系統的理論體系。

另外，斯坎倫和西蒙斯 (Scanlan & Simmons, 1992) 最近就體育活動的娛樂性提出了一個新的動機模式——**體育活動投入模式** (sport commitment model) (圖 2-6)，其新意主要在於將情感作為理解體育活動的重要變

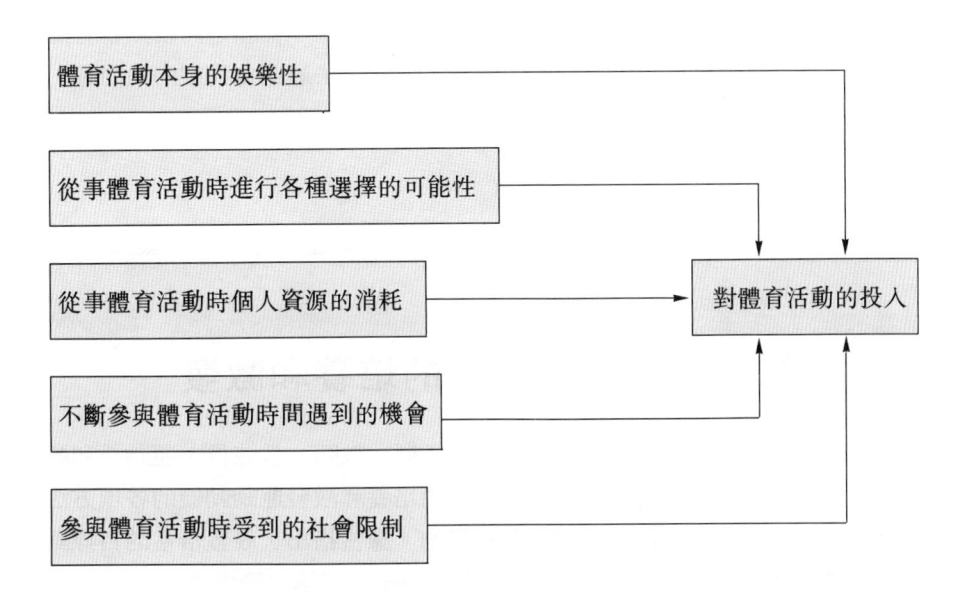

圖 2-6　體育活動投入模式
(採自 Scanlan & Lewthwaite, 1986)

量。該模式指出，人們對體育活動的投入取決於體育活動本身的娛樂性、進行各種選擇的可能性、個人資源的消耗、不斷參與過程中遇到的機會以及參與體育活動時的社會限制等因素，這些因素均處於個人知覺的水平並涉及認知和情感兩方面的因素。

(四) 意義與作用

1. 同認知評價理論一樣，社會認知理論也極其重視人的認知過程對動機的重要作用，以及內部動機的維持與增強，故可以說，它們並沒有實質性的不同。而所不同的只是，社會認知理論更強調人的目標傾向對動機的影響。顯然，它是注重任務定向的，希望體育活動的參加者通過這種目標定向來獲得更多的樂趣，從而加強內部動機。這種通過體育活動的樂趣性提高人的生活質量，使人生活得更加健康和幸福的出發點，無疑是大眾體育的基石。也許，這對兒童的體育教育和體育活動有更為重要的現實意義。

2. 該理論的系統性不強，尚未形成完整的體系，自定效能方面的研究與主觀能力、目標傾向方面的研究之內在的邏輯聯繫也不是很清晰。

3. 該理論更適合於大眾體育。在競技體育領域中，任務定向自然會有助於運動員能力感的提高和內部動機的維持，但又無法迴避自我定向的問題，他們將不得不在同其他人的能力比較中生存。

第三節 運動動機的培養和激發

在體育運動中如何培養和激發動機，是擺在教師、教練員、運動員和體育管理人員面前的重要問題。本節所討論的培養和激發運動動機的各項方法和原則，大都是以上述各動機理論為基礎的。應當指出，設置恰當的目標對於培養和激發動機是極其重要的，我們將在第十二章第二節專述。

一、滿足運動員的各種需要

滿足運動員的需要,是有效地激發動機的關鍵。如果教學訓練過程符合運動員正在尋求的情感體驗,則這個過程本身就能起到激發動機的作用。

在體育運動領域中,儘管每個人都有自己的特殊需要,但根據馬斯洛的需要層次理論,大多數人的需要可歸為以下三類:接受刺激、追求樂趣的需要,從屬於一個集體的需要,展示才能和自我價值的需要。

(一) 追求樂趣的需要

體育運動的魅力之一就是具有鮮明的挑戰性和趣味性,並使身心集於一體。它是樂趣式的,但同時它也可能成為一項艱苦的勞動,從樂趣式的轉變為工作式的。如果教學安排與訓練安排枯燥無味,過多剝奪了運動員的自由或者對運動員提出了過高的要求,那麼,它就剝奪了運動員訓練的樂趣,導致運動動機的下降。有的教練員發現,有些運動員在訓練課上無精打彩,但當訓練結束之後,他們常自動留下來按自己的興趣再玩一會兒。這一事例說明,教練員的訓練課很可能存在問題,它未能很好地滿足運動員追求樂趣的需要。教練員應該分析一下自己,是不是總愛品頭評足,說消極話;工作是否雜亂無章;是否總愛命令人,非常蠻橫;是否沒完沒了地講授,未給運動員提供充分的機會;訓練方法是否千篇一律等等。這些都是破壞運動員興趣的重要原因。體育教師和教練員只有設法使單調無味的訓練富於趣味性,滿足運動員追求樂趣的需要,才能更有效地激發運動動機。為滿足運動員追求樂趣的需要,應在教育訓練中注意以下幾點:

1. 使運動員的能力適合練習的難度 如果一個人總是失敗,那他就決不會覺得這項運動有趣。因此,應該有意識地促成運動員成功的體驗。

2. 使訓練方法和手段多樣化 這一點很重要,有的運動員報告,他的教練會使運動員笑著累倒在操場上,這樣的教練很可能是優秀的教練。

3. 讓所有的人都積極參與 如果某些人在別人積極參與時感到無事可做,他們就會感到厭煩。

4. 在練習中根據運動員的特點分派任務 這樣可使他們有機會在完

成任務的過程中享受樂趣。

5. 允許運動員在訓練中有更多的自主權（這一點將在後面進行詳細的分析）。

（二） 歸屬的需要

可能所有的運動員都有**歸屬的需要** (need for affiliation)（即從屬於一個集體的需要）。甚至有少數人，參加體育運動就是因為希望能成為運動集體中的一員，他們需要歸屬於一個能為自己增添色彩的集體。歸屬於他人、為他人所接受就是這些人的主要動機，他們的主要目標就是滿足這種需要，而不是去贏得榮譽。他們常常很樂意地當一名替補隊員，只要偶爾出場比賽就足夠了。對於這種人來說，不惜一切代價來爭取最佳表現或取勝並無多大意義。當然，如果取勝是集體的一個目標，他們也會為之努力的，因為他們迫切希望成為集體的一部分，迫切希望被教練員和集體所接受。

體育教師和教練員可以利用集體成員的資格來作為一種頗具誘惑力的獎勵，以激勵這類運動員為優良成績去努力拚搏；也可以用集體的行為規範、集體的目標、集體的榮譽感來激發他們的成就動機。

（三） 展示才能與自我價值的需要

感到自己有價值（能力與成功）的需要是體育運動中最普遍最強烈的需要，這種需要的特點是由運動員歸因的特點決定的（我們將在第三章詳細討論歸因問題）。可以根據歸因的特點將運動員分為兩類：**成功定向的運動員** (success oriented athlete) 和**失敗定向的運動員** (failure oriented athlete)，他們各自的特點如表 2-2 所示。無論對於哪類運動員來說，**自我價值感** (perception of self value) 都可能是他們最珍惜和悉心保護的精神財產。展示自己的才能並使他人承認自己的價值，或者不必得到他人的尊重而只需自認為有價值、有能力，都可以滿足這種需要。體育運動領域的各種任務時時都在向人的能力提出挑戰，作為教練員，必須儘可能去保護運動員，不要使他們失去自我價值感。

對於失敗定向的運動員，體育教師或教練員應幫助他們重新確定目標，並儘可能設法通過成功的體驗來滿足他們表現才能與自我價值的需要，引導他們積極改善歸因的控制點，這樣才能有效地培養和激發他們的內部動機。

例如，對於屢受挫折，自尊心受到極大傷害的運動員，應幫助他們重新確定切實可行的目標，引導他們將成功歸因於能力（成功定向)，並積極為其創設經努力而成功的訓練環境，提高其自我價值感，保護其自尊心。

表 2-2　成功定向與失敗定向運動員的特徵

變　量	成功定向運動員的特徵	失敗定向運動員的特徵
成功/失敗史	不斷的成功	不斷的失敗
總的情況	積極的、樂觀的	消極的、悲觀的
歸因	成功時　能力 失敗時　努力	幸運或任務容易 能力
責任	成功時　歸功於自己 失敗時　應該承擔責任時就承擔責任	不歸功於自己 對失敗承擔責任
任務選擇	中等難度	非常容易或非常難的——因此可預測成功和失敗
情感	成功時　滿意 失敗時　不滿意	有點滿意 非常不滿意
運動的重要性	提高——參加運動給運動員帶來了關於自己的好消息	降低——參加運動削弱了運動員的自我價值感

二、正確運用強化手段

動機既可以從外部被激發，也可以從內部被激發。正確的強化是從外部激發動機的主要方法。如果運用得當，不僅可以激發外部動機，也有利於內部動機的培養。如果運用不當，則可能既破壞內部動機又破壞外部動機。

強化 (reinforcement) 是指出現可接受的行為時，或者給予獎勵，或者撤除消極刺激的過程。強化可分為兩種：

1. 積極強化 (positive reinforcement)　出現特定的行為時就給予獎勵。例如，教練員的微笑、表揚、注意等精神獎勵，以及獎杯、證書等物質獎勵。

2. 消極強化 (negative reinforcement) 通過撤除消極的結果來鼓勵特定行為。例如，足球教學比賽的負方應按慣例在賽後罰跑 2000 米，但由於負方隊員表現出色，教練員決定免跑，這就是消極強化。

一般說來，獎勵的方法優於懲罰的方法，因為它比懲罰更能鼓勵正確的行為。但適當的懲罰也是必要的，因為它有利於減少錯誤行為反復出現的可能性。

進行強化時應注意以下原則：

1. 明確規定應獲獎勵的行為、獎勵的條件以及獎勵的標準。例如，在籃球教學比賽中規定，誰如果在全場比賽中搶到規定數量的籃板球，則下次訓練課就可以自選準備活動或帶領全隊做準備活動。
2. 最好對達到標準的良好表現進行沒有規律的強化 (獎勵)。
3. 鼓勵運動員間的相互強化。
4. 獎勵不能過量，不能讓運動員感到教練員企圖控制他們的行為。
5. 應使運動員懂得，獎勵不是最終目的，它只是能力、努力和自我價值的標誌，這有利於加強內部動機。

下面是一個強化不當而損壞動機的例子：父親對孩子說："兒子，如果你每天堅持練 2 小時的足球，我可以每天給你 5 角錢"。過了一段時間，孩子對父親說："爸爸，我不要你的錢，也不練足球了"。可見，強化如果不能帶來運動員能力如何的信息，就起不到激發動機的作用。

缺乏性需要比豐富性需要更容易得到滿足，一旦這種需要得到滿足，它就不再成為人爭取達到的目標，因而也就失去動機作用。從這個意義上說，培養和激發內部動機比外部動機更重要。

三、激發動機的直接方法

有三種直接的方法可用來影響運動員的動機：依從方法、認同方法和內化方法。

（一） 依從方法

依從方法 (compliance method) 是指利用外部獎勵和懲罰的作用來激發運動動機的方法。例如，教練員對運動員說："如果你今天贏了，那我們星期一就不練了"，或者"你要是再不聽，就暫停你的伙食費"。這就是通過依從方法來激發動機。該方法是激發動機的有效手段，特別是對於那些沒有建立良好的行為習慣、自我觀念很淡薄的運動員來說，尤其如此。

（二） 認同方法

認同方法 (identification method) 是指利用教練員與運動員之間的關係來激發運動動機的方法，它是依從法的隱蔽形式。例如，教練員說："如果你關心全隊，為全隊盡力，那你也是在為我做這件事，幫了我的忙"。這就是通過認同法來激發動機。這種方法實際上是依從方法的隱蔽形式，這句話的潛台詞是："如果你按照我的要求做，你就會得到獎勵；如果你不這樣做，就會受到懲罰"。要成功地利用認同法來激發運動動機，教練員就必須與運動員保持良好關係，使運動員覺得自己應該照教練員的要求去做。應當看到，過分依賴懲罰和消極強化的教練員容易同運動員產生隔閡，運動員服從教練員只是因為怕受罰。

（三） 內化方法

內化方法 (internalization method) 是指通過啟發信念和價值觀來激發內部動機的方法。例如，教練員賽前對運動員說："高軍，為了準備這次比賽，你的確練得很努力。你應當對準備工作感到滿意，我相信你肯定能充分發揮出自己的水平。我想，你一定知道，無論比賽結果如何，我都會為你感到驕傲。"這就是教練員通過內化法來激發動機的典型例子。

使用直接方法時，應注意以下一些問題：

1. 在技能發展的初級階段，依從方法與認同方法最有效，因為該階段運動員尚不成熟。
2. 隨著年齡的增長和心理的成熟，內化方法會起作用，也最適宜。
3. 對於那些十分習慣於依從方法而不適應、不接受內化方法的運動員，激發其動機的方法取決於目標：如果首要目標是取勝，則應充分依靠和運用依從方法和認同方法，因為它更省時、更容易也很有效。如果首要目標是幫助運動員成熟和發展，特別是要使他們在心理上不斷成熟和發展，從而建立積極的自我意識和完整的價值觀念，則應先利用依從法和認同法幫助運動員建立起正確的價值和信仰體系（接受內化法），然後才可能用內化法激發和培養其運動動機。

4. 運動員歸因的控制點不同，激發其運動動機的直接方法也不同：對於內控歸因的運動員，更適合使用內化的方法。對於外控歸因的運動員，更適合使用依從和認同的方法。

四、激發動機的間接方法

改變教學與訓練的環境是培養與激發運動動機的間接方法。這個環境包括物質環境和心理環境。例如，變換練習場地，改善練習設備條件等，這是改變練習的物質環境。又如，在某些人不在場的情況下組織練習，取消消極評語，改變運動員的分組，改變傳統的練習方法，等等，都是改變練習的心理環境。

五、保持訓練和比賽的趣味性和啟發性

前面已經談到，滿足運動員的需要，是有效地激發動機的關鍵。體育教師和教練員精心安排每一次訓練和比賽，使之具有趣味性和啟發性，就是滿足運動員接受刺激、追求樂趣的需要，用以培養和激發內部動機。

六、給予自主權並培養責任心

許多研究表明，給人以控制自己生活的權力可以加強動機，提高成就，促進責任感和自我價值感的發展。這點對於培養和激發運動動機尤為重要。

在體育運動領域中，毫無疑問，教練員對於訓練和比賽所作的安排往往是比較適合於運動員發展的。但也應知道，最了解運動員狀況的，莫過於運動員自己。一旦運動員學會了如何自己設計訓練計畫，掌握了作出正確決策

的方法，他們可能設計出更好的計劃，可能會有更強烈的責任心去執行自己親手制訂的計畫。

中國古代有句名言："授人以魚，則供一餐之需；授人以漁，則其終身受益"。意思是說，如果僅給別人一條魚，則只能滿足他一頓飯的需要，如果教給他捕魚的方法，則使人終身受益。有許多教練員不給運動員提供自己選擇的機會，訓練方案一概由教練員包攬，運動員對此沒有任何發言權，他們只是按計畫訓練，成為執行計畫的機器。其實，這種做法不利於運動員主觀能動性的發揮，很可能挫傷運動動機。試想，如果弗斯伯里 (Fosbury) 僅僅按照教練員告訴他的方法練跳高，就不會產生背越式跳高；如果王貞治僅僅追求"標準的"揮棒姿勢，他就不可能成為棒球全壘打之王。

體育教師和教練員應根據運動員的能力和水平，在有組織的範圍內給予自主權力，以培養運動員的責任心、自覺性以及在有限的條件下做出正確決策的能力。這樣做不僅能培養和激發內部動機，而且會使運動員在將來的生活和工作中受益。

在給予自主權的過程中應注意以下問題：

1. 根據運動員的能力和水平，有選擇地給予自主權。

2. 給予自主權後耐心幫助其進行決策，不要急於求成、過分指導。體育教師或教練員應花些時間同運動員一起討論決策的方法和決策中應注意的問題，並使其了解自己過去曾做出的某些決策的原因。同時，應允許運動員在決策中出錯，出錯時要幫助他們從中汲取教訓，待運動員對他們的責任習慣後，錯誤自然會減少。不適當的過分指導，往往會損害運動動機，因為這樣做實際上剝奪了運動員學習自我調整、自己做出決策的機會，而且，運動員也很難一次改正過多的錯誤。

3. 體育教師或教練員應具有移情心。移情心是一種理解運動員感情和態度的能力，一種會站在運動員的角度來觀察思考問題的能力。這種能力會在師生關係之間創造一種信任感。體育教師或教練員應充分理解運動員所面臨的困難。

七、因材施教及區別對待

由於運動員之間在家庭背景、個性特徵、需要、歸因特點、文化程度等方面存在差異，因此在培養和激發運動動機的過程中應充分考慮這些差異，做到因材施教。在體育運動領域中激發動機，沒有同時適合所有人、所有情況的方法，體育教師或教練員應該從實際出發，因人制宜，創造性地運用各種方法以取得良好的效果。如果一味教條式地生搬硬套，就會適得其反。例如，有些運動員可能會把教練員的懲罰看成是一種獎勵，也有人可能把獎勵看成是一種懲罰。比如，在你大聲訓斥某人時，他卻覺得自己成功地引起了你對他的注意；對於性格特別靦腆的運動員，你讓他帶領全隊做準備活動以示獎勵，他卻可能將此事看成一種懲罰。這些都是強化運用不當的表現。

本章摘要

1. **動機**是推動一個人進行活動的心理動因或內部動力。它能引起並維持人的活動，將該活動導向一定目標，以滿足個體的念頭、願望或理想。
2. 動機的基本作用有三個，即始發作用、指向或選擇作用以及強化作用。引起動機的基本條件是內部需要和外部環境。
3. **驅力**是指驅使有機體進入活動，與身體的生理需要相聯繫的內部激起狀態。**誘因**指引起個體動機，並能滿足個體需求的外在刺激。動機就是驅力和誘因兩種作用相結合的產物。
4. 常見的動機分類有：**生物性動機和社會性動機、物質性動機和精神性動機、直接動機和間接動機、缺乏性動機和豐富性動機、外部動機和內部動機**等。
5. **馬斯洛需要層次論**將人的多層次需要作為基本的動機系統，對運動隊的管理，運動動機的激發具有重要的指導意義。了解運動員的各種需要是培養和激發運動動機的必要前提。
6. 人的基本動機就是以最有效和最完整的方式，表現出自己最大限度的潛力。**自我實現**就是要求充分發揮個人的潛力和才能，對社會做出自認為有意義、有價值的貢獻，實現自己的理想和抱負。顯然，在競技體育中提倡這種自我實現精神，有助於提高運動員訓練的自覺性和目的性。
7. **認知評價論**認為，內部動機以人的能力需要和自我決策需要為基礎，任何影響能力感和自我決策感的事件都可影響人的內部動機。像獎金、獎品一類的外部獎勵由於其攜帶的控制性功能很強，往往會對內部動機產生破壞性影響。如果一項活動可提高人的能力感並滿足人的自我決策需要，這一活動就因其攜帶的信息性功能十分突出而加強內部動機。
8. **社會認知論**將情感、期望、目標、價值觀相結合，以對動機行為做出全面的解釋。這一理論強調，目標傾向是影響內部動機的重要因素。指向體育活動本身的任務定向可以激發對任務的直接興趣，而指向將自己同他人進行能力比較的自我定向則會導致內部動機的下降。
9. 目前，動機領域研究的**趨勢**是對影響動機的兩種認知過程的高度重視，即對人的自我觀念 (如能力感、控制感) 和目標價值觀念的高度重視。
10. 在運動動機的培養和激發的過程中，應注意以下八項原則：
 (1) 設置正確的目標；(2) 滿足運動員的各種需要；(3) 正確運用強化手段；(4) 了解運動員的特點，確定激發動機的直接方法；(5) 經常改變教學與訓練的環境，以間接地激發動機；(6) 保持訓練和比賽的趣味性和啟發性，以激發內部動機；(7) 給予更多的自主權，培養運動員的責任心；(8) 因材施教，區別對待，具體問題具體分析。

建議參考資料

1. 邱宜均、劉先敏 (1979)：中學生運動興趣的心理研究。北京體育學院學報，3 期，62～67 頁。
2. 馬斯洛 (許金聲等譯，1987)：動機與人格。北京市：華夏出版社。
3. 馬啟偉 (編譯) (1983)：和教練員運動員談談心理學 (四)。北京體育學院學報，2 期，59～66 頁。
4. 馬騰斯 (王惠民、任未多、李京誠、張力為編譯，1992)：心理技能訓練指南。北京市：人民體育出版社。
5. 凌　平 (1986)：關於運動員激勵問題的研究綜述。四川體育科學學報，1 期，21～29 頁。
6. 張力為 (1993)：運動動機的培養和激發。山西體育科技，1 期，23～28 頁。
7. 張春興 (1991)：現代心理學。台北市：東華書局 (繁體字版)。上海市：上海人民出版社 (1994) (簡體字版)。
8. 霍斯頓 (孟繼群、候積良等譯，1990)：動機心理學。瀋陽市：遼寧人民出版社。
9. Roberts, G. C. (Ed.) (1992). *Motivation in sport and exercise.* Champaign: Human Kinetics.

第三章

訓練與競賽中的歸因問題

本章內容細目

第一節 社會認知的歸因理論
一、海德的歸因理論 67
二、維納的歸因理論 68
三、歸因偏差 69
　(一) 基本歸因偏差
　(二) 觀察者與行為者歸因的差別
　(三) 忽視一致性信息
　(四) 自我防禦性歸因

第二節 控制點
一、控制點的基本思想 71
二、體育運動領域的控制點測量方法 72
　(一) 訓練目標控制點量表
　(二) 身體健康控制點量表
三、有關控制點的研究 73
　(一) 信息加工與控制點
　(二) 焦慮喚醒與控制點
　(三) 領導策略與控制點
　(四) 性別差異與控制點
　(五) 運動成績與控制點

第三節 歸因的五個維度
一、內外向 77
二、可控性 77
三、穩定性 77
四、意向性 78
五、整體性 79
六、體育運動領域的歸因測量方法 79
　(一) 運動歸因方式量表
　(二) 溫格特運動成就歸因量表

第四節 習得性無助感
一、習得性無助感的性質 80
二、習得性無助感的矯正 82

第五節 改善歸因的具體建議
一、進行積極的反饋 84
二、增加成功的體驗 85
三、建立成功與失敗的恰當標準 85
四、明確各種影響因素的可控性 85
五、設置明確與具體的目標 88
六、強調個人努力 88
七、謹慎地比較運動員之間的差距 89
八、實事求是 89

本章摘要

建議參考資料

對事物因果關係的探討是科學家的天職，天文學家要了解地球為什麼會圍繞太陽旋轉，醫學專家要探討癌症的發病原因，生物力學專家要分析為什麼李寧的體操動作不但完美和諧，而且成功率極高。同時，對事物因果關係的探討也是日常生活中的一種自然心理傾向，人們總是在為自己的行為尋找合理的解釋。學生沒有通過地理科考試，會考慮問題出在那裡，是考試題目太難？老師授課枯燥無味？還是自己努力不夠？探險家不顧危險，隻身到非洲原始森林，長期與野獸一起周旋，回到文明社會後，在新聞發布會上要說明：這是為了生態學研究，是一種個人愛好，還是要向世人證明自己的能力？運動員在奧運會上取得了金牌，也要對自己、對他人作一番解釋：把成功歸於集體配合，個人拚搏，教練水平，還是機遇？總之，歸因是這樣的普遍、平常，乃至於人們並不將它看作是特殊的心理現象。但實際上，對一個行為結果所進行的自我歸因或他人歸因，對人的後續行為會產生重要影響，正是這一點，引起了心理學家特別是社會心理學家的高度重視。

歸因問題的提出始於 20 世紀 40 年代，是社會心理學中人們對社會行為所做原因推論的一個十分活躍的研究領域，近 20 年來尤為如此 (時蓉華，1989；奴剛彥，1990)。歸因理論討論的重點是個人如何對周圍事物以及行為結果進行解釋，並說明這種解釋又如何影響人的情緒與行為。在體育教學與運動訓練中，人們對學習成績和運動成績的正確歸因，是激勵自己積極主動地學習、訓練並不斷進步的重要條件。體育教師和教練員也可利用正確歸因的引導，提高學習、訓練的效率和質量。體育教師和教練員要想更有效地管理學生和運動員，就必須了解他們如何解釋運動場上發生在他們身邊的事情，了解歸因的類型和意義，即歸因對運動員的心理狀態和未來成績所產生的重要影響。本章將討論：

1. 社會心理學關於歸因的幾種重要理論。
2. 歸因問題在體育運動領域的特殊意義以及其與動機問題的關係。
3. 歸因的主要維度以及歸因問題的研究成果。
4. 測量體育運動領域歸因傾向的方法。
5. 在訓練和比賽中如何利用歸因原理引導運動員。

第一節　社會認知的歸因理論

歸因 (attribution) 是指人們對他人或自己的行為進行分析，判斷和指出其性質或推論其原因的過程。這一過程遍及人們社會生活的各個領域，是人們自然而然、隨時隨地進行的一種心理活動。比如，中國田徑運動的"馬家軍"突然以不可一世的雄姿出現在世界體壇，立刻引起國內外體育界的關注，人們都在議論其成功的秘訣。一個運動員不能準時參加訓練，他自己和他人也要解釋或詢問其原因；特別是比賽結束之後，教練員、運動員進行比賽總結時，重點也都放在對成敗原因的分析上。當然，歸因也是體育記者、體育觀眾們所津津樂道的話題。對於這樣一個普遍的心理現象，近年來許多社會心理學家進行了認真的研究並提出了多種不同的**歸因理論** (attribution theory)。

一、海德的歸因理論

海德 (Fritz Heider, 1896～　) 是最早研究歸因理論的心理學家。他十分關心現象的因果關係。海德認為，人們需要控制周圍的環境，並預見他人的行為。只有這樣，才能更好地在複雜多變的社會中生活。因此，每個人都會致力於尋找人們行為的因果性解釋。海德把這種普遍現象稱為**樸素心理學** (naive psychology)。樸素心理學認為，為了預見他人行為並有效地控制環境，關鍵問題在於對他人的行為或事件做出原因分析。

海德認為，人們都相信一個人的行為產生必有原因，其原因或者決定於客觀環境，或者決定於主觀條件。如果判斷個體行為的根本原因是來自於外界力量，如個體的周圍環境、與個體相互作用的其他人對個體行為的強制作用、外部獎勵或懲罰、運氣、任務的難易等，我們就把這種歸因稱為**情境歸因** (situational attribution)；如果判斷個體行為的根本原因是個體本身的特點，如人格、品質、動機、情緒、心境、態度、能力、努力以及其他一些個體所具備的特點等，我們就把這種歸因稱為**性格歸因** (dispositional attribution)。

時蓉華指出 (1989)，海德歸因理論的核心在於：只有首先了解行為的根本原因是內在的還是外在的，然後才能有效地控制個體的行為。

二、維納的歸因理論

維納等人 (Weiner，et al., 1971) 認為，在分析他人行為的因果關係之時，原因的穩定與不穩定是第二個重要問題。人們對成功與失敗的解釋有以下四個方面：能力高低、任務難易、努力多少和幸運與否。這四個方面構成了兩個維度：內外向和穩定性 (Anshell, 1990)，這就是最初的**歸因模式** (attribution model) (表 3-1)。

表 3-1 成功行爲決定因素的分類

穩定性	內在的	外在的
穩　定	能　力	工作難度
不穩定	努　力	運　氣

(採自時蓉華，1989)

維納等人的研究表明 (參見時蓉華，1989)，人們把成功或失敗歸於何種因素，對情緒體驗和今後工作的積極性有重要影響 (表 3-2)。他認為，能力、努力、運氣和任務難度是個體分析工作成敗的主要因素。一般來說，追求成功的人把成功歸因於自己能力強，而把失敗歸因於自己不努力；認為只要自己努力，總會成功。相反，避免失敗的人往往把成功歸於運氣好、任務容易等外部因素，而把失敗歸於自己能力不足。由於避免失敗的人把成功與否歸結為自己無法控制的外部因素，因此認為再次成功把握不大，這種人往往處於退避姿態。追求成功的人把成功與否歸結為自己是否努力，這種人往往在下一次選擇任務時，仍能選擇有相當難度的任務，相信通過努力總會成功。因此，歸因理論重視自我努力感，強調努力會帶來一種興奮自傲感，而不努力則會產生一種內疚感。

時蓉華指出 (1989)，大量實驗證明，個體對學習成功的歸因變化是有規律的。一般說，幼兒和小學生看重努力的作用，但當學生進入初中時，努

表 3-2　歸因與情緒體驗和工作積極性的關係

行為結果	歸因方向	實例	情緒反應	工作積極性
成功	內部因素 外部因素	努力，能力 任務容易，運氣好	滿意，自豪 意外，感激	
失敗	內部因素 外部因素		內疚，無助 氣憤，敵意	
成功	穩定因素 不穩定因素	任務容易，能力強 努力，運氣好		提高 提高或降低
失敗	穩定因素 不穩定因素	任務難，能力差 努力不夠，運氣不好		降低 提高

(根據時蓉華，1989 資料編製)

力的價值逐漸貶值，他們會越來越感到努力反倒顯得自己能力低下。這種感覺與年俱增，到了大學階段，就把能力看作是最能體現個人價值的關鍵了。

三、歸因偏差

(一) 基本歸因偏差

基本歸因偏差(或**基本歸因誤差**) (fundamental attribution error) 主要是就觀察者而言的。觀察者傾向於把行為者本身看作是其行為的原因，而忽視了外在因素可能產生的影響 (Ross, 1977)。發生這種錯誤的原因在於：第一，我們有這樣一種社會規範，即人們應該對自己行為的後果負責，故容易重視內在因素的作用而輕視外在因素的作用；第二，在一種環境中，行為者比環境中的其他因素更為突出，使得人們容易只注意行為者，而忽視了背景因素和社會關係。

(二) 觀察者與行為者歸因的差別

同觀察者的傾向相比，行為者容易過高估計外在因素對於自己行為的作用。也就是說，行為者對自己的行為傾向易作外在歸因，而觀察者對他人的行為傾向易作內在歸因。斯奈德曾進行過一項實驗（見時蓉華，1989），考察人們如何解釋自己的成功與失敗。他請一些被試賽跑，另請一些被試觀看賽跑。賽跑結束後，請參加賽跑的人解釋自己成敗的原因。結果表明，勝利者把自己的成功歸因於內在因素，例如技術和努力，失敗者則把自己的失敗歸因於外在因素，例如運氣不好。另一方面，旁觀者的解釋却又大不相同，他們認為勝利者的取勝是由於運氣好和其他外在因素，而失敗者却是敗於技術不高，努力不夠。

觀察者和行為者這種分歧的原因是，第一，兩者的著眼點不同：觀察者通常把注意力放在行為者身上，而行為者則可能更注意外在因素對自己行為的影響；第二，兩者可資利用的信息不同：觀察者通常很少掌握行為者個人史方面的信息，只注意他此時此地的行為表現，而行為者則不僅僅是看到當時的情況，而且對自己過去的行為也非常了解。

（三） 忽視一致性信息

凱利 (Kelley, 1972) 曾假定人們在歸因時同樣重視**區別性** (distinctiveness)、**一致性** (consensus) 和**一貫性** (consistency) 信息。但事實上，一致性信息所受到的重視程度特別低。人們往往只注意行為者本人的種種表現，卻不大注意行為者周圍的其他人如何行動。造成這種現象的原因是，第一，人們習慣於注重具體的、生動的、獨特的事情，而忽視抽象的、空洞的和數據類型的信息；第二，人們可能覺得直接信息比非直接信息更加可靠，而一致性信息涉及到行為者周圍的其他人，這方面的材料相對分散，無法憑觀察者自己來——獲取；第三，行為者周圍的其他人與行為者本人相比，處於較不突出的位置，往往只構成觀察的背景，因而受到忽視。

（四） 自我防禦性歸因

人們總是願意獲得成功，這種傾向也可能導致歸因偏差。如果人們把成功看作是加強自我權威或保護自尊心的手段，就會對自己的失敗行為作歪曲的解釋。人們往往把成功的原因歸於自己的內在因素，如能力、努力或性格等。與此相反，對於自己的敗績往往從外在環境中尋找原因為自己開脫。這種偏差最易發生在行為者確信自己行為的原因無人確知的情況下。

另一方面，為了解釋自己的失敗，行為者還可能出現另一種防禦偏差，即**自我貶損**(或**自我貶抑**) (self-abasement)。在這種情況下，行為者用各種消極的辦法如酒精、藥物等來逃避個人的責任。自我貶損可以使失敗者不必面對自己缺乏某種優良特質的難題，避免因個人的能力欠缺的實情被發現而陷入難堪。

第二節　控制點

一、控制點的基本思想

和歸因問題有關的研究絕大部分集中在**控制點**(或**控制觀**) (locus of control) 問題上。在日常生活中，人們總是有意識或無意識地相信某些因素控制著他們的生活，這些因素便是他們的控制點。它們可能是外部的，也可能是內部的。對於成就高的人來說，其控制點往往是內部的 (Christopher, 1989)。

內部控制點(或**內控**) (internal control) 的含義是，強烈傾向於將人生經歷中各種積極或消極事件看作是自己個人行為的結果，因此，這些事件是處於人的主動控制之下。**外部控制點**(或**外控**) (external control)的含義是，強烈傾向於將人生經歷中各種積極或消極事件看作與自己個人的行為無關，因此，這些事件是個人無法控制的 (Lefcourt, 1966)。高內部控制點的運動員傾向於認為他們的運動成績取決於他們自己能夠控制的那些因素，如努力程度、技能水平、注意範圍等。與此相反，高外部控制點的運動員傾向於認為裁判、對手、觀衆等他們自己無法控制的一些因素對他們的運動成績有更大的影響。

運動員在訓練和比賽中，一方面要將注意力放在控制和把握那些可控因素上，比如：技術戰術、思維方式、期望、注意的範圍和方向、喚醒水平、對失誤的反應等。另一方面，要能夠有效地應付那些不可控的因素，例如天氣、裁判、對手、場地、比賽時間等。在受到干擾的情況下，要能迅速重新將注意轉向可控因素。比如，運動員無法控制裁判，無法改變已經做出的錯判、誤判，但他們可以控制自己對錯判、誤判的反應，可以控制他們其後的技術和戰術。成功的運動員能夠鑒別出哪些因素是可控因素，哪些因素是不可控因素，並且不斷發展和完善自己的控制能力，以使自己能有比較穩定的比賽表現。而且，他們也往往有自己一套有效的排除干擾的特殊方法（張力為，1993a）。

關於控制點的理論，洛特（Rotter, 1954）曾指出，人們的行為受兩個因素影響，一是期望，人們期望自己的行為會導致特定的強化物出現；二是評價，人們對獎勵和強化的價值有一評判。比如，如果一個運動員認為他的努力可使他達到目標，且這一目標是有價值的，他就會繼續參加訓練。獎勵可能來源於內部，也可能來源於外部。

影響和反映控制點的一個重要因素是強化的價值。如果各種強化發生的概率相等，那麼是希望得到哪種強化呢？這就涉及到人們對於不同強化的價值評判。人們有著自己的偏好等級，這種價值趨向會同期望產生交互作用。比如，假如一個運動員認為艱苦的訓練（內部控制）會使他實現一生的夢想——入選奧林匹克代表隊（高價值），他就會堅持訓練。但如果他認為奧林匹克代表隊的選拔為一些利欲熏心、不主持公道的人所控制（外部控制），或他認為是否入選奧林匹克代表隊並不是什麼了不起的事（低價值），他就可能中斷訓練。

二、體育運動領域的控制點測量方法

由於人們會在許多不同的情景中表現出相當一致的內控或外控的傾向，因此，控制點被認為是一種較為穩定的個性傾向，各種測量控制點的方法也根據這一認識而產生。

（一）訓練目標控制點量表

訓練目標控制點量表（Exercise Objectives Locus of Control Scale，簡稱 EOLCS）用於評估人們如何看待訓練中各種強化的可控性。它包括三個分量表：內控性、重要人物的影響力和機遇性，每個分量表有六個條目。

比如："我對是否完成我的訓練目標負有直接責任"(內控性)。該量表為里科特量表(或利開特式量表)(Likert scale)，被試沿十分同意到十分不同意的五個維度答卷 (McCready, et al., 1985；Long, et al., 1986)。

(二) 身體健康控制點量表

身體健康控制點量表 (Fitness Locus of Control Scale，簡稱 FITLOC)用於評估人們如何看待健身活動中各種強化的可控性。它也包括三個分量表：內控性、重要人物的影響力和機遇性，但每個分量表有 11 個條目。被試根據 6 點(從極同意到極不同意)里科特量表進行選擇 (Whitehead, et al., 1988；Tappe, et al., 1988)。

上述兩個量表均無常模，用於臨床實踐尚有困難，但其研究的思路仍值得借鑒。

三、有關控制點的研究

體育運動領域有關控制點問題的研究主要在信息加工(或訊息處理)、焦慮喚醒、領導策略、性別差異、運動成績等五個方面進行。

(一) 信息加工與控制點

關於控制點和信息加工之間關係的研究發現，內控者和外控者之間有一些明顯差異。內控者能更有效地將自己的注意力集中在活動任務本身的特點上 (Pines, 1973；Pines & Julian, 1972)，能進行更多的自我調節 (Julian, Lichtman & Ryckman, 1968)，並且表現出更高的處理問題的技能 (Christopher, 1989)。而外控者則更傾向於遵守社會規範和準則 (Pines, 1973；Pines & Julian, 1972)，在賽前賽中更易從外部來源獲得信息，更關注外部的、可控性較小的因素 (Julian, Lichtman & Rychkman, 1968；Lefcourt, 1966；Pines, 1973)。他們似乎需要更多的社會強化，更重視外部因素的重要性，因而也就更容易受到他人期望、消極強化和外界干擾的影響 (Christopher, 1989)。但也有人認為 (Anshell, 1990)，外控型的運動員通常不感到應對自己的行為負責，當教練員對他們的成績做出評價時，他們所受到的影響也較小。

(二) 焦慮喚醒與控制點

對於極端的內控者來說，他們常常對失敗有一種強烈的個人責任感，同時，又認為自己無法控制外部因素的作用，因此，在比賽前，他們可能會體驗到較高的焦慮。有時，他們會對控制的含義產生一種錯誤的、不合理的認識，希望能對世界有一種最終的控制，然而，這是不可能的。但另一方面，內控者往往比外控者能更為現實地處理成功與失敗的問題，對自己努力的功效也更有信心。這種信念給內控者提供了一種進行自我調節的堅實基礎，而這種自我調節可以導致賽前焦慮水平的降低 (Phares, 1976)。

另有研究者發現 (Watson, 1967)，高焦慮與外控點之間有可靠相關，實際的或主觀上的缺乏控制會導致焦慮。和外控者相比，內控者有更多的解決問題的策略，能更好地控制自己的不愉快心情，能更從容地對待成功與失敗 (Manuck, et al., 1975；Lefcourt, 1966)，這可能是由於他們勇於接受自己的情感和行為產生的結果，勇於承擔責任。

(三) 領導策略與控制點

就領導策略與控制點的關係而言，內控者更傾向於努力控制和操縱外界環境，且更善於進行自我導向和自我調節 (Lefcourt, et al., 1969；Phares, 1968；Seeman, et al., 1962)，更少依賴於外部強化。外控者則相信，按照別人的要求去做並滿足別人的期望，是控制強化和獎勵的最好方法。因此，外控者往往對於來自體育教師、教練員和體育行政領導者的社會強化和外部獎勵有更強烈的需要。

(四) 性別差異與控制點

儘管關於控制點性別差異的研究並不太多，但據研究結果顯示，一般來說，女性比男性更傾向於外控 (Anshel, 1990)。霍娜的研究表明 (Horner, 1968)，第一，和男性相比，女性在競爭環境中取得成功後，會更經常感到不愉快，因為這種成功與女性行為的社會期待不一致；第二，避免成功的動機在女性中是互有差異的；第三，避免成功的動機在與對手直接競爭的情景中表現得更為突出，而在同某一標準競爭 (不是直接與對手競爭) 的情景中則表現得不是那麼突出。因此，霍娜認為，**成功恐懼** (fear of success) 是女性的一種個性特徵，影響著他們的成功與失敗。在對一百多項研究進行回顧之後，特里斯默 (Tresemer, 1976) 卻並未發現有充足的證據支持霍娜的觀點。但雷斯和杰斯瑪 (Reis & Jelsma, 1978) 仍認為，在女性中，對成功的恐懼仍然是一個有效的概念，它可以描述女性的一種特殊歸因模式，即在失敗時的自我指責 (缺乏能力) 和成功時的否認榮譽 (幸運、任務容易)。

在面對體育運動情景的控制感方面，研究者也發現了某些性別差異傾向 (Anshel, 1979；Blucker & Hershberger, 1983；Rejeski, 1980)。和外控型的女性相比，內控型的女性對消極反饋的反應往往是更為沮喪，也更關心比賽結果。總的來說，和男性相比，女性對自己能力的評價較低；對成功的期望較低；進行更多的外部歸因 (任務難度、運氣等) 和更少的內部歸因 (能力、努力等)；在獲得某種成功後，體驗到的責任感和滿足感較少，在遇到某種失敗後，體驗到的責任感和不滿足感也同樣較少。

在控制點方面儘管有上述一些性別差異，但是一個人對成功與失敗的態度，可能更多的取決於個性特徵的其他方面，而不是主要取決於性別。像自尊、成就需要等與控制點有聯繫的一些個性特徵，在男女運動員中都是比較相似的 (Anshel, 1990)。性別到底是否是預測控制點的一個主要因素，乃是今後此類研究需要解決的一個問題。

(五) 運動成績與控制點

高水平的、獲得更多成功的運動員往往從內部 (能力和努力) 來解釋比賽成績 (McAuley & Gross, 1983；Rejeski & Brawley, 1983；劉淑慧，1993b)。他們不僅會從比賽的結果看問題，還會從是否達到了預期的個人目標以及是否體現出了個人能力的角度看問題 (Roberts, 1984)。如果整個隊失利了，高水平運動員也不一定會感到對此失利負有責任。他們可能認為自己發揮得不錯，而失利是由於隊友的失誤造成的。因為他們對自己有更多的信心，過去也有更多的成功經驗。

穩定的運動成績與運動員的歸因有密切的聯繫。研究者發現 (Roberts, 1975)，總是取勝隊的運動員，取勝後往往進行能力歸因，但偶爾失利時，這些運動員不將失利歸因於能力，而是認為全隊努力不夠或對手太強 (任務難度)，但同時認為他們自己已盡了最大努力。與此相反，總是失敗的隊的運動員，則將結果歸於個人或全隊缺乏能力。不斷失利的運動員 (或認為自己是失敗者的運動員——這種看法可能破壞性更大）則認為自己缺乏能力。這種歸因意味著他們將來成功的機會很小，比賽失利後，做出更大努力提高自己的可能性也更小。當然，他們也可能出現更嚴重的問題，如做出一些違反紀律的事或不合理的事以吸引他人注意，或乾脆退出運動 (Brawley, 1984)。表 3-3 是根據控制點研究總結出的內控者和外控者的主要區別。

表 3-3　內控者和外控者的主要特徵

內控者的主要特徵	外控者的主要特徵
●將積極和消極的事件均看作自己行為的結果	●不把生活中的事件與自己的行為做因果聯繫
●感到自己能夠調節生活中的大部分事件並對這些事件負有責任	●感到無法控制生活中各種事件的發生
●高度自我導向和自我調節的	●尊從社會要求的
●更可能設置清晰、明確的目標	●需要更多的社會強化
●在人際交往中需要高度的個人控制	●希望讓別人控制人際交往的情境
●注意集中於同任務有關的可控性因素	●注意集中於外部的不可控因素
●進行客觀的、現實的評價	●時常進行不合理的、不現實的評價
●明顯地受一些外界因素的影響，如外部反饋、成績	●身心較少受外部反饋或結果的影響(因為認為這些反饋和結果由幸運或機遇引起)
●在涉及技能的環境中，很容易因批評意見而沮喪	●相對不大受界批評的影響
●願意處於能夠應用技能的環境中，不願意處於機遇的環境中	●願意處於機遇的情景中
●極為關注成績	●相對不大關注成績
●設置挑戰性相對較大的目標	●設置挑戰性相對較小的目標
●自信心和自尊心較強	●自信心和自尊心較弱
●在學校的學習成績較好	●在學校的學習成績較差
●為了增加再次成功的可能性，對成績進行強化和承認是極重要的	●對成績的強化和承認相對不是那麼重要，因他們傾向於對成功與失敗不承擔責任
●嘗試完成任務的時間堅持得更長	●嘗試完成任務的持久性較差
●對持續的失敗做出更消極的反應	●失敗後引起的沮喪感較少
●在男性和老年人中此種類型的人更為常見	●在女性和年輕人中此種類型的人更為常見

(採自 Anshel, 1990, pp.81～82)

第三節　歸因的五個維度

　　歸因問題之所以重要，就是因為它對運動員的動機和成績會產生重要影響。如果告訴運動員，他之所以做了一個錯誤動作而痛失良機，導致了全隊的失敗，是因為他缺乏能力，那麼他放棄努力而離隊的可能性就大一些；如果告訴他，失利是由於任務較難（這個底線球是太快了）、努力不夠（再加一把勁，往後站一點，就能接好了），抑或運氣不好（這球太沒運氣了），那麼，他放棄努力而離隊的可能性就小一些。經過幾十年的理論研究和實際測量，人們發現並總結出了不同情景中進行歸因的一些普遍規律，包括歸因的主要方向。

一、內外向

　　內外向也稱（原因的）控制點，主要是對行為結果（成功與失敗）從內因或是從外因加以評判。此維度已在控制點一節中詳述。

二、可控性

　　可控性（controllability）主要指歸因者認為原因是否可控。"可控"因素指經由努力完全可憑主觀意志控制的因素，反之為"不可控"因素。比如，成功後歸因於自身努力，是可控性歸因；歸因於教練員的能力，是不可控性歸因。此維度也已在控制點一節中詳述。

三、穩定性

　　穩定性（stability）主要指內因與外因的穩定與否。像能力高低與任務難度即屬較為穩定的因素，而努力多少和幸運與否則屬不穩定因素。當然，經過系統、長期的訓練，人的能力可以得到提高，同時，原有任務也會顯得較為容易。但穩定性的主要思想是：能力高低與任務難度的可預測性更強，更具有長期效應，而努力大小和幸運與否的可預測性較弱，往往只具有短期效應。

目前較為流行的歸因模式是概括了內外向、可控性、穩定性三個維度（如剛彥，1990），見表 3-4。

表 3-4 三維歸因模式示例

穩定性	內 在 的		外 在 的	
	可 控 的	不可控的	可 控 的	不可控的
穩 定	個人能力	身體形態	訓練場地	工作難度，他人能力
不穩定	個人努力	疲勞程度	?	努力，運氣，裁判，天氣

(採自如剛彥，1990)

三維歸因模式的每個維度以及其中的每個方面（共 8 個方面）對於人的動機、情感和行為都具有很大影響（表 3-5）。

表 3-5 影響參加體育活動動機的因素

最初的期望	成績	歸 因	情緒反應	期望
高*	高	能力或其他穩定的內部因素	最大的驕傲感和滿意感	更高
高	低	運氣不好，任務太難，缺乏努力，其他不穩定的因素	最少的羞愧和不滿意感	高
低**	高	運氣不錯，特殊努力，相對容易的任務	最少的驕傲感和滿意感	低
低	低	缺乏能力，任務太難，穩定的內部因素	最大的羞愧感和不滿意感	更低

* 與男性相關　** 與女性相關

(採自 Carron, 1984, p.92)

四、意向性

埃利格和弗里茨（Elig & Frieze, 1975）曾提出了歸因的另一個面向亦即**意向性** (intentionality)。雖然有人覺得意向性可分屬內外向維度 (Kelley & Michela, 1980) 或控制性維度 (Russell, 1982; Weiner, 1985)，但比德爾和詹米森 (Biddle & Jamieson, 1988) 卻認為，對於體育運動情景中的歸因來說，意向性可能是個必要的維度。比如，注意力無法集中可被看作是導致失敗的、可控的，但非意向性的原因。

五、整體性

整體性 (globality) 是指認為某一原因影響一特定情景中的特定事件，還是影響許多情景中的許多事件。這一思想來源於關於抑鬱問題的研究 (Seligman, et al., 1979)。普拉帕維西和坎農 (Prapavessis & Cannon, 1988) 認為，它可能是體育運動領域歸因的一個重要維度。比如，一場羽毛球比賽失利後，如果認為自己根本就不是打球的材料 (原因擴大化)，會導致信心下降，甚至離隊退役；如果認為自己只是對左手防守型打法不太適應 (將原因控制在具體的範圍)，則可能加強對此類打法的訓練，加強自己適應不同球路的能力，提高在今後的比賽中戰勝此類對手的可能性。

六、體育運動領域的歸因測量方法

（一）運動歸因方式量表

運動歸因方式量表 (Sport Attributional Style Scale，簡稱 SASS)，是以對體育運動中成功與失敗的主觀解釋為基礎，來評估被試歸因方式的工具。評估分五個維度進行：穩定性、內外傾、可控性、整體性和意向性。問卷包括八個積極事件 (比如：你在比賽中發揮得很好) 和八個消極事件 (比如：你未能入選一場重要比賽的代表隊)，要求被試逼真地想像自己處於某一事件中，決定一個最有可能引發該事件的原因，並對該事件和該原因進行分析。1990 年，韓拉漢和格拉福 (Hanraban & Grove, 1990) 又研究發展了 SASS 的簡縮本，將原來 16 個條目的問卷簡化為 10 個條目，從而縮短了施測的時間，增加了研究者的選擇性 (Hanrahan, Grove & Hattie, 1989)。

(二) 溫格特運動成就歸因量表

溫格特運動成就歸因量表 (Wingate Sport Achievement Responsibility Scale，簡稱 WSARS) 用於評估運動員對成功與失敗的歸因中所持的穩定的態度和期望。它包括兩個版本，一個適用於集體運動項目，一個適用於個人運動項目。每一版本含 11 個成功事件和 11 個不成功事件，所概括的運動情景十分廣泛，如與教練、隊友和觀衆的交互作用，對成功與不成功的運動表現的看法等。每一條目包括兩種選擇：外部和內部。例如："體育運動中的好成績通常是運氣或不可控制的因素造成的，還是運動員個人努力的結果？"要求被試在 0 (外部) 到 5 (內部) 的範圍內做答 (Tenenbaum, Furst & Weingarten, 1984; Tenenbaum & Furst, 1985)。

第四節　習得性無助感

一、習得性無助感的性質

習得性無助感 (learned helplessness) 理論是由迪維克 (Dweck, 1975) 提出的，他曾經考察了兒童拒絕參加一項活動 (特別是體育活動)，或僅僅做一嘗試，然後很快退出的原因。他發現，原因是他們對結果很少有或根本就沒有控制權，結果在實踐中體驗到一種無助的感受。這是一種後天習得的經驗或感覺，它不是遺傳的，也不是傳染的，而是通過學習過程獲得的。

馬里斯和安舍爾 (Marisi & Anshel, 1976) 進行了一項有關這一問題的實驗，要求被試用一手持儀器接觸一直徑約一英寸的轉動金屬盤。各組被試的實驗安排如下：

1. 關聯性應激組：如果操作成績一旦低於前四次練習中的最佳成績，

即被施以電擊。

  2. 非關聯性應激組：不考慮被試的操作成績而給以無規律的電擊。
  3. 控制組：完成同樣的操作任務，但不進行電擊。

  實驗結果表明，非關聯性應激組的被試，由於對自己的操作成績的後果(施以電擊或不施以電擊) 無法進行任何控制，因此操作成績最差；關聯性應激組的操作成績則最好。該項研究結果提示，如果一個人對某事件的出現或消除 (通常是不愉快的事件) 感到根本無能為力的話，就會產生習得性無助反應。這種情況給運動員 (特別是技能水平較低的或較為年輕的運動員) 帶來的心理上的傷害是很嚴重的。有習得性無助感問題的人，包括運動員，具有下列特徵：

  1. 對一項活動堅持的時間短，退出時間早，甚至根本就不嘗試和參與該項活動。
  2. 將失敗歸因於缺乏能力而不是缺乏努力。
  3. 將自己看作是不斷的失敗者。
  4. 不覺得進行更多的努力可導致成功。
  5. 認為運氣或任務較容易是成功的原因。
  6. 不願冒失敗的風險，這就使他們在學習新技能的環境中感覺不快。
  7. 對成績感到無法控制，將失敗看作是在自己的控制範圍之外的事。

  前面提到，習得性無助是後天獲得的，理解到這一特徵是很重要的。那種自己有某種缺陷的感受，對不愉快的環境無能為力的感受，失敗的感受，都是建立在過去經驗的基礎上的。問題是：究竟是什麼原因導致了無助感？一個人對成功與失敗之原因的感受取決於哪些因素？歸納起來，有四種因素會影響人的無助感 (Dweck & Reppucci, 1973；Anshel, 1979)，即：

  1. 個人的成功與失敗史：成功的經驗越多，無助感越少；失敗的經驗越多，無助感越多。
  2. 提供信息反饋的方式："這一球踢得還可以，但……"同"這球踢得真笨，你就不能做個正確動作嗎？"的效果具有本質的區別。

3. 提供信息反饋的頻率：大凡信息反饋越多，對運動員自我感覺的影響越大。

4. 信息反饋的來源：像教練員、父母、朋友等重要人物所給予運動員的反饋，其影響力遠大於其他的人。

二、習得性無助感的矯正

既然習得性無助感是後天習得的，那麼它也可以通過某些方法加以預防和矯正，在兒童期，這種預防和矯正更容易見效。

如前所述，能力歸因是相對穩定的歸因，如果人們感到失敗是由於能力不及所造成的，那麼他們就可能退出體育活動 (Roberts, 1984)，因為人們知道能力不是能輕易改變的。而努力方面的歸因是相對不穩定的歸因，努力程度是較容易進行調節的，因此，可以利用這種歸因來鼓勵失敗的人們重振旗鼓，通過進一步的努力爭取成功，從而幫助人們避免或消除無助感。研究發現，在一項任務上堅持時間更長的兒童，更可能將自己的成績歸因於努力(如果我更努力，我的成績會更好)。與此相反，在一項任務上堅持時間較短的兒童，更可能將自己的失敗歸因於能力不足而不是努力不夠。在體育運動情景中，這種歸因會導致將自己看作是一個不斷的失敗者並很快退出體育運動。因此，應當鼓勵運動員將成績不佳歸因於努力不夠，如果繼續不斷地努力，這種狀況是能夠改變的。這樣，運動員就將產生一種控制感而不是一種無助感。

預防和矯正的主要原則是：

1. 將注意力放在個人努力的重要性上，而不去注意那些較難控制或根本不能控制的環境因素，如運氣和任務難度。
2. 失敗時避免做低能力的歸因。

有證據表明，**歸因訓練** (attribution training) 是有作用的。比如，在迪維克 (Dweck, 1975) 進行的一項研究中，他先找出一些缺乏堅持性或傾向於退出的兒童，將這些"無助"兒童分入兩組：第一組對其成功不斷給予強化，以提高這些兒童的自信心並克服對失敗的消極反應；第二組在經歷成功與失敗時,接受努力歸因訓練,即在每次練習後,都鼓勵被試將自己的成功或失敗歸於自己個人的努力。通過這種方法,迪維克試圖重新塑造這些兒童對自己操作結果的知覺和認識,使其向可控制的個人因素(努力)轉化。結果發現,接受努力歸因訓練的兒童堅持完成任務的時間更長,在帶有競爭氣氛的情景中焦慮水平更低,更願意將自己的成績歸因於努力,對自己的自我評價也更高。那些受到訓練、認識到應當將失敗歸因於自己的努力而不是缺乏能力的兒童,在其後的練習中,成績也更好。他們不輕易放棄努力,希望通過自己的努力到達目標。

第五節 改善歸因的具體建議

歸因問題既然重要,那麼,它是否可以通過訓練和教育加以改變,主要是向內控的方向改變,以使運動員更好地參與運動,提高成績,適應生活?迪維克的這一成功的實驗,是否也適用於成人?顯然,成人由於較成熟且具經驗,其認識傾向會更為穩定,改變其歸因方式也會較為困難,但也沒有充分的理由說成人不能改變。對此,研究者的意見並不一致。有些研究者認為歸因是一種穩定的個性特徵 (Phares, 1976),也有人認為歸因是可能突然變化的,一個人今天感到他可以控制環境,有所作為,但明天也可能會由於情景的突然變化,而感到自己對環境完全無所作為 (Lefcourt, 1976)。有幾項研究曾嘗試在進行了一項運動操作之後改變人們的控制點,但以大學生為被試 (Anshel, 1979) 和以兒童為被試 (DiFebo, 1975) 的實驗均未成功。這有可能是由於控制點畢竟是一種較為穩定的個性特徵,要改變它需要更長時間的訓練和投入更多的努力。

由於人的個性特徵隨年齡增長而逐漸穩定,因此,如果沒有特殊的訓練和教育,要想改變歸因特徵是很難的。即使兒童的可塑性大一些,歸因特徵的改變至少不是很容易的事 (Anshel, 1990)。但是,由於教練員對運動員有極大的影響,其程度甚至可以超過父母,因此,這種影響同本人認真的、不懈的努力結合在一起，改變歸因還是有可能的。

教練員如何評價運動員的訓練和比賽，將極大影響運動員對自己的技能水平和比賽表現的評價，甚至影響到運動員是否繼續從事體育運動。有趣的是，同時也應引起教練員注意的是，研究表明，運動員對自己能力的評價通常比教練員對他們的評價高 (Rejeski & Brawley, 1983)。同時，每個運動員的自尊心與他對今後成績的期望有直接聯繫。同自尊心低的運動員相比，自尊心高的運動員對自己的能力有更強的自信心，對今後的成績有更高的期望值。因此，教練員的一個重要任務就是維持或提高每個隊員的自尊心。對於教練員來說，任何降低運動員自尊心的評論都是極不明智的，這種評論對外控型的運動員所造成的傷害尤為嚴重 (Anshel, 1990)。以下是改善歸因、激發動機的一些具體建議。

一、進行積極的反饋

1. 盡量多給運動員提供積極的反饋 (如"再抬高一點手臂就能打到這個位置了") 而不是消極的反饋 (如"我看你今天是完成不了")；以行為定向的反饋 (如"這個球踢得角度真好") 而不是特徵定向的反饋 (如"這種想法挺不錯")；及穩定的反饋 (避免在對待運動員的態度上時好時差)。

2. 要使運動員感到自己雖有缺點，但仍被集體、被教練員所完全地接受、喜歡。

3. 要使運動員的態度從"這不是我的過錯"向"這是我的責任"的方向轉化。

4. 要盡量利用非語言的溝通方式，如豎起大拇指、微笑、拍拍肩膀等動作，來向運動員表示賞識、滿意、承認、關心、接受等積極性情感。

5. 失敗時避免用諷刺 (如"嘿，這球可是打絕了，沒人能像你打得這麼好！")、侮辱 (如"二十好幾的人了，怎麼還犯幾歲小孩子的錯誤，你就不能自覺點嗎！")、自罪 (如"我真為你今天的表現感到慚愧！") 性的語言。

當然，這並不意味著對運動員只進行恭維和鼓勵，適當的批評也是必要的。研究發現，主要給予積極反饋，同時偶爾給予批評的教育效果比只給積極反饋的效果好 (Dweck, 1975)。

二、增加成功的體驗

一個人對自己和他人的看法不會輕易改變。這種看法從兒時就已開始形成，在整個生活中又不斷得到強化。為了改變一個人對自己改變事物和環境能力的消極看法，就有必要盡量創造機會，讓他們在生活中經常不斷地體驗到通過自己的努力和能力而獲得的成功。有了一定的成功感，才可能建立一種積極的心理定勢，相信"我可以把握自己的命運"。為此，可以將運動員按照年齡、技能水平、體能水平分組，進行訓練或比賽，以使不同的運動員有更多的機會體驗成功。

三、建立成功與失敗的恰當標準

什麼才算成功？什麼才算失敗？不同的人有不同的標準。高水平和低水平運動員有區別，一般人和運動員有區別，兒童和成人也會有區別。為了使人們能夠有更多的內控性，應當以具體人和具體運動任務來確定合適的標準以評判成功與失敗。一個年屆七旬的老者，能天天堅持鍛鍊就是成功，而一個運動健將，則保持自己的世界記錄可能才被看作成功。因此，成功是一個相對的標準，但原則是，這一標準應是具體的、明確的、富有挑戰性的、能夠給你提供不斷的成功體驗的（張力為，1994a）。表 3-6 是除了輸贏以外的一些可供選擇的成功標準，應讓運動員根據這一原則和自己的具體情況製定自己成功的標準。

四、明確各種影響因素的可控性

在有些情況下，運動員不能有意識地注意到或清楚地認識到哪些因素是可控的，哪些因素是不可控的，因此也就不能明智地計畫自己的行為。教練員應引導運動員區分各種因素的可控性並時時提醒他們，將注意集中在那些可控性較大的因素上，忽略那些不可控或可控性很小的因素。表 3-7 列出了這樣一些因素以供運動員做出選擇。

表 3-6　體育活動中不同的成功標準

訓練中的成功標準	比賽中的成功標準
打破了力量練習的記錄 打破了耐力練習的記錄 提高了訓練的出勤率 提高了訓練的強度、密度 改善了生理測試的結果（如體脂減少了） 減少了訓練中消極自我暗示的次數	打破了個人記錄 減小了比賽成績的波動幅度 充分發揮了技術水平 戰勝了傷病，堅持完成了比賽

（採自張力為，1994a，30 頁）

表 3-7　影響訓練與比賽各因素的可控性

因　素	訓練中的可控程度	比賽中的可控程度
天　氣	0 1 2 3 4 5 6 7 8 9	0 1 2 3 4 5 6 7 8 9
場　地	0 1 2 3 4 5 6 7 8 9	0 1 2 3 4 5 6 7 8 9
時　間	0 1 2 3 4 5 6 7 8 9	0 1 2 3 4 5 6 7 8 9
裁　判	0 1 2 3 4 5 6 7 8 9	0 1 2 3 4 5 6 7 8 9
觀　眾	0 1 2 3 4 5 6 7 8 9	0 1 2 3 4 5 6 7 8 9
記　者	0 1 2 3 4 5 6 7 8 9	0 1 2 3 4 5 6 7 8 9
教　練	0 1 2 3 4 5 6 7 8 9	0 1 2 3 4 5 6 7 8 9
隊　友	0 1 2 3 4 5 6 7 8 9	0 1 2 3 4 5 6 7 8 9
飲　食	0 1 2 3 4 5 6 7 8 9	0 1 2 3 4 5 6 7 8 9
睡　眠	0 1 2 3 4 5 6 7 8 9	0 1 2 3 4 5 6 7 8 9
準備活動	0 1 2 3 4 5 6 7 8 9	0 1 2 3 4 5 6 7 8 9
注意指向	0 1 2 3 4 5 6 7 8 9	0 1 2 3 4 5 6 7 8 9
技術動作	0 1 2 3 4 5 6 7 8 9	0 1 2 3 4 5 6 7 8 9
戰術應用	0 1 2 3 4 5 6 7 8 9	0 1 2 3 4 5 6 7 8 9
對手情況	0 1 2 3 4 5 6 7 8 9	0 1 2 3 4 5 6 7 8 9

註 1：有些因素如果與訓練或比賽無關，可不選擇。
註 2：0＝你對此因素完全無法控制；1＝你對此因素只有最小的控制權；
　　　9＝你對此因素有最大的控制權。

（採自張力為，1994a，31 頁）

應當指出，上表所列只是一些大的方面，教練員與運動員於討論此問題時，應盡量將以上各因素進一步具體化，這樣有利於做出更為明確、更有說服力的判斷。如觀眾因素，可以進一步具體化為：觀眾的傾向、觀眾的興奮程度、觀眾的支持方式、觀眾的喊叫時間，等等。

劉淑慧等人 (1993b) 在對中國射擊隊進行心理諮詢的過程中，成功地運用了歸因的理論，幫助運動員建立射擊比賽中正確的心理定勢 (表 3-8)，並取得了很好的效果。

表 3-8　賽前控制因素對比及可控因素的控制方向

條件	可控因素	不可控因素	射擊比賽心理定向
對象 時間 事件	自己 當前 (現在) 動作	他人 過去的、未來的 結果	你打你的，我打我的，以我為主 打一發甩一發，發發從零開始 想動作，不想 (少想) 結果

(採自劉淑慧等，1993b)

劉淑慧等人指出 (1993b)，運動員在比賽中要想貫徹上述心理定向是非常困難的，他們普遍反映在比賽中"算著打，比賽一完，馬上知道打了多少環、多少中，成績概念特別清楚"。這實際上是把比賽的心理活動指向了結果。為了讓運動員在認知上有所改變，他們沿兩條思路對運動員進行啟發：一條是沿著錯誤的認知前提，推出顯然不希望得到的結果。即：

想結果→算著環數打→隨成績變化引起情緒大起大落→內部生理過程改變：腿發抖、心慌、肌肉僵硬→精力 (視力) 前移、苛求瞄準點→進入瞄準區便猛扣，破壞正直用力、均勻用力、適時發射、自然擊發的正確動作→出遠彈→導致比賽成績不佳。

另一條思路就是提供正面證據，說明多想動作、少想結果 (環數) 是可能的，如 21 屆奧運會步槍冠軍巴沙姆的成功經驗是可取的，有利於保持賽中情緒穩定、頭腦清晰、擊發瞬間的力量保持和均勻正直扣扳機。

五、設置明確與具體的目標

設置明確、具體的目標可以幫助運動員接受個人的責任。內控型的運動員有較高的自我定向和自我調節技能，他們更願意為自己的成績和今後的發展接受個人責任 (Christopher, 1989)。外控型的運動員則可以從這種目標設置訓練中獲益，因為它可幫助運動員更清楚地意識到設置目標──做出努力──達到目標的這種因果關係，意識到通過自己的努力，可以實現或部分地實現自己的目標，從而增強控制事物結果的現實感和自信心。

六、強調個人努力

一般來說，教練員應盡量少運用外部歸因（任務難度和運氣）來解釋比賽成績不佳和沒有達到預期目標的事實 (Brawley, 1980)，因為它可能造成無助感，使運動員覺得無法做什麼事情來改變目前的狀況和今後的結果。

在訓練和比賽中強調個人努力，對於培養運動員的內控傾向和動機傾向具有重要意義。約克爾森等人 (Yukelson, Weinberg, West & Jackson, 1981) 的一項實驗很好地說明了這一問題。在這項實驗中，他們讓那些高水平有成就的大學生完成一項投球任務，並告訴這些大學生，要將他們的成績和參加此項研究的其他同學相比較，看看誰的成績更好。因此，這些大學生以為他們在同其他人競爭，但實際上並沒有真地進行比較。在進行了所謂的計算之後，告訴他們，投球的成績或高於其他同學五分，或低於其他同學五分。接著，給他們以下列不同的指示語並讓他們繼續投球活動，以引導他們進行不同的歸因：

1. 能力定向指示語　　"我們發現，運動員的能力水平是能否很好地完成這項任務的最主要的決定因素。這種能力水平相對來說不受努力程度的影響。因此，你的成績極大地取決於你的能力。有些運動員似乎天生就善於投球，有些則不行。現在，再給你 10 次投球機會，每次投球你都要集中注意，因為投球的準確性將決定你的分數。"

2. 努力定向指示語　　"我們發現，這一技能極大地取決於一個人的努力程度，也就是說，極大地取決於一個人要做好的動機程度。當然，在完成這項任務的過程中，人與人之間也有一些小的能力差別，但這並不太重要。如果不盡最大努力，沒有人能做得好。現在，再給你 10 次投球機會。記住，你要集中注意，盡最大努力。"

　　研究結果發現，和進行能力歸因的被試相比，進行努力歸因的被試，其成績比較好，當他們認為任務的難度提高了時，他們的努力程度和成績也隨之提高。因此，應當教育運動員，個人努力(而不是個人能力)是技能提高和成績提高的最重要決定因素，將會產生更好的動機效果並導致更好的成績。對那些水平較低、成績較差的運動員來說，努力定向的歸因就更顯得重要。研究發現 (Roberts, 1984)，和其他歸因方式相比，將失敗歸因於缺乏能力最可能導致退出體育運動，這在 10～12 歲左右的兒童中尤為如此。

七、謹慎地比較運動員之間的差距

　　像"你怎麼不能像邱京那樣帶球傳球呢"或"你要是能跑得像張堅那樣快就好了"等類的評價，會降低運動員的自我能力感。當然，對運動員分析其隊友的長處並沒有什麼不好，但應注意使用客觀的標準和恰當的期望。比如：如果使用操作性的、具體的評論來指出運動員的不足，像"秦靜比你起跑快，是因為她在'各就各位'時能將自己的主要注意放在起跑動作上，而你是放在聽發令槍上，如果你改變一下注意點，是可以提高起跑速度的"，有助於使技能較差的運動員明確了解他應當做怎樣的努力才能改進技術，同時也不會產生失落感和羞愧感。

八、實事求是

　　如果從教練員的觀察和運動員的自我評價來分析，他的確已經盡了最大努力，但結果仍未獲成功，這時，就不宜再運用努力歸因引導運動員。有些運動項目要求運動員必須盡最大努力，否則，根本不可能完成比賽，如馬拉松、鐵人三項等。這時，某些外傾型的歸因可能是必要的，如對手的水平很高、對氣候不適應等等。不分場合地一味運用努力歸因，造成與實際情況不符，會使運動員產生對教練員的不信任感和牴觸情緒 (張力為，1994a)。

本 章 摘 要

1. **歸因**指人們對他人或自己的行為進行分析，判斷和指出其性質或推論其原因的過程。體育運動領域的歸因是指人們如何解釋訓練水平提高的快慢以及比賽的成功與失敗。
2. 歸因對人們從事體育活動的情緒、動機和期望有直接影響。訓練及比賽結束後的歸因，是後續行為的起點，因而具有重要意義。
3. 海德是最早研究歸因理論的心理學家。他認為，要預見他人行為並有效地控制環境，關鍵問題即在於對他人的行為或事件做出原因分析。他提出，人們的歸因或是指向情境因素，或是指向個人傾向因素。
4. 維納認為，人們對成功與失敗的解釋有以下四個方面：能力高低、任務難易、努力大小和幸運與否。這四個方面構成了兩個維度：內外向和穩定性，這就是最初的歸因模式。他的研究還表明，人們把成功或失敗歸於何種因素，對情緒體驗和今後工作的積極性有重要影響。
5. 在日常生活中，人們總是有意識或無意識地相信某些因素控制著自己的生活，這些因素便是他們的**控制點**。內部控制點指強烈傾向於將人生中各種事件看作是自己個人行為的結果，外部控制點指強烈傾向於將人生中各種事件看作是環境因素影響的結果。
6. 在性別、年齡及運動成績等方面，存在著控制點的一些差異。運動水平越高，運動成績越好，運動員也越傾向於內控。一般說來，內控傾向的人能更好地適應生活，參與競爭。
7. 人們對成功與失敗進行的歸因，可以分為五個不同的方面：**內外傾、可控性、穩定性、意向性**和**整體性**。後兩個方面是近幾年才提出的歸因維度，但可能在體育運動領域有實際意義。
8. 測量和評價歸因傾向的方法主要是**問卷法**，雖然有些問卷是專為體育運動情境設計的，但因沒有建立常模，故用於一般的診斷尚有因難。
9. 如果一個人對某事件的出現或消除感到根本無能為力的話，就會產生**習得性無助感反應**。它給運動員（特別是技能水平較低的或較為年輕的運動員)帶來的心理創傷往往是很嚴重的。
10. 儘管歸因是一種比較穩定的個性特徵,但通過長期的、有計畫的訓練和教育,仍然有可能使它向人們所希望的方向改變。
11. 為了使運動員建立正確的歸因定向,教練員應對運動員不斷進行積極的反饋,增加他們的成功體驗,建立成功與失敗的恰當標準,明確各種因素的可控性,設置明確、具體的目標,強調個人努力的重要性,謹慎地比較運動員之間的差距。
12. 在培養運動員多從內部歸因,更多地承擔自己對結果的責任,強調個人努力的重要性的同時,還要注意實事求是,具體問題具體分析,不要不分情況地把任何結果均歸因於個人努力。

建議參考資料

1. 姒剛彥 (1990):體育運動焦慮與歸因的診斷;見邱宜均(編):運動心理診斷學。武漢市:中國地質大學出版社。
2. 沙蓮香 (1987):社會心理學。北京市:中國人民大學出版社。
3. 時蓉華 (1996):社會心理學。台北市:東華書局。
4. 張力為 (1993):訓練與比賽中的歸因問題(綜述一)。山西體育科技,4 期,44～52 頁。
5. 張力為 (1994):訓練與比賽中的歸因問題(綜述二)。山西體育科技,1 期,27～32 頁。
6. Anshel, M. H. (1990). *Sport psychology: from theory to practice,* pp. 77～97. Scollsdale, Arizona: Gorsuch Scarisbrick.
7. Straub, W. F., & Williams, J. M. (Eds.) (1984). *Cognitive sport psychology.* Lansing, New York: Sport Science Associates.

第四章

喚醒與運動操作

本章內容細目

第一節 倒 U 型假說與運動成績
一、倒 U 型假說　95
　㈠ 何謂倒 U 型假說
　㈡ 支持倒 U 型假說的證據
　㈢ 任務難度的影響
二、注意在倒 U 關係中的作用　101
　㈠ 注意範圍與信息利用理論
　㈡ 任務難度與注意範圍的關係
　㈢ 個體差異對倒 U 關係的影響
　㈣ 注意指向對倒 U 關係的影響
三、對倒 U 型假說的批評　105
　㈠ 喚醒與操作的協變是否對稱
　㈡ 不具備可證偽性
　㈢ 不適用於運動反應
　㈣ 實驗方法有所不足
　㈤ 喚醒水平的影響力有待評估
　㈥ 無法對情緒體驗做合理解釋
　㈦ 個體差異的重要性

第二節 喚醒水平與操作成績關係的其他理論
一、內驅力理論　109
二、閾限理論　112
三、最佳功能區理論　112
四、突變模型　114

第三節 喚醒水平與情緒體驗的關係
一、逆轉理論　120
二、可變性動機狀態的概念　122
三、體育運動中心理逆轉的實例　124
四、飄然前行狀態或意識異化狀態　126
五、目標定向優勢或非目標定向優勢　127
六、降低喚醒水平——進行調節的其他可能性　128

本章摘要

建議參考資料

喚醒水平(或**激發水平**) (arousal level) 指機體總的生理性激活的不同狀態或不同程度。當外部刺激作用於感受器所產生的神經衝動沿傳入神經進入延腦後，沿著兩條通路行進，一條是特異性神經通路，它沿著延髓背側，經中腦、間腦到達大腦皮層的特定區域，引起特定的感覺；另一條是非特異性神經通路，它沿著延髓腹側，貫穿延髓、中腦、間腦的腦幹網狀結構，擴散性地投射到大腦皮層廣大區域，引起皮層下所經部位及皮層的興奮狀態，稱之為**喚醒**(或**激發**) (arousal)。喚醒有三種表現，即腦電喚醒(刺激使腦電波出現去同步化的低壓快波)、行為喚醒(非麻醉動物喚醒時伴隨著行為變化)和植物性喚醒(較高水平刺激時的植物性神經系統的活動)。三者可同時存在亦可單獨存在。喚醒對維持與改變大腦皮層的興奮性，保持覺醒狀態有主要作用，它為注意的保持與集中以及意識狀態提供能量。

人們的所有活動，從深沈的睡眠到極度的恐懼，都伴隨著不同程度的喚醒。它在體育運動心理學的研究中之所以顯得十分重要，是因為它與運動員比賽中的發揮水平和運動成績有著極為重要的關係，同時，它還同人們從事不同體育活動包括健身體育活動時的情緒體驗有著重要的聯繫。體育運動心理學研究者對於喚醒水平和操作成績、情緒體驗關係的關注和興趣從來就沒有稍減過。自從倒 U 型假說提出以來，產生了各種各樣的理論，到突變模型的出現，在這一問題上的認識有了很大的進步。需要說明的是，在有些心理學的專著中，這一問題有時是置於動機問題中，有時是置於焦慮與應激問題中加以討論的。本章將討論：

1. 倒 U 型假說對喚醒水平與操作成績關係的預測。
2. 注意在喚醒水平與操作成績關係中的作用。
3. 倒 U 型假說在預測喚醒水平和操作成績關係時遇到的一些困難。
4. 赫爾的內驅力理論對喚醒水平與操作成績關係的解釋。
5. 閾限理論對喚醒水平與操作成績關係的解釋。
6. 漢寧關於運動員賽前賽中焦慮與運動成績關係的研究及其最佳功能區理論。
7. 哈笛的突變模型及其對認知焦慮的重視。
8. 埃波特逆轉理論對喚醒水平與情緒體驗關係的解釋和預測。

第一節　倒 U 型假說與運動成績

一、倒 U 型假說

（一）何謂倒 U 型假說

　　倒 U 型假說 (inverted U hypothesis) 是人們在喚醒水平與操作成績關係的研究中，討論得最多的理論。該理論認為，喚醒與操作成績間的關係呈倒 U 曲線型。這一理論最初來自耶克斯-多德森定律。耶克斯和他的學生多德森通過大白鼠完成各種難度工作任務的經典實驗提出："需要精細知覺辨認和複雜連接的工作技能，在較弱刺激下容易獲得。相反，對簡單工作的習慣建立，需在強刺激下才形成" (Yerkes & Dodson, 1908)。可以看出，此定律是以活動的動機水平為出發點的。以後麥爾莫 (Malmo, 1959) 和斯潘斯 (Spence, 1968) 都指出這一定律同樣可以說明喚醒與操作成績的關係。

　　倒 U 型假說對喚醒水平與工作效率的關係提出了如下預測：人處於較低的喚醒水平時，工作效率較低；處於中等喚醒水平時，工作效率最高；處於較高喚醒水平時，工作效率下降 (見圖 4-1)。

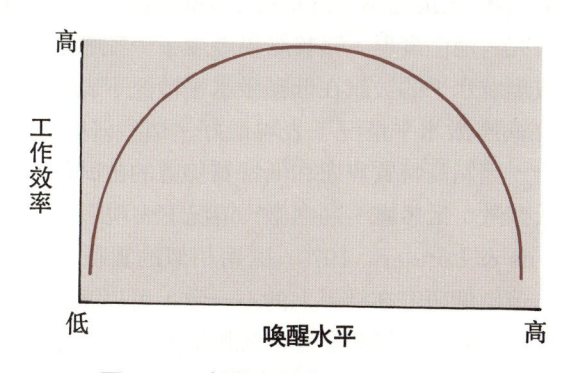

圖 4-1　喚醒水平與工作效率的關係

(二) 支持倒 U 型假說的證據

自耶克斯和多德森最初的研究之後，在普通心理學和體育運動心理學文獻中已有大量的檢驗倒 U 型假說的研究。在用來支持倒 U 型假說的早期運動-操作問題研究的實驗材料中，有許多是來自於驗證內驅力理論假說的特質焦慮研究。但是，由於這些研究是比較低特質焦慮和高特質焦慮的被試在兩種喚醒水平下的操作成績，而沒有在整個喚醒的連續變化中建立至少三個區分點，因而這些研究大多數只提供了間接的檢驗。

但是，已有幾項研究通過變換三種或更多種焦慮水平，對倒 U 型假說進行了檢驗 (Matarazzo, Ulette & Saslow, 1955；Matrazzo & Matarazzo, 1956；Harrington, 1965；Singh, 1968)。遺憾的是，這些研究的結果可靠性差，可能僅是對特質焦慮的研究結果，只反映了以更高的喚醒水平對一定情境進行反應的一種傾向，反映不了先前所討論的喚醒水平的變化。

為了更好地檢驗倒 U 型假說，可將高、中、低特質焦慮水平的被試置於高、中、低應激水平中觀察。馬騰斯和蘭德斯 (Martens & Landers, 1970) 進行了這樣的研究：在跑步活動中，他們將高、中、低特質焦慮的中學少年分別置於高、中、低應激水平情況下，心率和手掌汗液的生理學測量以及問卷調查的數據證實了三種喚醒水平的確立。他們的研究結果支持了倒 U 型假說。他們發現，中等特質焦慮水平的被試其運動表現顯著優於低和高特質焦慮的被試。另外，中等應激水平情況下的一組被試，其運動表現也顯著優於低和高應激水平情況下的其他組的被試。

溫伯格和里根 (Weinberg & Ragan, 1978) 也進行過三種特質焦慮水平和應激水平的研究，他們發現，實驗結果產生了一種應激與特質焦慮的交互作用，即高特質焦慮水平的被試在低應激水平情況下表現最好，而低特質焦慮水平的被試在高應激水平情況下表現最好。這些研究的結果與倒 U 型假說的預言相吻合，因為高特質焦慮和低特質焦慮的被試都在適中的喚醒水平 (即高焦慮、低應激；低焦慮、高應激) 情況下表現最好。但是，馬騰斯和蘭德斯 (Martens & Landers, 1970) 採用相似的實驗方法卻並沒有發現有這種交互作用。這兩個研究在結果上的不一致，可以認為是採用不同應激刺激造成的。馬騰斯和蘭德斯把對震驚的恐懼與自我命令相結合作為應激刺激，而溫伯格和里根的研究則是以消極性評價和自我命令作為應激刺激。卡

廷 (Katin, 1965)、霍吉斯和斯皮爾伯格 (Hodges & Spielberger, 1969) 進行的研究表明，震驚威脅並不造成不同特質焦慮方面的差異反應。因此，馬騰斯和蘭德斯所以沒有發現應激與特質焦慮的相互作用，可能是因為不同特質焦慮的被試對震驚這樣的應激刺激在感受上是無差異的。儘管在這一點上不一致，這兩個實驗觀察的結果在總體上是支持倒 U 型假說的。

一些研究者對倒 U 型假說的實驗室檢驗提出了質疑，認為在實驗室的人造環境中很難造成高喚醒水平，因而也很難在喚醒統一連續體中確定三個區分點。此外，用人作被試，使研究者實施的操縱方式受到額外的限制。為了解決這一問題，即為了觀察倒 U 型假說在實際競賽情況下的有效性，研究者轉向現場實驗。這些現場研究更能夠造成高喚醒水平，從而獲得所需要的喚醒統一連續體的三個區分點。我們現在介紹一些現場研究的事例。

羅爾 (Lowe, 1974) 曾對少年棒球運動員的擊球進行了這種現場研究。他比較了所有運動員在一個賽季過程中處於危急情境下的擊球表現。這種危急性從兩個方面評估：

1. 一場比賽本身 (即考慮每場每局的比分，有多少出局者，在擊球隊員到達本壘時有多少人在壘上)；
2. 一場比賽與其他比賽的聯繫 (即各隊在比賽名次上是否接近，整個賽季還剩下多少場比賽，各隊名次距第一名有多近)。

情境危急的程度通過心率測試和其他觀察手段來加以確定。研究結果表明，情境危急程度適中時的擊球優於情境危急程度高或低時的擊球。這是與倒 U 型假說相一致的。

克萊沃拉 (Klavora, 1978) 在競賽環境下，通過測試參加一個城市錦標賽的 145 名中學籃球隊員，對倒 U 型假說進行了檢驗。他讓被試在每場比賽即將開始之前填寫狀態-特質焦慮量表。每個隊員的表現由教練員根據一般運動能力和處理各種情況的能力在賽後做出評價，由此獲得了喚醒統一連續體的五個區分點。運動表現的結果給予倒 U 型假說以明確的支持：在適中的喚醒條件下，運動員的表現最佳，稍低或稍高喚醒條件下的表現一般，非常低或非常高喚醒條件下的表現最差。

芬茨等人進行一系列有趣的研究(Fenz, 1975; Fenz & Epstein, 1967; Fenz & Jones, 1972)，間接驗證了倒U型假說。他們評定了跳傘運動員在從到達機場至準備跳離飛機這段時間裏各個時期的心率和呼吸頻率。結果表明，不管是新手還是老手，每次跳傘都能正確完成動作的運動員，在跳傘臨近時喚醒水平升高，但在即將跳離飛機的最後幾分鐘，他們使自己的喚醒降低到一個更為適中的水平；與此相反，完成動作一直較差的運動員在跳離飛機前喚醒水平沒有降低，反而繼續增高直到跳離飛機。這些發現經多次重復實驗驗證，支持了適中喚醒水平比高喚醒水平更有利於操作的觀點。這一系列的研究吸引了人們的注意，它們毫無疑問地回答了認為實驗室研究不能造成高喚醒水平的批評，因為跳傘實在是一種關係"生死"的運動。

雖然現場實驗的結論在總體上是支持倒U型假說的，但其數據材料的可靠性並不高。例如，吉布羅恩(Giambrone, 1973)在研究籃球運動員罰球情境危急性效應時，重做了羅爾的研究。羅爾在研究中不得不根據不同能力水平的投手，在控制不同任務難度水平上下苦功。而罰球卻有使難度水平保持不變之利。對彼格特恩大學籃球代表隊隊員自身及其相互之間的調查結果表明，喚醒水平與罰球成績之間沒有什麼聯繫。艾哈特(Ahart, 1973)也對各種比賽條件下籃球運動員的罰球進行了研究，但結果卻表明，這種曲線關係有存在的可能。他假設，比賽的比分越接近，運動員越會感到緊張。從這一假設出發，艾哈特預測，在兩個隊的比分相差既不十分懸殊也不非常接近時，罰球命中率最高，而如果競爭激烈但比分相差很大時，罰球命中率最低。這些預見都被艾哈特的研究結果證實。

溫伯格指出(Weinberg, 1989)，儘管有一些不一致的研究結果，但實驗研究一般都支持喚醒水平與運動成績之間存在曲線相關的觀點。但是，應該注意到，倒U型假說並沒有對產生這種聯繫的原因作出解釋。毫無疑問，只有更好地理解產生倒U型關係的機制，才能最終對控制喚醒水平以提高操作成績的實際工作提供幫助。儘管已提出一些試圖對倒U型假說進行解釋的理論，但運動行為的研究者們更傾向於贊同注意狹窄的理論。對此，我們將在下一節做詳細介紹。

(三) 任務難度的影響

一些學者認為喚醒水平與運動成績之間的關係比上述倒U型理論所作

的解釋要複雜得多。任務難度似乎對喚醒水平與運動成績的關係有重要影響作用。對比較複雜或比較困難的運動行為而言，最適宜的喚醒水平可能較低一些。馬霍尼提出，單一力量性任務如舉重，可從高水平的喚醒或焦慮中獲益，而許多認知性任務，像打高爾夫球，即使是中等水平的焦慮體驗也會造成不利影響 (Mahoney, 1979)。蘭德斯 (Landers, 1978, 1980) 假定，適中水平的喚醒會有助於涉及高信息加工、複雜運動整合以及低能量代謝等任務的操作，這同樣得到了使人信服的證明。

奧克斯汀 (Oxendine, 1970) 總結了有關喚醒水平與任務難度關係的研究，將其歸納為以下幾點：

1. 高喚醒水平是耐力、力量和速度性運動項目取得佳績之所需；
2. 高喚醒水平會對複雜運動技能活動、精細肌肉活動、要求協調性、穩定性以及一般注意力的運動活動產生干擾；
3. 對所有運動任務而言，稍高於平均水平的喚醒比平均水平或低於平均水平的喚醒更適合。

據此，我們可以進一步假定，完成簡單任務時，**最佳喚醒水平 (或適度興奮)** (optimal arousal level) 要求處於較高位置；任務越複雜，最佳喚醒水平要求處於越低的位置。比如，以力量和速度為主的體能性項目，應有較高的喚醒水平；協調配合、小肌肉群精細調節占主要成分的運動項目，應有較低的喚醒水平 (圖 4-2，表 4-1)。

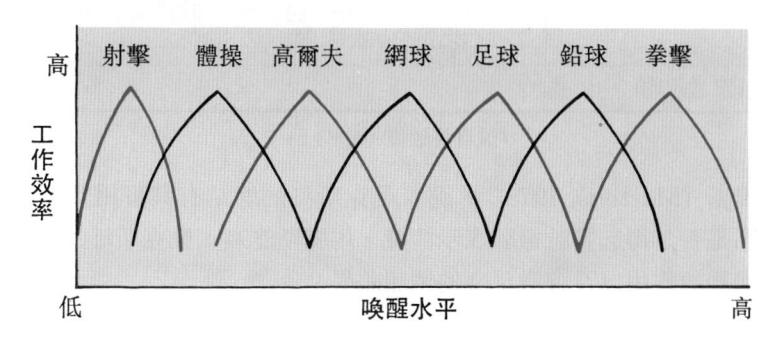

圖 4-2　不同體育項目的最佳喚醒水平參考點
(馬啟偉、張力為繪製，1996)

表 4-1　幾種典型運動技術的最佳喚醒水平

喚醒水平	運動技能
#5 (極度興奮)	橄欖球阻擋和擒抱 進行羅吉性格因素測驗 賽跑 (220 碼至 440 碼) 仰臥起坐，俯臥撐，引體向上
#4	助跑跳遠 很短距離或很長距離的賽跑 推鉛球 游泳比賽 摔跤和柔道
#3	籃球技術 拳擊 跳高 大部分的體操技術 足球技術
#2	棒球投手和擊球員 花式跳水 擊劍 足球前衛 網球
#1 (輕度喚醒)	射箭和滾球戰 籃球罰球 橄欖球的踢球入門 高爾夫球賽中向洞穴擊球和短距離的推擊 花式滑冰畫 8 字
0 (正常狀態)	

(採自馬啟偉，1983 b)

　　馬騰斯 (Martens, 1978) 承認，奧克斯汀的總結有其實用價值，但對這些要點是否禁得起實驗檢驗表示懷疑。馬騰斯認為，奧克斯汀的分析忽視了注意過程的作用以及應激反應的個體差異。

二、注意在倒 U 關係中的作用

倒 U 型假說的出現，引起了廣泛的興趣和研究的熱潮，有很多人精心設計了各種實驗，並深入各種操作現場，試圖驗證這一理論，許多研究結果支持這一理論 (Martens & Landers, 1970；Wood & Hokanson, 1965；Sonstroem, et al., 1982)。但倒 U 型假說僅僅描述了喚醒水平與運動成績的關係，並未對這種關係進行必要的解釋，也沒有確定出影響喚醒水平與運動成績關係的因素。因此，為了解釋喚醒水平與運動操作的倒 U 型關係，一些學者從注意範圍和信息利用的角度著手，進一步探討了兩者的關係問題。

(一) 注意範圍與信息利用理論

有關**注意範圍** (或**注意廣度**) (attention span) 的研究最初源於對人的因素和感知覺的研究工作。研究注意過程的基本方法是運用雙重任務或第二任務，即是讓被試在完成一個基本任務的同時，試圖再對第二個任務進行反應。第二任務通常被視為應激刺激，能夠將人對基本任務的注意吸引開來，從而導致運動成績的下降 (Landers, 1980)。總的來說，喚醒水平的升高能使人縮小注意範圍，集中於主要任務，減少對周圍情況或第二任務的注意。這個觀點得到了一些經驗證據的支持，即喚醒水平的升高會降低人們對周圍有關刺激的感受性，從而對操作成績造成不利影響 (Bacon, 1974)。

伊斯特布魯克 (Easterbrook, 1959) 的**信息利用理論** (或**線索利用理論**) (cue utilization theory) 可能對喚醒與注意過程之間的關係作出了最為人們所接受的解釋。他認為，喚醒的升高會逐漸限制來自外部環境的信息範圍。注意能力則隨著喚醒水平的增高而下降。信息利用範圍的減少，表示由於喚醒水平的變化對周圍信息的加工發生了改變。伊斯特布魯克假定，在低喚醒水平時，人的感知範圍廣闊，致使注意分辨力較差。因此，或是由於低選擇性，或是由於缺乏努力，對與任務有關和無關的信息的同時注意導致了運動操作成績較差。隨著喚醒水平升高至一個更加適中的或最適宜的水平，與任務有關的信息受到有選擇的注意。當一個人將注意只指向與任務有關的信息時，這個人就處在倒 U 型的頂點，最後的結果是表現出最佳運動操作。但當喚醒水平的升高超過最佳水平時，與任務有關的信息開始被摒除，導致感知覺的進一步狹窄和運動成績的下降。這一過程持續到所有與任務有關的信息被消除，只剩與任務無關的信息時為止，這時操作者處於倒U型曲線的最低點。伊斯特布魯克 (Easterbrook, 1959) 的假設提示我們，喚醒水平與運動成績之間的關係是建立在對周圍有關或無關信息之注意的基礎上的。

在考察運用雙重任務的實驗時，蘭德斯 (Landers, 1980) 得出這樣的結論，認為從總體上來說，維持主要任務操作的被試在應激情況下，沒有能力對次要任務進行反應，在苯丙胺、運動應激、電擊、睡眠剝奪、刺激、黃嘌呤以及自身受傷恐懼等各種各樣應激物的刺激下，這一結論似乎都能成立。蘭德斯 (Landers, 1978, 1980) 根據伊斯特布魯克 (Easterbrook, 1959) 的信息利用理論，提出了這樣的假設，認為知覺選擇性將隨著操作焦慮的增大而提高。在最適宜的喚醒水平上，這會通過提高知覺選擇性和消除無關任務的信息而有助於操作行動。但是，這是在注意範圍沒有過度縮小的情況下完成的，注意範圍過度縮小可能導致漏掉一些與任務有關的信息。在低喚醒水平上，運動員可能會因一個不重要的知覺焦點而不能消除無關刺激。而在高喚醒水平上，知覺的範圍如果過於狹窄，則有漏掉重要信息的可能。冰球守門員的喚醒水平如果太低，可能會因人群或觀眾的活動而分散注意，而在極高喚醒水平下，他也許不能專心對付從邊上移動過來的球員。

體育領域中的實例也許可以幫助我們闡明這個原理。在訓練課中，一個籃球運動員罰球 (即低喚醒)，除了可能注意像籃圈和隊員的站位這些有關信息外，還可能注意像其他運動員在做什麼，以及誰在看台上這樣的無關信息。但在實際比賽中 (最適宜喚醒水平)，由於比賽獲勝以及發揮技術水平對運動員很重要，他可以不顧那些無關信息，而只將注意集中於與罰球命中有關的信息上。在參加至關重要的錦標賽時，對方犯規，這時離比賽結束僅剩 5 秒鐘，本隊還落後一分，靠罰 2 分球以決定勝負 (即高喚醒)，在這種情況下，運動員變得如此擔憂和不安以至於不能將注意集中於與任務有關的信息，這些信息被排斥，而與任務無關的信息 (如觀眾的喧嘩聲) 則受到注意。這種行為常被稱作**隧道視覺** (tunnel vision)，即在不顧與任務有關信息情況下，注意被縮小到一個有限的刺激場域。另一個"隧道視覺"的事例是，一名缺乏經驗的橄欖球中衛，第一次面臨最後一節比分接近的情況，在試圖第一次傳球時，他只注意了接球運動員，甚至看不到在接球運動員前面移動並企圖斷球的對方邊後衛。

(二) 任務難度與注意範圍的關係

如前所述，許多研究支持了倒 U 型假說，但也有一些研究未獲得倒 U 型結果 (如 Murphy, 1966；Pinneo, 1961)。比如，它在難度較大的作業中得到證實，但在難度較小的作業中未得到證實。其解釋是：激活水平很低，敏感性就很低，大量信息，不管是有關的還是無關的，都被注意。激活水平提高，敏感性提高，無關信息被過濾掉，集中注意於有關信息。但激活水平升得過高，敏感性過高，使注意範圍變得過窄，許多有關信息也被忽略，此時，作業成績就又下降了。但由於簡單作業所需信息較少，因此不大可能受高激活水平的影響 (張力為，任未多，1992)。這裏，任務難度顯然是一個重要因素，它會影響注意範圍，進而影響喚醒水平和操作成績的關係。人在處於極高的喚醒水平時，注意的範圍將縮得很小。在這種狀態下，如果要完成的是信息加工量較大的任務 (如圍棋、足球等)，高喚醒水平可能導致遺漏一些有關的重要信息，使決策失誤。如果要完成的是信息加工量較小的任務 (如百米跑、舉重等)，高喚醒水平則可能有助於運動員集中注意在少數重要信息上，充分動員機體能量。人在處於極低的喚醒水平時，有關和無關信息都可能納入也都可能不納入到意識之中，而且，注意無法高度集中於與任務有關的信息，這也會導致遺漏一些有關的重要信息，使決策失誤。人在處於中等喚醒水平時，注意範圍既不過大到使有關和無關信息都納入意識之中，也不過小到遺漏某些重要信息，而是適中，即集中注意於做出正確決策所需要的最必要的信息 (圖 4-3)。

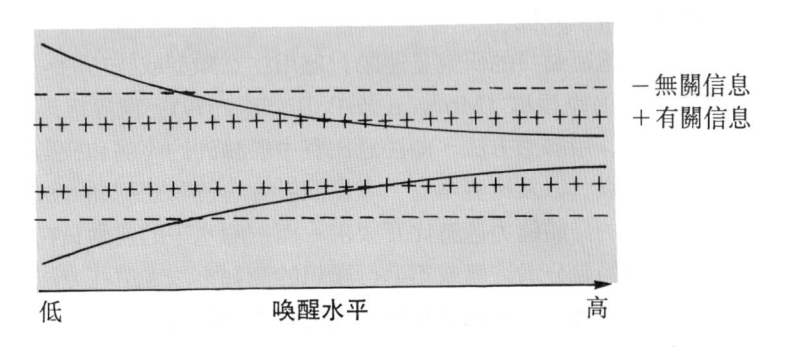

圖 4-3 注意範圍與喚醒水平的關係
(採自 Landers, 1980)

嚴格地說，喚醒水平升至最佳點之後再繼續上升時，喚醒水平與注意範圍的關係不大可能出現將所有與任務有關的信息被消除而只剩下與任務無關的信息這種現象，而是如圖 4-3 那樣，大量的有關信息和無關信息都可能被排除在意識之外，這種情況可從許多經驗事例中得到證明。比如，學生在重要考試中由於過度緊張而忘記背誦得十分牢固的公式、定理、句子，運動員在重要比賽中忘記教練員賽前反復強調的戰術，地震中慌忙逃命的人無法選擇正確的道路和方法等，都是在喚醒水平極高的情況下，注意範圍極度縮小，導致遺漏重要信息，同時，也無暇顧及無關信息的實例。

（三） 個體差異對倒 U 關係的影響

　　喚醒對注意的影響可以用來解釋喚醒水平與操作成績的曲線關係。同時也應看到，個體的差異也影響了注意過程和它們對運動成績的最終效應。伊斯特布魯克 (Easterbrook, 1959) 認為，和複雜任務相比，簡單任務所含的關鍵信息範圍可能更窄。同時，每一次運動任務給人以不同的注意要求，並且是常常給予不斷變化的要求。有一些證據表明，注意"內部"信息，尤其是焦慮信息可能會對一些操作活動不利 (Borkovec & O'Brien, 1977；Sarason, 1975；Wine, 1971)，高焦慮可能會限制人在任務變化中轉移注意的能力，對焦慮信息的注意會加強人們對喚醒的體驗。因此，運動員掌握和控制注意過程的能力顯然對其運動成績至關重要。奈德弗 (Nideffer, 1976a) 指出，每個運動項目對注意類型有特定的要求，個體的注意類型有可能適應某一運動項目，也可能不適應。這種模型的實用價值取決於實際活動中注意類型或技能的可訓練性。

　　摩根對長跑運動員的研究是運動員運用注意類型或技巧的一個很好的實例。摩根和普洛克報導 (Morgan & Pollock, 1977)，世界級馬拉松運動員經常在比賽中採用聯想方法，即注意比賽中體驗到的疼痛和疲勞、比賽的條件如地形、氣候，以及比賽本身。摩根假設，這些聯想認知方法可以使高水平長跑運動員的身體能力適應比賽要求。而一般水平的運動員在馬拉松賽跑時，最常採用的是分散注意或不進行聯想的認知方法。這些方法可能使水平較低的運動員分散對馬拉松賽跑所造成的疼痛的注意，使其能堅持比賽 (雖然他們可能達不到使身體能力充分滿足任務要求)。極其重要的一點是，上述兩種注意策略能使長距離耐力項目中各種水平的運動員都獲益。

(四) 注意指向對倒 U 關係的影響

奈德弗、摩根以及其他心理學家的上述研究表明，喚醒可能不像伊斯特布魯克在其信息利用理論中所設想的那樣，只對注意的範圍產生影響。瓦克特爾 (Wachtel, 1967) 認為，高喚醒水平也會促使注意力分散。卡沃爾和謝爾 (Carver & Scheier, 1981) 指出，運動員對觀眾或同伴的感知、對獲勝的要求或其他產生焦慮的刺激，與其說會導致注意狹窄，不如說會導致注意指向錯誤。注意的錯誤指向把與運動任務本身無關的以及運動任務中很小的部分作為注意的中心 (如橄欖球的中衛只注意從中場向後投球而不注意防守和即將進行的進攻)。

馬霍尼和梅耶斯認為 (Mahoney & Meyers, 1989)，喚醒會造成注意的錯誤指向這一事實以及早期進行的有關運動焦慮類型的研究結果都表明，決定性的影響因素不是喚醒，而是運動員怎樣感知造成焦慮的運動情境以及怎樣運用各種方法和技術來處理競賽壓力。因此，需要做的工作不是去尋找焦慮與操作成績聯繫的某些"規律"，而是發展一種系統地確定這種功能聯繫的方法，這種方法能使運動員更有效地控制或"利用"在任何重要的競賽中都會出現的喚醒。這就產生了這樣一種可能性，即在某種條件下，喚醒水平的增高以及注意範圍的縮小或所謂"錯誤指向"的注意或許不會損害運動成績，相反，還可能促進運動成績的提高。

三、對倒 U 型假說的批評

倒 U 型假說認為，一個人的激活或喚醒水平與操作成績有密切關係。喚醒水平上升時，成績水平也持續上升，到了某一點後，喚醒水平的繼續上升就導致成績水平的下降。這一點即倒 U 型曲線上的最高點，被認為是最佳喚醒水平點，此時，成績水平達到最高值。許多持最佳喚醒水平觀點的研究動機的文章認為，喚醒水平太高或太低，都不利於達到最佳操作水平。此時，必須設法使喚醒水平升高或降低到中等水平。倒 U 型假說使人們很容易從直覺和常識上認同。在眾多驗證性實驗中，多數結果也支持倒 U 型假說。這一理論也就隨之被作為喚醒與操作關係的定律而寫進了教科書 (張力為，任未多，1992)。

對倒 U 型假說的批評來自不同的方面，下面予以分述。

(一) 喚醒與操作的協變是否對稱

過低和過高的喚醒水平是否對操作成績產生同樣的損害？維爾福德對此問題進行了分析，他說：

> 儘管這一理論看上去比較精確，但它對我們的認識並沒有起到很大的幫助作用。比如，最佳點向什麼地方移動？為什麼任務不同，最佳點也不同？在喚醒水平由低向高的移動過程中，超過最佳點之後的操作水平是退回到達到最佳點之前的位置呢？還是在最佳點兩邊過高過低的激活水平對應著不同的操作水平呢？(Welford, 1976)

(二) 不具備可證偽性

倒 U 型假說是否具有可證偽性和可反駁性？貝德雷特別對支持這一理論的實驗結果提出質疑，他指出：

> 作為一種理論，它的一個主要缺陷就是，只要沒有事先在倒 U 型上確定出一個準確的位置，那麼它就可以用來解釋幾乎一切結果。(Baddeley, 1972)

因此，根據波普的科學理論標準，這種理論就不能算作一個好的理論。

(三) 不適用於運動反應

倒 U 型假說是否適用於運動反應？馬騰斯也對倒 U 型假說進行了實際研究，他指出：

> 關於倒 U 型假說，許多人，如果不是大多數人的話，都相信這一關係是已經被牢固地確定了。但是，對特質焦慮、誘發性肌緊張和心理應激的不同水平進行全面考慮後，並未發現有明顯證據支持這種關係適用於運動反應。(Martens, 1972)

(四) 實驗方法有所不足

倒 U 型假說的實驗證據如何？納坦倫 (Naatanen, 1973) 曾對明顯地為倒 U 型關係提供支持性證據的心理生理研究進行了考察。在對激活——操作關係的評述中，他指出，實驗設計的具體特點可在喚醒水平連續提高的過程中使被試的成績下降。摩根和埃里克森 (Morgan & Ellickson, 1990) 認為，倒 U 型假說的實驗證據與其應用領域之間缺少生態學效度。馬騰斯 (Martens, 1972) 認為，關於喚醒水平與操作成績關係的研究結果還沒有達到一致。他提出，喚醒水平與運動成績之間的關係之所以混淆不清，也許部分是由於方法學的問題造成的。支持倒 U 型假說的研究很少能夠給出充分證明這些理論需要的三個應激水平的實驗材料，幾乎沒有什麼實驗證明了施加的條件或刺激確實是使人緊張。

(五) 喚醒水平的影響力有待評估

喚醒水平對於操作成績是極其重要嗎？馬霍尼和埃文納曾指出：

> 絕對喚醒水平似乎不比喚醒變化的方式和處理焦慮的方法要來得重要，如果真是這樣的話，絕對喚醒水平則可能對於決定操作結果來說不是至關重要的。(Mahoney & Avener, 1977)

如前所述，馬霍尼和梅耶斯也指出 (Mahoney & Meyers, 1989)，喚醒會造成注意的錯誤指向的事實，以及早期進行的有關運動焦慮類型的研究結果都表明，決定性的影響因素不是喚醒水平的高低，而是運動員怎樣感知造成焦慮的運動情境以及怎樣運用各種方法和技術來處理比賽壓力。

(六) 無法對情緒體驗做合理解釋

倒 U 型假說能對喚醒水平與情緒體驗的關係做出合理解釋嗎？倒 U 型假說的特徵是穩態的，它要求將一個人的行為維持在單個最佳水平上。同時，這一理論還包括一個含義，即最佳喚醒點也是被試積極愉快的心理體驗的最佳點。因此，假如喚醒水平向上或向下偏離了最佳點，人們就不會感到那麼愉快。如果喚醒水平向上不斷提高，就會產生焦慮的感受 (Kerr, 1989)。默格特洛德 (Murgatroyd, 1985a) 曾列舉出不同意穩態結構基本假設的一些著名心理學家，其中包括馬斯洛 (Maslow, 1954)、布勒 (Buhler, 1959)、弗蘭克 (Frankl, 1969)、哈羅 (Harlow, 1953) 和奧爾波特 (Allport, 1960)，他們均不贊成將穩態模式當作對動機的合理解釋。

對於倒 U 型假說，埃波特 (Apter, 1982) 提出了一個十分簡單或是十分容易為人理解的問題。他確定出四個常用的名詞，來分別表示愉快、不愉快、高喚醒和低喚醒，以此對倒 U 型假說區分這四個詞的能力提出質疑。這四個詞是：焦慮、興奮、厭惡、放鬆。在某些情況下，人們有可能將高喚醒體驗為愉快的，而在另一些情況下，則可能將低喚醒體驗為愉快的，但倒 U 型假說却不大容易把這類可能性包括進去。為了解釋這一問題，有人提出 (Hebb, 1955)，興奮是中等喚醒水平的反映，焦慮則是極高喚醒水平的反映。但這一解釋並不能令人滿意，因為按照這一觀點，一個人必須先體驗到興奮然後才能體驗焦慮。同樣的推理也可用於喚醒連續體的另一端，即放鬆與厭倦。顯而易見，這與人們的切身感受是相悖的。倒 U 型假說有以單一最佳狀態和穩態為基礎的特點，它很少注意喚醒維度兩個極點上會產生極度愉快體驗的這種可能性。而在實際生活中，這種可能性是常見的，例如，在跳傘、登山、賽車這類危險的運動項目中，冒險行為與極高的喚醒水平相聯，同時，運動員也從這種極高的喚醒水平中體驗到樂趣。

海克弗特和斯皮爾伯格也指出 (Hackfort & Spielberger, 1989)，由倒 U 型假說指導的研究有兩個重要的局限性：(1) 研究結果一般是集中在生理喚醒上，以此作為動機的指標，而焦慮的感受常受到忽視；(2) 研究報告主要是對數據進行描述性分析而未對所發現的關係做出解釋。

(七) 個體差異的重要性

個體技能水平和經驗的差異也可能會影響喚醒水平和運動成績的關係。芬茨和埃伯斯塔恩 (Fenz & Epstein, 1969) 在一項比較新、老跳傘運動員的實驗中發現，雖然焦慮是普遍存在的一種體驗，但水平較高的運動員在即將要跳離飛機前，其焦慮水平下降；相比之下，新手在即將跳離飛機時，其焦慮水平仍繼續升高。馬霍尼和埃維納 (Mahoney & Avener, 1977) 在對奧林匹克體操選手研究後報導了類似的發現，梅耶斯、庫克、庫倫和萊爾斯 (Meyers, Cooke, Cullen & Liles, 1979) 在研究了參加大學生錦標賽的牆球運動員的情況後也得到了同樣的結果。雖然這些實驗結果有不一致的地方，但研究結果的總趨勢表明，與缺乏經驗和技能不熟練的運動員相比，經驗較豐富和技能較熟練的運動員能更有效地處理高壓力的任務，並在運動前和運動中表現出不同的一時性焦慮形式。這些不同的差異是不同技能造成抑或其他心理變量促成？這問題仍未得到清楚的闡明。任未多認為 (1991)，喚醒水平與運動操作的關係在不同個體間可能存在極大差異。個性這種中間變量的存在可能使不同的實驗得出不一致結果，比如，根據這一構想所設計的實驗證實，特質焦慮這一人格因素是影響喚醒與操作間關係的中間變量之一。

總之，現有的各種理論解釋似乎都還不能被認為是對這一關係的最後結論，喚醒水平與操作成績間的關係是一種十分複雜的關係。

第二節 喚醒水平與操作成績關係的其他理論

為了解釋喚醒與操作間的關係，許多學者提出了與倒 U 型假說不同的理論構想，主要有內驅力理論、閾限理論、最佳功能區理論和突變模型等。

一、內驅力理論

內驅力理論 (drive theory) 最初是由霍爾 (Hull, 1943) 構想出來以解釋複雜技能操作的，後來得到了斯潘斯 (Spence, 1966) 的修正。該理論推測操作成績 (P) 是內驅力狀態 (D) 與習慣強度 (H) 的乘積，即 $P=D\times H$。霍爾把內驅力定義為一種所有行為普遍的和非特定的活動衝動，並將內驅力與文獻中的生理喚醒相提並論，因為後者易被科學地測量。習慣則與正確的和錯誤的反應所占的優勢情況有關，習慣強度是完成專門技能任務時正確反應與錯誤反應的等級序列。根據這一理論，內驅力的增強（喚醒增高）將使優勢反應出現的可能性增大。如果優勢反應是正確的（即處於技能學習的後一階段），那麼喚醒水平的增高會引起操作水平的提高；如果優勢反應是錯誤的（即處於技能學習的早期），那麼喚醒水平的增高將對操作不利。

實際上，內驅力理論認為喚醒與運動成績之間實質上是一種線性關係。隨著喚醒水平的提高，操作成績也會提高 (Mahoney & Meyers, 1989) (圖4-4)。

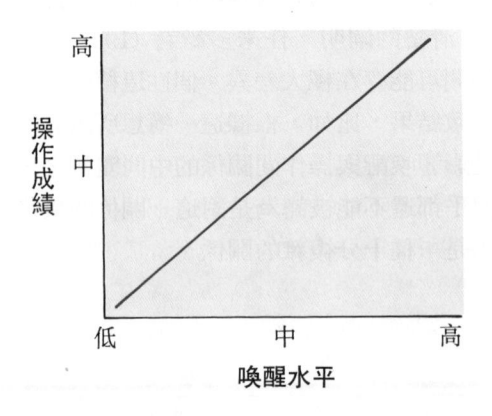

圖 4-4
內驅力理論對喚醒水平與操作成績關係的預測

　　內驅力理論得到了一些觀察簡單任務條件下喚醒與操作關係的研究的支持，比如配對聯想學習 (或配對聯結學習) (paired-associate learning) 及眨眼經典條件反射等。另外，有關社會促進的研究也為喚醒與操作間的假設關係積累了許多資料。早在 1879 年，特利萊特就注意到，其他人的到場會影響運動員的操作。采約克 (Zajonc, 1965) 在對社會促進研究的一次著名評論中斷言，觀眾或其他參加者的到場會促進簡單任務或優勢反應的操作，但觀眾和同伴的到場卻會妨礙複雜或新奇任務的完成。如果我們假設，在一般情況下，運動員對觀察者作出的反應表現為喚醒水平的升高，那麼，采約克對社會促進效應的解釋正好與內驅力理論相吻合。

　　內驅力理論所提出的這種簡單的線性關係，僅限於完全習得並熟練掌握的技能操作和單純力量性身體能力，它沒有對更為複雜的運動技能條件下的喚醒水平與運動成績的關係作出進一步的解釋，因此，有些學者提出，可考慮用內驅力理論和倒 U 型假說分別解釋體育運動中不同情況下的不同現象：在需要極為高度的體能、努力和堅持性的體育活動中，可用內驅力理論解釋運動行為和運動成績；在需要協調配合、控制性和協調性極強的複雜運動活動中，可用倒 U 型假說解釋運動行為和運動成績 (馬啟偉, 1983b)。

　　內驅力理論遇到的另一個主要問題是，體育運動中的習慣強度和習慣等級很難確定。即使是那些旨在確定優勢反應的實驗，其結果也不總是與內驅力理論相一致。另外，觀察者和同伴作出的有社會促進效應的評價也不總是導致焦慮水平的增高 (Mahoney & Meyers, 1989)。

檢驗內驅力理論的傳統方法是，先確定出情緒反應 (即特質焦慮) 不同的個體，再把他們置於有應激刺激 (如震驚) 或無應激刺激的情境中。後一類 (無應激刺激) 用於檢驗通常的內驅力假說，這一假說認為高特質焦慮的被試在所有情況下都以更大的內驅力 (喚醒) 進行反應。對高特質焦慮和低特質焦慮的被試施以應激刺激的研究用於檢驗由斯潘斯 (Spence & Spence, 1966) 重新構想的情境性狀態假說。這一假說認為，高特質焦慮和低特質焦慮的個體只有在施以應激刺激時才會表現出不同。這個觀點與斯皮爾伯格的狀態——特質焦慮理論相一致。斯皮爾伯格 (Spielberger, 1966, 1972) 認為，特質焦慮是一種只在面臨應激情境時才使一個人表現出高水平喚醒的個性傾向。

馬騰斯 (Martens, 1970, 1971) 廣泛考察了用內驅力理論驗證長期性特質假說和情境性狀態假說的研究文獻，發現驗證長期性特質假說的有 28 篇，驗證情境性狀態假說的有 15 篇。他得出這兩個假說的實驗材料不可靠的結論，因為每一個假說都得到幾乎相同數量研究的支持和反對。

這些矛盾而含糊不清的結果使馬騰斯 (以及大多數研究者) 得出內驅力理論不能充分解釋喚醒與操作關係的結論。此外，馬騰斯認為，在試圖把內驅力理論應用於運動行為和複雜運動技能時，還存在著一個極嚴重的問題，就是很難清楚地確定複雜運動反應的習慣等級 (正確或錯誤反應所占的優勢情況)，因而實際上不可能用它來檢驗這個公式：操作＝內驅力×習慣。例如：在活動跑台上行走是屬於新奇任務 (不正確反應占優勢) 呢？還是屬於已熟練掌握的任務？一個壘球運動員平均擊球 300 次，是正確的反應占優勢呢？還是錯誤的反應占優勢？在大多數運動行為研究中，如果學習曲線沒有成為漸進線 (平緩)，是錯誤的反應占優勢；在學習曲線成為漸進線後，則是正確的反應占優勢。馬騰斯認為這個假說充其量也是不成熟的，因此，他作出了內驅力理論不能運用於複雜運動行為的結論。

應該提到的是，儘管大多數學者贊同馬騰斯的觀點，但是也有一些學者對上述結論表示異議。特別是蘭德斯 (Landers, 1980)，他令人信服地提出確實可能確定一些運動任務的習慣等級。例如：亨特和希利瑞 (Hunt & Hillary, 1973) 把"地板和天花板效應"用於運動迷宮中，這樣可以準確地測量並推測出被試成功或失敗的可能性，從而確定習慣等級。此外還有卡農(見 Weinberg, 1989) 採用一種選擇反應時模型建立起習慣強度等級。這些研究給內驅力理論以各種各樣的支持，它們的確說明，一些運動任務的習慣強度是能夠得到確定的。但仍然存在這樣的問題，即像網球、足球、籃球、體操等涉及極其複雜運動技能的大多數運動行為，即使準確測量習慣等級是可能的，要真正做到這一點也將是十分困難的。因此，即使可能設計出一些實驗來評定習慣等級，就複雜運動技能而論，其實際應用仍顯得有限。

二、閾限理論

閾限理論 (threshold theory) 及其有關解釋係來自**天花板效應**(或**上限效應**) (ceilling effect) (Broen & Storms, 1961) 和**異化程度效應**(或**詭距離效應**) (paradoxical distance effect) (Morgan, 1972) 兩種理論。閾限理論似乎是對驅力理論的某種修改和補充，該理論認為：在上限效果水平時可產生最佳的操作，如果超過這一極限，將很可能陷入正確反應和不正確反應的衝突之中而有損於操作。異化程度效應理論來自某些藥物服用量超過一定量就會產生與原來相反作用的現象，該理論認為，喚醒水平上升到某一臨界值，就會引起操作迅速地向反相轉變。這一理論與倒 U 型曲線的區別在於：該理論是以某一點而不是某一區域與最佳操作相對應，超過這一點後的下降段是陡峭的曲線。

三、最佳功能區理論

前蘇聯學者漢寧以現場研究即在賽前賽後對狀態焦慮的測量為基礎，提出：每個個體有他自己的理想機能區段，即**最佳功能區** (zone of optimal function，簡稱 ZOF)。當焦慮水平處於這一區段內時，即可獲得最佳操作 (Hanin, 1989)。該理論否定中等喚醒水平較之低或高的喚醒水平更有利於操作，而是強調個體差異。漢寧認為，不同的運動員有不同的**最佳狀態焦慮** (optimal state anxiety，簡稱 S-Aopt)，即運動員能最充分地發揮自己競技水平的焦慮水平。評估最佳狀態焦慮主要有兩種方法：

1. 系統地測量每個人賽前的操作活動焦慮水平和賽中實際發揮水平；
2. 如比賽發揮了水平，則在賽後測量運動員於賽前或賽中體驗到的焦慮，這叫**內省測量** (retrospective measures)。

應用第二種方法時，要指導運動員評價在最成功的比賽之前的感受，或者評價最充分、最自然地發揮自己的競技水平時的感受。

漢寧在相關研究和臨床實踐中使用了最佳焦慮水平的內省評估方法。結果表明，最佳狀態焦慮水平變動範圍很大，250 名優勢運動員的分值範圍從 26 分到 67 分不等，不同樣本的均值從 39 分到 43 分不等。如果確定了最佳焦慮水平個體差異的範圍，則可建立最佳功能區 (ZOF)，這樣，就可以評價比賽沒有充分發揮水平之後運動員報告的狀態焦慮水平距最佳功能區的誤差。在運動員最佳賽前狀態焦慮水平分值上加減 5 分 (大致等於賽前分值的半個平均標準差)，便確定了最佳功能區的上下限 (Hanin, 1989)。

例如，圖 4-5 顯示了兩名划船運動員賽前賽中狀態焦慮的分數。賽前狀態焦慮的測量在比賽前一週進行，目的是將測得的分數與最佳的狀態焦慮水平 (ZOF) 比較。儘管兩名划船運動員的狀態焦慮大致相同，但教練員卻

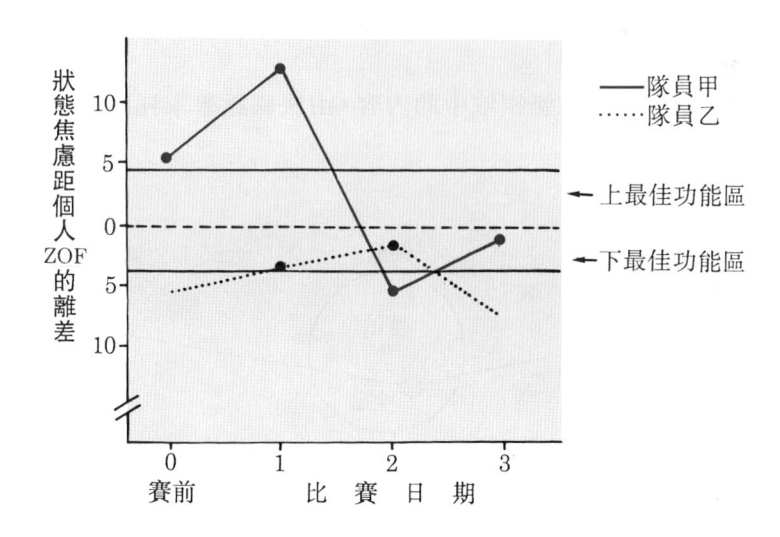

圖 4-5 賽前賽中的狀態焦慮同最佳功能區的比較
(採自 Hanin, 1989)

明顯地面臨著完全不同的任務，即設法提高一個人的賽前焦慮水平，同時降低另一個人的焦慮水平。另外還需要儘量減少焦慮水平高低不同的兩名划船運動員之間的接觸。

漢寧的最佳功能區的概念其特點一是定量化，二是較為實用。它為教練員提供了一些實際的參照點，由此可確定控制賽前賽中焦慮的方法，以便使運動員在比賽中更好地發揮自己的競技水平。

四、突變模型

就如前面所述，對喚醒問題的研究最早可追溯到耶克斯和多德森的工作 (Yerkes & Dodson, 1908)，後人在其基礎上提出了倒 U 型假說和為人所熟知的倒 U 型曲線 (Oxendine, 1970, 1984)。不久，心理學家們發覺這種一元 (生理) 的喚醒過於簡單，於是就有了多元喚醒系統。但是在很長一段時間裏，一直沒有一個令人滿意的模型出現，到了 80 年代，認知因素的引入使喚醒模型在多維量系統的道路上前進了一大步，接連產生了埃波特的**逆轉理論** (reversal theory) (Apter, 1982, 1984；Apter, Fontana & Murgatroyd, 1985) 以及哈笛與法基的**突變模型** (catastrophe model) (Hardy & Fazey, 1987)。

突變模型本來是數學領域中的內容，由法國數學家托姆提出 (Thom,

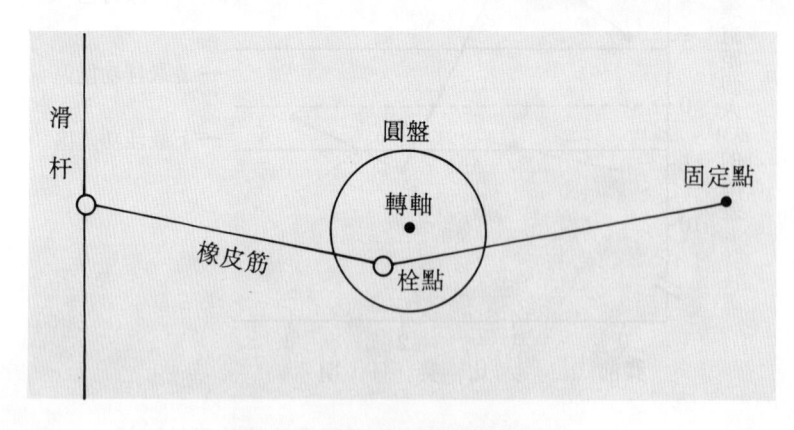

圖 4-6　基曼的突變機械模型
(採自 Hardy, 1990, p.86)

1975)，目的是將正常情況下的連續型函數模式轉化為非連續型函數模式。托姆的中心定理是：可將所有自然產生的非連續性納入 7 種基本突變中的一種類型。第二年，基曼 (Zeeman, 1976) 就將其通俗化地應用到行為科學和自然科學中。最近，哈笛和法基又將突變模型引入體育運動心理學領域，以解釋生理喚醒、認知焦慮、任務難度、自信心和操作成績之間的複雜關係 (Hardy & Fazey, 1987；Hardy, 1990)。1992 年，莊錦彪將這一理論介紹到中國體育運動心理學界 (莊錦彪，1992)。

為了使讀者更容易地理解這深奧的數學理論，基曼設計了一個具體生動的突變機械 (圖 4-6)。這一裝置有兩個變量，一是滑點在滑桿上的高度或位置，二是固定點到滑桿的距離，它們決定了橡皮筋所受的力的大小和轉盤的運動狀況。通過這個機械可以觀察到兩種現象：橡皮筋越緊張即所受的力越大，轉盤的跳動越大，反之亦然。當滑點在滑桿上向上或者向下移動時，轉盤的跳動使栓點留下的不連續點軌跡是不同的，這種現象叫滯後 (hysteresis)。如果以橡皮筋的張力、滑點高度和栓點位置為一個三維坐標系的三個坐標畫出數學模型，就是圖 4-7 所示的樣子。

圖 4-7 中行為表面是栓點在滑點高度和橡皮筋張力交錯變化的運動軌

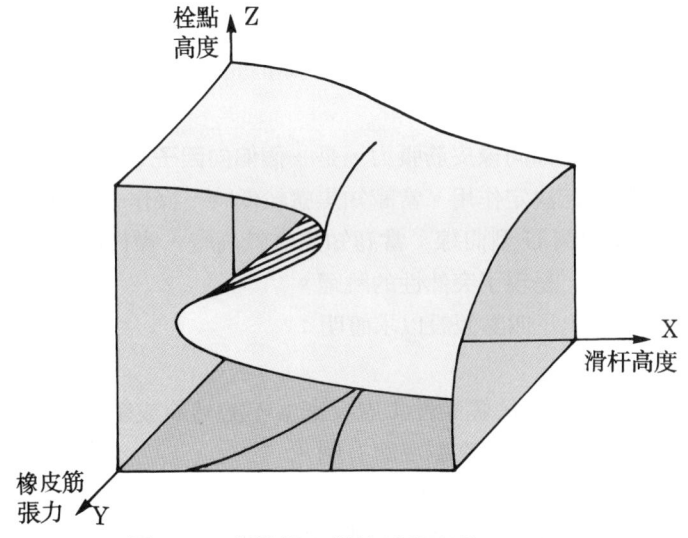

圖 4-7　由基曼突變機械得到的行為表面
(採自 Hardy, 1990, p.87)

跡,而雙枝疊影是行為表面層疊部在 X－Y 平面上的投影。分析這一模型可以知道：當 Y 很小時,X 的漸變引起 Z 的漸變;當 Y 很大時,X 的漸變引起 Z 的突然性跳躍,跳躍的方向依賴於 X 是在上升還是下降。實際上,這種突然性跳躍就是"突變"一詞的真切含義。

於 1987 年,哈笛和法基 (Hardy & Fazey, 1987) 在二元喚醒 (認知焦慮和生理變化) 的基礎上參照上述模型建立了新的應激模型,如圖 4-8。

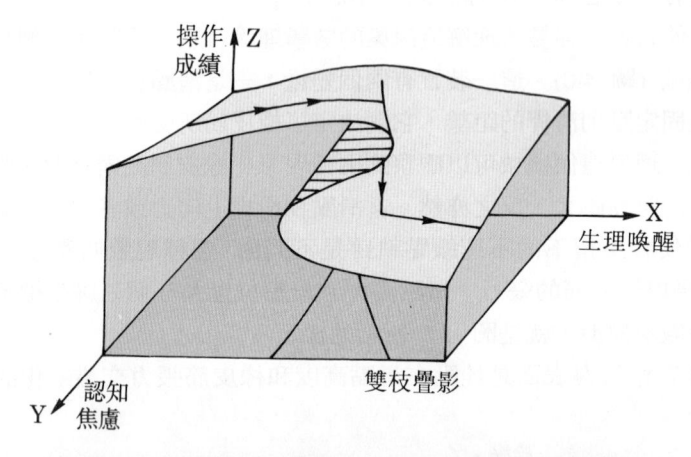

圖 4-8 哈笛和法基關於焦慮與操作關係的模型
(採自 Hardy, 1990, p.88)

這裏,認知焦慮如同橡皮筋張力,是一個**偏向因子** (bias factor),對成績表面的動態變化起決定作用。當認知焦慮較低時,操作成績與生理喚醒的關係似一條柔和的倒 U 型曲線;當認知焦慮較高時,操作成績與生理喚醒的關係變得複雜了,呈現了突然性的跳躍。

哈笛和法基提出了四點假設以求證明:

1. 生理喚醒及相應的軀體性焦慮反應並不必然對成績不利。不過,當認知焦慮較高時,它顯然與突變反應有關。

2. 隨著認知焦慮的增加,發生"滯後"現象,即當生理喚醒增加和降低時,成績變化的曲線是不一樣的 (圖 4-8、圖 4-9)。而在低認知焦慮情況下,則不會發生"滯後"。

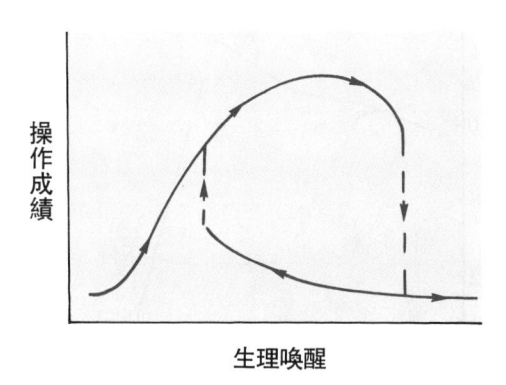

圖 4-9
高認知焦慮條件下會出現的
滯後現象
(採自 Hardy, 1990, p.89)

3. 中間水平的成績大多不是出現在高認知焦慮條件下；更確切地說，在高認知焦慮下成績是雙形式的，而在低認知焦慮下則是單形式的。

4. 使用某種統計方法 (如 Guastell, 1987；Oliva et al., 1987)，使這種"災難性突變"與現實生活中的資料明確吻合是可能的。

為證明關鍵的假設二，哈笛等對八名籃球女運動員進行過一項研究。他們把認知焦慮作為控制變量，用競賽狀態焦慮調查表 II 進行測定 (CSAI-2, Martens, et al., 1990)。將心率作為生理喚醒程度的指標，並且確定最高心率為每分鐘 190～200 跳，確定最低心率為每分鐘 150～160 跳。被試的任務有兩種，一種是往返跑至達到一定的心率，一種是往返跑達到最高心率後再減緩下來，其間都進行定點投籃。記分的方法是：空心球 5 分，擦框進 4 分，擦板進 3 分，擦框不進 2 分，擦邊不進 1 分，不及邊框且不進 0 分。結果表明，在高認知焦慮條件下，兩種任務所得的分數曲線相差極大 (圖 4-10)，而在低認知焦慮條件下的分數曲線接近重合 (圖 4-11)。對圖 4-10 和圖 4-9 進行比較，不難看出它們的相似性或一致性，因此有理由說本實驗支持了哈笛和法基的第二個假設。

突變模型建立以後，有必要對"突變"的發生作出合理解釋。艾森克曾指出 (Eysenck, 1979, 1982)，對於高焦慮的操作者，其當前的熱望和以前的水平之間存在的差距相對較大，這種差距可提高動機和努力的程度，因而也可提高成功的可能性。但是當任務的難度極大，以致使作業者產生不可能完成的念頭時，這種目標的脫節又會打擊性地降低動機和努力。據此便不難

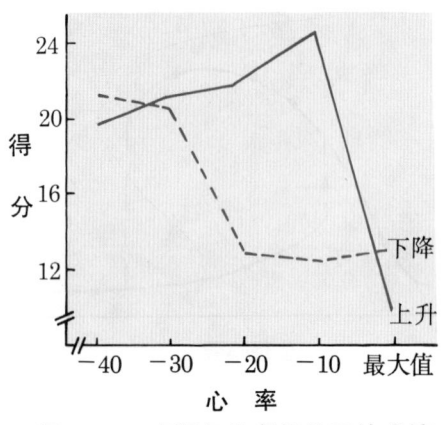

圖 4-10　高認知焦慮條件下的成績
（採自 Hardy, 1990, p.93）

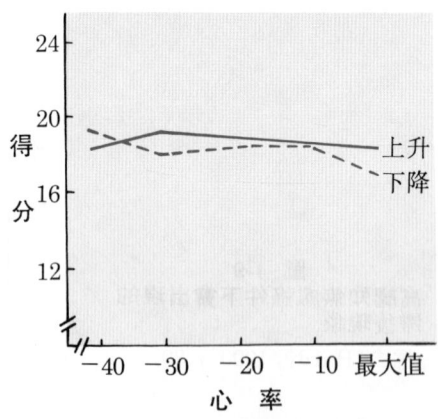

圖 4-11　低認知焦慮條件下的成績
（採自 Hardy, 1990, p.94）

理解"突變"的發生了。任務難度的加大，提高了操作者的認知焦慮，而目標的脫節又使他的努力變得作用甚微，於是在生理喚醒達到一定程度時，前功盡棄式的突變將不可避免地出現。當然，處於認知焦慮和生理喚醒下的操作者，並不真的就放棄了對問題的應付，但是成績明顯地受到影響。

三維突變模型 (three dimentional catastrophe model)　僅從二元喚醒反應上對應激進行概括，實際上影響應激或者與其有關的因素還很多，如自信、注意力、思維，還有個性、氣質等等，不一而足。如果把所有因素歸到一起，會產生一個極為繁雜的交互作用模型。哈笛和法基 (Hardy & Fazey, 1987) 曾經考慮了另外兩個因素，並建立起一個**五維突變模型** (five dimentional catastrophe model)。這兩個後增加的因素一個是自信，作為**蝴蝶因子** (butterfly factor)，決定著雙枝疊影的形狀。自信程度越高，蝴蝶的形狀越完整，即在偏低的認知焦慮下，可能發生"滯後"現象；另一個是任務難度，作為**偏向因子** (bias factor) 決定著雙枝疊影在 X－Y 平面上的位置。任務難度越高，雙枝疊影越靠近 Y－Z 平面，即在較低的喚醒水平上，也可能發生"滯後"現象（圖 4-12、圖 4-13）。

顯然，它比三維模型要複雜許多，也顯得有點混亂。而且五維模型在理論上和實踐上都沒有太多的依據。對它的批評主要有兩條。首先，任務難度不能作為一個單獨的變量，它其實是一個涉及低水平信息加工的認知變量，而認知焦慮和自信心則是與高層次情感狀態有關的元認知變量。可以看出，

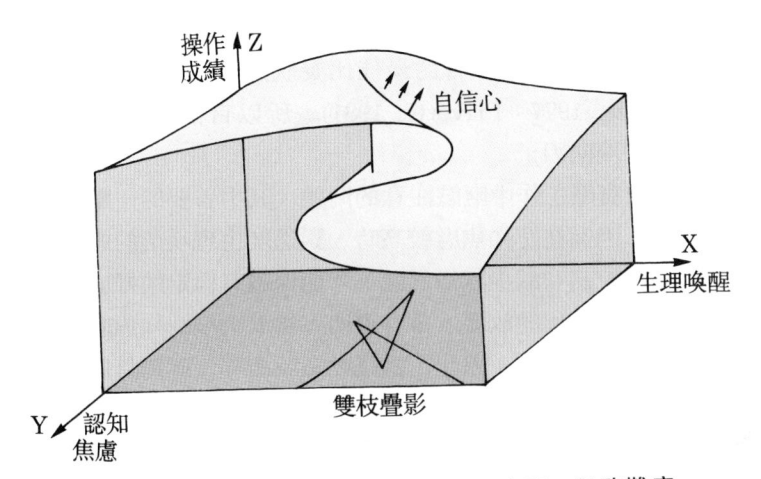

圖 4-12 低任務難度下認知焦慮、生理喚醒、任務難度、
自信心對操作成績的影響
(採自 Hardy, 1990, p.100)

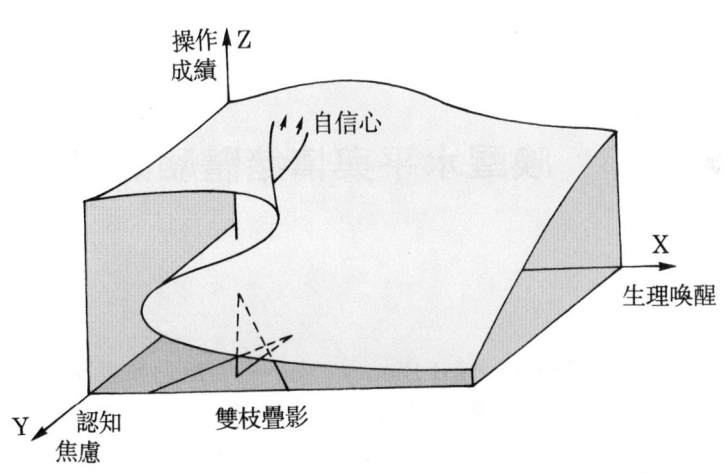

圖 4-13 高任務難度下認知焦慮、生理喚醒、任務難度、
自信心對操作成績的影響
(採自 Hardy, 1990, p.100)

這一批評傾向於原有的三維模型,即傾向於把自信和任務難度歸入認知焦慮這一變量中。其次,如果自信是一個"蝴蝶因子",那麼在中等認知焦慮條件下,高度自信的被試有得到中等水平操作成績的可能,而不大會總是極好

或極差,這一點似與以往的研究結果有所不同。研究表明,高自信心與實際的優異成績以及運動員賽後報告的最佳比賽狀態有關 (Mahoney & Avener, 1977;Ravizza, 1977;Privette, 1981),所以自信心又似乎不是一個蝴蝶因子而是一個偏向因子。

突變模型指出實際工作中應該注意的問題,其中首要的一點就是必須認真對待認知焦慮。因為在認知焦慮較高時,對過度生理喚醒的懲罰是非常嚴重的。只有嚴格地控制和減少認知焦慮,才能保證有穩定的好成績。不過,也不能忽視針對生理喚醒的放鬆。事實證明,善於調整認知焦慮和生理喚醒至適宜水平的人才可能成功。因此,就運動領域而言,運動員們必須掌握針對認知和生理兩方面的應付策略和放鬆技術 (莊錦彪,1992)。實際上,這兩個方面正是當前體育運動心理學研究者對運動員進行心理技能訓練和心理諮詢的關注重點。

第三節 喚醒水平與情緒體驗的關係

一、逆轉理論

要想說明**逆轉理論** (reversal theory) 中的各種概念和假設,最好是從前邊提到的焦慮、興奮、厭倦和放鬆這四個名詞談起。逆轉理論不是試圖使這四個名詞適合於假設的倒 U 型關係,而是認為,當我們考慮主觀體驗到的喚醒和興奮狀態時,會出現一種 X 型關係 (見圖 4-14)。這裏,一個人可用兩種方式來解釋高水平的喚醒:可以將這種高喚醒體驗為焦慮,也可以將這種高喚醒體驗為興奮;同樣,也有兩種方式來解釋低水平的喚醒:可將這種喚醒體驗為放鬆或體驗為厭倦。

在特定情境中,一個人具體的情緒感受則依當時他的動機性質而定,即依他是處於**目標定向狀態** (telic state) 還是處於非目標定向狀態 (paratelic

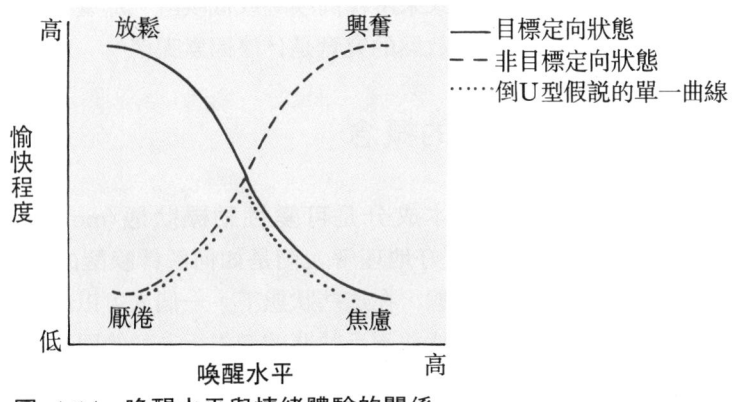

图 4-14 唤醒水平与情绪体验的关系
(根据 Apter, 1982 资料绘制)

state) 而定。在目标定向状态中 (如参加世界杯足球赛)，人们通常以严肃的态度和明确的计画进行活动并试图避免高唤醒，此时，高唤醒会被体验为焦虑，低唤醒会被体验为放松；而在非目标定向状态中 (例如娱乐性跳伞)，人们的活动带有自发性、娱乐性，此时，高唤醒会被体验为兴奋，低唤醒会被体验为厌倦。一个人将时而处于目标定向状态中，时而处于非目标定向状态中。这就是所谓的心理的"逆转"。

　　实验研究工作对这些概念提供了某种程度的支持。埃波特 (Apter, 1962) 进行过一项研究，其结果与最佳唤醒水平理论不一致。该研究表明，极高或极低的唤醒都同积极的情绪状态相联系。海德和勃克维科 (Heide & Borkovec, 1983) 证明，对某些人来说，放松反而会产生紧张情绪。埃波特和西贝克认为 (Apter & Svebak, in press)，对某些人来说，不能体验到兴奋以及伴随这种兴奋的高唤醒，事实上可能是很令人紧张的。西贝克和斯托瓦指出：

很明显，有很大一部分人类行为是倾向于寻求高唤醒状态的，人们体验这种状态时会感到愉快，这种状态是积极的。这类例子不胜枚举，跳台滑雪、跳伞、滑翔、冲浪、跳水、斗牛、旧汽车比赛以及许多其他运动项目都是这样。余暇时，人们要去看戏剧、读侦探小说、参加聚会等等，他们做的许多事都是在寻求高唤醒状态。(Svebak & Stoyva, 1980)

假如能以兩種不同的方式來解釋高喚醒或低喚醒，那麼，在特定情境中使一個人體驗到厭倦而不是放鬆的究竟是什麼因素呢？

二、可變性動機狀態的概念

逆轉理論的第一個基本成分是**可變性動機狀態** (metamotivational states)，這一概念有助於更好地理解人們是如何解釋喚醒的。可變性動機狀態是一種假設的交替性狀態，在這些狀態下，一個人可以在一段特定時間體驗到不同的動機。這些狀態並不反映連續體內行為的範圍，不能將一個人置於該連續體中的某一點，因為這些狀態是兩種明顯不同的狀態。一個人可能會發覺自己處於其中一種狀態的時間僅持續幾秒鐘或者更長一些時間。時間的長短將取決於當時起主要作用的條件。從兩種狀態中的一種變化為另一種不但是可能的並且也是經常發生的。在逆轉理論中，這些變化被稱為"逆轉"，表示了這一理論的名稱來源。在這一具有雙穩定性的系統中，有包含兩種可變性動機狀態的對子。與僅具有單優化狀態（如倒 U 型曲線）的穩態系統不同，雙穩態系統具有兩種可替換的優化狀態，其中每一種優化狀態均代表一定程度的穩定性。

逆轉理論的第二個基本成分是**雙穩定性** (bistability)，它體現在動機狀態的各個對子中。這種雙穩定性對於我們理解人類動機極為重要。雙穩態系統在工程學和生物學這類領域中是很常見的。在化學的所謂可逆反應中，有不少雙穩態系統的極好例子。大多數學過化學的人，都會很熟悉這類在適當條件下產生的雙向化學反應。比如：把蒸氣加於熾鐵上，可產生鐵氧化物和氫氣；相反，把氫氣加於熾熱的鐵氧化物上，就會導致蒸氣的出現。在這個例子中，鐵和鐵氧化物都作為可替換性的穩定狀態而存在。

人們比較容易理解化學和其他科學中的雙穩態系統，但如何理解逆轉理論的概念呢？可變性動機狀態、雙穩定性和逆轉又是如何與人類行為相聯繫的呢？我們已經通過理論和一些特定標記確定出了可變性動機狀態的一些對子。比如圖 4-14 中的 X 型關係表示人們處於目標定向狀態或非目標定向狀態時對高喚醒和低喚醒的理解。另外三個已確定出的對子包括懷疑性——服從性狀態、相互同情——統治控制狀態、外源中心——內源中心狀態。但是，只有目標定向——非目標定向對子與喚醒的關係最為密切，當涉及到焦慮問題時尤為如此。

在目標定向狀態中，人們通常以嚴肅的態度和明確的計畫進行活動並試圖避免喚醒。與此相反，在非目標定向狀態中，人們的活動帶有自發性、娛樂性並指向當前的事件，人們喜愛高喚醒並且希望立即體驗到愉快感。埃波特 (Apter, 1982) 在表 4-2 中沿著三個維度列舉了目標定向和非目標定向的不同特點。我們可以清楚地看到，處於非目標定向狀態時，人們喜愛高喚醒並把它體驗為愉快的興奮情緒，低喚醒則是令人不愉快的、帶有厭倦特點的情緒。與此相反，在目標定向狀態中，同樣的喚醒條件則導致完全不同的體驗。焦慮的情緒是令人不愉快的高喚醒的結果，放鬆的情緒則與低水平的喚醒相聯。在高喚醒條件下，從非目標定向狀態逆轉為目標定向狀態時，人們的情緒感受也會隨之發生變化。同樣，在低喚醒條件下，從目標定向狀態逆轉為非目標定向狀態時，人們就將不再體驗到放鬆而是體驗到厭倦了。在任何一個特定時刻，僅有目標定向和非目標定向對子中的一種狀態與可變性

表 4-2　目標定向狀態和非目標定向狀態的不同特徵

維　　度	目標定向狀態特徵	非目標定向狀態特徵
過程──結果維度	有基本目標 有指定的目標 無法避免的目標 後攝影響 目標定向 試圖迅速完成任務	沒有基本目標 自選的目標 可避免的目標 前攝影響 過程定向 試圖延長活動過程
時間維度	著眼於未來 超出自身的範圍 有計畫 對預期目標的愉快感受 喜好意義重大的活動	著眼於現在 就在自身之中也已足夠 自發 對當前目標的愉快感受 喜好意不重要的活動
強度維度	喜好低強度 避免協同一致 尚實 喜好低喚醒	喜好高強度 尋求協同一致 接受新異觀點 喜好高喚醒

(採自 Apter, 1982, p.52)

動機對子中的一種狀態連在一起起作用。因此，在任一特定時刻，變量（本例中是喚醒）中僅有一個偏好狀態在起作用，兩種狀態不會同時起作用。

三、體育運動中心理逆轉的實例

　　跑步或健身跑是一項很好的鍛鍊活動，許多人變成了跑步迷，在西方國家這種現象更為普遍，有時，有些跑步迷還組織 24 小時不間斷的跑步比賽、100 公里跑步比賽等。那麼，究竟為什麼這些跑步迷如此熱衷於跑步活動呢？

　　仔細分析起來，從事這類運動的動機因人而異，與這種動機相聯繫的體驗也可用不同方式來表達。對某些愛好者來說，他們是從目標定向的觀點出發從事這項活動的。一個熱衷於自己事業的跑步運動員主要關注的是跑步的時間和距離，這是一種目標定向的、認真嚴肅的活動。目的性、決心以及全力以赴去完成任務會給這個運動員帶來愉快，對訓練的籌劃和對比賽的期待也會給這個運動員帶來愉快。對於參加康復訓練的冠心病患者來說，跑步也是一種目標定向的行為，他們的目標是將身體恢復到健康水平。他們必須周密地定出計畫，通過逐步提高距離和縮短時間來達到一個個子目標，最後達到增進健康的總目標。這裏，跑步或健身跑只是達到目標的一種工具。

　　在非目標定向狀態下的跑步則完全不同。在這種狀態下，時間、距離和速度顯得不那麼重要了。跑步者僅是為了享受才參加這項活動的。陽光和雨點灑在臉上的感覺、在公園裏或街道上晨跑的愜意，為直接的愉快感受提供了來源。在非目標定向狀態中，肌肉和四肢活動造成的強烈動覺感受伴隨著流汗和急促的呼吸，都令人感到愉快。工作是目標定向的，給人以巨大的壓力，而跑步則使人從工作的重壓之下解脫出來。這樣，跑步提供了轉向非目標定向狀態的機會，人們可以從直接的情境中特別是與跑步相聯繫的身體感覺中獲得愉快的感受。當然，對一個特定的人來說，在跑步過程中，很可能產生幾次逆轉。沃爾特、埃波特和西貝克進行的一項研究表明 (Walter, Apter & Svebak, 1982)，在正常的工作日中，會有逆轉的發生，逆轉的頻率因人而異，因工作日而異。逆轉理論認為，從一種可變性動機狀態向另一種可變性動機狀態的逆轉是由三種動因誘發的，這三種動因又是相互促進或相互抑制的。

1. 第一種動因與偶然事件有關，即有關人和環境變化的一些因素引起了逆轉。

2. 第二種動因與需要的滿足有關，即在一種可變性動機狀態中，當人的需要沒有得到滿足時，挫折感也可能會引起逆轉。

3. 第三種動因與飽合效應有關，處於一種狀態的時間越長，飽和效應導致逆轉的可能性也越大。

　　逆轉理論認為，要對逆轉進行隨意控制是不可能的，這一過程是不隨意的。但是，人們有可能將自己置於可能發生逆轉的環境中。比如，去影劇院或觀看大型體育比賽很可能引起非目標定向狀態。同樣，去工作單位或去教堂則可能誘發目標定向的動機狀態。我們將繼續以跑步為例，可以看出要想確定可能產生逆轉的活動情境並不是一件難事。

　　一個一開始就處於非目標定向狀態的跑步者會為跑步的直接樂趣感到愉快，但他也許會在途中摔倒了，或在跨過凹凸不平的地面時扭傷了踝關節，這種偶然事件可能會導致向目標定向狀態的逆轉。也許這個跑步的人會遇上另一個跑在他前面的人，他決定趕上去。由於這種環境的改變，也導致了從非目標定向狀態向目標定向狀態的逆轉。現在，這個跑步的人就不僅關心直接的感受問題了，他製定了追上前面那個跑步者的目標，這樣，跑步速度就變得挺重要，他要不斷評估同前面那個人的距離。一旦實現了這個目標，向非目標定向狀態的逆轉可能會再次出現，他又會只為跑步本身的樂趣而感到高興了。

　　對於長跑、馬拉松跑或鐵人三項的運動員來說，跑步則是一件很嚴肅的事。他們所關心的是超過個人的最佳成績，打破記錄，超越時間的阻礙。他們要認真製定訓練計畫，記住具體的時間目標。在跑的過程中，這些運動員是監測進程的能手，他們能夠判斷出速度是太快了還是太慢了，也能判斷出跑完某一段賽程，時間是用多了還是用少了。很明顯，對這些運動員來說，跑步活動是在目標定向狀態下進行的。但有趣的是，許多運動員都說跑步過程中一切都是自然而然進行的，他們處於一種異化了的意識狀態。美國前長跑健將邁克・斯賓諾這樣描述了他在 1967 年第一次六英里長跑中親身經歷的這種體驗：

> 我的心像水晶一樣清澈透明……我覺得自己像個骨架似的在飛……一切都那麼完美自然……時間失去了所有的表面意義，距離、時間、運動都融為一體……聲音幾乎沒有觸及我的意識……湧出一種感覺……我自己的藝術形象得到了完美的表達。(Kerr, 1989, p.145)

埃波特 (Apter, 1982) 認為這是目標定向狀態向非目標定向狀態逆轉的一個例子，這種飄然前行 (flow) 的體驗似乎是非目標定向體驗的一種形式。對於一心要提高成績的長跑運動員來說，跑步是目標定向的一種活動，即使如此，向非目標定向狀態的逆轉也是可能的，這種逆轉有時會被他們體驗為異化了的意識狀態。

舉出上述一些例子，是想說明逆轉理論是如何解釋現實生活情境的。但正如埃波特指出的那樣，我們應當慎重行事，因為逆轉理論並不認為在特定心理狀態和特定行為之間有單個的——對應的關係。人們的相同行為並不是總伴隨著同樣重要的心理狀態，相似行為也並不總和相同的心理狀態相聯 (Apter, 1982)。因此，如果將目標定向狀態及非目標定向狀態和某些特定行為對應，就會產生某種危險。實際上，只有人的主觀體驗以及在這種體驗中構成、組織和解釋動機的方式才是最重要的因素。

四、飄然前行狀態或意識異化狀態

意識異化狀態 (altered state of consciousness) 是人們在操作活動中體驗到的一種特殊的愉快感受，塞克齊米霍依 (Csikszentmihalyi, 1975) 在自己的著作中對飄然前行狀態或意識異化狀態提供了強有力的支持材料。他發現，不論是正在作曲的作曲家、手術台旁的外科醫生、登山運動員，還是球類運動員，這類意識體驗對他們來說都是很常見的。在闡述飄然前行狀態 (flow) 的特徵時他指出，這種狀態不需要目標或外部獎賞，這種狀態的發展過程本身就是一種內部獎賞。人們報告說，處於這種狀態時，注意力集中在很有限的刺激領域，他們可以從容地滿足活動的要求，常常暫時忘卻了自我存在和自我認同。塞克齊米霍依書中的兩段引語可以使我們更加透徹地理解與飄然前行狀態相聯繫的感受：

你的注意十分完整，你的心理不是漫無目的的，你不考慮其他事。你完全沈浸在你所完成的任務中。你全身感覺良好。你沒有一點兒僵硬呆板的感覺。你全身都覺醒奮發，沒有一個部位感覺受到了阻礙。你的能量十分平緩地湧出。你感到放鬆、舒適、充滿力量。(Csikszentmihalyi, 1975, p.39)

第二段話是一名登山運動員說的：

登山的奧妙就在於攀登，就像詩歌的奧妙在於寫作一樣。除了你自身以外，你用不著去征服任何其他事情……寫作活動本身就使詩歌充滿意義，攀登也同樣如此：意識到你在飄然向前。飄然向前的目的就是不斷向前流動，就是要使自己處於這種狀態中而不是要尋求高峰或烏托邦。不是向上移動，只是不斷地飄然向前：向上移動只是為了保持前行。(Csikszentmihalyi, 1975, p.47)

儘管賽克齊米霍依和這兩個運動員的描述都很簡短，但從他們的這些描述中仍可看出，飄然前行狀態的特徵和非目標定向狀態下人的行為特徵是很相似的，飄然前行的體驗是非目標定向狀態的一種特殊形式，當一個人正在參加一項使人興奮的活動並伴有高喚醒和愉快感受時，這種體驗就會出現。在受到焦慮情緒影響時，人們就不會體驗到飄然前行狀態。逆轉理論認為，飄然前行狀態和目標定向的可變性動機狀態是不會同時出現的。

五、目標定向優勢或非目標定向優勢

為了確定一個人在一特定時刻處於哪種可變性動機狀態，需要有一種測量工具。如果要假定一特定行為同一特定可變性動機狀態相關聯，必須十分小心謹慎。默格特洛依等人曾製定出目標定向優勢量表 (Murgatroyd, Rushton, Apter & Ray, 1978)，目的是探察一個人是否有目標定向優勢或非目標定向優勢。

對於兩種可變性動機狀態，每個人只偏好其中一種。這樣，我們可以把人分為兩種：目標定向狀態占優勢的或非目標定向狀態占優勢的。優勢一詞在這裏並不是用來表示"特質"概念，目標定向優勢量表也不是艾森克個性

量表 (Eysenck & Eysenck, 1966) 那樣的特質測量工具。但是，仍有可能將其視為一種個性特點。逆轉理論認為，目標定向優勢量表與個性和活動的一致性無關。該量表包含著更為複雜的概念。用簡單明確的話來說，優勢同"一個人體驗自己的現象學領域的主要方式"有關。優勢是處於一種狀態或另一種狀態的傾向，但並不一定與實際處於某種狀態的時間長短相關聯。這與傳統的特質概念明顯不同。傳統的特質概念認為，外向性格的人一直是外向的，但實際上，一個外向性格的人也有可能處於內向狀態。比如，一個非目標定向狀態占優勢的人會發現，考試前長時間的復習意味著為了維持這種考試復習活動，他必須長時間處於目標定向狀態。已經製定出了測量這種狀態的工具，利用它可迅速有效地確定某一時刻正在起作用的特定可變性動機狀態 (Kerr, 1989)。

六、降低喚醒水平——進行調節的其他可能性

臨床心理學中有不少證據表明，高喚醒狀態不利於某些任務的完成。為了控制焦慮就要採用一些降低喚醒水平的手段。體育運動心理學家們也接受了上述觀點並建議運動員也採取這些手段。他們認為，運動員進行生物反饋訓練、漸進放鬆訓練和自我催眠或者自生訓練之後，就能更好地在比賽中控制自己的喚醒水平以達到最佳狀態。很明顯，這些觀點來自最佳喚醒理論，它們同逆轉理論並不相同。因此，有必要進一步考察這些觀點。

假若現在有個人希望從心理學或精神病學得到幫助，有關專家會建議他採用降低喚醒水平的自我調節治療法。西貝克和斯托瓦描繪了一個想利用生物反饋方法進行治療的人的特點：

> 許多跡象表明，這個人的喚醒水平過高；他可能會抱怨太緊張，肌肉緊成一團無法放鬆，夜間難以入睡。他可能會煩躁不安，弄破了手指等等。他也可能會覺得無法控制自己了。他還可能對心理醫生說，每當他嚇了一跳或著急了一陣子之後，都需要很長時間才能使自己安靜下來。(Svebak & Stoyva, 1980)

這兩個作者認為，如果出現了以上症狀，採用生物反饋法或其他有關治療方法來使喚醒水平降低，便可以解決患者的問題。

但是,布津斯基、斯托瓦和皮佛爾曾指出放鬆訓練存在的問題和有些被試無法達到低喚醒狀態的問題 (Budzinski, Stoyva & Peffer, 1980)。柯爾也指出,在他接觸過的運動員當中,也很少見到有人出現前面引語中描述的那些症狀 (Kerr, 1989)。從逆轉理論的觀點來看,降低喚醒水平的手段不總是合適的,處於目標定向系統影響下的人,會將高喚醒體驗為焦慮,他們當然可以選擇上述的一些方法來降低喚醒水平,這與臨床心理學中進行的大量調節治療工作是一致的。但是處於非目標定向系統影響下的人要是採用上述一些調節方法來降低喚醒水平,就會導致產生厭倦而不是放鬆的感受。事實上,在這種情況下需要提高喚醒水平,降低喚醒水平的努力就顯得不合適。一般認為,生物反饋和其他自我調節手段是用於降低喚醒水平的,但是,這些手段也可同樣有效地用來使喚醒水平提高。儘管在對運動員進行的心理諮詢和心理技能訓練的過程中,賽前賽中過高喚醒和過高焦慮是經常遇到的問題,但不能以為放鬆訓練對於所有運動員都是適用且必要的。要因人制宜、因事制宜採用不同的調節方法,以解決不同人的不同問題。

除了試圖影響一個人的喚醒水平以外,還可以採取另外一種完全不同的方法 (見圖 4-15)。假如能夠設法從一種可變性動機狀態逆轉為另一種可變性動機狀態,就可以使人們對自己體驗到的喚醒水平重新加以解釋。這意味著將高喚醒水平體驗為焦慮的目標定向狀態,逆轉至將喚醒水平體驗為興奮的非目標定向狀態,這種逆轉完全改變了與高喚醒狀態相聯繫的情緒性質,從而與焦慮相聯的不愉快情緒變成了愉快的。與此相反,在低喚醒水平上,從非目標定向狀態向目標定向狀態逆轉,則會將厭倦重新解釋為放鬆。

假若在某一特定時刻這種可變性動機狀態不是最合適的狀態,就可以設法進行改變。儘管逆轉如前所述是無法隨意發生的,但是一個人還是有可能通過改變運動員所處的環境、通過調整認知方式或通過表象來誘發逆轉的產生。這一類努力可能會迅速見效,但逆轉從技術上來說是不隨意的。更有可能的是心理治療手段借助於逆轉來重新解釋高喚醒狀態。目前,有人正在研究以這種方式配合心理治療手段來解決實際問題 (Kerr, 1989)。這一研究一旦取得成功,可能會對將來體育運動心理學的工作產生重要影響。

總而言之,正如西貝克和斯托瓦 (Svebak & Stoyva, 1980) 指出的那樣,對於不正常的喚醒水平,可以採用以下四種方法進行調節:

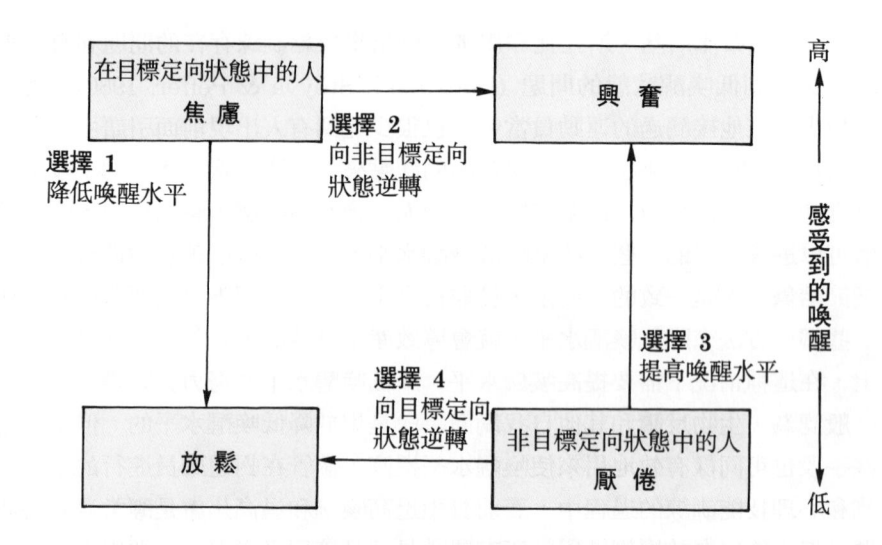

圖 4-15　影響對喚醒水平的情緒體驗的不同選擇
(採自 Kerr, 1989, p.148)

1. 降低令人不快的高喚醒水平（如漸進放鬆）；
2. 對令人不快的高喚醒水平重新進行解釋（可變性動機逆轉）；
3. 提高令人不快的低喚醒水平（如新型的生物反饋技術）；
4. 對令人不快的低喚醒水平重新進行解釋（可變性動機逆轉）。

這樣，除了已廣泛應用的降低喚醒水平的方法以外，我們從逆轉理論中還引出了其他三種調節喚醒水平的方法。

本 章 摘 要

1. **喚醒水平**指機體總的生理性激活的不同狀態或不同程度。它對維持與改變大腦皮層的興奮性，保持覺醒狀態有重要作用。它為注意的保持與集中以及意識狀態提供能量。
2. **倒 U 型假説**是根據耶克斯和多德森的研究提出的。該假説認為：喚醒與操作間的關係呈倒 U 曲線型，即隨著喚醒水平的提高，操作成績也隨之提高，直到一個最佳點，然後，隨著喚醒水平的提高，操作成績逐漸下降。
3. 任務難度對喚醒水平與操作成績的關係有重要影響。完成簡單任務時，**最佳喚醒水平**要求處於較高位置；任務越複雜，最佳喚醒水平要求處於越低的位置。操作活動中協調配合、小肌肉群精細調節的比重越大，倒 U 曲線越向左偏移。
4. 從注意範圍和信息加工的角度出發解釋倒 U 型假説提出的預測：喚醒水平較低時，注意範圍較大，無關信息可能進入意識；而喚醒水平極高時，注意範圍過小，可能遺漏重要信息。這些都不利於信息加工和運動操作。喚醒水平處於中等程度時，可排除無關信息的干擾，集中注意於有關信息，這最有利於達到最佳操作水平。
5. 注意的指向也可能對喚醒水平與操作成績的關係產生影響。
6. 許多研究發現了支持倒 U 型假説的證據，但也有些研究者對這一理論提出批評，認為它對喚醒水平與操作成績關係的解釋過於廣泛，且忽視了人的主觀焦慮體驗，最佳喚醒點兩邊的喚醒水平可能引起相當不一致的操作成績，一些個性因素也可能會影響喚醒水平與操作成績的關係。
7. 赫爾提出的**內驅力理論**預測，操作成績是內驅力與習慣強度的乘積，即 $P=D \times H$。內驅力的增強(喚醒增高)將使優勢反應出現的可能性增大。如果**優勢反應**是正確的，喚醒水平的增高會引起操作成績的提高；如果**優勢反應**是錯誤的，喚醒水平的增高將對操作成績不利。
8. **閾限理論**認為：在極限效果水平時可產生最佳的操作，如果超過這一極限，將可能陷入正確和不正確反應的衝突之中而有損於操作。喚醒水平上升到某一臨界值，會引起操作迅速地向反向轉變。

9. 漢寧以對運動員的現場研究為基礎，提出**最佳功能區**的理論。他認為，每個人都有一個適合於自己的最佳功能區域，當焦慮水平處於這一區段時，可達到最佳操作水平。

10. 哈笛和法基提出的**突變模型**對生理喚醒、認知焦慮、任務難度、自信心和操作成績之間的複雜關係提出了更好的解釋。該理論認為，當認知焦慮較低時，操作成績與生理喚醒的關係類似於平滑的倒 U 曲線。當認知焦慮較高時，過高的生理喚醒將導致突變性反應，使操作成績急劇下降。認知焦慮對操作成績起決定性的作用。這提示，教練員和運動員應當特別注意對認知焦慮的調節與控制。

11. 突變模型認為，生理喚醒及相應的軀體性焦慮反應並不是必然對成績不利。不過，當認知焦慮較高時，它顯然與突變反應有關。

12. 突變模型還認為，隨著認知焦慮的增加，發生滯後現象，即當生理喚醒增加和降低時，操作成績的變化是不同的。而在低認知焦慮情況下，則不會發生"滯後"。

13. 埃波特提出的**逆轉理論**所關注的重點，不在於喚醒水平與操作成績的關係，而是喚醒水平與情緒體驗的關係。它試圖在更大的範圍內解釋人類行為。該理論的兩個關鍵概念是**可變性動機狀態**和**雙穩定性**。

14. **可變性動機狀態**是一種假設的交替性狀態，在這些狀態下，一個人可以在一段特定時間體驗到不同的動機。

15. 逆轉理論預測，喚醒水平與情緒體驗呈現一種 X 型關係。在特定情境中，一個人具體的情緒感受依他當時的動機性質而定。根據所處的**目標定向狀態**和**非目標定向狀態**的不同，一個人可將高喚醒體驗為焦慮或興奮，將低喚醒體驗為放鬆或厭倦。

16. 在**目標定向優勢**中 (如參加世界杯足球賽)，人們通常以嚴肅的態度和明確的計畫進行活動並試圖避免高喚醒，此時，高喚醒會被體驗為焦慮，低喚醒會被體驗為放鬆；而在**非目標定向優勢**中 (如娛樂性跳傘)，人們的活動帶有自發性、娛樂性，此時，高喚醒會被體驗為興奮，低喚醒會被體驗為厭倦。一個人會時而處於目標定向狀態中，時而處於非目標定向狀態中。這就是所謂的心理的"逆轉"。

17. 目標定向優勢量表可探察一個人是否具有目標定向優勢或非目標定向優勢。優勢指處於一種狀態或另一種狀態的傾向,但並不一定與實際處於某種狀態的時間長短相關。這與傳統的特質概念明顯不同。
18. 根據逆轉理論,對於不正常的喚醒水平,可以採用以下四種方法進行調節:即降低令人不快的高喚醒水平(如漸進性放鬆);對令人不愉快的高喚醒水平重新進行解釋(可變性動機逆轉);提高令人不快的低喚醒水平(如新型的生物反饋技術);對令人不快的低喚醒水平重新進行解釋(可變性動機逆轉)。

建議參考資料

1. 馬啟偉 (編譯) (1983):和教練員運動員談談心理學 (六)。北京體育學院學報,4 期,74～80 頁。
2. 莊錦彪 (1992):應激的災難模型。山西體育科技,2 期,30～34 頁。
3. 張力為、任未多 (1992):運動心理學發展的理論範式。體育與科學,4 期,29～31 頁。
4. 葉 平 (1987):關於賽前心理狀態的研究 (文獻綜述)。體育科學,1 期,61～65 頁。
5. Hackfort, D., Spielberger, C. D. (Eds.) (1989). *Anxiety in sport: an international perspective.* New York: Hemisphere.
6. Hardy, L. (1990). A catastrophe model of performance in sport. In J. G. Jones & L. Hardy (Eds.), *Stress and performance in sport.* Chichester: John Wiley
7. Kerr, J. H. (1990). Stress and sport: reversal theory. In J. G. Jones & L. Hardy (Eds.), *Stress and performance in sport.* Chichester: John Wiley.

第五章

焦慮與運動操作

本章內容細目

第一節　應激與焦慮的概念
一、應激與焦慮的概念　137
　（一）應激與焦慮的特點
　（二）威脅感的作用
二、焦慮的分類　139
　（一）根據表現內容分類
　（二）根據穩定性分類
　（三）根據人的反應特徵分類

第二節　運動焦慮
一、運動焦慮的概念　143
二、運動員焦慮的特點　144
三、運動焦慮症　145

第三節　焦慮的測量
一、在認知維度上測量與評價焦慮　146
　（一）用於體育運動的焦慮問卷測驗
　（二）實施體育運動焦慮問卷測量時的注意事項
二、在生理維度上測量與評價焦慮　149
　（一）用作評定焦慮的生理指標
　（二）按生理維度測量與評價焦慮的優點
　（三）採用生理指標評定焦慮的注意事項

三、在行為表現維度上測量與評價焦慮　152
　（一）按行為表現維度測量焦慮的優缺點
　（二）按行為表現維度測量焦慮應注意的事項
四、不同維度測量的相互結合　154
五、具有情境特點的測量工具　156
六、適合於兒童的測量工具　157
七、通用焦慮測驗與專用焦慮測驗的關係　158

第四節　體育運動心理學中焦慮研究的問題
一、焦慮研究的模式　159
二、體育教師的焦慮問題　160
三、積極情緒的發掘和利用　160
四、運動特質焦慮　160
五、應激與焦慮控制　161
六、焦慮與運動技能學習　162

本章摘要
建議參考資料

無論是在競技運動或健身活動中，應激與焦慮都非常具有戲劇性。勝利時的狂喜和失敗時的悲憤是運動競賽中情緒的極端表現，其事例不勝枚舉。在一次重要的籃球比賽中，離終場只剩幾秒鐘了，你所屬的隊落後一分，你走向罰球線準備主罰關鍵的兩個球，教練叫你"什麼也別想"。此時此刻，人們都清楚情緒穩定性的重要。體育運動中情緒過程所具有的鮮明、多樣、迅速、易變的特徵，正是體育運動具有特殊魅力的原因之一。

科爾和雷斯 (Kerr & Leith, 1993) 在〈應激控制與運動成績〉這篇論文中報導，對具有國際水平的優秀體操運動員進行了八個月的應激控制訓練之後，實驗組的表象技能、注意技能和運動成績均較控制組好，但競賽焦慮則較控制組高。作者認為，可能的解釋是：焦慮有促進性的和阻礙性的。的確，在心理衛生和心理諮詢範圍內，焦慮往往被看作一種消極的情緒狀態，給人的身心健康和操作表現帶來不利影響 (馬文駒，1990)。但在體育運動心理學中，賽前賽中應激與焦慮是普遍的、必然的現象，可能在一定範圍內有助於促進運動技能的表現。作者特別指出，關鍵問題不在於設法降低喚醒水平，而在於如何解釋自己的生理心理變化 (如心率的提高，肌肉的緊張和不安)。如果將這些變化解釋為興奮、激活的表現，則會有助於達到最佳競技狀態。顯然，這同沙赫特的情緒三因素說一致。引導運動員認識到焦慮是一種正常的現象，適度的焦慮可能有助於運動表現，只有過度焦慮，才會對運動表現造成損害，這或許是對待焦慮的更為積極的和更為有效的態度。以這種認識為出發點，本章將討論：

1. 應激與焦慮的一般概念。
2. 焦慮的分類。
3. 運動焦慮的概念。
4. 運動員的焦慮特點。
5. 運動焦慮症的特點。
6. 訓練與競賽過程中如何測量與評價焦慮。
7. 體育運動心理學焦慮研究中理論和實踐的幾個問題。

第一節　應激與焦慮的概念

一、應激與焦慮的概念

(一)　應激與焦慮的特點

應激(或壓力)(stress)指一種複雜的心理生物過程，這一過程包含應激刺激、對危險的知覺評價和情緒反應三種主要成分。如果人們覺察到某一情境具有危險性，可能造成傷害或挫折，那麼，該情境便可誘發應激。如世界杯決賽，學習一個高難度動作，服用興奮劑後又必須參加藥檢等情境，對於運動員來說，都具有威脅性，是典型的應激刺激。如果人們將一應激刺激看作是危險的或是有威脅的，那麼不管這一危險是否客觀存在，都會導致情緒反應。人們進行思維和記憶活動時，如果將思維和記憶的內容體驗為具有威脅性，那麼就同客觀世界中的真實危險一樣會引起焦慮反應。

焦慮(anxiety)指人由於不能達到目標或不能克服障礙的威脅，致使自尊心和自信心受挫，或使失敗感和內疚感增加，形成一種緊張不安並帶有恐懼的情緒狀態 (見朱智賢，1989)，它包括緊張、擔心、不安、憂慮的感受以及自主神經系統的激活或喚醒。由於只有體驗到焦慮狀態的本人才能直接描述這種焦慮的特點和強度，因此，研究者只能採用間接方式來評估焦慮狀態的現象和生理學特徵。這樣，作為一種科學概念的焦慮狀態就由測量中使用的具體程序和量表來下操作性定義。焦慮狀態含三種主要成分，分別為情緒體驗、威脅、不確定性和擔心的認知表徵以及生理喚醒 (Hackfort & Spielberger, 1989)。

(二)　威脅感的作用

由於主觀覺察的威脅調節著應激刺激與焦慮、反應強度之間的關係，因此，焦慮狀態在強度上的差異和隨時間而產生的波動受到主觀覺察到的威脅的大小和多少的影響。應激過程三個主要成分之間的關係可用這樣的時間序列表示：

應激刺激 ⟶ 對威脅的知覺或評價 ⟶ 焦慮狀態

應激刺激 (stressor) 指具備一定程度的身體危險或心理危險的情境。應激情境到處可見。在人的發展的每一階段甚至每一天中都會遇到應激情境。有證據表明，甚至出生前的應激也可能會引起產科併發症和分娩失常，影響母親與胎兒的健康。在斷奶期，在大小便控制訓練中，在學習社會交往技能和接受正規教育時，嬰幼兒也會遇到各種壓力。工作中的壓力、婚姻與生育中的壓力又將構成必須對付的新挑戰從而影響人的一生。退休和老年不僅是人生的最後階段，而且也是現代社會中導致應激的普遍原因。

從主觀上分析，**威脅** (threat) 指一個人對可能產生危險並造成某種傷害的情境的知覺或評價。對一個特殊應激刺激的反應取決於對該應激刺激有多大威脅的認識。對威脅的評價當然要受到客觀狀況的影響。大多數人都把客觀上具有危險性的應激刺激評價為帶有威脅的刺激。但是，伴隨著個體的應付技能和早先在相似情境中的體驗，由特殊事件誘發的思維和記憶常會對人產生更大的影響。這就使得對同樣一個刺激，有的人覺得是個威脅，有的人認為是種挑戰，而有的人則視為與己無關。比如，對即將進行的一場奧林匹克運動會選拔賽，新隊員從未經歷過大賽場面，生怕第一次大賽打不好而毀掉自己整個運動前程；年輕隊員可能會認為這是表現自己，超過他人的好機會，躍躍欲試；老隊員可能會認為這是自己運動生涯中的最後一次機會，力求保住原有地位，從而表現出極大的個人差異。

威脅的體驗本質上是一種心理狀態，它具有兩個特點：

1. 定向於將來。一般來說，它與尚未發生但可能造成傷害的事件的期待有關；
2. 受知覺、思維、記憶和判斷等參與評價的複雜心理過程調節。

把當前或將來的危險評價為威脅是產生情緒反應的一個重要因素。這種情緒反應可促使一個人採取避免受到傷害的行動。特別需要指出的是，即使沒有客觀的危險，但只要將一種情境知覺或評價為具有威脅性，就足以傳送出應激的關鍵信息，導致焦慮狀態的喚醒。

總而言之，應激是一種複雜的心理生物過程，它包含在時間上按順序發生的一系列事件。任何被知覺或被評價為具有危險或威脅性的外部事件或內部刺激均可誘發這一過程。對會產生威脅的特殊情境的評價，受人的能力、應付技能和過去經歷的影響，也受情境本身客觀存在的危險性的影響。一旦刺激或情境被評價為具有威脅性時，就會出現以下情況：

1. 將引發焦慮反應；
2. 這一反應的強度將與該情境對人造成威脅的大小成比例；
3. 焦慮水平將不斷上升，直到有效的應付技能或防禦機制發揮作用從而改變對情境威脅性的原有評價為止。

關於焦慮在人類活動中的作用，有必要指出，焦慮是一中性物，既可能產生積極作用，也可能產生消極作用，具體產生何種作用，要依人的主觀狀態和客觀環境的交互作用特點而定。從積極作用的角度分析，焦慮可激起人們改變自身現狀的緊迫感，促使人們做出努力以謀求達到某一目標。

二、焦慮的分類

（一） 根據表現內容分類

根據表現內容可將焦慮分為三類：

1. 現實性焦慮 現實性焦慮(或實因性焦慮、客觀性焦慮) (objective anxiety)，是由客觀現實對自尊心的威脅引起的。如運動員比賽前渴望取勝以得到社會贊許，同時又受到對手威脅，看到奪冠道路上困難重重時產生的焦慮。

2. 神經過敏性焦慮 神經過敏性焦慮 (nervous anxiety) 指不僅對於特殊的事物或情境產生焦慮反應，而且對於任何情況都可能產生焦慮反應的情況。它是由心理——社會因素誘發的憂心忡忡、挫折感、失敗感和自尊心的嚴重損傷引起的。如自尊心受到傷害的運動員,對預計到的威脅做出一種過度擔憂和過分恐慌的反應,誇大比賽的困難因素,縮小自身的實際能力。這種焦慮對運動效能的發揮有不利影響,尤其對於較生疏或需依靠隨機應變來表現的技能,具有更大的抑制作用。

3. 道德性焦慮 道德性焦慮(moral anxiety)指由於違背社會道德標準,在社會要求與自我表現發生衝突時,產生了內疚感而引起的焦慮反應。如為了下一輪比賽相遇一個弱一點的對手而故意輸球時;為了提高成績而服用違禁藥物時,由於一時衝動而在賽中故意傷人後所體驗到的焦慮。

(二) 根據穩定性分類

焦慮研究中最重要的理論發展之一就是將焦慮區分為短暫的情緒狀態(狀態焦慮)和作為個性特質的焦慮傾向(特質焦慮)兩類型。卡特爾、舍依爾(Cattell & Scheier, 1961)和斯皮爾伯格(Spielberger, 1966, 1972)明確闡明了狀態焦慮和特質焦慮的概念,後來並製成**狀態-特質焦慮量表**進行相應的測量。他們的努力為區分狀態和特質奠定了必要的基礎,並且影響著世界各地進行的焦慮研究工作。現在,這種概念上的區分已擴展到氣憤和好奇心等其他情緒問題。

此狀態-特質焦慮量表之應用,使狀態和特質焦慮具有了可操作性。該量表被修訂和翻譯為 39 種語言 (包括中譯本) 以適應不同國家和地區的需要,已成為評估焦慮的國際標準測量工具 (Spielberger, 1984)。

1. 狀態焦慮 狀態焦慮(或情境性焦慮) (state anxiety) 是一種瞬間情緒狀態,特點是由緊張和憂慮所造成的一些可意識到的主觀感覺,是高度自主的神經系統的活動。狀態焦慮有著不同的強度,隨時都在波動。比如,第一次參加國際比賽的短跑運動員走到起跑線前,即將進入比賽時所體驗到的緊張、不安,就是比賽前的狀態焦慮。其程度的高低,取決於對比賽情境的認識、對自己運動技術水平的評價、比賽經驗的多寡等因素。

2. 特質焦慮 特質焦慮(或特質性焦慮) (trait anxiety) 是指焦慮傾向中的一些相對穩定的個性特徵,是人感知某些情況後的反應趨向之間的差別。這些情況往往是焦慮狀態和懼怕程度逐漸升高的先兆。特質焦慮具有動機的作用,是後天習得的行為傾向,也就是說,一個人無論在何種情境中都預先具有一種以特殊的情緒反應方式和程度來對待事物的傾向，從而顯示出在許多情境中的一致性。比如，某個運動員，無論是在訓練、比賽中，還是在平時待人接物、發言、談話、處理日常事物中，都具有情緒緊張、焦躁不安、憂心忡忡的傾向，那他的特質焦慮程度就是較高的；另一個運動員，在以上各種情境中都顯示出不慌不忙、沈著冷靜、情緒穩定的特點，他的特質焦慮程度就是較低的。

在某些方面，可以將狀態焦慮和特質焦慮與物理學中的動能和勢能這兩個概念相類比，狀態焦慮如同動能，它是一個經驗過程或者說是在某一特定時間內帶有既定強度的反應。特質焦慮則如同勢能，是表示意向的一種潛在力，這股力在表現某一類型的反應方面是不同的。勢能表示客體在動能能量方向上的差別，這種動能受到適當的力作用時，就會釋放出來。特質焦慮反映了人們對於狀態焦慮在不同壓力條件下反應意向之間的差別。一般來說，特質焦慮很高的比那些特質焦慮較低的人對於應激刺激反應得更頻繁，他們容易在大範圍內對危險和恐懼作出反應；特質焦慮很高的人也較容易由於人們之間相互聯繫而引起的害怕自我評定而增加狀態焦慮的強度。例如：已經發現 (Spielberger, et al., 1984)，失敗經驗或個人能力受到評定 (如做智力測驗) 的情況，特別為特質焦慮高的人所害怕。然而，特質焦慮上有差異的人，是否在狀態焦慮方面也有相應的差異，這在很大程度上取決於具體的人對具體的危險和恐懼情境的感知，也深受個人過去經驗的影響。有個實驗研究測試焦慮，研究者發現，低焦慮被試將他們的喚醒水平看作是有利因素，而高焦慮被試則把他們的喚醒水平看作是不利的因素。但是，低焦慮被試的心率實際上比高焦慮被試還高。這說明，對喚醒水平的認知或解釋而不是喚醒水平本身決定了這種喚醒水平有利還是不利。

許多行為科學研究工作者曾考察了特質焦慮與不同行為之間的關係，但尚未得出一致的結論。不少心理學家認為，焦慮是一種後天習得的對情境的反應，換句話說，一個人可能在參加數學考試或演講時感到焦慮不安，而在參加一場球賽或鋼琴表演時泰然自若。因此，如果我們具有關於特定情境的足夠知識以及了解個體對該種特定情境的反應傾向，就能更好地預測人的行為。已有一些心理學家就不同的特定情境做了不少研究，如對學生的考試焦慮，對高度、黑暗及對蛇的害怕等。一般來說，預測特定情境下的狀態焦慮時，考察特定情境下的特質焦慮要優於考察一般特質焦慮 (如剛彥，1990)。

美國心理學家馬騰斯等人從 70 年代初即開始著手研製**運動競賽焦慮測驗**(Martens, 1977) (見本章第三節)。所謂競賽特質焦慮是把競賽情境感知為一種威脅以及用憂慮或緊張的情緒對這些情境進行反應的傾向。競賽特質焦慮的結構是建立在以下四項基礎上的:

(1) 在個性研究領域，交互作用理論比特質論和情境論更好;
(2) 在特定情境下的特質焦慮測定比一般焦慮特質的測定有更好的預測效度;
(3) 特質焦慮與狀態焦慮是不同的;
(4) 應將運動競賽作為一個社會過程來研究。

(三) 根據人的反應特徵分類

根據人的反應特徵，也可將焦慮分為認知性焦慮和軀體性焦慮;

1. 認知性焦慮 認知性焦慮 (cognitive anxiety) 是與本人的或外在的刺激、擔憂、擾亂性視覺表象有關的一種不愉快情緒的意識感知 (如剛彥，1990)。在體育運動中，認知性焦慮在對比賽的消極期望及消極的自我評價中是顯而易見的。它主要是由不正確的認識引起的。

2. 軀體性焦慮 軀體性焦慮 (somatic anxiety) 是有關焦慮體驗的生理與情緒因素，直接由自發的喚醒所引起，通過心跳加快、呼吸急促、手心出汗、腸胃痙攣以及肌肉緊張表現出來 (如剛彥，1990)。

認知性焦慮成分與軀體性焦慮成分的區分對於特質焦慮和狀態焦慮可能均適用。

第二節 運動焦慮

一、運動焦慮的概念

運動焦慮(sport anxiety) 是指運動員在訓練和比賽中，對當前的或預計到的具有潛在威脅的情境產生的擔憂傾向。運動員的心理狀態，賽前、賽中、賽後情緒的變化及其調節，最佳成績的取得等都與焦慮有關。如剛彥指出 (1990)，對運動員的焦慮進行研究，需要解決的問題是：

1. 焦慮狀態如何影響運動成績 焦慮確實影響運動成績，這是公認的，但關鍵問題是焦慮在何時、為什麼、怎樣影響運動成績？為了取得更好的成績，應如何調解和控制焦慮？對此，比較一致的看法是：一是尋找一些方法降低過高的焦慮水平，二是加強運動員的適應能力，做到即使在高焦慮水平下也能出色地表現運動技能 (如剛彥，1990)。

2. 如何更精確測量運動員的焦慮水平 為了找到焦慮與運動成績的關係，通常是在賽前測量運動員的焦慮水平，再對賽前焦慮水平和比賽成績進行相關性分析，以判斷焦慮對成績的影響，但這種預測往往不夠精確。一旦比賽開始，運動員的焦慮水平立即下降，並在整個賽程不斷地起伏變化，且常常是大幅度地變化。由此看來，僅用賽前焦慮預測運動成績是不夠的，它不應是唯一的指標。現在要解決在比賽過程中監測焦慮水平的問題，顯然這是量表測試方法力所不能及的。有的研究者已經嘗試利用微型電子儀器來測試，反映焦慮的電生理反應 (如剛彥，1990)。

3. 心理控制技術對認知性焦慮有效嗎 借用臨床心理學的技術教會運動員對應激與焦慮的自我控制，顯然是必要的，但各種心理控制技術是與相應的焦慮理論假設相關的，例如，漸進放鬆技術，對控制軀體性焦慮是有效的，但對控制認知性焦慮也同樣有效嗎？反之也是一樣。假如控制軀體性焦慮的技術也能減輕認知性焦慮或控制認知性焦慮的技術也能減輕軀體性焦慮,那麼也許任何能減輕軀體性或認知性焦慮的方法均能對兩種焦慮起到控制作用,這一點具有現實意義,因為這兩種焦慮系統在競賽情境中是緊密相聯的。

還有許多有關的問題需要得到解決,如:教練和家長對一名年輕運動員的高度評價是否會使運動員的認知性焦慮高於軀體性焦慮?早期失敗的經驗是否會形成一定的刺激而導致高度的軀體焦慮?不同的撫養策略和教育方式會使年輕運動員產生何種程度的認知性焦慮和軀體性焦慮?只有仔細地分析和完整地把握運動員的焦慮症狀及其產生原因,才好對症下藥,進行有效的預防和治療 (如剛彥,1990)。

二、運動員焦慮的特點

運動員的焦慮有如下一些特點:

1. 產生焦慮的主要原因有四點:對失敗的恐懼,對成功的恐懼 (害怕成功後必須承擔更大的責任,必須滿足不斷提高的社會要求和期望),對傷病的恐懼以及對社會反應的恐懼 (父母、同伴、師長、朋友、新聞媒介等)。

2. 運動員的特質焦慮和狀態焦慮有很大的關係,即特質焦慮高的運動員易在緊張的競賽情境下顯現出較高的狀態焦慮,運動員面臨的情境壓力越高,特質焦慮與狀態焦慮的相關就越高 (如剛彥,1990)。

3. 高水平的運動員與低水平的運動員在狀態焦慮上存在顯著性差異,不同的運動項目在差異上表現不同,如有經驗的體操運動員賽前焦慮要比缺乏經驗的運動員高,而在摔跤、跳傘、籃球等項目則是低水平運動員賽前焦慮水平高於高水平運動員 (如剛彥,1990)。

4. 狀態焦慮隨著比賽時間的接近而逐漸上升,如從賽前一周起,到即將開始比賽時達到頂點,但有的運動員在進入比賽時焦慮才會下降,比賽後焦慮又有回升 (見圖 5-1)。

5. 賽前焦慮水平的變化是隨著對比賽對手的估計及比賽的重要性而升降的。與實力較弱的對手比賽時,賽前焦慮水平較低,與實力較強的對手比賽則賽前焦慮水平較高。但並不是對手越強,焦慮水平就越高,往往是決定名次的關鍵性比賽之前焦慮水平最高。當對手明顯強於本隊時賽前焦慮也不

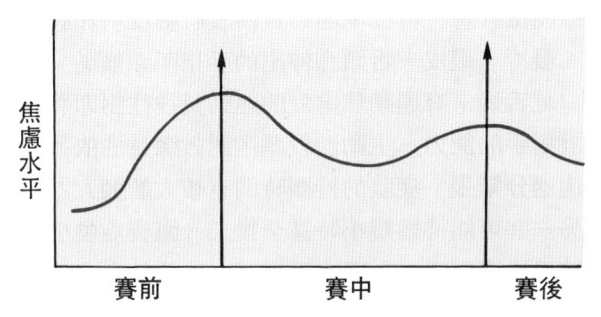

圖 5-1　運動員賽前、賽中、賽後焦慮水平的變化
(採自季瀏、符民秋，1994，83 頁)

很高 (如剛彥，1990)。

　　6. 比賽結果對賽後焦慮水平變化起重要作用，大多數情況下，比賽失利導致焦慮水平上升，比賽獲勝則使焦慮水平下降。但也有特殊情況，比賽的成功與否和運動員的目標有關，勝不一定意味著成功，負不一定意味著失敗，這種情況下焦慮的變化主要取決於運動員對成功與失敗意義的認知 (如剛彥，1990)。

三、運動焦慮症

　　運動焦慮症 (sport anxiety symptom) 是指運動員由於偶然一次比賽失利，引起心理和生理某些方面機能的暫時性失調，繼而對自己能順利完成這一動作產生懷疑，臨賽時感到極度緊張、不安、焦慮的現象。隨著焦慮症的發生，行為也會產生顯著的改變，主要表現為：

1. 極度興奮，手忙腳亂，多餘動作產生；
2. 臉色變化，說話聲調不同往常，有時會口吃；
3. 思維混亂，語無倫次，缺乏完整性和邏輯性，所答非所問；
4. 離群索居，不願與人交往；對教練員的忠告漫不經心，心不在焉；
5. 也可能對教練員和他人的言行舉止特別敏感；
6. 臨賽前失眠，食欲不振；
7. 小便頻繁。

進行神經機能檢查時，可發現運動員四肢肌腱反射和腹壁反射增強，手心和腳掌多汗、發冷、眼皮、舌頭和伸出的手指明顯顫動。有些運動員有白色舌苔，感到口乾舌燥。有運動焦慮症的運動員往往對即將到來的比賽信心不足，過高估計對手的能力，主動性較差，對教練員的依賴性較強，比賽中動作拘謹，肌肉過分緊張。症狀的持續時間有較大的個人差異，有些運動員持續幾分鐘，另一些可能持續幾小時甚至幾天。臨賽前幾小時出現焦慮症的主要原因有：缺乏比賽經驗、動機水平過高、比賽的意義重大、與難以對付的對手比賽、教練員的指導行為等。對運動員的運動焦慮症可採用**合理情緒療法**(或**理情治療法**) (rational-emotive therapy，簡稱 RET) 以及放鬆練習、暫時轉移注意點等方法進行調節和治療。

第三節　焦慮的測量

儘管運動員報告的有關焦慮的主觀情緒體驗具有豐富的含義，並易於理解，但也存在一些明顯的問題。按照常識，多數人都"知道"什麼是焦慮，但又覺得要用客觀實際的觀察語言描述焦慮的感受是非常困難的事。焦慮一詞係指每個人從此時到彼時體驗到一種情緒狀態。心理學家曾盡了很大努力來具體闡明焦慮作為一個科學概念所具有的含義，結果出現了一些差異很大的定義和許多操作性評估方法。但一般來說，由於運動員的焦慮是從主觀體驗、生理變化和行為反應三個方面表現出來的，因此，也可以從上述三方面來評定運動員的焦慮 (某些具體方法參見本章第四節)。

一、在認知維度上測量與評價焦慮

(一)　用於體育運動的焦慮問卷測驗

1. 斯皮爾伯格的狀態-特質焦慮量表 (State and Trait Anxiety Inventory，簡稱 STAI) (Spielberger, 1984)，由兩張問卷構成，各有 20 題，問卷一，測量狀態焦慮 (如：我現在擔心運氣不好，我感到輕鬆等)，問卷二，測量特質焦慮 (如：我因為某些事不順心而一直煩惱，我感到安心踏實等)，要求被試在從不、有時、經常、總是四個選擇項中選擇一項作為對某題的回答。分數全距為 20～80 分，低分表示低焦慮，高分表示高焦慮。

  2. **泰勒的顯性焦慮量表** (Scale of Manifest Anxiety) (Taylor, 1953)，由 50 題組成 (如：通常我都很冷靜不太會失去自制力，我很容易陷入困境等)，要求被試在是、不清楚、不是三個選擇項中選擇一項作為對某題的回答。該評定表附有解釋答案的題解，與題解相符的答案給 1 分，模棱兩可的給 0.5 分。整個問卷得 0～6 分說明心情憂慮表現不明顯，6～20 分表明心情憂慮的程度中等，20 分以上表明心情高度不安。

  3. 馬騰斯的**運動競賽焦慮測驗** (Sport Competition Anxiety Test，簡稱 SCAT) (Martens, 1977) 是測量競賽特質焦慮的問卷，共有 15 題 (如：與對手競爭是件樂事，競賽前我腸胃不舒服等)，要求被試在幾乎沒有、有時有、經常有三個選擇項中選一項作為對該題的回答。分數全距為 10～30 分，低分表示低特質焦慮，高分則表示高特質焦慮。

  4. 馬騰斯的**競賽狀態焦慮問卷** (Competition State Anxiety Inventory，簡稱 CSAI-2) (Martens, Vealey & Burton, 1990)，共 27 題，分別測量競賽狀態焦慮是三個方面：認知性焦慮 (如：我對這次比賽感到擔心)、軀體性焦慮 (如：我感到全身肌肉發緊) 和自信程度 (如：我對自己有信心)，要求被試在一點沒有、有一些、對、非常對四個選擇項中選擇一項作為對某題的回答。每個方面由 9 道題反映。

(二) 實施體育運動焦慮問卷測量時的注意事項

  1. 測量工具的普適性和特殊性問題　一個人可按照自己的目的去測量一般焦慮狀況，或者僅去評估焦慮的某些特殊方面 (如害怕身體受傷，自尊心受到威脅等)。大多數焦慮測量手段從方法學上來說都有共同性，而在理論概念和設計形式上則各有不同。在方法學上，有等級評定量表和個性問卷之分，研究者還必須考慮一系列測量的理論基礎，為了實際中的應用，還必須考慮各種測量方法是否適合體育運動的特點。

  焦慮問卷一般都含有一些與激活的生理表現有關的條目。比如，在泰勒

(Taylor, 1953)主編的顯性焦慮量表中有"我很少注意到心跳，也很少喘不過氣來"這樣的條目，環境不同時對這類條目答案的解釋也會不同。把這些答案放在體育運動中去解釋和放在日常認知環境中(如學校或心理實驗中)去解釋，其結果顯然是不一樣的。在體育運動中，較高的生理激活水平常常是最佳競技表現的前提，它被看作是一種積極因素。而在其他情境中，較高的生理激活水平則往往會起破壞作用。這就產生一個問題：在一般群體或特殊群體中，特別是在兒童當中，問卷法是否是診斷運動焦慮的最佳方法？有些研究者反對傳統習慣上使用問卷來測量恐懼或焦慮的方法(見 Hackfort & Schwenkmezger, 1989)。他們認為，這些問卷要求被試體察自己和焦慮有關的認知，並把這些認知量化後再報告給他人，這一過程有時是在焦慮已經升高的情況下發生的，因而被試會因焦慮產生壓抑，也不願把這情況告訴他人，對這兩個問題，研究者是不能忽視的。

使用通用型測驗還是使用有體育運動特點的測驗，還取決於所研究的問題。比如，一個人若要將運動員的個性結構同控制組或總常模相比較，那他就會使用通用型問卷和測量焦慮個性特質的問卷。當然，在解釋調查結果時應當記住，高水平運動員可能會比其他群體更經常地遇到一些可導致不同認識的情境(如極艱苦的訓練或比賽)，因此，他們也就會更經常地體驗到問卷條目中所問及的各種認知狀態，僅是這一個原因，就足以使運動員的焦慮水平得分更高。運動員焦慮得分較高可能是方法學上的問題造成的，因為進行問卷標準化工作時的樣本與運動員樣本沒有可比性。

2. 根據社會期望做答的問題 被試特別是較年輕的被試常按社會期望而不按實際情況做答。如果其他因素干擾了測驗，使被試不能完全根據內容來回答，那麼回答傾向就會影響測驗結果。這是許多心理學測驗都可能遇到的問題，但這個問題在焦慮問卷中表現得尤為突出，因為被試極易辨明這類問卷條目中的測驗目的。這些問卷的有效性明顯地取決於被試內心的公開程度、誠實與否、自我評價是否準確以及自我意識的清晰程度等因素。

3. 兒童的書面語言理解問題 對於兒童來說，還有一個特殊問題，就是他們不理解問卷中的一些話，或者他們對這些話的理解與成人不同。

4. 問卷評估的傾向性和全面性 目前最著名的一般性焦慮測量工具**狀態-特質焦慮量表**(STAI)和以其為基礎的其他一些測量工具都是傾向於診斷症狀的。但這並不意味著這些量表考慮了個人的症狀傾向，也不能說它們在三個維度上（生理、心理、行為）均對症狀進行了適當的描述。

5. 施測過程對施測內容的干擾 問卷的指導語引導被試注意考慮自己的情緒狀態（當前的或一般的），這可使被試情緒的強度增加，而在一般情況下，被試完成任務時的情緒是不會有這類影響的，這又會引起評價的準確性問題。

二、在生理維度上測量與評價焦慮

（一）用作評定焦慮的生理指標

我們可以將生理指標大致分為三種：呼吸與心血管系統指標、生化指標和電生理指標。這些指標與人類有機體的肌肉系統、植物性自主神經系統和中樞神經系統三個系統發生聯繫。研究焦慮時經常使用的參數包括脈搏、血壓、呼吸頻率、腎上腺素、去甲腎上腺素等生化指標和腦電圖相關指數、肌肉電位、皮膚電阻等電生理指標。

（二）按生理維度測量與評價焦慮的優點

研究焦慮問題時運用生理測評方法的主要優點是，首先，生理測評不涉及語言表述，因此，與被試的語言表達能力無關；第二，生理指標不以自我觀察能力為前提，因此，適用於幾乎各類群體；第三，幾乎所有生理指標都可與行為表現一起同步連續測試；相比之下，在自我觀察過程中，行為會受到干擾，特別是在活動還未達到自動化程度時和在標準化的自我評定中，這種干擾尤為明顯。

（三）採用生理指標評定焦慮的注意事項

生理測評方法的缺點似乎也與其優點等量齊觀。以生理測試為基礎的分析大部分也是依賴於方法學基礎的。例如，同樣反映一般喚醒或激活水平的兩種生理指標（如心率和動作電位）的相關程度可能不高。儘管人們一致認為可以測量出情緒過程中的生理負作用程度，但迄今為止，僅發現為數不多的幾種特殊反應可以標明不同性質的情緒（Hackfort & Schwenkmezger, 1989）。心率的上升可能標誌著情緒性焦慮的出現，也可能是愉快或氣憤的反應。究竟是哪種性質的情緒,則要取決於人對刺激環境的認知評價。比如雙槓這一刺激環境,如果同過去不愉快的經歷相聯繫,可以引起焦慮;如果同運動比賽中的成功相聯繫,則又可以引起愉快。但是,由於引起這兩種情緒的不同刺激沒有一一對應的生理指標,因此,兩種情況下都可出現心率的提高。用更普通的話來說,就是系統不同,功能也不同。在一定條件下,為了引起一種反應或實現一種植物性功能,某些結構會活化動員起來,另一些結構則會減少其活動,還有些結構的功能則保持不變。

在體育運動中採用生理指標研究焦慮,有其特殊性。因此,當有機體被激活時,無論是採用外周循環系統的指標還是採用生化指標,都應進行特殊的分析。因為作為身體活動誘發的結果,這些指標參數會有較大變化,而作為應激或焦慮情境誘發的結果,這些指標參數的變化則較小。除此之外,這些參數對人為的影響非常敏感,同時還要依賴於具體的測試方法。有些證據確切表明 (Hackfort & Schwenkmezger, 1989):

1. 身體應激伴隨有腎上腺素的升高,而心理應激則伴隨有去甲腎上腺素的升高;

2. 腎上腺素和去甲腎上腺素之間的比率是判斷情緒應激的良好指標。

但是,在實際情境中,特別是在現場環境中對兒茶酚胺進行準確的測定是個較複雜的技術問題。摩根曾利用唾液可的松來監測運動員的過度疲勞情況,特別是情緒狀態 (摩根,1992),也許,這是一個運動員更願意接受且準確性較高的生化指標。

到目前為止,評估生理指標僅有一種較為可靠的方法,就是運用系統的觀察手段來記錄身體活動情況。舒溫克梅格、沃格特和米勒進行的研究是一個結合體育特點的實例 (見 Hackfort & Schwenkmezger, 1989)。他們在中性情境 (訓練比賽) 和應激情境 (測驗比賽) 中觀察了排球運動員,認真詳細地記錄了這些運動員走跑的距離、動作的次數以及最大跳起的次數,對兩種情境中心率遙測結果的比較僅限於兩種情境中一系列時間間隔內持球動作次數相同、走跑步數相同、最大跳起次數相同的運動員。圖 5-2 表明,儘管兩種情境中的身體應激水平相同,但應激情境中的心率高於中性情境中的心率。在每一觀察階段之前和之後還進行了狀態-特質焦慮量表的測驗。

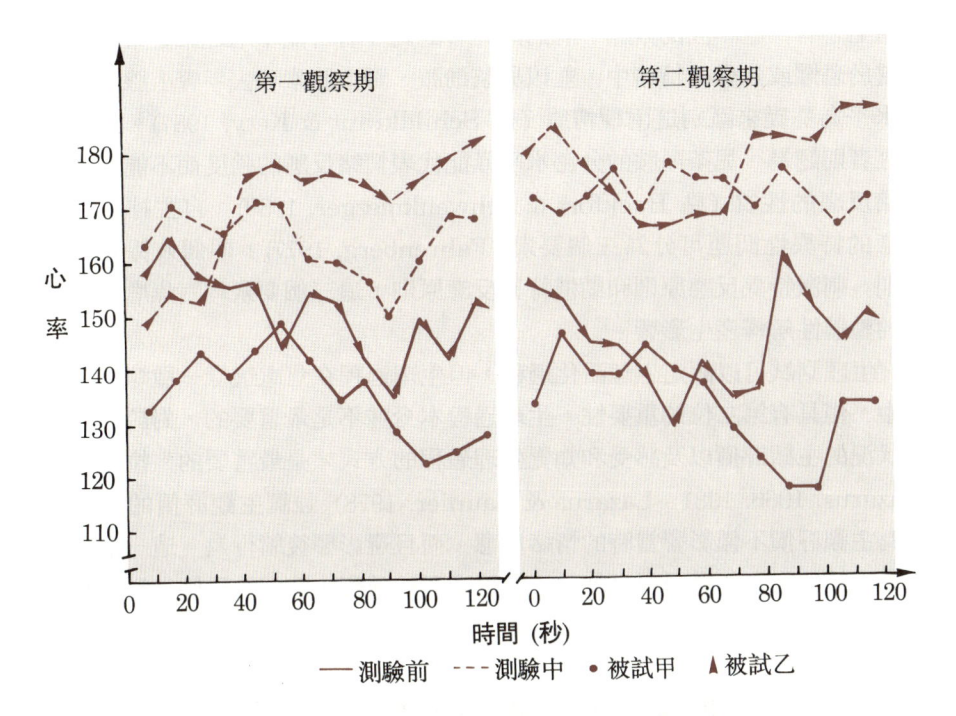

图 5-2　測驗前和測驗中兩分鐘觀察期內兩名被試的心率
(採自 Hackfort & Schwenkmezger, 1989)

被試在測驗中的自我報告證實了上述心率比較的結果。雖然該實驗方法僅僅是對身體應激的粗淺的控制，而且在應激情境中，心率的提高也許不一定是肌肉緊張程度提高所致，但是，該研究的確表明，我們有可能採取一些手段對情緒過程（如該實驗中的焦慮反應）的生理指標作出正確的解釋。這一研究還表明，如要將反映心理應激的生理指標和身體應激反應區分開來，就需克服一些方法學上的困難 (見 Hackfort & Schwenkmezger, 1989)。

生理數據的解釋問題不僅存在著用數量來標誌性質的困難和評估中的方法學困難，還存在一些與自主神經系統反應特異性原則有關的難題 (Lacey, 1950；Lacey & Lacey, 1958)。這個在體育運動心理學研究中必須加以考慮的總的原則描述了對某一刺激或某類刺激做出反應時的個人特徵。拉扎洛斯和奧頓 (Lazarus & Opton, 1966) 的研究證實了這一點。他們找出了對恒定的焦慮情境產生的不同生理反應。在與神經系統密切關聯的激素活動過程問題上，有一些不同的觀點。有的研究者認為，有可能準確地確定某人是否正處於恐懼或焦慮的情緒中，並以兒茶酚胺、腎上腺素和去甲腎上腺素的不同水平為基礎來區別這兩種情緒（如 Schildkraut & Kety, 1987）。另一些研究者則認為，兒茶酚胺的分泌水平僅能代表情緒反應的強度而不能反映出情緒反應的性質（見 Hackfort & Schwenkmezger, 1989）。自主神經系統反應的特異性問題可分為三個要素（Fahrenberg, 1977），即個人特異反應原則、刺激特異反應原則和動機特異反應原則，這三個要素均對焦慮生理指標的整體性解釋產生影響。

生理測試可以評定生理活化過程，但生理過程在焦慮這樣一種綜合症候群中，僅具有第二位的重要性。生理過程本身並不是最重要的，對於自己所處狀況的主觀評價以及感受和知覺生理過程的方式才是最重要的。拉扎洛斯（Lazarus, 1966, 1981；Lazarus & Launier, 1978）強調主觀評價的作用，認為主觀評價不僅影響當時的情緒反應，而且還影響後續行為。這一由心理因素調節的行為指導過程又加強了身體過程的效應，這就是我們常說的心身交互作用。

三、在行為表現維度上測量與評價焦慮

（一）按行為表現維度測量焦慮的優缺點

行為表現數據主要從觀察中獲得。運動員賽前上廁所的次數、食量、與他人交談的次數和持續時間、睡眠質量、面部表情等都可能反映出其焦慮程度。這種評定的優點是，第一，簡便易行；第二，可在不干擾運動員正常活動的情況下進行。缺點是，第一，評定的精確程度較低；第二，某些行為特徵可能掩蓋真實情緒，如貌似輕鬆但內心很緊張或睡眠不好但無異常的焦慮等。和生理指標一樣，行為特徵與情緒性質也不存在一一對應的關係。

（二）按行為表現維度測量焦慮應注意的事項

1. 情境作用的問題　前面我們討論了用生理指標評定焦慮時所具有的不確定性，對於評定行為表現的數據來說，情況也同樣如此。作為一個理論概念的焦慮雖然與某些行為有關（特別是表現性行為和逃避行為），但如果

從動作行為上來解釋焦慮，也極有可能出現差錯。由於必須同時考慮行為依賴於情境和一個簡單行為在內容上具有不確定性這兩個因素，因而把行為作為焦慮的指標仍然是一種假設。比如，儘管看到一名滑雪運動員在陡峭的下坡雪道前發抖，但卻無法確定他是由於害怕抑或是由於寒冷而發抖。再繼續觀察，看到他開始下滑時肌肉緊張，動作紊亂，也仍然無法確定他是冷得厲害，還是他雖不是優秀運動員，但卻很勇敢，即使技術還不熟練，仍試圖完成這一個衝刺；還是他的姿勢確實表示他很焦慮。只有得到其他有關信息，才能對上述三種可能作出明確回答。例如，若知道當時天氣並不太冷，或者知道這個運動員儘管系統地學習過滑雪技術，但仍對比賽缺乏信心，他參賽是因為一位朋友帶他來試試，而他的朋友正在一旁等著他。這樣，我們就可以對他的行為作出正確判斷。如果無法辨別和區分出什麼是焦慮性行為，什麼是對抗焦慮的行為，那麼，對行為的觀察就會產生許多疑點。

研究表現性行為和操作性行為時，都必須將情境轉換為一種可解釋的背景條件，這樣才可能對行為數據作出準確的評價。在焦慮研究中分析行為數據時，不能只注意活動的進行，還必須考慮人所處的特殊環境。假如選擇動作活動作為分析的主題並試圖從動作規律中推導出焦慮，那麼，就必須記錄活動者本人的自述。否則，觀察者就無法了解是由於活動計畫不周全還是由於焦慮導致了活動的失敗。行為觀察和行為數據對於活動的分析來說是必要的，但僅有這兩者還不夠。只有同活動過程的情況一起分析，觀察法才會有效；只有同自我陳述的內容一起分析，觀察數據才有意義。

2. 逃避行為問題　通常，在論文中討論通過行為分析來評估焦慮的問題，主要是為了使這種評估具有完整性，而對評估的具體問題則考慮較少。各種行為診斷的方法都是現成的，但在焦慮的診斷中卻很少有人提及這些方法，這似乎顯得不合情理。原因之一可能是在行為維度上評估焦慮時，採集數據的方式不太可靠。比如，假若有人在評估逃避反應時用表現性行為、條件抑制式的簡單運動序列和或大或小的肌肉震顫來測量焦慮，那麼，他馬上就會遇到如何保證客觀性、可靠性和有效性的問題。作為一個特殊過程的指標，行為特點所反映出的真實狀況和對行為特點的人為解釋之間常會有很大距離 (Hackfort & Schwenkmezger, 1989)。假如行為維度上的焦慮反應級別是按其因果聯繫的密切程度排序的，那就必須對表現性行為、逃避性行為以及成就行為作出明確區分。

逃避性反應 (avoidance and flight reaction) 是教練員和體育教師經常遇到的一個問題。遇到一個令人望而生畏的對手時，逃避性行為會表現得特別明顯。在產生逃避性行為的環境中，要識別出假裝的疾病和真正的病症並不困難。在體育運動中，逃避性行為常常表現得很微妙。有時，體育教師會碰到學生提出不上課的許多藉口，都是講醫生診斷出自己有病，這是學生不喜歡體育課的表現。逃避性行為也會出現在體育課中間，如有的人從隊列中退出、起跳動作突然中斷、或者突然用一個簡單動作去代替本來應該做的複雜動作等等。受到失敗的威脅或對失敗感到害怕時，可能會導致一個盲目的無成功希望的進攻，這也是逃避性行為的一種表現形式。缺乏心理學知識的教練員和體育教師在分析焦慮症狀時，往往是依賴自己的觀察而不採用問卷方法和生理學方法。因此，對逃避性行為的評價和理解在體育運動中就顯得特別重要。

四、不同維度測量的相互結合

　　許多焦慮理論對行為的解釋無法令人滿意，一個重要原因就是，在許多實際研究中，沒有將三個維度的測量很好地結合一起，對此，應特別注意以下幾點：

　　1. 認知維度的分析是準確描述三個測量維度相互關係的基礎　僅僅分析焦慮的生理指標和焦慮的行為反應是無法準確描述這兩者的共變關係的。在這兩個維度的測量中，如果不能確定不同反應的性質就不能將這兩者很好地結合起來。

　　2. 應考慮生理反應或行為反應的過程　生理維度或行為維度上的共變聯繫較差，原因可能是沒有考慮生理反應或行為反應的過程模式。生理測量可以涵蓋反應模式中各種個人的、情境的和動機的定型，行為測量也是如此，這時，就必須考慮不同人的特殊情況。

　　3. 不同測量維度上焦慮反應在時間上表現出不同的潛伏期　對於焦慮刺激，腦電波的反應潛伏期僅有幾十毫秒，外周循環系統的變化潛伏期要持續幾秒鐘甚至幾分鐘，而生化指標變化潛伏期則要持續幾分鐘甚至幾小時，目前我們對行為變化和主觀反應的潛伏期要持續多長時間還了解甚少。

小肌肉群的運動反應在一秒鐘之內就會出現，而大肌肉群的運動反應則要經過更長時間。認知反應取決於對威脅性情境的信息加工，這一過程可能經歷較短、中等或較長的潛伏期，對此我們了解得更少。

4. 三個測量維度間的共變關係取決於情緒激活的強度 越是把焦慮刺激知覺理解為具有更大的威脅性，這種共變一致性就越高。根據研究顯示，隨著應激刺激強度的增加，個人系統內的共變一致性也將隨之加強（見 Hackfort & Schwenkmezger, 1989）。

5. 焦慮-對抗理論經常強調對抗性機制的重要性 由於受個人壓抑程度和敏感程度方面差異的影響，在對抗焦慮刺激時會出現持續時間不同的潛伏期（Byrne, 1964；Krohne, 1986）。比如，壓抑者往往將焦慮情境解釋為無害的，他們用這種方式來避免焦慮或控制焦慮。而過敏者則由於焦慮刺激閾限很低而對威脅性情緒給以更多的注意。但這類對焦慮的認知加工方式似乎並不取決於生理反應的程度，至少到目前為止還沒有發現兩者間有明確的相關，這就減少了存在共變一致性的可能。

6. 焦慮控制和焦慮加工機制對不同測量維度的影響 焦慮控制機制和焦慮加工機制在不同測量維度上以不同速度和不同程度影響著各種反應和加工過程，這種情況也使各測量維度間的共變一致性下降。人的主觀認知過程和認知反應可以迅速得到修正和改變，但要改變自主神經系統控制的焦慮反應和個人行為，則需要更長時間。

7. 生理心理學在體育運動心理學的位置 生理心理學（physiological psychology）在傳統上被看作是一個研究分支，專門探討身體反應和心理反應之間的共變一致性問題。這種研究的基礎是確信心理反應和心理過程體現了中樞神經系統活動與內分泌系統活動的原因和結果。但是，在體育運動心理學的研究領域中，肌肉緊張造成的生理反應和心理原因造成的生理反應相互重疊，難以區分，因此，生理心理學方法運用得較少，僅有為數不多的幾項運動領域的研究證明了生理參數和心理參數之間存在相關關係。

8. 評價焦慮的方法不完善 人們可以觀察到，不同維度的測量結果之間共變一致性之所以較低，大部分原因還是可以歸於評價焦慮時的一整套方法尚不夠完善。

綜上所述，如果焦慮反應的確表現在不同的測量層次上並有其不同的潛伏期,那麼,在邏輯上就會得出以下結論:對焦慮狀態進行跨維度的分析應當輔之以對過程的分析。只有當三個維度都表現出焦慮水平下降,我們才能說控制焦慮的措施是有效的。因此,儘管目前跨維度的綜合分析還不完善,但焦慮研究的目標是將這三個維度的測量有機地結合起來。

五、具有情境特點的測量工具

作為交互作用理論學派爭辯的結果,人們開始認識到必須同時從概念上和方法學上研究個性特徵在各種不同情境中的表現方式,這就導致了對有具體情境特點的個性測驗的需求。在焦慮研究中有種趨勢,即研製有情境特點的特質量表。研製者們希望通過這種量表在不同的情境中更好地預測焦慮狀態。現在已經研製出了一些有情境特點或活動特點的特質量表,如測驗焦慮量表(Spielberger, et al., 1978)和演講焦慮量表(Lamb, 1973)。與一般焦慮測驗(如顯性焦慮量表,Taylor, 1953)不同,這些有具體情境特點的測量均通過指示語或測驗條目明顯地製造了一種特殊情境或某一類特殊情境。

在運動焦慮的測量中,同樣需要有具體情境特點的特質量表以便提高在運動情境中預測狀態焦慮的準確性,前面提到的馬騰斯的運動競賽焦慮測驗(SCAT) (Martens, 1977),就是以斯皮爾伯格的狀態-特質理論為基礎,用來測量競爭性運動情境中的特質焦慮。該問卷與狀態-特質焦慮量表(STAI)特質焦慮分量表的低度相關(r約為0.40)清楚地表明,這一帶有運動特點的測驗解釋了一般性測量所沒有解釋的那部分方差。但在一些國家使用該問卷修訂本測得的結果也同時說明,對於狀態焦慮反應的預測並未得到明顯改善。比如,海克福特和舒溫克梅格曾觀察到狀態-特質焦慮量表(STAI)特質焦慮分量表對運動應激情境中狀態焦慮反應的預測同馬騰斯編製的具有運動特點的特質焦慮量表一樣好 (Hackfort & Schwenkmezger, 1989)。

測驗焦慮的研究把認知過程分為與完成任務有關的認知(task-relevant cognition)和與完成任務無關的認知(task-irrelevant cognition) (Sarason, 1975, 1978, 1980)或分為"憂慮"和"激奮性"兩個方面 (Liebert & Morris, 1967;Morris & Liebert, 1970)。現在,這種分類形式已推廣到了對焦慮的評價中 (Wine, 1980, 1982)。舒溫克梅格和勞克斯的研究表明(見 Hackfort & Schwenkmezger, 1989),分析與運動有關的害怕心理時,焦慮評價中的這種分類是很有用的。在對手球運動員的研究中，他們使用了體現活動特點的測量無關認知的量表，結果發現，高焦慮的運動員往往比低焦慮的運動員具有更多的與完成任務無關的認知活動。和訓練情境相比，在評價情境中（通過評定個人成績來選拔參賽人員），與任務無關的認知活動明顯增加。這些結果支持了狀態-特質焦慮模式。除此之外，在無關認知活動的頻率和評判員對個人表現的評價之間還發現有非常明顯的相關。

到目前為止，研究人員關注的重點在特質焦慮的診斷上。但應當指出，考慮到情境特點和活動特點的重要性，也有必要制定狀態焦慮測驗量表。特別是對於雙成份研究方法來說，認知因素同某些活動的關係在項目篩選過程中起重要作用。從方法學角度來看，使焦慮概念操作化的技術還不成熟，這就使得焦慮的診斷尚不能令人滿意。在今後大有發展希望的另一種方法是在研製診斷運動焦慮的特殊測量工具時對各量表加以綜合利用。上述的體育運動心理學方法當然也可以促進一般焦慮研究或其他領域中焦慮研究的發展。

六、適合於兒童的測量工具

在製定有運動特點的焦慮量表的研究中，只是在最近才對少年兒童給予特別的注意。德國心理學家曾製定出兩種針對少年兒童特點的測量工具，它們在幾個方面同一般問卷研製過程有所不同。一種是**運動焦慮圖片測驗**(Sport Anxiety Picture Test，簡稱 SAPT)，用來測量體育課中對可能誘發焦慮的活動所持的態度。運動焦慮圖片測驗是為 9～11 歲的男女兒童設計的，現在已有德文版、英文版和義文版。該測驗將學校運動情境照片和語句形式的分類回答結合在一起，目的是將投射測驗的優點和問卷測驗的優點結合在一起，並且讓被試能夠對焦慮誘發性活動中的自我態度做出數量化的評定。該測驗並未區分運動的不同維度，也未辨別自我態度與特殊活動的可能聯繫，但因素分析的結果表明，自我態度對特殊活動能力的評價的確有一定影響（見 Hackfort & Schwenkmezger, 1989）。

另一種是**運動焦慮解釋測驗**(Sport Anxiety Interpretation Measure, 簡稱 SAIM。海克弗特(Hackfort & Schwenkmezger, 1989)提倡情境分析方法，認為運動活動的性質不同，產生焦慮的特點也會不同，焦慮的特異性隨不同運動項目而轉移。比如，在體操中，會產生受傷恐懼和動作失敗恐懼。以此為基礎，他在製定運動焦慮解釋測驗 (SAIM) 過程中對性質不同的活動作出了區分，劃分為球類運動、搏鬥運動、體操、游泳、跳水以及田徑運動。他還根據馬斯洛的動機分類，按照運動焦慮與中心動機的關係，區分出五種運動焦慮：(1) 恥辱恐懼；(2) 競爭恐懼；(3) 失敗恐懼；(4) 未知事件恐懼；(5) 受傷恐懼。

運動焦慮解釋測驗包括 22 個條目，都是不同情境的圖畫，回答也是非語言形式（面部表情的草圖，表示了不同程度的焦慮），被試只需畫個叉表示他對特定情境的解釋貼近焦慮的程度。對於特質焦慮十分重要的重測信度在 0.37 和 0.94 之間。該測驗既可用於群體診斷也可用於個人診斷。

運動焦慮圖片測驗和運動焦慮解釋測驗對兒童來說非常合適，因為這兩種測驗均考慮了視覺在少年兒童中的重要作用，同時還考慮到了使條目呈現方式同被試的智力發展水平相適應。在其他適用於少年兒童的問卷中，被試往往對"我的心在跳"這樣的問題感到困惑，認為難以對此作出評判，因為一個人總會有心跳的。但是這種困難在上述兩個測驗中就不存在。少年兒童在表達自己的情感和反應時常常會遇到困難，因此，在研製焦慮量表時（如學校焦慮量表）就應充分考慮他們的這一特點。"運動焦慮解釋測驗"的實施很少依賴被試的語言能力，這表明找到替代文字問卷的有效評價方法是完全可能的。

七、通用焦慮測驗與專用焦慮測驗的關係

一般焦慮研究中的診斷方法不能簡單地、不加辨別地用於體育運動心理學的研究中。許多運動科學家往往不接受普通心理學的研究方法，認為應當設計特殊的測驗來研究體育運動心理學領域的問題（如 Martens, 1977）。但是，也有些人不贊成這種方法學上的特殊性，認為開發合適的方法會遇到許多困難，所需的時間也長，而沿用普通心理學方法最重要最明顯的原因就是經濟性。從事體育運動心理學研究的人都希望所獲結果能夠盡快應用於教育實踐和訓練實踐，同時把費時費力的純方法研究減少到最低限度。因此，似乎有必要先考慮一般焦慮診斷學中現成的、已經過可靠性、有效性驗證的各種方法，然後，再酌情開發有運動特點的方法。即使要堅持認為運動科學和體育運動心理學是獨立學科，因而需要開發自己特殊的研究手段，那麼還

會面臨一個新的問題：是否要為所有不同的運動項目開發不同的測試手段？例如，若不事先進行某些修定，就不能將馬騰斯 (Martens, 1977) 的運動競賽焦慮測驗用於團體比賽項目，因為有些條目同團體比賽項目無關。

除此之外，有些體育運動心理學研究者認為，體育運動心理學正在試圖打破自己母科學的限制而成為一門應用運動科學，其結果將會以喪失母科學的質量為代價，並且會相互減少給予對方的研究過程的反饋。解決這一矛盾的一個辦法是，將運動看作一個研究領域，在這一研究領域內，可以驗證、修改許多基本的心理學假設 (Browne & Mahoney, 1984)。

第四節　體育運動心理學中焦慮研究的問題

一、焦慮研究的模式

體育活動和訓練競賽對個性發展的影響是體育運動心理學所關注的主要領域。這一研究產生了一個重要派生物，就是研究體育鍛鍊活動對於焦慮的影響。考察鍛鍊對焦慮的減緩抑制作用的研究一般是採用**結果設計** (consequent design) 的研究模式。相比之下，**預測設計** (antecedent design) 研究模式則被用來調查焦慮對運動操作的影響，這是運動焦慮研究中最流行的話題，本章討論的重點也是"預測設計"研究模式。由於中國的體育運動心理學偏重競技體育，因此對於"預測設計"研究模式的關注較多，而不大重視"結果設計"研究模式。隨著中國社會經濟的發展和全民健身戰略的推廣，對於體育活動控制應激與焦慮、提高心理健康水平的作用，會更多地引起公眾和體育運動心理學研究者的高度重視。

二、體育教師的焦慮問題

　　焦慮不但對於高水平運動員的訓練比賽有重要影響，而且，對於體育教師及學生的教學也有重要意義。海克弗特和舒溫克梅格（見 Hackfort & Spielberger, 1989）曾對體育教師的焦慮進行了評價，確定出了他們日常工作中產生焦慮的原因。焦慮的一個主要來源是別人不認為這些體育教師是運動行為領域的專家，這常常使他們喪失自尊心。海克弗特還研究了體育教師診斷自己學生的運動焦慮的能力。他將學生對焦慮的自我知覺和其他學生對那個學生焦慮的社會知覺加以比較。這一研究的兩個主要結果是：

1. 教師傾向於低估學生的運動焦慮；
2. 教師對學生焦慮的評判與學生的自我評判明顯不同，與其他學生的評判也明顯不同。

　　這些發現對教師的工作有實際意義，並且表明，在學校環境中進行焦慮問題的研究很有必要。

三、積極情緒的發掘和利用

　　體育運動心理學的研究在傳統上主要是關心消極情緒。但未來的研究應當既考慮消極情緒，也考慮積極情緒，要考察這兩種情緒產生的積極作用和消極作用。具體地說，就是像哈恩指出的那樣（Hahn, 1989），對高水平運動員的研究應當探討"積極"情緒（如自豪、滿意、高興、挑戰等）對提高運動成績的作用。將來的研究還應當探討青少年體育、學校體育、成年人閒暇體育以及康復體育中情緒的作用。

四、運動特質焦慮

　　測驗焦慮曾被定義為有情境特殊性的焦慮特質（Spielberger, Gonzalez, Taylor, Algaze, & Anton, 1978）。高測驗焦慮者的考試成績一般比低測驗

焦慮者差 (Sarason, 1960, 1972)。高測驗焦慮者還更顯得以我為中心，更可能體驗到個性化的干擾狀態，這就會分散他們對當前任務的注意，最終使成績下降 (Wine, 1971；Sarason, 1972)。運動總是以取得成就為中心的，運動情境一般包括自我評價和他人評價，因此，運動焦慮同測驗焦慮一樣，也可被看作是有情境特殊性的特質焦慮。

在測驗焦慮的研究中，心理學家區分了與任務有關的認知和與任務無關認知，這種區分對於分析運動焦慮同樣有重要意義。例如，在對優秀手球運動員的實際研究中，研究者發現與低焦慮運動員相比，高焦慮運動員產生的與任務無關的認知更多，受到這種認知的干擾也更多；成績差些的運動員更經常體驗到這種認知 (Hackfort & Spielberger, 1989)。由此看來，運動焦慮水平高的運動員所產生的與任務無關的認知似乎會阻礙他們在比賽中充分發揮自己的競技水平。

五、應激與焦慮控制

應激與焦慮研究的最重要目的就是使人們能夠在理解應激和焦慮的基礎上對其自覺地進行調節和控制。比如，史密斯 (Smith, 1989) 曾考察了心理衰竭 (mental burnout) 現象，這種現象一般被看作是對應激做出的慢性、不恰當和無效的對抗反應。史密斯在提出了關於應激和焦慮的認知-情感模式以後，又對在焦慮過程不同階段進行控制的兩種調節措施進行了描述。第一種措施與環境改變方法有關，目的是提供更多的社會支持以降低焦慮水平。第二種措施則集中於對抗反應，它將放鬆練習與改變自我暗示內容結合在一起。自我命令 (如 "放鬆！") 和自我暗示 (如 "我現在正處於有生以來的最佳狀態，不必去害怕任何人") 可同適當的認知調節一起應用，這樣就能有效地控制競技運動中的焦慮。

生物反饋也是控制焦慮和應激的有效的自我調節手段。蔡其科斯基和弗其斯 (Zaichkowsky & Fuchs, 1989) 曾較為詳細地闡述了生物反饋的特點及其在體育運動領域中的應用問題，這些討論提示，按照過程定向的觀點，認知的事件和生理的事件不僅是焦慮的結果，而且也是預防焦慮和控制焦慮的起點。

在運動焦慮研究中，應當把焦慮控制技術的應用和評價方面的研究結合起來,這一點至關重要 (Machac & Machacova, 1989)。還應當認真評估為促進運動技術水平的充分發揮所設計的調節方法和以焦慮的驅力特徵為基礎的激發動機的技術。儘管教練員和體育教師經常運用這些方法和技術,但卻很少有人引入適當的控制組來評價這些方法和技術的效能。

六、焦慮與運動技能學習

由源於學習理論的焦慮可以促進學習和控制行為的假設特別是源於米勒 (Miller, 1948) 關於將動物的恐懼作為學習驅力的研究,我們了解到焦慮與學習是有密切關係的。以人作為被試的實驗表明,高焦慮的人比低焦慮的人學習得更快,但這些結果僅限於眼瞼條件反射化這樣的非常簡單的學習任務 (Taylor, 1951)。運動操作中的動作行為相當複雜,很明顯,這些動作行為是由複雜的學習機制加以調控的。比如,游泳動作學習的研究成果表明,高焦慮被試的學習成績一開始比低焦慮被試差得多,但隨著學習過程繼續向前推進,這些差異逐漸減少,兩組被試最終取得了同樣的成績 (Karbe, 1968)。

焦慮與學習的關係還受到能力水平這一中介因素的影響,在運動技能學習領域,是否高焦慮與高能力相結合才能促進學習成績的提高?高焦慮與低能力或中等能力相結合是否會阻礙學習成績的提高?是否把焦慮控制在中等程度,才有利於運動技能的學習?這些問題,在體育教育和運動訓練領域都具有實際意義,是研究的可能方向。

本 章 摘 要

1. **焦慮**指人由於不能達到目標或不能克服障礙的威脅,致使自尊心和自信心受挫,或使失敗感和內疚感增加,形成一種緊張不安並帶有恐懼的情緒狀態。它包括三種主要成分:情緒體驗、威脅、不確定性和擔心的認知表徵以及生理喚醒。

2. 焦慮是一中性物,既可能產生積極作用,也可能產生消極作用,具體產生何種作用,要依人的主觀狀態和客觀環境的交互作用特點而定。從積極作用的角度分析,焦慮可激起人們改變自身現狀的緊迫感,促使人們做出努力以謀求達到某一目標。
3. 引導運動員認識到焦慮是訓練比賽中的一種正常現象,適度的焦慮可能有助於運動表現,只有過度焦慮,才會對運動表現造成損害,這或許是對待焦慮的更為積極的和更為有效的態度。
4. 根據表現內容可將焦慮分為**現實性焦慮**、**神經過敏性焦慮**以及道德性焦慮,根據穩定性特徵可將焦慮分為**狀態焦慮**和**特質焦慮**,根據人的反應特徵可將焦慮分為**認知性焦慮**和**軀體性焦慮**。
5. **運動焦慮**指運動員在訓練和比賽中,對當前的或預計到的具有潛在威脅的情境產生的擔憂傾向。其原因主要有對失敗的恐懼,對成功的恐懼,對傷病的恐懼以及對社會反應的恐懼。
6. **運動焦慮症**指運動員由於偶然一次比賽失利,引起心理和生理某些方面機能的暫時性失調,繼而對自己能夠順利完成這一動作產生懷疑,臨賽時感到極度緊張、不安、焦慮的現象。
7. 運動員的焦慮是從主觀體驗、生理變化和行為反應三方面表現出來的,因此,也可以從上述三方面來評定運動員訓練與比賽過程中的焦慮。
8. 從主觀體驗方面測量與評價焦慮的優點是可直接探查人的焦慮感受。缺點是某些被試可能按照社會期待答題而不按實際情況答題;少年兒童理解某些問題有困難;普適性測量可能不適用於體育特殊情境或專項特殊情境等。
9. 採用生理指標測量和評價焦慮的優點是它與被試的語言表達能力無關;不以自我觀察能力為前提;可與行為表現一起同步連續測試。缺點是同樣反映一般喚醒水平的兩種生理指標(如心率和動作電位)的相關程度可能不高;相同的生理變化可能由不同的情緒狀態引起。
10. 從行為表現方面測量與評價焦慮的優點是簡便易行並可在不干擾運動員正常活動的情況下進行。缺點是評定的精確程度較低;某些行為特徵可能掩蓋真實情緒;行為特徵與情緒性質不存在一一對應的關係。
11. 多維的情緒評定比單一的情緒評定效果好,長期系統的情緒評定比短期的一次性情緒評定效果好,前者是了解運動員情緒變化規律的基礎,也是進行系統的情緒控制訓練的前提。
12. 體育運動心理學焦慮研究的方法主要有兩種,即結果設計和預測設計,隨著全民健身戰略的推廣,對於體育活動控制應激與焦慮、提高心理健康水平的作用,會引起公眾和體育運動心理學研究者的高度重視。
13. 體育教師的焦慮、積極情緒的利用、特質焦慮與運動成績的關係、焦慮的控制、焦慮與運動技能學習的關係等等問題是今後研究需要解決的問題。

建議參考資料

1. 姒剛彥 (1990):體育運動焦慮與歸因的診斷。見邱宜均 (編):運動心理診斷學。武漢市:中國地質大學出版社,157~168 頁。
2. 孟昭蘭 (1989):人類情緒。上海市:上海人民出版社。
3. 張力為 (1995):運動心理學焦慮研究中理論和實踐的發展趨勢 (綜述)。體育科學,1 期,75~79 頁。
4. 斯托曼 (張燕云譯,1986):情緒心理學。瀋陽市:遼寧人民出版社。
5. Hackfort, D., Spielberger, C. D. (Eds.)(1989). *Anxiety in sport: an international perspective.* New York: Hemisphere.

第六章

體育運動中的情緒調節

本章內容細目

第一節　情緒與動機的關係
一、情緒心理學的觀點　167
　㈠需要的意義
　㈡能量的意義
　㈢中樞神經系統的活動狀態意義
　㈣情緒的動機作用
　㈤個性結構與情緒和動機
二、體育運動中情緒的動機作用　169

第二節　賽前情緒與運動表現
一、積極情緒狀態與操作成績的關係　170
二、賽前情緒與運動成績　171

第三節　情緒的機理與情緒的調節
一、詹姆士-蘭格理論　175
二、沙赫特的情緒三因素學說　176
三、巴甫洛夫學說　176
四、阿諾德的認知-評估理論　177
五、認知與情緒的關係問題　177

第四節　簡易情緒調節方法
一、表象調節　178
二、表情調節　179
三、活動調節　179
四、音樂調節　181
五、呼吸調節　181
六、顏色調節　182
七、暗示調節　183
八、氣味調節　184
九、飲食調節　185
十、宣洩調節　186
十一、轉移調節　186
十二、激化調節　186

本章摘要

建議參考資料

情緒是一個人人都有著切身體驗且天天都會遇到的詞。情緒 (emotion) 是體驗，又是反應；是衝動，又是行為，它是由情緒體驗、情緒表現和情緒生理三種因素結合而成的。關於情緒的心理學研究儘管在我國是一個薄弱環節（孟昭蘭，1989），但並不意味著它不重要。至少在體育運動心理學領域，它是體育運動心理學工作者、體育管理者、體育教師、教練員和運動員最為關注的心理學問題之一。情緒之所以重要，是因為它既可以成為人們行為的動力，也可以成為人們行為的阻力，把情緒與動機聯繫起來的看法早已存在。達爾文在一百多年前從種族進化上就已經看到了情緒對有機體生存的適應價值。情緒還極大地影響著人們生活的質量和工作的成績。情緒控制能力的高低，也是區分優秀運動員與一般運動員的一個重要標誌。教練員通常說的訓練型運動員和比賽型運動員，主要的區別也正在於比賽中情緒的適應性和控制性。

　　了解情緒產生的原因，是調節和控制情緒的前提。解釋情緒機制的理論有許多，本章僅從情緒調節和控制的角度介紹幾種有關的理論。特別需要指出的是，情緒的認知理論是近三、四十年來情緒理論發展的標誌，它不但解釋了情緒產生和發展的原因，同時，也為人們進行情緒的調節與控制提示了可能的途徑。體育運動心理學工作者心理諮詢和心理技能訓練的實踐表明，通過調節運動員的認識來調節並控制訓練和比賽中的情緒，解決訓練和比賽中的難題，其效果往往比較好，作用也比較持久，而且也容易產生遷移的效果。總之，自覺運用各種方法對情緒進行調節和控制，可以提高人們的生活質量。當然，在訓練和比賽中，情緒的調節和控制還有特殊意義，它不但關係到運動成績的提高和保持，還關係到在長期高競爭、高應激（壓力）環境中拼搏的教練員、運動員的心理健康。本章將討論：

1. 情緒與動機的關係問題。
2. 賽前情緒與運動成績的關係。
3. 情緒的某些機理與情緒調節的關係。
4. 訓練和比賽中一些簡易的情緒調節方法。

第一節　情緒與動機的關係

在運動實踐中，人們經常把情緒作為一種混亂的、起干擾作用的因素而在比賽中加以控制，但較少注意到情緒對人的行為具有重要的組織作用和動機作用。因此，有必要闡述一下情緒和動機的關係問題。

一、情緒心理學的觀點

情緒心理學十分重視情緒與動機的關係和情緒的動機作用。下面總結的一些主要觀點就反映了這種傾向 (張力為，1989)。

(一)　需要的意義

可以從**需要** (need) (促使個體行為的內在動力) 的滿足這一點來理解情緒與動機的密切聯繫。**情緒** (emotion) 是人對客觀事物是否符合自己的需要而產生的態度體驗，而**動機** (motivation) 也正是人的生物性需要和社會性需要為其基礎的。

(二)　能量的意義

經典情緒理論(或**古典情緒理論**) (classical emotion theory) 認為，情緒實際上就是一種能量或動機。正像人們通常理解的那樣，情緒涉及到我們如何知覺世界，如何在自己預期是重要的情境中行動的問題。我們的預期可能是積極的，也可能是消極的。因此，當我們在實現願望的中途受到阻礙時，就會感到憤怒和恐懼。這種情緒狀態必定包含有一種能量水平的變化。興奮代表一個較高的能量水平，抑鬱代表一個較低的能量水平。沒有動機就不會有行動，而情緒就代表著極端的動機——**能量** (capacity)。可以説，喚醒——動機機制是情緒產生的基礎。在第四章我們已經介紹過，喚醒由腦幹網狀結構和同間腦、邊緣系統的相互作用產生，而邊緣系統則控制著情緒的表現和情緒的與動機的行為 (張力為，1989)。

(三) 中樞神經系統的活動狀態意義

如果以**中樞神經系統**(central nervous system，簡稱 CNS)的活動狀態為出發點，則有可能同時對情緒和動機兩種現象提出圓滿的解釋。實際上情緒和動機不可能分開。從生物學角度來看，有益的活動是環境刺激與生理變化之間的相互作用，這種相互作用發生在腦部，而且在同一組細胞中包含著環境的和生理的兩種因素。由此產生的神經細胞機能的變化形成了中樞活動狀態。當感覺輸入的效應改變時，中樞活動狀態就增加了對環境刺激產生反應的可能性。中樞活動狀態可以解決情緒研究中長期存在的許多問題。例如，人們長期認為情緒靠外部刺激產生，動機靠內部刺激產生，而從中樞活動狀態的觀點來看，兩者均由中樞活動狀態產生 (張力為，1989)。

(四) 情緒的動機作用

情緒過程的重要作用之一是產生動機並影響行為。情緒可能是沿下列路線影響行為的：(1) 刺激引起情緒和感覺 ⟶ (2) 情緒的喚醒使有機體接近或離開刺激，導致動機 ⟶ (3) 動機的強度與情緒的各個方面如持續性、強度、頻率有關 ⟶ (4) 動機也依賴於學習，而情緒過程則決定我們學什麼和不學什麼。概括地說，情緒有四種主要作用：(1) 激活和誘發行為；(2) 維持並結束行為；(3) 調整行為並決定行為是否應繼續發展；(4) 組織行為並決定神經活動的形式。

情緒在大多數時間裏處於溫和的激活狀態中，因而起著動機的作用。它在無意識的情況下控制著我們的行為，並指導著行為的方向。例如，它促使我們在耐心忍受、改變現狀或果斷地解決問題之間進行選擇。情緒性動機的功能所依賴的基礎是更明顯的生理性動機。傳統觀點認為情緒是混亂的，會瓦解、干擾行為，但實際上，情緒是一種具有動機和知覺作用的積極力量，它組織、維持並指導行為。可將情緒過程看作是動機，這種動機喚起活動，並賦予該活動以一定的方向和持續性。例如，如果我們喚起了對某人的愛，就很可能加強這一特定的行為並使之按特定的方向維持下去。除了極端的情緒之外，情緒喚起得越多，行為就越可能產生 (張力為，1989)。

(五) 個性結構與情緒和動機

在個性的構成中，情緒是主要的動機系統。每種情緒的主觀體驗都給意識提供一種獨特性,並有明確的動機特點,可導致更多的反應。這些反應一般具有適應意義。如興趣 (基本動機的一種) 可集中、維持注意力,激發探索行為,恐懼與自罪感可促進行為的自我調解。積極情緒意味著情緒系統與其他子系統處於和諧狀態,因而有機體的能量可以得到充分利用。積極情緒可以促進和維持高效率的和有創造性的活動。與此相反,消極情緒則意味著個性的各子系統相互不和諧,因而有機體的能量不能得到充分利用,正常的行為受到阻礙 (張力為,1989)。

二、體育運動中情緒的動機作用

我們可將以上各種看法概括為兩點:

1. 情緒在人的活動中具有激發、組織、維持和導向等作用。
2. 情緒系統是一個影響其他系統同時也受其他系統影響的體系。

體育運動中情緒體驗的特點是鮮明、強烈、多樣、易變。這些特點造成了體育運動中情緒與動機關係的特殊性。在訓練和比賽中,情緒的動機作用尤為明顯。如冰球賽中對方屢次故意撞人犯規,使被撞者憤怒之極,立即採取報復行動。此時,雙方都可能大打出手。足球賽中一記點球未中,主罰隊員的悔恨之情會促使他在場上加倍努力以期挽回損失。這些是短暫的、強烈的情緒所起的迅速自我動員作用的例證。又如,渴望成功、懼怕失敗這兩種在運動中經常出現的基本動機,首先是由情緒體驗和認知過程促成的。成功後的喜悅感和失敗後的沮喪感、內疚感,在人的認知系統中留下較深的印記後,會使人無意識地去努力追求成功,避免失敗。作為中國女排的隊員,會產生一種自豪感、榮譽感,這些情感毫無疑問會促使運動員為維護集體榮譽和個人自尊心去努力拼搏。這些是持久的、穩定的情感對運動行為有發動、指導和維持作用的例證。

充分認識情緒的動機色彩和動機作用,無論是對運動員、教練員,還是對體育教師,都是有益的。

首先,這種認識可使我們更深刻地理解產生某種運動動機的原因。有這樣一個實驗 (參見張力為,1989),將兒童分為三組,讓甲組想像使他們自己高興的事，讓乙組想像使他們自己沮喪的事，不給丙組任何認知上的指導。然後，再逐個讓每個孩子從一個小罐裏拿走些零花錢，同時告訴他們：假如他們願意，可留一些零錢給那些沒時間參加實驗的孩子花。結果發現，甲組孩子明顯比其他兩組孩子留下了更多的錢讓他人分享，丙組孩子又明顯地比乙組孩子留下了更多的錢讓他人分享。這個有趣的實驗表明，產生利他行為的動因是某種情緒狀態。在運動活動中，我們也不難找出許多作為活動原因的情緒狀態。

其次，這種認識可使我們找到更多的培養和激發運動動機的方法。通過調節情緒狀態培養高尚的情感，就可以控制人的動機。比如，賽前進行自己處於最佳競技狀態時情緒體驗的表象演練，有助於加強信心，增加對勝利的渴望，從而推動自己為取得優異成績而加倍努力。

最後，這種認識可使我們更深刻地理解情緒在運動訓練和競賽中的作用。由於情緒有動機作用，因此就能夠組織和指導運動活動。比如，只要激發起運動員對集體的熱愛和自豪，那麼，用不著教練員去指揮，他們自己就會想方設法以最有效的手段來維護集體榮譽。

綜上所述，把情緒問題與動機問題聯繫起來，在兩者的相互關係中去理解它們各自的本質、特點和作用，顯然比單獨去認識、理解情緒和動機問題要更恰當，於運動實踐也更有利（張力為，1989）。

第二節　賽前情緒與運動表現

一、積極情緒狀態與操作成績的關係

關於情緒對社會性行為和操作活動表現的影響，早期的研究多集中在消極情緒方面。比如，有許多研究探討恐懼、憤怒和抑鬱對社會性行為產生的消極影響（Isen, Means, Patrick & Nowicki, 1982；Zuckerman, 1980）。

在心理學界（如 Kutash & Schlesinger, 1980）和體育運動心理學界（如 Martens, 1971），焦慮問題普遍受到注意。祖克曼認為 (Zuckerman, 1980)，心理學在早期將研究重點放在消極情緒上，反映了臨床心理學和精神病學的影響，因為從事心理健康行業的專業人員，其工作的主要方向就是消除患者的心理障礙。最近，情緒研究的範圍大大地拓寬了，通過範圍更加廣泛的研究，人們發現，積極情緒常常與良好的社會行為和操作成績相關。比如，有研究發現 (Berkowitz, 1972；Isen, 1970；Isen & Levin, 1972)，積極情緒可導致樂於助人和慷慨大方的行為。還有研究發現 (Isen, 1975；Isen & Sohalker, 1982；Isen, Schalker, Clark & Karp, 1978)，積極情緒可以成為提取記憶中積極內容的線索，進而對人的判斷和決策過程產生積極影響。

在體育運動領域，有幾項研究表明，積極情緒對操作成績有重要影響。卡洛爾發現 (Carrol, 1978)，**感覺尋求** (sensation seeking) 這種積極情緒對手指敲擊測驗、數字符號轉換和轉盤追踪測驗的成績有積極影響。黑爾和斯特瑞克蘭發現 (Hele & Strickland, 1976)，和中性情緒相比，積極情緒可使被試更好地完成認知整合任務。積極情緒還與反應速度的提高 (Teasdale & Fogerty, 1979)、學習新技能速度的提高 (Master, Barden & Ford, 1979) 以及書寫速度的提高 (Natale & Hantos, 1982) 有關。另外，積極情緒還使人們對操作成績的期待值以及全面的自我評價水平有所提高 (Wright & Mischel, 1982)。現有的材料支持如下的假設：積極情緒和消極情緒可以一種相當系統的方式影響人的社會行為和操作表現。

二、賽前情緒與運動成績

如果在非運動情境中情緒狀態是解釋和預測操作表現的一個重要變量，那麼，研究運動情境中的情緒問題就更有意義。在賽前、賽中以及賽後，人的情緒表現得可謂淋漓盡至。體育運動心理學關於情緒的研究主要集中在賽前階段，這主要是由於：

1. 賽前心理定勢可影響後繼的運動成績。
2. 賽前運動員可在一定程度上較充分地控制自己的心理準備狀態。
3. 研究人員利用賽前階段進行調查的可能性更大，如通過紙筆測驗和心理生理測驗來收集數據，而賽中則很難進行這類調查。

4. 如果賽前某些特殊情緒與比賽表現有確定的相關，臨床心理學家就可以幫助運動員進行心理調節以到達最佳心理狀態。

在體育運動心理學領域，研究者們對喚醒、焦慮和應激等情緒進行了大量的研究（如 Landers, 1980；Martens & Simon, 1976；Scalan & Passer, 1981）。有些人把研究重點集中在區分賽前賽中不同的情緒狀態對運動員成績的不同影響。人們常常引證芬茨和易普斯丁的研究成果（Fenz & Epstein, 1967）。他們所進行的研究發現，初學跳傘的運動員，其焦慮和害怕程度隨跳傘的臨近而上升。相比之下，有經驗的跳傘運動員焦慮水平先是上升，然後逐漸下降至臨賽前。此時，他們的焦慮水平僅比基礎值稍高一點。這一結果表明，運動員的訓練程度不同，賽前焦慮反應的模式也不同。訓練程度較高的運動員臨賽前焦慮水平較低，訓練程度較低的運動員臨賽前的焦慮水平則達到最高值。

馬霍尼和埃文納 (Mahoney & Avener, 1977) 曾研究了美國奧林匹克體操隊選拔賽決賽前體操運動員的情緒模式。他們讓 13 名男運動員填寫一份標準化的問卷，調查訓練和比賽的心理狀態。大部分測驗在選拔賽開始前 48 小時進行，但在比賽中的各個不同階段還對運動員進行了採訪。將比賽結果（入選和未入選）作為二分變量的點二列相關分析表明，入選隊員的自信心更強，睡眠中夢到與比賽有關的事件的次數更多，在訓練和比賽中的自我言語更多。另外，入選隊員臨賽前的焦慮水平比未入選隊員稍高一點，但這種差異相對較小，且出現於有選擇的間歇時間（如在賽前、賽前更衣時、做準備活動時、進入最佳狀態前）。而在比賽前一週以及比賽中的關鍵時刻，未入選隊員的焦慮水平更高。同運動員的交談表明，入選隊員往往將賽前焦慮作為提高運動成績的一種刺激物，而未入選隊員則報告，賽前焦慮使自己處於近於恐慌的狀態。

為了驗證馬霍尼和埃文納的研究結果，梅耶斯、庫克、庫倫和萊爾斯等 (Meyers, Cooke, Cullen & Liles, 1979) 改進了馬霍尼和埃文納的問卷，並在賽季中期和賽季結束時對九名男子板球運動員進行了測驗，結果表明，成績越好的運動員，自信心也越強，所做的與運動有關的夢和想像也越多，這些夢和想像也越有可能包含成功的情境。這幾位研究者認為，上述結果與馬霍尼和埃文納的研究結果是一致的。但是，單項全國冠軍們賽前賽中的焦慮模式與大學代表隊運動員的不同：賽前兩組運動員的焦慮水平相同，但隨著比賽的臨近，單項全國冠軍們的焦慮水平保持不變或有所下降，而大學代表隊的運動員的焦慮水平則有所上升，這一結果與馬霍尼和埃文納的研究結果不一致。

海倫和本內特 (Highlen & Bennet, 1976) 採用了馬霍尼和埃文納的問卷修訂本，對參加加拿大世界摔跤隊預選賽的 40 名摔跤運動員進行了一項研究。判別函數分析表明，入選隊員和未入選隊員在幾種情緒狀態上有所不同。自信心和操作表現接近個人最大潛力的知覺是將兩者區分開來的兩個最重要的變量。入選隊員報告的自信心程度比未入選者高，發揮最大潛力的程度也比未入選隊員高。另外，入選隊員在賽前賽中的焦慮程度低於未入選隊員。研究還發現，所有摔跤運動員賽前的焦慮均高於賽中的焦慮。

古爾德、維斯和溫伯格 (Gould, Weiss & Weinberg, 1981) 重復並擴展了海倫和本內特的研究，他們以 49 名參加摔跤冠軍賽的大學生運動員為被試，讓他們填寫一份問卷以評定訓練和比賽中的認知方式和行為方式。判別函數分析表明，和未取得名次的運動員相比，取得名次的運動員 (1～4 名) 的自信心更強，相信自己更接近於發揮出了最大潛力，賽前更能集中注意於與當前任務有關的信息，能更快地從所犯錯誤中恢復過來。這些結果與前面論及的研究結果一致。

古爾德、霍恩和斯普里曼認為 (Gould, Horn & Spreemann, 1983)，儘管這些研究結果對人們理解優秀運動員與一般運動員的差異以及情緒與運動成績的關係提供了幫助，但在下結論時仍需小心謹慎，因為上述研究存在以下不足：

1. 樣本量小 (9～49 人)；
2. 使用的是非標準化的心理測量手段；
3. 對組間差異未進行統計學檢驗。

以上述批評為基礎，古爾德、霍恩和斯普里曼又對運動成績及訓練程度不同的摔跤運動員進行了研究 (Gould, Horn & Spreemann, 1983)。這項研究涉及年齡、特質焦慮、賽前與賽中的競賽狀態焦慮等問題。他們讓參加美國摔跤聯合會少年全國錦標賽的 458 名運動員填寫了一份有 47 個條目的問卷，評定自己賽前賽中的焦慮水平。結果表明，在賽前階段，所有運動員的焦慮水平均呈線性增加趨勢，但比賽一旦開始，焦慮水平就明顯下降。對平均數的比較表明，賽前的焦慮水平高於賽中的焦慮水平。在取得名次的運動員 (1~6 名) 和未取得名次的運動員 (7 名以後) 之間沒有差異，在訓練年限長的運動員 (5 年以上) 和訓練年限短的運動員之間也無差異。另外，未發現年齡因素與賽前賽中焦慮有可靠性的相關。但是，研究人員發現，高特質焦慮運動員和低特質焦慮運動員的狀態焦慮水平有可靠性的差異。多元回歸分析表明，競賽特質焦慮對比賽重要性的認識以及自信心是預測賽前賽中焦慮的可靠變量。

　　總的來看，就判別優秀運動員和一般運動員賽前賽中焦慮的差異來說，從上述各研究的結果中尚難得出明確的結論。古爾德、霍恩和斯普里曼指出 (Gould, Horn & Spreemann, 1983)，這種情況可能是由於各研究中的樣本量不同以及採用了非隨機化無代表性的樣本所造成的。另外，由於採用書面提問方式讓運動員評定他們自己對焦慮的感受，因此，這種方式只是間接地測量了被試的焦慮，從而可能導致評定誤差。另外，上述一些研究使用的各種測量工具的心理測量學特徵是否到達了適宜的標準，也是一個懸而未決的問題。

　　但是，如果考慮到其他心理變量如自信心，這些研究似乎表明，優秀運動員比一般運動員具有更為積極的心理特徵。而且，當研究人員採用具有已知的心理測量學特性的情緒狀態測量工具，如**心境狀態量表** (profile of mood state，簡稱 POMS) 來直接測定賽前狀態 (賽前 24 小時或更少) 時，則得到了較為一致的結果。具體地說，高水平運動員的較好成績與積極的情緒狀態 (Morgan, 1979b) 以及集中的、積極的心理定勢 (Silva, Shultz, Haslan, Martin & Murray, 1983) 相關。這一結論傾向於支持摩根 (Morgan, 1979b) 的下述觀點：在競技運動的應激環境中，積極的心理健康狀態與操作能力有高相關 (見第十一章第三節)。摩根等人的許多研究說明，成績較差的運動員所表現出的幾種消極情緒狀態的綜合症可能影響這些運動員的運動表現。相比之下，焦慮低的、充滿活力的、集中的和積極的心理狀態與較好的運動成績相關。這一結果支持這樣一種觀點：積極的態度以及對操作表現的期望是決定一個人實際表現的關鍵因素。奈爾森和佛斯特 (Nelson & Furst,

1972) 通過一項掰手腕比賽的實驗發現,在兩人一對的對抗比賽中,那些實際力小但自認為自己力大的參賽者贏得了 12 場比賽中的 10 場!顯而易見,運動成績和期待力量值的相關比和實際力量值的相關更為密切。

積極的賽前情緒狀態可為運動員提供一個良好的心理基礎以應付逆境。處於十分焦慮、害怕和困惑的運動員進入比賽時很難正確處理競賽情境中的突發事件,而處於積極的賽前情緒狀態的運動員則能較好地應付突發事件並對自己的表現保持樂觀態度。當然,以上觀點只是根據現有研究材料做出的推測,通過實驗室研究和現場研究,可檢驗這些觀點的正確性。

第三節 情緒的機理與情緒的調節

這裏,探討情緒產生和發展的機理,主要是為情緒的調節控制尋找依據和方法。因此,儘管情緒心理學家們提出了許多解釋情緒的理論,但我們只介紹少數幾種同情緒的調節控制有較密切關係的理論。

一、詹姆士-蘭格理論

詹姆士-蘭格情緒理論 (James-Lange theory of emotion) 認為:情緒只是機體變化所引起的機體感覺的總和。情緒刺激導致內臟和肌肉的反應,對這種反應的知覺就是情緒。詹姆士說:"我們悲傷,因為我們哭泣;我們恐懼,因為我們戰慄;我們高興,因為我們發笑。"他認為哭泣、戰慄、發笑就是產生情緒的原因。蘭格說:"情感假如沒有身體的屬性就不存在了。"他還說:"植物性神經支配加強和血管擴張的結果,就產生愉快;而植物性神經支配減弱,血管收縮或器官肌肉痙攣的結果,就產生恐怖。假如把恐怖的人的身體症狀除掉,讓他的脈搏平穩,目光堅定,臉色正常,動作迅速而穩當,語氣強有力,思想清晰,那麼,他的恐怖還剩下什麼呢?"他認為情緒就是對機體內部和外部的變化的認識(見全國九所綜合性大學《心理學》

教材編寫組，1982)。

詹姆士-蘭格的理論看到了情緒與機體變化間的聯繫，指出了情緒刺激、情緒行為和情緒體驗的關係，但卻片面地誇大了外周變化對情緒的作用，忽略了中樞神經系統對情緒的作用。但這一學說也提醒體育教師和教練員，既然情緒狀態同人的機體狀態有密切聯繫，那麼，採用某種方法調節和控制自己的機體狀態，如心跳、呼吸、面部表情等，就可能達到調節和控制自己的情緒狀態的目的。

二、沙赫特的情緒三因素學説

沙赫特和辛格認為 (Schachter & Singer, 1962)：情緒狀態的感受有三種信息來源，即認知因素(認知過程)、生理因素(生理狀態)和刺激因素(環境影響)。其中認知因素在情緒情感的產生中起關鍵作用。

沙赫特在60年代曾做過一個著名的情緒歸因(attribution of emotion)實驗（見張述祖，沈德立，1987)。他將大學生被試分為三組，各組一開始都同樣接受腎上腺素的注射，但不告訴他們藥物名稱。然後給甲組以藥物效應的正確資料，告訴他們會產生心悸、手顫、臉面發熱等現象；給乙組以藥物效應的錯誤資料，告訴他們注射後身上稍有點發癢，手腳有點發麻，此外無興奮作用；第三組則不給以任何説明。然後，三組被試分別進入兩種實驗性的休息情境：一個是惹人發笑的情境(有人作滑稽表演)，另一個是惹人發怒的情境(強迫回答一些繁瑣的問題，加上吹毛求疵，橫加指責)。結果發現，雖然三組被試都因藥物激起同樣的生理變化，並處於同樣的兩種刺激情境中，但第二組與第三組被試大多感到或表現出更加歡快或憤怒，而第一組被試由於已經預知藥物的效應則不顯示出愉快或憤怒。研究者因此認為，外界情境或生理變化，雖然也是產生情緒的因素，但人對自己狀態的認知，對於情緒反應起著決定作用，或説是主要因素。

三、巴甫洛夫學説

巴甫洛夫 (Ivan Pavlov, 1849～1936) 把情感的生理機制建立在大腦皮層神經過程的暫時聯繫系統的基礎上，認為大腦皮層在情感的產生中起著主

導作用,它可以抑制皮層下中樞的興奮,直接控制情感。巴甫洛夫説:

> 在建立和維持動力定型的情況下,大腦兩半球的神經過程是符合於我們通常稱爲兩種基本範疇的情感的東西,即積極與消極的情感,及由這些情感的組合或不同的緊張性而發生一系列的色調的變化。
> (全國九所綜合性大學《心理學》教材編寫組,1982,456 頁)

大腦皮層中所建立的暫時聯繫系統,包括了個體與其生活條件的各種各樣的關係,它表現為個體的生活習慣,生活態度,及每個人的觀點、信念、立場和思想體系等。它的建立、發展和改變,受當前事物與過去經驗的影響並和人的願望意向聯繫著。這種系統得到維持,便產生積極的情感;這種系統遭到破壞,便產生消極的情感 (見全國九所綜合性大學《心理學》教材編寫組,1982)。

四、阿諾德的認知-評估理論

阿諾德 (見孟昭蘭,1994) 的認知-評估理論 (或認知鑒別論) (cognitive appraisal theory) 認為認識和生理變化相互結合,才能説明全部情緒。單憑認識不行,單憑生理變化也不行。從生理上講,情緒既不全是大腦皮層的事,也不全是皮層下中樞的事。按照平常講法,認識到一個東西有危險後才害怕。如在公園還是在森林見到老虎,會產生不同情感,就是證明。這種學說認為認識在情緒中起主導作用。

五、認知與情緒的關係問題

認知 (cognition) 與情緒的關係問題是情緒心理學研究的主題之一,由於它直接關係到在運動訓練競賽中如何調節和控制情緒的方法問題,因此,在此做簡要的評述。

認知代表一個人關於環境、自我或行為的知識、意見或信仰 (Bercheid & Walster, 1969)。有的人認為 (Zajonc, 1980;Zajonc, Pietromonaco & Bargh, 1982),在許多心理現象中,如偏好、決策、態度等,情緒常常先於認知出現。比如,在我們確切地了解到一物為何物之前,可能就產生了喜歡它或害怕它的情緒。這一早期的情緒反應儘管是粗糙的、朦朧的，但仍能對隨之而來的認知過程產生重要影響 (Zajonc, 1980)。儘管在某些情況下，這種情緒—認知順序可能會從理論上和經驗中得到支持，但維納 (Weiner, 1982) 認為，大多數經驗證據表明，特殊的認知誘發了情緒狀態。而且，情緒狀態很容易因認知的變化而改變。再者，情緒—認知順序並沒有解釋人為什麼體驗到了"特殊的"情緒。

看來，人的認知先於情緒並決定了許多情緒反應的可能性更大一些。這種認知-情緒順序所遵從的原則是：人們按照自己的思維來體驗事物。比如，人們不是先體驗到了焦慮，然後再確定心臟怦怦跳動是因面臨輸掉一場比賽而發，恰恰相反，人們是先確定了存在輸掉一場關鍵比賽的實際可能，然後這種認知導致心率加快，再將心率加快標定為焦慮。

沙赫特的三因素學說、巴甫洛夫學說以及阿諾德認知-評估學說都重視大腦皮層的認識功能對情緒產生和情緒發展的重要作用。人的認知參與了情緒產生的過程，尤其是當情緒狀態持續了一段時間時更是如此 (Zajonc, Pietrmonaco & Bargh, 1982)。這三種理論給體育教師和教練員的啟示是，既然人的認識是情緒產生和發展的最重要原因，那麼，調節和控制情緒的最有力手段或許就是調節和控制自己的認識。

第四節 簡易情緒調節方法

運動員在訓練和比賽中為了使自己的心理狀態保持在最佳水平，可根據具體情境和個人情況採用下列簡單易行的調節方法：

一、表象調節

表象調節 (image intervention) 即在比賽前或比賽中，腦中清晰地重現自己過去獲得成功時的最佳表現，體驗當時的身體感覺和情緒狀態，以增強信心，提高運動成績。研究資料表明（全國體育學院教材委員會，1988），有的馬拉松運動員運用表象重現法，而使比賽成績提高了三分鐘。表象重現是一種積極的意念，它可以間接地使植物性神經系統活躍起來，進而促進心跳加快，呼吸加強，使新陳代謝過程的血流量加大，糖分解加速，熱能供應充足，使全身增力感覺和增力情緒加強。

二、表情調節

表情調節（expression intervention）是有意識地改變自己面部和姿態的表情以調節情緒的方法。情緒狀態與外部表情存在著密切有機的聯繫，因此而有"情動於衷而形於外"的說法。情緒的產生會伴隨一系列生理過程的變化，並因而引起面部、姿態等外部表情。如愉快時興高采烈，笑容滿面，手舞足蹈；憤怒時橫眉豎眼，咬牙切齒，緊握雙拳；沮喪時垂頭喪氣，肌肉鬆弛，萎靡無力等。既然情緒狀態與外部表情存在著密切而有機的聯繫，我們就可能通過改變外部表情的方法而相應地改變情緒狀態。如感到緊張焦慮時，可以有意識地放鬆面部肌肉，不要咬牙，或者用手輕搓面部，使面部肌肉有一種放鬆感。當心情沉重情緒低落時，可以有意識地做出笑臉，強迫自己微笑，假使做不到，可以看看別人的笑臉，或者想一想自己過去最高興的某件事，也可以想一想自己過去最得心應手的比賽情境。

趙建中曾報導（1990），瑞典有位醫生曾對心情憂鬱的患者進行治療，患者們每週來一次醫院，由一位醫生和三位護士組成的醫療小組講笑話，治療室中陳列了喜劇讀物，各種裝飾充滿著歡快的氣氛。除笑話之外，還放映喜劇電影。整個治療時間是一個半小時。醫生指導患者如何在生活中培養幽默感。就這樣，患者們經常開懷大笑，病情很快就康復了。醫生們對此作了這樣的說明：人們由於笑，臉部乃至全身的肌肉放鬆了，減輕了緊張狀態；與此同時，神經系統和血脈都得到活絡，病情恢復的速度也就加快了。笑能使精神安定的作用是顯而易見的。

三、活動調節

大腦與肌肉的信息是雙向傳導的，神經興奮可以從大腦傳至肌肉，也可

表 6-1　不同樂曲與情緒體驗的關係

情緒體驗	作曲家	曲名
疲乏	維代爾地 德彪西 韓德爾	大提琴協奏曲：四季 (春) 管弦樂組曲：大海 組曲：水上音樂
不安	巴赫 聖桑 斯特拉夫斯基	幻曲和賦曲 (G 小調) 交響詩：死亡舞蹈 舞劇組曲：火鳥，第一樂章
厭世	韓德爾 貝多芬 柴可夫斯基	清唱劇：彌塞亞 第五號命運交響曲 (C 小調) 第六號悲愴交響曲 (D 小調)，第一樂章
憂鬱	莫扎特 西貝柳斯 格什溫	第四十號交響曲 (B 小調) 憂鬱圓舞曲 藍色狂想曲，第二部分
急躁和渴望	韓德爾 羅西尼 鮑羅廷	組曲：焰火音樂 歌劇：威廉·退爾序曲 (風暴) 韃靼人的舞蹈
希望明朗輕快	巴赫 小約翰斯特勞斯 比才	義大利協奏曲 (F 大調) 圓舞曲：藍色的多瑙河 歌劇：卡門
希望暢快	巴赫 格里格 門德爾松	勃蘭登堡協奏曲第三首 (G 大調) 組曲：彼爾·特金 (潮) 第三號交響曲蘇格蘭 (C 小調)
增強自信	貝多芬 瓦格納 奧涅格	第五號鋼琴協奏曲皇帝 (降 E 大調) 歌劇：湯毫金序曲 管弦樂：太平洋 231
催眠	莫扎特 門德爾松 德彪西	搖籃曲 仲夏夜之夢 鋼琴奏鳴曲：夢
增進食欲	泰勃曼 莫索爾斯基 莫扎特	餐桌音樂 圖畫展覽會(拉威爾編曲) 嬉遊曲

(採自邱宜均，1988b，256 頁)

以從肌肉傳至大腦。肌肉活動積極，從肌肉向大腦傳遞的衝動就多，大腦的興奮水平就高，情緒就會高漲。反之，肌肉愈放鬆，從肌肉向大腦傳遞的衝動就愈少，大腦的興奮性就降低，情緒就不會高漲。

這樣，**活動調節** (movement intervention) 利用不同速度、強度、幅度、方向和節奏的動作練習，也可以控制運動員臨場的情緒狀態。例如，情緒過分緊張時，採用一些強度小、幅度大、速度和節奏慢的動作練習，可以降低情緒的興奮性，消除過度緊張狀態。情緒低沈時，可採用幅度小，強度大，速度快和節奏快的變向動作練習，通過反復練習，可以提高情緒的興奮性。

四、音樂調節

通過情緒色彩鮮明的音樂控制情緒狀態叫**音樂調節** (music intervention)。音樂能夠影響人的身心健康，這一概念早已為人們所接受。例如，人們可以聽著催眠曲進入夢鄉，唱著歌曲減輕繁重體力勞動造成的疲勞等 (表6-1)。研究表明 (全國體育學員教材委員會，1988)，音樂能使人產生興奮、鎮定、平衡三種情緒狀態。音樂給予人的"聲波信息"，可以用來消除大腦工作所帶來的緊張，也可以幫助人們內在地集中注意力，促使大腦的冥想狀態井然有序。因此，人們喜愛的曲子或一種具有特殊節奏的音樂，可使人身心放鬆，也可以使人身心興奮，處於機敏狀態。運動員賽前如果有異常的情緒表現 (如過分緊張)，聽一段輕音樂或喜愛的歌曲，往往能得到調節情緒的良好效果。

札斯皮羅夫 (尤培芬譯，1987) 曾做了一項研究，觀察音樂對運動員賽前心理準備的作用。他在比賽前系統地向 159 名舉重、柔道和古典式摔跤運動員播放三種具有心理調節作用的功能音樂：誘導性音樂、鬆弛性音樂和動員性音樂，結果發現，這些音樂能使運動員有效地擺脫賽前的緊張，間接地對他們進行心理暗示，去取得比賽的勝利 (參見表 6-2)。

五、呼吸調節

通過深呼吸有可能使運動員的情緒波動穩定下來。情緒緊張時，常有呼吸短促現象。特別是過於緊張時，運動員常有氣不夠喘或者吸不上氣來的感

表 6-2　賽前音樂對 159 名被試的心理狀態和比賽活動的影響

評價項目	賽前音樂對心理狀態和比賽成績的影響		
	提高 %	沒有影響 %	降低 %
情緒	98.74	1.26	0
自我感覺	98.11	1.89	0
運動的協調	96.85	2.52	0.23
比賽心理準備	94.33	5.04	0.63
比賽的願望	93.07	6.30	0.63
對自己力量的信心	93.70	5.04	1.26
賽前不安	0.63	3.15	96.22
對敵手力量的恐懼	1.26	6.30	92.44
比賽能力	94.96	5.04	0
比賽成績	93.70	5.67	0.63

(改自札斯皮羅夫，1987)

覺，這是呼氣不完全造成的。這時可以採用緩慢的呼氣和吸氣練習使情緒的興奮性下降。情緒低沈時，可採用長吸氣與有力的呼氣練習提高情緒的興奮水平，這就是**呼吸調節** (respiration intervention)。這種方法之所以奏效，是因為情緒緊張時，呼吸快而淺，由於快呼吸，使體內吸入大量氧氣，呼出大量二氧化碳，問題在於二氧化碳呼出過多，會使血流中的二氧化碳失去平衡，時間一長，中樞神經便迅速作出抑制性的保護性反應，這時，採用加深或放慢呼吸頻率的方法來消除緊張，一小段時間後，就會得到情緒穩定的效果 (全國體育學院教材委員會，1988)。

六、顏色調節

顏色是視覺刺激物，可以同時引起其他感覺，使人感到冷暖、重量、味道等的不同，稱為**聯覺** (synesthesia)。如有一家裝有空調設備的工廠，室內溫度一直保持在 22 度不變，工人們都說覺得冷。後來把青綠色的牆壁改成珊瑚色，就再也沒有人喊冷了。還有一家工廠裝載貨物的木箱是黑色的，搬運工人都說很累，工效很低，後來把木箱改漆成淡綠色，工效便有了很大提高 (遲立忠，1990)。有人還做過這樣的實驗：把黃色西瓜汁分成二份，一是原來的黃色，另一染成食用紅色，讓幾位味覺正常的人來品嚐，結果大部分人都說紅色的西瓜汁好喝,其實色素並沒有改變西瓜汁的味道(全國體育學院教材委員會,1988)。

在競賽中也可以利用聯覺現象通過顏色調節運動員的心理狀態,即為**顏色調節** (color intervention)。例如,過分緊張時,看些綠、藍、紫色彩,具有鎮靜作用,設法用綠毛巾擦汗,飲用帶綠色的飲料,到藍色環境中休息一下,可使過度興奮得到緩解。如果運動員臨場精神狀態不振,則應多給以紅色或黃色刺激。

七、暗示調節

暗示調節 (suggestion intervention) 是用語言對心理活動施加影響的方法,也可以用手勢、表情或其他暗號來進行。暗示現象在日常生活中有著廣泛的作用。暗示的作用有消極的,也有積極的。

在第一次世界大戰的時候,前線流行著一種因炸彈爆炸引起震驚而得的心理恐懼症,叫"彈震病",嚴重者竟四肢癱瘓。英國心理學家麥獨孤 (W. McDougall, 1871~1938) 參加了戰時治療。他憑藉以往的聲望成功地進行了一次暗示:他用筆在一個下肢失去知覺的士兵膝蓋以下若干寸的地方畫了一圈,並肯定地告訴患者,次日便能復原。第二天果然恢復了原狀。這樣日復一日地畫圈,士兵很快地痊癒了。這就是醫學上的**暗示療法** (suggestion therapy)。有些人生理上一點病也沒有,可是懷疑自己有病,就變得一天一天消瘦下去,醫生往往對此束手無策。有暗示療法經驗的醫生則對病人說:"我給您打一針特效藥,保證您三天以後恢復。"針打了之後,病人果然就好了。其實,醫生注射的是葡萄糖水,真正治好病的是語言暗示。

也是在英國,心理學家薛里夫做過這樣一個實驗:要求學生對兩段作品做出評價。他告訴學生,第一段是文豪狄更斯的作品,第二段是一般人的作品,其實兩段作品皆為英國作家史蒂文森的作品。但是對兩段作品評價的結果令人驚異:第一段得到了寬厚、崇敬的讚揚,第二段遭到了苛刻、嚴厲的挑剔。

暗示不僅對人的心理和行為產生影響,還可影響到人的生理變化。在實驗室中,反復給一個人喝大量糖水,經化驗可以發現被試的血糖升高,出現尿糖而且尿量增加。如果讓被試處於催眠狀態,只給語言暗示,告訴被試:

您已經喝了大量糖水，但實際不給糖水，結果同樣會出現血糖升高，尿糖和尿量增加的現象。這個例子說明，語言暗示可以給人腦以興奮的刺激，雖然被試沒喝糖水，但大腦還是參與了體內糖的代謝活動。

接受暗示畢竟不是一種根據事實做出判斷的品質。一般來說，小孩較成人易受暗示，女性較男性易受暗示，普通人易受權威暗示。

暗示可分為自我暗示和他人暗示。競賽之前和競賽之中，教練員與運動員應盡量用積極語言分析對手情況，制定戰術，樹立信心。避免使用消極詞語，如用"我很鎮靜"代替"我不緊張"，用"我充滿力量"代替"我還沒有疲勞"，用"我站得很穩"代替"千萬別摔倒"等等。教練員和運動員還應十分注意自己的手勢、姿態、臉部表情和眼神，這些都是傳遞暗示信息的媒介，可能對他人的心理帶來重要影響。

前蘇聯足球教練拉西莫夫曾長時間幫助中國的四川足球隊進行訓練。他在帶每次訓練課之前，總是有這樣幾句話：「今天大家的精神很好」，「我看大家今天都很愉快」，「今天大家的臉就像剛出來的太陽」或「大家的臉像今天的天氣一樣好」、「今天的訓練很輕鬆」等。這是用暗示調節法激勵運動員訓練的熱情。他帶的訓練課運動員的情緒都十分高漲，訓練質量和訓練效果也很好。

八、氣味調節

氣味能影響情緒。美國的氣味療法專家採用某些香味的油劑按摩，或者讓病人嗅一嗅裝有香料的瓶子，來治療精神緊張引起的疾病。例如蘋果能產生一種黃昏時刻的安靜效果，因為蘋果的香味對腎上腺有調節作用，能使激動、焦慮和發怒等情緒得到控制。耶魯大學心理生理學研究中心的科學家發現，嗅一嗅或者只要簡單地想像一下食物的香味就能引起腦電波的改變。蘋果與香料的混合物有很好的鎮靜作用，甚至能使某些人避免產生恐懼心理。

英國的科學家發現，模擬海濱實驗室裏的病人在室內加入海洋特有的氣味時，精神更為鬆弛。日本一名研製香味空氣裝置的工程師聲稱，計算機操作人員在呼吸茉莉和檸檬香味的空氣後，減少了計算錯誤。

根據這樣的原理，運動員在訓練和比賽中應注意保持宿舍清潔，空氣清新，還應注意保持運動服和擦汗巾的清潔。比賽前，也可在乾淨的擦汗巾上灑一點香水,這樣,比賽間歇中用擦汗巾擦汗時,就能通過淡淡的香味在一定程度上調節自己的情緒狀態,此即為**氣味調節** (smell intervention)。

九、飲食調節

現已證實,食物和情緒之間有著一定的聯繫,食物會影響人的情緒和行為方式 (表 6-3) (Kirsta & Schuster, 1986),故藉由食物來調節情緒即為**飲食調節** (food intervention)。比如,食用碳水化合物能起到鎮靜作用,因為它刺激大腦產生一種神經遞質,使我們感到平靜和鬆弛。研究表明,過多的咖啡因有可能使人產生抑鬱、煩躁的情緒 (尤晨,史文偉,1990)。酒精可使人很快放鬆,但如果飲入過量,就會使人對抗應激的能力下降。運動員在比賽前尤其應當注意根據營養師和醫生的指導進食。

表 6-3 食物與情緒的關係

食 物	身 體 效 應	不 良 反 應
咖啡因 (存在於咖啡、阿斯匹林及可口可樂中)	類似應激喚醒的狀態,直接刺激神經系統,使警覺程度提高,刺激心臟、腎、腎上腺,擴張血管	刺激腎臟,頭痛,嗜睡,易怒,肌肉疲勞,緊張,心悸。
糖	短時間內大量血流補充能量,暫時紓解疲勞。	腎上腺過度工作,以至使其調節血糖的功能下降,疲勞感增加,抑鬱,易怒。
鹽	與鉀一起調節體液平衡	高血壓。緊張。攝入過多則易怒刺激腎上腺,提高應激和喚醒的程度。
色氨酸 (在雞、魚、奶、香蕉、大米中所含的氨基酸)	增加大腦化學血清素的分泌,使人鎮靜和產生睡意。	白天食入含色氨酸的食物過多,易困倦。
酒精	擴張血管,提高血糖水平,使身心放鬆,促進食慾和消化過程。	如果攝入過多,則:損害肝臟,血糖出現問題,判斷力和腦功能下降,協調性下降,抑鬱,飲酒成癮。

(採自 Kirsta & Sohuster, 1986)

十、宣洩調節

以適當的方式及時地和充分地宣洩自己內心的痛苦、憂愁、委屈、遺憾等以控制情緒叫**宣洩調節** (catharsis intervention)。這是控制情緒的一個有效方法。宣洩的作用正如培根所說：如果你把快樂告訴一個朋友，你將得到兩份快樂；如果你把憂愁告訴一個朋友，你將減少一半憂愁。宣洩的方式主要有傾訴、痛哭和寫日記三種（高德耀，1991）。運動隊的管理工作者和教練員應當儘量給運動員提供情緒宣洩的渠道，尤其是在他們遇到困難和受到挫折時，應滿足他們情緒宣洩的需要。在有些情況下，只要善意地、耐心地傾聽運動員的傾訴，讓他們把心中的苦衷和煩惱如竹筒倒豆子一樣傾訴出來，就可以起到明顯的情緒調節作用。

十一、轉移調節

情緒不快或過度緊張時，有意識地強迫自己把注意從應激刺激轉移到其他事物上，這就是**轉移調節** (distract intervention)。例如專心解決緊迫的工作問題或進行有濃厚興趣的娛樂活動（如看演出、逛商店、遊公園、打撲克、下象棋等），可暫時緩解不快情緒或緊張情緒。

十二、激化調節

以上介紹的調節方法，多是從降低中樞神經系統興奮程度的角度出發，旨在消除過度的焦慮、緊張和憤怒。但在競爭性很強的體育競賽中，有時候也需要激發運動員的拼搏精神，動員一切可以利用的能量，表現無所畏懼的英雄氣概。只有這樣才能戰勝自己的弱點，戰勝艱難困苦，在氣勢上壓倒對方，爭取比賽的勝利。因此，教練員需要因人因事制宜，採取"激將法"。在有些情況下，運動員需要被"刺激"一下，方能明白和重視自己的問題，並採取實際步驟解決它，此即**激化調節** (prodding intervention)。比如，必要時，可很嚴肅地對運動員講："你為什麼就改不了這個毛病，難道要把它帶到退役那天嗎？"、"這場比賽，你必須出場，否則，你就永遠不用上場比賽了！"、"不是我說你進步慢，你看看周圍的同伴，哪個比你差！"等等。當然，這些有可能傷害運動員自尊心的話，要少用，慎用。

本 章 摘 要

1. **情緒**在人的活動中具有激發作用、組織作用、維持作用和導向作用。情緒系統是一個影響其他系統，又受其他系統影響的體系。把情緒問題與動機問題聯繫起來，在兩者的相互關係中去理解它們各自的本質、特點和作用，顯然比單獨去認識、理解情緒和動機問題要更恰當。
2. 注意情緒與動機的緊密聯繫和相互作用，可使我們更深刻地理解產生某種運動動機的原因，找到更多的培養和激發運動動機的方法，更深刻地認識情緒在運動訓練和競賽中的作用。
3. 賽前情緒狀態之所以重要並成為體育運動心理學研究的重要問題，主要是由於：賽前心理定勢可影響後繼的操作表現；賽前運動員可在一定程度上較充分地控制自己的心理準備狀態；研究人員利用賽前階段進行調查的可能性更大；如果賽前某些特殊情緒與比賽表現有確定的相關，就可以幫助運動員進行心理調節以到達最佳心理狀態。
4. 積極情緒和消極情緒可能會以一種相當系統的方式影響人的操作表現。賽前的情緒狀態與比賽成績有較為密切的關係。但有關賽前焦慮的研究結果尚難以得出十分明確的結論。
5. **自信心**能較好地預測比賽成績，是區分優秀運動員與一般運動員的重要標誌。
6. **詹姆士-蘭格的情緒理論**強調情緒與機體變化之間的聯繫，指出了情緒刺激、情緒行為和情緒體驗的關係，提示採用某種方法調節和控制自己的機體狀態，如心跳、呼吸、面部表情等，有可能達到調節和控制情緒狀態的目的。
7. **沙赫特的情緒三因素學說**認為：情緒狀態的感受有三種信息來源，即認知因素（認知過程）、生理因素（生理狀態）和刺激因素（環境影響）。其中認知因素在情緒情感的產生中起關鍵作用。
8. 巴甫洛夫把情緒的生理機制建立在大腦皮層神經過程的暫時聯繫系統的基礎上，認為大腦皮層在情緒的產生中起著主導作用，它可以抑制皮層下中樞的興奮，直接控制情緒。
9. 阿諾德的認知-評估理論認為認識和生理變化相互結合，才能說明全部情緒。這種學說認為認識在情緒中起主導作用。
10. 沙赫特的情緒三因素學說、巴甫洛夫學說以及阿諾德認知-評估理論都重視大腦皮層的認識功能對情緒產生和情緒發展的重要作用，這些理論提示，儘管影響情緒的因素有很多，但大腦皮層的認識功能對情緒的影響最大。因此，調節和控制情緒首先應從建立正確的認識、養成良好的思維習慣著手。
11. 調節情緒可以採用**表象調節、表情調節、活動調節、音樂調節、呼吸調節、顏色調節、暗示調節、氣味調節、飲食調節、宣洩調節、轉移調節和激化調節**等方法。
12. 情緒調節方法所依據的理論基礎不同，功效、目的也不相同，應根據不同人、不同運動項目以及不同的時間、地點和情境選擇合適的方法。

建議參考資料

1. 丁雪琴、劉淑慧 (1989)：冠軍路上走迷津。北京市：科學普及出版社。
2. 孟昭蘭 (1989)：人類情緒。上海市：上海人民出版社。
3. 周曉蘭 (1986)：情感的建立與調節。上海體育學院學報，3 期，56~58 頁。
4. 張力為 (1989)：論情緒的動機作用。天津體育學院學報，1 期，41~47 頁。
5. 斯托曼 (張燕云譯，1986)：情緒心理學。瀋陽市：遼寧人民出版社。
6. 劉淑慧、王惠民、任未多、李京誠、張力為等 (1993)：實用運動心理問答。北京市：人民體育出版社。
7. Silva III, J. M., & Hardy, C. J. (1984). Precompetitive affect and athletic performance. In W. F. Straub, & J. M. Williams (Eds.), *Cognitive sport psychology,* pp. 79~88. New York：Sport Science Associates.

第七章

體育運動中的認知問題

本章內容細目

第一節　體育運動的感知覺問題
一、體育運動的一般知覺問題　193
　㈠ 視　覺
　㈡ 觸　覺
　㈢ 平衡覺
二、體育運動的複雜知覺問題　194
　㈠ 空間知覺
　㈡ 時間知覺
　㈢ 運動知覺
三、知覺規律對運動知覺過程的影響 197
　㈠ 知覺的選擇性作用
　㈡ 知覺的理解性作用
四、專門化知覺在體育運動中的作用 199
　㈠ 游泳的專門化知覺
　㈡ 賽跑的專門化知覺
　㈢ 其他項目的專門化知覺

第二節　體育運動的記憶問題
一、短時運動記憶　201
　㈠ 短時運動記憶的遺忘曲線
　㈡ 前攝干擾對短時運動記憶的影響
　㈢ 運動記憶的位置線索和距離線索
　㈣ 預先選擇對短時運動記憶的影響
　㈤ 熱身損耗
二、長時運動記憶　207
　㈠ 連續性技能的長時記憶
　㈡ 非連續性技能的長時記憶

　㈢ 長時運動記憶的兩個問題
三、動覺記憶的特徵　210
　㈠ 短時動覺記憶的特點
　㈡ 運動員與教練員動覺表象的一致性
　㈢ 運動記憶的遺忘
四、運動記憶的信息加工特點　212
五、運動記憶領域未來的研究課題　213

第三節　運動員的智力問題
一、傳統智力測驗方向的研究　215
二、操作思維測驗方向的研究　220
　㈠ 不同運動水平與操作思維成績
　㈡ 不同運動項目與操作思維成績
三、認知運動心理學方向的研究　223
四、運動智力的概念　226

第四節　體育運動的注意問題
一、注意方式的理論　227
　㈠ 注意方式的概念
　㈡ 注意的特徵
二、比賽過程中的注意問題　231
　㈠ 比賽的心理定向
　㈡ 比賽期間的注意控制

本章摘要

建議參考資料

和從事任何其他活動一樣，從事運動活動也必然有許多認識活動參與。較低級的認識活動包括**感覺** (sensation) 和**知覺** (perception)，較高級的認識活動就是**思維** (thinking)。**記憶** (memory) 是所有認識活動的基礎，**注意** (attention) 是所有認識活動伴隨的特徵。體育活動中的認識活動是在肌肉運動中和訓練比賽中完成的，因此，它同其他活動中的認識活動有些明顯的區別。例如，在作文比賽中，平衡感覺不起什麼作用，但在體操比賽中則是關鍵性的因素；外科醫生的肌肉運動感覺十分重要，但在操刀時沒有任何的對抗性；司機對周圍環境的預測和判斷關係到駕駛安全，但很少有對手、裁判和觀眾在故意製造麻煩。學生在體育課程的學習中，運動員在比賽和訓練中，需要更多地依靠肌肉運動感覺來感知、理解和記憶，需要不斷根據對手和環境變化做出調整，需要更多地依靠形象思維和操作思維來快速分析和決策。這些都是體育活動中認識活動的特點。本章將從運動活動的特殊性出發，來分析人的認識活動的特點。

體育活動本身的形式是多種多樣的，因此，個人項目和集體項目、對抗性項目和非對抗性項目、連續性技能項目和非連續性技能項目、開放性技能項目和閉鎖性技能項目、體能性項目和技能性項目中，人的認識活動的特點也大不相同。對於體育運動心理學家來說，一方面需要總結體育活動的共同的認識規律，另一方面，還要總結各運動項目的特殊規律，後者往往是體育教師和教練更為關注的問題。希望讀者通過本章的討論，能夠對以下問題有初步了解：

1. 一般知覺和複雜知覺在體育運動的特殊意義。
2. 知覺基本規律對體育運動中知覺過程的影響。
3. 專門化知覺在體育運動中的作用。
4. 短時運動記憶和長時運動記憶的研究成果。
5. 運動記憶的特徵。
6. 運動記憶的信息加工特點。
7. 有關運動員智力的研究成果。
8. 運動智力的概念。
9. 奈德弗的注意方式理論。
10. 比賽過程的注意控制。

第一節　體育運動的感知覺問題

一、體育運動的一般知覺問題

如果我們按競技能力的主導因素對運動項目進行分類的話，可將其分為**體能類項目** (fitness oriented sport) 和**技能類項目** (skill oriented sport) 兩類。後者又可進一步分為**對抗性項目** (antagonistic sport) 和**表現性項目** (expressive sport)。技能性項目動作形式多樣，結構變異較大，技術內容也較複雜，一般說來，對運動員感知覺能力的要求要高於前者。特別是球類項目，既需要運動員完成快速的動作反應和身體移動，還要有複雜的戰術內容，因此，涉及的知覺形式也較多。

（一）視　覺

首先，從人的分析器的角度來看，視知覺對球類運動員具有重要意義。球、對方隊員、同伴隊員始終都在不停地運動，要準確地觀察這些空間、方位和距離上迅速變化的各種關係，才有可能建立正確的行動定向。有研究報告，**優秀籃球運動員的閃光臨界融合頻率** (flicker fusion frequency) 值高於一般運動員和普通人。這一值的高低反映了視覺對光刺激在時間變化上的分辨能力，該值越高，表明時間的視覺敏度越高（見張力為，任未多，毛志雄，李鉑，1992）。還有研究報告，優秀足球運動員的深度視覺判斷能力高於一般足球運動員。**深度知覺** (depth perception) 的作用是估計客體間的深度距離及其變化情況。如果一個足球前衛欲將球傳給 30 米外本隊的一個前鋒隊員，他首先必須對該前鋒隊員和防守他的對方後衛隊員處於一種什麼位置關係做出準確的判斷（平行還是超出 0.5 米或 1 米？），然後才能決定這球是否應該傳並選擇最佳的落點位置。決策的依據之一就是深度知覺（見張力為、任未多、毛志雄、李鉑，1992）。

廣闊的視野對於大場地的集體球類項目是十分重要的。視野是指當頭部不動,眼睛注視正前方某一點時所能知覺到的空間範圍。有專門的視野計可測量單眼或雙眼的視野,以度(°)為單位。實驗表明,不同項目運動員和體育系學生瞬間知覺客體的數量不同,足球運動員為 3.5 個,體操運動員為 2.9 個,田徑運動員為 2.7 個。另外,還有文獻報導,橄欖球四分衛和籃球後衛的視野範圍要大於其他位置的運動員(參見張力為、任未多、毛志雄、李鉑,1992)。

(二) 觸 覺

有些球類項目要求運動員熟悉"球性",這在很大程度上要依賴運動員的**觸覺**(sense of touch)敏感性。籃球、手球運動員體現在手掌和手指皮膚上,足球運動員體現在腳背和腳內側上。皮膚觸覺敏感性僅僅是基礎,還要經過長期專項訓練才能發展起這種專項能力。皮膚觸覺敏感性的測量通常可採取**兩點閾測試**。方法是排除被試的視覺參與,同時給予被試某一部分皮膚強弱相等的兩點刺激,這兩點之間若達到一定距離,被試就會知覺為兩個點,但如果逐漸縮小這個距離,到某一程度,被試就分辨不出是兩個點,而產生一點的感覺。這一臨界值(兩點的距離)就被稱為**兩點閾**(或**兩點閾限**)(two-point threshold)。研究表明,全身各部位的兩點閾有很大差異,個體間的差異也很大。

(三) 平衡覺

人類在日常生活中的覺醒狀態時,頭部多是保持與地面垂直的位置,即使偏離,也是短時間的和小幅度的。但在一些難美性運動項目中,如體操、跳水、技巧、武術和花式滑冰以及撐竿跳高等項目,運動員經常要完成一些倒立、旋轉和空翻動作,並且在動作過程中,還需要使自己的身體保持一定的姿勢。這種改變頭部日常習慣位置的活動(有時是快速不停地變換),對運動員的平衡知覺能力提出極高的要求。因為要保持身體的平衡,首先要具備精確知覺自己身體位置變化情況的能力。

二、體育運動的複雜知覺問題

空間、時間和運動是一切事物存在的固有形式。任何事物離開空間、時間和運動，就無法存在。在體育活動中，事物在這三方面的變化較日常生活更加迅速和劇烈，並要求運動員不斷地和及時地對這些沒有固定模式的變化做出準確的判斷與決策，同時以各種運動動作對此做出反應。

（一） 空間知覺

空間知覺 (space perception) 是反映物體空間特性的知覺，包括形狀知覺、大小知覺、距離知覺、立體知覺、方位知覺等。我們看到一個籃球，就可以知道它是圓的，比足球、排球、手球都大，還可以知道它距離我們有多遠，是一個球體，在我們的什麼方向。可以設想，運動場上的所有活動，隨時都需要在空間知覺的幫助下進行。如射門、投籃、擊球、扣球、傳球、搶斷球、突破過人等。在完成這些活動前，運動員必須首先判斷出球、對方隊員、同伴隊員和自己的空間特徵情況和彼此間的關係。排球比賽中的多數進攻戰術都是旨在網上空間錯開對方攔網隊員的防守。跳高、跳遠和跨欄運動員為了在助跑和欄間跑的最後一步準確地踏在預定的位置上，在整個跑的過程中，始終要通過空間知覺來控制自己的步幅。在一些投擲項目中，運動員要在高速旋轉後將器械按照一定的方向和角度投出去，必須在旋轉過程中保持清晰和準確的空間知覺。在體操項目中，有一些動作要求運動員暫時離開器械，再迅速回抓器械（如高低槓），沒有準確的空間知覺就無法完成這種高難度的動作。當然，準確的距離知覺還是拳擊、擊劍等項目運動員不可缺少的能力。

（二） 時間知覺

時間知覺 (time perception) 反映客觀事物運動和變化的延續性和順序性，是一種感知時間長短、快慢、節奏和先後次序關係的複雜知覺。自然界的周期性變化和人體內部的生理變化是人們產生時間知覺的依據。時間知覺在體育運動中的意義表現在：

1. 時間知覺與時機掌握　時機掌握是體育比賽中經常遇到的情況。如排球中的扣球、籃球中的搶籃板球和蓋帽等都需要運動員依靠準確的時間知覺幫助掌握最佳的起跳時機。排球中的時間差進攻，就是利用對方攔網隊員時間知覺的誤差來達到技戰術目的。

2. 時間知覺與情緒態度 人對時間估計所產生的誤差常常與主體的情緒和態度有關。在籃球、足球、手球等以單位時間內的成績判定勝負的比賽項目中,處於比分領先的運動員和處於比分落後的運動員在比賽快要結束時對時間過的快慢會有不同的知覺。前者傾向於知覺時間過得慢,後者則感到時間過得快。在足球等項目中,時間由裁判員掌握時,運動員有時會因時間問題與裁判員發生爭執:落後方希望繼續比賽,領先方希望盡快結束。

3. 時間知覺與節奏知覺 節奏知覺也是一種時間知覺。在周期性運動項目中,如自行車、賽跑、游泳、速度滑冰等,節奏知覺往往是運動員控制自己動作節奏的先決條件。身體的節拍性運動和計數活動,有助於對時間長短的估計。對節奏性的刺激,人們習慣於伴隨節拍性動作或用口頭計數,這時所產生的動覺刺激也為衡量時間提供信號,補充和提高了知覺時間的能力。實踐證明,當運動分析器出現障礙時缺乏動覺刺激,節奏知覺往往發生困難,影響知覺時間延續性的準確性。對某些要求精確知覺時間的活動,人們借助口頭數數提高估計時間的準確性。如跳傘運動員要在跳出飛機以後20秒鐘準時開傘,時間誤差超過一秒鐘就失去了獲勝的機會。這時,跳傘運動員可以借助口頭數數來幫助準確地估計時間。風帆運動員在出發前也需要靠數數的方法來準確估計最後幾秒的時間,以便準時快速啟動,佔據有利位置。徑賽運動員在起跑線上,聽到預備口令之後,也有口數或默數二個數後就開始起跑,剛好是二秒。一些表現性運動項目的比賽如藝術體操、花式滑冰等有音樂伴奏,運動員就根據音樂的節奏,來完成自己的動作。郭元奇(1991)曾為跳遠運動員建立了一種可隨時調整的音響助跑節奏模式,經過8週訓練實驗後,用音響助跑節奏模式訓練的實驗組較對照組在速度、水平速度利用率、準確性和運動成績等方面提高幅度更大,說明通過節奏知覺的幫助,可收到良好的訓練效益。

(三) 運動知覺

運動知覺(motion perception)是人腦對外界物體和機體自身運動的反映。在運動場上,外界運動的物體很多,如球類比賽中的球、對方隊員及己方隊員的動作等等。涉及的外界對象越多,運動員的運動知覺就越複雜。所以,體育運動對運動員的運動知覺發展水平的要求是很高的。

完成知覺外界物體的運動是依靠以視知覺為主的一些外部感受器來進行

的。對機體自身運動的知覺則是通過運動分析器獲得的。其感受器部分是分布在肌腱和韌帶中的感覺神經末梢。當機體活動時，這些感受器受到牽拉，產生神經衝動，沿傳入神經傳遞到大腦運動中樞，產生對自身機體運動的知覺。對自身運動的知覺常常受到來自兩方面的干擾：

1. 來自外界的各種視覺和聽覺的干擾。
2. 自身動作反應的干擾。

因為運動感受器和運動反應器分布在同一部位，所以，正確地知覺自身的運動往往比正確地知覺一個外界物體的運動更困難。比如，在進行短距離跑等運動時，我們大都感到只是用足尖在蹬地疾跑，但高速攝影或錄像提供的客觀事實是：足跟先著地，然後逐漸過渡到足尖，由足背加力於地面而蹬地的。再如，乒乓球正手攻球，到底是前臂先揮動，還是上臂先揮動，是前臂帶動上臂，還是上臂帶動前臂，運動員和教練員一直爭論不休。正是由於對自身動作的知覺有時不清楚，所以運動員經常用照鏡子、攝影和錄像等方法來幫助技術動作達到最理想的水平。

在體育運動中，運動員常常要同時知覺外界物體和機體自身的運動。如球類項目和一對一格鬥項目。這就增加了知覺的複雜性。飛碟射擊運動員在盯住快速運動的碟靶的同時，還要完成舉槍、抵肩和貼腮等一系列動作。這些動作能否準確到位，就需要對自身運動的知覺來控制了。

三、知覺規律對運動知覺過程的影響

（一） 知覺的選擇性作用

對象與背景的差別越大，越容易形成清晰的知覺。墨綠色的乒乓球台，會使黃色的乒乓球容易被知覺。因此，各運動項目比賽規則中關於比賽場地和器材的規定，都需要盡量使現場觀眾和電視觀眾更容易地欣賞體育競賽，這樣才能贏得更多的體育觀眾，促進體育事業的發展。

刺激物在空間距離上接近或形狀相似時，容易被選擇為知覺的對象。比如圖 7-1 (a) 中的十二根直線由於在空間上接近和離開，就會被知覺為四組。相似的刺激部分容易組成知覺的對象。圖 7-1 (b) 中的圖形會使人們自然地知覺為四個縱行，而不是四個橫行。在團體操表演、集體跳傘和花式游泳的動作編排時也必須考慮知覺的這一規律。

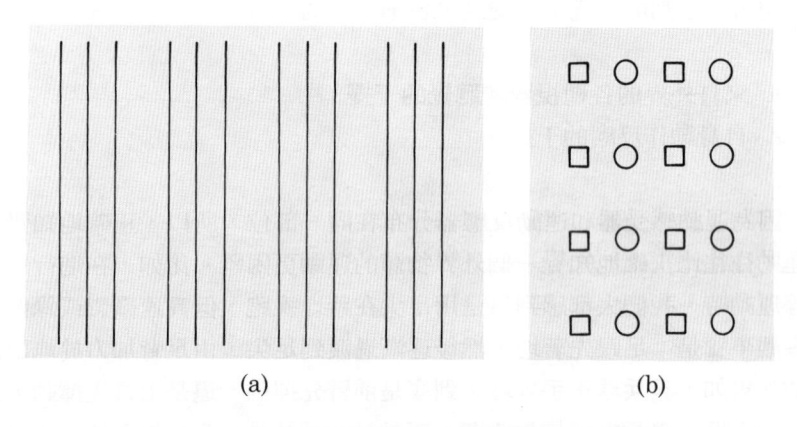

              (a)   (b)

圖 7-1　圖形的接近和相似在組成對象中的作用

    主觀狀態的不同也會引起知覺的選擇，這主要是指主體的需要、興趣、經驗和當前心理狀態的影響。主體在這些方面的不同，都是影響從背景中分離出知覺對象的重要條件。如果某事物對某人來說不是當前需要的，或是他不感興趣的，或是完全陌生的，那麼，這一事物就不容易從周圍事物中區分出來而被知覺。同是觀看一場球賽，運動員漂亮精采的動作會被一般觀眾所知覺，這個隊的陣容安排和戰術策略則被某個隊的教練員所知覺，而其他隊的隊員所感興趣的是他將要防守的那個隊員或與自己位置相同隊員的技術特點，場上裁判員注意的是有沒有出現違反規則的情況，臨場技術統計人員則關心預定的幾項技術指標的情況。

（二）　知覺的理解性作用

    人們在知覺當前事物時，總是用以前的有關知識和經驗去理解它，把知覺的對象納入已知的某一類事物的系統之中。運動員儲存的知識和經驗越豐富，知覺當前事物的準確性就越高。在對抗性運動項目中，對手的戰術意圖和各種假動作，就容易被經驗豐富的運動員和教練員識別出來。巴德、弗里瑞和卡里爾里 (Bard, Fleury & Carriere, 1975) 在一項研究中發現，在評判平衡木比賽動作時,優秀裁判員和裁判新手的注視情況不同。優秀裁判員注視點的固定次數更少,主要集中在注視體操運動員的上半身,而裁判新手則集中注視腿部。這說明,對裁判規則、裁判任務的理解水平不同,裁判員的經驗程度不同,知覺的方向也不同。

波爾頓提出了**知覺預測** (perceptive prediction) 的概念 (Poulton, 1975)。他認為,在某些情況下,運動成績將取決於對不完整信息或先行信息的加工過程,這一過程就是在知覺理解的基礎上通過想像來完成的。運動員在運動場上常常不得不依靠不完整的信息做出估計和判斷,有時要先於事物出現之前,根據某些先行信息做出判斷。如在乒乓球、網球、羽毛球比賽中,接球隊員對來球落點的判斷就得依靠專項知識和經驗,在球落下前做出判斷,還包括對球的力量和旋轉方向及程度的估計。研究表明,優秀運動員和初學者的差異就是知覺理解水平的差異造成的。

四、專門化知覺在體育運動中的作用

感知覺是人們認識客觀事物的開端,因此運動技術的形成,也是由感知開始的,任何一門專項運動技能都是由很多細節所組成的複雜結構體系,都有自己的基本規律,並對運動員有一定的身體、生理和心理方面的要求。**專門化知覺** (specialized perception) 就是專項運動對運動員心理要求的一個重要方面,它是運動員在運動實踐中經長期專項訓練所形成的一種精細的主體運動知覺,它能對器械、場地、運動媒介物質 (水、空氣等) 以及專項運動中的時間、空間特性等做出高度敏銳和精確分化的識別和感知。

專門化知覺依所從事的運動項目不同而表現出不同的特徵,如冰上運動項目的"冰感"、球類項目的"球感"、各種使用專門器械的運動項目的種種"器械感"、射擊、射箭、跳水等項目運動員的"動作感"等等。需要指出的是,專門化知覺並不僅僅是一些感覺綜合和高度發展的產物,而且是與運動員的表象、運動經驗、思維和想象相聯繫的。

(一) 游泳的專門化知覺

傳統的游泳運動員選材,注重的是運動員的身體形態和生理機能方面,如身高、臂長、體形、力量、肺活量等。但中國游泳界近年來提出,"水感"

是游泳運動員達到高水平的一個重要條件,並在實際運動訓練和選材中突出這方面的要求,這或許是中國游泳項目近年來崛起的成功經驗之一。儘管目前對"水感"這一心理素質的獲得和發展機制及測量評定方法還在研究討論中,但基本上可以認為所謂"水感"就是運動員在長期專項訓練中形成和發展起來的一種專門化知覺。這種專門化知覺的形成和發展與觸覺和肌肉運動感覺的敏感性有關,而後兩者在很大程度上又受遺傳和早期生活的影響(張力為、任未多、毛志雄、李鉑,1992)。

(二) 賽跑的專門化知覺

前蘇聯學者拉托夫(見張力為、任未多、毛志雄、李鉑,1992)提出的訓練理論和方法是對傳統運動訓練的一場革命。傳統的運動訓練是以運動負荷對有機體施以刺激,獲得超量恢復,機體的力量水平提高,從而使運動成績提高。但在有些項目中,如何使力量轉化為速度一直是一個難以解決的問題。拉托夫的訓練理論是,運動員要使速度提高,就必須打破現有速度的感覺,建立一個新的、更高速度的動作感覺,力量才有可能發揮出來。他在跑道和泳道上空架設專門的設施,放下一根繩子,掛在運動員的身上,繩子可隨運動員向前運動。繩子的目的是減輕一點運動員的體重,使他現有的肌肉力量能獲得更高的速度,獲得一個新的高於他原來速度的動作感覺。當新的動作感覺完全建立和鞏固後,逐步減少外力幫助,直至最後恢復到運動員最初的體重。該理論強調動作感覺的重要性。在這種理論和方法的指導下,一批世界冠軍誕生了。

(三) 其他項目的專門化知覺

代表世界籃球最高水平的美國職業籃球隊,每次訓練都是從熟悉球性的練習開始的。每人一球,進行類似雜技的隨意耍弄,以此達到熟悉球性的目的。足球運動員的"掂球"也是熟悉球性的練習。原聯邦德國擊劍教練貝克通過培養運動員的"距離感",利用距離的變化來控制對手和實施戰術,利用"劍感"訓練來提高隊員快速、連貫的擊劍能力。射擊運動員能夠在每發子彈射出後,根據自己的動作情況較準確地說出彈著位置。這種被稱為"預報"的能力,就是一種對自我動作的精細專項感知覺。對於射擊訓練所採用的"夜訓"、"盲訓"等訓練方法,也是著眼於培養運動員的專項動作的內在感覺。張忠秋等人認為，弧線助跑時間節奏、垂直空間及過竿時的身體弓橋感知覺是背越式跳高項目的專門化知覺。他們在跳高教學與訓練中通過培養這幾方面的感知覺能力去幫助學生掌握專項運動技術，收到較好的教學效果 (張忠秋，1992)。

第二節　體育運動的記憶問題

學習是人類通過實踐獲得適應環境改變環境的能力的過程。由於學習是一個過程，在時間上有持續性，那麼，經一定時間，仍具有這種能力就叫記憶。相反，則稱為**遺忘** (forgetting)。關於運動記憶問題的實驗研究較多，下面將討論這些研究及其意義。

一、短時運動記憶

(一) 短時運動記憶的遺忘曲線

亞當斯和迪克斯特拉 (Adams & Dijkstra, 1966) 曾做過一個直線定位反應實驗。方法是要求被試蒙上眼睛，用手向前移至一個主試者規定的目標點，然後再返回起始處，間歇一段時間，將目標點移開，再讓被試移至自己認為原目標點的地方停住，測量該點與原目標點的誤差。他們選擇了三組被試，分別練習 1 次、6 次、15 次以後再做記憶測試，結果如圖 7-2。

這一實驗表明：回憶誤差隨測驗間隔時間的增加而增加，在間隔時間為 80 秒時回憶誤差增加至最高值。在此以後，回憶誤差不再隨間隔時間的增加而增加，而是大致穩定在該水平上。也就是說，同言語反應相似，運動反應的記憶也有一個遺忘過程，大致在 1 分鐘左右完成。該實驗還表明，隨著練習次數增加，遺忘的程度下降。克瑞蒂認為 (Cratty, 1973)，如果訓練以後緊跟著對該技術進行心理演練，可能會有助於短時記憶的改善或使短時記憶轉為長時記憶。

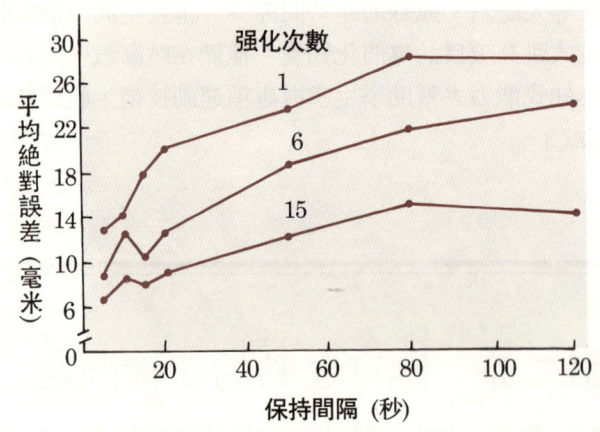

图 7-2 定位作业中保持间隔、强化次数和平均绝对误差的关系
(採自 Adams & Dijkstra, 1966)

(二) 前攝干擾對短時運動記憶的影響

關於**前攝干擾**(或順向干擾) (proactive interference，簡稱 PI) 對短時運動記憶 (short term movement memory) 的影響，阿斯克里和舒密特 (Ascoli & Schmidt, 1969) 曾做了這樣的實驗研究：先要求三組被試休息；然後 A 組做二次干擾性定位作業，B 組做四次干擾性定位作業，C 組不做干擾性定位作業；接著三組被試共同學習一個統一的標準定位運動；繼而間歇 10 秒或 20 秒；再讓後二組回憶先前學習的定位作業；最後再讓三組被試回憶所學習的統一標準的定位運動。結果表明，在學習統一標準運動技術以前，學習其他技術越多，對後一個運動的學習結果影響越大 (參見圖 7-3)，這種前攝干擾同言語技能學習過程是一致的。

(三) 運動記憶的位置線索和距離線索

在學習、保持和重現運動技術時，人是以位置為線索還是以距離為線索來複製所要求的動作呢？萊布斯等人 (Laabs, et al., 1973) 對此問題進行了研究。首先，他讓被試閉眼移向一個終點，這一終點由主試告訴被試然後將被試分為兩組，主試將他們分別移向不同於原起點的一個起點準備開始回憶的移動。然後要求 A 組沿原線路移向原終點，這樣，被試第二次移動的距

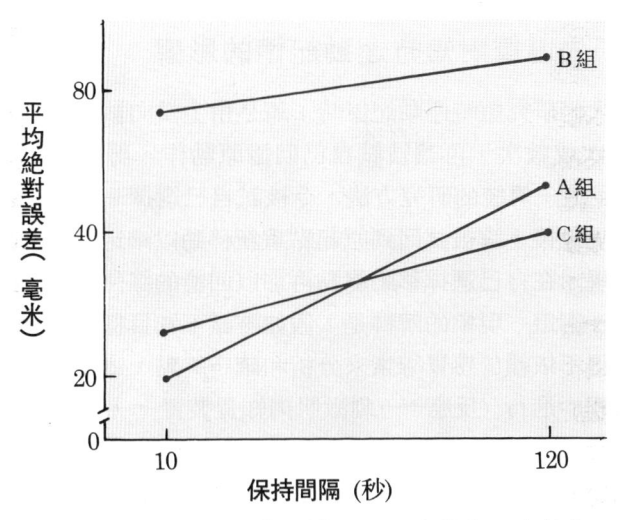

圖 7-3 定位作業中保持間隔、先前學習次數與
　　　 平均絕對誤差的關係
（採自 Ascoli & Schmidt, 1969）

離與第一次主試引導他們的距離就不同，使得原距離信息失去一定的作用。再要求 B 組按第一次移動的距離再移動同樣的距離達到原終點，使得原位置的信息失去一定的作用，如圖 7-4 所示。結果表明：以位置為記憶線索的被試能更準確地完成回憶任務。這就提示：被試採用距離線索回憶原位置時遇到更多的困難，因而定位運動記憶可能更多地依賴於位置線索。

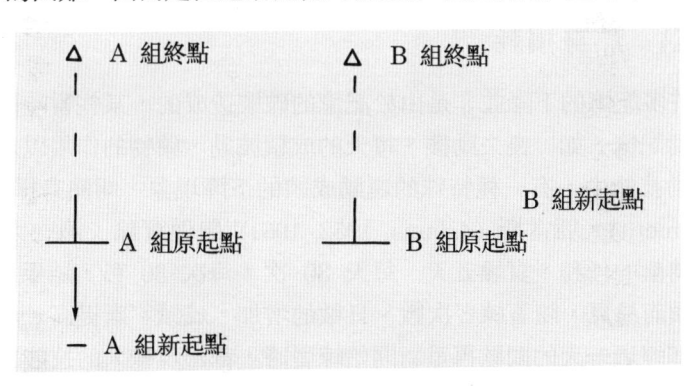

圖 7-4 不同線索的運動記憶實驗設計
（馬啟偉、張力為繪製，1996）

(四) 預先選擇對短時運動記憶的影響

過去，人們研究短時運動記憶時，總是由主試向被試規定起止點，引導被試先做一次或數次，再讓被試自己回憶原動作。馬騰紐克 (Marteniuk, 1973) 打破了這一傳統的研究方法，令被試自己選擇一個移動的終點。經過一段記憶間隔以後，讓被試回到原起點重新移動以確定他原來選擇的那個終點。結果發現，在自己選擇移動終點再加以回憶的條件下，被試回憶的準確度明顯提高。對這一現象的解釋是，假如被試不知目標終點將在哪裏出現，那麼他就不得不依賴於感覺線索來分析和確定終點，這就導致運動的回憶在一個閉環過程中進行（反應──刺激肌肉知覺裝置──反饋至下一個反應）。但如果被試自己先確定一個終點，再對這一動作加以回憶，被試就是自己預先將這一動作編成一個運動程序，借這一運動程序發放一個動作，並不考慮運動中的感覺結果，只是在記憶測驗中再一次發動這一程序以完成原動作。後來，其他研究者在言語行為中也發現了同樣的預先選擇效應 (Slamcka & Graf, 1978；Lee & Gallapher, 1981)。

短時運動記憶研究工作在 60、70 年代曾盛行一時，當時人們認為這種研究會導致對運動中的記憶問題、編碼問題的理解，但這類研究並未像預期的那樣有效。顯然，這種慢速的、自我定速的、直線的位置點反應實驗難以代表運動場上的運動行為。實際中的運動行為其特點是多樣、快速、複雜和變化。

(五) 熱身損耗

許多記憶的下降並非是由於記憶的破壞造成的，某些暫時性因素可能會影響到記憶，如：喪失動機、每天的成績波動、藥物的作用以及疾病等。而在運動技能中，有一種特殊的運動成績的下降現象，叫**熱身損耗** (warm-up decrement)。亞當斯 (Adams, 1952, 1961) 曾做實驗，讓一大組被試完成追踪轉盤的任務，實驗五天，每天 30 次，每次 30 秒，結果如圖 7-5。

顯而易見，隨著練習次數、日數的增加，成績不斷提高。但在經過較長時間即經過一天的間歇再重新開始練習時，都出現較大的技能損失，其程度大致相當於三、四次練習後的提高程度。這種技能損失經過短短幾次練習後很快就消除了。這種情況在運動中是非常普遍的，如足球上半場休息完，下

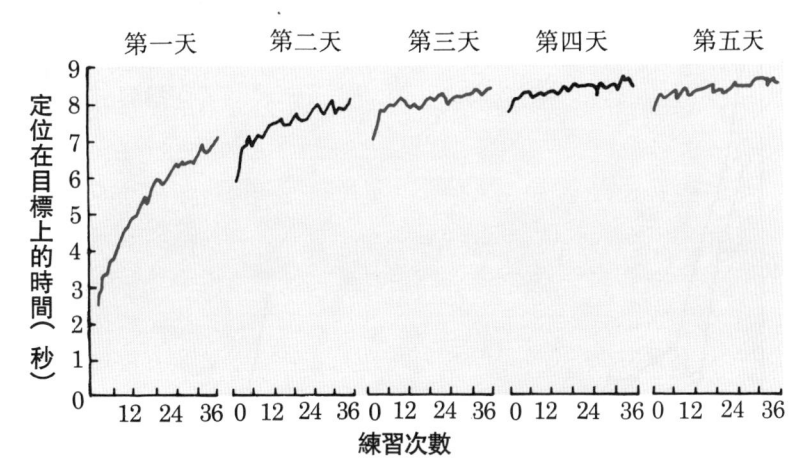

第七章 體育運動中的認知問題 **205**

圖 7-5 五天轉盤追踪任務的平均成績
(採自 Adams, 1952, 1961)

半場剛上去總有一段時間達不到上半場末的水平。羽毛球很少在前幾分鐘打出非常精彩的漂亮球，等等。

對這種狀態的心理學解釋有二種 (生理學用進入工作狀態來解釋，但上述實驗並不需要心肺功能達到高水平)：一種解釋認為，熱身損耗是遺忘的一種表現，休息期間，發生了原技能的遺忘過程。但許多運動員掌握某技能已達到自動化程度，相當熟練，似乎不可能在短時間內產生遺忘。另一種解釋是**定勢假說** (set hypothesis)，該假說認為，技能水平下降是由某種暫時性的內部狀態或定勢受損受阻引起的。這一假說得到了一些實驗的支持，比如，納森和舒密特 (Nacson & Schmidt, 1971) 設計了一個右手握力作業，要求被試以 20.6 公斤的力抓握一個握力計，共握 20 次之後休息 10 秒，然後再做 10 次。在休息期間，A 組不做任何活動；B 組則先休息 5 秒，後 5 秒做另一個力量估計作業，這個輔加作業不是用右手而是用左手，是肘屈動作而不是抓握動作，力量是 9.1 公斤而不是 20.6 公斤。因此，這輔加作業對於右手抓握技能的記憶是無幫助的。B 組輔加作業共練習 18 次，每次間隔也是 10 秒，每次也都告知結果，然後立即與 A 組被試一起進行右手抓握作業的記憶測驗，其結果如圖 7-6 所示，在 10 秒間隔後，完全休息組表現出明顯的熱身損耗，而休息-練習組則幾乎未曾產生熱身損耗，這說明輔加作業這種活動使得迅速消失的定勢得以恢復，從而導致開始

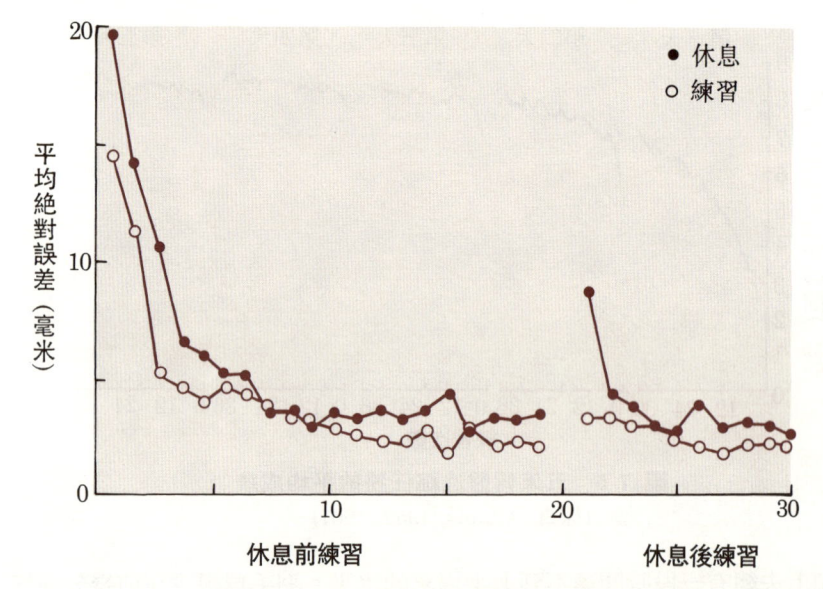

圖 7-6　初學時和 10 分鐘休息後力量估計作業的平均絕對誤差
(採自 Nacson & Schmidt, 1971)

重新工作時保持原作業的準確性。另外，許多類似實驗也說明，休息期間定勢和內部狀態受損引起重新工作時的熱身損耗。這種定勢很可能與中樞神經運動區的興奮性有關。運動區本身具有一定的惰性，它的興奮也需一段加熱過程，休息後興奮性降低，恢復到原水平需要一定時間，這時便引起熱身損耗。而在下一次活動開始前做一些輔助活動，可提高運動區的興奮水平，從而減少熱身損耗。這一點在運動訓練中可能有重要意義，它提示運動員：

1. 上場前的準備活動，必須認真做，且準備活動的動作結構、頻率等特徵應盡量與所要完成的動作技能相似。

2. 在比賽間歇過程中，如果利手、利腳需要放鬆休息，可以利用非利手、非利腳在臨賽前做熱身活動，以保持利手、利腳的技能定勢。

3. 當對方競技狀態極佳，勢不可擋時，要採取措施，設法打亂對方的定勢，如要求暫停，故意拍球以推遲發球時間等。

二、長時運動記憶

(一) 連續性技能的長時記憶

　　許多連續性技能，一旦被熟練掌握，常能記憶相當長的時間，日常生活中這種例證比比皆是。如騎車、游泳，許多年不做，做起來照樣得心應手。有許多實驗室實驗涉及人的長時運動記憶，較有代表性的是弗里什曼和帕克的實驗 (Flishman & Parker, 1962)。他們利用一個三維互補追蹤作業，讓被試每天練習 3 次，每次 6 分鐘，共練習 17 天，總計 51 次。然後 A 組間歇 9 個月，B 組 12 個月，C 組 24 個月，再分別測驗記憶成績。儘管間歇時間差別較大，但三組被試間歇後回憶成績都大致相同，即使間歇 24 個月的被試開始成績略差，但僅僅經過三次練習，就迅速恢復到與其他二組大致相同的水平 (圖 7-7)。

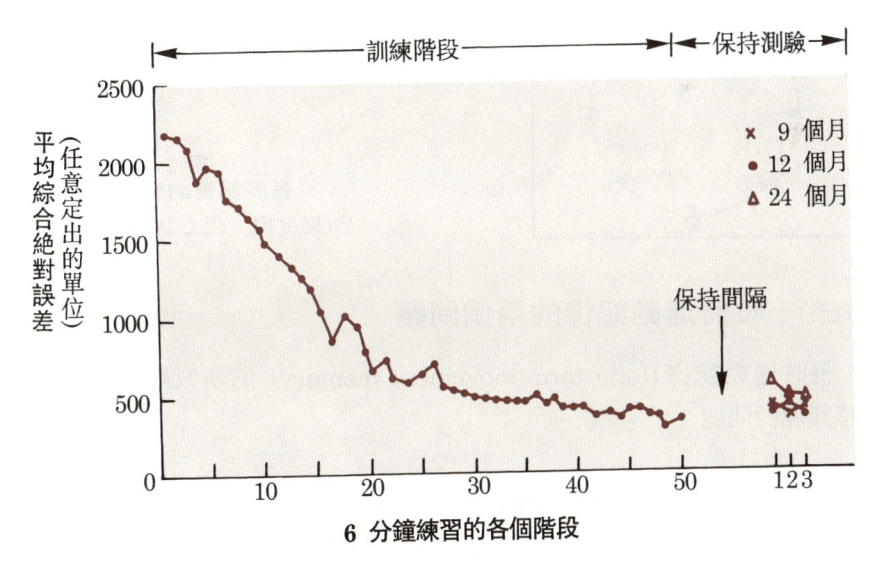

圖 7-7　初學時和三種保持間隔後三維追蹤任務的平均成績
(採自 Fleishman & Parker, 1962)

(二) 非連續性技能的長時記憶

與連續性技能相反，非連續性技能的長時記憶測驗成績則很差。紐曼和埃門斯 (Neumann & Ammons, 1957) 曾做一實驗，讓被試坐在一個大型顯示器前，顯示器上有 8 組開關排成一個圓形，如圖 7-8。被試要打開一個內圈的開關，再找出外圈的那個與之相應的開關，如果被試找到正確的對應開關，電鈴將給予指示。被試要學習到連續兩次不出錯誤為止。然後間隔 1 分鐘、20 分鐘、2 天、7 週、一年，再檢查保持時間各不相同的各個實驗組的記憶差別。結果如圖 7-9 所示，20 分鐘後便開始出現技能衰退，隨著間歇時間延長，技能衰退愈加顯著。至一年後，成績下降到比練習起始水平還低的程度，說明產生了幾乎是完全的遺忘。當然，應注意作業的重學成績要優於間歇前的學習成績，即圖中所示的斜率不同，說明仍有一些記憶保持在被試腦中。

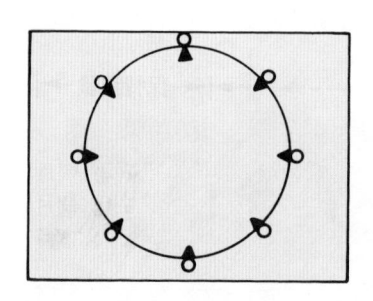

圖 7-8
長時記憶的實驗裝置
(馬啟偉、張力為繪製，1996)

(三) 長時運動記憶的兩個問題

長時運動記憶 (long term movement memory) 的研究產生了兩個令人感興趣的問題：

1. 第一個問題是，為什麼運動技能比言語技能保持的時間更長？

第一種可能的解釋是：日常生活中人們遇到的言語信息大大超過運動信息，因此言語信息互相干擾的機會更多。

第二種可能的解釋是：在學習運動技能時，人體開放了更多的信息通道將更多的信息輸入大腦，如學習投籃時，運動員不僅要利用視、聽覺來接受

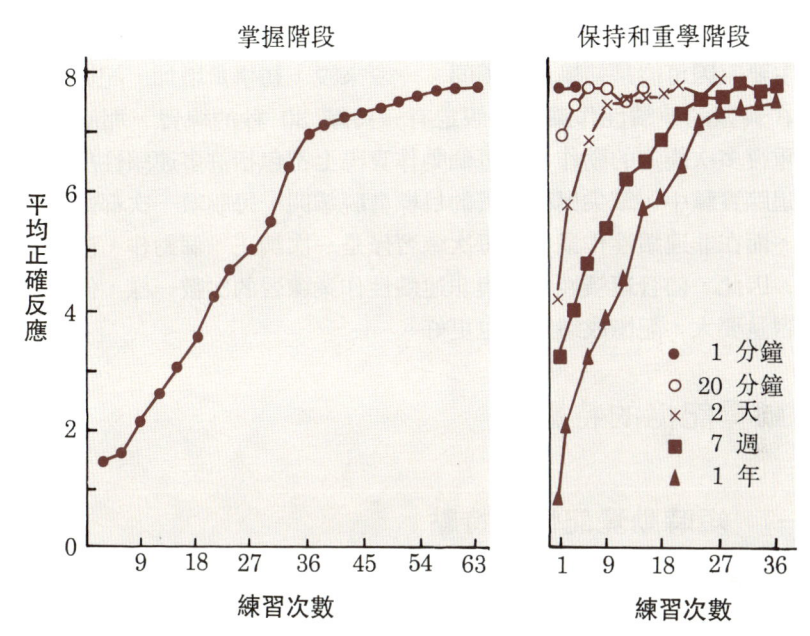

圖 7-9　初學和不同保持間歇後非連續性技能的平均成績
(採自 Neumann & Ammons, 1957)

教練員的指導，而且還要通過觸覺、平衡覺、本體感覺等來體會動作要領。而在學習語言技能時，一般只利用視、聽兩個信息通道。信息量少，重現時進行聯想的困難就大些，記憶成績當然就差些。在雷諾茲和亞當斯進行的一個追踪學習器的實驗中 (參見 Gagne, & Fleishman, 1959, p.246)，被試分為兩組。A 組僅可以看到筆點是否接觸目標；B 組則不僅可以通過視覺了解練習結果，還附加以聽覺的強化，即追踪正確時每隔半秒鐘聽到一次音響。結果證明，B 組的練習效率較高，並且在取消聽覺附加強化以後 (第 50～55 次練習，兩組都不用聲音強化)，B 組的成績依然高於 A 組，說明聽覺附加強化所取得的效果已記憶下來。該實驗提示，多種感覺通道參與技能練習，不但有利於技能的掌握和提高，還有利於技能的記憶。

　　第三種可能的解釋是：運動技能和言語技能經常在不同的條件下加以比較，有些運動技能，如騎自行車、游泳，在平時是有更多重複機會的，因此不能說二者哪一個保持的時間更長。

2. 第二個問題是，為什麼連續性技能 (如騎車、游泳、打字) 比非連續性技能（如撐竿跳、擲鐵餅、體操）記憶得更好？

主要原因可能是初學量的不同。一般來說，初學量增加，記憶成績也提高。在典型的連續性作業中，假定有一持續 30 秒的練習，那麼在 30 秒內可重復多次規定的動作，而每個動作實際上都包括許多連續性反應。如在轉盤追踪實驗中，筆尖與移動著的目標會脫離開，每脫離一次都需被試調正一次。而在非連續性作業中，每次練習僅是一次調正一個動作，沒有重復的機會。因此，儘管連續性作業與非連續性作業練習的次數一樣，但前者比後者練習量要大，記憶成績當然也更好。

三、動覺記憶的特徵

（一） 短時動覺記憶的特點

運動員在練習中打了千百次，偶爾有一次做了個極漂亮的動作，教練員驚呼"太棒了"，然後告訴運動員就是那個動作達到了要求，讓他記住，繼續重復。這說說容易，做起來很難，究其原因，可能與以下因素有關：

1. 視聽感覺可通過錄相（影）、錄音來加以強化，運動員可以準確無誤地反復感受到過去的刺激，如反復看幻燈片。但動覺難以記錄，難以通過某種外界媒介再現。儘管肌電可以在某種程度上體現肌肉運動的情況，但同實際的複雜肌肉協調配合相比，肌電的這種體現顯然是非常有限的；在實際運動活動中進行肌電測試，還會直接干擾運動員的動作過程；肌電測試也不如錄相電影方便。因此，我們很難固定和強化這種肌肉運動感覺。

2. 對抗性項目中的最佳動作要更多地受到環境變化的制約。如足球射門，貝利最漂亮的一個動作是用胸部停住同伴一個長傳，大腿踮起球過一個人，再用肩踮球過人，然後凌空怒射，球應聲入網。這一套動作取決於同伴傳球、對方位置、球門遠近等多種因素，這種情境絕對不可能重復，貝利的這個動作自然也無法重復。

3. 有時一個最佳動作一出現，會緊跟著許多非最佳動作的干擾，使運動員難以將那個動作從瞬時記憶轉入短時記憶或從短時記憶轉入長時記憶。

(二) 運動員與教練員動覺表象的一致性

動覺(kinestheia) 是一種內在感覺,很難精確地分析與描述,從外觀上看很相似的一個動作,如同樣是一個乒乓球的高拋發球,動覺可能大不相同,起關鍵作用的部位可能是手臂,可能是手腕,也可能是手指。我們只能通過發出的球間接判斷這三部分肌肉的情況。教練員向運動員解釋與示範肌肉用力感覺時,因缺乏直觀性與清晰性,運動員實際理解和記憶的動覺可能與教練員所希望理解和記憶的大不相同。要把自己的精細動覺傳給他人,比視覺、聽覺難得多。教練員有些指示語,如乒乓球訓練中"用 70～80%的力","中等力量擊球"、"不發死力"等等,僅是規定了質的、方向性的東西,不可能進行定量化的指導。運動員只能理解總的原則,至於精細的動覺還得靠自己摸索。也有這樣的情況,教練員自己本身有正確的動覺表象,但也無法用語言正確描述出來。他可以示範一個十分合理、標準、漂亮的投籃動作,但本來是向前發力,他可能說成是向左前方發力。

(三) 運動記憶的遺忘

記憶與遺忘是一個事物的兩個不同方面。而遺忘本身既可能產生消極作用,也可能產生積極作用。人所面臨的信息量如此之大,遠遠超過人的處理和記憶能力。選擇最重要的事件加以記憶,是一個人智力發展的表現。人要篩選信息,有意識或無意識地遺忘不重要的信息。

實際上,記憶是一積極、主動的過程。它至少有四種作用:(1) 改造信息:使之更合理化;(2) 簡縮信息:使之更精練化;(3) 遺忘信息:減少消極情感、錯誤動作、錯誤定勢、錯誤知識等的影響;(4) 保存信息。

在運動技能學習過程中,遺忘信息十分重要。在任何項目的訓練中,都有一個糾正錯誤動作的問題,運動員的某些錯誤動作常常非常頑固,難以克服,如何抑制或遺忘這些錯誤動作是教練員、運動員的日常課題。有時,記憶是不以人的意志為轉移的,想忘也忘不掉,想讓錯誤不表現出來也不大可能。一個錯誤的動力定型,可能伴隨運動員的整個運動生涯。運動技能提高的過程,也就是一個記憶積極因素和遺忘消極因素的過程。

總的來說,動覺記憶的特徵是形成難、遺忘慢。這二個特徵決定了在青少年業餘訓練和專業隊的初期訓練中,要特別注意建立正確的、穩固的動覺表象。這個建立過程是先慢後快，先難後易的。教練員都十分重視從小要打好基本功，加強基礎訓練。從技術角度出發，這就是要加強肌肉運動的感覺能力、記憶能力和控制能力。不同專項要採用不同的特殊手段來訓練這些能力，比如足球，就要重點訓練腿、踝、趾的肌肉感覺、肌肉記憶和肌肉控制能力。只有感覺清晰，分化精細，記憶才可能準確、持久。動覺記憶能力，是可以通過訓練得到提高的。如同背外文單字一樣，其他條件不變，記第一組 1000 個單字可能要花二年，記到第十組有了 9000 個單詞做基礎，再記 1000 個單詞可能只需一年了。

四、運動記憶的信息加工特點

　　技能水平、知識經驗與刺激信息之間的相互作用，對運動記憶有很大影響。認知心理學家曾在國際象棋和圍棋運動員中做過一系列實驗，研究他們在運動記憶編碼方面的特點（參見司馬賀，1986）。比如，下國際象棋時，每方最多擺 16 個棋子，雙方共 32 個棋子，但在一般情況下棋盤上的棋子大約是 25 個。主試把含有 25 個棋子的棋盤呈現給被試 5 秒。5 秒鐘足夠使被試看清棋盤，但卻不夠對這些信息進行加工存入長時記憶。呈現後把棋盤移走，讓被試重新擺出棋盤原來的樣子。第一種實驗方法是將象棋高手下到一半時的真實棋局呈現給兩組被試，在這種情況下，象棋大師能恢復 23 個棋子，而一般棋手只能恢復 6 個左右。第二種實驗是將 25 個棋子隨機擺在棋盤上，結果，一般棋手所能恢復的棋子與上一個實驗相同，仍是 6 個，而象棋大師的成績急劇下降，也只能恢復 6 個，和一般棋手沒有差別。由此可見，象棋大師並不具有更好的記憶力，若呈現的不是正規棋局，象棋大師的優越性就體現不出來了。

　　用信息加工的觀點來解釋這種現象，專家在看棋盤上的有規律的 25 個棋子時，並不是看 25 樣東西，而是以**組塊**（或**意元集組**）（chunking）為單元，通過加工組塊之間的關係來看這棋盤的。這樣的布局不是隨機的，而是他在下棋經驗中曾經多次遇到過的。25 個棋子對專家來說只是 4、5 個他非常熟悉的模式，這幾個模式在他的短時記憶中能很快地保持下來。

　　這類實驗及其所反映的認知心理學的時代精神給體育運動心理學的發展帶來了活力和生機，一些體育運動心理學家按照以上研究模式對其他項目運動員的記憶進一步進行了研究並取得了振奮人心的結果。實驗是把實際比賽場面的幻燈片給被試看 4 秒 (籃球) 或 8 秒鐘 (曲棍球)，然後讓被試在一個畫有球場的磁盤上擺放磁石，以標出場上各個運動員的位置，從而檢驗被試的回憶能力。實驗結果與上述研究結果是一致的，即技能水平與刺激信息之間有明顯的相互作用。運動員回憶比賽信息的成績比一般人好；優秀運動員比一般運動員好。同樣，如果無規律地隨意設置情景，再進行回憶，則各組被試間的成績幾乎沒有什麼差異。

專業知識和經驗對記憶有著重要的影響。對專業運動的理解和想像能力也會對運動記憶發揮作用。因為對於任何人來說，在短短的幾秒鐘時間裏，單純依靠記憶是很難一個一個準確地記住那麼多位置點，必須在大腦中進行某種組合加工，以"組塊"的形式儲入短時記憶，如一個進攻隊員和他的防守隊員。這樣，在"組塊"中缺少的部分，就要靠"填充"來補全它。這種主動的填充要依靠運動員的專項知識和經驗來完成。對於無規律的場面，運動員的專項知識經驗也就派不上用場了，這種"填充"當然也就無法進行。

五、運動記憶領域未來的研究課題

自艾賓浩斯 (Ebbinghaus, 1885) 發表專著《記憶》以來，人們利用言語技能作為實驗材料研究記憶問題，已歷經一百多年，成效卓著，發現了許多記憶規律，如記憶三段論、艾賓浩斯遺忘曲線、前攝抑制與倒攝抑制、聯想定律、系列位置效應、回憶中的定向作用、記憶中的加工 (簡略、概括、完整、詳細、具體、誇張等)、記憶中的個別差異等等，這些研究成果對人們理解記憶和改善記憶起了巨大推動作用。但從言語技能作業中獲得的實驗結果以及推導出的規律是否適用於運動記憶？運動記憶有哪些特殊規律？要回答這些問題，顯然需要做出更多的努力。以下僅舉幾例，以說明運動記憶領域需要進一步明確的某些重要問題：

1. 在言語技能的記憶研究中，如果作業量較大的話，被試可能會由於心理的疲勞而產生抑制。而在運動技能的記憶研究中既可能產生心理疲勞，也可能產生局部的或全身的肌肉疲勞效應。二者對技能的學習和記憶都有影響。因此，似乎有必要將心理疲勞與肌肉疲勞的不同效應區分開。

2. 到目前為止，還很少有研究者試圖建立一些模式來理解短時運動記憶的特性，來區分不同作業難度的效應、不同動作速度的效應或解釋簡單與複雜的運動行為中短時記憶和長時記憶的相互關係。

3. 蔡格尼克效應(或蔡氏效應) (Zeigarnik effect)，指回憶未完成的工作比回憶已完成的工作效果更好，此效應與運動技能有什麼關係？

4. 短時運動記憶會影響複雜運動技能的最初學習程度，影響將不同的運動成分構成一個整體技能的程度，但究竟是怎樣影響的，尚不清楚。

5. 關於睡眠對記憶的影響。羅萊特和瓦爾 (Loratt & Warr, 1968) 發現在睡後對語言材料的回憶效果比在睡前好。還有人讓被試識記無意義的音節，然後讓被試甲從事日常工作，讓被試乙睡眠，過一段時間後兩組同時檢驗記憶效果，結果經睡眠的被試乙的成績明顯高於從事活動的被試甲。這些研究結果支持了遺忘的干擾理論。但睡眠對運動技能的影響如何，似乎還無人報導。

6. 短時運動記憶有三種主要的知覺線索：動覺、視覺和聽覺。人們採用蒙目手動定位測試研究過**動覺表象** (kinestheia imagery)。但用**聽覺表象** (auditory imagery)、**視覺表象** (visual imagery) 來研究短時運動記憶的例子較少。實際上，運動員學習技術動作或改進技術動作時，一開始多是依賴聽覺、視覺將教練員的口授、示範、其他運動員的動作或電視、電影的畫面加工成運動表象，再利用這種表象去指揮、調正、控制自己的技術動作，運動員很難直接去體驗其他人的肌肉感覺 (除了教練員手把手地教時)，只能通過視覺和聽覺來間接體會這種肌肉感覺。因此，研究聽覺與視覺表象在短時運動記憶中的作用以及在形成和改進運動技能中的作用就非常必要。

7. 沒有一個運動員的技術動作是十全十美不需改進的，為了提高技術水平，運動員有時需要調正自己的部分技術動作，有時需要改變自己的整個技術結構。也就是說，要破壞舊動作，建立新動作，要遺忘錯誤的、多餘的動作，記憶正確的、必要的動作。但不幸的是，體育教師和教練員常發現，練習者常常是錯的忘不掉，對的記不住。如何有效而迅速地消除或抑制這些錯誤記憶，是提高運動技術水平的一個重要課題。對於那些形成時間不長的錯誤動作，要遺忘、抑制、消退它還容易些，不給予強化，施加某些抑制因素可能很快奏效。而對形成時間較長的錯誤動作，單純不予強化，要遺忘、消退需經很長時間，往往達不到訓練和比賽的要求，哪些方法能有效地消除錯誤動作和鞏固正確動作，是體育教師和教練員關心的實際問題。

第三節　運動員的智力問題

　　在我們這個講求效率、競爭激烈的社會中，從望子成龍的父母到機關企業的人事部長，從行為科學的研究者到競技領域的教練員，無不對**智力** (intelligence) 問題充滿興趣。作為一個日常概念，它是家喻戶曉，人人皆知；作為一個科學概念，它又是衆說紛紜，懸而未決。在體育運動中，智力意味著什麼？它對運動成績至關重要嗎？運動員要取得優異成績一定要很聰明嗎？一個看上去挺"笨"的人能夠純熟地完成複雜的運動任務嗎？運動員高超的運動表現是其智力水平高度發展所致嗎？"天才運動員"的智力發展水平也很高嗎？體育運動能夠促進人的智力發展嗎？這些問題既是體育教師、教練員面對的實際問題，也是體育運動心理學研究者探討的理論問題。

　　競技體育是競爭極其強烈的領域，人的能力差異自然也就表現得十分明顯，能力成為決定運動成績的重要因素。智力作為能力的下位概念，成為衡量能力的一個重要標誌。

　　有關運動員智力問題的研究，存在著三種明顯不同的方向；第一種是傳統智力測驗方向；第二種是操作思維測驗方向；第三種是認知運動心理學的方向。前兩類研究，為我們理解運動員的智力做出了貢獻，而後一種方向，則代表著運動員智力研究的發展**趨勢** (張力為，1993b)。下面，我們將分述這三類研究。

一、傳統智力測驗方向的研究

　　對運動員智力問題的研究，最直接的方法是對運動員進行**一般智力測驗** (general intelligence test)，分析運動員同一般人、優秀運動員同一般運動員的智力差異以及運動員智力同運動成績的關係。菲拉古曾提出，籃球運動員的智商最低值不得低於 90 (參見羅季奧昂諾夫，1984)。蘇聯的研究者還規定"智商在 120 以下者,原則上不能出席重大國際比賽"(參見羅季奧昂諾夫,1984)。但這種具體規定的理論和實踐依據何在,我們尚未見到。松田岩男 (1982) 指出,如果綜合一下歷來的研究,則可發現被試對象年齡越小,或是運動任務越複雜,或者小肌肉群運動比大肌肉群越多,則運動和智力的相關就越高。

中國學者在傳統智力測驗方向上進行的有關運動員智力問題的研究,主要是通過對體育院系學生和高水平運動員進行標準化智力測驗,來探討運動與智力的關係。孫平 (1986) 以 472 名體育院系足、籃、排球專業學生、一般大學學生和一般大學足、籃、排球代表隊學生為調查對象,用韋氏成人**智力量表** (Wechsler Adult Intelligence Scale,簡稱 WAIS) 測量了他們的智力,結果發現,體育院系足、籃、排球專業學生的總智商與一般大學文理科學生之間並無顯著差異,但低於工科學生和一般大學足、籃、排球校代表隊學生。與一般大學生相比,體育院系足、籃、排球專業學生在觀察力、時空感、操作過程中的思維能力及視動協調能力等方面較強,而在知識面、理解語言並運用語言進行分析、概括、判斷、推理能力等方面較弱。孫平認為,足、籃、排球運動的教學和訓練有利於智力結構中知覺組織因素群的提高,並具有提高學生智力水平的積極作用。

周家驥等人 (1985) 曾對上海師範大學體育系 47 名學生進行韋氏成人智力測驗。結果發現,體育系學生的**智商** (intelligence quotient) 中上等以上的 (IQ≥110) 占 68.1%,其中智力優秀 (120≤IQ≤129) 學生的比例為 23.4%,大大高於理論常態分布水平 (6.7%)。從總體來看,他們的平均全量表智商為 113,遠遠高於理論常態智商平均數 100。另外,體育系學生的總智商和文科中文系等學生、理科數學系學生的總智商相比雖略低一點,但差異並不顯著。他們的研究還發現,體育系學生的言語智商較中文系的低,且差異具有極其顯著的意義;體育系學生的操作智商較中文系的高,但差異無顯著意義。周家驥等人認為,體育運動與智力發展並不矛盾,相反還有促進作用。

祝蓓里、方興初 (1988) 對上海地區 31 名健將級運動員智力狀況的研究表明,高水平運動員的智力分布曲線具有比一般群體的智力分布曲線更加偏向優秀的趨勢,且智商達到優秀的運動員,其運動技術水平也相應較高。

李少丹 (1988) 研究了我國 47 名男子高水平自行車運動員和 48 名男子籃球運動員的智力發展情況,他也同樣使用了韋氏成人智力量表 (WAIS)

作為測量工具。他發現，我國男子高水平自行車和籃球運動員智力發展水平的分布具有比一般群體更加偏向優秀的趨勢，即言語智商、操作智商和總智商都在中等水平（IQ＝90）以上。他還發現，專項訓練年限對其智力發展水平也有一定程度的影響。據此，他認為，長期進行運動訓練是可以提高運動員智力水平的。另外，他的研究結果還表明，高水平自行車運動員與籃球運動員的智力結構各不相同，自行車運動員智力結構的三個因素群分值都低於籃球運動員，他認為這主要是由專項訓練的特點造成的。自行車運動員智力結構的三個因素群對其整體結構產生的影響程度依次為：知覺組織因素群、記憶集中注意因素群和言語理解因素群，而籃球運動員的排序為：知覺組織因素群、言語理解因素群和記憶集中注意因素群。

劉淑慧、韓桂鳳（1989）用瑞文標準推理測驗對北京體育師範學院 104 名體育專業學生、北京師範大學數學系 59 名理科學生和中國政法大學法律系 60 名文科學生進行調查，結果發現，利用 A、B、C、D、E 五項及總分的原始分對體育專業學生與文理科男女生的**瑞文標準推理測驗**(Raven's Standard Progressive Matrices Test，簡稱 SPM 或 PM) 各項成績進行比較，均未出現顯著差異，這說明體育專業學生和文、理科學生在知覺辨別力、想像力、類同、比較、圖形組合、套合能力以及系列關係、互換等抽象推理能力等方面均發展到較高水平。作者據此認為，學生並沒有因為參加大量的體育活動而影響了他們智力的發展，恰恰相反，體育學習活動與文、理科學習活動同樣都在促進大學生智力的發展，運動場與安靜的課堂等價，都在發展著大學生潛在的智能。

潘前、劉志民（1990）對 200 名來自省隊和國家隊的男女羽毛球運動員的智力發展狀況進行一項研究。研究結果表明，健將級運動員或比賽名次好的運動員比非健將級運動員或比賽名次差的運動員智商要高，用韋氏量表 (WAIS) 反映出的羽毛球運動員的智力水平與其運動實踐中所需要的智能有著密切的關係。

林逸琦、冉強輝、殷志新（1987）對 168 名中國女子排球運動員進行了調查，結果發現，運動技術水平較高的運動員，智能結構較平衡，但能力不高；運動技術較差的運動員以及青少年運動員的智能結構較差，尤其在創造能力、組織能力、研究能力和表達能力等方面較差。在分析原因時，作者認為，優秀女排運動員由於訓練年限長，經歷各種高水平比賽磨礪的機會較多，再加上接受了一系列較為嚴密、科學的訓練，因此使她們的專業智能水平提高較快。而一般水平的運動員，特別是青少年運動員則由於主客觀因素的限制，使她們的智能水平提高較慢，結構不平衡，能力低下。

毛志雄、張力為 (1992) 以北京體育大學 464 名、北京林業大學 83名本科新生共 547 人為測驗對象，採用瑞文標準推理測驗 (SPM) 進行團體施測。結果發現，體育專業學生的平均瑞文等級為 2.38，略高於中等智力水平，從人數分布的百分數看，智力發展水平具有中等偏優趨勢；按運動等級將被試由低向高依次分為"無等級"、"三級"、"二級"、"一級"以及"健將和國際健將級"五組，組間檢驗結果有可靠差異，運動等級與智力等級具有負相關的趨勢；將田徑、體操、游泳、舉重、武術等項目的專業生歸入"閉鎖性技能"組；將球類、摔跤、柔道、拳擊、散打、擊劍等項目的專業生歸入"開放性技能"組，將田徑、游泳、舉重專業生歸入"體能類"組；將體操、武術、球類、重競技專業生歸入"技能類"組；將體操、武術專業生歸入"表現性"組；將球類、重競技專業生歸入"對抗性"組，對以上分組進行的 F 檢驗 (或 F 考驗) (F-test) 均未見可靠差異；將乒、羽、網、排球專業生歸入"隔網對抗"組，將籃、足、手球專業生歸入"同場對抗"組，將除舉重之外的重競技專業生歸入"格鬥對抗"組，發現"格鬥"組智力發展處於中等偏下水平，且分別與"同場"組與"隔網"組具有顯著或十分顯著的差異。

張力為、陶志翔 (1994) 用韋氏量表 (WAIS) 對 95 名不同技術水平的中國乒乓球運動員進行了測驗，結果發現，中國乒乓球運動員的智力發展水平從整體上看，屬於中等智力發展水平，他們的言語智商略高於操作智商 (107.83：101.59)；乒乓球專業的體院學生的智力發展水平優於中國國家隊，中國國家隊運動員的智力發展水平優於中國青年隊，運動員訓練年限與言語智商有低度負相關關係 ($r = -0.22$，$p < 0.05$)。儘管相關值較低，預測價值不大，但它畢竟是**負相關** (negative correlation)，同前述的研究結論有所不同。另外，作者還認為，韋氏智力測驗也許不能有效地測定出通過乒乓球訓練所促進的那種特殊智能，或者說乒乓球訓練對於發展韋氏智力測驗所測定的一般智力可能沒有特殊的、異於其他活動的促進作用。另外，作者還發現，在世界比賽中獲前三名的乒乓球運動員無一人全量表智商超過 120；僅有一人達到 120，平均值為 101.38 (表 7-1)。這一結果並未支持"智商

表 7-1　八名世界比賽前三名的乒乓球運動員的韋氏智力測驗成績

運動員編號	運　動　成　績	全量表智商
1	世界乒乓球錦標賽第三	102
2	世界乒乓球錦標賽第三	100
3	世界乒乓球錦標賽冠軍	99
4	世界乒乓球錦標賽冠軍	107
5	世界乒乓球錦標賽第三	120
6	奧運會冠軍	105
7	世界乒乓球錦標賽第三	93
8	世界乒乓球錦標賽第三	85

(採自張力為、陶志翔，1994)

值在 120 以下者，原則上不能出席重大國際比賽"的提法。

從上述中國學者的研究中，可以看出這樣三個研究特點：第一，研究重點是智力結構中的**一般因素** (general factor)，簡稱 **G 因素** (G-factor)，或一般智力發展水平；第二，測量工具多為標準化的智力測驗，如韋氏智力量表和瑞文標準推理測驗；第三，多數學者認為體育活動能夠促進人的智力發展。

綜合上述研究和國外其他同類研究的結果，我們歸納出如下一些趨勢：

1. 高水平運動員具備中等或中等以上水平的智商。

2. 體育專業學生的智力發展水平與文理科學生的智力發展水平無顯著差異。

3. 運動專項不同，取得優異成績所要求的智力特徵也不相同。

4. 運動技能的類型不同、水平不同，智力因素對技能獲得的影響也不相同。

5. 運動技能學習階段不同，智力因素對掌握運動技能的影響也不同。

6. 智力缺陷兒童的智商分數越低，技能操作成績也越差，掌握運動技能也越困難。

7. 在所完成的操作任務難度和智商分數之間有中等程度到高的相關。

關於第一點，我們有理由相信，具有中等程度的一般智力發展水平就已具備了成為高水平運動員的一個必要條件，欲成為高水平運動員不一定非要求具備高水平的智力。高運動技術水平同智力的關係可能和創造性同智力的關係相似：高創造性以一定水平的智力為必要條件，但不必以極高水平智力為必要條件 (張力為，1993b)。

關於第七點，我們也注意到了研究結果不一致的情況。毛志雄、張力為 (1992) 以及張力為、陶志翔 (1994) 等人發現運動訓練年限與智商呈低度負相關，儘管相關係數較低，預測功效不大，但我們認為這種負相關可能同運動員的教育程度有關。標準化智力測驗成績同學生文化考試成績有中等程度的相關，說明前者可能受到教育程度的影響，這在含有言語測驗的韋氏量表反映得更為明顯。運動訓練年限長、運動技術水平高的運動員由於長年擔負繁重的訓練比賽任務，常常無法按時按質地完成文化學習任務，影響了他們教育水平的發展，而運動訓練年限短、運動技術水平較低的運動員承擔的比賽任務相對少一些，文化學習的時間相對多一些，文化學習也更為系統，在教育水平的發展方面受到的干擾相對小一些，這可能成為智力測驗時的一些有利因素 (張力為，1993b)。

最後，有必要指出，運用普適性的標準化智力測驗於運動員，其主要功效在於將運動員同一般常人比較，或者是探討各類運動員的一般智力發展水平。如果要研究體育運動與運動員特殊智力的關係，顯然應當改變傳統的智力測驗模式，運用適合於運動特點的測量方法和手段。

二、操作思維測驗方向的研究

如果根據思維的抽象性對思維進行分類，可以把思維分為**直觀行動思維** (action thinking)、**具體形象思維** (imaginal thinking) 和**抽象邏輯思維** (abstract thinking)。不論是從種系發展還是從個體發展的角度看，人類最初發展的思維形式都是直觀行動思維。直觀行動思維在個體發展中向兩個方向轉化：一是它在思維中的成分逐漸減少，讓位於具體形象思維，二是向高水平的操作思維發展。**操作思維** (operational thinking) 中有形象思維和抽象邏輯思維的成分參與，有過去的知識經驗作為中介，有明確的自我意識 (思維的批判性) 的作用。這時的操作思維就不是低級的直觀行動思維了。操作思維是反映肌肉動作和操作對象的相互關係及其規律的一種思維活動，運動員掌握運動技能和表現運動技能，都需要發達的操作思維作為認識基礎，這在開放性運動技能中表現得尤為突出（羅季奧昂諾夫，1984），因為在對抗性比賽中，運動員必須正確地預見自己以及對手或同伴最可能採取的行動，必須發現雙方可能採取的行動之間的關係以及可能造成的行動結果。

（一） 不同運動水平與操作思維成績

鑒於操作思維在運動技能中的特殊作用，可以設想，在運動員認知特徵的評定中操作思維測驗應比一般智力測驗具有更好的**預測效度** (predictive validity)（張力為，1993b）。目前廣為採用的操作思維測驗方法有三個籌碼測驗和 18 塊模板測驗。許尚俠 (1984) 曾用三個籌碼測驗對籃球運動員進行研究，結果發現，專業籃球運動員操作思維的步數和時間兩方面的成績均明顯比體育學院籃球班學生好，體育學院籃球班學生操作思維的步數和時間兩方面的成績均優於師範學院非體育系學生，這說明操作思維與運動操作水平有一定的關係。

邱宜均等人 (1984a) 對 302 名甲級排球運動員的操作思維能力進行了研究，加上對照組共計 1506 人，所用的方法也是三個籌碼測驗。結果發現，甲級排球隊運動員的操作思維能力較一般操作職業的工人好，但較大學業餘排球隊學生和普通大學生差，而且，運動員的操作思維測驗成績與運動訓練年限及短期排球訓練也無明顯關係，這一研究結果與許尚俠的研究結果有明顯的不同。

周百之 (1984) 對不同水平的乒乓球運動員進行的研究表明，操作思維測驗的成績從好到差的順序為：優秀運動員，大學生運動員，一般運動員，即操作思維測驗成績並非與運動水平呈正比關係（表 7-2）。

表 7-2　不同運動操作水平的乒乓球運動員的操作思維

測驗指示	優秀運動員	一般運動員	大學生運動員
步數平均數	7.93	9.25	8.88
步數標準差	0.85	0.76	0.65
時間平均數 (秒)	7.21	8.89	8.18
時間標準差 (秒)	0.61	0.78	0.58

（採自周百之，1984）

現在還很難判斷上述三項研究產生矛盾的原因，也許同三項研究中運動員運動水平差異大小、被試的數量、被試的年齡等因素有關。保守一些說，我們現在還無充分證據說明運動水平越高，操作思維水平越高。就這一點來看，操作思維測驗的預測效應並非預期的那樣好。

(二) 不同運動項目與操作思維成績

許尚俠還曾對不同項目運動員操作思維的測驗成績進行了比較（各項目被試均為 20 人，共 80 人），根據測驗結果（表 7-3），他認為操作思維與運動操作類型有明顯關係。從事同場對抗項目的籃球運動員成績最好，從事非對抗項目的體操運動員和游泳運動員成績較差。與此相似，周百之 (1984) 對乒乓球、籃球、網球和中長跑運動員的研究也表明，不同運動項目的運動員，其操作思維測驗成績有明顯差異，表現得最為明顯的趨勢是，球類運動員的操作思維水平優於中長跑運動員（表 7-4）。

表 7-3　不同項目運動操作思維成績

測驗指示	籃球運動員	武術運動員	體操運動員	游泳運動員
步數平均數	8.21	10.56	16.22	17.00
步數標準差	0.64	0.71	0.97	1.12
時間平均數 (秒)	7.52	8.00	15.40	19.10
時間標準差 (秒)	0.66	0.50	0.83	1.04

(採自許尚俠，1984)

表 7-4　不同運動項目操作思維成績的差異

測驗指示	乒乓球運動員	籃球運動員	網球運動員	中長跑運動員
步數平均數	8.17	8.89	10.06	18.90
步數標準差	0.68	0.77	0.81	1.23
時間平均數 (秒)	7.51	8.61	8.96	21.02
時間標準差 (秒)	0.59	0.71	0.78	1.14

(採自周百之，1984)

據此，我們有理由假設，對抗性項目由於人與人、人與器械之間關係的不確定性大大增加，因而運動員的信息加工量也大大增加，中樞神經系統迅速、靈活、大量地做出決策的機會也大大增加，長期訓練會迫使運動員對這種任務要求產生適應性，提高在運動情境中迅速、靈活、大量處理信息並做出決策的能力，而這種能力也可表現在我們剛才提到的操作思維測驗上。我們還可以進一步假設，在各類運動項目中，**信息加工**(或**訊息處理**)(information-processing)數量以及時間方面的要求越高，運動員的操作思維水平也越高，反之，則越低。在同一運動項目中，只要信息加工數量和信息加工時間具有至關重要的意義，那麼運動水平越高，操作思維水平也越高，反之，則越低(張力為，1993)。當然，這一假設能否成立，還需要進行更多的研究。

1982年，陳舒永等人(1982)對業餘體校11個運動項目共126名少年運動員進行了6項心理指標的測試，操作思維的測試方法也是三個籌碼測驗，結果見表7-5。作者指出，由於對每類專項運動員測試的人數較少，對測試條件控制得不夠嚴格，有些測試結果不大理想是意料之中的。其中幾點有意義的趨勢為：乒乓球運動員所用步數較少；標槍和跳遠運動員所用時間較短；標槍運動員所用時間越短，標槍成績越好 (r=－.55)。另外，我們分析，被試的年齡大小不一，參差不齊 (11～17歲)，可能也是影響測試結果的重要原因 (張力為，1993b)。

表 7-5　各項運動員的操作思維在分布中的百分等級

運動專項	鐵餅	標槍	鉛球	跳遠	跳高	棒球	乒乓球	壘球	籃球	足球	中長跑
操作思維步數	40	47	71	34	47	60	34	60	60	60	34
操作思維時間	40	19	61	29	52	49	57	54	61	42	52

(採自陳舒永等，1982)

三、認知運動心理學方向的研究

認知心理學作為當前心理學發展的主流，對體育運動心理學的發展產生了極大的影響。在對運動員智力問題的研究中，我們也可以看到這種影響的推動力，它似乎可以使我們對運動員的智力問題有更清晰的認識。

認知運動心理學強調從情境特殊性出發來理解運動智力，認為智力是一個交互作用的概念，以一個人應付特殊環境要求的能力為基礎 (Straub & Williams, 1984)。很少有人能在各種情境中都表現得很聰明，因此，理解運動智力應限制情境條件，應根據具體情境中運動任務的特殊性來界定運動智力。以這樣一種方式理解運動智力的前提是：只有採取最恰當的反應方式選擇並加工有關信息，才能成功地完成各項任務 (張力為，1993b)。

運動員要取得成功，必須做到什麼？現在我們就根據認知心理學的思想來考察一下運動員在運動情境中所面臨的各項任務：

1. 給情境特徵命名並查找這些特徵 運動員必須具備足夠的關於運動任務的知識以便了解重要的提示性信息將會出現於何處。

2. 尋找和探測與運動任務有關的線索 運動員不僅需要了解有關的線索並形成關於這些線索外部特徵的概念，還需要把有關線索和無關線索區分開來。也就是說，運動員應具備注意的靈活性，根據環境條件來調節注意的指向。

3. 確定線索模式 很多集體運動項目的環境是嘈雜紛亂的，運動員需要從這種環境中選擇有關線索，過濾各種干擾，確定線索模式。運動員不必對每一個事件進行編碼，但應確認哪些情境是有利的，哪些情境是不利的。

4. 調整注意方向 頭腦中負載什麼信息以使後繼的動作得以順利完成呢？運動員的注意點應該放在他們最佳的活動上，放在為完成自己的活動計畫所做的努力上。

5. 決策 信息加工 (或訊息處理) 最終要導致動作決策。由於知覺的複雜性和反應速度的重要性，做出決策所依據的常常是很有限的信息量。高水平的運動員是明智的信息加工者，能夠利用預感、直覺或猜想來確認和加工那些必要的線索，並利用這些信息進行合理的冒險。

上述各項任務涉及的主要問題是認知過程中的知覺、注意和決策，在這些方面，一些研究者所進行的有運動情境特點的研究為我們理解運動智力展示出一個新的方向。

認知運動心理學認為，在某些情況下，運動成績取決於對不完整的信息或先行信息的加工過程。比如，為了使自己的動作能防住飛來的冰球，冰球守門員必須對攻方運動員的位置進行準確的估計和判斷，也許他不得不依靠不完整的信息做出估計和判斷，甚至利用統計推斷來估計和判斷射門的可能性。瓊斯和麥爾斯 (Jones & Miles, 1978) 曾考察了優秀網球運動員和網球初學者預測發球落點的能力。他讓這兩組被試觀看網球發球電影，然後在球觸拍之前的 1/24 秒和球觸拍之後的 1/8 秒或 1/3 秒使電影定格。在擊球後 1/3 秒定格的條件下，兩組被試的預測成績相同，但在擊球後 1/8 秒定格的條件下，優秀運動員預測發球落點的成績比初學者要好。

巴德和弗魯利 (Bard & Fleury, 1981) 曾利用另外一種技術考察冰球守門員的預測特點。他們給冰球守門員帶上一種眼動測試器 (角膜反射型)，然後讓他在冰球場或實驗室觀看一些不同的進攻組合動作。儘管優秀守門員和初學者都努力將視覺固定在球桿和球上，但無論是在大力射門還是在小動作射門的情況下，初學者盯球的次數都比優秀守門員要多得多。另一方面，優秀守門員的防守動作比初學者做得早，做得快。根據這些實驗結果，巴德和弗魯利猜測，優秀守門員是利用球桿的信息 (位置、速度) 而不是利用冰球的信息來預測球的飛行，而初學者只是當球桿接觸球時才判斷出球的飛行情況。

埃拉和斯達克思 (Allard & Starkes, 1980) 首次運用信號檢測模式來研究排球運動中的知覺技能。他們認為，排球運動員所運用的最有效的策略也許是有意忽略看到的進攻陣型。在排球運動中，攻方的布陣常常要有意迷惑守方運動員，給他們以假象。在這種條件下，迴避某些視覺信息而集中注意於與球有關的信息，就是一種更為可靠的策略。他們的研究要求運動員和一般人通過短暫呈現的排球情境幻燈片來檢測是否有球出現在幻燈片上。有一半幻燈片呈現的是真實比賽情景，另一半呈現的是非比賽情景 (暫停、準備活動等)。該研究提出的問題是：優秀運動員能像用回憶模式進行的研究所揭示的那樣對有組織的比賽信息十分敏感嗎？在實際測驗過程中，一張幻燈片呈現 16 毫秒，然後被試必須通過麥克風儘快儘準地回答幻燈片中是否有球，所呈現的幻燈片中，有一半有球，另一半無球。因變量的情況用**概率** (probability) p (A) (知覺敏感性的一種非參數測量) 和聲音反應時表示。研究結果表明，運動員檢測幻燈片中是否有球的速度比一般人要快 (但並非更準)，他們在檢測過程中採取的策略似乎同迅速探測球的位置同時忽略其他大部分比賽信息有關。

從上述幾例典型的研究中我們可以看到，認知運動心理學注重在具體運動情景中探討運動員運動操作的"軟件"成分，即注重研究具體運動情景中與技能操作的認知成分有關的各類問題，比如：高水平運動員對比賽信息的編碼和提取同一般運動員有什麼不同嗎？速度更快嗎？運動員對環境的視覺搜索和一般人不同嗎？和一般人相比，運動員在比賽環境中是否選擇不同的信息加以注意？高水平運動員在做出複雜決策時，其速度和一般人不同嗎？比賽中的知覺預測有什麼特徵？等等。這些研究課題明顯地受到認知心理學經典性研究在研究方向上和方法上兩個方面的啟示（張力為，1993b）。

四、運動智力的概念

從上述討論中我們已經看到，傳統智力測驗方向上有關運動員智力的研究主要是從"G"因素角度探討運動智力，操作思維測驗方向上有關運動員智力的研究雖然更注重"S"因素，但仍未完全擺脫"G"因素的框架，難以稱得上是特殊能力的測驗。這些研究的結果儘管有相互矛盾之處，無法使我們總結出明確的結論，但至少強烈地提示出成為高水平運動員的一個必要條件：中等以上的一般智力發展水平。但這個下限還不能使我們充分理解運動員和一般人的智力差異。認知運動心理學方向上有關運動員智力的研究主要是從"S"因素的角度探討運動員的智力問題，使我們在理解運動智力問題上向前邁進了一大步。我們或許可以這樣來為**運動智力** (sport intelligence) 構畫一個一般性的定義：人們在掌握和表現運動技能的過程中必須具備的心理特徵（張力為，1993b）。

上述定義中"掌握和表現運動技能的過程"強調了這樣一種思想，即應當在具體運動情景條件下來把握和理解運動智力。另外，"必須具備的心理特徵"主要是指運動員的認知因素，即與運動信息加工過程中編碼、儲存、提取、決策問題有關的知覺、注意、記憶和思維等因素。

對運動智力的正確理解有助於消除某些人認為運動員"四肢發達，頭腦簡單"的偏見。如果讓運動員來解決數學家面臨的問題，他們的確是"頭腦簡單"的人，反過來也一樣，若要請數學家來解決運動員面臨的問題，他們不僅會遇到肌肉運動的困難，而且更重要的，他們還會遇到加工運動信息的困難，他們的大腦對於加工運動信息過程中的編碼、儲存、提取、預測、決策等問題也將是十分"笨拙"的。脫離具體環境條件來認識智力問題,至少是不完整的。

對運動智力的正確理解有助於運動員的選材工作。在選材工作中,我們不但關心運動員是否具備了成為高水平運動員所必須具備的中等以上的一般智力發展水平,而且更關心運動員在具體運動情景中解決問題的能力。教練員 (這裏主要是指省級和國家隊的教練員) 在選材時可以考慮設置一些"一般化"的具體運動情景來考察運動員在運動信息加工過程中的知覺、注意、記憶以及思維能力。

最後,對運動智力的正確理解還可以使我們正確認識體育運動與智力發展的關係。有些研究者根據對運動員和一般人進行智力測驗的結果,認為體育運動可促進智力發展,但在接受這類結論時均應謹慎從事,因為第一,得出這一結論的那些研究均為描述性研究或關係性研究,其研究設計不具備得出因果關係結論的功能;第二,有些同類研究得出了不相一致的智力測驗結果 (張力為,1993b)。

要想正確理解體育運動是否能促進智力的發展,除了應採用具備檢驗因果關係功能的實驗研究設計以外,還應考慮因變量的設置問題,是採用一般智力測驗呢?還是採用旨在探察運動智力的測驗?還是兩者並用?或許最好是兩者並用。而且,我們有理由假設:運動訓練促進的更多的應是運動智力的發展而不是一般智力的發展 (張力為,1993b)。

第四節　體育運動的注意問題

一、注意方式的理論

以往普通心理學對注意問題的研究多是通過詞語和數字圖形的實驗來進行的,其特點是注意對象是靜態事物,注意範圍相對不大,對其變化的要求也不是很高。所以，研究成果不容易直接引用到體育運動中。而專門針對體育運動中注意問題的應用性研究不多。從 70 年代開始，一些體育運動心理學家開始著手這方面的探索，其中以奈德弗的工作最為著名。

(一) 注意方式的概念

奈德弗認為 (Nideffer, 1976a, 1976b, 1978, 1980a, 1980b, 1986, 1990)，注意因素對於運動操作活動是十分重要的。他強調指出，集中注意某一事物而忽略其他事物的能力不可能不對操作活動效率產生重要影響。這不論是在複雜的運動競賽中還是在大街上或是進行一個簡單決策時，都是如此。奈德弗將注意能力分解為兩個維度：範圍 (狹窄到廣闊) 和方向 (內部到外部)。範圍是指在刺激域中人能夠注意到的刺激數量，方向指人的注意是指向內部刺激還是外部刺激。圖 7-10 標出了以這種理論為基礎的四種注意類型，並分別說明於下。

	外部		
廣闊	廣闊—外部注意	狹窄—外部注意	狹窄
	廣闊—內部注意	狹窄—內部注意	
	內部		

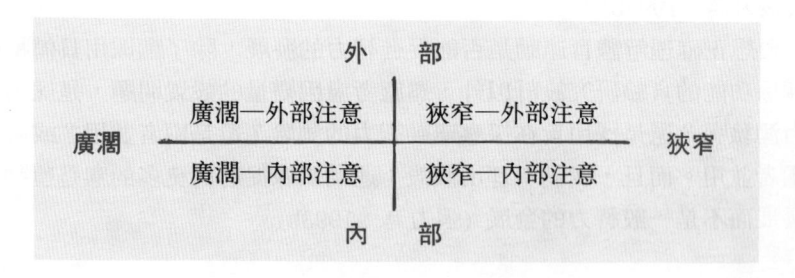

圖 7-10　奈德弗的四種注意類型

1. 廣闊－外部注意 (broad-external attention)　這種注意對於把握複雜運動情境來說是合適的，常用於集體運動項目。具有這種能力的運動員預測能力很強。

2. 狹窄－外部注意 (narrow-external attention)　需要在短暫時刻做出反應時就要求這種注意，這時注意指向外部且範圍很窄，以便擊球或對抗對手。

3. 廣闊－內部注意 (broad-internal attention)　具備這種能力的運動員或教練員善於分析，因此學習速度快，善於把各種信息納入自己的知識儲備之中，並藉此來制定訓練和比賽計畫，預測未來和回憶過去。

4. 狹窄－內部注意 (narrow-internal attention) 這種注意對於敏感地把握各種身體感覺是最必要的，如射擊、射箭、跳水、體操等項目中體驗運動感覺以及表象某一技能等就要利用這種注意。

奈德弗認為：每個人、每個集體運動項目都需要將注意範圍和注意方向加以特殊組合，以產生最佳運動表現。一般來說，情境越複雜，情境變化越快，運動員就越需要利用外部注意方式。橄欖球、足球、冰球運動員需要廣闊的外部注意，而棒球擊球手則需要狹窄的外部注意。當分析或計畫的要求提高了的時候，為改進技術動作，制定比賽戰術計畫時，內部注意就變得至關重要了。

奈德弗 (Nideffer, 1976a, 1990) 編制了**注意方式測驗** (Test of Attentional and Interpersonal Style，簡稱 TAIS)，目的是測量個人的注意特徵。該量表共有 17 個分量表，其中有 6 個分量表用來評估注意的範圍和方向 (見表 7-6)。

表 7-6 TAIS 量表中的 6 個注意分量表

分量表	含　義	高　分　傾　向
BET	廣闊性外界注意	適應所處環境及其變化的能力強
OET	干擾性外界注意	由於外界無關刺激而分散注意，導致出錯
BIT	廣闊性內部注意	組織和分析信息的能力強
OIT	干擾性內部注意	常被自己的思想和感情干擾而陷入混亂
NAR	集中性注意	集中注意和抗干擾的能力強
RED	狹窄性注意	注意範圍過狹而遺漏有關信息

(採自張力為、任未多、毛志雄、李鉑，1992)

(二) 注意的特徵

奈德弗除了提出了注意方式的兩個維度外，還就注意方式、注意能力和注意過程等方面提出了一些假設。

1. 注意具有狀態和特質的劃分 有一些注意特徵是個性特質的一部分，也就是說，它們是相對穩定的，不易變化的。就個體而言，在不同情境中的表現具有一致性。另一方面，有些注意特徵又依賴於具體情境，是不斷變化的，可以調節的。這種劃分有助於解釋為什麼在個人的操作活動中會出現很大不同。如果注意僅有特質這種成分，我們就可以毫不擔心地根據一個人的注意特質去做十分準確的預測。但這同時又意味著所有注意力的訓練只有針對特質去進行，因為特質決定它是不能隨時調節和塑造的。狀態的成分意味著依情境的不同而會有不同的表現，使預測的準確性受到影響。這一假設得到了一些研究結果的支持。

2. 在發展四種注意能力方面，人和人之間具有個體差異 這一點似乎是大家都認同的。很多事例都表明，注意力方面的問題可能導致比賽的失誤。例如，有些運動員不能及時自我調節以適應場地條件或對手戰術的變化。他們建立了自己的心理定勢，且固守這種定勢，這就是狹窄外部注意型的運動員。

個體在注意能力方面的差異，似乎要求我們根據專項運動的特點來選擇與之相應的注意類型的人從事某項運動，還需要針對運動員注意方式方面的弱點進行訓練以提高注意能力，因為每個人在注意方面均有其長處和短處。當然，這就需要有一個有效的、可以測量出個體注意能力方面優劣的工具，這也是奈德弗當初制定 TAIS 測驗的目標。

3. 焦慮或喚醒與注意過程之間的相互關係 奈德弗根據他自己的觀察和其他一些人的研究，提出焦慮和喚醒水平的升高會對注意過程產生以下兩方面的影響 (Nideffer, 1980b)：(1) 干擾從一種注意方式轉至另一種注意方式的過程；(2) 造成注意範圍的縮小。

一些研究認為，高喚醒水平會導致注意範圍的縮小。常用的研究方法是讓被試完成雙重任務，其中一項是主要任務，另一項是次要任務，當採取各種方法提高被試的喚醒水平以後，被試一般都報告對次要任務的外周注意範圍縮小了。這種現象的機制尚未了解清楚。但有研究報告 (參見張力為，任未多，毛志雄，李鉑，1992)，人在喚醒水平升高時，周圍視覺的敏感性降低。對於操作活動來說，注意範圍過於狹窄，會遺漏一些與操作活動有關的信息。注意範圍過於廣闊，也會由於納入了一些無關信息而產生不利影響。

二、比賽過程中的注意問題

（一） 比賽的心理定向

在體育教育中，比賽是教育的手段，在競技體育中，比賽則是訓練的目的，比賽必然會有一個結果，這個結果的表現形式通常是勝或負、成績、名次和是否出線。運動員在參加比賽之前，都自覺或不自覺地對比賽有著某種心理定向。這個心理定向有時並不表現在運動員的語言裏，而是埋藏在運動員的潛意識裏，但它無時無刻不對運動員產生著某種影響，這種影響作用於以下幾個方面：(1) 比賽的具體目標；(2) 比賽方案的制定（包括技術、戰術等方面）；(3) 賽前心理準備（心理程序的制定）。

心理定向引導著運動員去參加比賽。積極、正確的心理定向會成為運動員努力奮發的動力來源。而消極的、狹窄的心理定向會成為運動員的額外負擔，影響技術水平的發揮。消極的心理定向是將注意放在比賽的結果上，而積極的心理定向是將注意放在比賽的過程上，放在自己的技術動作和戰術要求上。這是一個看起來簡單，但實踐中往往不好解決的問題。

比賽結果是很多因素綜合作用的產物，在這些因素中，屬於一名運動員所能控制的因素是很少的，也就是運動員能否發揮出自己的水平這一方面。即使發揮了水平，比賽的結果也不一定就是運動員所期望的。如果把心理定向定在比賽結果上，那就總也擺脫不了對比賽結果的考慮。贏了會怎麼樣？輸了又會怎樣？我到底能贏嗎？高期望值、僥倖心理不僅會白白消耗一些心理能量（心理能量是有限的，注意也是一種心理能量），還會引起焦慮、失眠和各種生理反應，造成神經和身體的疲勞。想贏怕輸的內心活動也會逐步發展，最終形成失敗恐懼。

積極的心理定向是將注意放在盡自己的最大努力，去奮鬥、去拼搏，超越自我，力爭優異成績上。如果能真正做到這一點，就會以良好的精神狀態投入到即將到來的比賽，也一定會有所收穫。

（二） 比賽期間的注意控制

1. 賽前注意力轉移 如何使運動員以良好的體力和精神去參加比賽，

一直是賽前安排的主要內容之一。旅途跋涉，異國異地的風光，社交活動，各種信息量的增加，所有這些對運動員來說都是刺激。但是最重要的，也是最容易引起運動員應激反應的刺激，是比賽環境和氣氛。如何轉移運動員的注意力，使他們擺脫這些干擾？許多教練員都有各自的方法，有經驗的運動員往往也有一些適合自己特點且行之有效的措施。有的採用"封閉"形式，深居簡出，減少社交來往，在房間裏看書、聽音樂、繪畫、練書法、玩撲克牌、打毛衣；有的採取"開放"形式，上公園、郊遊、看電影、去俱樂部和文化場所。在第 23 屆奧運會上獲得女子馬拉松金牌的美國運動員伊諾特的賽前心理調整十分有趣。在比賽前四天，她到山裏採草莓，第二天在家裏做草莓醬。她在賽前做了自己最喜歡做的和最感興趣的事情，獲得了愉快的情緒，注意力得到轉移，精神上得到放鬆。

2. 比賽中的注意力集中 比賽是高強度的身體和心理活動，對運動員的身體和心理的要求也是超於常人的。運動員在比賽過程中的所有活動幾乎都有注意的參與。感知覺、記憶、思維活動等都離不開注意力的集中。也只有在注意力高度集中時，速度和力量才能發揮出來。有些項目還要求運動員保持長時間的注意穩定性。但比賽中常常有各式各樣的無關刺激對運動員產生干擾。如第 23 屆奧運會跳高決賽時，當高度升到 2.33 米時，在跳高場地附近的跑道上，正好接力比賽的運動員跑過來，再加上觀眾的歡呼聲，使朱建華只得匆忙決定免跳，最後在下一個高度上失利。有時，比賽對手也有意識地採取某些手段來分散對方的注意力。當然，最主要的分散注意力的因素來自自己，各種與當前任務無關的思想活動，甚至關鍵時刻的一個一閃而過的念頭，都會使注意力分散。

集中注意力的方法很多，如有的運動員有自己習慣的，並且十分有效的暗示語，暗示語簡短、明確、有力；有的人拍一下手，或大叫一聲；有的人做一次表象動作的練習；有的人做幾次深呼吸；有的人在比賽間隙，帶上耳機，聽一會兒錄音機放的音樂，看看遠處的風景，數數樹木房子等，或乾脆閉目養神、做做氣功等。總之，這些作法的目的在於排除來自外界和自身的各種干擾刺激，減少心理能量的消耗，迎接即將到來的比賽。

本 章 摘 要

1. 不同的運動項目對運動員的感覺有不同的要求。比如，足球運動要求良好的**深度知覺**，集體項目要求廣闊的視野。球類運動員良好的"球性"依賴於觸覺的敏感性。平衡感覺在體操、跳水、技巧、武術及花樣滑冰等項目中具有重要意義。
2. **空間知覺**反映物體的空間特性，**時間知覺**反映客觀事物運動和變化的延續性和順序性，**運動知覺**反映外界物體和機體自身的運動，它們影響到運動員對運動技能的掌握、控制和比賽中時機的把握。其中最重要的是反映機體自身運動的**本體感覺**。
3. 在比賽器材的設計、比賽場地的安排以及運動動作的編排上，要充分考慮知覺的選擇性，以使觀眾更容易地觀賞運動競賽。知覺的理解性在運動員的戰術思維中體現得尤為明顯。比如，運動員經常根據經驗對不完整的信息進行加工並據此做出決策。
4. **專門化知覺**是運動員在運動實踐中通過長期訓練形成的一種精細的主體運動知覺，它不僅僅是一些感覺綜合和高度發展的產物，而且與運動員的表象、運動經驗、思維和想像相聯繫。它能對器械、場地、運動媒介物以及專項運動中的時間、空間等特性做出高度敏銳和精確分化的識別與感知。
5. 同言語反應相似，運動反應的記憶也有一個遺忘過程，大致在一分鐘左右完成。
6. 在學習一種運動技能以前，學習其它技能越多，對後一個運動技能的學習結果影響越大。運動記憶也存在較明顯的**前攝干擾效應**。
7. 在以距離為線索對動作進行回憶時可能會遇到更多的困難，因而定位運動記憶更多地依賴於位置線索。
8. 如果讓被試預先自己選擇一移動終點，則進行運動回憶的準確性就會提高。這種預先選擇效應可能同借助運動程序發動運動動作有關。
9. **熱身損耗**指經過較長時間間隔再重新練習一已學過的技能時，技能成績明顯下降，但僅需少數幾次練習，即可恢復原來水平。其原因可能同遺忘有關，更可能同心理定勢有關。

10. **運動技能**往往比言語技能記憶得牢固，這可能同生活中言語信息產生干擾的機會更多有關，也可能同學習運動技能時人體開放了更多的信息通道有關，還可能同運動技能得到重復的機會更多有關。

11. **連續性運動技能**比非**連續性技能**記憶效果好，這可能是初學量不同造成的。前者得到重復的機會多於後者，初學量大於後者。

12. 總的來說，動覺記憶的特徵是形成難、遺忘慢。這提示在青少年業餘訓練和專業隊的初期訓練中，要特別注意建立正確的、穩固的動覺表象。

13. 運動員回憶比賽信息的成績比一般人好，但回憶無規律情境的成績與一般人無差異，提示專業知識經驗在記憶中的重要作用：運動員是以更大的**組塊**為單位來記憶比賽信息。

14. 傳統**智力測驗**方向上有關運動員**智力**問題的研究表明，高水平運動員具備中等或中等以上水平的**智商**，運動技能的類型不同、水平不同，智力因素對技能獲得的影響也不相同。關於智力與運動水平的關係，研究結果不盡一致。

15. 關於操作思維成績與運動水平的關係，研究結果不盡一致。關於操作思維成績與運動項目的關係，研究結果表明，對抗性運動項目的運動員，其操作思維成績優於非對抗性項目的運動員，這可能同長期訓練對運動員進行信息加工的要求不同有關。

16. 認知運動心理學強調從情境特殊性出發來理解**運動智力**，認為智力是一個交互作用的概念，以一個人應付特殊環境要求的能力為基礎。運動員的智力特徵充分體現在對特殊運動情景進行預測、判斷、分析、決策的能力上。

17. 運動智力是人們在掌握和表現運動技能的過程中必須具備的心理特徵，主要指與運動信息加工過程中編碼、儲存、提取、決策等問題有關的知覺、注意、記憶和思維等因素。

18. 奈德弗的注意方式理論將注意能力分解為兩個維度：範圍（狹窄到廣闊）和方向（內部到外部），並以此分為**廣闊－外部、廣闊－內部、狹窄－外部、狹窄－內部**四種注意類型。

19. 奈德弗認為，注意有狀態和特質之分，在發展四種注意能力方面，人與人之間有個體差異，這一點對選材有一定意義。焦慮和喚醒水平升高對注意方式的轉變有干擾，並使注意範圍縮小。
20. 比賽心理定向引導著運動員去參加比賽。積極的心理定向是指向行為過程，即盡自己最大努力，力爭優異成績。消極的心理定向是指向比賽結果。高期望值，僥倖心理，有可能形成心理障礙。
21. 比賽前注意力轉移是確保運動員以良好的體力和精力參加比賽的重要心理調節措施。比賽過程中的注意力自我控制是發揮技術水平的一個重要因素。

建議參考資料

1. 司馬賀 (荆其誠、張厚粲譯，1986)：人類的認知。北京市：科學出版社。
2. 李孝忠 (1985)：能力心理學。西安市：陝西人民出版社。
3. 張力為 (1993)：運動智力──思考中的困惑與困惑中的思考。中國體育科技，1 期，39～45 頁。
4. 彭凱平 (1989)：心理測驗。北京市：華夏出版社。
5. Schmidt, R. A. (1982). *Motor control and learning.* Champaign, Illinois: Human Kinetics.
6. Straub, W. F., & Williams, J. M. (Eds.) (1984). *Cognitive sport psychology.* New York, Lansing: Sport Science Associates.

第八章

運動技能

本章內容細目

第一節 運動技能概述
一、技能的概念 239
　(一) 技　能
　(二) 技　巧
二、運動技能與智力技能的關係 241
三、運動技能的分類 242
　(一) 連續性技能和非連續性技能
　(二) 閉鎖式技能和開放式技能
　(三) 小肌肉群運動技能和大肌肉群運動技能
四、熟練與習慣 243

第二節 運動技能形成的階段性
一、運動技能形成的階段 244
　(一) 動作的認知階段
　(二) 動作的聯繫階段
　(三) 動作的完善階段
二、運動技能形成的特點 246
　(一) 動作控制的意識性
　(二) 線索的利用
　(三) 肌肉的協調配合
　(四) 運動程序的作用
　(五) 動覺反饋的作用
三、運動技能形成的理論 248
　(一) 連鎖反應理論
　(二) 認知心理學的理論

第三節 練習為形成運動技能的途徑
一、練習與練習曲線 251
二、練習過程的一般趨勢 251
　(一) 練習的進步先快後慢

　(二) 練習的進步先慢後快
　(三) 高原現象
　(四) 練習進步的起伏
三、高效率學習運動技能的條件 257
　(一) 建立明確的練習目的和要求
　(二) 正確選用練習方法
　(三) 合理安排練習時間
　(四) 讓練習者及時了解練習結果

第四節 運動技能的相互作用
一、遷移問題的起源 264
二、遷移的理論 267
　(一) 概括化理論
　(二) 共同要素說
　(三) 格式塔理論
　(四) 雙因素理論
三、遷移的測量 270
四、肢體對側遷移 272
五、語詞-運動遷移 275
六、任務間的遷移 276
七、部分與整體遷移 276
八、刺激與反應的相似性與技能遷移 278
九、先學習的技能的練習量與技能遷移 278
十、時間間隔與技能遷移 279
十一、疲勞與技能遷移 279
十二、集中練習與技能遷移 280
十三、遷移的原則 280

本章摘要
建議參考資料

運動作是人類生活中不可或缺的一個方面，它涉及到人的一些基本生存問題，也同人的高級活動有關。試想，如果沒有獲得運動動作的技能，或者是喪失了運動動作的能力，將會發生什麼？想去餐館，你卻不會開車或騎車；到了那裏，你又不能用筷子或刀叉吃飯；坐在辦公桌前，你不會用筆寫字，不會操作電腦；在運動場上，你永遠是個觀衆，因爲你不會使用任何體育器械。當然，沒有人會處於如此尷尬的境地，如果果真如此，人恐怕就只能作爲"植物人"生存了。人從小就在父母、教師的指導下，不斷練習著各種生活必須的運動技能，從刷牙到游泳，從彈鋼琴到打網球，無所不包。我們不斷享受著學習運動技能的好處，對此習以爲常，以至於很少想到這些學習過程的本身是多麼重要。現在，我們終於有機會坐下來認真地思考一下，我們究竟是怎樣學會這些至關重要的技能的，今後如何才能更加有效地學習和掌握新的技能。

在體育運動的領域裏，運動技能的學習和掌握顯得尤爲重要。10年前"她"可能還是個穿上冰鞋就摔跟頭的小女孩，10年後"她"在冰上的優美舞姿和高難動作叫人眼花撩亂，拍手叫絶，其純熟的運動技能到達了登峰造極的程度。把一個根本不會滑冰的兒童，培養成爲一個花式滑冰的世界冠軍，要走過多麼艱難的歷程。

實際上，運動技能學是一門單獨的分支學科，隸屬於體育科學，但囿於專門人才的培養和實驗室的建立等條件，我國至今未形成學科。運動技能學習的問題，在有些普通心理學的教科書中有簡要討論。鑒於它對體育教師和學生、教練員和運動員的重要性，這裏將它列爲一章的內容加以介紹，本章將討論：

1. 什麼叫技能，運動技能與智力技能的區別。
2. 運動技能是如何形成的。
3. 哪些因素會影響運動技能學習的速度和鞏固程度。
4. 用什麼方法可以使運動技能學習變得更容易一些。
5. 不同運動技能之間是如何相互影響的。

第一節　運動技能概述

一、技能的概念

（一）技　能

　　人的行動是由一系列的具體動作組成的。比如，一個乒乓球的正手攻球動作，就包括走位、拉後手、轉腰、擺臂等相互聯繫的幾個環節構成。能否順利完成一項活動，大都依賴人對實現這些動作的方式掌握到何種程度為轉移。任何一種新的動作，初學者都不能很完善地把它實現出來，起初甚至不知道應該怎樣去實現它。在尋求實現新的動作方式時，初學者往往依靠從前的經驗，依靠舊經驗中與新動作相類似的東西。學騎三輪車的時候，人們都試圖利用過去已經掌握的騎自行車的經驗，來把握腿蹬手扶的用力形式。比較有經驗的人的指導或對這些人的模仿，對於掌握新的動作有著巨大幫助。當然，更重要的是初學者的親身實踐，即需要練習，需要有目的地、有組織地、反覆地完成這些動作。由於練習，實現動作的方式就鞏固下來，於是，人就逐漸掌握了實現這種動作的方式。

　　人在特定的客觀環境中實現的特定行動，如體操中的京格爾空翻、乒乓球中的高拋發球、花式滑冰中的三周半接二周半等，都是由一系列特定的動作方式構成的動作系統，它們都需要身體不同部位一連串動作的互相配合與協調。當某個人掌握了某種特定的動作方式，並根據這種特定的動作方式形成動作系統時，他就形成了某種技能。

　　技能 (skill) 是人們在活動中運用知識經驗經過練習而獲得的完成某種任務的動作方式或心智活動方式。

（二）技　巧

　　任何實現動作的方式，都不是身體某些部分的簡單、機械的運動組合，而是這些部分的有目的、有組織的活動。但是,複雜的技能或一個完整技能系統一經形成,其中某些實現動作的方式便從有意識的轉變為自動化的,即能夠在意識參與和控制減少到最低限度的情況下,順利地、有效地、一個接一個地實現出來。這樣,人在完成某種動作時,就不必更多地集中注意於動作過程本身,不必把完整的動作系統劃分為各個局部的動作,也不必考慮應該怎樣去完成這些動作。因而整個動作就變得靈活、省力,人就有可能將剩餘的注意能量放在可能出現的環境變化,放在如何創造性地完成動作,選擇更有效的途徑和方法,發揮最大的效率,進一步提高動作的質量上。比如,初學駕駛汽車的人,必須按照預定的順序注意每個駕駛動作,但即使這樣,也還是會經常發生錯誤。但當他的駕駛技術熟練以後,某些動作就從意識中解放了出來,變成了自動化的動作,因此,他無須再考慮怎樣發動機器,如何轉動方向盤、如何煞車等,他的注意可以集中在觀察路面情況上以隨時根據環境的變化做出相應的調節。

通常所說的技能包括了技巧,**技巧** (acrobatic skill) 是技能的高級階段。當動作的完成達到了自動化階段以後,當人對動作的各組成成分以及時間、空間、力量特點產生了清晰的運動知覺和動作表象以後,這種技能就成為了技巧,如中國人使用筷子、西方人使用刀叉、打字員打字、普通人騎自行車,大都達到了技巧的程度。當然,運動場上運動員的表演,更是技巧的充分體現。

形成技巧以後,從動作的反應速度,從一個動作過渡到下一個動作的敏捷性,以及從動作的靈活性來看,動作彷彿是自動完成的。但是,不能因此而認為技能動作就是無意識的。因為只是在動作正確無誤的情況下,在環境無特殊變化的情況下,動作的進程才是自動化的。一旦動作過程中環境出現了突然變化,或動作的某一環節遇到障礙時,人就會立刻發現這個變化,意識到動作效果與預定的目的不相符合。這時,他就會將更多的注意能量放在動作過程本身,更加有意識地調整動作,排除障礙。例如,騎自行車的人一邊騎車一邊和同行的朋友聊天,注意主要集中在聊天的內容上,騎車的動作是自動化的。如果車突然顛了一下,他會立刻暫時中斷談話,察看前方路面情況,如果發現是一塊小石頭,則繼續按原來方式騎行和聊天,如果發現前方在修路,則需要做出調整,改變行進的路線。這說明技能動作不是無意識的動作,而是始終在意識的控制之下進行的。

技能動作的**自動化** (automation)，是由於大腦皮層建立了鞏固的動力定型。在反復練習的過程中，大腦皮層經常受到按一定順序出現的刺激物的作用，因而形成某種與之相適應的暫時聯繫系統，即為**動力定型**(dynamic stereotype)。動力定型的各個環節是按確定的順序排列的，始動刺激物將引起一系列的反應。正是由於這種動力定型的建立，才能使一系列動作能夠按照一定的順序自動化地、一個接一個地實現出來。但是，這個條件反射系統不是死板固定的。當活動的條件改變時，條件反射系統也會在一定的範圍內相應地改變，依據客觀要求改造為按照另一種方式進行的反應。駕駛汽車時，司機會隨著道路的情況和汽車種類的不同，以不同的力量、速度和順序去完成各種動作。足球運動員比賽時，可以根據風向、風力的不同，調節自己長傳球的肌肉用力情況。

二、運動技能與智力技能的關係

　　根據技能的性質和特點，可以把技能區分為運動技能和智力技能兩種。**運動技能** (或動作技能) (motor skill) 包括書寫、跑步、體操、騎車、操縱生產工具等，即是指在學習活動、體育活動、生產勞動中的各種行為操作。運動技能主要是藉助於神經系統和骨骼肌肉系統實現的。本章討論的問題，主要是運動技能的問題。

　　智力技能 (mental skill) 是指藉助於內部言語在頭腦中所進行的認識活動 (如感知、記憶、想像、思維等) 的心智操作，其中主要是思維活動的操作方式，例如運算、作文時的操作方式。

　　運動技能和智力技能既有區別又有聯繫。運動技能主要表現為外顯的骨骼肌的操作活動，智力技能主要表現為內隱的思維操作活動。感知、記憶、想像、思維是運動技能的調節者和必要的組成成分，而外部動作是智力技能的最初依據，也是智力技能的經常體現者。在完成比較複雜的活動時，人總是手腦並用的，既需要智力技能，也需要運動技能。黃希庭認為 (1991)，它們兩者間的區分，主要根據是活動中的主導成分。例如，筆算主要是頭腦中的"心算"，用手加以記錄，所以屬於智力技能；體操主要是骨骼肌的活動，儘管這種活動受人的心理圖式的支配和調節，但它屬於運動技能。

　　應當指出，這種區分比較符合人們的一般經驗，但在解釋運動員的某些行為時也會遇到一定的困難。例如，足球運動員在罰點球決定比賽勝負時，罰球者和守門員的猜測、估計、分析、決策，對於比賽結果往往起著決定性作用，這種"鬥智"，帶有明顯的智力技能的特徵，但最後又是通過一些大肌肉群的運動體現出來的。單純把這種罰點球、守點球的技能歸於運動技能或智力技能，顯然都不合適。

三、運動技能的分類

（一）連續性技能和非連續性技能

　　根據運動動作是否具有連續性，可將運動技能分為連續性技能和非連續性技能。**連續性技能**(continuous skill) 的特徵是運動技能由一系列動作組成，是一個接一個的連串動作。人對一連串的刺激做出反應時，進行連續的校正和調節，轉盤追蹤實驗就是一個典型的形成連續性運動技能的例子，如圖 8-1 所示，圓盤上有一很小的圓圈作為追蹤的目標，圓盤的轉速可調。要求被試手持測試筆跟隨目標轉動，力圖保持測試筆尖和目標同步旋轉，不離開目標。這樣形成的運動技能是使手臂連續平穩地進行運動，並不斷根據筆尖與目標的相對位置做出調節。像游泳、滑冰、短跑等都是屬於連續性技能。**非連續性技能**(discontinuous skill) 的主要特徵是一個動作的開始和

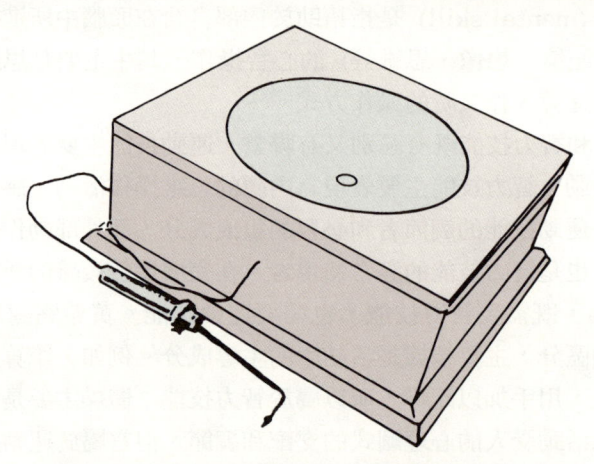

圖 8-1　廣泛用於運動技能研究的轉盤追蹤器

結束非常明顯,且持續時間相對短暫,例如,鐵餅、標槍、舉重、射擊等。這類動作帶有一定的爆發性。

(二) 閉鎖式技能和開放式技能

根據動作的環境條件和運動員相互之間的聯繫,可以把運動技能分為閉鎖式技能和開放式技能。**閉鎖式技能** (closed skill) 主要是根據變化不大的場地、器材情況特別是運動員內部的本體接受器所介入的反饋來進行調節,很少根據競賽對手的情況進行直接、迅速和反復的調節,如跳水、體操、游泳、跑步、籃球的罰球等。**開放式技能** (open skill) 的主要信息來源是迅速多變的環境因素特別是競賽對手的情況,運動員要準確預測對手動向,及時根據對手變化確定和實施動作方式,在集體項目中,還要參照同伴的情況進行決策和行動,比如,拳擊、足球、籃球、排球、網球等項目所運用的技能,都是典型的開放式技能。

(三) 小肌肉群運動技能和大肌肉群運動技能

根據完成動作時肌肉參與的不同,還可以把運動技能區分為小肌肉群運動技能和大肌肉群運動技能。小肌肉群運動技能,顧名思義,是指以**小肌肉群活動** (fine motor activity) 為主的運動技能,它具有細微、精巧的特點,手指和手腕的調節尤其重要,像綉花、織毛衣、寫字、打字等都是典型的小肌肉群活動,又像舉重、摔跤、跑步等,則都是典型的**大肌肉群活動** (gross motor activity)。研究表明,由於這種運動技能的肌肉參與差別極大,因此,這兩類運動技能之間的相關很低 (黃希庭,1991)。

四、熟練與習慣

熟練即高級技能,即我們在前面討論的技巧。人們對某種行動方式熟練了,就不必事先考慮如何去完成它,不必再把某種行動分解為各個局部動作來進行,也不必預先擬定如何完成每個動作。例如,一個熟練的打字員,對於每個手指與鍵盤的對應關係以及對每個字的鍵盤對應鍵,是不大注意的,他的主要注意方向是要抄寫的文稿。一個熟練的木工在刨木料時,並不考慮怎樣拿刨子,怎樣前後推動刨子等。當始動刺激出現時,人就按一定的程序發動一系列的自動化反應。

習慣 (habit) 是完成某種自動化行為的需要。例如，一個人有飯前洗手的習慣，不論什麼時候、在什麼地方吃飯，都會先去洗手。一個人有午睡的習慣，不論在哪兒，到了中午就想睡覺。一個人如果有吸烟的習慣，他就會不知不覺摸出香烟和打火機來。

雖然習慣和熟練都是自動化的動作方式，但是，習慣畢竟不同於熟練。首先，習慣是實現某種動作的需要。習慣了的自動化行為已經變成了人的需要，如果這種需要得不到滿足，就會引起不愉快的情緒；而熟練則指實現某種行動的方式，它不一定與人的需要聯繫在一起。也就是說，習慣和熟練所指的內容是不同的。其次，雖然有些習慣是通過有目的的培養形成的，如餐廳服務員待客人用完餐後，說一聲"請您走好，歡迎再來"，就是一種經培養形成的職業習慣，但有些習慣也可以在無意中，通過簡單的重複形成，如飯後用牙籤剔牙的習慣；而熟練則是按照一定的目的並以一定的方式組織起來的練習形成的。第三，習慣可能是有益的，也可能是有害的，即有好壞之分。勞動習慣、衛生習慣都是好的習慣，隨地吐痰、吸烟等都是不良習慣；而熟練只有高低之分，沒有好壞之別。

第二節　運動技能形成的階段性

一、運動技能形成的階段

運動技能的形成是有階段性的，不同的階段具有不同的特點，通常把運動技能的形成劃分為三個階段。

（一）　動作的認知階段

在技能學習的初期，練習者的神經過程處於泛化 (或類化) (generalization) 階段，內抑制過程尚未精確建立起來；注意範圍比較狹窄；知覺的準確性較低；動作之間的聯繫不協調，特別是肌肉的緊張與放鬆配合不好；多餘的動作較多，整個動作顯得忙亂緊張，完成的動作在空間、時間上都不精確；能初步利用結果的反饋信息，但只能利用非常明顯的線索；意識的參與較多。在此階段，練習者主要是通過視覺觀察示範動作並進行模仿練習，較多地利用視覺來控制動作。因此，動覺的感受性較差，對於動作的控制力不強，難以發現自己動作的缺點和錯誤。

(二) 動作的聯繫階段

練習者經過一定的練習之後，初步掌握了一系列局部動作，並開始把個別動作聯繫起來。這時，練習者的神經過程逐漸形成了**分化性抑制 (或差別抑制)** (differential inhibition)，即是只有條件刺激才能引起條件反射性反應，而近似刺激具有抑制作用，不引起條件反射性反應。近似刺激在相應皮質細胞內形成的抑制過程叫分化性抑制。興奮和抑制過程在空間和時間上更加準確，內抑制過程加強，分化、延緩及消退抑制都得到發展；注意的範圍有所擴大；緊張程度有所減少，動作之間的干擾減少；多餘動作趨向消除，動作的準確性提高；識別錯誤動作的能力也有所加強；初步形成了一定的技能，但在動作之間的銜接處常出現間斷、停頓和不協調現象。在此階段，練習者的注意主要指向技能的細節，通過思維分析，概括動作的本質特徵，逐步完善地意識到整個動作，把若干個別動作結合成為整體。這時視知覺雖然起一定作用，但已不起主要作用，肌肉運動感覺逐漸清晰明確，可以根據肌肉運動感覺來分析判斷。

(三) 動作的完善階段

在這個階段，練習者的動作已在大腦中建立起鞏固的動力定型，神經過程的興奮與抑制更加集中與精確，掌握的一系列動作已經形成了完整的有機系統，各動作都能以連鎖的形式表現出來，自動化程度擴大，意識只對個別動作起調節作用。此時，練習者的注意範圍擴大，主要用於對環境變化信息的加工上，對動作本身的注意很少；**視覺控制** (control by vision) 作用減弱，**動覺控制** (control by kinestheia) 作用加強，能及時發現和糾正動作的錯誤。

二、運動技能形成的特點

從上述運動技能形成的三個階段，可以總結出以下五種運動技能形成的主要特徵。

(一) 動作控制的意識性

在技能形成初期，內部語言起著重要的調節作用 (黃希庭，1991)。這時，技能的各種動作都受**意識控制** (control by consciousness) ；如果意識控制稍有削弱，動作就會出現停頓或出現錯誤。隨著技能的形成，意識控制逐漸減弱而由自動控制取代。在技能的熟練期，人們在完成一種技能時，只關心怎樣使這些技能服從於當前任務的需要，技能的整個動作系統已經是自動化的了。

(二) 線索的利用

在運動技能形成初期，學習者只能夠對那些很明顯的**線索** (cue) (如指導者的提醒) 產生反應，不能覺察到自己動作的全部情況，難以發現自己的錯誤。隨著技能的形成，練習者能覺察到自己動作的細微差別，能運用細微的線索，使動作日趨完善。技能達到技巧的程度時，練習者能根據很少的線索完成動作。這時，練習者頭腦裏已經存儲了與特有的一系列線索有關的信息，當某一線索出現之後，便能預測出會產生怎樣的情況。因而，練習者只需要很少的線索便能完成一系列的反應。

(三) 肌肉的協調配合

如果請一個乒乓球運動員和一個舉重運動員全力扣殺同樣的乒乓球的過網高球，我們可以預測，儘管舉重運動員的絕對力量遠遠地超過乒乓球運動員，但殺高球的力量卻不及後者 (當然，我們也可以預測，罰足球點球時，相撲運動員射門的力量不及足球運動員)。究其原因，主要是乒乓球運動員能夠巧妙地利用全身各部位的肌肉力量，使其在擊球的一瞬間充分的發揮作用，這包括選擇最佳擊球位置，充分拉後手，協調足、腿、腰、臂、頭各部位肌肉的發力順序和發力方向，使主動肌和協同肌最大限度地收縮，同時使拮抗肌充分放鬆等，而舉重運動員則無法做好這些。試想，在做前臂負重屈曲動作時，如果肱二頭肌（主動肌）發力的同時，肱三頭肌（拮抗肌）不能充分放鬆，仍有相當程度的緊張，自然是無法充分發揮原有力量的效能。這説明，有些技能中，**肌肉的協調配合**（muscle coordination）比肌肉的絕對力量更重要，肌肉協調配合的程度是初學者和優秀運動員的關鍵區別之一。這裏，我們又遇到另外一個問題，為什麼技能熟練者能夠使肌肉在恰當的時間和空間協調用力？運動程序的作用或許可以對此做出部分解釋。

(四) 運動程序的作用

在運動技能形成初期，學習者依靠外部反饋，特別是視覺反饋來控制行為。例如，初學打字的人，一邊看著自己的手指和鍵盤上的符號，一邊敲字鍵。初學跳舞者，一邊看著腳尖，一邊跳舞。隨著運動技能的形成和完善，運動控制逐漸開始不再依賴於視覺反饋，而是通過**運動程序**（motor programme）來控制行為。拉茨羅（Laszlo, 1967）曾做過一個實驗，實驗是在剝奪視覺、聽覺、觸覺和動覺條件下進行的，要求被試用早已熟練了的手指敲擊桌子的技能去敲打字機鍵，以此來觀察再學習效果。結果發現，運動技能的熟練程度達到某一階段時，人在頭腦中就會產生運動程序，並依靠這些程序控制運動動作。可以推測，運動技能中外顯動作質量的不同，是（至少部分是）由於頭腦中運動程序的質量不同引起的。運動員的不斷訓練，改善和提高的也主要是這些運動程序的質量。

(五) 動覺反饋的作用

已經形成運動技能之後，人就藉助於運動程序來控制動作的進行。但這並不是説，技巧的實現不需要反饋信息，這時，儘管**視覺反饋**（visual feedback）作用降低了，但**動覺反饋**（kinetic feedback）的作用卻加強了。動覺反饋信息與運動技能有著緊密的聯繫。例如，走路時偶爾踩到一塊小石頭，就會立即產生防止跌倒的動作。這是由於腳部的動覺反饋信息對運動程序的調節。在形成運動技能以後，動覺反饋是運動程序的控制器，保證著運動技能的順利進行。但也應該看到，在某些快速動作中，動覺反饋的作用是微乎其微的。

三、運動技能形成的理論

運動技能是通過什麼機制形成的？有兩種比較有影響的理論對這一問題提供了解釋，一種是連鎖反應理論，一種是認知心理學理論。

(一) 連鎖反應理論

連鎖反應理論 (chain reaction theory) 理論認為可以用刺激-反應 (S-R) 公式的連鎖反應系列來解釋運動技能的形成。運動技能被理解為動作的連續反應：刺激引起反應，第一個動覺反饋調節著第二個動作，第二個動作的動覺反饋又調節著第三個動作……，於是，就產生了運動技能的連續性運動。例如，兒童學會用鑰匙開門的連續動作：首先用手拿鑰匙，對準鎖孔，確認插入的位置是否正確，將鑰匙完全插入並按正確方向旋轉，開門。這一動作系列的連鎖反應如圖 8-2。

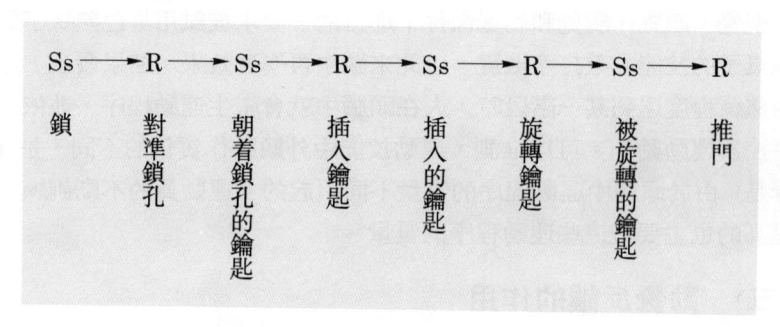

$$Ss \longrightarrow R \longrightarrow Ss \longrightarrow R \longrightarrow Ss \longrightarrow R \longrightarrow Ss \longrightarrow R$$

鎖　　對準鎖孔　　朝著鎖孔的鑰匙　　插入鑰匙　　插入的鑰匙　　旋轉鑰匙　　被旋轉的鑰匙　　推門

圖 8-2　用鑰匙開門的連鎖反應
(採自黃希庭，1991)

在這個例子中，每個動作 (Ss→R) 如果不按上述順序進行，就達不到目的。因為如果鑰匙的方向不對，就無法插入鎖孔；如果沒有全部插入，就不能旋轉。如果順利地完成了一切操作，門就可以打開。開門是最後一個動作，對整個連鎖反應起著強化的作用。

但是，連鎖反應理論難以解釋以下問題：

1. 快速動作的連接　人能在 100 毫秒之內開始、進行和停止一個動作，而利用感覺反饋所需要的時間要比 100 毫秒長得多。例如，視覺反饋約為 190～260 毫秒，本體感覺反饋約為 120～125 毫秒。顯然，這些時間都太長，不允許感覺反饋來控制動作的進行。例如，熟練的鋼琴家不看鍵盤演奏，有些片段手指的動作每秒鐘可達 16 次。這種快速動作之間的連接，感覺反饋是無法控制的。

2. 大多數運動技能都具有新穎性 儘管你簽過上千次的名，但每一次的簽名動作都有點獨特性。花樣滑冰運動員向後旋轉三周半的動作練習過成千上萬次，每一次也都不完全相同。而根據連鎖反應理論，這類動作應該是定型化 (黃希庭，1991)。

(二) 認知心理學的理論

認知心理學用信息加工的觀點來解釋運動技能的形成過程。如圖 8-3 所示，這一過程包含了感受－轉換－效應器三個連續階段。各種感覺器官接受輸入信息，但人只有通過動覺才能夠意識到自己身體的運動。知覺正確與否，對運動技能的形成有重要意義。感覺信息超載或貧乏，都有可能導致知覺判斷錯誤。感覺信息經過短時記憶 (選擇性記憶) 轉入第二階段──由知

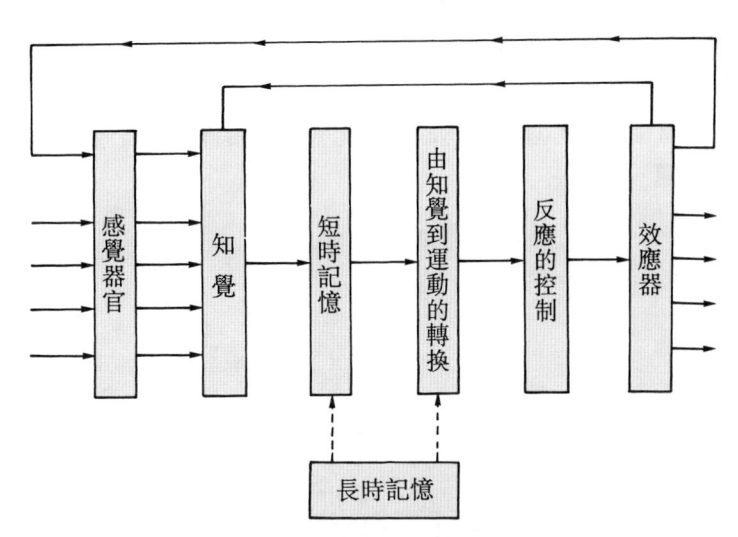

圖 8-3 運動技能形成的認知模型
(採自黃希庭，1991)

覺到運動的轉換。這一階段有雙重意義：即對感覺輸入做出反應，又激起效應器的活動。而效應器的活動通過反饋進一步得到校正或加強。研究表明，經過練習所形成的**運動程序圖式** (motor programme schema)——即程序性記憶儲存在長時記憶中。運動程序圖式是經過長期的練習而形成的有組織的系統性知識 (黃希庭，1991)。對於一種運動技能，如彈琴、打字、駕駛汽車等，要達到熟練必須經過 1000～1500 小時的練習。這僅是指一般性的熟練而言，即可以熟練地運用該項技能。至於在競技運動領域，要形成一種能夠在比賽中靈活運用的技巧，顯然要經過更長的時間。按照每天訓練 4 小時 (大運動量訓練一般為 6 小時左右，但包括了身體練習)，每年訓練 280 天計算，一個有 10 年球齡的排球運動員，達到運動顛峰狀態時，已經訓練了 11,200 個小時。這種經驗豐富的運動員，把比賽中可能遇到的各種情況以及怎樣處理都構成了一套套運動圖式。這些運動圖式隨著練習而不斷完善，不斷鞏固，它們好像整裝待發的戰士一樣，隨時聽候啟動的命令。在活動之前，這些運動圖式構成一種總的運動圖式並在無反饋的條件下使活動進行下去 (黃希庭，1991)。經過長期練習後，大腦的運動圖式有兩個特徵，一是十分鞏固，某種特定刺激總是立即引起相應運動圖式的啟動和調用；二是十分靈活，即在調用大腦中儲存的運動圖式指揮一個或一系列的具體動作時，容許在執行過程中根據具體環境產生大同小異的變式。這樣，實際操作中千變萬化的動作有可能出於同一大腦運動圖式。

顯然，這種認知心理學的理論能夠比較好的解釋連鎖反應理論難以回答的那兩個問題。

第三節　練習為形成運動技能的途徑

一、練習與練習曲線

任何技能都是通過練習逐漸形成的。所謂**練習** (exercise) 是指以掌握一定的動作或活動方式為目標的反復的操作過程。練習成績的進步情況可以用練習曲線表示出來。**練習曲線(或學習曲線)** (learning curve)，是表示一種技能形成過程中練習次數和練習成績關係的曲線。

二、練習過程的一般趨勢

各種技能的形成都有一個共同的趨勢，就是練習成績的逐步提高，這主要表現為速度的加快和準確性的提高。速度加快是指單位時間內完成的工作量增加，或每次練習所需要的時間減少。準確性提高是指每次練習出現的錯誤次數減少。在實際練習中，上述共同趨勢的表現形式主要有四種。

(一) 練習的進步先快後慢

如圖 8-4 所示，在練習的開始階段，曲線急速上升，之後這種上升趨勢逐漸減慢。

造成這種現象的可能原因有，第一，練習初期，練習者可以利用過去經驗中的一些方式方法，所以進步較快。到後來，隨著技能的不斷進步，它與生活中常用的活動方式相差越來越遠，可利用的經驗成分就越來越少，建立新的**神經聯繫** (neuro connection) 的需要越來越多，因此，困難也就越來越大。這時，技能的任何改進都要付出極大努力，所以成績的提高逐漸緩慢下來。例如，短跑、跳遠等技能的學習就存在這種情況。

第二，練習初期常常把較為複雜的完整動作分解為較為簡單的局部動作練習，這就比較容易掌握。此時，如果測驗的是分項技能而不是整體技能，

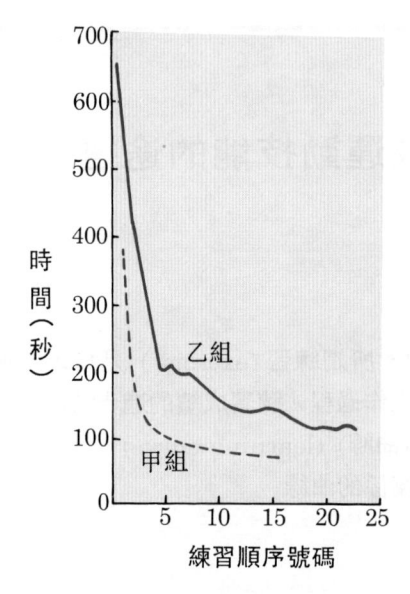

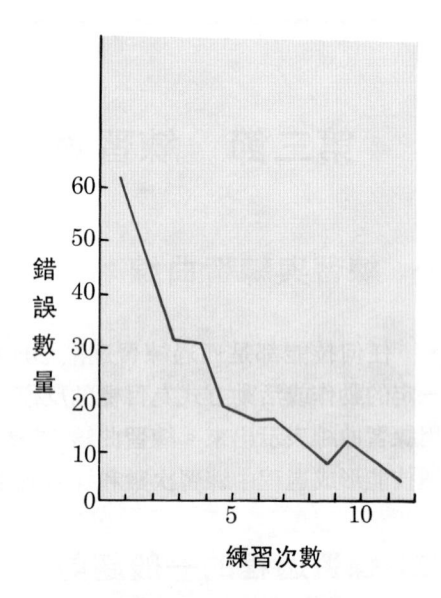

(a) 對鏡寫字的練習曲線：
完成動作所需時間減少

(b) 駕駛摩托車的練習曲線：
錯誤數量的減少

圖 8-4 先快後慢的練習曲線
(採自曹日昌，1980)

就會看到開始進步較快的現象。到了練習的中後期，需要建立複雜的協調動作，而協調動作又不是若干局部動作的簡單總和，比較困難，這時，如果測驗的是整個技能或結合性技能，就會看到練習成績的提高速度放慢了。

第三，練習者在練習的初期可能興趣較高，情緒飽滿，自我投入，而練習一段時間後，練習本身產生了枯燥感，影響了練習的動機和情緒，因而造成練習提高速度的減慢。

(二) 練習的進步先慢後快

如圖 8-5 所示，在練習的開始階段，曲線上升緩慢，之後這種上升趨勢逐漸加強。造成這種現象的可能原因是，在練習的初期需要在一些基本技能上花費很大功夫，所以進步較慢，如游泳技能的學習。一旦掌握了基本技能，進步速度就明顯加快。

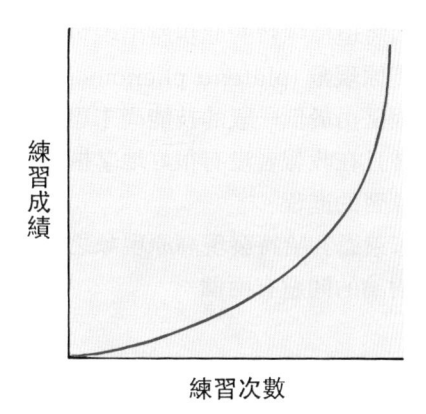

圖 8-5
先慢後快的練習曲線
(馬啟偉、張力為繪製，1996)

(三) 高原現象

布萊恩和哈特曾對電報實習生的練習進步情況進行了研究 (Bryan & Harter, 1897, 1899)，他們每個星期對被試測驗一次，以每分鐘所發或所收的字數為測量的成績。結果表明，在最初的幾個星期內，字數增加很快，以後逐漸減慢，產生常見的練習曲線。發報的練習接近到一定的"生理限度"之後就停滯不前了。收報的練習曲線上升得較發報的曲線慢些，在 4 個月後便不再上升，但經過一段停滯的時期後，又重新迅速上升 (圖 8-6)。也就

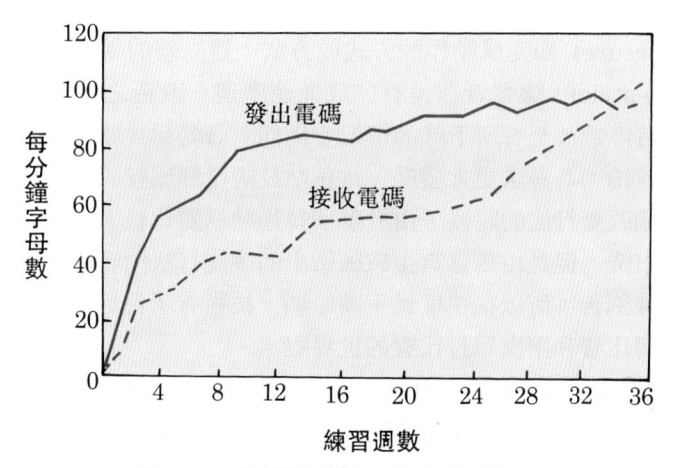

圖 8-6 收發報練習中的高原現象
(採自 Bryan & Harter, 1897)

因此而將這種練習的進步所出現暫時停頓，經過一段時間，又繼續進步的現象叫**高原現象** (plateau phenomenon)。布萊恩和哈特認為，產生高原現象的原因是由於低一級的技能尚未達到自動化程度，因而高一級的技能難以形成，並且在收報者沒有很好地掌握電碼之前，其收報速度必然要慢，從而影響了練習的進程。

布萊恩和哈特發現高原現象之後，又有一些研究者對這一現象進行了探討。討論的問題有兩個：

1. 高原現象是否是練習曲線必有的特點，即它是否具有普遍意義。對這一問題的回答是否定的，因為在許多練習曲線上，看不出許多微小的波動（即在練習進程中，有時進步多一點，有時進步少一點）與長期停頓的現象（即真正的高原期）的區別（楊治良，1984）。

2. 布萊恩和哈特所提出的產生高原現象的原因是否能夠說明普通的運動學習問題。關於這一問題，顯然是比較複雜的，因為運動技能學習的種類很多，難度不一，要求各異，是布萊恩和哈特的經典實驗難以概括的。

除了布萊恩和哈特提出的原因外，產生高原現象的可能還有以下原因：

1. 動作結構的改變 由於技能的提高需要改變舊的**動作結構** (movement structure) 和完成動作的方式或方法，建立新的動作結構或技術風格 (technique style)，練習者在沒有完成並適應這一改造之前，技能的進步就出現了暫時停頓甚至有所下降的情況。例如，著名乒乓球運動員郭躍華原來使用正貼球拍，為尋求更大發展，雖正貼技術已經比較成熟，仍改為反貼球拍，在剛剛改變打法的時候，由於整個技術結構變化較大，因此，整體技能水平有所下降，但是由於徐寅生教練做出的改變打法的戰略決策是正確的，加之他訓練刻苦，所以很快度過了高原期，技術有了長足的提高，最終獲得了兩次團體比賽和兩次單打比賽的世界冠軍。

2. 身體素質的影響 有些技能的提高取決於**身體素質** (physical fitness) 的提高，例如跳高運動技能的提高就要以腿部力量為基礎，因此，身體素質發展的落後狀況會制約運動技能的發展，如果身體素質得到適當的提高，運動技能水平也可以繼續發展。

3. 練習者缺乏動機　練習者的興趣降低，動機不強，情緒低落，也會使運動技能的發展出現停滯。

4. 練習者的身體狀況不良　練習者如出現傷病，也會使技能的進步出現停滯。在運動員的訓練中，傷病是困擾運動員和教練員的一大難題。運動員的某些損傷是慢性的，非經手術治療或長期休養，無法治癒，但比賽的要求又不允許運動員手術治療和長期休養，因此，只能帶傷堅持進行訓練，這自然會影響訓練質量和技能發展。有時候，這種訓練的目的就不是提高性的，而是維持性的，即目的是使運動技能保持在現有水平不再下降，比賽中主要憑藉經驗優勢獲取成績。

5. 複雜技能易導致高原現象　高原現象可能在複雜技能中出現，而不易在簡單技能中發生。在複雜技能中，練習者可能一時只集中注意於某一部分的活動，雖然這一部分的活動有了進步，但是屬於這一整體技能中的其他部分的活動卻停滯不前。如果測驗的是整體技能，則會看到高原現象的產生。如果練習者把一個複雜的技能當做一個完整的整體來看待，把注意平均分配於各部分的活動中，其練習進程就不呈現高原現象。包志立的一個實驗清楚地說明了這一點 (楊治良，1984)。實驗為複雜肌肉技能的練習，有三種不同的活動，一種要注意時間，另一種要注意力量，第三種要注意方向。在一個實驗中要學會此種複雜肌肉的技能，就必須在適當的時間，用適當的力量，以左手無名指反擊一下垂著的金屬物體，將其正好落於懸弧中間的部位而達到儀器後面的鐵絲網中間的白線上。被試如果將注意平均分配於此三種活動，則無高原現象；如果將注意一時集中於一種活動上，其他的組成部分將因此受到影響而呈現高原現象。

在被試 A 的練習曲線上 (圖 8-7)，可見練習在第 2 次至第 10 次之間無進步，呈現高原現象。再把這個複雜技能組成的三個活動，分別畫為三個簡單的練習曲線，即時間曲線 (圖 8-8)、力量曲線 (圖 8-9) 和方向曲線 (圖 8-10)，那麼，在時間曲線上，可見在這個練習期間，時間因素掌握得較好，進步很大，而在力量曲線和方向曲線上，則沒有什麼進步，在第 10 次練習之後，力量因素開始提高，時間因素仍有進步，但方向因素依然沒有明顯提高，因此，在第 10 次至第 20 次練習之間呈現出另一個水平的高原。

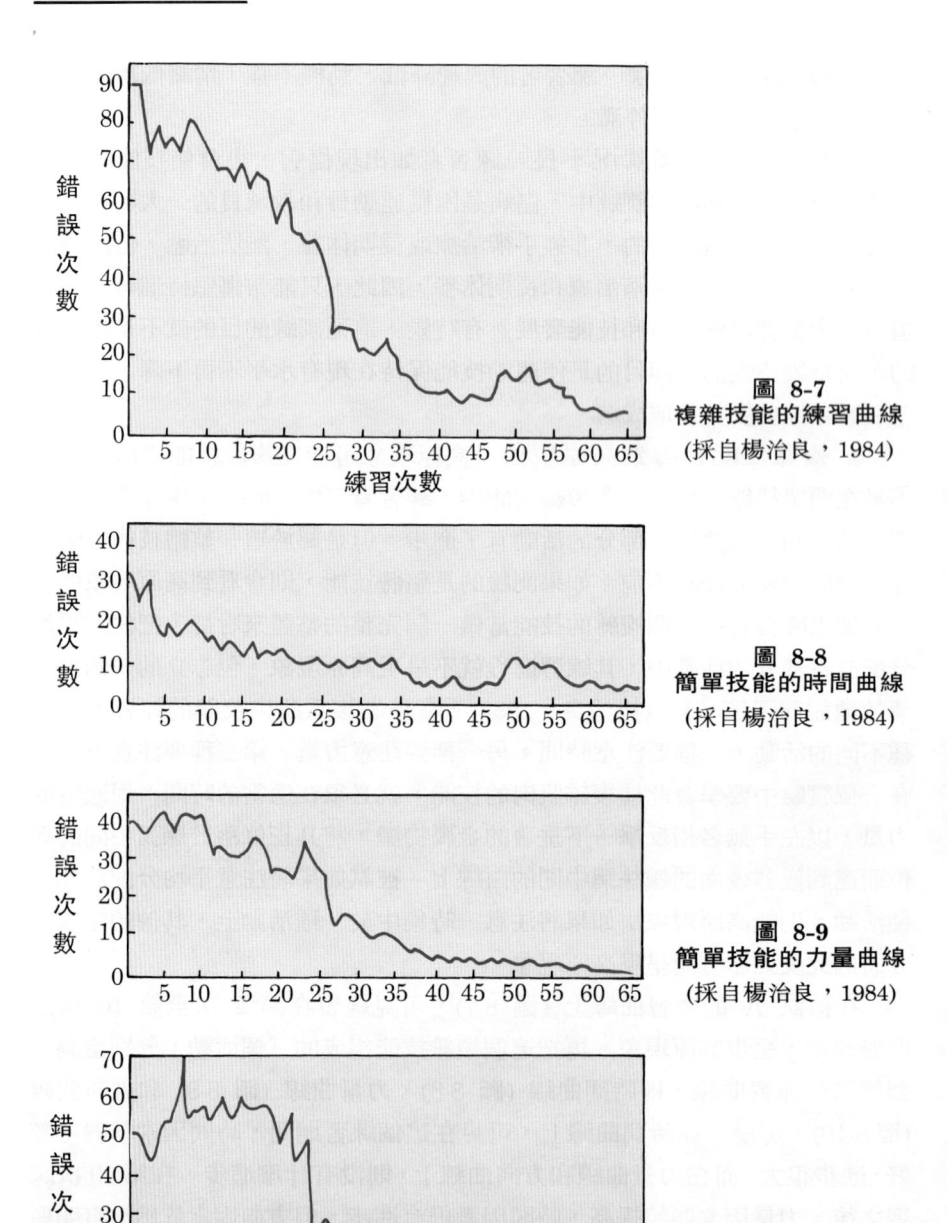

圖 8-7
複雜技能的練習曲線
(採自楊治良，1984)

圖 8-8
簡單技能的時間曲線
(採自楊治良，1984)

圖 8-9
簡單技能的力量曲線
(採自楊治良，1984)

圖 8-10
簡單技能的方向曲線
(採自楊治良，1984)

在另一種情況下，如果被試 B 把一個複雜技能中三部分組成的活動或三個因素當作一個整體，把注意力平均分配於每個活動之中，則其練習曲線無高原現象 (圖 8-11)。

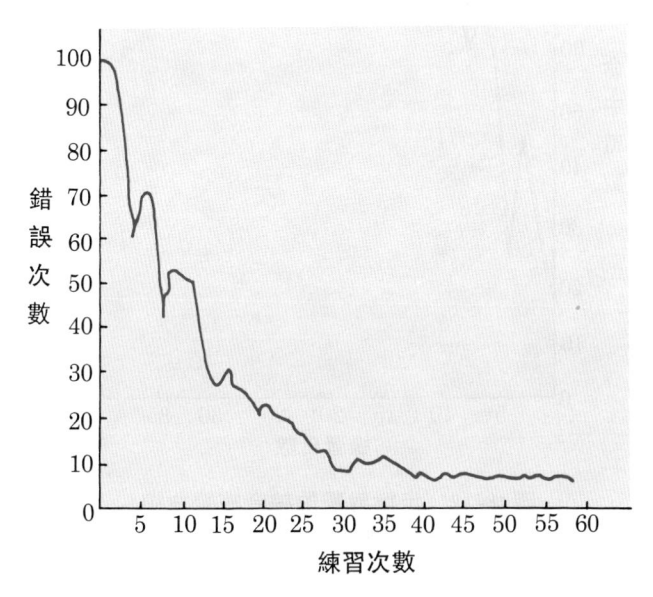

圖 8-11　將三種成分的技能作爲整體學習的練習曲線
(採自楊治良，1984)

(四)　練習進步的起伏

在具體的練習過程中，一個練習者所經歷的技能獲得、技能保持和技能表現的過程更可能是以上三種形式的結合，即練習的進程時起時伏 (圖 8-12)。這是由於影響技能進步的因素很多，如主觀方面，練習者的興趣、動機、情緒、態度等，客觀方面，練習環境、練習設備、練習內容、教師和教練的指導方法等，都會直接影響練習的效果。

三、高效率學習運動技能的條件

同樣一批人學習同樣的運動技能，其效果肯定會不同，有的人學得快，

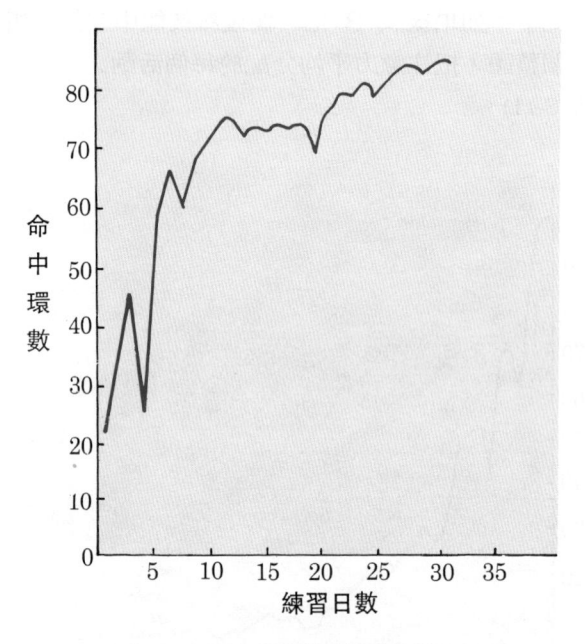

圖 8-12　步槍射擊的綜合練習曲線
(採自曹日昌，1980)

有的人學得慢。這除了有學習能力的制約以外，學習方法和學習條件也起著重要作用。因此，要想提高學習效率，就必須掌握正確的學習方法，創造最佳的學習條件。

(一) 建立明確的練習目的和要求

　　練習同重復的最重要區別就在於目的性。無目的性的簡單重復，不可能使活動方式獲得改善，甚至可能使活動方式向錯誤的方向鞏固下去。因為重復對積極活動方式和消極活動方式均具有鞏固的作用。有的人天天寫字，可是不良的書法卻可能保持終身；有的人年年夏天去游泳，但游泳技能也不見得提高。如果經過有目的有計畫的練習，情況就會大不相同。

　　在掌握運動技能的過程中，練習者為自己樹立的目標，對於練習的效果具有重要意義。這個目標會把要學習掌握的運動技能的心象浮現出來，練習者可以將練習的動作不斷與要掌握的運動技能的心象相對照，同時思索著怎樣才能達到這一目標，思維因此而經常處於積極狀態。這樣，練習完全不同於機械的重復，有助於練習效果的提高。

(二) 正確選用練習方法

練習方法選用得當，有助於學習效率，以下介紹兩種練習法。**部分練習法** (part learning method) 是指把比較複雜的技能分解成若干局部動作，先分別掌握這些局部動作，在有一定基礎時，再把局部動作聯合起來練習。**整體練習法** (synthetic learning method) 是指通過一次練習，將全部內容完全學會為止。兩種方法各有長處，選擇何種方法，應以技能的種類、複雜程度、練習者的年齡、能力、身體狀況以及場地器材等條件為依據。比如，排球的發球，具有相對的獨立性，就可以作為局部動作進行單獨練習；乒乓球中推擋、側身、趕正手三個技術動作常常聯繫在一起運用，對於初學者，必須分解成推擋、推擋側身和推擋側身趕正手三個階段逐步練習掌握，對於優秀運動員，則多聯繫在一起進行練習。

(三) 合理安排練習時間

學習一種技能時，在一段時間內很少有間歇地反復進行練習，稱為**集中練習** (massed practice)。如果在練習期間插入休息，這種學習稱為**分佈練習** (distributed practice)。許多研究表明 (周謙，1992)，學習文字材料時，分佈學習優於集中學習。還有一些研究表明 (黃希庭，1991)，在轉盤追踪、鏡畫、描紅、彈鋼琴等運動技能的練習中，分佈學習優於集中學習。

例如，在一個實驗中 (黃希庭，1991)，實驗者讓被試進行轉盤追踪練習，安排有 5 種不同休息時間 (0 秒，15 秒、30 秒、45 秒、60 秒)。結果如圖 8-13 所示，每次練習的休息時間越長，成績越佳。休息 5 分鐘後的成績比休息之前都提高了。

在曹日昌的一個實驗中 (1980)，要求被試進行**鏡畫** (mirror drawing) 練習，兩組被試都練習 12 次，分為兩個階段進行，即在第 6 次練習與第 7 次練習之間間隔 24 小時。甲組被試第 1 至 6 次練習是分佈練習，各次之間的休息 1 分鐘；第 7 至 12 次是集中練習，各次之間無休息。乙組相反，第 1 至 6 次練習是集中練習，各次之間無休息；第 7 至 12 次是分佈練習，各次之間休息 1 分鐘。練習成績根據完成作業所用時間計算，

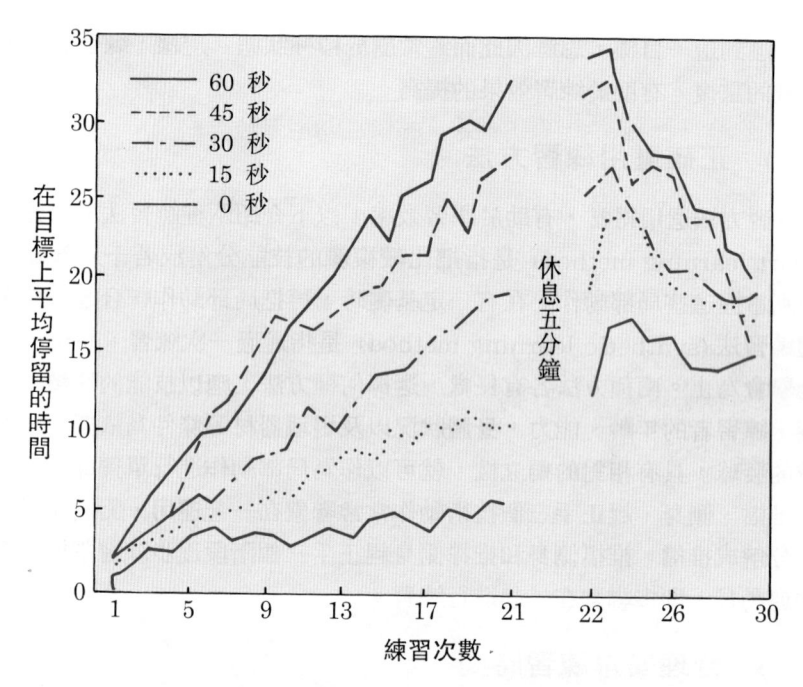

圖 8-13 轉盤追踪實驗中分佈學習與集中學習的比較
(採自黃希庭，1991)

成績好表現為速度快，時間短。結果表明，甲組前 6 次的成績較好，而後 6 次練習成績的提高變慢了；乙組前 6 次的成績比甲組差，但後 6 次練習時，成績的提高加快，接近甲組的水平 (圖 8-14)。

集中練習的效果不佳，可能是由於引起疲勞所致。但是，這個理由卻不能解釋某些輕微的腦力或體力勞動的集中練習的效果也比較差的現象。因為某些比較輕微的腦力或體力勞動，如上述的鏡畫練習，即使進行比較集中的練習，也不至於產生疲勞。這種現象，也許可以用**內抑制** (internal inhibition) 過程解釋。每次練習都有兩方面的作用：一方面是提高了練習的效率，即增加了條件反射的鞏固程度；但另一方面，也加強了條件反射的內抑制成分。這種內抑制有降低練習效率的作用。如果每次練習的時間較短，內抑制就發展得較弱，每次練習之間有休息間隔，內抑制便有充分時間消退，使下次練習順利地向高水平發展 (曹日昌，1984)。

儘管一般而言，分佈練習優於集中練習，但也並不是任何情況下都是如

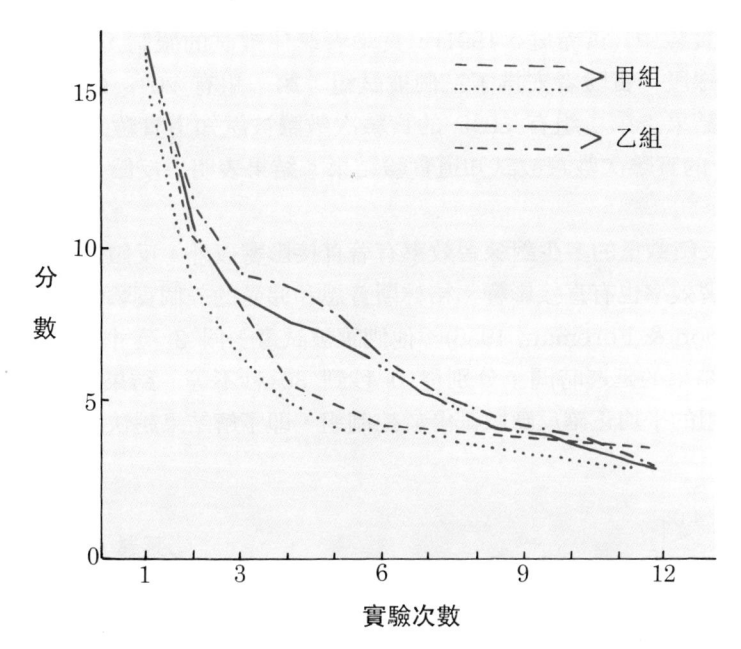

圖 8-14　鏡畫實驗中分佈學習與集中學習的比較
(分數高表示所用時間長)
(採自曹日昌，1980)

此。研究表明 (黃希庭，1991)，在練習日開始進行集中練習，接著改用分佈練習進行練習，比單純進行分佈練習的效果還好。因此，最有利的時間分配是：開始階段進行較為頻繁的練習，每次練習時間不宜過長；然後逐漸延長練習時距，每次練習時間也可略微延長；如果有幾種不同性質的練習，最好交錯起來進行。

總之，要進行高效率練習，必須從技能的性質、練習者的能力、身體情況及如何消除疲勞、克服遺忘等多方面的因素出發來考慮練習的時間安排。

(四) 讓練習者及時了解練習結果

是否了解練習結果，對於提高運動技能的練習效率有著顯著的影響。練習者每次練習後，及時了解自己的練習結果，了解自己的優點和缺點，就能使正確的得到鞏固，錯誤的得到糾正。這種結果的反饋對正確動作起著強化作用，對錯誤動作起著抑制作用，加速了動作的分化過程。

在一個實驗中（黃希庭，1991），實驗者遮住被試的眼睛，讓他們畫 10 厘米長的線段。實驗者安排了三個被試組：第一組有 20% 的實驗次數讓被試知道結果；第二組有 50% 的實驗次數讓被試知道實驗結果；第三組有 100% 的實驗次數讓被試知道實驗結果。結果表明，反饋量越大，學習速度越快。

除了反饋數量的多少對練習效率有著直接影響以外，反饋信息的及時與否對於練習效率也有直接影響。格林斯普恩和弗曼的一個實驗也很有說服力 (Greenspoon & Foreman, 1956)。他們讓被試畫一個 3 英寸長的線段，但告訴被試結果的延遲時間，分別從 0 秒到 30 秒不等。結果如圖 8-15 所示，實驗組的平均正確反應數都優於控制組，即了解結果越快，學習成績也越好。

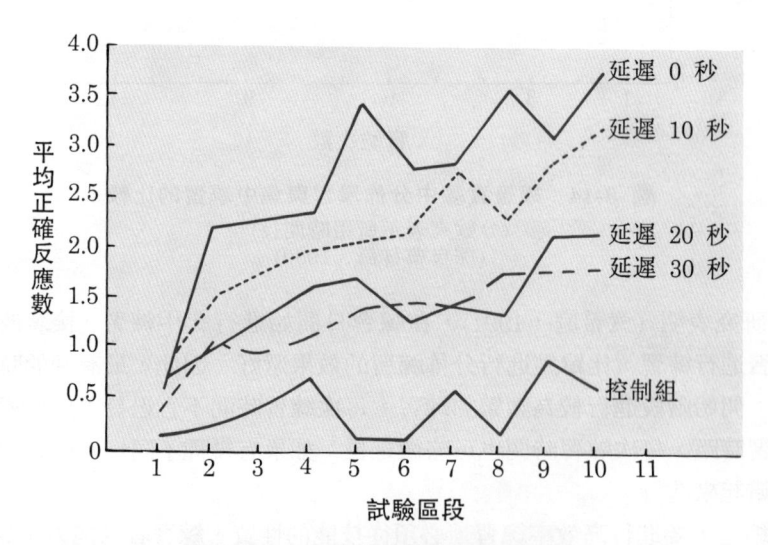

圖 8-15 了解練習結果的延遲效應
(採自 Greenspoon & Foreman, 1956)

在練習中，如果能通過多種渠道了解練習結果的準確程度，對正確動作給予附加強化，有助於進一步提高效率，鞏固練習的成績。在一個轉盤追踪實驗中（見 Gagne, 1959），被試手執筆桿使其尖端與旋轉圓盤（每分鐘轉 60 次）上的一點保持接觸。由於被試可以看到筆尖是否接觸目標，所以可以隨時了解練習結果。甲組被試按照這種方式進行練習。乙組被試則除了通過視覺了解練習的結果以外，還附加了聽覺的強化，即追踪正確時，每隔半秒鐘聽到一次音響。實驗結果表明，乙組的練習效果更好。在取消附加的聽覺強化以後 (50～55 次練習，兩組都不用聽覺強化)，乙組的練習成績仍然高於甲組 (圖 8-16)，說明附加強化所取得的效果，已經鞏固了下來。

上述一些實驗提示我們，在指導運動技能學習時，指導者應採用多種方法及時地、詳細地告訴練習者練習的正誤情況，以提高練習效率。

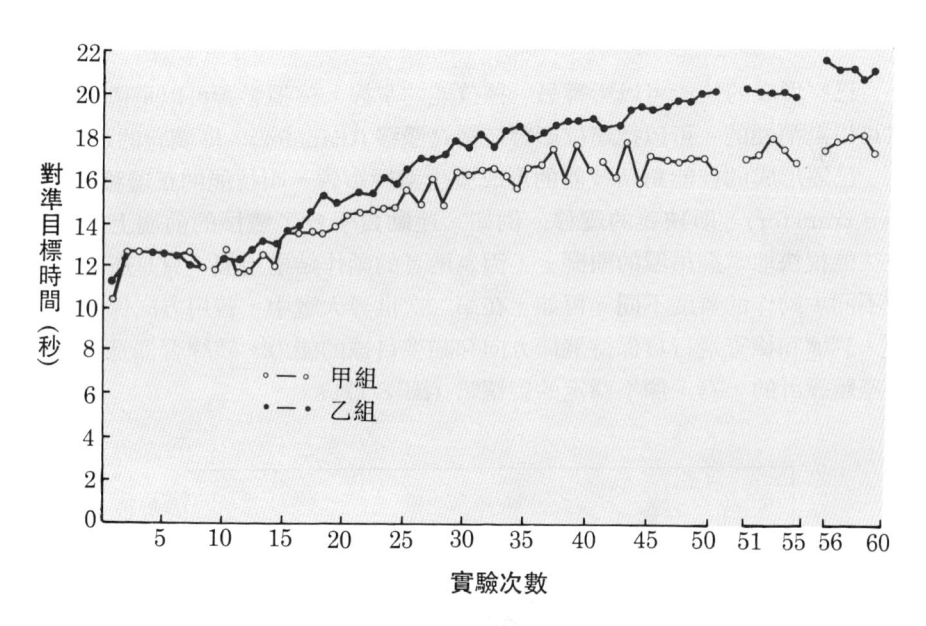

圖 8-16 附加強化對轉盤追踪練習效果的影響
(採自 Gagne & Fleishman, 1959)

第四節　運動技能的相互作用

一、遷移問題的起源

已經形成的技能可以影響另一種技能的掌握。這種影響可以是積極的，也可以是消極的，可以把這種影響統稱為**遷移** (transfer)，即廣義的遷移。

已經形成的技能對新技能的形成發生積極影響，叫技能的**正遷移** (positive transfer)，即狹義的遷移。例如，運動員學會了雙槓的前擺上之後，往往能很快地掌握吊環的前擺上，因為兩者的動作結構相似，只是所用的器械不同，動作的難度不同。再如，在第二次世界大戰中，曾用方向保持練習器，訓練和檢查飛行員保持飛機方向和瞄準目標的能力。該練習器是模擬飛機座艙設計的，為一個不穩定的旋轉艙（圖 8-17）。

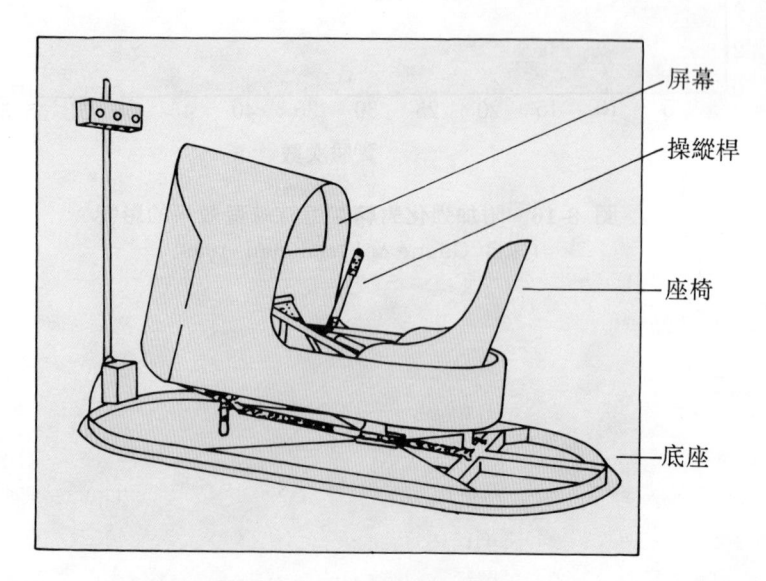

圖 8-17　方向保持練習器

練習時要求練習者用兩腳操縱座艙的轉動，對準前方的一個目標。在一個實驗中 (Gagne & Fleishman, 1959)，甲組被試用直徑 7 厘米的目標進行練習，乙組被試用 0.5 厘米的目標進行練習。在第 10 次練習之後，將兩組的目標加以調換，再繼續練習。調換目標之後，與另外一個比較組的成績對比，甲乙兩組的成績幾乎達到了 100% 的遷移，即甲組在大目標上第 1～10 次練習相當於在小目標上練習 10 次的效果，第 11～20 次練習等於是乙組在小目標上練習的繼續。乙組的練習效果也與此類似 (圖 8-18)。實驗結果表明，在這項活動中，由於刺激物和反應既有相似性，又有共同的工作原理，因此，用大目標進行練習和用小目標進行練習，都取得了同樣的效果。

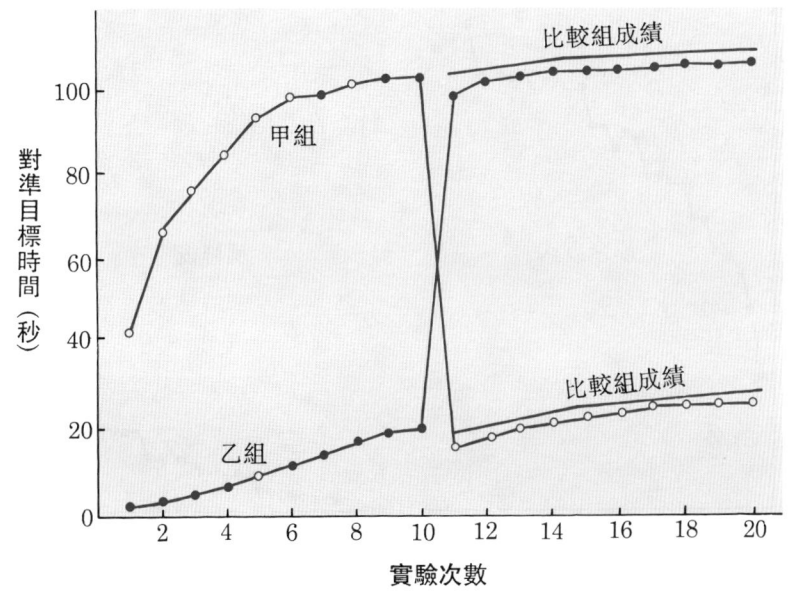

圖 8-18　方向保持器練習中出現的技能遷移
(採自 Gagne & Fleishman, 1959)

已經形成的技能對新技能的形成發生消極影響，叫技能的**負遷移** (negative transfer)，也稱**干擾** (interference)。比如，學會打網球之後，再學習打乒乓球，往往不能正確靈活地運用手腕和手指，因為網球中手腕和手指需要相對固定，主要依靠前臂、大臂擊球，而乒乓球則要更多地利用手腕和手指進行調節。再如，在一個實驗中（見 Gagne & Fleishman, 1959），實驗者佈置了動作方式的改變，以檢驗技能干擾的效果。被試旋轉兩個控制鈕，以控制一個光點追踪運動著的目標。其中一個控制鈕調節光點左右方向的移動，另一個控制鈕調節光點上下方向的移動。每天練習 10 次，經過 3 天的練習後，將兩個控制鈕的旋轉方向與所控制的光點的移動方向的關係反轉過來，即如果先前向順時針方向旋轉各控制鈕，光點向右、向下移動，現在改為向左、向上移動。刺激與反應間的關係改換後，被試繼續練習 3 天，每天仍練習 10 次，實驗結果如圖 8-19 所示，後一階段的成績非常差，低於前一階段實驗中未練習時的原始水平，說明了技能的干擾現象。

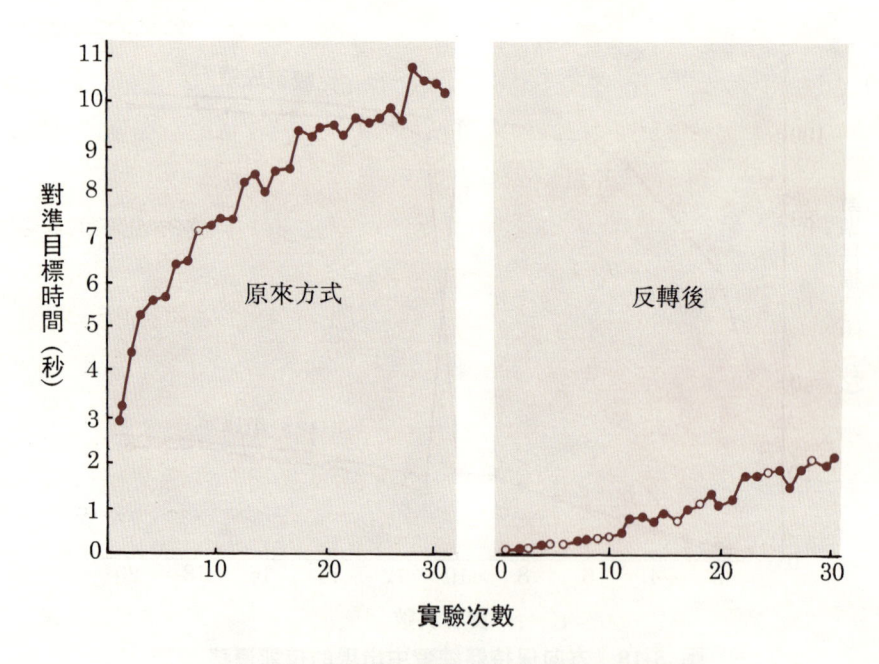

圖 8-19　光點追踪操作中技能的干擾現象
(採自 Gagne & Fleishman, 1959)

在過去一百多年中，大量的心理學和體育運動方面的遷移問題一直是教育理論的核心問題之一。19 世紀中葉，就有人對肢體間遷移問題產生了興趣，如美國的韋伯、德國的費希納就發現，辨別距離的能力可從訓練過的一隻手遷移到未訓練的另一隻手 (Cratty, 1973)。布萊恩 (Bryant, 1892) 在測驗不同年齡兒童的敲擊能力時得出同樣結果並發現對側疲勞與全身性疲勞無關。武德沃斯 (Woodworth, 1899) 發現，畫直線的能力可在肢體間遷移。關於任務間的遷移研究，一開始主要集中在心理問題上，20世紀以前，教育工作者認為像注意、思維和推理這類一般性特點，在學校各課程之間會產生遷移，它們可從像拉丁文、代數這樣的課程遷移到其他活動中去。自20世紀後，桑代克和武德沃斯 (Thorndike & Woodworth, 1901) 等心理學家開始反對這種觀點，他們發現從一種學校課程到另一種學校課程很少發生遷移，並據此認為人類的心理和運動功能都帶有特異性，這一爭論仍在繼續。

二、遷移的理論

(一) 概括化理論

概括化理論(或概判理論) (generalization theory) 由賈德 (Charles Hobbard Judd, 1873~1946) 首先提出。他發現當向人們解釋了光的折射原理之後，人們可以更準確地用箭射中一個水下目標。他覺得運動的準確性是由於過去的經歷對目前運動的需要帶來了無意識的遷移，是由於啟用了過去某些活動建立起的神經通路。因此，他認為一般的教育是有遷移性的。哈羅 (Harlow, 1949) 在他對學習定勢的經典研究中發現，兒童與大猩猩有能力每一次都在更高一些的起點上去解釋一個呈現給他 (它) 的分類問題。二者似乎都在學習如何進行學習，都能掌握所謂的洞察力。他的經典實驗的直接目的是觀察猴子如何辨別出現在它面前的兩種器皿特徵以找到食物。每次呈現兩個器皿，其中之一有食物，但前後出現的情境絕不相同，使猴子無法從前次的經驗中獲得線索以解決後次的問題，它必須每次面對新情境重新去嘗試。換言之，該實驗特別設計得使連續的學習情境之間沒有關係，以避免產生學習遷移。該實驗總共包括 344 個不同情境。實驗結果發現：猴子的辨別學習確能隨練習的增多而進步。固然，每一情境下首次選擇純憑猜測，選中的機會均為 50%，但第二次以後的選擇卻因練習的增多而使選中率提高 (若以成人為被試，第二次即可達 100%)。結果是，練習到第 10 個情境時，第二次選中率為 55%。到第 100 個情境時，第二次選中率升高到

80%。到第 300 個情境時,第二次選中率為 95%。前後兩次學習既無共同元素,也無共同原則,為何能產生遷移效果呢?或許可做二方面的解釋,其一是:個體因多次練習而對學習情境熟悉,因而有助於學習;其二是:個體縱然不能從前次學習發現線索,但卻能從多次練習中發現哪些線索是重要的,哪些線索是不重要的(如該實驗中器皿排列的位置距離即非重要線索),因而可以減少刺激的干擾。如果這種假設能夠成立,那麼賈德提出的概括化理論也可以用來解釋"學會如何進行學習"的含義。

在教育學界,傳統教學論與現代教學論的焦點主要是增加知識和培養能力的關係問題。以夸美紐斯 (Jan Amos Komenský, 1592~1670) 等人為首的傳統教學論認為,教學的主要任務是傳授系統的知識,提出把一切事物教給人類。而以杜威 (John Dewey, 1859~1952)、布魯納 (Jerome Seymour Bruner, 1915~) 為代表的現代教學論通過分析社會知識與個人知識的尖銳矛盾,知識總量呈現爆炸式的增長趨勢和學生在校期間學習掌握知識的有限性,提出教學要發展學生的一般獲得能力。學生一旦具備這種能力,不但能更有效地掌握知識,而且能更好地適應社會提出的其他要求。他們的現代教學論得到實驗成果的有力支持。

(二) 共同要素說

桑代克 (Edward Lee Thorndike, 1874~1949) 認為,只有一項任務與另一項任務所含成分具有共同要素時才會發生遷移,這種成分一般包括相似刺激或相同反應。這種相同不是模式或意義上的相同,而是各個獨立的刺激與反應在形式上的相同。有更多的實驗支持這種觀點。例如,訓練被試估計三角形的面積,可使他們能正確估計類似的其他三角形面積,但在估計其他形狀的面積時,就沒有這樣的訓練效果。前面提到的方向保持器的遷移實驗,就是運動技能中刺激相似、反應相同的實例。貝克和維利 (Baker & Wylie, 1950)、納米克斯和阿舍 (Namikas & Archer, 1960) 等人進行轉盤追踪試驗,發現當轉盤轉速相似時,可產生最大的遷移。在實驗過程中,即在運動技能形成過程中,人們似乎在給練習的任務編製一種特殊程序,如編製一個追踪每分鐘 60 轉的目標的程序,而不是追踪 70 轉或 50 轉的目標的程序。這些實驗都對共同要素說 (common factor theory) 提供了有力的支持。

(三) 格式塔理論

經典的格式塔學習理論家們認為：如果在兩種學習情境中發現了一種動態模式或關係，就可發生遷移。如果完成一項任務有助於完成後一項任務，就稱作發生了**轉換** (transformation)。其原因是存在著共同模式、圖形或關係。一個人是通過理論（高層關係）而不是通過看到兩種情境具有共同的獨立刺激與獨立反應來進行學習的。通過理解，一個人可將自己的經驗遷移到大量的不同情境中去，而不是僅僅遷移到刺激-反應的有限情境。例如，如果被試在深色和淺色之間學會了"深色為好"的關係，當實驗者用更深色取代了淺色之後，更深色與深色配對，被試仍根據習得的關係做出判斷。以"深色為好"作為標準，自然會對新換入的更深色反應。可見，辨別遷移的產生是由於領悟了某種關係的緣故。克瑞蒂（Cratty, 1962）曾利用不同大小的迷津測驗來研究小模式的練習對大模式的練習的影響。他發現：蒙上眼睛練習小模式迷津有助於學習相同的大模式迷津，而練習一個顛倒的小模式迷津則阻礙大模式的學習。是正遷移還是負遷移，要取決於模式的相互關係。由於迷津通道的形狀並不規律，以及主試強調了完成任務的速度，被試似乎將任務作為一個模式整體來學習，而並不理解所涉及的相互關係。他認為，這一實驗結果表明，用**格式塔理論**（或完形理論）(Gestalt theory) 來解釋正負遷移現象最為合適。

但是這一試驗似乎也可以用來支持共同要素說，如圖 8-20 所示，小模式與大模式在刺激和反應的方向上是相同的，儘管在距離上是不相同的。當然，被試認識到方向線索比距離線索更為重要，也許這就叫做**理解** (understanding)。

(四) 雙因素理論

有些研究者認為遷移是一般因素（概括化理論）與特殊因素（共同要素說）共同作用的結果，人們不僅可以"學習如何進行學習"，遷移一般的工作方式，還可以通過掌握刺激與反應的模式來學習各項特殊的任務，是為**雙因素理論** (two-factor theory) (Munn, 1932；Duncan, 1953；Wieg, 1932)。

周謙指出（1992），概括化的理論可能是遷移理論中最有發展前途的理論。這個理論強調學生對教材內容的概括，特別是結合實際的概括，所突出

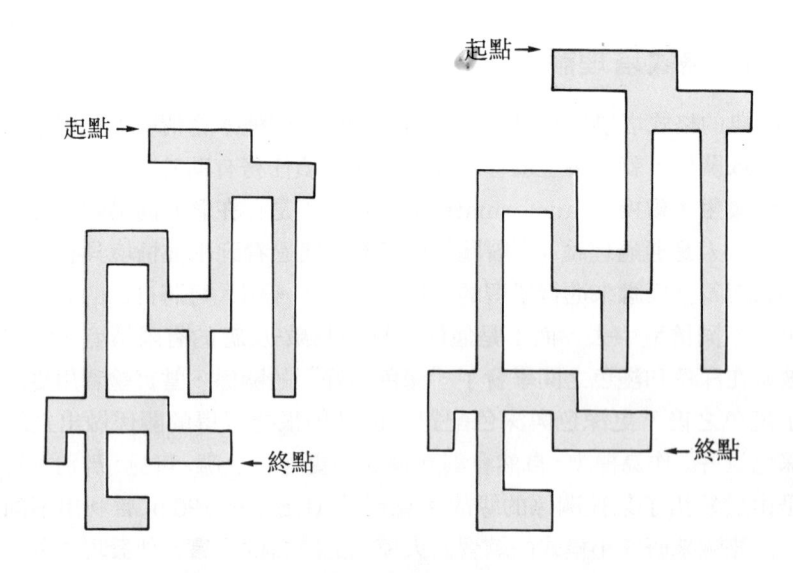

圖 8-20　模式相同、大小不同的迷津

的是方法的價值。就具有嚴謹性的自然科學而言，該理論有其適用的優勢。另一方面，現代的研究都主張在深入研究遷移的過程中，最好是對各種理論進行綜合的考慮。桑代克在後來的研究中，發現被試的智力越高，遷移量就越大。這個結論與概括化理論相吻合，因為概括力無疑是智力的一個組成成分。同時，這個結論同格式塔學派的觀點也有一致性，因為對關係和全局的知覺能力無疑同智力有關。由此可見，倘若過分強調某種理論，或僅以某種理論解釋遷移，有可能失之過偏。

三、遷移的測量

　　圖 8-21 直觀地表示了測量遷移的幾種不同的方法，但有許多棘手的方法學難題阻礙研究者們對遷移效應進行有效地、客觀的實驗研究。這些難題主要有：

1. 要在兩項任務中區分心理成分與運動成分的不同影響極其困難。
2. 在任務練習過程中要想有效地控制被試所進行的心理練習的量也是

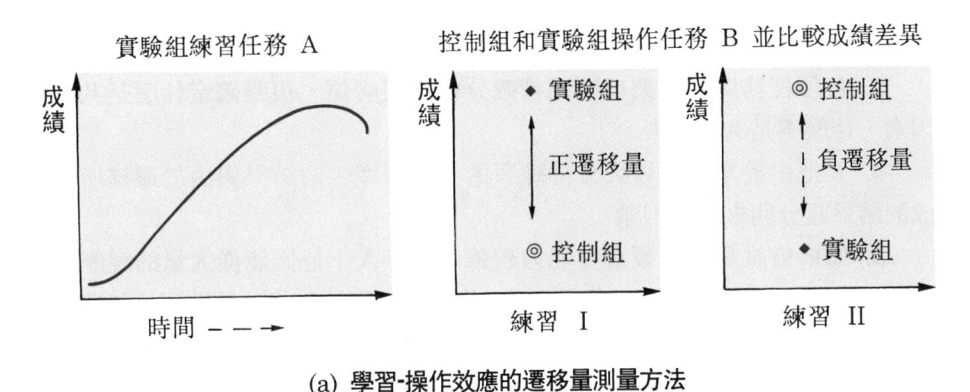

(a) 學習-操作效應的遷移量測量方法

(b) 學習-學習效應的遷移量測量方法

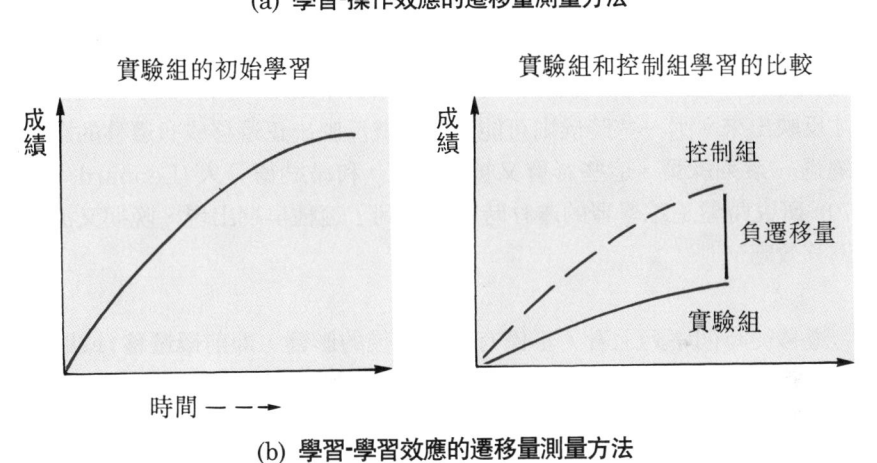

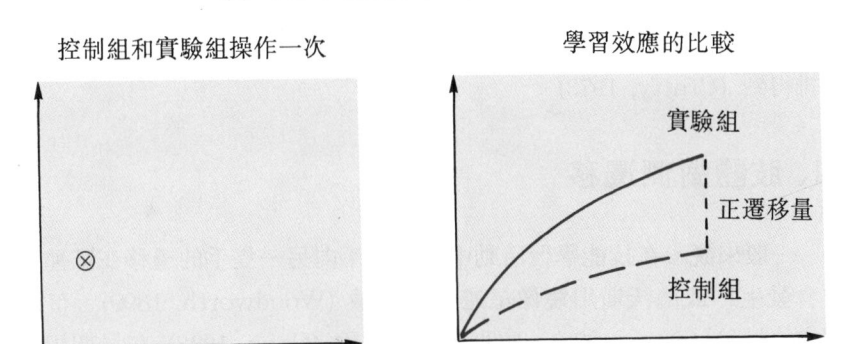

(c) 操作-學習效應的遷移量測量方法

圖 8-21　直觀地表示測量遷移的三種方法
(採自 Cratty, 1973)

很難的。

3. 各項任務間刺激與反應的精確分析也很麻煩,很難確定什麼是共同因素,什麼不是共同因素。

4. 要把由於集中練習與分佈練習的不同所產生的結果與由於遷移所造成的結果區分開來也很困難。

5. 如果被試是經驗豐富、能力較強的成年人,他們能從大量的經歷中獲益,可理解、識別所面臨的任務,將這些經驗應用於最後的標準測量任務,最後實驗者可能既測不出正遷移,也測不出負遷移。他們本身很難受不同任務的影響。

6. 當用一個成績或學習曲線來研究先一個任務對後一個任務的遷移影響時,有的時候正遷移、負遷移的影響開始看不出來,只有在學習進程的晚期才反映出來。另一些時候則可能一開始就反映出正遷移或負遷移的影響,但經過一系列練習,這些影響又被消除了,利昂納德等人 (Leonard, et al, 1970) 研究轉盤追踪學習的遷移時就注意到了這種早期出現、晚期又消失了的遷移效應。

遷移從時間序列上看,不僅有從前向後的影響,即**前攝遷移** (或順攝遷移) (proactive transfer),也有從後向前的影響,即**後攝遷移** (或倒攝遷移) (retroactive transfer),因此研究任務 B 對任務 A 的影響就有二個不同方向。如圖 8-22 所示,任務 B 對任務 A 的前攝遷移效應可由前攝遷移的實驗安排得到,任務 B 對任務 A 的後攝遷移效應可由後攝遷移的實驗安排得到 (Cratty, 1973)。

四、肢體對側遷移

一般來說,在技能學習活動中,一隻手向另一隻手的遷移在某種程度上總會發生,武德沃斯用鏡像星迹追踪實驗 (Woodworth, 1899),布雷用目標定位試驗 (Bray, 1928),庫克用迷津試驗 (Cook, 1933) 在早期相繼發現**肢體對側遷移** (bilateral transfer),且發現不但手對手可以產生遷移,甚至手對腳,腳對腳,腳對手也可以產生技能遷移。埃伯漢 (Eberhand, 1983) 發現,讓被試僅僅看另一個人先做單手操作任務,就足以產生對側遷移 (李

第八章 運動技能 273

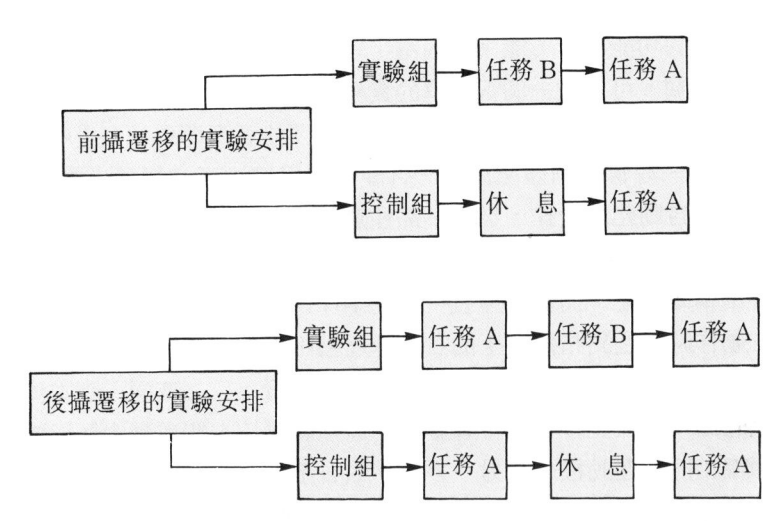

```
前攝遷移的實驗安排 ──┬── 實驗組 ── 任務 B ── 任務 A
                    └── 控制組 ── 休　息 ── 任務 A

後攝遷移的實驗安排 ──┬── 實驗組 ── 任務 A ── 任務 B ── 任務 A
                    └── 控制組 ── 任務 A ── 休　息 ── 任務 A
```

圖 8-22　前攝遷移和後攝遷移效應的實驗安排
(改自 Cratty, 1973)

四看張三用右手投籃，李四再用左手投籃)，其遷移量竟同發生在實際單手操作任務中的對側遷移一樣多 (李四先用右手投籃，再用左手投籃)。他的這個研究結果使人們對於遷移的了解做出了很有價值的貢獻，特別是使人們進一步知道了視覺和智力過程在視動技能學習中的作用。

布雷 (Bray, 1928) 曾從鏡像碰撞目標的試驗中總結出：在練習開始階段，存在對側遷移，而在終末階段這種遷移又消失了。埃倫 (Allen, 1948) 在鏡畫練習中，發現如果用兩隻手交替練習，會比先集中練習一隻手，再集中練習第二隻手的練習更好。研究還表明：動機對遷移也有重要影響。動機水平不高，缺乏對任務細節的注意，遷移也難以發生。

對側遷移涉及到運動實踐的具體問題，如：什麼樣的練習條件和練習任務可導致最佳遷移？在實際的運動技能學習過程中，左右手的共同練習或交替練習能對技能學習起促進作用嗎？據了解，國內已有人開始運用對側遷移的積極影響來提高技能水平，例如一些女子鐵餅運動員 (與王大衛的個人交流，1987)，但畢竟，通過這種練習方法提高運動技能的所見不多。

關於產生這種肢體對側遷移的機制，研究者們各持己見，提出了許多因素，如利用語言自我指導線索，利用視覺線索，掌握該項任務的一般特點和原則，複雜的知覺調整，身體的位置與姿勢等。但起主導作用的可能還是中樞神經系統的功能，它可能與大腦兩半球對身體對稱部位的刺激不易形成分化的機制有關。可以做一個很簡單的實驗證明這一點：右手畫圓，與此同時左手畫方，很難。這是因為兩手動作同時需要注意而導致的紊亂嗎？不是。儘管人在某一短暫時刻僅能注意一件事物（根據注意的單通道說），但右手畫圓是高度自動化的動作，幾乎不需注意。你可以一邊用右手畫圓，一邊做口算題，朗誦唐詩宋詞而很少受到干擾。因為人們已可以在運動中樞和語言中樞作出精確分化。而當指揮右手的左半球運動中樞處於低度興奮狀態而指揮畫圓動作時，它對指揮左手的右半球運動中樞仍產生一定的干擾性影響，使其興奮過程紊亂，最後導致畫方動作難以進行。反之亦同。應當注意，即使右側運動中樞無工作，也會有影響，這種影響使右側運動中樞形成與左側運動中樞相同的運動模式。另一方面，如右手畫圓，左手也畫圓，情形就完全相反，右半球與左半球運動中樞的興奮模式相同，運動模式相同，因此，相互間的影響可能是促進性的。由於控制右手（假定為利手）的左半球運動中樞得到更多的訓練，形成動力定型或某種固定模式，它對右半球運動中樞影響可能就更大。這可能就是產生對側遷移的主要原因。

斯維特（Swift, 1903）的研究表明，在拋球實驗中（一隻手使二個球交替保持在空中），假如左手熟練性差，自右手向左手的遷移就少；假如左手熟練性好些，自右手向左手遷移就多，這說明，遷移量取決於兩手對技能掌握的熟練程度。維格（Wieg, 1932）發現，成年人迷津技能的遷移量大於兒童。庫克（Cook, 1933）也認為，遷移取決於頭一隻受訓練手的熟練程度。根據以上一些研究結果，可以認為：

1. 利手的技能因熟練程度高，易遷移到非利手；非利手的技能熟練程度低，就不易遷移到利手；

2. 當非利手的動作不熟練不準確時，非利手練習有可能對利手產生負遷移。克瑞蒂（Cratty, 1973）提出，如果先用利手練習任務 A 30 分，休息 30 分，再練習 30 分，再休息 30 分，那麼，因為利手練習任務 A 後產生疲勞，必須休息一段時間，以避免過度疲勞，此期間用非利手適量地練習任務 A，或許會促進利手練習任務 A 的成績。但假如任務 A 受到中樞神經系統的影響，用非利手練習任務 A 導致在皮層水平上利手的訓練繼續進行，在利手得不到充分休息的情況下，利手肌肉疲勞就會阻礙繼續用那部分肌肉進行練習，結果非利手的練習反而會導致利手練習成績下降。

儘管體育運動心理學已經積累了許多關於肢體對側遷移的研究成果，但是，仍有許多問題需要通過體育運動心理學工作者和體育教師、教練員的密切協作來加以解決，比如：

1. 對某一特定的運動技術，哪些訓練手段能最有效地進行遷移？
2. 在什麼條件下利用非利手、非利腿進行練習以達到最佳遷移效果？
3. 對側遷移發生的機制是什麼？只有理解主要機制，才有可能有效地進行遷移訓練或避免負遷移。
4. 遷移可能存在較大的個人差異，其他條件相同時，張三用非利手練習可促進利手技能提高，李四就可能看不出任何變化，而王五用非利手練習可能就阻礙利手的技能提高。另外，每個人達到最佳遷移效果的練習量可能不同，張三用非利手練習 100 次投籃可看出對利手的技能產生了可測量到的影響，李四可能要用非利手練習 200 次才可看出對利手技能的影響。那麼，遷移的方向與遷移的強度與哪些個體變量有關呢？

五、語詞-運動遷移

語言的自我指導有助於運動技能遷移，在這方面的研究大都利用了成對序列性技能來進行實驗。一個典型的例子如下：加涅等人 (Gagne, et al., 1950) 使用一組可顯示一系列視覺信號並配以相應開關的裝置，讓被試先進行口頭練習，在一個視覺信號和一個開關之間進行正確的組合。在最後的視覺-運動測驗中，看事先進行口頭訓練是否能對後繼的運動行為有正遷移。回答是肯定的。被試的應答速度有提高。

在大多數情況下，這種成對的語言訓練有助於提高涉及單個或一系列獨立的刺激-反應成分的複雜運動技能。比如，一種言語公式："紅燈－1 號開關"，"藍燈－3 號開關"，是可以遷移到運動行為中去的。經過這種預先的語言訓練的被試，其測驗成績比未經訓練的高。但是，這種預先語言訓練似乎有一最佳訓練量。貝克 (Baker, 1950) 觀察到，少量的預先語言訓練無效果，只有大量的預先語言訓練才能產生技能遷移。麥克里斯特 (Mcallister, 1953) 讓被試在看到不同顏色的燈光刺激後，把一金屬小棒移向不同的星點上。結果發現，就此任務而言，預先的語言訓練不是在提高應答速度方面而是在減少應答錯誤方面最有幫助。

到目前為止，關於**語詞-運動遷移** (verbal-motor transfer) 都是研究成對關係的動作效果，而實際的運動行為因為速度快，變化快，不規則而且變化多，常常難以編製成一個簡單公式。但我們仍可以將許多開放式技能中的戰術、技術編製成一一對應的簡單程序。如足球罰點球時，可先思考：我做準備動作時，對方可能會先做個微小的動作向左晃一下，引誘我向右踢，而實際上他是要迅速向右撲球的，因此，我還要向左射門。這樣，可以預先默念數次"左-左，右-右"。乒乓球 20 平形成關鍵平局後，輪到自己發球，可先想好戰術：側身發球，如果對方回左則搓，回右則拉，形成對攻，調左回右。形成這種定勢，實際運用時，常可收到增加信心，迅速果斷的效果。

六、任務間的遷移

是複雜任務對簡單任務的遷移較多呢？還是簡單任務對複雜任務的遷移較多？許多試驗結果的回答是相互矛盾的。羅戴爾和阿舍 (Lordahl & Archer, 1958) 用追蹤轉盤進行了試驗。A 組的被試先做每分 40 轉的練習，然後由易向難過渡，再做每分 60 轉的追蹤練習；B 組則先做每分 80 轉的追蹤練習，然後由難向易過渡，再做每分 60 轉的追蹤練習。結果發現，由易向難過渡的 A 組獲得更多遷移。但也有許多其他形式的實驗得出相反結論。列維斯等人 (Lewis, et al., 1952) 讓被試完成雙手協調性的任務，發現從難度大的任務向難度小的任務過渡時可產生更多遷移。因為初始工作如果較難，則要求更多的正確反應和不斷抑制錯誤反應，與之相反，簡單技能不需大量學習，也就減少了遷移量。

七、部分與整體遷移

有些動作，如體操的單槓旋下，整體性很強；操縱直升飛機起飛，雙手雙腳必須同時協調配合，這些動作細分為各部分進行反覆訓練可能意義並不大。但也有許多運動技能，可分解性很強，將其分為各個不同部分再進行分解練習，對於降低學習難度，消除恐懼心理 (如體操、跳水)，掌握動作要領,提高技術質量,是十分有效的,也就是說可將部分練習的效果遷移到整體技術中去。在練習時間相同的條件下,這種先部分後整體的訓練效果要明顯優於先整體後部分的訓練效果。如排球可分為發球、扣球、傳球、攔網、撲救等不同技術;乒乓球則可分為推擋、正手弧圈、反手弧圈、殺高球等技術,如不進行區分訓練,僅進行比賽式的綜合訓練,很難快速提高,這是顯而易見的。另一方面,各技術相加要大於各技術之和,即各技術之間的結合會對整體技能產生一種綜合性的影響,使整體技能產生一些組成它的各部分技術所沒有的特徵,因此,體育教師和教練員們也十分清楚整體訓練中的綜合特點。問題是,在什麼時間,什麼條件下,用什麼方法,多大比例進行分解練習可對整體技能產生最佳遷移?在各項目、各個人特點不同的情況下,有無一般規律可循?這些問題,仍是對體育運動心理學工作者的挑戰。

某些技能如果先分成各組成部分訓練,再進行綜合性整體訓練,不但不能促進整體技能的提高,反而會阻礙運動技能的提高。勒斯騰 (Lersten, 1968) 曾做實驗,讓 A 組被試先練直線運動技能,再練習包括直線與圓形運動的整體技能。B 組先練圓形運動技能,再練習包括直線與圓形運動的整體技能。C 組則直接練習整體技能。練習完畢發現,B 組在完成整體技能時,一開始所練習過的圓形技能僅有 7% 遷移到整體技能所包括的圓形技能中去了。更重要的是,他發現 A 組在完成整體技能時,原來練過的直線運動技能非但未產生正遷移,反而對整體技能中的直線運動部分產生了 8% 的負遷移。也就是說,儘管 A 組一開始分解性地練習了整體練習的一個組成部分,但效果比沒練習還差。

舒密特 (Schmidt, 1982) 認為此現象是由於被試要完成的任務是整體性的,儘管它有二個組成部分,但只有一個運動模式來控制。如果在無前因後果的條件下,單獨練習整體技能中的直線運動部分,就會單獨形成一個直線運動模式,這與整體技能運動模式中的直線部分是不同的,它們並不一定相互促進,有可能相互干擾。因此,要具體分析某動作是由一個運動模式控制的,還是由幾個運動模式控制的。如果是前者,那麼將整體動作分開訓練時,就要考慮分解部分的訓練是否會形成不同於原運動模式的新模式。一般來說,如果動作速度極快,那就是一個運動模式控制的。如排球騰起扣球、拳擊出拳、體操空翻轉體、足球射門等動作。如果將這些動作分成各部分練習,如將乒乓球拉弧圈的動作分解為拉後手和揮臂兩部分,未必會取得正遷移的積極效果。但如動作速度較慢，且動作之間有短暫間隔可供調整之用，那該動作可能就是由多個運動模式控制的，將該動作分解練習，就可能會取得正遷移的積極效果。如乒乓球的高拋發球，可分解為左手拋、右手發二部分，左手先單獨練拋球，要高、準，右手先練手腕手指的發力，再結合一起練整體動作，就可能產生正遷移的積極效果。

八、刺激與反應的相似性與技能遷移

在運動技能的遷移現象中，最重要的影響因素是兩項任務的刺激與反應的相似程度。如果先學習的技能其刺激與反應同後學習技能的刺激與反應高度相似，可獲得最大的技能遷移。如果它們之間不相似，則會對後學習技能產生干擾。表 8-1 說明，在刺激與反應的相似程度對遷移性質的影響中，似乎反應的相似性在一定程度上比刺激的相似性更重要 (楊錫讓，1985)。

表 8-1　刺激與反應的關係對技能遷移的影響

刺激-反應之間的關係	技能遷移的性質
刺激不相似，反應相同	弱遷移
刺激相同，反應不相似	干擾
刺激相似，反應相同	強遷移
刺激相似，反應相似	弱遷移

(採自楊錫讓，1985)

九、先學習的技能的練習量與技能遷移

先學習的技能的鞏固程度影響著技能的遷移。一般規律是，先學習的技能的練習量較大時，即先學習的技能較為鞏固時，才可能獲得較大的遷移。同時，先學習的技能的鞏固程度不同，遷移的性質也可能不同。例如，先學習的技能練習 12 次以後，產生的是弱的遷移；練習 26 次以後，產生的是干擾；練習 96 次以後，又開始獲得較大的遷移 (圖 8-23)。

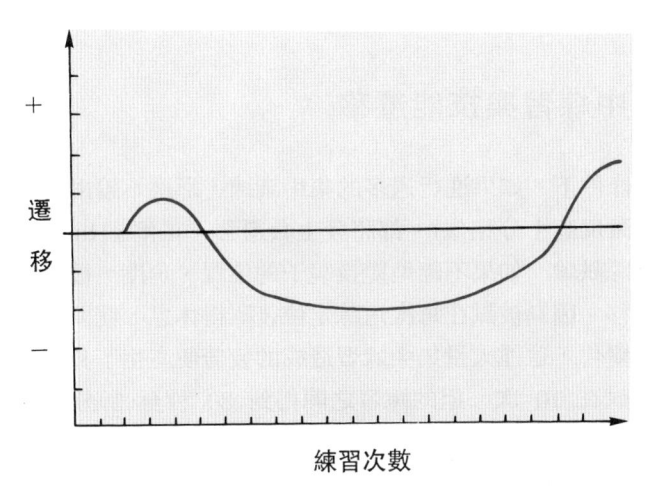

圖 8-23　練習次數與技能遷移性質的關係
(改自 楊錫讓，1985)

十、時間間隔與技能遷移

本奇 (Bunch, 1939) 用動物做實驗，讓它們學迷津，結果發現：時間間隔越長，正遷移越少。關於負遷移，情況就複雜得多。假如練習與測驗之間間隔不太長，負遷移將隨時間間隔的延長而逐漸減少。但是經過時間上的某一點後，負遷移就消失了，隨後出現正遷移，再隨著時間間隔的延長，這種正遷移又逐漸降為零。

該試驗是在動物身上做的，對人類是否適用，有待證明，但該試驗向我們提示，時間間隔不但對遷移量，而且對遷移性質有重要影響。

十一、疲勞與技能遷移

開普蘭 (Caplan, 1969) 曾就疲勞對遷移的影響進行了研究，他讓被試進行不同程度的各種活動，在一種條件下，使一會兒將要進行運動練習的那部分肌肉產生極度疲勞；在另一種條件下，使被試產生全身性極度疲勞而不特別涉及將來進行運動練習的肌肉群。結果發現，在這兩種疲勞狀況下進行任務練習都會產生負遷移。

十二、集中練習與技能遷移

在實驗條件下，如果進行過多的集中訓練，那麼不論兩任務間的關係如何（也許刺激反應十分相似），都將發生負遷移。霍爾（Hall, 1939）進行了一項鏡像追踪試驗。如果不斷地變換鏡子的位置、角度，被試的追踪練習就會產生負遷移。因為被試在每次追踪定位後難得休息，就要再度適應鏡像位置、角度的變化，這種大量集中練習造成的疲勞便產生了負遷移。而後來的實驗，讓被試在 10 次一組的練習之間得到 30 秒至 5 分鐘的休息，便收到了正遷移的效果。

十三、遷移的原則

在體育教師和教練員實際指導練習者學習運動技能時，如果能夠注意運動技能間的相互關係，利用遷移規律，往往可以收到事半功倍的效果。下面一些原則可供體育教師和教練員指導訓練時參考：

1. 兩任務的訓練條件高度相似時，遷移量最大。

2. 刺激相似而反應相同時，會產生正遷移，隨著刺激相似性的增加，正遷移量也增加。

3. 刺激相似而反應不同時，會產生負遷移，隨著新反應與舊反應相似的減少，負遷移量增加。

4. 兩任務的反應如果不同，刺激越相似，正遷移就越小。

5. 學習一些有關聯的任務時，連續練習有助於學會如何進行學習。

6. 對序列性相關任務進行大量練習可使頓悟（insight）發生更頻繁。

7. 先前任務的練習量越大，遷移量就越大。

8. 理解兩任務或更多任務所共同具有的一般原則，即對兩任務建立認知關係之後，遷移量可能加大。

本 章 摘 要

1. **技能**是人們在活動中運用知識經驗經過練習而獲得的完成某種任務的動作方式或心智活動方式。
2. **運動技能**是指在學習活動、體育活動和生產勞動中的各種行為操作,主要是借助於神經系統和骨骼肌肉系統實現。**智力技能**是借助於內部言語在頭腦中進行認識活動的心智操作,其中主要是思維活動的操作方式。
3. **運動技巧**是運動技能的高級階段,它的特點是對動作的清晰知覺和精確表象,以及執行動作時的高度自動化。
4. 根據不同的分類依據,可將運動技能分為**連續性技能**和**非連續性技能**、**閉鎖式技能**和**開放式技能**以及小肌肉群技能和大肌肉群技能。
5. 根據神經系統分化的程度、注意範圍的寬窄、知覺的清晰性、肌肉動作的協調性、視覺和動覺的相對重要性、意識參與的程度等方面的情況,可將運動技能的學習過程分為動作的認知階段、聯繫階段和完善階段三個互有區別又有緊密聯繫的階段。
6. 運動技能不斷提高的主要標誌有:神經系統分化程度提高,形成愈加穩固的動力定型,注意的範圍加大,知覺的清晰性和肌肉動作的協調性提高,**視覺反饋作用減弱**,**動覺反饋作用加強**,意識參與程度減少。
7. **連鎖反應理論**認為,運動技能是通過刺激-反應的連續反應系列逐漸形成的。一個刺激引起反應,第一個動覺反饋調節著第二個動作,第二個動作的動覺反饋調節著第三個動作,於是,就產生了運動技能的連續性運動。
8. 認知心理學用信息加工的觀點解釋運動技能的形成過程,認為這一過程包含了感受-轉換-效應器三個連續階段,經過長期練習在大腦中形成**運動程序圖式**,依靠運動程序圖式指揮運動動作。
9. 運動技能必須通過**練習**獲得。練習的效果可用練習曲線表示,它概括了練習次數與練習成績的關係。
10. 練習成績提高的共同趨勢是速度的加快和準確性的提高,但練習的進步有先快後慢、先慢後快、**高原現象**、時起時伏幾種不同形式。
11. 運動技能學習過程中，應注意建立明確的練習目的和要求，正確選用**部分練習法**和**整體練習法**，儘量採用**分佈練習**的時間安排，並讓練習者及時了解練習結果。
12. 已經形成的技能對新技能的形成發生積極影響，叫技能的**正遷移**，即狹義的遷移；已經形成的技能對新技能的形成發生消極影響，叫技能的**負遷移**，也稱技能的**干擾**。
13. **概括化理論**認為，遷移是由於人對各任務間具有的一般性因素進行了概括。**共同要素說**認為，遷移是由於各任務中各種成份具有共同要素，這種成分一般包括相似刺激或相同反應。**格式塔理論**認為，如果在兩種學習情境中發現了一種動態模式或關係，就可發生遷移。**雙因素理論**認為遷移是一般因素與特殊因素共同作用的結果，人們不僅可以"學習如何進行學習"，遷移一般的工作方式，還可以通過掌握刺激與反應的模式來學習各項特殊任務。
14. 技能的遷移現象包括**任務間的遷移、肢體對側遷移、語詞-運動遷移、部分與整體遷移**等。不同類型的遷移所涉及的機制不同。
15. 刺激與反應的相似性、先學習的技能的練習量、時間間隔、疲勞程度、練習方式等因素與遷移的方向和遷移的程度有關。
16. 在練習中注意利用遷移的規律，往往可以收到事半功倍的練習效果。

建議參考資料

1. 全國體育學院教材委員會 (1987)：運動心理學。北京市：人民體育出版社。
2. 姒剛彥 (1986)：運動學習與認知心理學。浙江體育科學，2 期，21～25 頁。
3. 何繼韓 (1985)：運動技能程序學習研究中的幾個問題。體育科學，4 期，72～76頁。
4. 周　謙 (編) (1992)：學習心理學。北京市：科學出版社。

5. 黃希庭 (1991)：心理學導論。北京市：人民教育出版社。

6. 曹日昌 (主編) (1980)：普通心理學，下冊。北京市：人民教育出版社。

7. 劉　速 (1985)：動作技能形成理論中的認知論觀點述評。體育科學，4 期，59～61 頁。

8. 劉淑慧 (1985)：體育教學中運動技能形成的心理分析。體育科學，4 期，45～49 頁。

9. Cratty, B. J. (1973). *Movement behavior and motor learning.* Philadelphia: Lea & Febiger.

10. Glencross, D. J. (1992). Human skill and motor learning: A critical review. *Sport Science Review,* 1 (2), 65～70.

11. Glencross, D. J., Whiting, H. T. A., & Abernethy, B. (1994). Motor control, motor learning and the acquisition of skill: Historical trends and future directions. *International Journal of Sport Psychology,* 25, 32～52.

12. Klavora, P., & Flowers, J. (1980). *Motor learning and biomechanical Factors in Sport.* University of Toronto. Publications Division, School of Physical and Health Education.

13. Schmidt, R. A. (1982). *Motor Control and Learning.* Illinois: Human Kinetics.

第九章

運動員的反應時問題 (一)

本章內容細目

第一節　反應時研究的起源
一、人差方程式　287
二、人差方程式的不穩定性　288
三、與人差方程式相關的因素　289
四、反應時問題的提出　289

第二節　反應時的基本含義
一、反應的概念　291
二、反應過程的結構　291
三、反應的類型　292
　(一) 反應的感知型
　(二) 反應的運動型
　(三) 反應的中間型
四、反應時的概念　293
五、反應時的種類　295
　(一) 唐德斯反應時理論
　(二) 反應時與電機械延遲和運動時

第三節　與反應時相關的主體性因素
一、年　齡　301
二、性　別　305
三、動　機　305
四、利　手　306
五、感覺器官　308
六、適應水平　311
七、準備狀態　311
　(一) 反應時實驗中的準備狀態
　(二) 運動員賽前狀態
八、練　習　314
　(一) 實驗的練習效應
　(二) 運動訓練後簡單反應時的變化
九、疲　勞　316
十、個體差異　317
　(一) 個體間差異
　(二) 個體內差異
十一、反應過程中的心理不應期　319

本章摘要

建議參考資料

現代科學發展的一個重要特徵就是各學科之間的移植與借鑒。心理學的發展也給終體現著這種時代精神。物理學中顏色和聲音的知覺定律、醫學中的催眠現象以及天文學上關於人差方程式的發現，都曾為心理學提供了前進的方向。今天，源於天文學人差方程式的反應時，在工程心理學、認知心理學等心理學分支學科中得到了廣泛的研究和應用，它不但是心理學中最常使用的詞彙之一，也是心理學家十分鐘愛的一種研究方法。

當然，在體育運動中，反應時則更是體育教師、教練員、運動員的熱門話題和體育科研工作者的注意熱點。這是因為，第一，許多體育活動都是以速度定向的，比如，短跑、速滑的起跑速度，足球、籃球的應答速度，是取得優異成績的重要制約因素，奧林匹克宗旨中的"更快"，便體現了人類對速度的挑戰；第二，速度又是比較容易加以精確測量的，現在，一般的計時器都可達到千分之一秒的精度，給人們的評定工作提供了比較滿意的依據。

無論是心理學，還是體育運動心理學，都曾利用反應時作為評價指標，進行了許多研究，來探討人的心理過程。鑒於反應時在心理學研究中的重要性，它本身也成為直接的研究對象，在探討反應時的結構、類型、種類、生理機制以及影響反應時的主、客體因素等問題上，心理學也付出許多努力。

本章內容將討論：

1. 反應時研究的起源。
2. 反應的基本概念。
3. 反應過程的結構。
4. 反應的類型。
5. 反應時的基本概念。
6. 反應時的種類。
7. 主體性因素年齡、性別、動機、利手、感覺器官、適應水平、準備狀態、練習、疲勞、個體差異及反應過程中的心理不應期與反應時的關係。

第一節　反應時研究的起源

一、人差方程式

在 1796 年，英國格林威治天文台台長馬斯基林辭退了他的助手金內布魯克，理由很簡單：後者觀察星體通過子午線的時間比他本人觀察的經常遲約一秒鐘。1795 年 8 月，金內布魯克所記錄的時間比馬斯基林遲二分之一秒時，他似曾力圖糾正，但事與願違，在其後的數月，這種誤差有增無減，至 1796 年 1 月，竟遲十分之八秒。因為鐘錶的準確有賴於天象的觀察，而他種時空的觀察又有賴於鐘錶，馬斯基林認為這種誤差的後果是十分嚴重的，因此不得不辭退了金內布魯克 (波林，1982)。

這一事件引起了另一天文學家貝賽爾的注意。他認為金內布魯克自知其誤差，肯定曾經力求糾正，但是終致失敗，可見這種誤差非人力可改。他認為，這一問題有繼續探究的必要。於是，他比較了自己和其他經驗豐富的天文學家觀測同一星體通過子午線的時間，結果也發現了不同觀測者所得數據之間有明顯的差異。這一發現引起了天文學家們很大的興趣。他們確定了不同觀察者之間的人差方程式及其糾正方法。1823 年，貝賽爾找到一個機會，同另一位天文學家阿革蘭特爾共同觀察七顆星，他自己則由觀察決定鐘錶的糾正。根據這些資料，星體上升的正確時間被計算出來，與 1821 年對同樣星體的類似觀察和計算作一比較，那時貝賽爾觀察星體，又作了鐘錶的修正。這兩位天文學家進行天象觀察的差異可用下列等式表示：$A-B=1.223$ 秒。貝賽爾自始至終都用這個方法表示差異，這就是著名的**人差方程式** (或**個人方程式**) (personal equation)。

貝賽爾後來又要間接以第三個觀察者決定人差方程式。他特別希望與天文學家斯特魯維進行比較，因為斯特魯維和他自己相同，都比另兩位著名天文學家瓦爾貝克和阿革蘭特爾更精於子午線的觀察。早在 1814 年，貝賽爾就曾與斯特魯維做過共同觀察，但在了解了金內布魯克事件並對此產生興趣之後,他一直希望再次與斯特魯維進行直接比較,但一直沒有機會。但瓦爾貝克在 1821 年曾與斯特魯維互相比較,阿革蘭特爾於 1823 年也曾有機會與斯特魯維直接比較。因此,可通過代數運算,間接得到貝賽爾與斯特魯維的人差方程式:

據直接的比較:$W - B = 1.041$ 秒 (1820 年)
據直接的比較:$W - S = 0.242$ 秒 (1821 年)
因此,間接的:$S - B = 0.799$ 秒
據直接的比較:$A - B = 1.223$ 秒 (1823 年)
據直接的比較:$A - S = 0.202$ 秒 (1823 年)
因此,間接的:$S - B = 1.021$ 秒

二、人差方程式的不穩定性

從上述兩個 $S-B$ 得數的差異來看,人差方程式本身也是一個變量。後來,貝賽爾終於再次證實了這一點。1825 年,天文學家克諾阿分別與貝賽爾和斯特魯維進行了天象觀察的直接比較,使得 $S-B$ 的間接值又增加了一個。到了 1834 年,貝賽爾和斯特魯維才有再次直接比較的機會。這樣從 1814 年至 1834 年,共產生了五個 $S-B$ 的值,間接的三個,直接的二個,我們可以看到這五次比較所產生的明顯的差異 (表 9-1)。

表 9-1　貝賽爾與斯特魯維觀測天象的時間差異

比較年代	1814	1821	1823	1825	1834
比較方式	直接的	間接的	間接的	間接的	直接的
結果 (秒)	0.044	0.799	1.021	0.891	0.770

(採自高覺敷譯,1982)

三、與人差方程式相關的因素

在以後的研究中,天文學家還發現,人差方程式數值的大小因觀測對象而異。觀測對象有日、月、星的不同,有日、月的第一個邊緣和第二個邊緣的不同,有星體的等級、運動方向和速度的不同,因此,產生了人差方程式數值的不同。當時天文學界所使用的觀測法是所謂的**眼耳法** (eye-and-ear method),即觀測者需先用眼看過鐘錶指針以後,再去觀察望遠鏡中星體通過法線的位置,同時耳聽鐘錶的聲音。這樣便引起了學者們對人差方程式的不同解釋。例如,有人認為時間的消耗在於把一種感覺的印象轉換為另一種感覺的印象,另有人認為"心理反射"需要時間,還有人主張關鍵在於外周器官,等等 (見赫葆源、張厚粲、陳舒永,1983)。總之,19 世紀 60、70 年代天文學上關於人差方程式的研究,引發了心理學對反應時問題的興趣與關注。

四、反應時問題的提出

天文學家首先提出有關反應時間問題的挑戰,他們以及一些生理學家和心理學家還創建了研究這一問題的方法和儀器,使這一問題的研究得以深入下去並產生出大量的研究成果。

於 1850 年,**赫爾姆霍茨** (Hermann Von Helmholtz, 1821～1894) 成功地測定了蛙的運動神經傳導速度,約為每秒 26 公尺。其後,他又測定了人的神經傳導速度,約有每秒 60 公尺,這與後來穆尼奇在 1915 年測定的結果每秒 66～69 公尺頗為接近。根據神經傳導的速度,赫爾姆霍茨認為,神經傳導所占據的時間是很短的,而整個反應時間卻相對地較神經傳導時間為長,並且不穩定。

在 1851 至 1859 年間,凱瑟曾使用**微差擺計時裝置** (vernier chronoscope) 來記錄觀測人工星體通過的時間;赫施也在 19 世紀 60 年代引用了希普計時器來記錄觀測人工星體通過時間的個人絕對誤差。

於 1854 年,格林威治天文台採用了自動描記時間的設備,即近代的記動儀、電磁畫迹針和時間轉記器等的雛形。

在 1858 年，米歇爾創製了可以呈現人工星體以及其他視、聽刺激的儀器，測定了真正的反應時間 (137～223 毫秒)。

在 1868 年，荷蘭生理學家唐德斯試圖測量辨別和選擇等心理過程的生理時間 (生理學家有時稱反應時間為生理時間)，他的作法就是把上述心理過程交織在刺激和反應之間。總而言之，他創造了選擇反應時的實驗方法，並發現這種反應時間比簡單反應時間長約 100 毫秒。他認為，時間上的這個差別就是上述心理過程所需要的時間。

在 1873 年，奧地利生理學家埃克斯納指出了預備性定勢對反應時間的重要性，他正式使用了"反應時間"這個術語。

所有這一切，都為當時即將誕生的實驗心理學，尤其是其中關於反應時的研究準備了一定的條件。

於 1879 年，馮特 (Wilhelm Wundt, 1832～1920) 在德國萊比錫大學創建了世界上第一個心理學實驗室。當時他便認為唐德斯指出了實驗心理學的一條重要途徑，即心理活動的時間測定工作。馮特的學生對簡單和複雜反應時間進行一系列實驗研究工作。他們所獲得的結果本身有其重要意義，但是在注意、知覺、聯想和選擇等過程上卻沒有測出確切的反應時間。馮特兩位早期的學生後來都建立了研究反應時間的專門實驗室。卡特爾先在萊比錫大學進行過關於反應時間的廣泛研究，後又在賓西法尼亞和哥倫比亞兩大學繼續實驗研究，在哥倫比亞大學他還長時間地指導學生研究反應時間。他的工作方式比唐德斯和馮特都更為客觀。到了 20 世紀初，庫爾坡在烏茲堡大學、皮爾森在巴黎大學都對反應時間的探索做出了一定貢獻。今天，反應時作為一種指標、一種方法、一類問題甚至一種方向，不但是心理學最為熟悉的研究領域，也是幾乎所有體育工作者都不陌生的專用名詞。

第二節　反應時的基本含義

一、反應的概念

　　有意識的意志行動，在體育活動中占有重要地位。這種行動經常以反應過程的形式表現出來。所謂**反應** (response)，就是對信號刺激的有意識的應答行動。在進行這種行動時，運動員要麼事先知道即將到來的具體刺激是什麼，並且事先就準備好以特定方式去回答刺激，比如 100 米賽跑的起跑，200 米蛙泳的起跳；要麼事先雖不知道具體刺激是什麼，但對刺激的種類、特徵、範圍有一大致的估計，並準備了一整套方式，將視情況選擇合適的一種以回答刺激，如足球守門員的捕救點球、拳擊運動員的防守動作。

二、反應過程的結構

　　反應過程 (response process) 的一個顯著特點就是其持續時間短暫，而反應常常限於在相當短的時間內就要完成一定的動作系統。如起跑這種反應過程，它同其他意志行動的明顯不同就在於，意志行動常常要持續很長時間，而反應過程只需幾秒甚至更短的時間。

　　反應過程在時間上雖然是一個短暫的過程，但在心理結構上仍可分為預備期、中心期（潛伏期）和效應期三個時期（圖 9-1）。

　　以短跑的起跑為例，**預備期** (fore period) 是從預備信號（口令：預備）到執行信號（口令：跑！）之間的一段時間，包括等待信號和準備應答動作兩個內容。

　　中心期 (central period) 亦稱**潛伏期** (latency period)，是從執行信號到應答動作開始的一段時間。這段時間的間隔不論多短，但它在反應過程心理結構中起著重大的作用。此時，運動員雖然處於不動狀態，但在他的大腦中卻進行著強烈的神經活動過程，並準備完成起動動作。這期間包括有感知

图 9-1 簡單反應模式

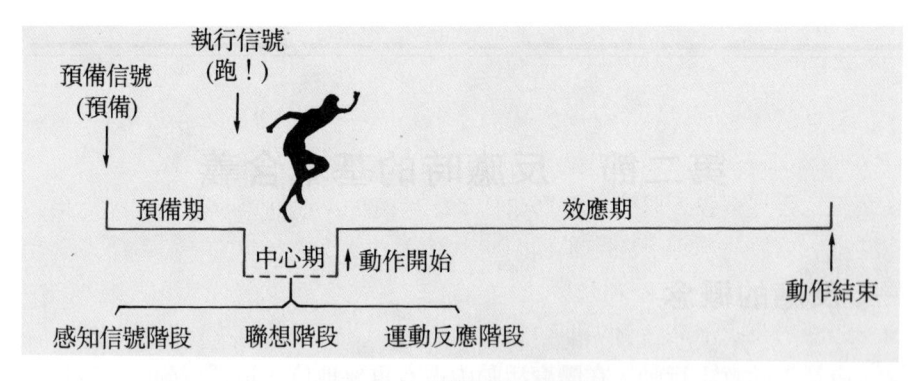

信號階段、聯想階段和運動反應階段。

效應期(effect period)是從應答動作開始到應答動作結束為止。這時期所實現的應答動作，是由前兩個時期的心理活動所準備出來的，它的全部特點，受前兩個時期中大腦皮層所進行的神經過程的性質和強度所制約，也受到肌肉運動狀態的影響。

三、反應的類型

根據運動員在反應過程中感知、注意以及大腦皮層興奮和抑制過程相互關係上的不同特點，可以把反應分為三種不同類型，即感知型、運動型和中間型。下面我們將以短跑的起跑為例，介紹這三種類型的不同特點。

（一） 反應的感知型

反應的感知型(perception-oriented type of response)的特點是，在反應過程的預備期內，運動員的注意集中在感知執行信號上，聽覺中樞強烈興奮，運動中樞則處於一定程度的抑制狀態。這時運動員的意向，是想不失時機地感知信號刺激並發動起動動作，但對完成起動動作的準備則很不充分，這是由於運動中樞的神經衝動過程，是在感知到信號刺激後才開始產生，而且往往需要做巨大的努力，才能使原來處於抑制狀態的運動中樞轉入興奮狀態。其間既要耗費一些附加時間，又要耗費多餘能量。因此，感覺型的反應速度比其他類型慢，它的潛伏期平均持續 160～175 毫秒。

(二) 反應的運動型

反應的運動型 (movement-oriented type of response) 的特點是，在反應過程預備期內，運動員的注意力集中在準備應答動作上，皮層運動中樞因而產生強烈興奮，聽覺中樞則處於一定程度的抑制狀態。這時，運動員的意向是想更快地起跑，起跑動作因而有著充分的準備。感知信號刺激則放在注意的邊緣。但當信號刺激發生時，聽覺中樞的興奮便很快地傳至運動中樞，相應的運動衝動就會立即傳到運動器官。由於皮層運動中樞對完成應答動作做好了充分準備，反應潛伏期的運動階段不僅進行得快，而且耗費能量也少。因此，運動型的人反應最快，它的潛伏期平均持續時間只有 100～125 毫秒。但反應運動型的人在感知起跑信號和完成應答動作時，常常容易發生錯誤，錯把一些與起跑無關的偶然刺激當作信號刺激來回答，即產生所謂"偷跑"或"搶碼"現象。

(三) 反應的中間型

反應的中間型 (middle type of response) 的特點是，運動員的感知和注意是以大致相同的強度同時指向等待信號刺激和準備應答上，大腦皮質感覺中樞和運動中樞的興奮程度大體上是平衡的，因而中間型的反應速度優於感覺型，但次於運動型，故稱中間型。在實驗室條件下，中間型的反應潛伏期為 140～150 毫秒。在實際完成重要動作時，很少發生這種反應類型，只在極個別人身上出現。

四、反應時的概念

反應時 (或反應時間) (reaction time，簡稱 RT) 與反應過程明顯地不同。它不是反應延續的時間，而是引起表露於外的反應開始動作所需要的時間，即從刺激到反應之間的時距。反應不能恰在給予刺激的同時便從機體發出。刺激引起了一種過程的開始，但這種過程在機體內部進行時卻是隱藏著的或潛伏著的，直到這一過程達到肌肉，產生一種外部可見的對環境的效應為止。刺激引起了感覺器官的活動，經由神經傳遞給大腦，經過加工，再從大腦傳遞給肌肉，肌肉收縮，作用於外界的某種客體。上述過程的每一步驟都需要時間，而在大腦中消耗的時間最多。即使是最簡單的反應，從感覺器官內導的神經衝動也必須積累起來，並且形成足夠的興奮，才能引起大腦運動區對肌肉發出一種神經衝動。當必須把反應調整得適合於刺激的特點時，要進行的加工和所消耗的時間都同分辨刺激的有關性質，以及發出與之相適應的運動指令有關。因此，反應時也稱為**反應潛伏期** (latency period of response)，即反應過程的第二階段，它包括了感覺器官感受刺激所需要的時間、大腦加工消耗的時間，神經傳導的時間以及肌肉產生反應的時間。

反應時可以反映反應速度的快慢。從生理機制上看，反應時的長短取決於**感受器** (receptor) 接受刺激產生興奮，興奮沿**反射弧** (reflex arc) 傳導，直至引起**效應器 (或反應器)** (effector) 開始興奮所需的時間。反射弧五個環節中，**傳入神經** (afferent nerve) 及**傳出神經** (efferent nerve) 的傳導速度基本上變化不大，所以反應速度主要決定於 (1) 感受器的敏感程度 (興奮閾值高低)；(2) 中樞延擱；(3) 效應器 (肌纖維) 的興奮性。

其中，**中樞延擱** (center delay) 又是最重要的。反射活動愈複雜，歷經的**突觸** (synapse) 愈多，反應也就愈慢。這是複雜反應時間長於簡單反應時的根本原因。

藉用電生理學的方法，可以把整個的反應時間分為幾個連續的部分。例如用聲音刺激貓耳，聽神經動作電流的反應潛伏期是 1～2 毫秒，表明這一感受器幾乎沒有消耗什麼時間。溯聽神經通路而上至**腦幹** (brain stem)，也只耗費很少的時間。而聽神經衝動到達大腦皮質時，就比聲音到達耳時晚 8～9 毫秒了。因此可以說，聽覺反應時間中只有很小的一部分花費在耳中或通往大腦皮質的通路上。當一束光線射入眼睛時，需要 20～24 毫秒視覺衝動才能到達**視覺皮質區** (visual cortex)；而當不通過**視網膜** (retina) 直接用電流刺激視激視神經時，到達皮質所需的潛伏期只有 2～5 毫秒。這些是用兔和貓取得的實驗結果。與耳相比，眼睛需要經過較長的時間才能開始沿著神經通路把它的信息傳送給大腦，這其中當然要包括前面所提到的光化學中介時間。據此，我們可以解釋視覺與聽覺反應時間之間的大部分或全部的差別。在外導方面，從大腦到手指肌肉的神經傳導所需的時間不超過 10～15 毫秒，但在肌肉本身之內和使反應鍵產生動作的那種機械過程，卻可能消耗更多的時間：肌肉電流比反應鍵的反應時間短 30～40 毫秒；像大腿那樣的笨重肢體的時滯顯然更大。如果我們從 140 毫秒的總聽覺反應時間中減去感覺和運動神經通路所需時間，以及肌肉和手指運動所需時間，還剩 70～90 毫秒，這是中樞的反應時間。至少聽覺反應時間的半數消耗於大腦過程。對其他感覺道的反應時間，也可以進行類似的分析 (赫葆源、張厚粲、陳舒永，1983)。

五、反應時的種類

(一) 唐德斯反應時理論

荷蘭生理學家唐德斯受到"人差方程式"的啟發，認為可以利用"人差方程式"的原理，去計算各種心理操作所需的時間。他確定了三種反應時間，被稱為唐德斯 A、B 和 C 反應時間。

1. 唐德斯 A 反應時間 A 反應時間 (A-reaction time) 又稱簡單反應時間 (simple reaction time)。它的反應模式如圖 9-2。

簡單反應時間是指一個單一刺激 (例如：光、聲音) 與被試做出單一反應 (按下電鍵或放開電鍵) 之間的最短的延遲時間。這種情況如同運動員在"各就各位，預備"的指令後聽到發令槍響時，立刻起跑一樣。一個單一的發令槍聲引起了一個單一的起跑反應。我們可以在一個較暗的實驗室內，測量人對單一光點的簡單反應時間。程序是讓被試坐在一張桌子前面，桌子上有一個電鍵，指示被試說，"預備狀態時，將手放在電鍵上。當看到對面屏

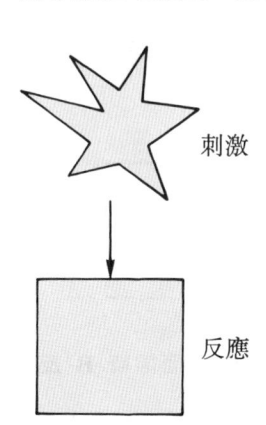

圖 9-2
唐德斯 A 反應任務：一個刺激與一個反應相聯繫

幕上一出現光點就馬上按下電鍵"。那麼，從光點的出現到按下電鍵，這段時間就是簡單反應時間。重復測量多次，求其平均反應時間。簡單反應時間是複雜反應時間的基礎線，同時也是它們的組成成分之一。

2. 唐德斯 B 反應時間 B 反應時間 (B-reaction time) 又稱選擇反應時間 (selection reaction time)，反應模式如圖 9-3。從圖中可看到選擇 B 反應時間有兩個或多於兩個的刺激和兩個或多於兩個的反應。每個刺激都有自己獨特的反應。在選擇反應的過程中，幾個甚至更多的刺激物都有可能出現，相應的應答動作也有多個，應答者事先並不知道實際要出現的是什麼刺激物，也不知道要以什麼樣的動作去應答。應答者只知道刺激物的範圍和性質以及應答動作的範圍和性質。球類、擊劍、拳擊、摔跤等對抗性運動項目都是選擇反應的實例。這類反應過程要求運動員事先做好技術上和心理上的準備，以便在比賽時能迅速感知、辨別任何一個可能產生的並早已熟悉的刺激物，並以相應的動作去應答刺激。

足球運動員在準備起腳射門的反應也是典型的選擇 B 反應：如果對方後衛沒有擋住球路，就拔腳怒射；如果對方後衛擋住球路，就將球傳給同伴。對於這樣的選擇反應，所需要的心理操作是：首先要辨認是否有對方後衛擋住球路，然後再選擇是射門還是傳球。因此，選擇反應時間包括了辨認刺激和選擇反應這兩種心理操作過程。為了確定這兩種心理操作所需要的時間，就要研究第三種反應時間。

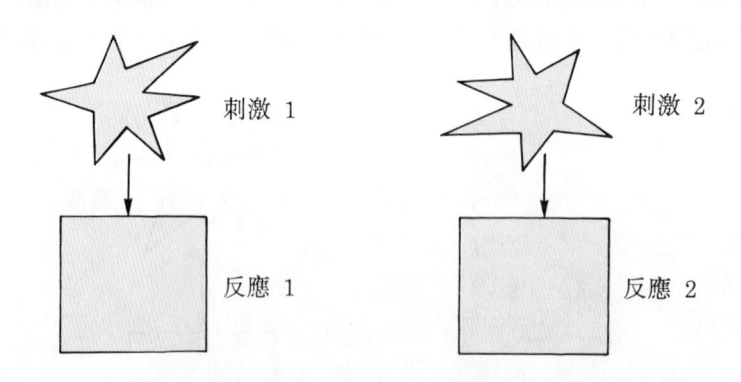

圖 9-3 唐德斯 B 反應任務：兩個刺激與兩個反應相聯繫

3. 唐德斯 C 反應時間 C 反應時間 (C-reaction time) 又稱辨別反應時間 (identification reaction time)，其反應模式如圖 9-4 所示。在辨別 C 反應中，有兩個相互有差別的刺激，要求被試只對其中一個反應，而禁止對另一個刺激反應。當然，也可像在選擇反應中一樣，可有兩個以上的刺激，而不同於選擇反應的是，僅有一個刺激與反應相聯繫。任何其他刺激出現，都不需要做反應。辨別反應的例子，就好比我們排號理髮，你如果排號是 15，那麼直到理髮師喊 15 號以前，你可不做任何反應，只是當喊 15號時，再進行反應。此時執行的辨別反應所涉及的心理操作，像選擇反應一樣，當喊號時，你必須確認號碼。但不需要像 B 反應過程那樣去選擇反應。因為 15 號只代表你一個人，不會代表兩個人，所以不需要考慮是否可能喊另外的人。這例子說明，辨別反應只要求確認刺激，而不需要選擇反應。

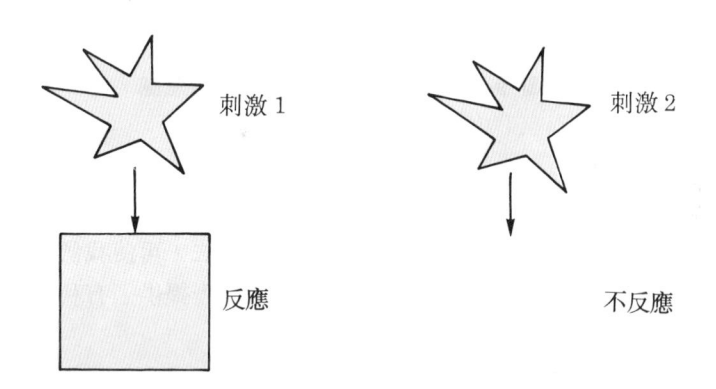

圖 9-4 唐德斯 C 反應任務：兩個刺激中有一個刺激與反應相聯繫

現在我們來估計確認和選擇的心理操作所需要的時間。辨別反應測量了確認加基礎反應時間 (簡單反應時間)，所以從辨別 C 反應時間中減去簡單 A 反應時間，便可估計出確認所需的時間。類似地，從選擇 B 反應時間中減去辨別 C 反應時間，就可估計出真正的選擇反應時間。因為選擇 B 反應時間包括了確認、選擇和簡單反應時間；而辨別 C 反應時間僅包括確認和簡單反應時間。反應時間 A、B、C 的相互關係如圖 9-5。

298 體育運動心理學

```
[      A 反應時間      ]
[      ][|||||||] C 反應時間
         [|||||] C 減 A
[            ][||||||] B 反應時間
[            ][|||||] C 反應時間
              [|||||] B 減 C

[基線時間]  [辨別時間]  [選擇時間]
```

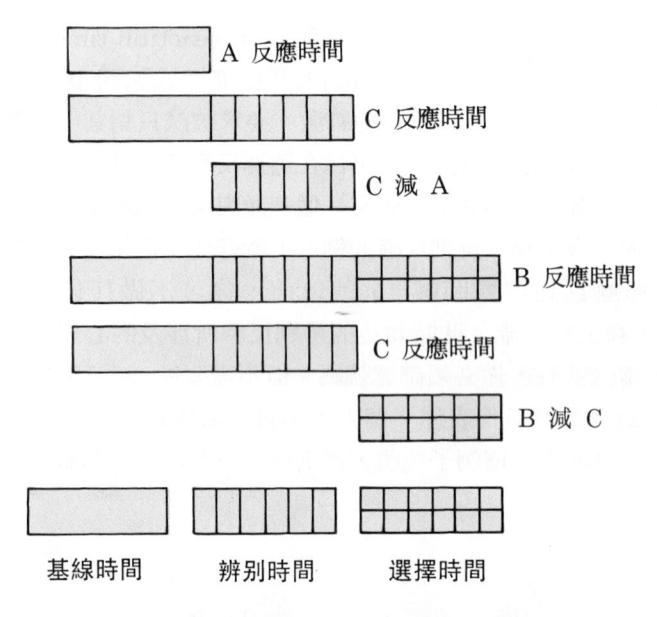

圖 9-5 唐德斯減去反應時間示意圖
(採自朱瀅，焦書蘭，1989)

從圖中可看出三種反應時間之間的減法關係，所以也稱此圖為唐德斯的減法反應時間的示意圖。減法反應時間的測量方法，可使我們估計出不同心理操作過程所需要的時間，這對研究人的認識過程提供了有利的手段。

(二) 反應時與電機械延遲和運動時

1. 反應時與電機械延遲 50 年代，日本學者株式道夫在測定反應時過程中應用肌電圖 (EMG) 的方法，讓被試坐在暗室兼絕緣室中，預先讓被試的肱三頭肌做輕微的收縮，見到光或聲刺激，就立刻在肘關節處做伸展動作。這時可在肌電圖上見到，從光刺激開始後，肱三頭肌的持續放電消失 (電休止期)，繼之出現同步放電，然後再出現伸展動作。這樣，他把反應時分為兩部分：(1) 從刺激開始到肌肉同步放電的一段時間；(2) 從同步放電開始到肌肉機械運動開始的一段時間。從刺激開始到肌肉同步放電，平均為 150 毫秒，從同步放電到動作開始，平均是 70 毫秒。因此，從刺激開始到反應動作出現的平均時間為 150＋70＝220 毫秒 (見尹吟青，1985)。

維斯提出將反應時劃分成**前動作時** (premovement time，簡稱 PMT) 和**動作時** (movement time，簡稱 MT)，後者又稱**電機械延遲** (electro-mechanical delay，簡稱 EMD)，即肌肉興奮產生動作電位到開始產生收縮的機械變化的這段時間 (見馬力宏，1988)。以後有些學者又設計出了能夠測定前動作時及電機械延遲的專門儀器，並對這方面進行了一些研究，雖剛剛開始，但也已經取得了可能具有重要意義的成果。

尹吟青 (1985) 指出，測定反應時最好是同時測定出這兩個數字，特別是要觀察訓練後反應時的縮短和疲勞後反應時的延長，這兩部分到底是那一部分縮短或延長，還是都縮短或延長。

馬力宏 (1988) 通過實驗發現，長年系統訓練的乒乓球運動員停訓後，其反應時與普通人無顯著差異，而電機械延遲 (EMD) 卻明顯短於普通人。此發現提示停訓對前動作時的影響遠大於電機械延遲 (EMD)。電機械延遲 (EMD) 的長短主要與肌肉組織的形態結構以及理化特性有關，環境因素對此作用有限；而前反應時主要取決於：(1) 感受器的敏感程度；(2) 中樞延擱；(3) 條件反射的鞏固程度。

馬力宏指出 (1988)，許多學者的研究表明，運動訓練導致反應時縮短，其中主要的是前動作時的縮短。同時，馬力宏用雙生分析法進行的研究表明 (馬力宏，1988)，電機械延遲 (EMD) 的穩定性大於反應時 (RT)，前者受遺傳因素制約程度較大。因此，在需要快速反應的運動項目的選材中，參考電機械延遲 (EMD) 有一定意義。

2. 反應時與運動時　陳舒永等人 (陳舒永，楊博民，韓昭，1986) 以一台自製的反應時測試儀，將主要標誌神經過程的反應時和主要標誌肌肉運動過程的運動時區分開，並測定了 80 名業餘運動員和 20 名普通人手和腳的簡單聲反應時間和運動時間。實驗結果表明，反應時間手比腳快，運動時間腳比手快。反應時間、運動時間以及兩者之和均可在手和腳之間相互預測，三種反應指標在手和腳之間的相關係數分別為 0.72、0.68 和 0.79。反應時間在運動員和普通人之間無顯著差別，說明專項運動訓練對手和腳的反應時間可能沒有顯著影響。運動時間以及反應時間與運動時間之和在兩類被試之間有無差別因運動項目不同而異，籃球和足球運動員比普通人和游泳運動員要快，籃球和足球運動員之間以及游泳運動員和普通人之間均無顯著差異，說明專項運動訓練不同，對這四種反應指標的影響也不同。另外，他們還發現,簡單反應時間和運動時間雖有可靠的正相關,但因相關係數很小,故不能在兩者之間進行有效的預測。

全國體育學院教材編寫委員會編寫的《運動生理學》的研究報導(全國體育學院教材編寫委員會,1990)也部分地支持了陳舒永等的研究結果,即運動員反應時和運動時有不相一致的情況(表 9-2)。

表 9-2　日本運動員全身反應(跳躍)時的比較

運動專項	反應時	運動時	總時間
短跑 (男)	0.176	0.113	0.289
跳躍 (男)	0.171	0.115	0.286
中長跑 (男)	0.198	0.139	0.337
馬拉松 (男)	0.238	0.156	0.394
全日本選手 (女排)	0.203	0.145	0.348
日紡 (女排)	0.175	0.165	0.340
大學生 (女排)	0.210	0.160	0.398

(採自全國體育學院教材編寫委員會,1990)

由此可見,反應時與運動時並非平行發展,這提示我們:

1. 構成反應時及運動時的生理機制可能是不盡相同的;
2. 動作快的運動員不一定反應快,反應快的運動員不一定動作快,一些反應不夠快的優秀運動員可以利用高速度完成動作來彌補其缺點。如果這一點能夠成立,會對將反應時間作為選材指標的必要性提出挑戰。

總之,反應時、動作時和運動時在運動領域的意義有所不同,因而有必要將它們區分開來分別加以研究。

另外,我們也注意到,馬力宏的報導和陳舒永等人的研究結果有互不一致處。根據馬力宏的報導,許多研究表明,運動訓練導致反應時縮短,主要是前動作時的縮短。但陳舒永等人的研究並未發現反應時間在運動員和普通人之間有顯著差別。這種矛盾,可能是不同研究的實驗條件不同造成的。同時,這兩種結果也都對將反應時間作為選材指標的必要性提出了挑戰。

第三節　與反應時相關的主體性因素

與反應時相關的因素基本上可以分為兩類：一類是**主體性因素** (subjective factors)，如被試的年齡、性別、動機、身體活動的情況等；另一類是**客體性因素** (objective factors)，如刺激物的複雜程度、實驗的儀器、指導語的要求等。當然，有些因素，既與主體性因素有關，也與客體性因素有關，如動機，雖列為主體性因素，但它可由主試的指導語引起和操縱。因此，這裡的劃分僅有相對意義。我們首先討論與反應時相關的主體性因素。

一、年　齡

在人的整個發展過程中，25 歲之前反應速度隨著年齡的增長而逐漸加快，這一情況與練習曲線很相似。學前期幼兒反應時間不穩定。7～8 歲學齡期兒童反應時間縮短的趨勢比較明顯，並開始穩定起來。25～60 歲反應時間逐漸加長。根據赫葆源等人的報導 (赫葆源、張厚粲、陳舒永，1983)，反應時的年齡曲線如圖 9-6。

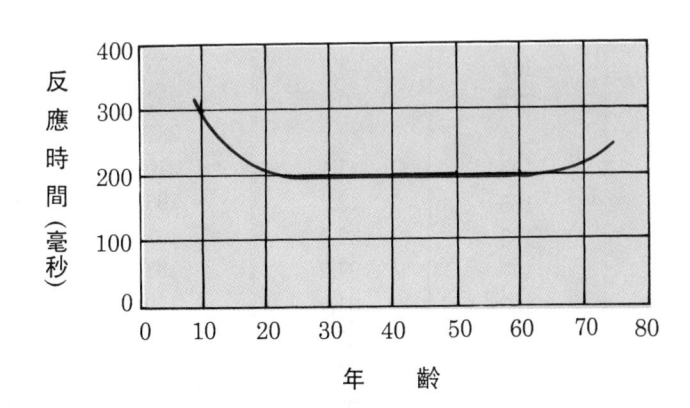

圖 9-6　反應時的年齡特徵 (聲簡單反應時)
(採自赫葆源、張厚粲、陳舒永，1983)

表 9-3　不同年齡兒童少年的光反應時（毫秒）

年　齡	男		女	
	平均數	標準差	平均數	標準差
7	291	44.3	304	47.5
8	270	48.0	277	41.1
9	252	44.7	280	54.8
10	231	41.4	245	41.9
11	230	41.1	235	37.4
12	215	34.9	229	31.4
13	211	32.2	226	32.7
14	205	30.1	211	35.8
15	196	29.7	213	34.4
16	197	31.1	203	37.8
17	193	28.5	204	34.6

（採自曾凡輝、王路德、刑文華，1992）

表 9-4　不同年齡兒童少年的聲反應時（毫秒）

年　齡	男		女	
	平均數	標準差	平均數	標準差
7	262	43.5	275	58.5
8	234	50.8	252	40.3
9	214	43.7	231	61.9
10	193	37.1	210	53.4
11	188	42.2	196	44.3
12	183	32.9	191	33.9
13	177	37.2	183	37.2
14	169	31.4	179	41.7
15	161	25.4	175	38.6
16	169	31.9	173	33.1
17	158	27.4	170	33.3

（採自曾凡輝、王路德、刑文華，1992）

另據曾凡輝、王路德、刑文華的研究 (1992)，我國兒童少年的光、聲簡單反應時在 7～17 歲年齡階段隨年齡增長成績不斷提高（表 9-3、表 9-4），男女均在 14 歲以前成績提高最快，各年齡組間差異顯著，15 歲以後顯著性差異消失，趨向穩定。提高幅度最大的時間是在 9～10 歲，這可能與神經系統的發育與神經通道髓鞘化的完善有關。這一結果提示，在 9～10 歲進行和反應時有關的速度訓練，可望獲得最大效果。

被動反應時能反映人做動作的靈敏性、協調性和掌握動作的節奏和分化抑制能力。綜合反應時是在被動反應時的基礎上增加了判斷的難度。這兩種反應時都是根據實驗條件進行操作定義的。曾凡輝、王路德、刑文華的研究還發現 (1992)，這兩種反應時也同簡單反應時一樣，有年齡變化的規律，表現為 14 歲以前成績提高最快，各年齡組間差異顯著，15 歲以後顯著性差異消失，趨向穩定，增長的高峰期也在 9～10 歲間（表 9-5、表 9-6）。

曾凡輝、王路德、刑文華還報導 (1992)，時空反應時在 13 歲以前，男女少年兒童的成績年增長明顯，各年齡組間平均值存在顯著差異。14 歲以後平均值趨向穩定，無年齡間顯著差別（表 9-7）。

表 9-5　不同年齡兒童少年的被動反應時（秒）

年　齡	男 平均數	男 標準差	女 平均數	女 標準差
7	25.92	5.39	25.3	5.93
8	22.54	4.83	22.8	4.90
9	20.24	4.18	21.3	6.10
10	18.04	4.56	18.0	4.40
11	16.44	4.34	16.9	4.30
12	15.37	2.70	16.5	3.70
13	14.10	2.49	15.4	3.20
14	13.81	2.63	14.7	3.90
15	12.97	2.17	13.9	2.50
16	12.75	2.22	13.7	2.60
17	12.39	2.26	13.5	2.60

(採自曾凡輝、王路德、刑文華，1992)

表 9-6　不同年齡兒童少年的綜合反應時（秒）

年　齡	男 平均數	男 標準差	女 平均數	女 標準差
7	43.1	12.5	47.3	10.8
8	37.3	8.7	38.9	10.8
9	34.2	7.9	35.5	9.1
10	29.2	7.5	29.8	7.9
11	27.1	5.2	27.9	7.4
12	25.3	5.2	25.8	5.9
13	22.1	5.4	24.8	5.2
14	20.7	4.8	22.7	5.5
15	19.8	4.8	22.0	5.0
16	19.2	4.5	21.2	4.8
17	18.3	4.0	21.2	5.9

（採自曾凡輝、王路德、刑文華，1992）

表 9-7　不同年齡兒童少年的時空反應時（秒）

年　齡	男 平均數	男 標準差	女 平均數	女 標準差
7	0.12	0.04	0.11	0.04
8	0.11	0.04	0.11	0.04
9	0.10	0.04	0.10	0.04
10	0.09	0.04	0.10	0.03
11	0.08	0.04	0.09	0.04
12	0.07	0.03	0.08	0.02
13	0.06	0.03	0.08	0.03
14	0.06	0.02	0.07	0.03
15	0.05	0.02	0.08	0.04
16	0.06	0.02	0.07	0.03
17	0.06	0.02	0.07	0.02

（採自曾凡輝、王路德、刑文華，1992）

最後，應當注意，年老效應在反應時間上，要比在其他運動速度和敏捷性的測驗上較不顯著，而且個人間差異很大，這或者是由於有些人比另外的人老得快些。還有一個現象等待著進一步的探索，例如國外有些九十歲左右的人還能駕駛汽車在高速公路上奔馳 (赫葆源、張厚粲、陳舒永，1983)。

二、性　別

赫葆源等曾報導 (赫葆源、張厚粲、陳舒永，1983)，男孩和男性成年人要比同年齡的女性反應時間短些。根據曾凡輝、王路德、刑文華等的研究 (1992)，在 7～17 歲這個年齡階段，除了在反應時的個別項目和個別年齡組以外，絕大部分數據均表明，男子的簡單光反應時、聲反應時、被動反應時、綜合反應時以及時空反應時均優於女子。

但是，一些體育運動心理學領域的研究說明，不同的研究得出的結果並不一致。例如，邱宜均等人 (1984b) 採用自制的視反應時測試儀對 64 名優秀短跑運動員和 75 名普通大學生進行了簡單反應時的測定，男子短跑運動員的視簡單反應時優於女子短跑運動員，大學男生和大學女生的視簡單反應時則無差異。牆壯 (1984) 用 CT-3A 型反應時測定儀對 8 個項目 146 名少年運動員進行了反應時測定。結果發現，在性別差異方面，男子對光、聲的反應速度比女子快，女子對數字刺激的反應速度比男子快。柳起圖等人 (1985) 對 232 名射擊運動員和普通中學生進行了一項反應時研究，儀器採用 E-P202 型簡單反應時測定裝置，結果表明，成年運動員和普通中學生男女被試之間有可靠差異，但業餘體校男女運動員之間無可靠差異。

為什麼會產生上述不一致的結果呢？我們只能做一些推測：它可能同各研究使用的反應時測試儀器、測試程序的規範化、樣本量的大小、反應時的性質、被試的年齡等因素有關。但總的來說，支持反應時具有性別差異的證據更為有力一些，即更多的研究表明，男子的反應時要快於女子。

三、動　機

主要是由主試的措施所引起的額外動機或定勢等對反應時間也有重要影響。一般在反應時的實驗裏，被試都希望儘量快地作出反應，但除此之外，還可以附加給被試某種額外的動機,例如在每次反應之後及時給予"賞"或"罰",前者是告訴被試每次反應的真實情況;後者是在反應慢於某一水平時,通過反應鍵給予電擊。這兩種情況與不加任何額外誘因的試驗隨機地交替進行,藉以抵消練習效果。圖 9-7 表示在這三種條件下所用的聽覺反應時間。

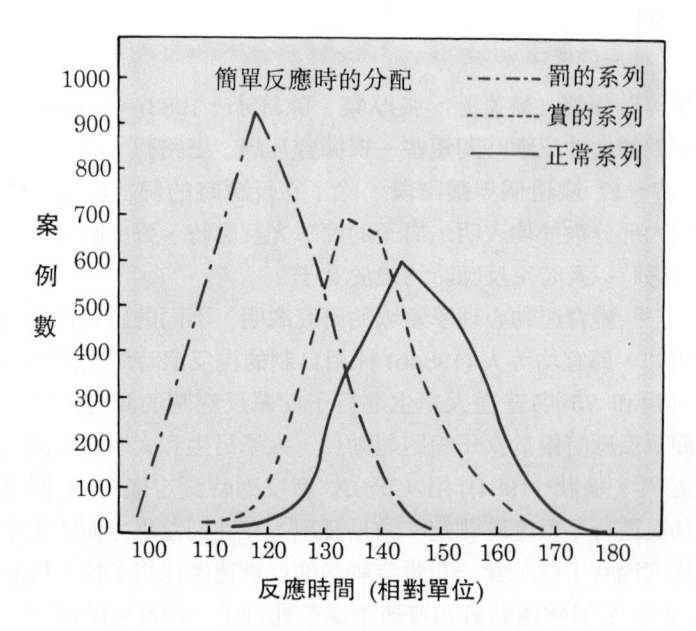

圖 9-7 在誘因影響之下反應時間的分配變化
(採自赫葆源、張厚粲、陳舒永,1983)

四、利 手

李心天報導 (1983),據中國利手(或偏手性) (handedness) 協作組的調查表明,中國正常人中,左利率為 1.84%。而在某些體育項目中,運動員的左利率明顯高出常人的比例 (表 9-8)。問題是,為什麼?翟群 (1991) 從反應時的角度對此進行了探討。他應用單側視野速示技術對左右利手被試不同視野的簡單反應時及空間方向識別能力進行了分析。結果表明,左利組在兩項實驗中的左、中、右視野上的反應時均快於右利組,且在左視野上的優勢最為顯著（表 9-9、表 9-10）。翟群認為，左利者優勢手在操作速度上的優勢主要是因其大腦右半球具有較高的分析處理形象信息的能力，左利者右腦的這種功能優勢與其大腦神經傳導過程的特點有很大的關係。這項研究提示，我們在選擇對抗性項目的運動員時，可以考慮利手因素。

表 9-8　1981 年世界擊劍錦標賽中左利運動員的比例分布情況

比賽項目	所有參賽運動員			前　八　名			前　四　名		
	總人數	左利	%	總人數	左利	%	總人數	左利	%
男子花劍	127	44	35.0	8	5	62.5	4	4	100.0
女子花劍	102	33	32.3	8	5	62.5	4	4	100.0
重劍	130	31	24.2	8	5	50.0	4	1	35.0
佩劍	95	12	12.5	8	2	25.0	4	1	35.0

(採自李心天，1983)

表 9-9　左右利手組左、中、右視野的簡單光反應時（毫秒）

視　野	右利組 平均數±標準差	左利組 平均數±標準差
左	226±27	211±16
中	220±26	209±19
右	228±25	218±20

(改自翟群，1991)

表 9-10　左右利手組左、中、右視野方向識別反應時（毫秒）

視　野	右利組 平均數±標準差	左利組 平均數±標準差
左	419±37	393±36
中	406±43	380±35
右	422±44	397±39

(改自翟群，1991)

五、感覺器官

研究表明，不同感覺器官的反應時不相同（表 9-11）。由於同一種感覺道接受的刺激可能有很大差別，因此，引起的反應時也大不相同。其中對鹹味刺激的反應時最短，對苦味刺激的反應時最長（表 9-12）(赫葆源、張厚粲、陳舒永，1983)。

赫葆源等認為（赫葆源、張厚粲、陳舒永，1983），酸溶液如果較強，可能引起較快的反應。對苦味刺激的反應時間較長，可能是由於所有刺激都

表 9-11　各種感覺道的反應時間

感 覺 道	反 應 時 間 (毫秒)
觸　　覺	117～182
聽　　覺	120～182
視　　覺	150～225
冷　　覺	150～230
溫　　覺	180～240
嗅　　覺	210～390
痛　　覺	400～1000
味　　覺	308～1082

(採自赫葆源、張厚粲、陳舒永，1983)

表 9-12　不同味覺的反應時間

味 覺 種 類	反 應 時 間 (毫秒)
鹹 (飽和的食鹽溶液)	308
甜 (接近飽和的蔗糖溶液)	446
酸 (稀釋的檸檬酸溶液)	536
苦 (飽和的硫酸奎寧溶液)	1082

(採自赫葆源、張厚粲、陳舒永，1983)

是施於舌尖，而舌尖對苦味並不敏感。

在相同的感覺道裏，刺激的部位不同，反應時間也會出現差異。例如觸覺，刺激感覺靈敏的部位或接近頭腦的部位，反應就比較快。對手部或臉部電刺激的反應時間有時比對聲音的反應時間還少 10~20 毫秒。對光的反應時間因接受光的視網膜位置不同而有所不同。自**中央窩** (foveal) 起越向外移，反應時間便越長。反應時間的快慢是與視覺敏度相平行的。在眼睛的水平圓周線上，自中央窩至鼻側比至顳側同樣距離上的**視敏度** (visual acuity) 較好，同時它的反應時間也較短。例如有的實驗結果發現，如以中央窩的反應時間為 N 毫秒，則距離中央窩 10°時的反應時間鼻側為 $N+6$ 毫秒，顳側則為 $N+10$ 毫秒；在距離中央窩 45°處，則鼻側和顳側分別約為 $N+17$ 毫秒和 $N+26$ 毫秒 (赫葆源、張厚粲、陳舒永，1983)。

各感覺道之間的比較只能是約略的，因為各感覺道接受刺激時可資控制的條件各不相同，這必定反映到反應時間的久暫上。例如在測定嗅覺反應時間時，刺激只能借一個吹氣機構把有氣味的氣體吹到鼻子裏，同時開動計時裝置。吹氣的噪聲、吹風的觸覺和涼的感覺必然產生干擾作用——引起假反應，除非被試練習到"確信自己只對氣味反應"時，才能求得嗅覺的反應時間。從前面的綜合資料看來，雖然嗅覺比聽覺或觸覺的反應時間都慢得多，但它究竟是否是真正的簡單反應時間，還不能完全肯定。又如溫或冷刺激施於皮膚表面，需經一定時間才能達到感受器。到達溫覺感受器比到達冷覺感受器需要較長的時間，因而溫覺潛伏期長於冷覺潛伏期。總的說來，對溫度刺激的反應時間一般都較長，可能絕大部分是透入時間 (赫葆源、張厚粲、陳舒永，1983)。

痛覺的簡單反應時間是很難獲得的。使用尖刺狀物輕刺皮膚有時可能產生輕微的表面疼痛，而沒有接觸感覺。在被試反應後，搜集其口頭報告，說明他感到的是雙重感覺，抑或是單純痛覺，據此可將反應時間劃分為兩類。有人以四個被試進行的有關反應時間的實驗揭示 (見赫葆源、張厚粲、陳舒永，1983)：先感到接觸後感到疼痛的平均反應時間是 286 毫秒，而僅感到疼痛的平均反應時間則為 888 毫秒。這裏對觸覺的反應較慢於一般觸覺反應時間，可能是刺激很弱的緣故；但恰好只產生痛覺的那種刺激並不比這個刺激更弱，反而給出了更慢的反應，這是一個還需要繼續探索的課題。

根據以上所述，我們可以把視、聽、觸覺在反應時間問題上歸為一類，因為它們的感受器官都可以單獨被刺激；而溫、冷、痛、嗅、味則可歸為另一類，它們的感受器官是不能單獨被刺激的。被試在溫度、嗅覺或味覺之前若干毫秒先獲得觸覺，但對他的指導語卻使他不對觸覺反應，直到他獲得要試驗的感覺時再作反應。要控制在若干毫秒時間之內不反應，卻又必須對要試驗的感覺"盡快地反應"，這對被試來說是個困難的任務。從而這樣獲得的反應時間不是像視、聽、觸那樣的簡單反應時間。進一步分析，對上述各種反應時間可以舉出一些可能的解釋；對痛覺反應較慢，可能是由於這種感覺的神經纖維細長，傳導緩慢或是由於必須先累積足夠的感覺神經衝動，才能產生疼痛的感覺。溫度、味覺反應較慢，多半是刺激透入到感受器需要相當時間；而相反地，聲音入耳或壓力施於皮膚幾乎可以立時達到相應的感受器。當然光線射到視網膜上並不需要什麼時間，但是錐體和棒體卻不能由光刺激直接引起興奮，光化學的中介過程需要一定的時間。這又是一項值得深入探索的問題（赫葆源、張厚粲、陳舒永，1983）。幸運的是，在體育運動領域，對運動員的反應時測試大多為光、聲反應時的測試，所得結果一般來說都可以得到較為明確的解釋。

在反應時與感覺道關係的討論中，還必須考慮到使用複合的感覺器官時反應時間的情況。如果同時把光和聲音呈現給被試，那就很難使被試只對光反應，他將對聲音反應，並且獲得的反應時間比只對光的反應時間要短。問題在於當同時有光刺激時他對聲音刺激的反應能否更快一些。曾有實驗表明光、電擊和聲音單獨呈現以及聯合呈現的結果。表 9-13 是三個被試的平均

表 9-13　對各種刺激的反應時間

刺　激	反　應　時　間（毫秒）
光	176
電擊	143
聲音	142
光和電擊	142
光和聲音	142
聲音和電擊	131
光、聲音和電擊	127

（採自赫葆源、張厚粲、陳舒永，1983）

反應時間 (RT)。從表裏可以看到：同時施用光刺激，並不能加快對聲音或電擊的反應時間。但是，聲音和電擊在聯合呈現時，卻產生了比單獨呈現時快一些的反應時間。當光、聲音、電擊三種刺激同時聯合呈現時，所引起的反應時間，的確比用其他方式呈現刺激時更快一些 (赫葆源、張厚粲、陳舒永，1983)。

六、適應水平

機體的適應水平 (adaptation level)，特別是眼睛的明、暗適應水平對反應時的影響比較明顯。有人作過在眼睛的不同適應水平上，在 250 呎燭閃光的照度下對一個 20 毫米直徑的白色圓紙片 (距被試眼 12 吋) 進行反應的實驗，5 個被試，每人在每種條件下作 100 次反應的平均反應時見表 9-14：

表 9-14 對光適應水平與反應時的關係

適應水平 (呎燭)	200	150	100	50	0
反應時 (毫秒)	154	146	144	140	131

(採自赫葆源、張厚粲、陳舒永，1983)

我們可以把機體適應水平不同，當作刺激強度不同來看待。在暗適應情況下反應時間顯著縮短，但對之反應的光刺激卻一直是 250 呎閃光照度下的圓紙片，並沒改變。結果之所以不同，完全是由事前眼睛對明暗的適應水平不同造成的。因此，反應時的長短又可以作為機體適應的不同水平的指標 (赫葆源、張厚粲、陳舒永，1983)。

七、準備狀態

(一) 反應時實驗中的準備狀態

在反應時實驗中，被試的準備狀態，例如預備時間也可成為影響反應時間的一個因素。如果預備時間太短，則被試可能沒時間準備作反應；如果太長，他的準備又可能衰退了，這都會對反應時產生不利的影響。大約 2 秒長的預備時間是最恰當的。當然在具體實驗時，這一時間在每次測試中都必須稍有改變，以免被試企圖按時間來"搶步"。一般賽跑的預備時間，根據實驗結果，最好是 1.5 秒。有人在四種不同的預備時間——0.5 秒、1 秒、2 秒、4 秒不同條件下進行聽覺反應時的測定（赫葆源、張厚粲、陳舒永，1983）。在這個實驗裏並不給預備信號，只在上一刺激和反應之後隔一段時間（隨機使用上述預備時間）呈現下一刺激，29 個未經訓練的被試平均結果如下：

表 9-15　預備時間對反應時間的影響（毫秒）

刺激間距（預備時間）	500	1000	2000	4000
平均反應時間	335	241	245	276
標準差（毫秒）	64	43	51	56

(採自赫葆源、張厚粲、陳舒永，1983)

雖然標準差都不夠小，但是 1 或 2 秒的反應時間確比 0.5 秒或 4 秒的反應時短。有人把預備時間的實驗擴展到 20～24 秒，使用聽覺刺激和三個有訓練的被試（見赫葆源、張厚粲、陳舒永，1983）。其結果如圖 9-8 所示。從圖上可以看出三個被試在 2 秒以內都沒來得及作好準備，而且這樣最好的準備情況超過 4 秒即很難保持了。

在預備時間之內的**肌肉張力** (muscle tension) 變得更明顯；在準備用手反應的預備時間裏，甚至距手較遠的股四頭肌也變得緊張了，直到反應完了才恢復鬆弛。這種緊張情況可用機械記錄下來。當然最好的辦法還是肌電圖描記。這樣的記錄表明，在手反應的預備時間裏，前臂肌肉的緊張度是與準備狀態的性質相適應的：

1. 在預備信號之後 200～400 毫秒肌肉開始緊張，這種緊張趨向於漸增，直到反應的那一瞬間為止；

2. 在預備時間之末的緊張水平越高，反應便越快；

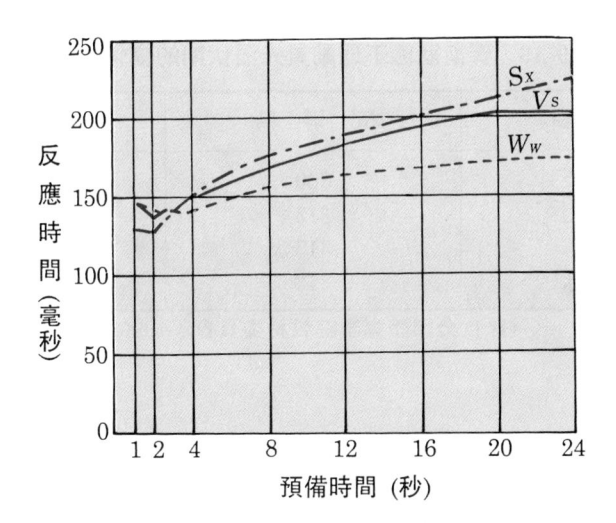

圖 9-8　對聲音的反應時間與預備時間長短的關係
三條曲線代表不同被試的數據
(採自赫葆源，張厚粲，陳舒永，1983)

3. 當預備時間穩定不變而且最適合於短的反應時時，緊張度最高。

可以說預備時間裏的緊張狀態就是初始階段的反應活動，至少是一種確切的預備活動，同時可把它看成一種條件反射 (赫葆源、張厚粲、陳舒永，1983)。可以設想，這種反應之前肌肉的緊張狀態是與中樞神經系統興奮性的提高有關的。

(二) 運動員賽前狀態

反應速度與中樞神經系統的興奮性有著密切關係。運動員處於**賽前狀態** (precompetition state) 時，中樞神經系統的興奮性會大大高於安靜狀態，從而使反應時縮短。據全國體育學院教材委員會編寫的《運動生理學》(1990) 報導，運動員處於賽前狀態時，對光的條件反射潛伏期有明顯的縮短 (表 9-16)。

表 9-16　賽前狀態下運動員光潛伏期的變化（毫秒）

項　　目	安　靜　時	賽前狀態時
田　　徑	300	243
擊　　劍	313	227
射　　擊	313	211
游　　泳	313	181

(採自全國體育學院教材委員會，1990)

八、練　習

(一)　實驗的練習效應

反應時實驗中的**練習效應**(practice effect) 十分明顯。一般來說，練習越多，反應越快，但是進步是逐漸減少，最終達到反應時間的不可減的最下限。反應時間縮短的情況隨實驗的性質（例如簡單反應和辨別反應）而不同。圖 9-9 表明簡單反應和辨別反應的練習效應。

既然經過一些練習，簡單反應時間可以縮短，那麼，最終達到的限度是多少呢？赫葆源等報導（赫葆源、張厚粲、陳舒永，1983），在光簡單反應時測試中，最初測得的反應時間可能長達 500 毫秒。測試幾次之後便可縮減到 200～250 毫秒。這提示我們，進行反應時的測驗，要注意各被試測驗次數的統一和練習一定次數後成績的提高。同時，赫葆源等人認為，無論如何練習，都不能把對光的反應時減到 200 毫秒以下。但是另有祝蓓里報導 (1992)，如果是光刺激的話，無論如何練習，反應時不會減至 150 毫秒以下。尹吟青報導 (1985)，對光刺激反應的最小限界為 105 毫秒。另據報導（全國體育學院教材委員會，1990)，中國優秀乒乓球運動員對光刺激的運動反應潛伏期平均為 102 毫秒，最短的僅為 70～90 毫秒。這是迄今為止，作者見到的最短的光簡單反應時的報導。以上報導的不一致性可能是因實驗條件不同、被試不同造成的。

赫葆源等報導（赫葆源、張厚粲、陳舒永，1983），在一定的練習後，對聲音和觸覺的反應時間約為 150 毫秒。某些人經過大量練習之後，甚至

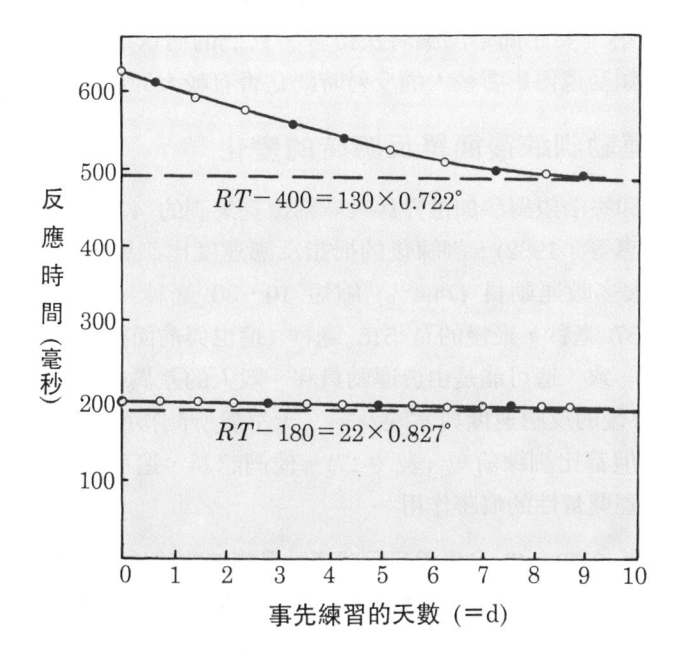

第九章　運動員的反應時問題（一）　**315**

$$RT - 400 = 130 \times 0.722^d$$

$$RT - 180 = 22 \times 0.827^d$$

圖 9-9 對視刺激的簡單和辨別反應時間的練習曲線
　　上邊的曲線是對 5 個燈光的辨別反應時間。
　　下邊的曲線是對 1 個燈光的簡單反應時間。
　　（採自赫葆源、張厚粲、陳舒永，1983）

能降到 100～120 毫秒，他們認為，這好像是隨意的或習得的運動反應潛伏期的極限。但祝蓓里報導（1992），如果刺激是聲音的話，經過一些練習後，反應時間不會降到 120 毫秒以下；如果刺激是觸覺的話，則不會降到 90 毫秒以下。這與赫葆源等人的報導相似或稍低。尹吟青報導（1985），對聲刺激反應的最小限界為 85 毫秒。這是迄今為止，作者見到的最短的聲簡單反應時的報導。

　　上述研究報導的一致性在於，觸覺、聲音反應時均快於視覺反應時。同時，上述研究報導引起了兩個可能令人感興趣的問題，第一，在經歷一段不練習的時間之後，被試的反應時間是否又會恢復到先前的水平？抑或能夠保持一定的學習？第二，既然簡單反應時可以通過練習得到較大程度的提高，它是否是受環境影響較大而受遺傳影響較小的因素？以它作為運動員選材的重要指標，是否有堅實的理論基礎？當然，某些非條件反射，特別是膝跳反射和眨眼反射，要比簡單反應時快得多，它們的潛伏期約為 40 毫秒，但尚不清楚這類受遺傳影響較大的反射時間是否有較大的個人差異。

(二) 運動訓練後簡單反應時的變化

張樹棟和岑浩望對參加世界乒乓球錦標賽集訓的 47 名運動員的研究表明 (見丘鐘惠等，1982)，訓練後的拇指反應速度比訓練前提高，平均縮短 18 毫秒，大多數運動員 (74.4%) 縮短 10~30 毫秒。最快的兩名直拍進攻選手僅 187 毫秒，最慢的為 515 毫秒 (這也與前面提到的赫葆源等人的研究結果不一致，這可能是由於運動員和一般人的差異或實驗條件的差異造成的)。訓練後的反應速度與當晚及第二天早晨所測得的反應速度比較，無明顯差異，但都比訓練前短 (表 9-17)。他們認為，這可能是對信號的適應現象以及神經興奮性的痕跡作用。

表 9-17　47 名優秀乒乓球運動員訓練前後的光反應時

時　　間	訓練前	訓練後	當　晚	早晨訓練前
平均數	310	292	289	283
標準差	25	22	未報導	未報導

(改自丘鐘惠等，1982，499 頁)

九、疲　勞

前面提到的張樹棟和岑浩望對參加世界乒乓球錦標賽集訓的 47 名運動員所進行的研究還表明 (見丘鐘惠等，1982)，在疾病和過度疲勞時，訓練後的反應速度明顯減慢，拇指反應速度減慢 15~70 毫秒以上。

克洛爾 (Kroll, 1973, 1974) 和哈耶斯 (Hayes, 1975) 的研究表明 (轉引自馬力宏，1988a)，肌組織雖明顯疲勞 (肌力分別下降 34% 和 36%)，但前動作時 (PMT) 和電機械延遲 (EMD) 均沒有發生改變。摩利斯 (Morris, 1977，轉引自馬力宏，1988a) 測定了疲勞對有阻力和無阻力條件下電機械延遲 (EMD) 的影響，結果發現，肌力下降 57% (等長收縮) 和 35% (等張收縮) 時，無阻力電機械延遲 (EMD) 沒有變化，但有阻力電機械延遲 (EMD) 延長。而且阻力越大，則其電機械延遲 (EMD) 延長現象越明顯。伍德曾報

導 (Wood, 1979)，疲勞後 (肌力下降 33%)，反應時延長了 19 毫秒，其中主要是電機械延遲 (EMD) 的延長，達 15.25 毫秒。但是，中國學者劉德清等人 (劉德清，1984，轉引自馬力宏，1988a) 的研究發現，馬拉松運動員跑完 30 公里後，電機械延遲 (EMD) 明顯縮短。這一結果與國外的研究報導截然不同。劉德清等人認為這可能是由於肌肉的彈性成分因疲勞而使其彈性下降，緩衝作用減弱，因而從肌肉收縮到移動關節的時間縮短。周石的研究表明 (1986)，被試進行 25 次最大等長收縮後，肌肉力量平均下降 48%，電機械延遲 (EMD) 在疲勞過程中隨疲勞程度加深而延長，疲勞後電機械延遲 (EMD) 延長了 20 毫秒。馬力宏認為 (1988a)，造成各研究結果有所不同的真正原因可能與疲勞的性質有關。不同的工作方式可能導致疲勞發生於不同的部位，因而對電機械延遲 (EMD) 產生完全不同的影響。

十、個體差異

（一） 個體間差異

個體間差異 (interindividual difference) 也是反應時研究中時常遇到的問題，即使把實驗變量如刺激的感覺道、刺激的強度、預備時間的久暫、對被試的指導語、被試的年齡和事前的訓練等全部保持恆定，我們仍然不能預測某一被試在特定的時間之內在反應時間上的確實情況。還有主試不能控制的被試變量，其中主要是個人在反應時間上的個別差異。赫葆源、張厚粲及陳舒永曾報導 (1983)，用大量被試做的對聲音的反應時間的實驗表明，未經過訓練的被試其簡單反應時間平均數的分配相當對稱，而且是**正態分布 (或常態分配)** (normal distribution) (圖 9-10)。

（二） 個體內差異

不僅個人之間反應時間有差別，即使同一個被試，其不同時刻的反應時間也有差別，這種**個體內差異** (intraindividual difference) 是機體總的特點造成的，而不是任何單一的因素所能負責的。在心理方面，被試的注意力有時可能鬆弛，一時的情緒活動可能影響了他的適應，他的感覺器官的感受性可能因故有所改變，準備狀態可能有所不同，肌肉張力可能有起伏等等。

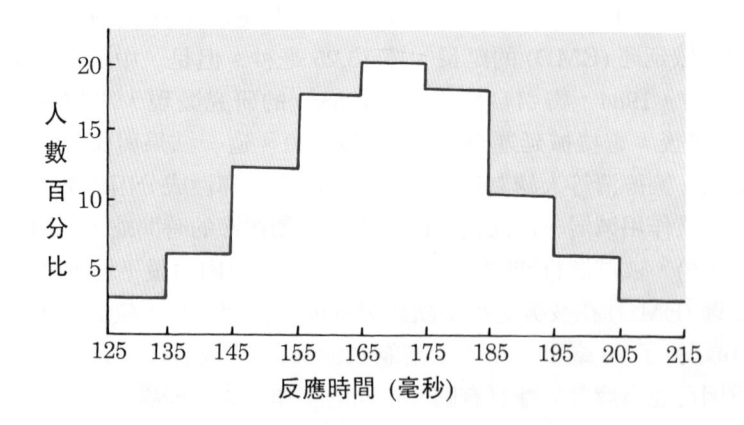

圖 9-10　聲簡單反應時的人數分配
(採自赫葆源、張厚粲、陳舒永，1983)

此外，一個人當時其他的心理生理特點，如疲勞程度、體溫、脈搏、缺氧、藥物刺激等也都與反應時間的快慢有一定的關係。這些因素中的任何一兩種都不能解釋在同一次實驗中半小時，甚至幾分鐘裏反應時間的起伏。

張毓芬、劉惟 (1983) 曾對 11 支男女青年籃球隊，11 支男女少年籃球隊以及湖南省 6 個地區的業餘體校籃球隊的 384 名不同水平的籃球運動員進行了反應時測試，他們提出，記錄每人 10 次反應時以計算平均數的同時，可計算標準差 (standard deviation)，標準差越小，穩定性越好，標準差是客觀地反映運動員自我控制能力的評定指標。該研究結果也發現，那些頭腦清晰、情緒穩定、控制能力強的後衛隊員標準差也小，作者以此證實對反應時標準差進行評價的有效性。這一思路很好，可惜作者在論文中沒有提供數字的量化證據。

赫葆源、張厚粲、陳舒永指出 (1983)，在優良的實驗下，被試反應時間的標準差是反應時平均數的 10%～13%，但如果刺激太弱，則標準差還要大。同時由於有一些分散頗廣的很慢的反應，所以分配是相當偏斜的。在實驗延長到兩天以上的時候，分配的標準差和偏態 (skewness) 還會增加，因為被試因熟練而有進步，但是無論如何也無法補救剛開始實驗時大部分反應效率不高的狀態 (見圖 9-11)。對於偏態分布 (或偏態分配) (skewness of distribution) 的處理，可以使用反應時間的對數單位，而且用中數表示集

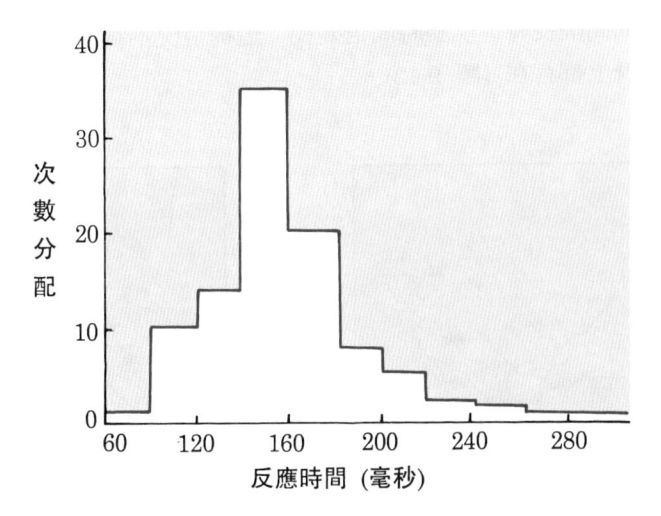

圖 9-11　一個被試對光中止的簡單反應時間分配
400 次反應分兩天做完。

$$SK = \frac{3\,(M-Med)}{\delta} = +0.46$$

$M=160$ 毫秒，$Med=154$ 毫秒，$\delta=36$ 毫秒，
（採自赫葆源、張厚粲、陳舒永，1983）

中趨勢，或者至少把中數和平均數並列出來（赫葆源、張厚粲、陳舒永，1983）。

十一、反應過程中的心理不應期

　　在相繼給予兩個刺激並對兩個刺激分別產生反應時，如果兩個刺激間隔時間短，第二個反應的時間就延長，這種推遲的時間叫作**心理不應期** (psychological refractory period)。日本心理學家藤原和鷹野採用了光信號刺激，使被試在左邊的燈泡亮時離開左手，以此作為第一反應，在右邊的燈泡亮時離開右手，以此作為第二反應。用這樣的方法，就可以很清楚地看到心理不應期的出現（見楊治良，1984）。

　　如果兩個刺激的間隔時間較短，則第二反應的時間就長。反之，在兩個刺激的間隔時間較長時，第二反應的時間就較短。但是，如果只進行第一反應,那麼時間間隔長時,反應時間也變長。這種情況不論在運動員身上,還是在一般人身上都存在 (圖 9-12)。

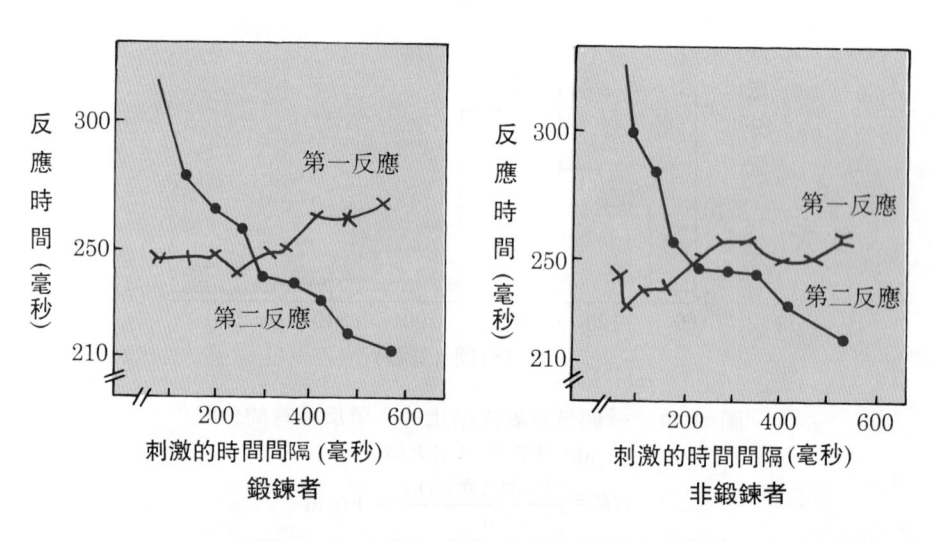

圖 9-12 心理不應期和刺激時間間隔的關係
(採自楊治良,1984)

以上我們比較詳盡地討論了與反應時有關的主體性因素,相信讀者可以從中得出一個總的印象,即反應時問題可能比一般人的理解要複雜得多。隨著下一章對反應時問題的繼續討論,這種印象可能會更加深刻。反應時的複雜性表現在三個方面,第一,反應時是一個非常敏感的且不穩定的指標,極易受各種因素的影響,因此,進行反應時測試的條件控制十分重要;第二,許多反應時研究的結果互不一致,很可能是實驗條件造成的,在評判這些實驗研究的結果時,我們應特別注意各實驗條件的異同;第三,研究者在報告反應時研究結果時,應盡量詳盡地報告實驗條件,以便使他人有理解和評價實驗結果的充分依據。

第九章　運動員的反應時問題（一）　**321**

本 章 摘 要

1. 於 1796 年，英國格林威治天文台台長馬斯基林因助手金內布魯克觀察星體通過子午線的時間與他本人不一致而將其辭退，這一事件引發了天文學家對反應時間個體差異的關注，導致了**人差方程式**的出現，並推動了**實驗心理學**的產生與發展。

2. **反應**是對信號刺激的有意識的應答行動。**反應過程**可分為**預備期**(從預備信號到執行信號之間的時間)、**中心期**(潛伏期，從執行信號到應答動作開始的時間) 和**效應期**(從應答動作開始到應答動作結束為止的時間)。

3. 根據運動員在反應過程中感知、注意以及大腦皮質興奮和抑制過程相互關係上的不同特點，可以把反應分為三種不同類型，即**感知型**、**運動型**和**中間型**。感知型的運動員反應潛伏期最長，運動型的運動員反應潛伏期最短。

4. 反應時即**反應潛伏期**，它包括感覺器官感受刺激所需要的時間、大腦加工消耗的時間、神經傳導的時間以及肌肉產生反應的時間。反應時可以反映反應速度的快慢。從生理機制上看，反應速度主要取決於：(1) **感受器**的敏感程度 (興奮閾值高低)；(2) **中樞延擱**；(3) **效應器** (肌纖維) 的興奮性。其中，中樞延擱又是最重要的。反射活動愈複雜，歷經的突觸愈多，反應也就愈慢。

5. 根據刺激信號的多少，是否需要抑制某些反應，可將反應時分為 **A 反應時** (簡單反應時)、**B 反應時** (選擇反應時) 和 **C 反應時** (辨別反應時)。在 A 反應過程中，只有一個早已熟悉的必須反應的刺激物 (信號) 和一個早已熟悉的應答動作；在 B 反應過程中，幾個甚至更多的刺激物都有可能出現，相應的應答動作也有多個，而且，事先並不知道實際要出現的是什麼刺激物，也不知道要以什麼樣的動作去應答；在 C 反應過程中，有兩個或更多的相互有差別的刺激，要求被試只對其中一個刺激反應，而對其他刺激不反應。

6. 根據**肌電圖**分析，可將反應時分之為兩部分：(1) 從刺激開始到肌肉同步放電的一段時間；(2) 從同步放電開始到肌肉機械運動開始的一段時間。後者又稱**電機械延遲** (EMD)。兩者在體育運動領域的意義不同。

7. 主要標誌神經過程的反應時和主要標誌肌肉運動過程的運動時不同，動作快的運動員不一定反應快，反應快的運動員不一定動作快，一些反應不夠快的優秀運動員可以利用高速度完成動作來彌補其缺點。

8. 在人的整個發展過程中，25 歲之前反應速度隨年齡的增長逐漸加快，以後逐漸穩定，然後逐漸減慢。反應時的快速提高期在 9～10 歲左右。

9. 儘管反應時性別差異方面的研究有些互不一致的結果，但大多數研究表明，男子的反應時快於女子。

10. 一些運動項目中，運動員的左利率明顯高出常人的比例，左利人的簡單視反應時也快於右利人，這提示，左利人的中樞神經系統在操作活動中可能具有特殊優勢。

11. 不同感覺器官的反應時不同，觸覺反應時最快，味覺反應時最慢。在相同的感覺道裏，刺激的部位不同，反應時間也會因之而異。

12. 在反應時實驗中，被試的準備狀態，例如"預備時間"也可成為影響反應時間的一個因素。2 秒左右的預備時間可獲得最快的反應時。在預備時間中，中樞神經系統的興奮性提高，肌肉的張力增加。另外，運動員處於**賽前狀態**時，反應時也縮短。

13. 反應時實驗中練習得越多，反應越快，但是進步是逐漸減少。光簡單反應時的最小限度約為 150 毫秒，聲簡單反應時的最小限度約為 85 毫秒。運動員訓練課後的反應時會縮短。

14. 疲勞是否會導致反應時延長，研究結果不盡一致。有些研究發現肌肉疲勞後反應時不變甚至縮短，有些研究發現肌肉疲勞後反應時延長。不同的工作方式可能導致疲勞發生不同的部位，因而對**電機械延遲** (EMD)產生完全不同的影響。

15. 人的簡單反應時呈**正態分布**。同一個人不同測驗的反應時也不恆定，**標準差**約為反應時平均數的 10%～13%。

16. 在相繼給予兩個刺激並對兩個刺激分別產生反應時，如果兩個刺激間隔時間短，第二個反應的時間就延長，這種推遲的時間叫作**心理不應期**。反之，如果兩個刺激的間隔時間較長時，第二個反應的時間就較短。但是，如果只進行第一反應，那麼時間間隔長時，反應時間也變長。

建議參考資料

1. 朱瀅、焦書蘭 (1989)：實驗心理學。北京市：光明日報出版社。
2. 波林 (高覺敷譯，1982)：實驗心理學史。北京市：商務印書館。
3. 紀桂萍 (1988)：反應時間。見林仲賢，焦書蘭 (編)：實驗心理學。北京市：科學出版社。
4. 楊博民 (1989)：心理實驗綱要。北京市：北京大學出版社。
5. 楊治良 (1996)：實驗心理學。台北市：東華書局。
6. 赫葆源、張厚粲、陳舒永 (1983)：實驗心理學。北京市：北京大學出版社。
7. Summers, J. J. (Ed.) (1992). *Approaches to the study of motor control and learning.* Amsterdam: North-Holland.
8. Woodworth, R. S. (1950). *Experimental Psychology.* New York: Henry Holt.

第十章

運動員的反應時問題 (二)

本章內容細目

第一節　與反應時相關的客體性因素
一、刺激的強度　327
二、刺激時間的長短　335
三、刺激的難度　335
四、圖形刺激和語言刺激　338
五、刺激的空間特性　339

第二節　體育運動與反應時
一、體育運動領域反應時研究的意義　342
　(一) 診斷與選材
　(二) 研究的方法
二、運動項目與反應時　343
三、運動水平與反應時　345
　(一) 運動水平與反應時相關的研究證據
　(二) 運動水平與反應時無關的研究證據
　(三) 運動水平與反應時關係研究的啟示
四、反應速度與反應準確性　351
五、長期體育鍛鍊與反應時　354
六、反應時研究的問題　356
　(一) 遺傳和環境的影響
　(二) 實驗條件的標準化

本章摘要

建議參考資料

上一章我們討論了反應時的基本概念及與反應時相關的主體性因素，這一章我們繼續反應時的討論，主要集中在與反應時相關的一些客體性因素以及體育運動中的反應時問題上。需要指出的是，我們之所以不選擇"影響反應時的主體性因素"和"影響反應時的客體性因素"這樣通常的標題來標誌所討論的主題，是由於第一，相關因素和影響因素有著重要的區別，前者涉及的是兩變量的相關關係，而後者涉及的是兩變量的因果關係。一般來說，存在因果聯繫必然存在相關關係，但存在相關關係不一定意味著也存在因果關係，這是許多統計學教師不斷提醒學生們注意的統計學常識問題。第二，與反應時相關的主、客體性因素顯然要多於影響反應時的主、客體性因素，因此，選擇目前這個題目，有助於我們擴大討論的範圍而又不犯統計學方面的常識性錯誤。還需要指出的是，閱讀了前一章的讀者可能已經注意到本書用了兩章即相當大的篇幅討論反應時問題，主要原因不但在於它具有特殊的重要性，而且還在於它具有特殊的複雜性。

本章內容將討論以下主題：

1. 刺激的強度與反應時的關係。
2. 刺激的長短與反應時的關係。
3. 刺激的難度與反應時的關係。
4. 刺激的特徵與反應時的關係。
5. 空間特性與反應時的關係。
6. 體育運動領域反應時研究的意義。
7. 運動項目與反應時的關係。
8. 運動水平與反應時的關係。
9. 反應速度與反應準確性的關係。
10. 長期體育鍛鍊與反應時的關係。
11. 反應時研究的兩個問題。

第一節　與反應時相關的客體性因素

一、刺激的強度

　　這裏，"強度"一詞是廣義的，既包括物理強度，也包括其他類似的因素，例如視覺刺激的面積大小以及兩個以上刺激的累積等等。時常觀察到下列現象，即當刺激很弱時，反應時間較長；而當刺激增至中等或高強度時，反應時間便縮短了。但是進一步要問：反應時間隨刺激強度增加而縮短，是否有一個最小的極限？縮小的情況是一條直線還是曲線？如何求出反應時間與刺激強度關係的方程式，或畫出其圖解？為此，所使用的刺激強度的範圍需要很廣，從靠近刺激閾限起直到能安全地施於有關感官的最大刺激強度為止。從不同的有關實驗的大量數據看來，除了反應時間隨刺激強度的增加而縮短外，我們還可發現，強度每增加一個對數單位（因刺激強弱範圍極廣，故需用對數單位，不然難於表示），反應時間便表現一定的縮減，但縮減卻越來越少。從應用的觀點看來，可以推論，在任何需要對弱刺激進行快速反應的情況之下，刺激強度稍稍的增加，都會收到很大的效果；但當刺激已相當強時，再把它加強一些，卻不會有什麼明顯的效果了。各數據點形成了一條曲線，這條曲線逐漸變平，好像反應時間漸近於一個極限。從理論上講，如果實驗條件適當，反應時間必然會達到它的極限，我們把它叫作**不可減的最少限** (irreducible minimum)。但是，由於種種因素，反應時間的測試每次都以隨機的形式表現出變異，它們的平均數必然只能接近於比這個不可減的最少限較大的一個極限。使用實驗的方法，可以獲得這個有彈性的極限。換言之，可以認為，任何反應時間都包含一個不可減的最少限和一個**可減的餘限** (reducible margin)。當刺激弱時，可減的餘限就大；強度增加時，它就減小。對一組反應時間的數據可以用一個特定的方程式進行數學的描述，借以說明反應時間是刺激強度的一個函數：

$$RT = f(I)$$

落實到一個特定實驗中的實際情況,至少可以尋出能與這組數據擬合得很好的一個經驗公式。不過這裏必須考慮把不可減的最少限一併處理(赫葆源、張厚粲、陳舒永,1983)。現在以一個對不同強度的聲音測定反應時間的例子加以說明。我們知道,聲音強度容易包括較大的範圍。研究發現,靠近刺激閾限的反應時間是 400 毫秒左右,而對高強度的刺激則約為 110 毫秒,這好像是已達到它的極限了。研究者曾對不同音高、不同強度的聲音作過整系列的實驗(赫葆源、張厚粲、陳舒永,1983)。現在只把對 1000 周/秒但強度不同的聲音測定的反應時間列在表 10-1 中。

表 10-1 對不同強度的 1000 周/秒純音的反應時間

聲音強度	反應時間(毫秒)	聲音強度	反應時間(毫秒)
0	402	4	139
0.2	316	5	130
0.4	281	6	124
0.6	249	7	118
0.8	281	8	112
1	193	9	111
2	161	10	110
3	148		

(採自赫葆源、張厚粲、陳舒永,1983)

聲音強度是以高於閾限強度的對數($\text{Log } I$)為單位,反應時以毫秒計。在對數尺度上的零值並不是指刺激強度等於 0,它的意思是以 1 為單位的那個特定的刺激強度,因為 $\text{Log } I = 0$,所有其他強度都是這一數值的不同倍數。一般說來,閾限強度,或至少是一個實驗所使用的最小強度,被當作是相對的數字量表上的 I,也就是對數量表上的 0。上表裏 $\text{Log } I$ 是 0,即靠近閾限的強度;$\text{Log } I$ 是 1 時,意即 10 倍於閾限的強度;$\text{Log } I$ 是 6,即 1000000 倍於閾限的強度,餘類推。由此可見,這一實驗使用的聲音強度範圍極廣。我們可以根據前表繪出圖 10-1。從圖中各數據點可以看到:隨著刺激強度的增加,反應時縮短得越來越少,而以強度 Log 1 到 Log 2 之間為一個轉折點。如把各數據點連接起來畫成一曲線,就會先陡後平，好像反應時最後接近於一個極限，這時刺激強度是 10 個對數單位（閾限以上約 100 分貝）。

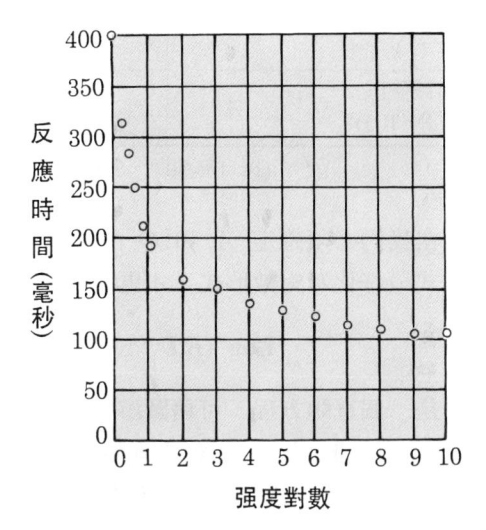

圖 10-1
對不同強度純音的反應時間
(採自赫葆源、張厚粲、陳舒永，1983)

為了給這組數據製定經驗公式，需要幾個參數。上述不可減的最少限即可作為一個參數。從圖形的總趨向看來，可以把它定為 105 毫秒。反應時 (RT)－105 就是可減的餘限，當 Log $I=0$ 時，可減餘限的數值最大，它隨著 I 的 Log 單位的增加而越來越慢地減少著，我們把這個最大的數值叫作 A，A 是第二個參數。第三個參數來自 $RT-105$ 的遞減程度。從曲線的形式上看，可假定遞減程度永遠是當時的可減餘限的若干分之一。例如，增加一個 Log 單位的強度，經常能減少可減餘限的 20%；如果在某刺激強度時餘限是 100 毫秒，如將強度增加一個 Log 單位，餘限即將減至 80 毫秒；增加第二個 Log 單位，又將減去 80 毫秒的 20%，剩下的餘限將是 64 毫秒；增加第三個 Log 單位，再減去 64 毫秒的 20%；餘類推。總之，每增加一個 Log 單位的強度，即將從可減的餘限中減去它自己的一個分數，這個分數叫作 P；剩下的可減餘限即 $1-P$ 或者稱為 Q，我們把 Q 當作方程式的第三個參數。按照我們的假定，可以得出下面這一系列的數值（見表 10-2）：由於 Q 的冪數永遠是以 Log 為單位的強度值 (I)，因此我們可以把 I 作為 Q 的冪值，於是便得出了所求的公式：

$$RT - 105 = A \times Q^I$$

表 10-2　刺激強度與可減餘限的關係

刺激強度 (I)	0	1	2	3	⋯
可減餘限 (RT－105)	A	Aq	Aq^2	Aq^3	⋯

(採自赫葆源、張厚粲、陳舒永，1983)

現在我們必須確定 A 和 Q 的數值，以便擬合於表中的數據。這裏的冪方程式最好化為對數形式，才更便於處理：

$$\text{Log }(RT-105) = \text{Log }A + I\text{ Log }Q$$

這是一個直線方程，可藉圖解來進行計算，如圖 10-2 所示：第一步先把強度 (I) 值畫在單對數紙的算術軸 (橫軸) 上，而將相應的 $RT-105$ 毫秒各值畫在對數軸 (縱軸) 上，再用一條線繩或透明膠尺畫出能擬合各數據點的直線，使數據點在線的兩側大致各占半數，以便表示數據的一般趨向。

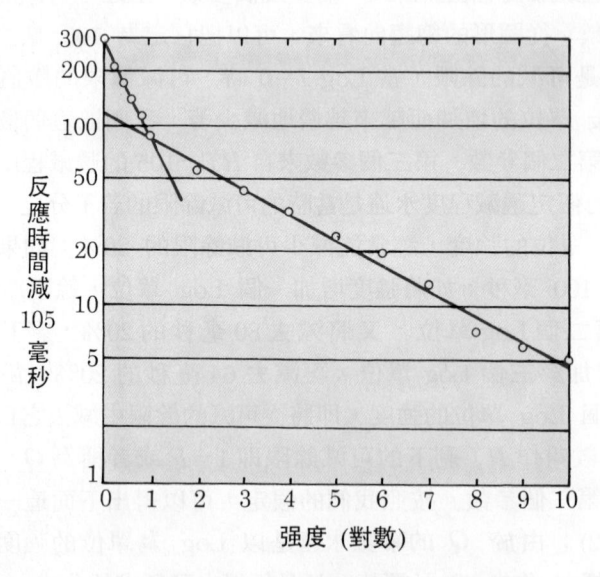

圖 10-2　擬合反應時間方程圖解
(採自赫葆源、張厚粲、陳舒永，1983)

這裏顯然不能用單一的一條直線來擬合數據點的整個範圍，但是可以將這個範圍分成兩部分：用一條直線來擬合低強度部分，另一條直線擬合其餘部分，兩條直線一經畫出，便易於尋得參數 A 和 Q，以下為其步驟。(1) 求 A 時，可讀出 $I=0$ 時直線的縱坐標。對於短而斜度大的直線，我們得到 $A=285$ 毫秒；而對那條主要的直線，$A=117$ 毫秒。(2) 在求短的直線的 Q 時，讀出 $I=1$ 處的縱軸數值，得到的是 88 毫秒：因為 $RT-105=A\cdot Q^I$，所以 $88=285Q$，於是 $Q=88/285=0.309$。對於主要的直線，我們讀出 $I=10$ 處的縱坐標。得數是 4.6 毫秒。同理 $4.6=117Q^{10}$，因而 $Q^{10}=4.6\div 117$；藉助於對數表可以求出 $Q=0.724$。

把求出來的 A 和 Q 值代入方程式 $RT-105=A\cdot q^I$，得出特定的方程式，如圖 10-3 所列。

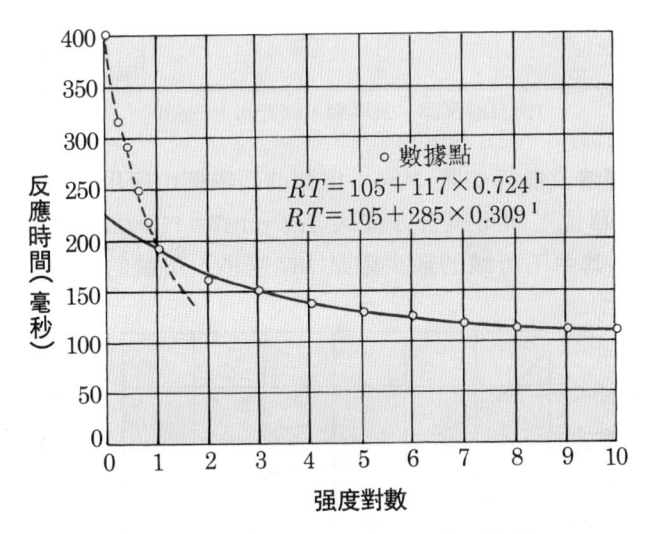

圖 10-3　反應時間與刺激强度對數的關係
(實驗同圖 10-1，附加兩條曲線)
(採自赫葆源、張厚粲、陳舒永，1983)

圖 10-3 上的各點與圖 10-1 上的各點相同，只是附加了兩條曲線，這兩條曲線和圖 10-2 上的那兩條直線是相對應的，它們的畫法如下：把圖 10-2 與各個刺激强度相應的直線上的各個縱坐標讀出，因為圖 10-2 的縱坐標是 $RT-105$ 毫秒，所以，把它們轉換成 RT 時，必須把每一個數

都加上 105 毫秒，然後再畫在普通作圖紙上。例如 $I=0$ 時直線的縱坐標是 17 毫秒，17＋105＝122 毫秒，所以圖 10-3 上 $I=6$ 處的曲線的縱坐標就是 122 毫秒。如把幾個強度 I 處的反應時原始記錄和計算的數值比較一下，就可以看出這個方程擬合得頗為接近。

再舉一個不同強度反應時間的實測為例：我們知道，光的強度也可以像聲音一樣，變化範圍很大，適合做反應時間的實驗，這時用 $I-1000$ 個相對單位，或 0 到 3 個對數單位的光強刺激，原始數據如下表所示：

表 10-3　對不同強度光刺激的反應時間記錄

光的相對強度 (對數單位)	1	7	23	123	315	1000
Log I	0	0.85	1.36	2.09	2.50	3.00
反應時間 (毫秒)	280	205	184	174	1.70	169

(採自赫葆源、張厚粲、陳舒永，1983)

把這組數據繪成曲線如圖 10-4；根據前面舉例中所用的處理方法，藉助於 I 的對數單位，求得擬合方程式 $RT-167=113 \cdot 0.257^I$ 或 $RT=167+113 \cdot 0.257^I$，其中不可減的最少限是 167 毫秒，可減的餘限是 $RT-167$

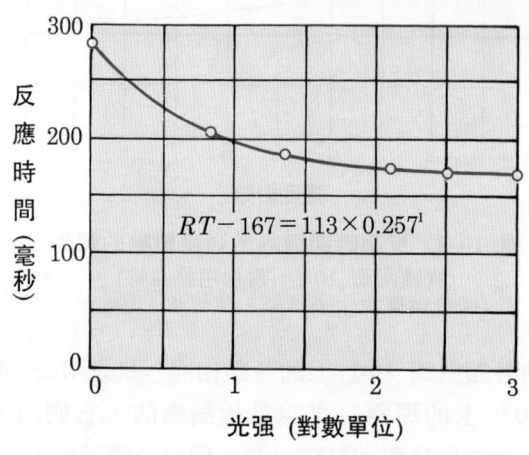

圖 10-4　對不同強度光刺激的反應時間
(採自赫葆源、張厚粲、陳舒永，1983)

毫秒。每增加一個對數單位的強度將把可減的餘限減到前一個值的 0.257。

在這兩個例子中使用的擬合方程的方法，在處理類似的實驗數據，包括某些學習曲線在內，都同樣地適用。

在結束刺激強度這一問題之前，再敘述一下刺激的起止及其強度的改變對反應時間的影響。這涉及到能量的中止如何能作為有效刺激的問題。研究者發現 (轉引自赫葆源、張厚粲、陳舒永，1983)，讓被試對一個光刺激的中止進行反應時，反應時間並不加長，而且有時比對同一刺激的開始進行反應的反應時間還略短些，見表 10-4。

表 10-4 對聲、光刺激的開始和中止的反應時間 (毫秒)

刺　　激	強　　度	對刺激開始的 RT	對刺激中止的 RT
聲　音	中	119	121
	弱	184	183
	閾限	779	745
光	強	162	167
	弱	205	203

(採自赫葆源、張厚粲、陳舒永，1983)

從表裏可以看出，總的印象是對刺激的開始和終止所作的反應，反應時間沒有顯著的差異。但是，在個別情況下對刺激中止比開始的反應時間還短些，這一現象似乎與刺激越強反應時間越快這一規律相矛盾。這個表面看來矛盾的現象和給刺激下的定義不恰當有關。嚴格說來，刺激即對一個感受器所呈現的能量的改變。這在視覺刺激上特別明顯：眼睛很快地便對落在視網膜上的穩定光線適應了。通過電生理的方法記錄下來的動物視網膜電圖表明，當穩定的光刺激中止時，視網膜是有電"反應"的。在耳部對聲音的中止並沒有類似這樣的"中止效應"。對聲音的中止所以能產生反應，我們只能假定在較高的神經系統某一部位，像視網膜一樣，可能對穩定的聲音刺激很快地便適應了，而對刺激的突然中止或其強度的改變，卻由於適應的被破壞而有所反應。因此我們可以說，無論是刺激的開始或中止，都能釋放出已經準備好的那種反應。

除前表所列資料外，近來的實驗表明，光刺激的中止比它的開始有反應較快的趨勢。例如有人（見赫葆源、張厚粲、陳舒永，1983）獲得的對光刺激開始的反應時間是 230 毫秒，而對其中止的反應時則為 200 毫秒。對這一事實可能的解釋是：在沒有光刺激的那一段時間之內眼睛失掉了它的注視對象，光刺激的呈現首先引起的是定向反應，這樣光的開始自然要比它的中止反應弱些。

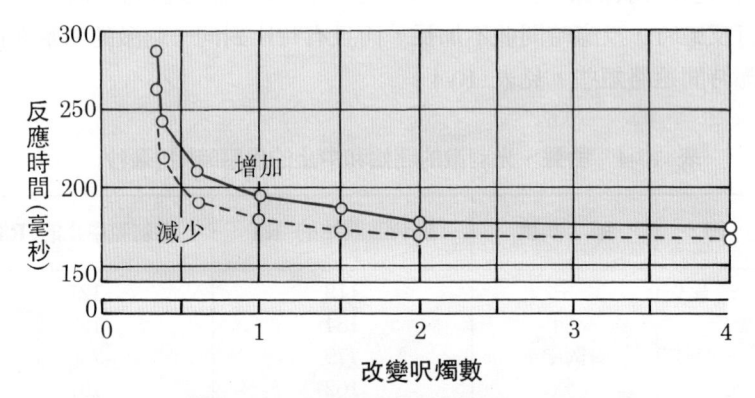

圖 10-5　對光加強或減少的反應時間
（一個被試的實驗結果）
（採自赫葆源、張厚粲、陳舒永，1983）

為了克服這一缺點，在另一實驗裏不使被試對光刺激的從無到有或全部中止作反應，而是對已有的光刺激強度的改變作反應。方法如下：在被試面前屏幕上有一塊一吋直徑的毛玻璃，光從毛玻璃背後射來，令被試注意要對毛玻璃上照射的光亮度的增加或減少儘快反應。實驗結果是，當亮度從 4.5 呎燭光增至 5.5 呎燭光時，6 個被試的平均反應時是 205 毫秒。而反過來講，即從 5.5 減至 4.5 呎燭光時，反應時卻只有 188 毫秒。變化的數量越大，反應便越快，但是對刺激的減低，比對同樣數量的增高所引起的反應時間更快些，這卻是經常遇到的事實。

對刺激強度降低比增加有較快的反應時間，可能只對視覺是如此，因為無論在聲音強度增加還是降低的情況下，並未發現反應加快。這可能與視網膜的"中止效應"比"開始效應"強這一電生理學現象有關（赫葆源、張厚粲、陳舒永，1983）。

二、刺激時間的長短

當物理刺激強度不變，而增加作用於感官的時間，造成了時間的積累作用時，便會增加刺激的心理強度。例如，一個光刺激的久暫如何影響反應時間的實驗結果表明，當刺激持續的時間越長，反應時間越短，如表 10-5 所示。但再進一步增加刺激的時間，卻不再減少反應時間了（朱瀅、焦書蘭，1989）。

表 10-5 光刺激的久暫與反應時間的關係

光的久暫(毫秒)	3	6	12	24	48
反應時間(毫秒)	191	189	187	184	184

(採自朱瀅，焦書蘭，1989)

三、刺激的難度

選擇的數目越多，反應時間必然越長，辨別性或選擇性反應時間必然比簡單反應時間要長，從被試準備情況看來，實驗證明了這一點，使用阿拉伯數字 1 到 5，按次序由右手 5 個手指作反應；而對羅馬數字 I 到 V 則由左手 5 個手指作反應。每一系列的試驗所使用的刺激的選擇數目各不相同，事先使被試了解選擇的數目，實驗結果如表 10-6 所示，得知可供選擇的刺激數目愈多，反應時間愈長。比如，如果實驗僅採用阿拉伯數字 1，

表 10-6 可供選擇的刺激數目對反應時間的影響

刺激選擇數目	1	2	3	4	5	6	7	8	9	10
反應時間(毫秒)	187	316	364	434	487	532	570	602	619	622

(採自赫葆源、張厚粲、陳舒永，1983)

作為刺激，要求被試用右手大拇指進行反應，反應時間則為 187 毫秒；如果實驗採自阿拉伯數字 1、2 以及羅馬數字 I 作為刺激，要求被試分別用右手大拇指，右手食指和左手大拇指進行反應，每次進行反應的平均時間則為 364 毫秒，餘類推。

同理，刺激越類似，辨別反應時間必然越長。但是，人們卻不容易想到分辨紅色和黃色比分辨紅色和綠色所需要的時間多。實驗方法是：一左一右

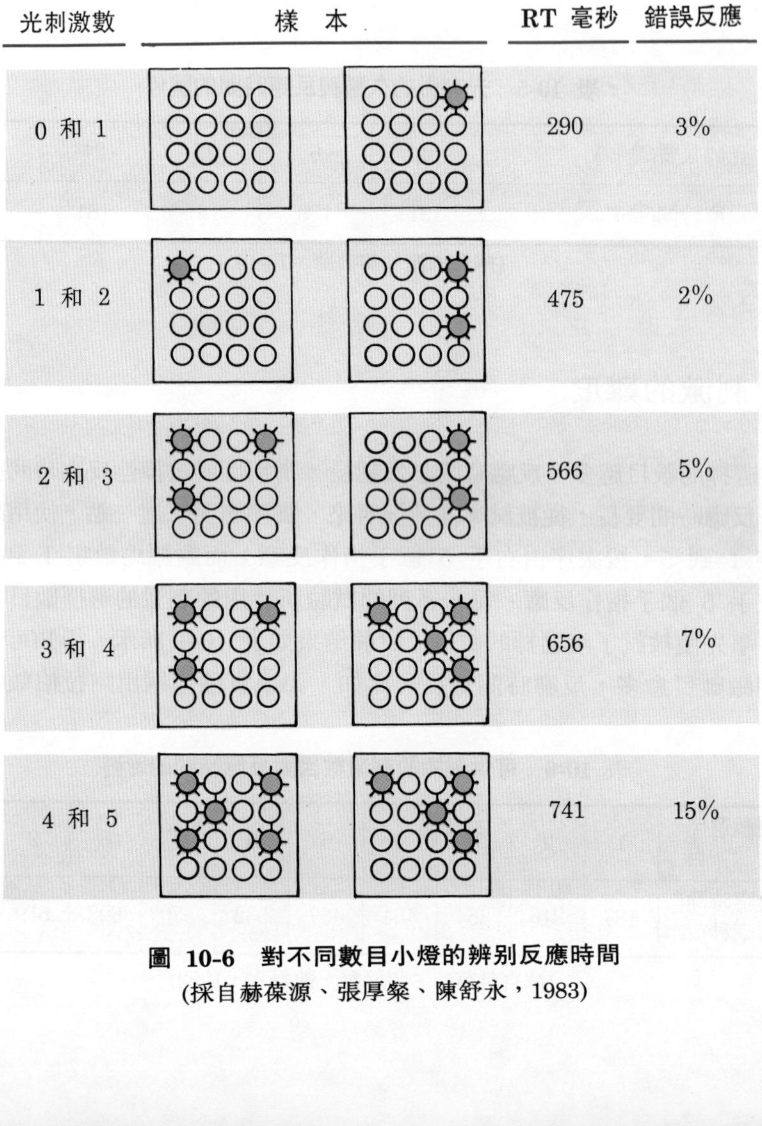

光刺激數	樣 本	RT 毫秒	錯誤反應
0 和 1		290	3%
1 和 2		475	2%
2 和 3		566	5%
3 和 4		656	7%
4 和 5		741	15%

圖 10-6　對不同數目小燈的辨別反應時間
(採自赫葆源、張厚粲、陳舒永，1983)

呈現兩個顏色，被試用指定的顏色出現的那一邊的手反應。例如，在紅色與其他顏色同時呈現時，永遠對紅色反應，當紅色在右邊時，用右手反應，紅色在左邊時，用左手反應。另有實驗做過對線段長度和純音高低的辨別反應時間，結果都表明，差別越小，辨別反應時間越長（赫葆源、張厚粲、陳舒永，1983）。

有人還用過對燈光數目多少的選擇反應時間，也獲得了類似的結果（赫葆源，張厚粲，陳舒永，1983）。實驗時並排放著兩個方框，每個方框裏有 16 個小燈。每次實驗兩框中亮的小燈數目不同，被試的反應就是必須按下燈亮的數目較多的那個方框下面的電鍵。被試是 113 個大學生，每人對刺激的每種組合反應 40 次，平均結果見圖 10-6，從圖中不難看出：隨著辨別難度的增加，錯誤反應的數目也加多了，錯誤反應的反應時間並不長，但是在錯誤反應出現較多時，反應即使正確，反應時間也必然增加，這說明辨別的難度提高時要求較長的時間，才能確認出刺激的性質。

有人結合系列反應和運動動力定型的研究方法，探索動力定型的形成和順序反應的特點，指標之一就是反應時間（潛伏期）的長短（赫葆源、張厚粲、陳舒永，1983）。實驗的梗概如下：以固定順序從同一個窗口呈現三種不同色光信號作為刺激，讓被試用右手食指上下移動的不同運動量對不同色光信號進行反應來建立動力定型。在運動動力定型鞏固以後，突然用刺激系列中的一個信號代替另一信號，觀察順序反應（即改用新刺激系列後被試仍對舊刺激系列作反應）出現的情況。從反應時方面看來，順序反應本身的潛伏期與鞏固後平穩狀態下的系列反應潛伏期沒有多少區別。但是在順序反應之後，由於改變了的刺激系列所引起的抑制作用會使隨後的反應潛伏期顯著增加。如果被試對於代替刺激作了正確反應，這種反應本身的潛伏期也因同樣原因而顯著增加（圖 10-7）。

把系列反應的反應時間的變化情況與順序反應出現的情況結合起來，可以表明神經過程不同程度的靈活性，也可以表明第一、第二信號系統活動的關係在動力定型中的轉變情況。從傳統心理學的角度看來，這就是以系列辨別反應的形式，以破壞和改造為基礎的關於技能的建立和靈活熟練技巧的發展過程的研究。這在理論上有著很廣泛的重要性，在**工效學** (ergonomics) 中也有很大的實用價值（赫葆源、張厚粲、陳舒永，1983）。

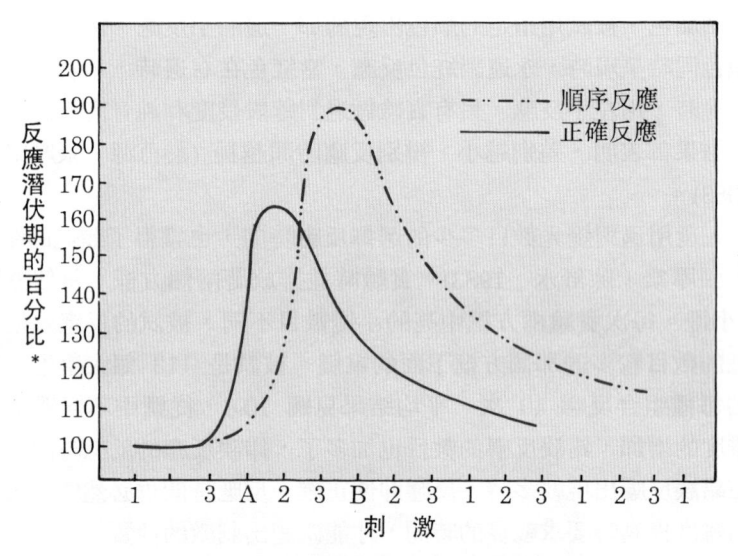

圖 10-7　順序反應和正確反應潛伏期的變化曲線

＊以平穩狀態下的潛伏期為100。
A：表示開始以另一個刺激代替信號刺激。
B：表示在正確反應之後恢復原刺激系列，在順序之後仍呈現代替刺激。
(採自赫葆源、張厚粲、陳舒永，1983)

四、圖形刺激和語言刺激

　　人遇到圖形刺激時，是否常常將圖形意義語言化，然後再對相應的語言意義進行反應呢？而遇到語言刺激時，是否無須在反應之前進行這樣的轉換呢？如果是這樣，人對語言刺激的反應將快於對圖形刺激的反應。但是，在運動競賽中，戰局瞬息萬變，運動員必須在極短的時限內對以直觀視覺形象為形式的敵我雙方情況做出預測、比較、判斷和決策，在這種情況下，戰術思維無必要也不可能通過語言機制指揮戰術反應，此時，主司整體、空間、想像、直覺、形象等功能的大腦右半球將主導運動員的戰術行動。從現場觀察和運動員的經驗分析，無語言參與的戰術決策和戰術行動完全可以適應比賽在速度方面的要求。否則，運動員將尋求語言幫助，而這一點與觀察事實不符。根據以上分析，張力為 (1994) 提出了一個假設：人對語言刺激的反應不快於對圖形刺激的反應，並通過實驗進行了檢驗。被試為 11 名大學生，儀器為電鐘、視覺刺激呈現器和刺激紙板（中央處分別畫有相應的四對符號，正反面各一個。符號為：○，圓、△，角、□，方、☆，星）。分別測試和統計每個人對圖形、字詞的反應時和圖形、字詞反應的錯誤數。結果表明，**圖形反應時**(figure reaction time) 與**字詞反應時**(word reaction time) 無可靠差異。另外，字詞反應錯誤百分數與圖形反應錯誤百分數也無可靠差異（張力為，1994b）。

作者提出了一個**直接型認知加工模式**(direct cognitive processing model) 以解釋這一實驗結果：被試在反應之前，大腦左右兩半球分別儲存了八種符號標準以備比較之用。根據腦半球功能分工和功能交叉的理論，左半球存儲的語言標準清晰，圖形標準模糊；右半球存儲的圖形標準清晰，語言標準模糊。刺激呈現時，標準清晰的腦半球對刺激有更強的吸引作用。刺激也更容易通過一個通道到達和自己相同的標準區。當呈現△時，這一圖形刺激更容易且迅速地到達右半球，由具有圖像信息處理優勢的右半球加工，做出決定，進行反應；同時，△刺激也沿另一通道到達左半球，由左半球加工，但這一通道需經過語言轉換，耗時較多。因此，是右半球首先加工完必要的信息並發出指令，使人做出反應（張力為，1994b）。

五、刺激的空間特性

在空間特性與反應時的關係中，我們首先要考慮的是刺激的**空間累積** (spatial summation)，例如刺激的面積效應對反應時的影響，因為面積與強度是可以相互替代的。如果我們開始時用一個很小的光點，然後逐漸增大它的面積，那便在一定範圍之內增加了它的表面強度。這種空間上的累積效應，在反應時間的測定上確實存在。有一個實驗把大小不同的白方塊放在閱讀距離上，以它們所反映的日光作刺激來測定反應時間，結果如表 10-7 所示。

有人做過有關電表刻度線之間的距離與閱讀反應時間關係的實驗研究，部分結果表明，兩條相鄰的刻度線所形成的視角與反應時的關係和上述的面積效應相類似，即若視角越小，則反應時間越長，反之則越短（赫葆源、張厚粲、陳舒永，1983）。實驗方法大致如下，令被試讀出模擬開關板槽型

表 10-7　反應時的面積效應

方形每邊的長度	3	6	12	24	48
反應時間(毫秒)	195	188	184	182	179

(採自赫葆源、張厚粲、陳舒永，1983)

電表表盤上的指針是在從左數第幾條刻度線上（見圖 10-8），反應是用口說出，通過聲音開關記錄反應時，主試記錄反應的對與錯。讓被試對之作出反應的模擬表盤有很多種不同的規格，其中包括兩刻度線之間的不同距離，每次隨機呈現指針的位置等。

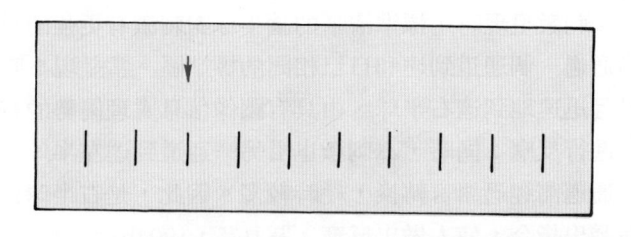

圖 10-8　研究閱讀反應所用的模擬電表盤舉樣
(採自赫葆源、張厚粲、陳舒永，1983)

根據實驗結果的刻度線間距的視角大小、反應時間和錯誤率所繪出的曲線，如圖 10-9 所示。又據視角的倒數與反應時間所作圖形呈線性關係，按最小二乘法求出其直線方程式，還原後反應時間公式如下：

$$RT = \frac{1.41}{a} + 94.2 \text{ 百分秒}$$

另外，視角的對數與錯誤率的對數也呈線性關係，照前法求出方程式，還原後得錯誤百分率 (E) 的公式如下：

$$E = \frac{0.17}{a^{1.71}} \times 100\% \qquad (a \text{ 是以度為單位的視角})$$

虛線 $RT = \dfrac{1.41}{a} + 91.2$ 兩相鄰刻度線間所成視角與反應時間的關係

實線 $E = \dfrac{0.17}{a^{1.71}}$ 兩相鄰刻度線間所成視角與錯誤百分率的關係

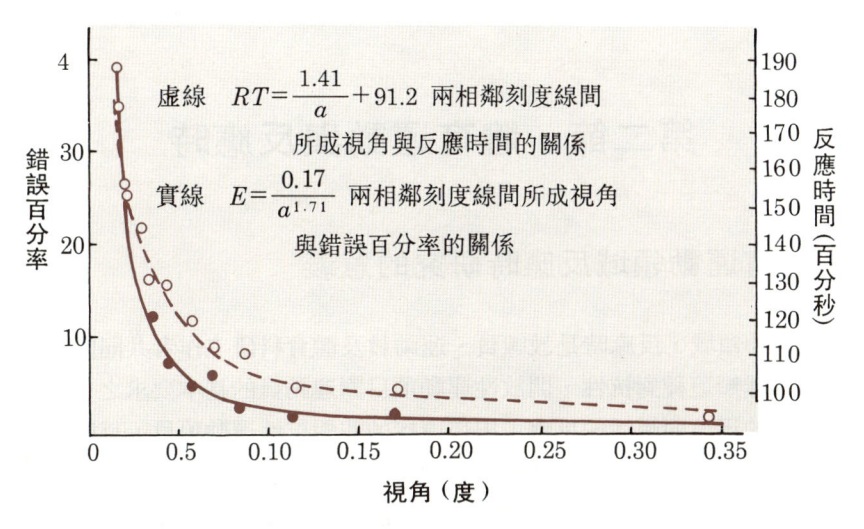

圖 10-9　兩相鄰刻度間的視角與反應時間及錯誤的關係
(採自赫葆源、張厚粲、陳舒永，1983)

從圖上可以看到反應時 (RT) 和反應錯誤率 (E) 的曲線形狀和走向都很近似，這說明二者有較大的相關。

刺激的空間累積作用還表現在**雙眼視覺** (binocular vision) 和**雙耳聽覺** (binocular hearing) 上。例如有一個實驗表明 (赫葆源、張厚粲、陳舒永，1983)，對同一個燈光刺激，雙眼比單眼的反應時間短，三個被試的實驗結果說明雙眼和單眼之間的反應時的差別是顯著的 (表 10-8)。在聽覺上也發現了類似的效應：同樣的聲音施於單耳，反應時是 147 毫秒；施於雙耳，則為 133 毫秒。

表 10-8　單眼和雙眼的反應時間

被試	單眼反應時間 (毫秒)	雙眼反應時間 (毫秒)
甲	201	185
乙	175	160
丙	191	178

(採自赫葆源、張厚粲、陳舒永，1983)

第二節　體育運動與反應時

一、體育運動領域反應時研究的意義

在運動領域，反應時是教練員、運動員及體育科研工作者共同關注的重要問題，球類這種對抗性、開放性運動項目對運動員的基本要求之一就是對各種刺激的迅速而靈活的反應，田徑這樣的非對抗性運動項目，反應時也常常是至關重要的，如起跑速度顯然制約著全程跑的成績。反應時間在一定程度上能較靈敏地反映人的工作能力、工作潛力、應變能力和注意特徵等心理特點，是構成運動員整個心理素質的重要因素之一 (柳起圖、韓潮，1985)。近年來，有關運動員反應時的研究此起彼落，是運動員心理特徵評定和心理選材的熱點指標。

(一) 診斷與選材

1. 診斷 (diagnosis)　某些訓練手段是否能夠提高運動員的基本能力，可以通過反應時間來加以衡量。例如，曾振毫 (1990) 曾就不同訓練方法對乒乓球運動員選擇反應時的影響進行了研究，實驗對象為業餘體校乒乓球運動員 24 人，測試儀器採用 LASER-310 心理測試專用計算機，結果表明，經過了 12～24 次的**無序訓練** (non-ordered training) 或**有序-無序訓練** (ordered and non-ordered training)，運動員的簡單反應時無可靠的變化，但選擇反應時得到了明顯的提高。這一研究結果提示，這種訓練手段難以縮短由簡單反應時所標誌的反應潛伏期，但卻能夠提高選擇反應時標誌的再認、分析、判斷、選擇等信息加工能力。

2. 選材 (talent selection)　目前中國體育運動心理學界對反應時進行研究的推動力主要是來自優秀運動員選材的需要。這方面的研究產生了大量成果。曾凡輝、王路德、刑文華認為 (1992)，影響速度的各主要因素**遺傳度** (heredity) 均較高，明顯受先天遺傳影響。因此，反應時自然成為心理選材

的重要指標，幾乎每一本運動員選材的專著都會詳細討論反應時的問題。

(二) 研究的方法

反應時在認知心理學的研究中受到特別的重視，一般來說，凡是涉及到快速的信息加工過程時，多利用以反應時為指標的實驗，而運動訓練、競賽中的信息加工又常常是快速進行的，因此，認知運動心理學也較多地採用了反應時這一指標來了解運動員的信息加工過程以及運動員同一般人的差別。比如，埃拉德和斯達克斯 (Allard & Starkes, 1980) 曾運用**信號檢測模式** (signal detection model) 來研究排球中的知覺技能。他們要求運動員和一般人通過短暫呈現的排球情境幻燈片來檢測是否有球出現在幻燈片上，因變量 (或依變項) 的情況就是用概率 $p(A)$ (知覺敏感性的一種非參數測量) 和聲音反應時表示。

二、運動項目與反應時

反應時間似乎與運動項目的專項要求有關，根據曾凡輝、王路德、刑文華 (1992) 的報導，短距離項目的反應時 (如短跑、短自由泳) 優於長距離項目的反應時 (如中長跑、馬拉松、長自由泳)，球類運動員的反應時 (如排球、籃球) 優於田徑、游泳 (見表 10-9)。

另據報導 (全國體育學院教材委員會，1990)，庫瑞同 (Cureton, 1951) 利用對視覺信號作出縱跳反應的方法，測定了許多項目運動員的**全身反應時間** (body reaction time)。他認為縱跳時全身各部位的許多肌肉都參加，所以叫這種反應為**全身反應** (body response)。從表 10-10 也可見不同項目運動員的反應速度是有差別的。

庫瑞同的研究結果和曾凡輝等人的研究結果不盡一致，可能是由於前者測定的是光簡單反應時，而後者測定的是全身反應時。顯然，就運動時間而言，由肌肉開始收縮起到肌肉收縮產生的反作用力足以使手指離開按鍵 (簡單光反應時的標準測定方法) 和足以使身體離開地面 (全身反應時的標準測定方法) 是有明顯不同的。

表 10-9　中國部分項目優秀運動員光反應時 (毫秒)

運動項目	男 平均數	男 標準差	女 平均數	女 標準差
短跑	185.2	11.0	189.4	13.4
中長跑	198.9	15.4	205.1	12.3
馬拉松	202.2	17.8	—	—
跨欄	183.2	10.6	189.9	11.5
跳高	190.6	7.0	211.0	5.7
跳遠	194.3	9.3	200.0	9.8
三級跳遠	199.0	23.7	—	—
撐竿跳高	193.3	18.5	—	—
鉛球鐵餅	207.0	21.1	207.5	11.0
標槍	197.0	6.4	197.1	5.6
全能	191.7	12.8	203.3	28.0
籃球	181.5	4.5	184.9	5.0
排球	177.0	—	188.0	—
體操	200.0	26.0	198.0	32.0
短自由泳	223.0	23.0	254.0	19.0
長自由泳	232.0	26.0	248.0	31.0
蝶泳	233.0	41.0	240.0	21.0
仰泳	244.0	28.0	249.0	24.0
蛙泳	233.0	28.0	250.0	45.0

(採自曾凡輝、王路德、刑文華，1992)

表 10-10　不同專項運動員全身反應時的比較

運動專項	全身反應時 (秒)
撐竿跳	0.251
跨　欄	0.257
跳　高	0.291
鉛　球	0.308
跳　水	0.278
短　泳	0.295
長　泳	0.295

(採自全國體育學院教材委員會，1990)

即使是在同一運動項目中,運動員的反應時似乎也有較大差異,這可能同其比賽分工不同有關。根據全國體育學院教材委員會編寫的《運動生理學》(1990) 報導,曾昭廉等的研究表明,乒乓球直板快攻型運動員的反應時最短,平均為 0.261 秒;橫拍防守型運動員反應時最長,平均為 0.782 秒。據邱宜均報導 (1988a),蘇聯最優秀的籃球運動員的反應時也依場上位置不同而有差異 (表 10-11)。

表 10-11　蘇聯優秀籃球運動員的反應時 (毫秒)

場上位置	後衛	前鋒	中鋒
簡單反應	156.3	168.5	173.8
預測反應	48.1	42.0	36.2
時間感覺反應	40.2	42.9	38.8

註:預測反應和時間感覺反應都是根據相隔 0.5 秒給出信號的動作反應。

(採自邱宜均,1988)

三、運動水平與反應時

(一) 運動水平與反應時相關的研究證據

邱宜均、貝恩渤 (1984b) 曾採用自製的視反應時測試儀對中國 64 名優秀短跑運動員和 75 名普通大學生進行簡單反應時的測定,結果發現,男女優秀短跑運動員的視簡單反應時優於同年齡的男女普通大學生 (表 10-12)。

表 10-12　男女短跑運動員與男女大學生的視簡單反應時(毫秒)

組　別	男運動員	男大學生	女運動員	女大學生
樣本量	33	34	31	31
平均數	171	213	190	212
標準差	15	30	27	25

(採自邱宜均、貝恩渤,1984b)

同時還發現，反應時與運動成績呈正相關關係，男運動員的短跑成績與視簡單反應時的相關係數為 0.420，女運動員的短跑成績與視簡單反應時的相關係數為 0.388。

柳起圖、韓潮 (1985) 對 232 名射擊運動員和普通中學生進行了一項反應時研究，儀器採用簡單反應時測定裝置。結果表明，優秀運動員的簡單反應時優於業餘體校運動員，業餘體校運動員優於普通中學生，這似乎說明運動水平與反應時有關。但進一步的分析發現，不同運動等級、不同訓練年限的射擊運動員視、聽簡單反應時無可靠差異，這又似乎說明運動水平與簡單反應時無關。或許運動水平同反應時的聯繫僅僅限於優秀運動員之前的訓練階段，到達優秀運動員這一層次後，運動成績就較少依賴於反應速度了。另外，優秀運動員是一個同質性很高的群體，反應時的標準差可能較小，自然就不易發現在優秀運動員、業餘體校運動員以及普通中學生之間的那種反應時差異了。

張聚武 (1990) 曾採用光電反應儀和電子計時儀對我國青年女排運動員肢體各部位 (腕部、肘部、肩部、寬部、膝部和踝部) 操作反應時和運動成績間的關係進行了探討，測試對象為 187 名青年女排運動員和 65 名普通人，結果表明，運動員的操作反應時比普通人快，而且僅進行半年到一年的運動員，其操作反應時就已顯著快於普通人。作者認為，這說明操作反應時經短期訓練後即可迅速提高。但是，對不同訓練年限的運動員進行比較時，其操作反應時則無顯著差異。同上所述，這一矛盾結果也可能是由於優秀運動員的較高的同質性造成的。

曾昭廉等研究過我國乒乓球運動員的視覺——擊球反應的反應時，發現訓練能提高反應速度。乒乓球運動員在集訓前反應時平均為 0.524 秒，集訓後縮短為 0.482 秒 (全國體育學院教材委員會，1990)。足球、籃球和手球運動員經過一段時間訓練後，對光和聲的簡單反應潛伏期也縮短 (見表 10-13)。作者提示，隨著運動訓練時間的延長，運動水平在提高，反應時也隨之縮短。但是，如果作者研究中的集訓或訓練是指較長的時段的話，對運動訓練是否能夠提高反應時的問題，應當持更加謹慎的態度。我們顯然需要得到同齡普通人經同樣時間後，反應時未產生變化或提高值低於運動員的證據，才能對此結果有更清晰的認識。

表 10-13　籃球、足球、手球運動員不同訓練時期的反應潛伏期(毫秒)

訓練時期	反應潛伏期					
	足球		籃球		手球	
	光	聲	光	聲	光	聲
I	203	174.8	197	171	210	180
II	196	151.2	199	153	179	148
III	148	118.6	156	135	150	128

(採自全國體育學院教材委員會，1990)

另有研究表明 (全國體育學院教材委員會，1990)，在很短的時間段內，隨著動作技能的日益熟練，反應速度提高 (表 10-14)。這似乎是支持運動技能水平與反應時有密切關係的較為有力的證據，但是，由於報導中未提及運動水平提高的直接證據，因此，仍然給人留下了疑問。

表 10-14　反應速度實驗結果 (秒)

日　　期	反應時	運動時	總時間
4 月 10 日	0.448	0.432	0.880
4 月 12 日	0.336	0.380	0.716
4 月 20 日	0.308	0.276	0.584

註：令受試者手指壓在 A 電鍵上，看光信號後手指立即離開 A 電鍵 (測得的時間為反應時)，並移動手指到 B 電鍵 (這時測得的時間為運動時)，二者之和為反應總時間。
(採自全國體育學院教材委員會，1990)

關於運動水平與反應時關係的一個直接證據，來自 1988 年漢城奧運會 100 米決賽前 8 名起跑聲反應時的測試結果 (表 10-15)，這些運動員的決賽聲反應時平均為 154 毫秒，說明反應時很快；儘管決賽成績與決賽聲反應時的相關僅為 0.44，$P>0.10$，但這可能是由於被試來自一個同質性極強而差別很小的優秀運動員群體，樣本量也很小，如果對參加奧運會預賽的運動員以及其他水平更低一些的運動員也進行同樣的測試，以提高短跑運動員運動水平的標準差和增加樣本量，其相關係數很可能有所提高。

表 10-15　1988 年漢城奧運會男子 100 米決賽參加者聲反應時

姓　　名	國　　家	決賽成績 (秒)	當時最高成績 (秒)	年　　齡	聲反應時 (毫秒)
約翰遜	加拿大	9.79	9.83	26.7	132
劉易斯	美　國	9.92	9.93	27.2	136
克里斯蒂	英　國	9.97	10.03	28.2	138
斯密斯	美　國	9.99	9.93	27.7	176
米切爾	美　國	10.04	10.03	22.6	186
達爾瓦	巴　西	10.11	10.02	24.0	155
威廉斯	加拿大	10.11	10.13	29.2	140
斯圖瓦特	牙買加	10.26	10.08	23.5	159

註：原冠軍約翰遜成績因服用興奮劑而被取消。

(採自曾凡輝，王路德，刑文華，1992)

(二) 運動水平與反應時無關的研究證據

儘管一些研究結果說明運動水平與反應時似乎存在某種負相關關係，但是，也有一些研究沒有支持這種關係。

張力為、毛志雄提出 (1994)，根據認知運動心理學 (cognitive sports psychology) 的研究思想，在運動場上觀察到的迅速、靈敏的反應和實驗室中測驗儀器測到的反應在信息加工 (或訊息處理) 過程方面是大不相同的。前者是對有組織的信息進行的加工，可利用已有經驗，刺激的先行信息可用作預測根據，注意的範圍可因預測而縮小；後者是對無規律的信息進行的加工，不能利用已有經驗，刺激的先行信息無法用作預測根據，注意的範圍因無法對刺激進行預測而很大。因此，他們預測並假設：對無規律隨機信息進行加工並做出反應時，優秀運動員由於無法利用通過專業訓練形成的對運動情境中特殊信息的加工能力，其反應時將趨於和常人一致。他們以 49 名不同運動技能水平的乒乓球運動員作為被試，採用"視覺-動作測試訓練系統" (Acu Vison 1000) 進行了一項反應時實驗。實驗安排共產生了 17 項反應時指標，作為 Y 向量；運動水平不等的四組人的年齡作為 X 向量，通過**協方差分析** (analysis of covariance) (即將方差分析與回歸分析相結合的統計方法，主要用於控制誤差，提高分析的精確度) 控制 X 向量對 Y 向量的影響，求得各 Y 向量的修正平均數，再對各修正平均數 (revised average) (以對協變量進行的回歸分析為基礎對原始平均數進行校正後得到的平均數) 進行常規**單因素方差分析** (one-way analysis of variance) (通過對因變量變差的分析，比較各部分變差的大小來檢驗單個自變量對因變量有無顯著影響的統計方法)。實驗結果支持了上述假設，運動水平不同的各組人在各反應時指標上均無可靠差異 (表 10-16)。

另外，陳舒永等人用自製的反應時測試儀進行的研究也表明 (陳舒永，楊博民，韓昭，1986)，游泳運動員的反應時間、運動時間以及反應時間和運動時間之和與同齡普通人無統計學意義上的顯著差異。

表 10-16 不同水平乒乓球運動員反應時修正平均數和 F 值

Y 向量及含義		國家隊	大學生	少年隊	體院隊	F 值
T3	(3 速條件下反應所用總時間，秒)	75.12	75.98	76.99	75.58	0.09
C3	(3 速條件下時限的前 70% 反應的次數)	84.53	77.93	79.25	81.20	0.74
L3	(3 速條件下時限的後 30% 完成的次數)	18.19	18.45	22.82	19.24	0.55
M3	(3 速條件下未反應或未及時反應數)	17.28	23.62	17.93	19.56	1.07
M3PE	(對 3 速條件下 T3.C3.L3.M3 的綜合評價，%)	77.86	72.36	75.19	75.47	0.95
OT3	(可能有抑制信號時反應所用總時間，秒)	未通過方差齊性和回歸線一致性檢驗				
OC3 *	(可能有抑制信號時時限的前 70% 反應的次數)	4.14	4.09	3.98	4.15	0.97
OL3 *	(可能有抑制信號時時限的後 30% 反應的次數)	13.51	16.26	14.68	16.98	0.65
OM3	(可能有抑制信號時未反應或未及時反應數)	14.08	15.79	22.24	11.63	2.27
OO3	(出現抑制信號時正確地抑制而未反應數)	21.83	23.51	22.51	22.71	1.53
OP3	(出現抑制信號時未能正確抑制而進行反應數)	6.12	4.40	5.49	5.29	1.53
OM3PE#	(對 OT3.OC3.OL3.OM3.OO3.OP3 的綜合評價，%)	8.76	8.70	8.38	8.86	1.12
T4	(4 速條件下反應所用總時間，秒)	未通過方差齊性和回歸線一致性檢驗				
C4 *	(4 速條件下時限的前 70% 反應的次數)	3.89	3.88	3.69	3.95	0.67
L4	(4 速條件下時限的後 30% 完成的次數)	未通過方差齊性和回歸線一致性檢驗				
M4	(4 速條件下未反應或未及時反應數)	未通過方差齊性和回歸線一致性檢驗				
M4PE	(4 速條件下對 T3.C3.L3.M3 的綜合評價，%)	56.32	56.48	51.42	57.04	0.39

說明：* 為原始數據對數的平均數修正值；# 為原始數據平方根的平均數修正值。

(採自張力為、毛志雄，1994)

劉菠新和周工 (1984) 用動作神經過程測試儀來對 125 名划船運動員和 60 名普通大學生的綜合反應時進行了測試，結果表明，划船運動員綜合反應和大學生對照組相比，總的來說較差，但差異並未達到 0.05 的可靠性水平，和受過一定訓練的大學生業餘隊相比明顯差。另外，按照不同性別、不同訓練年限、不同運動等級進行組間檢驗，各組之間均未發現綜合反應時的可靠差異。如果對所有被試的綜合反應時進行等級評定，則發現划船運動員的成績比大學生對照組差。

(三) 運動水平與反應時關係研究的啟示

我們至少可以從以上研究結果的不一致中得到四點啟示：

第一，運動項目不同，對運動員反應時的要求也不同，進而運動員能否表現出優於一般人的反應時的可能性也不同。游泳運動的起跳反應速度不能說不重要，但相對於短跑運動的起跑速度來說，就要遜色得多。以男子百米為例，短跑的起跑時間約占總時間的 2.00% (0.2 秒／10 秒)，而蛙泳的起跳時間約占總時間的 0.33% (0.2 秒／60 秒)，其差異是顯而易見的。划船運動對反應時的要求就更低了。因此，我們可以預測：

(1) 在周期性運動項目中，持續時間越長的項目，對反應時的要求則越低，運動員的反應時可能就越趨於同普通人一致。

(2) 非周期性項目中，主要是那些對抗性項目中，對反應時的要求則較高，運動員的反應時可能趨向優於普通人。

第二，業經證明，年齡與反應時關係密切，在 25 歲之前，隨年齡增加反應速度加快的趨勢尤為明顯。因此，在評定不同運動項目、不同運動水平的運動員的反應速度時，如果被試的年齡不同，則應當將年齡作為**協變量** (covariate) (與因變量具有線性相關關係的連續型或非連續型變量) 做協方差分析。因為一般來說，運動技術水平是隨運動訓練年限的增加而提高，反應速度也隨生物年齡的增長而提高 (25 歲前)。在分析運動技術水平與反應速度的關係時不控制年齡因素，顯然是缺乏解釋的唯一性的，即無法排除控制年齡因素之後反應時中運動水平的差異將不復存在的可能性。

第三，運動水平**全距** (range) (即全部量數中最大數與最小數之差) 加大時，發現運動水平與反應時間的關係的可能性也隨之加大。運動水平全距越小，發現這種關係的可能性就越小。1988 年漢城奧運會上，男子 100 米前 8 名運動員是一個運動水平極其接近的群體，要發現比賽成績與反應時間的相關，是很不容易的。總的來說，是將根本未經訓練的普通人、一般水平運動員和優秀運動員均納入比較範圍，還是僅在優秀運動員小群體範圍內進行比較，意義大不相同，可能會產生完全不同的結果。

第四，是否能發現運動水平與反應時間的相關關係，也許要受到反應時的類別影響。在簡單反應時上發現了這種關係 (邱宜均、貝恩渤，1984b)，不等於在複雜反應時上也一定可以發現這種關係 (張力為，毛志雄，1994)，因為這兩種反應過程在信息加工方面有巨大差異，運動員在利用已有經驗方面也有明顯不同。

四、反應速度與反應準確性

當我們選擇反應時間作為因變量 (或依變項) 時，必須考慮到反應之間的互換關係。例如，打字速度快時，所出現的錯誤一般來說比速度慢時多。要想提高準確性，必須放慢速度，心理學稱這種相互關係為**速度-準確性互換** (speed-accuracy tradeoff) 關係。在我們把反應時間作為因變量去測量時，這種互換關係具有重要的意義 (朱瀅，焦書蘭，1989)。

以一個實驗為例 (見朱瀅，焦書蘭，1989)。實驗是呈現一個數字，被試的任務很簡單：給這個數字命名。自變量 (或自變項) 是數字呈現的概率，從 0.2 到 0.8。這個實驗所得的反應時間的數據，見圖 10-10。根據這個實驗結果，我們可能認為，呈現刺激的概率對反應時間沒有影響。

當我們忽略反應錯誤時，這個結論看來很合理。但當考慮圖 10-10 的錯誤數據時，就會得出另外的解釋。平均錯誤率為 3%，並不高，可是細心想一下，實驗的任務很簡單，僅是要求被試命名數字，這對於大學生來說是十分簡單的任務。根據刺激呈現的概率 (自變量)，錯誤率是系統變化的，最低的刺激呈現概率，出現最高的錯誤率 (6%)，當刺激概率提高時，錯誤率便降低。那麼如果不同水平的刺激呈現概率，其錯誤率都相同時，反應時間會是什麼樣呢？按照速度與準確性的互換關係，可推論，為了降低錯誤率，在刺激呈現低概率條件下，須增加反應時間。例如，在刺激呈現概率為 0.2 的條件下，為了使錯誤率低到 2%，則反應時必須增加 100 毫秒。因此，一

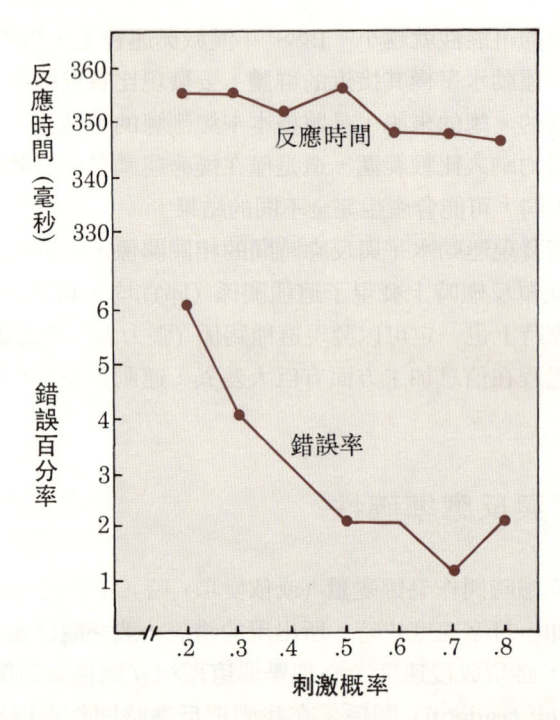

圖 10-10 反應時和錯誤百分率作爲刺激概率
(採自朱瀅、焦書蘭，1989)

且考慮錯誤率，就一定會懷疑刺激呈現概率不影響反應時間的結論 (朱瀅，焦書蘭，1989)。

由於反應時間部分地依賴於錯誤率，所以選擇反應時間作因變量時，既要考慮反應的速度，也要考慮反應的準確性，也就是說，反應時間並不是一個單一的因變量 (或依變項)，而是一個多維的變量。只有當錯誤率在自變量 (或自變項) 的所有水平上都保持恆定時，反應時間才可能是一個單一的因變量。一般說來，必須聯合考慮反應時間和錯誤率兩個變量 (朱瀅，焦書蘭，1989)。

我們再從另一項研究注意的實驗，來看反應速度與準確性的互換關係。在這個實驗中，以呈現兩個刺激的間距為自變量。以反應時間和錯誤率作為因變量。實驗結果發現，反應時間對於不同的刺激間距都是恆定的，這個結果類似於上面討論的結果，即呈現刺激的概率對反應沒有影響。但是當把錯誤數據作為呈現刺激間距的函數作圖時 (圖 10-11)，便發現了一個確定的關係，即較短的刺激間距，錯誤率是高的。如果在所有呈現刺激間距上，錯誤率是相同的，那麼反應時間該是怎樣的呢？按照反應速度與準確性的互換關係，可推論，較短的刺激間距，反應較長。因此，反應時間不受呈現刺激間距的影響是不正確的。總之，在選擇反應時間作因變量時，必須考慮反應速度與反應準確性二者的互換關係 (朱瀅，焦書蘭，1989)。

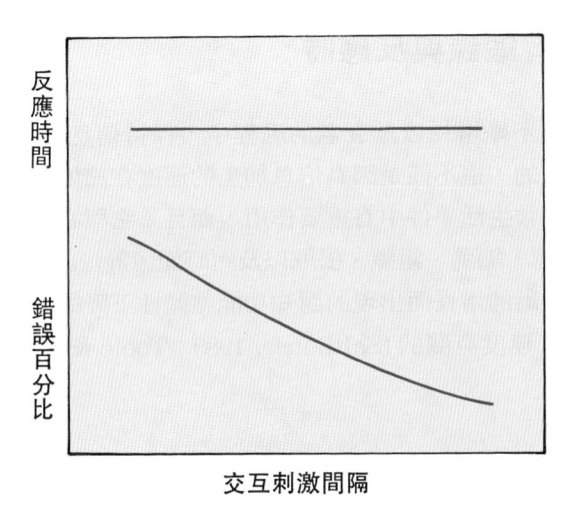

圖 10-11 反應時間和錯誤百分率作爲刺激的函數
(採自朱瀅，焦書蘭，1989)

同理，在運動實踐中，運動員不僅面臨著反應的速度問題，而且也面臨著反應的準確性問題，為了同時達到這兩方面的要求，運動員常常面對著顧此失彼的挑戰。以往關於速度-準確性平衡問題的研究表明，在高準確度水平上，準確性的微小變化均會引起速度方面的很大改變。任未多等人 (1993) 採用視覺-動作反應測試系統 (Acu Vision 1000)，通過變換速度和準確性的要求，研究了 127 名運動員在完成較長距離動作反應任務中速度-準確性平衡傾向方面的特徵。實驗結果表明：被試在速度-準確性平衡傾向性方面有較大的個體差異：在高速度要求下，女運動員準確性下降的程度高於男運動員；在高準確性要求下，女運動員的速度下降，但準確性並未下降，而男運動員兩者均有下降；開放性運動項目 (如籃球、足球、拳擊等) 的運動員在速度和準確性兩方面均優於閉鎖性運動項目（如短跑、游泳、體操等）的運動員，在高速度要求下，這一差異更加明顯；工作任務特點和個性因素的相互作用可能對運動員動作反應過程中的速度-準確性平衡傾向性有較大的影響。這一研究更明確地提示，在體育運動中，僅考慮反應速度問題是不全面的，有可能遺漏反應過程的重要信息，在測量與評價運動員的反應能力時，也有必要同時考慮速度和準確性這兩個方面。

五、長期體育鍛鍊與反應時

在人的年齡不斷增長以及衰老的過程中，保持信息加工（或訊息處理）的速度是很重要的，這不僅是因為信息加工的速度在諸如開車、過馬路、躲避危險刺激等日常生活事件中有重要作用，而且，它與心理功能的其他方面（如對刺激的辨認、編碼、組織、提取以及短時記憶等）也有著密切的聯繫。事實上，隨著年齡的增長而出現的認知功能整體性下降的情況，在很大程度上是同信息加工速度有關的（Salthouse, 1989；Toole & Abourezk, 1989)。許多研究發現：

1. 進行積極身體活動的老年人，其反應時和其他認知功能的下降幅度比不進行積極身體活動的老年人小（Baylor & Spirduso, 1988；Clarkson-Smith & Hartley, 1989；Dustman, et al., 1990；Rikli & Busch, 1986；Spirduso, et al., 1988)。

2. 測驗的任務難度越大，身體鍛鍊對反應時和其他認知功能的這種影響就越明顯，比如，身體鍛鍊效應在選擇反應時上表現得比在簡單反應時上更明顯（Spirduso, 1975；Spirduso & Clifford, 1978；Baylor & Spirduso, 1988；Offenback, Chodzko-Zajko & Ringel, 1990；Rikli & Busch, 1986；Rikli & Edwards, 1991)。但是，也有個別研究發現，身體鍛鍊的效應隨任務難度加大而呈現縮小趨勢（Lupinacci, et al., 1993)。

3. 即使是年齡很大時才開始進行身體鍛鍊，同樣可以提高信息加工速度（Dustman, et al., 1984；Rikli & Edwards, 1991； Stacey, Kozma & Stones, 1985)。

盧皮納西等人最近的一項研究提示 (Lupinacci, et al., 1993)，進行積極身體活動的中老年人，其簡單反應時、選擇反應時以及數字圖形轉換速度 (韋氏成人智力測驗中的一個分測驗) 均比同齡的不進行積極身體鍛鍊的人快 (表 10-17)，但他同時發現，身體鍛鍊的效應隨任務難度加大而呈現縮小趨勢，簡單反應時的 F 值為 16.60，$P \leqslant 0.0002$，效果量為 1.00；選擇反應時的 F 值為 10.76，$P \leqslant 0.002$，效果量為 0.85；數字符號轉換的 F 值為 3.06，$P \leqslant 0.086$，效果量為 0.44。

表 10-17 身體鍛鍊活動與認知功能的關係

反應種類	中年組 (小於 50 歲)		老年組 (大於 50 歲)	
	積極鍛鍊	不積極鍛鍊	積極鍛鍊	不積極鍛鍊
簡單反應時(毫秒)	258.85±27.84	281.70±34.79	261.66±30.85	308.10±33.53
選擇反應時(毫秒)	522.25±49.94	574.95±59.16	558.96±39.69	600.47±63.08
數字圖形轉換分數	70.36± 9.68	68.86± 6.77	66.00±11.90	59.14± 6.19

(採自 Lupinacci, et al., 1993)

斯通斯和孔茲瑪對於年齡、身體鍛鍊和反應時三者的關係曾提出兩個互不相容的模式 (Stones & Kozma, 1988)，**減速效應模式** (moderator effect model) 預測：身體鍛鍊的積極作用在年老者身上比在年輕者身上體現得更為明顯，而**功能性年齡模式** (functional age effect model) 預測：身體鍛鍊的積極作用在所有年齡的人身上都是一樣的。就反應時的研究而言，似乎還沒有充分的證據使人們有充足的理由選擇其中一個假設而否定另一個假設。

也許人們會問：身體鍛鍊活動影響大腦功能特別是認知加工速度的機制何在？對此，有人提出 (MacRae, 1989；Toole & Abourezk, 1989)，身體鍛鍊可能對大腦的氧供應、氧利用、神經遞質 (如乙酰膽鹼、多巴胺、去甲腎上腺素和血清基等) 的產生和功能甚至是大腦本身的結構 (如神經之間的聯繫性和樹突的密度) 產生積極影響。戴門德 (Diamond, 1989) 通過動物實驗，揭示了"豐富性環境"對腦結構和腦功能的許多積極影響，但他並未區分社會的或認知的豐富性環境和身體的豐富性環境的不同。然而，戴門德特別強調，健康的支持性系統 (如心血管系統和呼吸系統) 對充分發揮腦功能具有重要作用，這就提示了保持積極的身體活動對心理功能的影響可能不同於其他社會環境對心理功能的影響。許多研究表明，身體健康狀況（特別是有無心血管系統疾病的情況，如動脈硬化、冠狀動脈疾病、高血壓、腦血管疾病）同反應時和認知功能有重要聯繫 (Chodzko-Zajko & Ringel, 1989; Elias, Robbins, Schultz & Pierce, 1990; Light, 1978)。

六、反應時研究的問題

（一） 遺傳和環境的影響

李志林認為 (1991)，反應速度和動作速度受到**遺傳因素** (hereditary factor) 影響很大，牆壯也認為 (1984)，反應時與**多基因遺傳** (mutiplegene heredity) 有關，由此提出應將反應時作為心理選材的指標。曾凡輝、王路德、刑文華等人認為 (1992)，聲、光簡單反應時主要受遺傳的影響，而被動反應時、綜合反應時受技術與熟練程度的影響，經過後天的訓練能有一定程度的改變和提高，但仍然受到先天遺傳的制約，他們還具體報導了反應時的遺傳度（表 10-18）。

表 10-18 幾種反應時間的遺傳度 (%)

指　　標	曾凡輝等的定義	遺傳度
反應潛伏時	人體受到刺激後神經過程產生反應的潛伏時間	86
反應速度	人體從受到刺激到產生動作反應的時間	75
動作速度	受動作技巧複雜性和熟練性影響	50

(採自曾凡輝、王路德、刑文華，1992)

但是，柳起圖和韓潮 (1985) 的研究表明，兩週的短期集訓使運動員的視、聽簡單反應時得到明顯提高。張聚武 (1990) 的研究發現，青年女排運動員的上下肢定位操作反應時受短期訓練影響較大。曾振毫 (1990) 的研究也提示，短期乒乓球訓練可顯著提高運動員的複雜反應時（但不能提高簡單反應時）。如果反應時真的受遺傳影響較大，那麼短期訓練不應對反應時有如此明顯的提高作用。如果反應時極易受環境（訓練）影響，將它作為重要心理選材的指標的意義就會降低。根據陳舒永、楊博民、韓昭 (1986) 的研究，可以預測，受神經系統功能影響較大的簡單反應時間受遺傳影響較大一些，受肌肉運動功能影響較大的運動時間受訓練影響較大一些，而集簡單反應時間、分析判斷選擇時間和肌肉運動時間為一體的動作反應時間受遺傳影響的程度應介於簡單反應時間和運動時間之間。總的來看，我們還缺乏更充分的證據來說明反應時是像**最大攝氧量**(maxmum volume of oxygen uptake)、**肌纖維類型**(muscle type)、**血紅蛋白**(hemoglobin) 那樣的受遺傳因素影響較大的運動員選材指標。

(二) 實驗條件的標準化

從各研究報導來看，反應時研究使用的測試儀器大不相同，測試程序也不劃一，這使各測試結果之間的可比性受到嚴重影響。測量的標準化是比較的前提條件，它標誌著某一領域研究發展的水平，應當引起充分的注意 (張力為，毛志雄，1994)。另外，從上一章和本章的論述來看，反應時是一個受許多因素影響的指標，從主體性因素分析，反應時同被試的年齡、性別、動機、利手、感覺器官、適應水平、準備狀態、練習次數、疲勞程度等因素有關；從客體性因素分析，反應時同刺激的物理強度，刺激的時間久暫，刺激的難度，刺激的空間特性等因素有關。因此，在實施反應時的測量或對不同研究結果進行比較時，均應適當考慮以上條件的一致性。為了使他人比較方便，在研究論文中也應較為詳細地交代實驗條件。

本 章 摘 要

1. 刺激很弱時，反應時間較長；當刺激增至中等或高強度時，反應時間便縮短。強度每增加一個對數單位，反應時間便表現出一定的縮減，但縮減的量卻越來越少。對一組反應時間的數據可以用一個特定的方程進行數學的描述，藉以說明**反應時間是刺激強度的一個函數**：$RT = f(I)$。
2. 就視覺而言，刺激強度降低時，反應時較快，刺激強度增加時，反應時較慢。這可能與視網膜中的"中止效應"比"開始效應"強這一電生理學現象有關。

3. 當物理刺激強度不變，而增加作用於感官的時間，造成時間的積累作用時，便會增加刺激的心理強度。因此，在一定範圍內，刺激持續的時間越長，反應時越短。

4. 反應過程中，選擇的數目越多，反應時間越長，辨別性或選擇性反應時間必然比簡單反應時間要長。隨著辨別難度的增加，或反應時延長，或錯誤次數增加，也可能兩者兼而有之。

5. 人對語言刺激的反應不快於對圖形刺激的反應，這種現象有可能是由於左右半球分別對不同性質的刺激進行加工所致。

6. 刺激的空間面積加大時，等於增加了刺激的強度，可使反應時加快。另外，對視覺刺激，雙眼比單眼的反應時間短；對聽覺刺激，雙耳比單耳的反應時短。

7. 在體育運動中，反應時是運動員心理特徵評定和心理選材的熱點指標。同時，它還是進行認知運動心理學研究的有力方法。

8. 反應時間與運動項目的專項要求有關，比如，短距離速度項目的反應時優於長距離速度項目，球類運動員的反應時優於田徑、游泳。即使是在同一運動項目中，運動員的反應時也有較大差異，這可能同運動員比賽分工不同有關係。

9. 許多研究發現運動水平與反應時有關，隨著運動水平的提高，反應時縮短。但也有些研究沒有發現這種關係。這種不一致，可能同研究的運動項目是否相同、是否控制了年齡因素、是否包括了運動水平的全距以及反應時間的種類等問題有關。

10. 選擇反應時間作為因變量時，有必要考慮到反應速度與準確性之間的互換關係。一般來說，在高任務難度條件下，提高反應速度需以降低反應準確性為代價，提高反應準確性需以降低反應速度為代價。運動員速度-準確性平衡的反應時存在著性別和項目的差異。

11. 進行積極身體鍛鍊活動的人比不進行積極身體鍛鍊活動的人，隨年齡增長而出現的反應時的下降幅度更小，這種身體鍛鍊效應在複雜認知功能上表現得比在簡單認知功能上更明顯，如在選擇反應時上表現得比在簡單反應時上更明顯。關於年齡、身體鍛鍊和心理功能的**減速效應模式**預测：身體鍛鍊的積極作用在年老者身上比在年輕者身上體現得更明顯；而**功能性年齡模式**預測：這種積極作用在所有年齡的人身上都是一樣的。

12. 受神經系統功能影響較大的簡單反應時間受遺傳影響較大一些，受肌肉運動功能影響較大的運動時間受訓練影響較大一些，而集簡單反應時間或析判**斷**選擇時間和肌肉運動時間為一體的動作反應時間受遺傳影響的程度應介於簡單反應時間和運動時間之間。總的來看，我們還需要更充分的證據來說明反應時是像**最大攝氧量**、**肌纖維類型**、**血紅蛋白**那樣的受遺傳因素影響較大的運動員選材指標。

13. 反應時是一個受許多主、客觀因素影響的指標，在實施反應時的測量或對不同研究結果進行比較時，均應適當的考慮這些因素的一致性和可比性。

建議參考資料

1. 朱　瀅、焦書蘭 (1989)：實驗心理學。北京市：光明日報出版社。
2. 張力為 (1994b)：字詞刺激與圖形刺激對視覺選擇反應時的影響。北京體育大學學報，4 期，86~89 頁。
3. 張力為、毛志雄 (1993)：競技運動與反應時。西安體育學院學報，4 期，55~60頁。
4. 張力為、毛志雄 (1994)：乒乓球運動員反應時與運動技能水平關係的探討。體育科學，1 期，87~91 頁。
5. 楊博民 (1989)：心理實驗綱要。北京市：北京大學出版社。
6. 楊治良 (1996)：實驗心理學。台北市：東華書局。
7. 赫葆源、張厚粲、陳舒永 (1983)：實驗心理學。北京市：北京大學出版社。
8. Bashore, R., & Goddard, H. (1993). Preservative and restorative effects of aerobic fitness on the age-related slowing of mental processing speed. In C. John, M. R. John, H. William & L. C. Michael (Eds.), *Adult information processing: Limits on loss,* pp.205~228. San Diego, CA: Academic Press.

9. Laszlo, J. I. (1992). Motor control and learning: How far do the experimental tasks restrict our theoretical insight? In J. S. Jeffery (Ed.), *Approaches to the study of motor control and learning*, pp. 47~79. Amsterdam, Netherlands: North-Holland.

10. Townsend, J. T. (1992). On the proper scales for reaction time. In G. G. Hans, W. L. Stephen & T. T. James (Eds.), *Cognition, information processing, and psychophysics: Basic issues. Scientific psychology series*, pp.105~120. Hillsdale, NJ: Lawrence Erlbaum Associates.

第十一章

運動員的個性心理特徵

本章內容細目

第一節 運動員個性評價的意義
一、對運動員進行個性評價的不同意見 365
二、對運動員進行個性評價的意義 366
　㈠ 心理選材面的意義
　㈡ 心理諮詢面的意義

第二節 運動員的個性特徵
一、運動員與一般人的個性差異 369
二、不同運動項目與運動員個性 371
三、不同場上位置與運動員個性 373
四、不同運動水平與運動員個性 374

五、體育專業學生與文、理科專業學生的個性差異 376

第三節 運動員個性研究工作的發展趨勢
一、重視縱向追踪研究 380
二、採用交互作用的觀點看待運動員的個性問題 381
三、優秀運動員的心理面貌 382

本章摘要

建議參考資料

個性(或人格) (personality) 是我們日常生活中的常用詞。但究竟在什麼情況下應用這個詞才是比較準確的呢？首先，是在評價人的行為的時候；其次是當談論的不是某個人行為的偶然特點，而是這個人行為的經常的、習慣的特點的時候；第三是當談論到某個人對世界的態度和行為方式的時候，才應用個性這個詞。比如，一個運動員在老師提問的時候總怕問到自己，一到比賽前就吃不好飯、睡不好覺，時常擔心自己說出不得體的話或做出不得體的事，比賽失利後很久都不能平靜下來，遇到為難的事總是舉棋不定，這些行為表現成為他穩定的行為模式時，我們就可能認為他具有容易焦慮的個性特徵。再如，另一個運動員有十分廣泛的興趣和愛好，很健談，常說笑話給人聽，朋友聚會時總是手舞足蹈，盡情享受，結交陌生人時總是很主動，十分喜歡出外比賽和社交活動，我們就可能認為他具有偏於外向的個性特徵。

個性是心理學中的一個重要概念，它的含義十分豐富。有人將它理解為人類思維、情感和活動的性質、特色和遺傳基礎；有人將它理解為情緒、智力和性格的（如誠實、勇敢等）混合；帶有更多行為主義色彩的心理學家則認為，個性不是一種內在的東西，而是對人的有組織的典型行為的外在觀察模式（見彭凱平，1989，365頁）。中國心理學界一般將個性理解為一個人在社會實踐中形成的、帶有一定傾向的、穩定的心理特徵的總和，這些特徵構成了一個人和其他人所不同的精神面貌（全國九所綜合性大學《心理學》教材編寫組，1982）。這裏，"總和"意味著個性反映了人的心理特徵的各個方面，標誌著人與人之間的各種異同之處；"穩定"意味著人的個性一旦形成，會在極廣的時空範圍內不斷顯露出來，使得在不同條件下預測人的行為成為可能。本章內容將討論：

1. 對運動員進行個性評價的不同看法。
2. 個性評價工作在運動員心理選材和心理諮詢中的意義。
3. 運動員與一般人的個性差異。
4. 不同運動項目、運動任務、運動水平與運動員個性的關係。
5. 運動員個性研究的發展趨勢。

第一節　運動員個性評價的意義

　　心理學中關於個性的研究共有四大學派，即心理動力學派、行為主義學派、人本主義學派和特質理論學派 (Gleitman, 1991)。目前廣為流行的各種個性測驗主要是**特質理論**(或**特質論**) (trait theory) 發展的產物。該理論的主要代表人物卡特爾、艾森克等認為 (見邱宜均，1986a)，個性是由許多特質構成的，特質是構成個性的最小單位。所謂個性特徵就是那些比較穩定的、能表現一個人獨特的行為傾向的特質，各種特徵在一個人身上的不同組合，構成了一個人有別於他人的獨特個性。上述四大學派的心理學家編製了許多不同的個性測驗，主要目的在於鑒別不同的群體和個人，以預測他們在不同情境中的行為傾向。表 11-1 是常用的一些個性測驗。

表 11-1　常用的各種個性測驗

測驗類型和名稱	測驗內容	主要適用群體	題目數量
紙筆問卷測驗：			
卡特爾16項個性因素測驗	16 種個性特徵	青少年、成人	187
艾森克個性測驗	4 種個性特徵	青少年、成人	88
明尼蘇答多項個性測驗	10 種個性特徵	成人	550
Y-G 性格測驗	12 種個性特徵	普通成人	120
加州個性測驗	18 種個性特徵	高中及大學學生	480
投射測驗：			
羅夏墨跡測驗	個性	成人	
主題統覺測驗	個性	成人	
操作測驗：			
棒框測驗	場獨立性和依存性	普通成人	
符號圖形測驗：			
80.8 神經類型檢查表	16 種神經類型	兒童和青少年	
鑲嵌圖形測驗	場獨立性和依存性	普通成人	

目前，在中國體育運動心理學的研究和實踐中，使用比較廣泛的是**卡特爾16項個性測驗**(Cattell's 16 personality factors questionaire，簡稱 16PF)和**艾森克個性測驗**(Eysenck personality inventory)。主要原因是這兩種測驗具有比較堅實的理論基礎和較好的心理測量學特徵，在世界各國得到了普遍承認和廣泛應用。此外，這兩種測驗也比較簡短，並有了中國修訂本和比較常模。

由於下文的許多討論涉及卡特爾 16 項個性測驗的結果，所以，在此對該測驗作一簡要介紹。

卡特爾 (Raymond B. Cattell, 1905～) 是美國心理學家，主張特質人格理論，他把特質看作是人格的積木，並將其分為表面特質和根源特質。

表 11-2　卡特爾 16 項個性因素

個性因素	高 分 特 徵	低 分 特 徵
A—樂群性	善和他人相處，通力合作的適應能力強	緘默，孤獨，寡言
B—聰慧性	聰明，富有才識	遲鈍，學識淺薄
C—穩定性	情緒穩定，能以沈著的態度處理現實生活中存在的各種問題	情緒容易激動
E—恃強性	好強固執，自視甚高	謙虛，順從，通融
F—興奮性	輕鬆興奮，隨遇而安，有時有過分衝動的行為	嚴肅，審慎，冷靜，行為拘謹
G—有恆性	做事盡職負責，有始有終	缺乏責任心和負責的態度
H—敢為性	冒險敢為，少有顧慮	畏懼退縮，缺乏信心
I—敏感性	敏感，易感情用事	理智性強，具有獨立處理問題的能力
L—懷疑性	懷疑，不信任別人	與別人順應合作，信賴隨和
M—幻想性	喜好幻想，狂放不羈，有時過分不務實際	行為現實，合乎成規
N—世故性	精明能幹，行為得體，能冷靜分析一切	坦白，直率，天真
O—憂慮性	憂慮煩惱自擾	安詳，沈著，不輕易動搖
Q_1—實驗性	喜歡評價判斷，不拘泥於現實	較保守，缺乏探索求新的精神
Q_2—獨立性	自立自強，當機立斷	依賴他人，隨群附合
Q_3—自律性	知己知彼，能控制自己的情感與行為	矛盾衝突，經常不能克制自己
Q_4—緊張性	緊張困擾，心神不定，過度興奮	心平氣和，能保持心理平衡

表面特質 (surface trait) 是彼此關聯的可以觀察得到的特質的集合。譬如說，受的教育越正規，看的電影就越少。這種觀察到的資料是表面的東西，解釋不了什麼。它們是簡單的一類特性組合在一起，這樣的特性可能有許多根源。**根源特質** (或**潛源特質**) (source trait) 是行為的根源，它們是個體人格結構中最重要的組成部分，支配個人的一貫行為。這樣，每一表面特質由一個或多個根源特質引起，而一個根源特質能影響到幾個表面特質。為了尋找和確定這些根源特質，卡特爾首先從字典中收集了 17,953 個描述行為的形容詞。他認為，如果能夠收集到描述行為的全部詞彙，就可以了解整個個性體系。通過對同義詞的分析，他把詞彙簡化為 4504 個"真正"的特質，再進一步簡化為 171 個特質詞。又通過統計學的因素分析，得出 31 個表面特質和 12 個根源特質，在其後繼的工作中又發現和補充了 4 種特質，構成了總共 16 項個性因素 (表 11-2)。他還設計了一個問卷以測量這 16 種個性因素。

一、對運動員進行個性評價的不同意見

摩根 (Morgan, 1980a) 曾發表了一篇題為〈運動個性學：輕信還是懷疑〉的論文。他指出，許多體育運動心理學家對於個性研究的有效性採取了一種較為極端的態度：有些研究者認為通過個性特徵的測驗，可以準確預測運動成就，因此，他們積極主張利用個性測驗結果預測運動成就 (Ogilvie & Tutko, 1966)。另一些研究者則對此持懷疑主義態度，他們對個性測驗的預測功能不以為然 (Rushall, 1973；Kroll, 1970；Martens, 1976)。摩根 (Morgan, 1980b) 和凱因 (Kane, 1980) 則採取一種中間態度，他們認為，如果個性研究設計合理，則在運動員個性特徵和運動成績之間可發現微弱的但可靠的相關。

關於運動員個性研究的輕信態度和懷疑主義的爭論進行了許多年，考克斯認為 (Cox, 1993)，這種爭論是沒有意義的。個性特徵不是預測運動成績的強有力的預測指標，但它仍不失為一個預測指標。以我們對個性本質的認識，沒有理由期望在個性特徵與身體技能間會有一個高相關。一個人的個性特徵在眾多影響運動成就的因素中只是一個因素。

二、對運動員進行個性評價的意義

(一) 心理選材面的意義

在體育運動領域，了解運動員的個性特徵，區分不同項目運動員之間的個性差異，可以使我們在科學的基礎上預測運動員的行為，還可以為運動員的選材提供參照系。以同卵雙生子和異卵雙生子作為研究對象的研究表明，個性受遺傳因素影響 (Buss & Plomin, 1984；Zucherman, 1987；Floderus-Myrhed, Pedersen & Rasmuson, 1980)，這一研究結果不但支持了個性特質理論，也為將個性作為選材指標提供了邏輯依據。

自 80 年代以來，我國體育運動心理學工作者進行了一些運動員個性特徵的研究，比較有代表性的有謝三才等人 (1984a) 對射擊運動員的研究、邱宜均等人 (1984a) 對短跑運動員的研究、姒剛彥等人 (1984) 對跳水運動員的研究、吳友瑩等人 (1986) 對體育專業大學生的研究、方興初等人 (1986) 對上海地區世界冠軍和世界記錄創造者的研究、孫波等人 (1986) 對女子柔道運動員的研究、周工等人 (1987) 對划船運動員的研究、余敏克等人 (1987) 對摔跤運動員的研究、鄧壯等人 (1988) 對無線電測向運動員的研究、丁雪琴 (1990) 對足球運動員的研究、秦志輝 (1990) 對男子足球運動員的研究、任丙男等人 (1990) 對男子乒乓球運動員的研究、卞薇 (1991) 對女排二傳手的研究、魏運柳 (1991) 對女子無線電測向運動員的研究、石岩 (1992) 對 324 名運動員的研究以及張力為等人 (1994) 對女子游泳運動員的研究等。這些研究多採用卡特爾 16PF 作為測量工具 (石岩的研究採用的是"感覺尋求量表"和"艾森克人格問卷")，所得結果全面描述了運動員的個性特點，有些研究還比較了不同項目運動員和不同性別運動員的個性差異，對運動員的心理診斷和心理選材工作作出了一定的貢獻。

但是，也應當看到，僅是全面描述出優秀運動員的個性特徵，還不能解決選材的全部問題，比如，在多個與眾不同的個性特徵中，哪個或哪些特徵是更重要的？這些個性特徵雖在某種程度上受到遺傳的影響，但毫無疑問，也會受到環境影響，長期的運動訓練和比賽是否有可能在某種程度上改變運動員的個性？運動員的這些個性特徵同運動成績有什麼關係？對這些問題的回答，顯然是與將個性特徵作為選材指標有聯繫的。

（二）心理諮詢面的意義

在同運動員進行心理諮詢的過程中，諮詢員首先需要全面地了解和把握諮詢對象的背景情況如發展狀況、心理狀況、訓練比賽狀況、人際關係狀況以及健康狀況等。個性測驗是常用的一種分析和掌握諮詢對象心理狀況的工具。使用個性測驗來了解運動員的個性發展情況，費時少，也比較準確，因此，個性測驗可以用來作為幫助運動員進行心理調節的依據之一（見石岩，1992）。當然，通過同運動員的長期接觸，比如觀看訓練和比賽，進行諮詢等，也可以逐步了解運動員的個性特徵，但費時較多，也缺乏量化評價。儘管個性測驗和評價有以上好處，但在使用過程中亦應注意：

1. 不要濫用個性測驗 個性測驗是為了幫助諮詢人員進行診斷和分析，如果通過與諮詢對象的交談對其問題已形成明確的看法，就可以放棄不必要的個性測驗。過多的心理測驗容易破壞諮詢過程的自然氣氛，妨礙諮詢順利進行（張人駿，朱永新，袁振國，1987）。

2. 處理好利用個性測驗和交談了解情況的關係 通過個性測驗以了解情況不能代替通過交談了解情況。通過交談了解運動員情況往往更為自然，更為細緻，更有針對性，但費時較多。

第二節 運動員的個性特徵

自從 60 年代以來，陸續出現了幾篇綜述性論文，試圖澄清個性特徵與運動成績的關係。大多數論文分析的結果是：個性特徵與運動成績的某些方面存在相關關係。大多數作者還指出，這種相關不一定是因果性的。比如，即使從統計學的意義上發現了運動水平與外向性格存在可靠相關（Kane，1980），也不能就此得出結論，認為一種特殊的個性特徵作為原因，引發了

運動成績的提高 (張力為，1991a；Cox, 1993)，這是一般的統計學常識。

考弗爾和約翰遜 (Cofer & Johnson, 1960) 曾對不同運動群體的個性研究進行了綜述，但卻有意識地避免從中歸納出任何運動員的個性特徵。與此相反，奧吉爾維 (Ogilvie, 1968, 1976) 在回顧了許多運動員個性問題的研究之後，提出有八種個性特徵同運動成績緊密相關。這八種個性特徵是：情緒穩定、意志堅強、自覺、自律、自信、低焦慮、信任感和外向。庫伯 (Cooper, 1969) 曾對 1937 至 1967 年所進行的此類研究進行總結並提出結論：運動員具有非常明顯的成就定向特徵，還具有外向性、支配性、自信、競爭性、低焦慮、低強迫性、能忍痛等個性傾向。1973 年，哈德門 (Hardman, 1973) 對 1952 至 1968 年間進行的 27 項研究進行了總結，這些研究均採用 16PF 作為測試量具，共計 42 個樣本。他發現，參與體育運動的現象同高智力、容易激動、好強固執、熱情投入、權宜敷衍、畏縮退卻、處世多疑和緊張性相關。更重要的是，哈德門發現，在二級因素中，參與體育運動同低焦慮和獨立自主性相關，參與體育活動與外傾性的關係因運動項目不同而有所不同。實際上，在對哈德門的結論進行認真分析後不難發現，只有一級因素中的高智力同參與體育活動有著穩定的高相關。

迄今為止，似乎還是摩根 (Morgan, 1980b) 對於運動成績和個性特徵關係的綜述研究最具廣泛性和深刻性。在 1968 年舉行的國際運動心理學大會上，凱因 (Kane, 1970) 曾提出具體數據，表明個性特徵可以說明參與體育活動所有方差中的 20%。也是在這屆大會上，拉什爾 (Rushall, 1970) 卻提出，個性特徵並不是預測運動成績的強有力指標。摩根的立場 (Morgan, 1980b) 實際上是傾向於凱因的意見而不同意拉什爾的觀點。當然，摩根並不是認為可將個性作為預測運動表現的精確指標，而是認為，如果能夠同其他因素 (如生理因素和環境因素) 一起考慮，個性特徵對於預測運動表現是有作用的。他坦率地承認，運動表現的總方差中，有 50%～75% 方差不能得到個性特徵的解釋，儘管如此，他指出，這同時意味著 25%～50% 的方差可以通過個性特徵加以解釋。摩根以下述這段話作為對自己觀點的總結：

> 本綜述研究表明，在許多心理狀態和個性特徵方面，運動員與一般人是有區別的，如果研究對象是高水平運動員，則這些區別就會變

得更加明顯。不同運動水平的運動員其個性特徵是否也有所不同？對此，研究者的意見似乎就不那麼一致了。無論如何，如果考慮到行為反應會受到某種扭曲，如果是採用多因素技術而不是單因素技術來分析所得結果，那麼，就可以發現一些穩定的心理方面的差異。當然，也可以看到，本研究探討的運動表現的總方差中有50%～75%的方差得不到解釋。因此，單純依靠狀態模式、特質模式或狀態——特質模式來預測運動行為都是不合適的。例如，很明顯，許多生理變量對於運動成績來說就起著十分重要的作用。(Morgan, 1980, p.66)

總之，我們可以看出，在運動員個性研究領域，研究者的爭論是多方面的，這不但是由於研究結果的不一致性，而且同理論觀點的不一致性有關。

一、運動員與一般人的個性差異

運動員同一般人相比，在個性的許多方面都有所不同 (Geron, Furst & Rotstein, 1986)，但這些特徵究竟是有利於運動員還是有利於一般人，卻是沒有定論的。斯車爾、阿什雷和喬伊 (Schurr, Ashley & Joy, 1977) 的研究表明，和一般人相比，參加集體或個人項目的運動員更具獨立性，更為客觀，也更少焦慮。哈德門 (Hardman, 1973) 的綜述研究也清楚表明，運動員的智力比一般人的平均水平更高些。除此之外，庫伯 (Cooper, 1969) 對運動員的描述是：運動員比一般人更為自信，更具競爭性，更為外向。摩根 (Morgan, 1980b) 和凱因 (Kane, 1976) 指出，運動員是更為外向和低焦慮的。克林曼和希拉德 (Clingman & Hillard, 1987) 曾對耐力項目運動員 (長跑、游泳、自行車、鐵人三項) 的個性特徵進行了研究，發現他們在成就動機、攻擊性、自主性、恃強性、耐受性以及避免傷害等方面與一般人不同。馬尼等人 (Magni, et al., 1985) 對優秀攀岩運動員的研究表明，和一般人相比，他們是低焦慮的，情緒更穩定的，低超自我的，並具有高度的感覺尋求特徵。但石岩對不同項目 324 名運動員的研究表明 (石岩，1992)，他們在感覺尋求量表上的得分與一般人並無顯著的差異。這兩個研究者所得結果的不同或許是由於研究被試的不同造成的，馬尼的研究被試是攀岩運動員，是特殊性更強的群體，石岩的研究被試包括了 16 個運動項目，產生互相抵消效應的可能性更大。

邱宜均、貝恩渤 (1984a) 用 16PF 進行的研究表明，男子優秀短跑運動員和對照組大學生相比較，情緒穩定性更強，但卻更易墨守成規；女子優秀短跑運動員和對照組大學生相比較，聰慧程度低一些，更傾向於墨守成規，但更能從容待事。

周工、姒剛彥、劉滋昕 (1987) 利用 16PF 進行的研究表明，和常模相比較，中國男子划艇運動員在好強、投入、敢為、當機立斷方面的得分較高；中國女子划艇運動員在好強、直率坦白和自信方面的得分也較高。

石岩 (1992) 利用"艾森克人格問卷"對 324 名運動員進行的研究表明，運動員較一般人具有外向和情緒不穩定的人格特徵。他還發現，男運動員誠實直率，女運動員則有掩飾傾向。

張力為、陶志翔、孫紅標 (1994) 用 16PF 進行的研究表明，中國女子游泳運動員在懷疑性 (L 因素) 上的得分低於常模，說明這些女子游泳運動員比常人更加信賴隨和。

方興初、周家驥 (1986) 曾對上海地區 20 名世界冠軍、世界記錄創造者進行了 16PF 測驗，結果發現，16 項個性特徵中有 4 項特徵的高分 (8～10 分) 頻次和低分 (1～3 分) 頻次有可靠差異 (見表 11-3)，說明這些運動員的主要個性特徵為：自信心、理智性、獨立性、頑強性、好勝心均較強，並且輕鬆愉快，有耐心，有恆心；意氣用事、拘謹等消極心理較少。

方興初、周家驥 (1986) 在該研究中還將上海地區 20 名世界冠軍、世界記錄創造者具有的上述四項典型特徵與美國伊利諾州大學人格及能力測驗研究所用 16PF 測驗世界性運動會的美國優勝選手所得結果進行了比較，得出表 11-4 的結果。

表 11-3　20 名世界冠軍和世界記錄創造者的典型個性特徵

個性因素	指標	低分頻次	高分頻次	P
E	恃強性	0	6	<0.05
F	興奮性	2	10	<0.01
I	敏感性	12	1	<0.05
O	憂慮性	12	1	<0.05

(改自方興初、周家驥，1986)

表 11-4 中、美運動員四項個性因素平均標準分的比較

個性因素	指標	中國運動員	美國運動員
E	恃強性	6.53	7.80
F	興奮性	6.74	6.40
I	敏感性	3.89	6.50
O	憂慮性	4.21	3.30

(採自方興初、周家驥，1986)

他們發現，兩國運動員在 E、F 因素上差別不大，均屬高分特徵；在 I 因素上，中美運動員有明顯差異：美國運動員較為敏感，易感情衝動，中國運動員則較能理智地處理問題；在 O 因素上，中美兩國運動員均屬低分特徵，但美國運動員比中國運動員更多自信，更少焦慮。另外，方興初、周家驥 (1986) 還指出，在美國伊利諾州大學人格及能力測驗研究所通過對 23 種不同職業者進行 16PF 測驗所制訂出的不同職業個性因素模式中，世界性運動會優勝運動員 O 因素 (分數越低表示自信心越強) 得分與美國海軍軍校畢業生並列第 21 位 (3.3 分)，僅僅比最低分的美國大學行政管理人員 (3.2 分) 高 0.1 分，說明高自信心是優秀運動員的突出的個性特徵之一。

有必要指出，儘管大量研究支持運動員同一般人在許多個性特徵方面有所不同的結論，但對什麼人可算作運動員，卻並無一致的意見。有些研究將參加大學代表隊的人當作運動員，有些研究將俱樂部參加者算作運動員，有些研究將獲得某種獎勵的人算作運動員，等等。顯然，如果對運動員的身分沒有統一的認識和標準，將各研究結果進行相互比較時就會遇到困難，因為這些運動員至少在運動技能水平上具有很大差異。

二、不同運動項目與運動員個性

不同運動項目中的運動員是否具有不同的個性特徵，或者運動員的個性特徵能否作為區分運動項目的指標？也許第一個試圖回答這一問題的研究是對健美運動員的研究。比如，亨利 (Henry, 1941)、瑟恩 (Thune, 1949)、哈羅 (Harlow, 1951) 等人的研究表明，健美運動員總是怕自己的男性化不夠強，過於關心健康、體形、男性化等問題。但是，瑟若和格里爾 (Thirer & Greer, 1981) 卻對這種早期的刻板模型提出了質疑，在一項設計和控制

得很好的研究中,他們發現中等水平和高水平的健美運動員成就動機水平很高,不願意有所變化,除此之外,其他個性特徵都無與眾不同之處,他們並未發現過去研究所刻畫的健美運動員的一般特徵和消極特徵。

科洛爾和克倫肖 (Kroll & Crenshaw, 1970) 利用 16PF 對高水平的橄欖球、摔跤、體操和柔道運動員的個性特徵進行了相互比較,結果發現,橄欖球和摔跤運動員與體操和柔道運動員有明顯區別,橄欖球運動員與摔跤運動員的個性特徵相似,體操運動員與柔道運動員、橄欖球運動員以及摔跤運動員的個性特徵都有所不同。

與上述研究相似,辛格 (Singer, 1969) 的研究發現,大學棒球運動員(集體項目) 的幾項個性特徵同網球運動員 (個人項目) 有明顯不同,網球運動員在成就動機、自主性、恃強性和攻擊性方面的得分更高,在順從性方面的得分更低。

斯車爾、阿什雷和喬伊 (Schurr, Ashley & Joy, 1977) 的研究表明,集體項目運動員的個性特徵與個人項目運動員的有所不同。集體項目的運動員更為焦慮、外向,依賴性更強,更為警覺、客觀,但更不敏感,更少想像力。他們的研究還發現,身體接觸性運動項目 (籃球、橄欖球、足球等) 運動員的個性特徵與非身體接觸性運動項目 (排球、棒球等) 也有所不同。身體接觸性運動項目的運動員獨立性更強,自我的力量更弱。

中國學者對不同運動項目運動員的個性特徵也進行了許多研究,比如,邱宜均、貝恩渤 (1984a) 曾利用 16PF 對優秀短跑運動員的研究表明,男子短跑運動員在恃強性 (E 因素) 和興奮性 (F 因素) 上的得分比籃球運動員高,而在自制性 (Q_3) 方面的得分比籃球運動員低;在穩定性 (C 因素) 和興奮性 (F 因素) 上的得分比排球運動員高;在聰慧性 (B 因素)、恃強性(E 因素)、興奮性(F 因素) 和敢為性 (H 因素) 方面比足球運動員得分高;在樂群性 (A 因素) 和興奮性 (F 因素) 上比射擊運動員得分高,而在有恆性 (G 因素)、獨立性 (Q_2 因素) 和自制性 (Q_3 因素) 方面的得分比射擊運動員低。邱宜均、貝恩渤 (1984a) 的研究還表明,女子優秀短跑運動員在樂群性 (A 因素) 和敏感性 (I 因素) 上的得分較籃球運動員高;在樂群性(A 因素) 和幻想性(M 因素) 上的得分比排球運動員高;在有恆性(G 因素)、敢為性 (H 因素)、世故性 (N 因素)、獨立性 (Q_2 因素) 和自制性 (Q_3 因素) 上的得分均較射擊運動員低。

再比如，張力為、陶志翔、孫紅標 (1994) 利用 16PF 進行的研究發現，游泳運動員在聰慧性 (B 因素) 方面的得分高於划船運動員和排球運動員，在穩定性 (C 因素) 方面的得分低於划船、短跑和射擊運動員，在興奮性 (F 因素) 方面的得分低於跳水運動員，在有恆性 (G 因素) 方面的得分低於射擊運動員，在懷疑性 (I 因素) 方面的得分低於划船、籃球、排球和射擊運動員，在幻想性 (M 因素) 方面的得分高於籃球運動員但低於排球運動員，在世故性 (N 因素) 方面的得分低於射擊運動員，在實驗性 (Q_1 因素) 方面的得分高於跳水運動員，在獨立性 (Q_2 因素) 和自律性 (Q_3 因素) 方面的得分低於射擊運動員。

總的來說，以上國內外的研究表明 (張力為，李翠莎，1993)：

1. 運動項目不同，運動員的個性特徵也有所不同，根據原始分數的比較，中國男子足球運動員較為外向，更願意與他人合作，相比之下，中國男子射擊運動員則更為冷淡和含蓄。這說明運動項目特徵和運動員的個性特徵有可能存在一定的相關關係。應當指出，這種差異既可能是由於長期訓練造成的，也可能是運動員參加體育運動過程自然選擇和自然淘汰的結果，還可能有其他未知因素的影響，我們尚無充分證據來支持其中任何一種可能性。

2. 上述不同運動項目運動員在個性特徵方面的差異，僅僅表現在個性特徵的少數方面，大多數個性特徵方面是沒有統計學意義上的可靠差異的。

三、不同場上位置與運動員個性

既然前面我們討論了運動項目與運動員個性特徵的關係，那麼很自然地就會引出另一個問題：在同一運動項目中，運動員的個性特徵是否會因所擔負的任務不同而有所不同？在集體運動項目中，功能專門化的現象是十分普遍和明顯的，比如，在壘球中，需要根據運動員的利手情況來安排外場手，在排球中，主攻手和二傳手的功能分工也是涇渭分明，足球運動中，守門員同前鋒的任務性質亦有本質的區別。顯然，運動員是否因分工不同而有不同的個性特徵這個問題，不但是體育運動心理學家的興趣所在，體育管理人員和教練員也會十分關注。

1987 年，考克斯 (Cox, 1987a) 對擔負不同任務的 157 名女子排球運動員進行了研究,結果表明,中路攔網手、側路主攻手和二傳手絕大部分個性特徵較為接近,僅有的區別表現在她們的注意特點方面。和中路攔網手、側路主攻手相比,二傳手有更廣闊的內部注意,在同一時間分析多個問題的能力更強。也許這些特徵同二傳手所面臨的任務有關:她必須根據前排主攻手以及對方防守運動員的優點和缺點決定進攻的戰術,組織進攻的行動。

斯車爾等人 (Schurr, et al., 1984) 也曾進行過此類研究,他們利用**美耶斯-布里格斯類型問卷** (Myers-Briggs type inventory,簡稱 MBTI) 進行的測試發現,在判斷力和知覺理解力方面,橄欖球邊線運動員和後場運動員有明顯的差異。邊線運動員表現出更有組織性,更實際,而後場運動員則更為靈活,適應性更強。有趣的是,在進攻性邊線運動員和防守性邊線運動員之間沒有可靠的差異。

總的來說,有關同一運動項目不同位置運動員的個性差異的研究資料不是很多,但這一問題對於體育管理人員和教練員來說是具有實際意義的。

四、不同運動水平與運動員個性

許多證據表明,高水平運動員個性特徵與一般運動員有區別,摩根等人對長跑、摔跤和划船運動員的研究清楚地說明了這一點 (Morgan & Costill, 1972;Morgan & Johnson, 1977, 1978;Morgan & Pollock, 1977;Nagle, Morgan, Hellickson Serfass & Alexander, 1975)。儘管如此,在任何一個運動項目中,採用個性特徵來區分優秀運動員和一般運動員的嘗試並不是特別有效的 (Morgan, 1980b)。比如,克洛爾等人對大學摔跤運動員和柔道運動員的研究 (Kroll, 1967;Kroll & Carlson, 1967) 就未能將優秀運動員和一般運動員區別開來。拉舍爾 (Rushall, 1972) 對橄欖球運動員的研究、辛格 (Singer, 1969) 對網球和棒球運動員的研究以及克瑞黑德等人 (Craighead, Privette & Byrkit, 1986) 對高中男子籃球運動員的研究,也未能將優秀運動員和一般運動員區別開來。

斯車爾等人 (Schurr, et al., 1977) 的研究結果也表明,採用 16PF 的二級因素進行統計,未能發現在個性特徵和運動成績間存在相關,因此,似乎也無充分理由期望採用 16PF 的個性特質進行統計能夠將運動員水平高一些的和運動水平低一些的運動員區分開來。但實際上,這兩個組的運動員水平都是相當高的，或者說，這些運動員運動水平的標準差並不大，在這種情況下，要發現運動水平與個性特徵之間的相關當然是很困難的事。這一點在威廉姆斯和帕金 (Williams & Parkin, 1980) 的研究中得到證實。他們採用 16PF 對 18 名國際水平的、34 名國家水平的和 33 名俱樂部水平的冰球運動員進行了比較，結果發現，國際水平運動員的個性特徵同俱樂部水平的運動員有明顯差異，但國家水平運動員的個性特徵同另外兩組運動員均無差異。

西爾瓦 (Silva, 1984) 對此現象提供了一種似乎言之成理的解釋。他認為，如圖 11-1 所示，當運動員從運動技能水平的金字塔底部移向塔尖時，他們之間的個性特徵和其他心理特徵也越來越接近。而在體育運動的初學階段，運動員心理特徵的差異很大。但是，通過自然選擇的過程，某些個性特徵會增加運動員向高水平邁進的可能性，有些個性特徵則會阻礙這一進程，在運動員個性特徵金字塔的每一個更高的層次上，運動員個性特徵的相似性也越來越強。

加蘭德和巴里 (Garland & Barry, 1990) 最近也進行了一項類似的研究，他們將 272 名美國大學橄欖球運動員分為水平高低不同的三個組，即場上隊員、替補隊員和團體成員，結果發現，意志力、外傾性、依賴性和情緒穩定性四項個性特徵解釋了技能水平方差的 29% ($r=0.54$)。這雖不是高相關，但卻明顯比過去研究報導的相關要高。但是，戴衛斯 (Davis, 1991) 報導，個性特徵不能預測職業冰球運動員的運動水平。

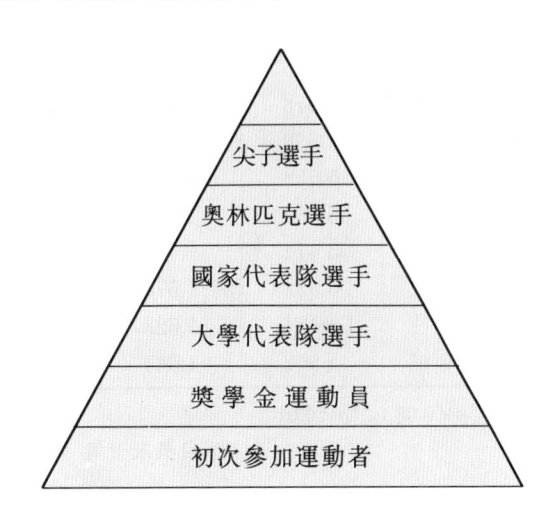

圖 11-1
個性特徵與運動成績關係的金字塔

(採自 Silva, 1984)

尖子選手
奧林匹克選手
國家代表隊選手
大學代表隊選手
獎學金運動員
初次參加運動者

看來，這類研究的結果很不一致，但我們有理由預測，運動員運動水平的差距越大，發現運動員個性特徵和運動成績之間的相關關係的可能性就越大；反之，這種可能性就越小。能不能發現運動水平與運動員個性的相關關係，似乎極大地取決於被試運動水平差距的大小。

五、體育專業學生與文、理科專業學生的個性差異

吳友瑩等人 (1986) 曾利用 16PF 對體育專業學生與文、理科專業學生的個性進行了比較，她收集的樣本量很大，共 1500 人，結果如表 11-5 和表 11-6。

表 11-5　體育專業學生與文科專業學生 16PF 均值對比

個性因素	體育專業 (N＝500) 平均數	標準差	文科專業 (N＝500) 平均數	標準差	T
A—樂群性	5.820	1.519	5.816	1.476	0.042
B—聰慧性	5.976	1.925	6.492	1.818	4.357**
C—穩定性	5.712	1.686	5.474	1.751	2.189*
E—恃強性	6.080	1.705	6.446	1.751	3.349**
F—興奮性	5.748	1.946	5.648	1.881	0.826
G—有恆性	5.518	1.572	5.448	1.822	0.651
H—敢為性	5.540	1.745	5.481	1.871	0.489
I—敏感性	4.866	1.626	5.780	1.687	8.772**
L—懷疑性	4.978	2.866	4.616	1.790	2.384*
M—幻想性	4.968	1.388	5.432	1.420	5.224**
N—世故性	5.558	1.566	5.642	1.618	0.834
O—憂慮性	5.062	1.747	4.686	1.896	3.261**
Q_1—實驗性	5.474	1.489	5.636	1.517	1.704
Q_2—獨立性	5.332	1.578	5.608	1.563	2.778**
Q_3—自律性	5.484	1.623	5.336	1.660	1.425
Q_4—緊張性	5.962	1.644	5.968	1.630	0.058

註：*$p<0.05$；**$p<0.01$

(採自吳友瑩等，1986)

表 11-5 中可見，和文科專業學生相比，體育專業學生聰慧程度偏低，情緒更加穩定，更為謙虛順從，更加理智，著重實際，更傾向於懷疑剛愎，更現實並合乎成規，自信心偏低，有更多的依賴性，更容易隨群附眾。

表 11-6 中可見，和理科專業學生相比，體育專業學生更加樂群外向，聰慧程度偏低，情緒更加穩定，更為謙虛順從，更為敏感，更易感情用事，更傾向於懷疑剛愎，自信心偏低，更為保守，遵從傳統，有更多的依賴性，更容易隨群附眾，更加自律。

表 11-6　體育專業學生與理科專業學生 16PF 均值對比

個性因素	體育專業 (N=500) 平均數	標準差	理科專業 (N=500) 平均數	標準差	T
A—樂群性	5.820	1.519	5.542	1.542	2.958**
B—聰慧性	5.976	1.925	6.464	1.832	4.106**
C—穩定性	5.712	1.686	5.448	1.713	2.456*
E—恃強性	6.080	1.705	8.298	1.731	2.006*
F—興奮性	5.748	1.946	5.762	1.900	0.115
G—有恆性	5.518	1.572	5.630	1.800	1.048
H—敢為性	5.540	1.745	5.608	1.688	0.609
I—敏感性	4.866	1.626	4.472	1.678	3.770**
L—懷疑性	4.978	2.866	4.452	1.699	3.513**
M—幻想性	4.968	1.388	5.038	1.533	0.757
N—世故性	5.558	1.566	5.546	1.483	1.057
O—憂慮性	5.062	1.747	4.678	1.796	3.427**
Q_1—實驗性	5.474	1.489	5.686	1.518	2.229*
Q_2—獨立性	5.332	1.578	5.552	1.515	2.248*
Q_3—自律性	5.484	1.623	5.276	1.595	1.044*
Q_4—緊張性	5.962	1.644	5.992	1.571	0.295

註：*$p<0.05$；**$p<0.01$

(採自吳友瑩等，1986)

第三節 運動員個性研究工作的發展趨勢

在體育運動心理學的研究中，個性是最早受到關注的傳統領域，得到了最廣泛的探討和應用。其原因有三：一是受母科學心理學研究方向的影響；二是對於一般性的研究來說，研究手段簡便易行，只需利用現成的標準化量表，根據測驗手冊的要求，對某一群體施測，再對研究結果進行分析，即可達到研究的基本目的；三是運動員個性特徵的評定往往是進行心理訓練、心理諮詢和心理選材工作的基礎。

個性研究作為體育運動心理學研究領域的一個熱門課題，特別是在 70 年代，一度成為體育運動心理學研究的主流。但是，自 80 年代以後，個性研究所占比例明顯減少；到 90 年代，又不斷冷落，研究數量在急劇減少，這是一個非常明顯的變化趨勢（見表 11-7）。當然，這並不等於說個性問題不重要，但它至少提示了兩點，一是體育運動心理學在走向成熟的過程中，不斷產生了新的研究興趣，開發了新的研究領域；二是沒有明確理論導向的單純的個性測驗和描述，已不能滿足體育運動心理學發展和體育運動實踐的需要，也不再為體育運動心理學的科學研究所承認。體育運動領域的個性研究需要在理論構思和測驗方法上有所改進，並為體育運動的實踐提供實際的幫助（張力為、褚躍德，1994）。

中國體育運動心理學在經歷了十年的個性研究熱潮之後，也開始對這類研究的成果、價值和不足進行反省。湯志慶和陸建平尖銳指出 (1992)，我們對這個課題的研究還處於初創階段，無論是理論上的基礎研究，還是方法論上的探討，以及運動實踐中的運用，都還是在較淺的層次上進行的。就研究方法的層次而言，我國目前對優秀運動員性格特徵的研究還處於描述性階段，對關係性和因果性研究很少涉及，只是客觀地描繪出優秀運動員的性格特徵圖象，根本沒有再進一步探討這些性格特徵形成的原因以及它們與運動成績的關係，而後者恰恰是運動員性格特徵的價值所在。應當說，這一批評是很中肯的。

如果要探討運動員個性形成的原因，就得要求研究者或是進行有控制的

表 11-7 體育運動心理學個性研究所占的比例變化（單位：篇）

年　代	個性研究論　　文	運動心理學研究論文	個性研究所占比例
1975	0	713	0.00
1976	214	755	27.60
1977	227	847	26.80
1978	259	1107	23.40
1979	169	1002	16.87
1980	201	1260	15.95
1981	208	1255	16.57
1982	179	1438	12.45
1983	130	945	13.76
1984	156	1018	15.32
1985	150	1071	14.01
1986	149	1199	12.43
1987	143	1034	13.83
1988	152	1107	13.73
1989	99	1046	9.47
1990	79	1059	7.46
1991	56	844	6.64
1992	31	584	5.31
1993	4	103	3.88

註：1993 年統計數據僅含上半年信息。

(採自張力為、褚躍德，1994)

實驗，或是進行長期的觀察，或是根據對該運動項目的深刻理解做出邏輯分析，前兩種方法費時費力，後一種方法要求研究者非常熟悉所研究的運動專項，這些都是對研究者的極大挑戰，是比較困難的工作。如果要探討運動員個性特徵與運動成績的關係，雖然可以較為省時省力地進行相關統計，但研究設計中需要選擇運動水平差異較大的被試進行分組，但可惜許多研究並未考慮這一問題，僅僅選擇了運動水平十分相近的被試。總的來說，中國體育運動心理學在個性方面的研究需要更新思路。

一、重視縱向追蹤研究

體育運動領域中的個性研究主要依兩個方向進行：**橫向比較研究**和**縱向追蹤研究**。**橫向比較研究** (cross sectional study) 主要是比較運動員和一般人之間的區別以及不同運動員之間的區別，並探討個性特徵與運動成績的關係，本章前面論及的研究大部分屬於這一類橫向比較研究。

縱向追蹤研究 (longitudinal study) 主要是探討體育活動對於個性的影響，例如，沃納和古特黑爾 (Werner & Gottheil, 1966) 對 340 名經常參加體育活動的軍校學員和 116 名不經常參加體育活動的軍校學員進行了 4 年的跟踪，通過 16PF 的測試，並未發現經常參加體育活動對軍校學員的個性有可靠性的影響。

吉克林 (Jickling, 1977) 曾經對 50 名 16～37 歲的男子進行跟踪研究，通過 16PF 的測試，發現他們在參加了野外求生訓練之後，其個性產生了積極的變化，變得更加開朗、大度、堅定和坦率。野外求生訓練是探險性的活動，可能會對人的個性帶來較強影響，但它不是大眾化的體育活動，參加的人數較少，因此，其結論的外推範圍受到較大限制。

毛志雄、張力為 (1994) 通過對從事不同比例的體育課程學習和文化課程學習的大學生進行的縱向追蹤研究，考察體育活動對個性發展的影響，研究結果表明，體育學院學生和一般大學學生在大學就學期間，其個性的部分因素產生了一些積極的變化，這些變化體現了他們自我完善的過程，也有助於他們將來更好地適應社會和服務社會，這是主流。但也有個別方面如實驗性因素的變化是消極的，不利於他們將來更好地適應社會和服務社會。該研究還發現，從事不同比例的體育課程學習和文化課程學習，對學生個性發展的影響只在 L 因素 (懷疑性) 有所不同，提示不同類型的學習活動對學生個性可能會產生不同的影響，但這種影響僅限於個性的個別方面，影響的範圍不是很大。

邱宜均指出 (1986a)，體育運動心理學關於體育活動與個性發展的研究過於側重橫斷面的比較研究，縱向追蹤研究甚少。而要探討體育活動對個性發展的影響問題，橫斷面的研究往往受到方法學上的限制，只能闡明兩者的相關關係，難以解釋兩者的因果關係。為了對體育活動與個性發展的關係問題有一更為深入的認識,更多地進行縱向追踪研究是必要的。湯志慶和陸建平也指出 (1992),目前大量的研究缺乏預測性功能,效度準則往往選擇運動員已有的運動成績,而不是以他們未來的運動成績作為測試結果的準則或參照物。這種一次性的研究方法降低了它本身的價值,因為研究結果不能有效地預測運動員發展的可能性,不能給教練員提供取捨的有用信息,使得人們對這一研究的可靠性和實用性產生懷疑。顯而易見,要取得預測效度的證據,需要等待較長時間,收集運動員在一段時期內的運動成績數據,這不是一次性的橫斷研究力所能及的。

二、採用交互作用的觀點看待運動員的個性問題

維雷 (Vealey, 1989) 發表了一篇綜述文章,回顧了自 1974 到 1987 年間所進行的個性研究,並以此為依據討論了體育運動領域個性研究的發展趨勢。她的綜述研究表明,體育運動領域的個性研究已經從對個性特徵與運動行為關係的關注轉向對環境、個性、運動行為之間交互作用情況的關注,這種研究取向被稱為研究個性特徵對運動表現影響的交互作用模式。**交互作用模式** (interactional model) 不是一種個性理論,而是由包爾斯 (Bowers, 1973) 和凱倫 (Carron, 1975) 首先提出的一種觀念,他們認為,為了理解個性特徵、運動表現以及環境影響之間的複雜關係,應當採取一種關注情境特殊性的研究取向。

運動員都是帶著自己基本的個性特徵開始從事體育運動的。但是,最關鍵性的因素並不是運動員本身的個性,而是運動員所處的具體情境。比如,籃球比賽還有最後 3 秒鐘,雙方打成平局,由你主罰唯一的一個罰球,這時,你肯定會緊張。不論你的特質焦慮分數是高是低,不論你是否是一個有高焦慮特質的人,在這種情況下,你都要緊張。你的基本個性影響運動表現的程度將取決於個性特徵和具體情境的交互作用。這種交互作用的關係可用圖 11-2 表示。此圖中,整個圓圈代表影響運動表現的所有因素,運動員的個性只占一小部分。另一小部分是與具體情境直接相關的因素,它同運動員的個性沒有關係。圓圈省下的部分代表運動員個性與具體情境的交互作用。如果將運動員個性、具體情境以及兩者之間交互作用這三大因素疊加,則這些因素可以解釋運動員行為的 30%~50%。但假如我們僅僅考慮運動員的

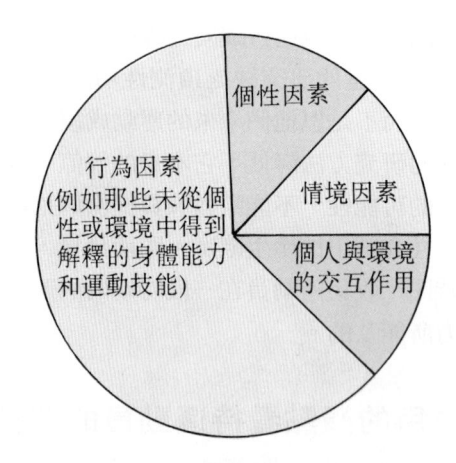

圖 11-2　個性因素和情境因素對運動員行為的影響
(採自 Cox, 1993, p.44)

個性因素,那麼只能解釋運動員行為或運動成績的 10%～15%。

顯然,加入了情境因素以後,我們可以對運動員的行為有更多的理解和更準確的解釋。但是,圓圈中的最大部分仍被未得到說明的因素占據著。不應把這種不確定性解釋為個性因素對運動成績不重要。它只表明,運動成績還受到許多其他因素的影響,如身體能力、運動能力以及任務難度等 (Cox, 1993)。

三、優秀運動員的心理面貌

利用交互作用的模式,體育運動心理學的研究者便能夠為優秀運動員確定他們的心理圖象。如圖 11-3 所示,心理健康的優秀運動員同心理不很健康也不是很成功的運動員相比,其心理圖象有著明顯的區別 (Morgan, 1979b)。在圖 11-3 中的 10 項心理因素中,有 3 項是個性特質,其餘 7 項是心境狀態。這 10 項心理因素能夠有效地預測運動員的運動表現。

比如,西爾瓦等人 (Silva, Shultz, Haslam & Murray, 1981)的一項研究發現,美國少年摔跤隊的入選隊員和未入選隊員相比,在抑鬱、氣憤、疲勞及困惑等方面得分較低。總的來說,入選隊員比未入選隊員有更積極的賽前情緒狀態,採用交互作用模式,這 10 項因素區分入選隊員和未入選隊

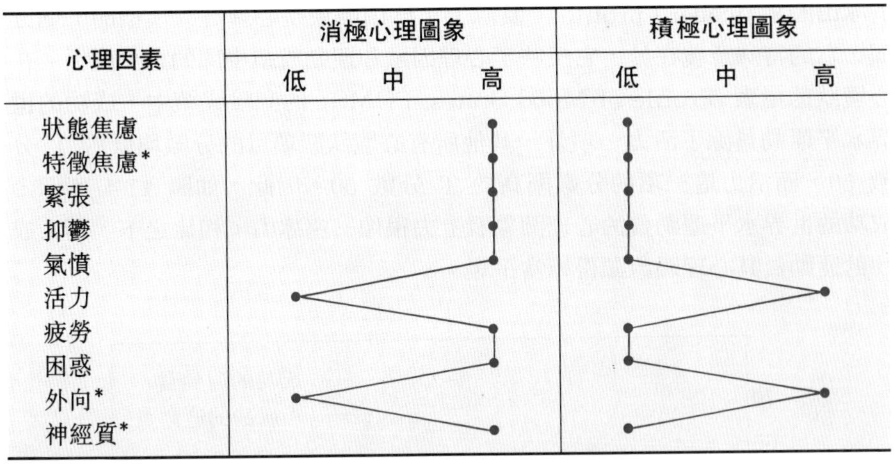

心理因素	消極心理圖象 低 中 高	積極心理圖象 低 中 高
狀態焦慮 特徵焦慮* 緊張 抑鬱 氣憤 活力 疲勞 困惑 外向* 神經質*		

*代表特徵。

圖 11-3　成功運動員和不成功運動員的心理圖象
(採自 Morgan, 1979b)

員的整體預測準確性為 80%，預測增益為 26.67% (基值比率為 53.33)。與此相似，西爾瓦等人 1985 年 (Silva, Shultz, Haslam, Martin & Murray, 1985) 的另一項研究發現，美國奧林匹克摔跤隊的入選隊員在緊張、抑鬱、氣憤、疲勞和困惑等方面的得分比未入選隊員低，在心理活力方面的得分比未入選隊員高。採用交互作用模式，這 10 項因素區分入選隊員和未入選隊員的整體預測準確性為 78%，預測增益為 39%。在這兩項研究中，如果將生理因素也列入計算，則判別正確率還可以更高。

以交互作用模式為基礎，摩根等人 (Morgan, 1979a, 1980；Morgan & Johnson, 1977, 1978) 提出了一個**心理健康模式** (mental health model)。他們認為，和不太成功的運動員相比，成功的世界水平運動員，一般來說具有更加積極的心理圖象。當然，這並不等於說，所有成功的運動員都是心理健康的，而所有不大成功的運動員都是心理不健康的。心理健康模式預測，運動員的成功與積極的心理健康狀況呈正比關係，與心理病理狀況呈反比關係。具體地說，具有神經質、焦慮、抑鬱、內向、困惑、疲勞等特徵的運動員比沒有上述心理特徵的運動員成績差。

摩根在自己的研究中得出的第二個重要概念是代表優秀運動員心理特徵

的冰山圖象 (iceberg profile)。實際上，冰山圖象是心理健康模型的一個方面，它的特殊意義在於，它反映了心理因素和運動成績中間的重要關係。在**心境狀態量表** (Profile of Mood States, POMS) 的測驗成績中，成功的世界水平運動員除了活力一項外，其他所有心境狀態項目的分數均低於 T 分數 50，而活力這一項的分數則高於 T 分數 50。因此，如圖 11-4 所示，成功的世界水平運動員的心理圖象看上去很像一座冰山，相比之下，不太成功的運動員其心理圖象顯得相當平緩。

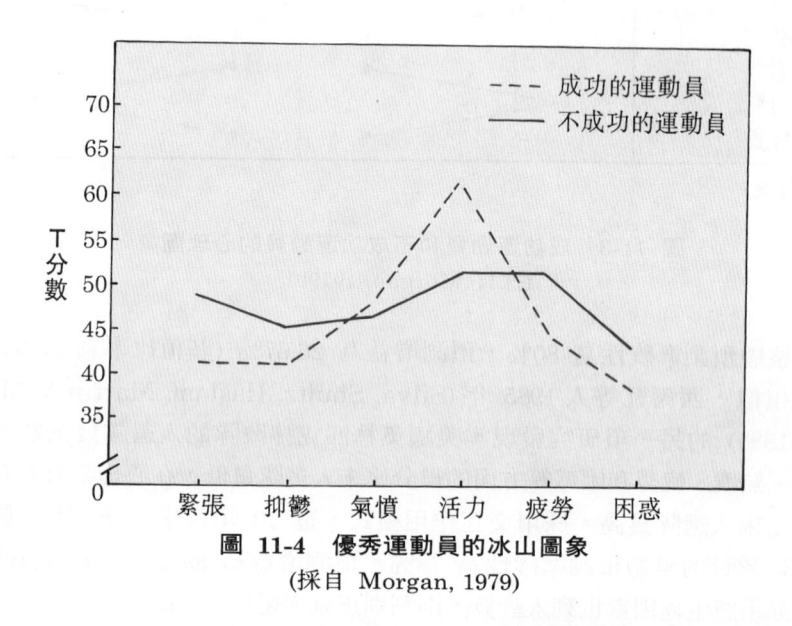

圖 11-4 優秀運動員的冰山圖象
(採自 Morgan, 1979)

有許多研究表明，這一冰山圖象可以用來描述優秀運動員的心理特徵。比如，摩根等人對女子長跑運動員 (Morgan, O'Connor, Sparling & Pate, 1987) 和對男子長跑運動員 (Morgan, O'Connor, Ellickson & Bradley, 1988) 的研究以及貝爾和霍爾對鐵人三項運動員的研究 (Bell & Howe, 1988)，都表明這一概念是有效的。

總的來說，優秀運動員在個性特質方面有低焦慮、低神經質和偏外向的特點，在心境狀態方面有低焦慮、低緊張、低抑鬱、低氣憤、低疲勞、低困惑和高活力的特點，這些特點是同積極的心理健康模式相一致的。

本章摘要

1. 心理學理論中關於個性的研究有四大學派，即心理動力學派、行為主義學派、人本主義學派和特質理論學派。目前廣為流行的各種個性測驗主要是**特質理論**發展的產物。運動員個性研究中普遍採用了各種形式的個性測驗，使用頻率最高的是**卡特爾 16 項個性測驗**。
2. 有些研究者認為對運動員的個性評價沒有實際意義，有些研究者則認為通過對運動員的個性測驗，可以準確預測運動成就。但更多的研究似乎表明，運動員個性與運動成績至多僅有低度或中度的相關。
3. 對運動員進行的個性研究在某種程度上可以幫助我們了解決定運動成績的因素，預測運動員的運動行為，因而在運動員的選材中具有一定參考價值，但不能過高估計這種了解和預測的作用。
4. 在對運動員進行**心理諮詢**的過程中，個性測驗有助於對運動員個性特徵的快速、全面的了解，但應注意不能濫用個性測驗。
5. 運動員的個性特徵在許多方面與一般人存在差異。這些差異隨運動項目的不同而有所不同。但運動員似乎也有一些共同的突出特點，比如高**自信心**是優秀運動員的共同的個性特徵之一。
6. 不同運動項目的運動員之間也存在個性差異，這說明不同運動項目的訓練比賽特點可能與運動員個性有關。但一般來說，不同運動項目運動員的這些個性差異只表現在個性特徵的少數方面。
7. 同一運動項目中，運動員的個性特徵，也會因場上任務的不同而有所區別。這也說明，運動任務的特點與運動員的個性有關。
8. 有些研究表明，高水平運動員的個性特徵與一般運動員有區別，但也有一些研究發現，個性特徵無法用來準確預測運動成績。西爾瓦提出，當運動員從運動技能水平的金字塔底部移向塔尖時，他們之間的個性特徵和其他心理特徵也越來越接近。因此，運動員運動水平的差距越大，發現運動員個性特徵和運動成績之間的相關關係的可能性就越大；反之，這種可能性就越小。

9. 在體育運動心理學的研究中，個性是最早受到關注的傳統領域，得到了最廣泛的探討和應用。其原因是，第一，受母科學心理學研究方向的影響；第二，此類研究簡便易行；第三，運動員個性特徵的評定往往是進行心理技能訓練、心理諮詢和**心理選材**工作的基礎。

10. 從 70 年代末起，個性研究的數量在不斷減少，這提示，第一，體育運動心理學在走向成熟的過程中，不斷產生了新的研究興趣，開發了新的研究領域；第二，沒有明確理論導向的單純的個性測驗和描述，已不能滿足體育運動心理學發展和體育運動實踐的需要。

11. 體育運動領域中的個性研究主要依兩個方向進行：橫向比較研究和縱向追蹤研究。**橫向比較研究**佔據了主導地位，它主要是比較運動員和一般人之間的區別以及不同運動員之間的區別，並探討個性特徵與運動成績的關係，而縱向**追蹤研究**主要是探討體育活動對個性的影響。今後有必要進行更多的縱向追蹤研究。

12. 體育運動領域的個性研究已經從對個性特徵與運動行為關係的關注轉向對環境、個性、運動行為之間交互作用情況的關注，這種注重情境因素的研究取向被稱為研究個性特徵對運動表現影響的**交互作用模式**。研究表明，採用這種模式可以大大提高對運動成績的預測準確性。

13. 以交互作用模式的思路為基礎，摩根等人提出了一個**心理健康模式**，他們認為，和不大成功的運動員相比，成功的世界水平的運動員一般來說具有更加積極的心理圖象，即**冰山圖象**，其主要特徵是：優秀運動員在個性特質方面傾向於低焦慮、低神經質和偏外向，在心境狀態方面傾向於低焦慮、低緊張、低抑鬱、低氣憤、低疲勞、低困惑和高活力。

建議參考資料

1. 邱宜均 (1986)：運動員個性特徵研究的幾個問題。體育科學，2 期，68～72 頁。
2. 湯志慶，陸建平 (1992)：關於我國優秀運動員性格特徵研究的綜合報告。山東體育科技，4 期，67～73 頁
3. 赫根法 (文一等譯，1988)：現代人格心理學歷史導引。石家莊市：河北人民出版社。
4. Anshel, M. H. (1990). *Sport psychology : from theory to practice.* Scottsdale, Arizona : Gorsuch Scarisbrick.
5. Cox, R. H. (1994). S*port psychology-Concepts and applications.* Madison : Brown & Benohmark.
6. Shields, D. L. L., & Bredemeier, B. J. L. (1995). *Character development and physical activity.* Champaign, IL : Human Kinetics.

第十二章

心理技能訓練（一）

本章內容細目

第一節 心理技能訓練概述
一、心理技能訓練的概念 391
二、心理技能訓練注意的要領 392
　（一）預防為主並調控在先
　（二）長期堅持且系統訓練
　（三）積極主動和自覺配合
　（四）與專項訓練相結合
　（五）用量化指標評定訓練效果

第二節 目標設置訓練
一、目標設置中需要善加處理的關係 394
　（一）長期的目標與短期的目標
　（二）具體的目標和模糊的目標
　（三）現實的目標和不現實的目標
　（四）他人比較目標和自我比較目標
二、目標設置中需要注意的問題 397
　（一）目標的特殊性
　（二）對目標的接受和認同
　（三）及時反饋並了解結果
　（四）目標的公開化
　（五）目標的多級化

第三節 放鬆訓練
一、放鬆訓練概述 400
　（一）放鬆訓練的概念
　（二）放鬆訓練的作用
　（三）放鬆訓練的一般要求
二、自生放鬆練習程序 402
　（一）選擇預備姿勢
　（二）準備動作
　（三）六種放鬆練習
　（四）活化練習
三、漸進放鬆練習程序 408
　（一）準備姿勢
　（二）二十項練習
　（三）練習計畫
四、靜默放鬆練習程序 410

　（一）東方靜默法
　（二）鬆弛反應
　（三）超覺靜坐
五、使用放鬆技術的時機 413

補充討論 12-1：放鬆方法在比賽中的實際應用

第四節 表象訓練
一、運動表象概述 413
　（一）運動表象的概念
　（二）運動表象的形式
　（三）運動表象的形成過程
二、表象訓練概述 417
　（一）表象訓練的概念

補充討論 12-2：從一個老運動員的自述看表象訓練的重要性

　（二）表象訓練的依據
　（三）表象訓練研究概述
三、表象練習程序 423
　（一）臥室練習
　（二）木塊練習
　（三）冰袋練習
　（四）比率練習
　（五）五角星練習

補充討論 12-3：結合專項的表象練習

四、監測表象的手段 428
　（一）腦電圖
　（二）肌電圖
　（三）心率
　（四）皮膚電
　（五）念動實驗
　（六）問卷

本章摘要
建議參考資料

高水平競技運動發展到今天,運動員之間技術、體能的差距日益縮小,競爭愈演愈烈,從而使心理因素在決定比賽成績時的作用變得更加突出。關鍵問題早已不再是承認、理解和強調心理因素的重要性,而是如何採用具體的、可行的和有效的措施來系統地、科學地培養和提高運動員的心理品質並通過心理品質的提高來改善運動技能和運動表現。

現代競技體育的競爭體現了國家經濟和科技的競爭,運動員體力和腦力的競爭,是一種迫使人們最大限度挖掘潛能的、全方位的競爭。這種全方位的競爭導致了運動員全方位的綜合性訓練,即體能訓練、技能訓練、心理技能訓練、恢復訓練以及營養調節等,成為90年代運動訓練的突出特徵。從運動員一生成長、發展的角度來說,心理技能訓練不以運動員某些機能受到損害為代價,而是使運動員終生受益。它的出發點包括使運動員以最佳心理狀態投入比賽,也包括使運動員形成良好的個性,在人生的各個階段適應環境、創造生活。

在各級體育教育中,訓練和競賽都是一種教育手段,它有助於培養學生的競爭意識、合作精神、果敢和頑強的意志、處理危機的能力以及正確對待成敗的態度等優良心理品質,使他們將來能夠更加從容地應付生活中的各種挑戰。儘管體育教育與競技體育有很大區別,但是,在訓練和比賽過程中的心理調節仍有許多共同之處。心理技能訓練也可幫助學生提高處理危機和應付挑戰的能力。本章內容將討論:

1. 心理技能訓練的一般概念。
2. 心理技能訓練過程中需要注意的問題。
3. 目標設置技能訓練的原理與方法。
4. 放鬆技能訓練的原理與方法。
5. 表象技能訓練的原理與方法。

第一節　心理技能訓練概述

一、心理技能訓練的概念

心理技能訓練 (mental training) 是有目的、有計畫地對運動員的心理過程和個性心理特徵施加影響的過程，也是採用特殊的方法和手段使運動員學會調節和控制自己的心理狀態並進而調節和控制自己的運動行為的過程。

心理技能訓練是現代競技運動訓練系統不可缺少的一部分，它影響、制約著運動員身體、技術、戰術水平的改善和體現，可促進運動員心理過程的不斷完善，形成專項運動所需要的良好個性心理特徵，獲得高水平的心理能量儲備，使運動員的心理狀態適應訓練和比賽的要求，為達到最佳競技狀態和創造優異成績奠定良好的心理基礎。

心理調節能力和技術能力、戰術能力、身體能力一樣受後天環境和實踐活動的影響，可通過訓練獲得和提高。心理調節能力的訓練遵循一般技能訓練的規律，必須長期地、系統地進行。心理技能訓練不是魔術，指望心理技能訓練的方法一學就會、一會就用、一用就靈、立竿見影，是不切實際的。

心理技能訓練追求遷移效果，即不但使運動員對某種情境中的某個問題的心理調解能力得到提高，而且對其他情境中的其他問題的應付能力也得到提高；不但使運動員在自己的運動生涯中受益，而且使運動員終身受益。其最終目的是使運動員勇敢地、從容地、理智地、巧妙地面對一切困難，使運動員對待困難的態度就如同一個戰士對待敵人的態度一樣：我可能被打倒，但永遠不會被征服！

二、心理技能訓練注意的要領

(一) 預防爲主並調控在先

同人類對待疾病的態度一樣，最有效最經濟的方法是採用各種方法防患於未然，不是僅僅等到運動員在訓練和比賽中出現了心理問題再去治療、調控，而是針對可能出現的問題，事先教會運動員心理調控的方法，讓他們主動地把心理狀態調控到最佳水平。

(二) 長期堅持且系統訓練

任何一項高超的運動技能，如射門、扣球、三分投籃等等，都需要在技術訓練中進行億萬次的重復練習和比賽中千百次的重復運用，才能達到爐火純青的地步，在比賽中發揮其效力。同樣，任何一項心理調控的技術，如焦慮水平的控制能力、注意力的控制能力、動作表象的能力等等，也必須經過千百次的系統練習，才能在比賽的關鍵時刻發揮其效力。再優秀的教練員，在比賽中對門外漢做戰術指導，其作用也是極有限的，不能指望門外漢會取勝。同樣，體育運動心理學工作者比賽時對於沒有任何心理技能訓練基礎的運動員也難以進行卓有成效的幫助。

心理技能訓練一開始應在專業心理學工作人員的指導和幫助下進行。心理學工作者應同教練員、運動員一道認真分析存在的問題，製定詳細的心理技能訓練計畫，然後嚴格按照計畫實施 (當然，必要時可以改變計畫)。教練員應自始至終了解心理技能訓練的全過程，以便將來可以獨立實施心理技能訓練。

(三) 積極主動和自覺配合

心理技能訓練的效果，首先取決於運動員的自覺積極性，如果他們不相信心理技能訓練的作用，不了解心理技能訓練的原理，對心理技能訓練持懷疑、觀望甚至於否定態度，在教練員強迫或命令下接受心理技能訓練，不僅不會產生良好的結果，甚至還會起反作用。因爲任何心理技能訓練手段的掌握和應用，都不可能脫離人的主觀狀態而起作用，如果失去了內部動力，產生厭煩和對立情緒，便失去了心理技能訓練的意義。

(四) 與專項訓練相結合

應該努力把心理技能訓練同專項運動的身體訓練、技術訓練和戰術訓練有機地結合起來，把心理技能訓練的內容貫穿到運動技能學習和比賽情緒控制等實際問題中，使心理技能訓練具有各專項運動的特點。但是，也不能片面地、機械地要求每次心理技能訓練課的實施都帶上專項運動的內容。

(五) 用量化指標評定訓練效果

用量化指標評定心理技能訓練的效果可使運動員得到及時的和明確的反饋，這是維持和提高心理技能訓練動機的一個關鍵。沒有這種反饋，很難長期堅持心理技能訓練。量化的評定指標主要有主觀體驗性的、生理的、生化的、行為的和比賽成績的指標。用比賽成績作為評定指標應十分謹慎，因為影響比賽成績的因素不但很多，而且可能有交互作用。如果由於條件限制，無法採用實驗手段和統計學方法隔離或控制其他因素而純化心理技能訓練的效應，在這種情況下，把心理技能訓練和比賽成績作為一因一果就會有極大的或然性。

第二節　目標設置訓練

目標設置 (goal setting) 直接關係到動機的方向和強度。正確、有效的目標可以集中人的能量，激發、引導和組織人的活動，是行為的重要推動和指導力量。目標設置與動機以及操作成績有重要關係，這一主題最早見於管理心理學的研究，後來移用到體育運動心理學 (Locke & Latham, 1985)，它不但在優秀運動員的訓練中 (MoCaffrey & Orlick, 1989)，而且在兒童訓練中 (Erbaugh & Barnett, 1986)，都具有重要意義。

一、目標設置中需要善加處理的關係

(一) 長期的目標與短期的目標

在生活中,人人都有某些願意實現的希望和夢想。但是目標則與這些長期的、一般性的希望和夢想不同,它是相對較短時期的行動目的。希望與夢想可能使我們體驗到生活的意義,保持生活的勇氣,並使行為具有一定的方向。而目標則是將這種可能轉變為現實的過程中不可或缺的重要環節。它將希望和夢想變為切實可行的計畫。因此,相對而言,它更注重中、短期的問題,這也正是它之所以如此重要的原因。一般來說,運動員都會有自己的**長期的目標** (long term goal),但有相當一部分人不善於將他們的長期目標化整為零,變為中期和**短期的目標** (short term goal)。而恰恰是這一將長期目標轉化為短期目標的過程才是長期維持高昂動機和自信心的關鍵。因為每實現一個小的子目標都可以使人相對較快地、較明顯地看到自己的進步,看到自己的努力和成績進步的因果關係,並產生不斷克服困難以達到下一個子目標的欲望和動機。

一般來說,短期目標最有效,但必須有長期目標的引導,行動才能更加自覺、堅持不懈。例如,"我每週做三次,每次做三組,每組做 20 次負重深蹲練習,一個月內提高腿部力量 10%",就是短期目標;"我爭取二年內通過一級,四年內通過健將",就是長期目標。

(二) 具體的目標和模糊的目標

明確、具體、可進行數量分析的目標,是精確的目標,它對於激發動機最有效;模糊的、無法進行數量分析的目標則少有激發動機的作用。

許多實驗證實,設置具體的、可測量的目標會比僅僅設置一般性的目標(如"盡最大努力")產生更大的動機推動作用並導致更好的成績 (Hall & Byrne,1988;Burton, 1989;Frierman, Weinberg & Jackson, 1990;Tenenbaum, Pinchas, Elbaz, Bar-Eli & Weinberg, 1991;Boyce, 1992)。比如,在一項實驗中,255 名男女兒童被隨機分為仰臥起坐訓練的短期目標組 (每次練習測驗提高 4%)、長期目標組 (10 週訓練提高 20%)、短期目標加長期目標組和盡最大努力組共四個組，然後每天進行仰臥起坐訓練，每週進行一次練習測驗，每兩週進行一次正式測驗，共進行 10 週。結果表明，有具體目標的各組，其成績提高幅度比只有模糊目標的組（"盡最大努力"）更大 (Weinberg, Bruya, Longino, & Jackson, 1988)。"身體訓練做三組仰臥起坐，每組 50 個，5 分鐘一組"之所以會比"身體訓練做仰臥起坐，盡量做，越多越好"更為有效，不但是因為明確的目標有助於導致明確而有效率的行為，而且，還有助於結果的評估，有助於定量化地檢驗是否到達了目標。這種反饋對於目標的動機功能具有極重要的意義。不可測量的目標很難起到促進動機的作用。對於一個業餘體校教練員來說，"我要爭取為體工隊輸送更多的人才"這個目標就不如"我的目標是將每年的輸送率保持在 10% 以上"更精確，因為前者難以進行數量化分析。

也有研究表明，對於簡單任務，設置具體目標 (specific goal) 要比設置一般目標要更有效，取得的成績更好。但對於複雜的任務，則沒有這種效應，即具體目標和一般目標對成績的影響無可靠差異 (Burton, 1989)。由於許多實驗研究採用的任務往往比訓練比賽中的任務簡單，因此，實驗研究的結果是否適用於訓練比賽實際仍有待證實。

（三） 現實的目標和不現實的目標

現實的目標 (realistic goal) 是指通過艱苦努力仍可達到的目標。**不現實的目標** (unrealistic goal) 指不論通過多少努力也絕不可能實現的目標。在現實目標的指導下，通過一段時間的努力，獲取一定的成功，自然會加強運動員的自信心。富有挑戰性的、困難的但經過努力完全可以達到的現實目標，對於激發動機更有效。也就是說，應該為自己設立難度適當的目標。因為超過現實可能性的過高目標會使人產生挫折感、懷疑自己，放棄努力；過易的目標又不可能充分動員、激發人的活動，挖掘人的潛力。

班杜拉 (Albert Bandura, 1925～　) 認為，人的自信心受四種因素影響：過去成功的經驗，對別人成功的了解，自我勸導以及對自己當前生理狀態的解釋。其中最重要的就是第一點。成功就是目標的實現。運動員所達到的目標越多，所體驗到的成功感就越強，自信心也就越強。因此，將長期目標轉化為現實的、具體的中期目標和短期目標對於所有項目的運動員來說都是極其重要的。比如，一個體操運動員在平衡木的比賽中總是失敗，如果只是自嘆"看來我是過不了平衡木這一關了",當然於事無補。她應當在教練的指導下制定出一個中、短期計畫,比如預定進行三個月的訓練,第一個月將訓練中平衡木的成功率提高到 80%;第二個月提高到 90%;第三個月提高到 95%。然後,再相應地制定每週的訓練目標。這樣,她便可以開始做出切實的努力來解決問題。

高難目標可能有助於達到個人的最佳成績,實現個人的最大潛力,但如果未達到所設置的目標,也可能造成失敗感,使自信心和興趣受到損害。比如,一個少年運動員設置了一個做 10 次引體向上的訓練目標,並且實際完成了 10 次。假如他設置了一個做 12 次引體向上的訓練目標,也可能實際完成 12 次。這樣,高難目標使他提高了成績,也使他體驗到了成功感。但假如他設置了一個做 14 次引體向上的訓練目標,並且盡了最大努力,但只完成了 13 次。在這種情況下,他的成績雖然提高了,充分發揮了自己的最大潛力,但他卻沒有實現自己的目標。他體驗到的可能不是成功感而是失敗感。從長遠的觀點來看,這可能會損傷他的自信心和對體育活動的興趣。

(四) 他人比較目標和自我比較目標

他人比較目標(compared with others goal) 指以擊敗他人為關注重點的目標,比如,"這次比賽我要進入前六名"。**自我比較目標**(compared with self goal) 指以個人表現的提高為關注重點的目標,比如,"這次比賽我要爭取提高個人記錄 2 厘米"。一般來說,建立自我比較目標更好,因為運動員有可能發揮得極好,但名次仍然靠後,沒有達到自己的他人比較目標。當然,在許多體育比賽中,他人比較目標之結果都有相當的重要性。但沒有人能夠一成不變地坐冠軍寶座。自我比較目標給運動員提供了更多的成功機會,因為這些機會相對來說較少受到對手和其他因素的影響。同時,自我比較目標還提示運動員比賽中應當做什麼才能提高自己的成績。比如,"我的重點是要提高接發球命中率 5%"。

他人比較目標和自我比較目標的運行機制不同,作用也不同。一旦運動員建立並認同他人比較目標,它就會通過三個方面來影響運動員的動機:

1. 它鼓勵運動員進行充分努力。

2. 它鼓勵運動員進行不同嘗試，發現新的方法。
3. 它鼓勵運動員在遇到暫時的失敗時，不放棄努力。

而自我比較目標則較少受他人影響，較容易控制，也更有利於引導運動員將注意力集中於應當關注的問題上，即比賽的具體過程上，這種引導注意指向的功能是比賽成功的一個關鍵。我們建議運動員多用他人比較目標來維持長期性的訓練動機，多用自我比較目標來建立比賽中的注意指向。奧運會冠軍、中國射擊隊運動員張山賽前的心理準備和賽中的心理定勢，是成功運用自我比較目標的絕佳實例。在第十一屆亞運會之前，她在心理學家的幫助下，為了突出"以我為主，打出氣勢，鎮定情緒，控制注意"的目的，選擇了一句控制語："天上天下，唯我獨尊"(指在比賽中強調自我發揮)，建立了正確的心理定勢。最後她以優異成績打破世界記錄並獲得亞運會冠軍。當有人問她"競賽緊張到白熱化，觀眾的心都緊張得不得了，你想些什麼"，她毫不遲疑地說："天上天下，唯我獨尊！心中只有我自己、動作和飛靶"(劉淑慧等，1993b)。

二、目標設置中需要注意的問題

（一） 目標的特殊性

不同的運動項目、不同的人可能有不同的最佳目標難度。大多數運動員傾向於設置過難的目標而不是過易的目標。因此，在最一開始時，設置較為保守些的目標較好。

在必須付出極大努力的耐力性項目如馬拉松跑中，運動員在比賽中往往可以達到訓練中的水平，因此，可以設置較難的目標。這種目標可以幫助運動員克服長時間大強度訓練和比賽中可能遇到的困難。還應在跑程的不同路段分別設置不同目標，以使自己不斷得到是否完成目標的反饋，並保持向下一個目標努力的動機。要特別注意的是，在跑程開始階段的目標應稍稍保守些，以確保目標能得以實現。一個好的開始有助於保持信心和鎮定情緒，一個不好的開始往往會導致懷疑自己並導致焦慮水平提高。

在開放性技能項目中，如籃球、排球、足球等，可以將訓練中以百分之七十的概率完成的操作作為比賽目標,以稍高於百分之七十的概率完成的操作作為訓練目標。在閉鎖性技能項目中,如體操、跳水等,可以將訓練中以百分之九十的概率完成的操作作為比賽目標,以稍高於百分之九十的概率完成的操作作為訓練目標。

(二) 對目標的接受和認同

即使根據以上各項原則制定了極好的目標,也不等於這種目標設置過程就一定可以起到充分的作用。要使所設置的目標起到充分的作用,還必須有對目標的完全接受和認同,即全心地投入到實現目標的過程中去。投入的程度越高,實現目標的可能性也就越大,從目標設置中的獲益也就越大。如果運動員認為所定目標是現實的,有價值的,那麼,目標難度和操作表現的關係可能是線性的:目標越難,操作成績越好。如果運動員認為所定目標不夠現實,不能接受,那麼,目標難度和操作表現的關係也可能是線性的:目標越難,操作成績越差。因此,總的來說,目標難度和操作表現的關係可能為倒 U 型的 (圖 12-1)。但也有研究表明,根本不可能達到的高難目標也並未降低被試的動機,並未導致操作成績的下降 (Weinberg, Bruya, Jackson & Garland, 1987;Weinberg, Fowler, Jackson, Bagnall & Bruya, 1991),這可能是由於被試仍舊對所定目標有一定的認同和投入造成的。

為了提高投入的程度,可以將目標複寫一份,隨時帶在身上提醒自己,

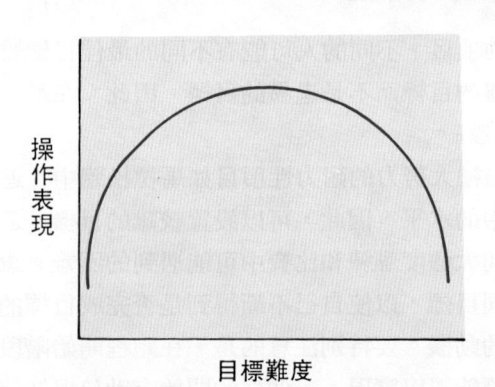

圖 12-1　目標難度與操作表現的關係

(採自張力為,1995)

同時定時記錄目標完成的情況以督促自己，並在必要時修正目標以適應情況的變化。

(三) 及時反饋並了解結果

經常將現有成績與既定的目標相比較，將有利於目標的調整和動機的激發。它告訴運動員兩個方面的信息：一方面，目標設置得是否合適，是否有必要進行修改；另一方面，對個人努力的程度進行評價，看是否達到了實現目標的要求。

(四) 目標的公開化

一個人人皆知的目標，有利於社會監督，造成社會推動力，促使目標制定者努力，這是從外部對動機的激發。例如，我國著名乒乓球運動員容國團曾公開了自己要在第二十五屆獲得男子單打冠軍的目標，這個目標激勵他為維護祖國的榮譽和個人的自尊心而奮勇拚搏。一般說來，凡公開化的目標，在可比環境中都不會是低目標，因為低目標會讓人恥笑，並傷害自己的自尊心。在競爭環境中，大多數人都有強烈的維護自己聲譽的需要，這種需要，構成了一種極強的外部動機，促使人加倍努力。

(五) 目標的多級化

在一些形勢複雜、競爭十分激烈的競技運動領域中，為減輕心理壓力，人們常常設立**多級目標** (multilevel goal)。所謂"多級"，一般也不超過如下三級：

1. **最理想的目標**　超水平發揮時應達到的目標。
2. **最現實的目標**　正常發揮時應達到的目標。
3. **最低限的目標**　無論出現什麼意外情況，也應奮力達到的目標。

這樣做避免了那種"不成功便成仁"式的單一目標所造成的心理負荷，更有利於現實目標的實現。但是，如果目標級數太多，目標本身也就失去了動機作用。

對於那些已經處於高度激活 (或壓力) 狀態的運動員，賽前尤其應制定多級目標，以使其成就動機保持在適宜水平。

第三節　放鬆訓練

目前運動員進行心理技能訓練的常用方法，有些是從臨床心理學和醫學心理學直接移植過來的，但在使用過程中有重要的區別。在臨床心理學實踐中，心理醫生力圖採用各種方法使心理疾病患者或有心理障礙的人恢復到正常的心理狀態，他們工作成功的標準是"正常狀態"。誠然，心理技能訓練也具有使心理障礙、行為障礙的運動員恢復正常的功能，但其工作成功的標準卻不是"正常狀態"而是最佳狀態。在激烈的競爭中，運動員只有使自己的身體、技能、心理功能處於最佳狀態，才可能擊敗對手，取得最佳成績。

一、放鬆訓練概述

（一）　放鬆訓練的概念

放鬆訓練 (relaxation training) 是以一定的暗示語集中注意，調節呼吸，使肌肉得到充分放鬆，從而調節中樞神經系統興奮性的方法。目前人們普遍採用的是美國芝加哥生理學家雅克布森 (Jacobson, 1938) 首創的**漸進放鬆** (progressive relaxation) 方法、奧地利精神學家舒爾茲提出的**自生放鬆** (autogenic relaxation) 方法和中國傳統的以深呼吸和意守丹田為特點的鬆靜氣功等三種放鬆方法。各種放鬆練習方法的共同點是：注意高度集中於自我暗示語或他人暗示語、深沈的腹式呼吸、全身肌肉的完全放鬆。

（二）　放鬆訓練的作用

1. 放鬆與暗示效應　放鬆練習後，大腦呈現一種特殊的鬆靜狀態。這種狀態有別於日常的清醒狀態、做夢狀態或無夢睡眠狀態，我們可以通俗地稱它為半醒的意識狀態。此時，人的受暗示性極強，對言語及其相應形象特別敏感，容易產生符合言語暗示內容的行為意向。

2. 身體放鬆與心理放鬆 我們在平常的生活中常有這樣的體驗，心理緊張時，骨骼肌也不由自主地緊張，如肌肉發抖僵硬，說話哆嗦，全身有發冷的感覺等，而當心理放鬆時，骨骼肌也自然放鬆。由此看出，大腦與骨骼肌具有雙向聯繫，即信號不僅從大腦傳至肌肉，也從肌肉傳往大腦。從運動器官向大腦傳遞的神經衝動，不僅向大腦報告身體情況，而且也是引起大腦興奮的刺激。因此，肌肉活動積極，從肌肉往大腦傳遞的衝動就多，大腦就更興奮，準備活動就能起這種作用。反之肌肉越放鬆，向大腦傳遞的衝動就減少，大腦的興奮性就降低，心理上便感到不那麼緊張了。

總的來說，放鬆練習的作用最主要的有：(1) 降低中樞神經系統的興奮性；(2) 降低由情緒緊張而產生的過多能量消耗，使身心得到適當休息並加速疲勞的恢復；(3) 為進行其他心理技能訓練打下基礎。

全身各部位肌肉放鬆、中樞神經系統處於適宜的興奮狀態、注意力高度集中是許多心理調整練習的基礎。這種放鬆狀態是放鬆訓練主要的且是直接的目的。

王樹明和章耀遠 (1987) 的一項研究為放鬆訓練的作用提供了部分支持。他們讓 47 名運動員在訓練後進行三種不同的放鬆：鬆靜練習、聽輕鬆音樂、安靜休息，時間均為 25 分鐘。結果表明，無論是優秀運動員還是少年運動員，進行鬆靜練習和聽輕鬆音樂後心率明顯下降，其幅度顯著大於安靜組。但由於安靜休息組在安靜休息期間是在室內看書、做作業、聊天等，沒有完全排除身體的活動，因此，要更加明確地了解鬆靜練習和音樂放鬆的作用，顯然需要安排一個同鬆靜練習和音樂放鬆相似的無身體活動的控制組。

放鬆練習不僅可以使運動員訓練後的恢復加快，而且可以使運動員訓練中的能量消耗更少。例如，運動員進行了一種叫作視動行為演練 (visuo-motor behaviour rehearsal，簡稱 VMBR) (它是以放鬆練習為先導，以表象練習為核心，分七步進行的心理技能訓練方法) 的心理技能訓練以後，成功地降低了耐力運動中的耗氧量 (見馬啟偉，1982，圖 12-2)。

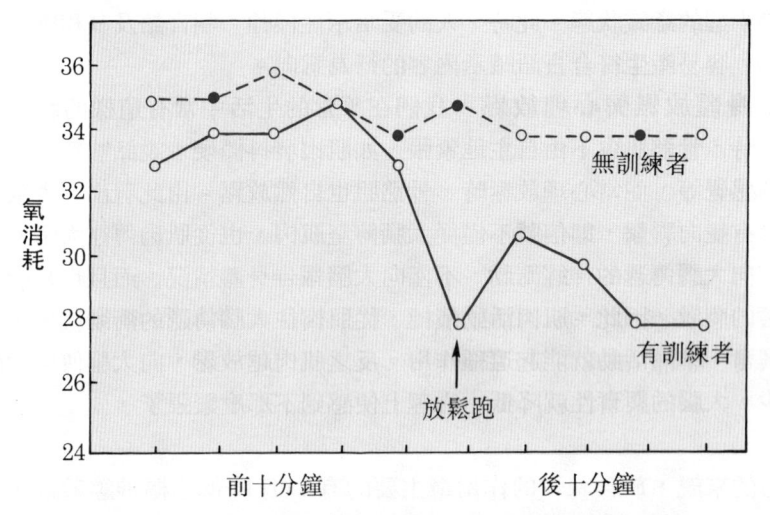

圖 12-2　有心理技能訓練和無心理技能訓練的運動員在 65% 無氧閾的條件下工作的耗氧量

(採自馬啟偉，1982，88 頁)

(三) 放鬆訓練的一般要求

放鬆練習的方法儘管有許多種，但不同的放鬆方法也有一些共同點，它們主要是：

1. 將注意高度集中於自我暗示語上。
2. 需要時清晰、逼真地想像帶有情緒色彩的形象。
3. 能夠清晰知覺肌肉不同程度的緊張狀態，從極度緊張到極度放鬆。
4. 進行深沈而緩慢的腹式呼吸。

二、自生放鬆練習程序

(一) 選擇預備姿勢

1. 馬車夫式　想像有一位老式馬車的車夫在一次長途旅行中的從容姿態，坐在椅子或凳子上，頭微微前傾，手和胳膊輕鬆地放在大腿上，兩腿取較舒適的姿勢，腳尖微微朝外，閉上雙眼。

2. 軟椅式 舒適地坐在一張軟椅上，胳膊和手放在椅子的扶手或自己的腿上，雙腿和腳取舒適的姿勢，腳尖略向外，閉上雙眼。

3. 躺式 仰面躺下，頭舒服地靠在枕上，兩臂微微彎曲，手心向下放在身體兩旁，兩腿放鬆，稍分開，腳尖略朝外，閉上雙眼。

（二） 準備動作

想像自己戴上一副放鬆面罩，這副神奇的面罩把臉上緊鎖的雙眉和緊張的皺紋舒展開來，放鬆了臉上的全部肌肉，眼睛向下盯著鼻尖，閉上眼睛，下巴放鬆，嘴略微張開，舌尖貼在上齒齦，慢慢地、柔和地、放鬆地做深呼吸。當空氣吸入時，會感到腹部隆起，然後慢慢地呼出，呼出的時間是吸入的兩倍，每一次呼吸的時間都比上一次更長一些。第一次呼吸可以是一拍，最後達到六拍左右。然後再把剛才的過程反過來，吸入六拍，呼出十二拍，吸入五拍，呼出十拍，一直降到吸入一拍為止。做二至三分鐘這種準備動作後，接著開始做以下練習。

（三） 六種放鬆練習

1. 沈重感練習 首先，學習在身體裏引起一種美妙的沈重感。閉上雙眼，從右手開始做起 (如果是左利手，則從左手做起)。一邊默默地重復下面的句子，一邊想著他們的含義：

我的右臂變得麻痹和沈重	6～8 次
我的右臂越來越沈重	6～8 次
我的右臂沈重極了	6～8 次
我感到極度平靜	1 次

現在睜開眼睛，拋掉這種沈重感，彎曲幾下胳膊，做幾次深呼吸，重新擺好適當的姿勢，設想自己又戴上放鬆面罩，重復前邊的動作，包括準備動作。每天做二到三次這種沈重感練習，每次七到十分鐘。要逐字地重復前邊的句子，用適當的語調對自己重復，同時設想自己的手臂正在變得越來越沈重。做這個練習時，不要過分用力，只要全神貫注於這些詞句和沈重的感覺就行了。如果想像不出這種沈重感，就在兩次練習之間舉個重東西，體會這

種感覺，並對自己大聲說："我的胳膊越來越沈重"。用右臂做三天這種沈重感練習，然後用完全相同的方法再用左臂做三天這個練習，最後按照下面的程序做這個練習：

雙臂變得麻痺和沈重	3 天
右腿變得麻痺和沈重	3 天
左腿變得麻痺和沈重	3 天
雙腿變得麻痺和沈重	3 天
四肢變得麻痺和沈重	3 天

這種**沈重感練習**(exercise of heavyness perception) 共需要 21 天，如果在 21 天之前就已經產生了沈重感，也可以提前做第二種練習。一般來說，有必要用全部 21 天的時間打下堅實的基礎，有規律地進行，才能最快地獲得效果。

2. 熱感練習 學習隨心所欲地在身體內引起一種發熱的感覺。先做兩分鐘準備活動，然後再扼要地重復前面做過的練習，重復一遍最後一次臂部和腿部的沈重感練習，只需 45 秒到 1 分鐘的時間，然後就可以開始做**熱感練習** (exercise of warmness perception)，它的一般程序如下：

我的右臂正變得麻痺和燥熱	6~8 次
我的右臂越來越熱	6~8 次
我的右臂熱極了	6~8 次
我感到極度平靜	1 次

在重復上面這個程序時，要同時想像句子所表達的意思。按照這個程序做三天右臂練習，三天左臂練習，三天雙臂練習，然後是練習右腿、左腿、雙腿、四肢各三天。最後把第一種和第二種練習的最後部分合起來做一遍：

我的四肢變得麻痺、沈重和燥熱	6~8 次
我的四肢越來越沈重和燥熱	6~8 次
我的四肢沈重和燥熱極了	6~8 次
我感到極度平靜	1 次

做完一遍後，睜開眼睛，活動一下，拋掉沈重和燥熱的感覺，然後再重

復。在默讀上面的句子時，想一想過去手臂真正感到熱的情況，可以想像手臂正浸在盛滿熱水的澡盆裏，或者想像夏天炎熱的陽光曬著自己手臂時的感覺，如果有必要，可以在兩次練習之間把手臂放在熱水盆裏，然後大聲對自己說："我的手臂正變得越來越熱"，以此來獲得這種熱的感覺。也可以想像正在把軀幹內的熱量輸送到四肢去。請注意，只有當上肢產生沈重感時，再開始做上肢的熱感練習。

3. 心臟練習 做這種練習會使自己的心跳平緩而穩定。首先做準備活動，簡短地重復一下沈重感和熱感練習，把每個短句念三到四遍，開始要仰面躺著感覺自己的心跳。在胸部、脖子或其他地方用手感覺心跳，也可以將右手放在左手腕動脈處感覺心跳。通常，當身體放鬆後可以直接感覺到心臟跳動，這時就默默地重復：

我的胸部感到溫暖舒適	6～8 次
我的心跳平緩穩定	6～8 次
我感到極度平靜	1 次

這種練習要做兩個星期，每天做二到三次，每次 10 分鐘。

4. 呼吸練習 這種練習的目的是學會控制自己的呼吸節奏。先做準備活動，然後重復下列各項。

我的四肢變得麻痺、沈重和燥熱	1～2 次
我的四肢越來越沈重和燥熱	1～2 次
我的四肢沈重和燥熱極了	1～2 次
我的心跳平緩而穩定	1～2 次
我的呼吸極為平穩	6～8 次
我感到極度平靜	1 次

這種練習要做兩個星期，每天做二到三次，每次 10 分鐘。對自己的呼吸能成功地進行控制的標誌是：進行一次輕體力活動，或者神經受到某種刺激後，仍能保持平緩和有節奏的呼吸。在這個練習的末尾，把"我感到極度平靜"改說成"平靜滲透了我的身心"。

5. 胃部練習 這種練習是訓練在內臟神經叢，即腰以上，肋骨以下的胃部引起一種愉快的溫暖感覺。先做準備活動，即簡短重復沈重感、熱感練習、心跳練習和呼吸練習，然後說：

　　我感到胃部柔軟和溫暖　　　　6～8次
　　我感到極度平靜　　　　　　　1次

　　做這個練習時可以將右手放在內臟神經叢的部位，就會逐漸清晰地感覺到這種溫暖感。有的人不念上面的句子，而說"我的內臟神經叢正散發著熱量"。如果這句話更容易幫助想像，也可以使用它。這個練習做兩個星期，每天二到三次，每次7到10分鐘。當確實體會到胃部有溫暖感時，說明已經掌握了這個練習。

　　6. 額部練習　　練習目的是學習使自己的額頭產生一種涼爽的感覺。先做準備活動，像前面一樣簡短重復沈重感、熱感、心跳、呼吸和胃部練習，然後說：

　　我感到我的額頭很涼爽　　　　6～8次
　　我感到極度平靜　　　　　　　1次

　　在做這種練習時，可以想像一陣輕風吹過自己的面頰，使額頭和太陽穴感到涼爽。體會一下這種感覺，在練習之間站在空調器或電扇前，大聲對自己說："我的額部感到很涼爽"。當確實能夠感到這種涼爽感時，就說明掌握了這個練習。此練習進行兩週，每天二到三次，每次7到10分鐘。

　　注意：不要驟然中止練習，每做完一遍練習，睜開眼睛，逐漸地開始活動。伸展一下四肢，活動一下關節，拋掉沈重感，然後從事正常活動。

　　在重復前面的句子時，要精力集中和帶有感情，使那些話融化到自己的意識中去，一邊念句子，一邊進行想像。沈重感和熱感練習往往能使人處於舒服的昏昏欲睡的狀態。這種方法能使人進入放鬆的機敏狀態，當緊張消除後，人的頭腦應當更加靈敏。下面是這幾個練習的總公式：

　　我感到四肢沈重和燥熱
　　我的心跳和呼吸非常平緩和穩定
　　我的胃部柔軟和溫暖
　　我感到前額很涼爽
　　我感到極度平靜

　　到最後，大多數人只要重復一兩次上面的句子，就能使自己進入愉快、沉靜的**自然發生狀態** (autogenic state)。不斷地有規律地使用這些方法，會使這種狀態增強，在需要的時候使自己放鬆和處於最佳狀態。為了鞏固掌握的這些技術，每天應該練習兩次，每次 5 分鐘。當充分掌握了這些技術後，人們只要簡單地說："四肢沈重、燥熱；心跳、呼吸平穩；胃部溫暖、柔軟；額頭涼爽；平靜"，就能進入"自然發生狀態"。

學會了這六個簡單的練習，就掌握了最基本的**自生法** (autogenic method)，一般都能很快體會到它的效果。每當需要的時候，就可以用這種方法使自己迅速進入平靜狀態。

(四) 活化練習

應當指出，做完上述六個基本練習以後，人是處於極度鬆弛和平靜的狀態。如果希望放鬆後就去從事工作，完成任務，還應該再做一個自我動員練習，也叫**活化練習** (activating exercise)，以使自己的精神振奮起來。這個過程最好是在大腦還處於微眠狀態時就開始，這樣振奮狀態會出現得早些、快一些。為達此目的，需默念下列暗示語：

> 我的整個身體都在休息……
> 我積蓄了力量……
> 放鬆和沈靜的感覺從手……腳……軀幹……頸部……面部……消失了
> 我全身的肌肉都得到了休息……變得很有力……
> 呼吸加深了……
> 睡意在消失……
> 睡意完全消失了……
> 我的大腦休息過了，很清醒！
> 我的自我感覺很好！
> 我很願意進行所面臨的工作！

此後，應站起來做幾節身體準備活動，這樣整個人將處於十分積極的振奮狀態。

三、漸進放鬆練習程序

(一) 準備姿勢

準備姿勢可參照自生放鬆練習程序選擇。

(二) 二十項練習

(注意：一個"…"號代表 5 秒鐘的停頓)

1. 請注意傾聽以下指示語，它們會有助於你提高放鬆能力。每次我停頓時，繼續做你剛才正在做的事。好，輕輕地閉上雙眼並深呼吸三次……
2. 左手緊握拳，握緊，注意有什麼感覺。…現在放鬆…
3. 再次握緊你的左手，體會一下你感覺到的緊張狀況。…再來一次，然後放鬆並想像緊張從手指上消失…
4. 右手緊緊握拳，全力緊握，注意你的手指、手和前臂的緊張狀況。…好，現在放鬆…
5. 再一次握緊右拳。…再來一次…，請放鬆……
6. 左手緊緊握拳，左手臂彎曲使二頭肌拉緊，緊緊堅持著。…好，全部放鬆，感覺暖流沿二頭肌流經前臂，流出手指……
7. 右手握緊拳頭，抬起手，使二頭肌發緊，緊緊堅持著，感覺這緊張狀態。…好，放鬆，集中注意這感覺流過你的手臂……
8. 請立即握緊雙拳，雙臂彎曲，使雙臂全部處於緊張狀態，保持這個姿勢，想一下感覺到的緊張。…好，放鬆，感覺整個暖流流過肌肉。所有的緊張流出手指……
9. 請皺眉頭，並使雙眼盡量閉小（戴眼鏡的人要摘掉眼鏡）。要使勁眯眼睛，感覺到這種緊張通過額頭和雙眼。好，放鬆，注意放鬆的感覺流過雙眼。好，繼續放鬆……
10. 好了，上下顎緊合在一起，抬高下巴使頸部肌肉拉緊並閉緊嘴唇。…好，放鬆……
11. 現在，各部位一起做。皺上額頭，緊閉雙眼，使勁咬上下顎，抬高下巴，拉緊頸肌，緊閉雙唇。保持全身姿勢，並且感覺到緊張貫穿前額、雙眼、上下顎、頸部和嘴唇。保持姿勢。好，放鬆，請全部放鬆並體會到刺痛的感覺……

12. 現在，盡可能使勁地把雙肩往前舉，一直感覺到後背肌肉被拉得很緊，特別是肩胛骨之間的地方。拉緊肌肉，保持姿勢。好，放鬆……

13. 重復上述動作，同時把腹部盡可能往裏收，拉緊腹部肌肉，感到整個腹部都被拉緊，保持姿勢。…好，放鬆……

14. 再一次把肩胛骨往前推，腹部盡可能往裏吸。拉緊腹部肌肉，緊拉的感覺貫穿全身。好，放鬆……

15. 現在，我們要重復曾做過的所有肌肉系統的練習。首先，深呼吸 3 次。……準備好了嗎？握緊雙拳，雙臂彎曲，把二頭肌拉緊，緊皺眉頭，緊閉雙眼，咬緊上下顎，抬起下巴，緊閉雙唇，雙唇向前舉，收腹，並用腹肌頂住。保持姿勢，感覺到強烈的緊張貫穿上述各部位。好，放鬆。深呼吸一次，感到緊張消失。想像一下所有的肌肉都放鬆——手臂、頭部、肩膀和腹部。放鬆……

16. 現在輪到腿部，把左腳跟緊緊靠向椅子，努力往下壓，抬高腳趾，結果使小腿和大腿都繃得很緊。緊抬腳趾，使勁蹬緊後腳跟。好，放鬆……

17. 再一次，把左腳跟緊緊靠向椅子，努力往下壓，抬高腳趾，結果使小腿和大腿都繃得很緊。緊抬腳趾，使勁蹬緊後腳跟。好，放鬆……

18. 接著，把右腳跟緊緊靠向椅子，努力往下壓，抬高腳趾，結果使小腿和大腿都繃得很緊。緊抬腳趾，使勁蹬緊後腳跟。好，放鬆……

19. 雙腿一起來，雙腳後跟緊朝椅子壓，壓下雙腳後跟，盡力使勁抬高雙腳趾，保持姿勢。好，放鬆……

20. 好，深呼吸三次。…正像你所練習的一樣，把所有練習過的肌肉都拉緊，左拳和二頭肌、右拳和二頭肌、前額、眼睛、顎部、頸肌、嘴唇、肩膀、腹部、右腿、左腿、保持姿勢。…好，放鬆。……深呼吸三次，然後從頭到尾再做一次，接著全部放鬆。在你深呼吸以後，全部繃緊接著又放鬆的同時，注意全部放鬆後的感覺。好，拉緊，…放鬆。…接著，進行正常的呼吸，享受你身體和肌肉完全無緊張的愜意之感。……

(三) 練習計畫

可將上述指示語錄入磁帶，整個過程可配以愜意的輕鬆樂曲。開始學習時所用時間較長，熟練後所用時間將縮短。可參照下列計畫訓練：

1. 練習上述 20 個項目，兩天內至少練習 3 次。
2. 錄製一個包括第 1、8、15 和 20 項的新磁帶，使用這盤新磁帶，兩天內至少練習 3 次。
3. 錄製一個僅包括第 1 和 20 項的新磁帶，使用這盤新磁帶，一天內至少練習 2 次。
4. 大約用 1 週時間完成這個計畫，即可在幾分鐘之內做到完全放鬆。

另外，如上所述，如果放鬆後將進行訓練或比賽，則應在放鬆後，訓練比賽前加入"活化"練習，默念積極、肯定、振奮精神的指導語，以充沛的精力和堅定的自信投入到訓練比賽中去。

四、靜默放鬆練習程序

靜默 (meditation) 可翻譯為冥想、沈思、入靜、靜坐、靜思，也可翻譯為空幻想像訓練。根據訓練過程不同，靜默又可分為東方靜默法、鬆弛反應和超覺靜坐等方法。

(一) 東方靜默法

著名的中國氣功、印度瑜珈、日本坐禪中都包含放鬆訓練的內容，這些訓練方法都是在意識的主動控制下，通過調整姿勢（調身），調整呼吸（調吸），調整意念（調心），從而達到"鬆、靜、自然"的放鬆狀態，它們的方法類似，作用相同，又都是東方的古老文化傳統，因此可以歸納為一類，統稱**東方靜默法** (the eastern meditation)（張蘇范等，1987）。

中國氣功是一種流派繁多、覆蓋範圍極廣的功法，其基本內容可以概括為動功和靜功兩大類，這裏僅舉出靜功中的三線放鬆功作為東方靜默法的代表來加以說明。

三線放鬆功 (three line relaxation) 主要是有意識地結合默念"鬆"字,按次序調整身體的各個部位,使整個機體逐步放鬆,心情平靜,停止思維,達到舒適、怡然自得的境地,其基本方法是:將身體分為兩側、前面和後面三條線,自上而下地依次進行放鬆。

第一條線 (兩側):從頭部兩側──→頸部兩側──→肩部──→上臂──→肘關節──→前臂──→腕關節──→兩手──→十個手指。

第二條線 (前面):從面部──→頸部──→胸部──→腹部──→兩大腿──→膝關節──→兩小腿──→兩腳──→十個腳趾。

第三條線 (後面):從後腦部──→後頸部──→背部──→腰部──→兩大腿後面──→兩膝窩──→兩小腿──→兩腳底。

先注意一個部位,然後靜默"鬆",再注意下一個部位,再靜默"鬆"。從第一條線開始放鬆,待放鬆完第一條線後,再放鬆第二條線,然後再放鬆第三條線。每放鬆完一條線後,在一定部位的止息點上輕輕意守 1~2 分鐘。第一條線的止息點是中指,第二條線止息點是腳拇趾,第三條線的止息點是前腳心。

當放鬆完三條線的一個循環以後,把注意力集中在臍部或指定的一個部位上,輕輕地意守該處,保持安靜狀態 3~4 分鐘,再做下一個循環。一般每次練功約做二到三個循環,安靜一下,然後睜開眼睛收功。

在默念"鬆"字時,呼吸要自然,肌肉骨骼逐步鬆弛,如果遇到一個部位沒有鬆的感覺,或者體會不深時,不必急躁,可以任其自然,按照次序繼續放鬆下去。默念"鬆"字時不要出聲,快慢輕重要適當掌握,要自己多加體會,用意太快太重可引起頭部緊張,太輕太慢則可能昏沈瞌睡。

意守困難時可以配合數息法,默數自己的呼吸數,逐步進入意守。最後意守的部位通常為臍部或丹田穴,也可以根據具體需要選用不同的穴位。

練功時要環境安靜,思想集中,情緒穩定,鬆衣解帶,採用仰臥、靠坐位或平坐位均可。每次 20~30 分鐘。也可以單獨對身體的某一不適部位或某一緊張點默念"鬆"字 20~30 次,達到局部放鬆的目的。

在功法熟練後,可以進行整體放鬆,即依照放鬆的三條線,從頭到足,籠統地、流水般地、不停頓地向下放鬆。

(二) 鬆弛反應

這種方法是由美國學者本森在 1975 年根據東方靜默法的特點制定出的一種新的訓練方法（見張蘇范等，1987）。他提出了進行這種放鬆的四個必要因素：

1. 安靜的環境。
2. 肌肉放鬆。
3. 用一個心理手段（即聆聽重復的一種聲音、一個詞或一句短語）。
4. 一個隨和的姿態。

這種放鬆的具體作法是，在安靜的環境中舒適地靜坐、閉目，放鬆全身肌肉，平靜緩慢地用鼻子呼吸，使自己能感到自己在呼吸。在每次呼氣的同時，默誦"壹"字，將注意力馴服地集中在"壹"字上，並保持一種隨和的態度。對頭腦中不時出現的雜念，不必為之著急，不要理會它們，繼續重復"壹……"。實踐證明，用不了多少時間，鬆弛就會自然到來。在訓練結束時，先閉目靜坐幾分鐘，然後睜開眼睛。這樣每次訓練 20 分鐘，每天可進行 1~2 次。

這種方法簡單易行，每天重復地進行練習，可以引起生理喚醒水平的明顯下降，可以產生深度的放鬆，對易急躁、常有時間緊迫感的 **A 型性格** (type A personality)（在日常生活中，個性急躁、求成心切、有野心及好冒險者）的人尤為適用。當進行放鬆訓練時，他們的頭腦也不易安靜，思想總是頻繁地活動，採用這種方法，可以更快更好地達到放鬆的目的。

(三) 超覺靜坐

超覺靜坐 (transcendental meditation，簡稱 TM)，是印度教士家瑪哈禮師創立的。他把古代印度靜坐法和現代物理學中的統一場論結合起來，因此這種方法又叫作瑪哈禮師統一場技術（張蘇范等，1987）。這種訓練方法需要專門的教師，教授給受訓練者一段固定默誦的詞，使其在閉目凝神靜坐中逐步入靜。此法需專人傳教，故不贅述。

五、使用放鬆技術的時機

一旦比較熟練地掌握了放鬆方法，就可在下列情況下使用：

1. 表象練習之前　有助於集中注意力，使**表象**(或**意象**)(imagery)更清晰、逼真、穩定。
2. 訓練課結束後　有助於清除疲勞，使身心得到充分休息。
3. 賽前、賽中過於緊張時　有助於降低能量消耗，使喚醒水平處於最佳狀態。
4. 系統脫敏練習之前　可以使人有效地用放鬆對抗焦慮刺激（詳見第十三章系統脫敏訓練）。

第四節　表象訓練

一、運動表象概述

（一）運動表象的概念

運動表象 (motor imagery) 是在運動感知覺的基礎上所產生，在頭腦中重現出來的動作形象或運動情境。對動作形象和運動情境的清晰、生動的表象，常常包括視覺、聽覺、動覺甚至情緒方面的信息。一般來說，視覺表象和動覺表象是運動表象的主要成分。圖 12-3 是一個滑雪運動員進行快速滑降的運動表象時記錄的肌電變化。電極連接在被試腿上。從圖中可見，肌電增強時正是在真實的滑降過程中需要更多肌肉參加活動的時刻。為什麼在終點過後，仍有一段大的棘波出現？可能是運動員正在表象衝過終點後在圍欄

補充討論 12-1
放鬆方法在比賽中的實際應用

四川足球隊教練唐興華曾描述過一個十分生動的實際例子，說明了如何在臨賽前進行放鬆練習。

在 1992 年 3 月中旬，為備戰十五屆世界盃足球預選賽，國家足球隊到成都訓練兩週，即赴伊爾比德參賽。出發前與四川隊進行了一場公開比賽，觀眾達四萬多。這是四川隊 20 多年來第一次與國家隊正式比賽，又在家門口打。那麼多的觀眾，領導又來看望，使運動員既興奮又緊張，焦慮加重。隊伍到休息地點後廁所擁擠，主力隊員面部無表情，整個空氣十分沈悶。看到這種情況，俄羅斯教練拉西莫夫採用了一些有效的方法：

賽前 50 分鐘，他要求 11 名主力隊員，安靜，放鬆，閉目，無思維地靜坐在椅子上 3 分鐘。接著仍按下述要求，聽他講話(翻譯)："我的腳很放鬆，…我的小腿很放鬆，…我的膝關節很放鬆，…"，直到身體的每一部位。8 分鐘後，又要求運動員看著他，並按照他的呼吸頻率進行呼吸。他深吸慢呼，動作誇張，表情生動，充滿樂趣。頓時，使大家忘記了即將進行的重大比賽。5 分鐘後他再要求運動員小聲重復他的語言並體驗它的話意："我今天特別輕鬆。我全身很有力量。我今天特別有信心"等。經 20 分鐘的調節後，他才讓運動員到球場做準備活動。

比賽一開始，四川隊連續三次快速反擊很有威脅。整個上半場比賽打得相當成功，與國家隊攻守形勢呈五五波。上半場 0:0 戰平。比賽結束後，幾個隊員都對我說，今天比賽很順，發揮很好，還有點超水平的味道。拉西莫夫教練那 20 分鐘"坐功"還真靈。
(引自 1994 年全國足球高級教練員培訓班運動心理學課程作業)

儘管不經過系統的放鬆訓練，也可能在他人暗示的情況下順利進入放鬆狀態，但是，經過系統的放鬆訓練，運動員的放鬆技能可以得到明顯提高，其標誌是：可以經自我暗示，在更短的時間內和更緊張的情景中達到所需要的放鬆狀態。顯然，這種能力是比賽需要的。因為運動員常常要獨立作戰，單獨面對應激情景；準備比賽的時間也常常十分短暫，放鬆的程度也不是越鬆越好，而是適宜即可。這些都是需要較高的放鬆能力才能做到的。

另外，不同的運動項目，不同的比賽情景，不同的運動員，採用的放鬆方式、放鬆時間可能會有所不同，究竟採用何種放鬆方式，放鬆多長時間，需要在實踐中不斷摸索。

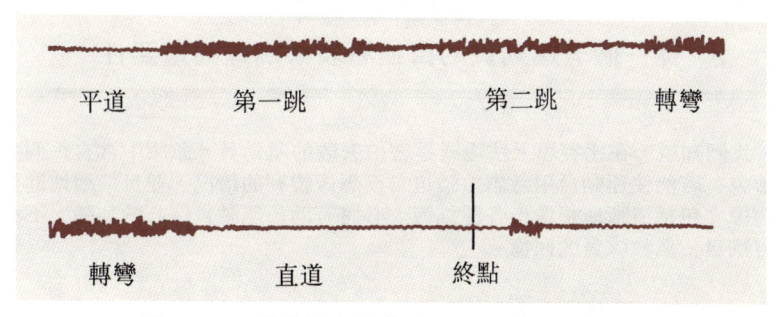

前急煞車。清晰、準確、生動的運動表象可從肌電圖中得到清晰的體現。

圖 12-3　運動員表象快速滑降時的肌電變化
(採自馬啟偉，1982 b)

運動表象在運動技能形成和運動技能表現過程中具有以下重要作用：

1. 對運動技能的形成起定向作用。
2. 促進運動技能的完善與鞏固。
3. 促進運動員在比賽中達到最佳競技狀態。
4. 是表象訓練的基礎。

(二)　運動表象的形式

運動表象的形式有以下幾種：

1. 內部表象和外部表象　進行表象時，有人從外部自動地想像自己，就好像他們在電影中看到自己一樣，這叫**外部表象** (external imagery)。另一些人則用內心的體驗從內部想像自己，自己正在經歷各種情境，自己正在做各種動作，這叫**內部表象** (internal imagery)。還有人從內部和外部交替地想像自己。

2. 模仿式表象　借助掛圖、電影和錄像 (影)，讓運動員觀看自己或他人的最佳動作，然後再進行表象，此即**模仿式表象** (modelling imagery)。在表象中，模仿看過的最佳動作反覆進行練習，先在自己頭腦中形成最佳運動模式，進而影響運動技能的形成和完善。

3. 情境表象和動作表象　從表象的內容來看，運動表象既可以表象

補充討論 12-2
從一個老運動員的自述看表象訓練的重要性

我們知道，在比賽場上怯場或是害怕失敗的運動員，頭腦中常有一個失敗的形象，若能使運動員用意志力強迫自己想像勝利的情況，並且持續地進行這種想像，包括清晰地想像出各種細節，必將有助於運動員信心的加強。下面的內容摘自一個教練員的回憶。

全國田徑錦標賽很快就要舉行了。這次比賽對我關係重大，是否能在這次比賽中通過運動健將等級或進入前三名，對我來說都是一個謎。我的 800 米成績爲 1 分 52 秒，去年全國排名第四，可那是在一次測驗賽上創出的，雖然算正式成績，可我並沒有在真正的大賽上跑出這樣的水平來。這次比賽若突破這個水平就有希望進入前三名，達到運動健將等級。隨著比賽日期的步步逼進，心裏總是想著"前三名…健將…1 分 52 秒…健將…1 分 52 秒…前三名…"。

咳！好啦！不想了，好好訓練，只要練得好，就會有希望，只要有實力，就能跑好。

到了賽區，各路強手雲集，賽前的緊張氣氛就更濃了。賽前訓練時，教練說我動作僵硬，不像以前那麼輕鬆自如了。我努力克服緊張情緒，教練也做工作叫我放下思想包袱，不要想得太多。但我總是戰勝不了自己，大腦中的表象總是以前比賽失利的情境，教練也曾這樣說過我："每逢大賽總比不好"。現在腦子裏總是回響著這個聲音，真是煩透了！

由於緊張，賽前失眠，造成體力、精神都不充沛，結果就可想而知了。

現在學了點運動心理學，才知道了當時自己的毛病出在哪裏：首先是沒有很好地在自己大腦中建立一個良好的、充滿勝利的表象，久而久之，自己頑強的意志和必勝的信心遭到削弱，失敗的陰影總是籠罩著自己，不能正確對待成功與失敗。平時的訓練只練身體素質、專項素質，忽略了心理素質的訓練。現在我當上了教練，一定要在練專項的同時，結合心理訓練，使隊員從小在思想上就建立良好的素質，建立必勝信心，只有這樣，才能有專項水平的提高。(北京市教練員培訓班運動心理學課程作業，1991)

毫無疑問，如果能夠在運動員從事運動訓練的一開始就對他們進行系統的運動心理學基本知識的教育，並使心理技能訓練與技術、戰術、身體訓練同步進行，使運動員及時掌握必要的心理調解技能，就有可能事先避免許多心理問題的產生，減少許多"遺憾"，最大限度地發揮自己的運動潛能。

整體環境為主，叫**情境表象** (situational imagery)，也可以表象個人運動動作為主，叫**動作表象** (movement imagery)，前者旨在提高情緒控制的能力，後者旨在提高運動技能，當然，兩者往往是交叉的。

(三) 運動表象的形成過程

運動表象的形成過程分為兩個階段，在建立階段，運動員首先形成有關動作的大致輪廓，但動作的時間、空間、力量特點都不大清楚，主要成分是視覺表象；在相對準確化階段，運動表象中反映的動作的時間、空間、力量特點逐漸清晰，主要成分是動覺表象。

二、表象訓練概述

(一) 表象訓練的概念

表象訓練 (imagery training) 是教練員、運動員和體育運動心理學工作者運用得最為普遍的一種心理技能訓練方法 (Garfield, 1984；李建周、劉慎年、許尚俠，1986；丁忠元，1986；楊宗義、丁雪琴，1987)，被視為心理技能訓練的核心環節 (劉淑慧等，1993b)。它是在暗示語的指導下，在頭腦中反覆想像某種運動動作或運動情境，從而提高運動技能和情緒控制能力的方法。表象訓練有利於建立和鞏固正確動作的動力定型，有助於加快動作的熟練和加深動作記憶；賽前對於成功動作表象的體驗將起到動員作用，使運動員充滿必勝的信心，達到最佳競技狀態。如跳高運動員可以表象自己破紀錄的過竿動作，跳遠運動員可以想像自己助跑和騰躍的成套動作等。馬拉松運動員可在跑程中表象蓋房子、做算術題或想像自己是一列火車在向前奔跑等，這有助於消除肌肉酸痛和單調乏味的感覺 (馬啟偉，1982)。

(二) 表象訓練的依據

1. 念動現象及心理神經肌肉理論 當產生一種動作表象時，總伴隨著實現這種動作的神經衝動，大腦皮層的相應中樞會興奮，原有的暫時聯繫會恢復，這種興奮會引起相應肌肉進行難以覺察的動作。運動表象時引起的這種運動反應稱作**觀念運動反應** (或念動動作) (ideo-motion reaction)。實驗證明,當請賽跑運動員做賽跑的表象和請小提琴家做拉琴的表象時,同時記錄他們腿上和手臂上的肌肉電流反應,可看出與安靜時不同。有表象活動時,肌肉電流明顯增強。這種現象是19世紀德國著名化學家舍夫列利和英國物理學家法拉捷依同時獨立發現的,目前,心理學上已把這種現象歸納為**心理神經肌肉理論** (mental-neuro-muscle theory)。這一理論認為,由於在大腦運動中樞和骨骼肌之間存在著雙向神經聯繫,人們可以主動地去想像做某一運動動作,從而引起有關的運動中樞興奮,興奮經傳出神經傳至有關肌肉,往往會引起難以覺察的運動動作。這種神經-肌肉運動模式與實際做動作時的神經-肌肉運動模式相似,這就使得通過念動練習來改善運動技能成為可能 (Cratty, 1973;Feltz & Landers, 1983;加藤久,1984;Denis, 1985)。念動產生的肌肉動作電位強度很弱,但仍比安靜時有所增加且僅與念動所涉及的肌肉有關。肌肉的這種反應還與技能水平有關,即技能水平高者,**肌電圖** (electromyogram,簡稱EMG) 反應更強 (Hale, 1982;Harris & Robbinson, 1986)。

除了肌電圖的證據外,心理神經肌肉理論還受到60、70年代生物電控制技術研究成果的支持 (賈芝祖,1976)。人們發現,當手要做出某一動作時,大腦要先發出一個信號,信號通過脊髓、運動神經,最後達到肌肉引起肌肉收縮。肌肉在大腦控制下活動時產生的電位變化不僅能引起人體的活肌肉收縮,而且也能被利用來控制人造機械進行工作。殘肢者可通過訓練建立控制假手的意識:伸指肌收縮產生肌電信號,使假手的手指張開;曲指肌收縮產生肌電信號,使假手的手指捏攏。

但是,心理神經肌肉理論也受到一些質疑 (Feltz & Landers, 1983),主要理由是:支持這一觀點的研究是將心理練習作為自變量、肌電圖作為因變量來處理的,未去檢驗肌電圖不同的各組運動成績的差異,即未將運動成績作為因變量來研究。另外,念動時的肌電圖不光表現出用力部位肌電活動增加,而且幾乎所有部位的肌肉群都表現出肌電活動的增加,即沒有表現出定位特徵 (Shaw, 1983),念動時的動作電位也不能反映實際做動作時的肌電模式。

2. 符號學習理論 解釋表象訓練機制的另一種理論叫**符號學習理論** (symbol learning theory) (Sackett, 1934;Schmidt, 1982;Feltz & Landers, 1983;加藤久,1984;Denis, 1985)。這種理論認為,表象訓練之

所以有助於提高運動技能是因為人在進行運動表象時對某任務各動作序列進行了符號練習。在練習中，可以排除錯誤動作，熟悉動作的時間空間特徵，預見到動作的結果。由於這是一種認知上的或符號性的練習，因此，對於那些含有較多認知成分的任務如迷津學習更有效。如要通過表象練習來提高運動成分或力量成分占較大比重的技能，則需要較長時間。

陳敏 (1991) 指出，符號學習理論主要是從認知心理這一角度對表象練習有助於操作成績的提高做出解釋。運動操作必須依賴於大腦中儲存的動作圖式，而通過符號學習即表象練習，可在大腦內建立或鞏固動作圖式，將動作編譯為符號部件，並在此基礎上，通過多次練習即認知編碼，建立有用的圖式(或基模)，消退無用的圖式，發展最佳的圖式，從而使運動技能得到發展和提高。例如，體操運動員做平衡木的練習時，可利用表象對動作的時空符號部件進行成套動作的練習，使動作更加準確。被經常引述的一個實驗是利用動作行為圖式進行心理編碼來提高籃球的投籃命中率，實驗的結果支持了符號學習理論的正確性 (Hall & Erffeneyer, 1983)。陳敏 (1991) 指出，符號學習理論與神經肌肉理論都認為表象是建立運動技能動力定型的一種方式。但與神經肌肉理論不同的是，符號學習理論強調，表象之所以具有提高運動操作水平的功效，是因為運動員做表象練習時，利用了和運動有關的各種表象的反饋信息，對運動技能的認知因素進行了適當的編碼和復習，建立並鞏固了動作的心理圖式。可惜的是，這一理論沒有涉及提高已經熟練掌握的運動技能的問題。另外，將運動活動分為認知性的和運動性的兩部分，似乎帶有人為因素。

3. 注意-喚醒定向理論 注意-喚醒定向理論 (attention-arousal orientation theory) 的出發點是將表象練習的認知效應和生理效應結合起來 (Vealey, 1987)。該理論認為，第一，運動員進行表象練習時，可將自己的生理喚醒調節到適宜水平；第二，運動操作前短暫的表象練習可將注意指向和活動任務有關的事物上，排除可能干擾運動操作水平發揮的不利因素。

陳敏 (1991) 指出，注意-喚醒定向理論同前面所論述的兩種理論是不相同的，它主要解釋的是熟練的運動技能操作水平的提高，並著重於表述運動操作前表象練習對生理和認知兩個方面的影響。這裏的表象練習不僅是指對和運動操作有關的運動動作加以演練，而且更多地是指對和運動操作有關的最佳情緒狀態的心理體驗加以重視，以期喚起最佳操作活動所需要的生理喚醒水平,提高自信心,最終達到最佳運動操作水平。許多實驗結果表明,表象練習可控制心率、呼吸、血壓、膚溫、皮膚電等植物性神經系統控制下的生理活動。另外,表象練習的認知效應對運動員賽前賽中的注意定向有重要影響。通過表象練習,可以將注意集中在運動操作的具體過程中,並進行積極的思維活動,排除不利於運動操作的思維活動和環境刺激的干擾。實驗研究表明(Woolfold, Murphy, Gottesfeld & Aitken, 1985),積極的思維活動(想成功的操作過程和操作結果)有助於提高運動操作水平,消極的思維活動(想失敗的操作過程和操作結果)則會降低運動操作水平。注意-喚醒定向理論在運動競賽心理學中有重要意義,為運動員賽前賽中的心理自我調整指出了方向。它從情緒、認知兩方面對表象練習有助於提高運動操作的機制進行了解釋,但目前對該理論的實驗研究還比較少。

4. 生物信息理論 生物信息理論 (bioinformation theory) 認為,可將表象訓練理解為大腦信息加工 (或訊息處理) 的產品 (Lang, 1977)。表象是有限的信息結構,可被縮減成特定的命題單位 (Lang, 1979)。表象包括對儲存在長時記憶中的信息進行命題編碼的一套網狀激活系統。這些命題至少可被組成兩類信息:一類是想像情境中的有關刺激特徵的信息,另一類則是和生理以及外顯行為有關的信息。這種信息網絡被認為是外顯行為的原型 (prototype),可由內部產生的原型配對經信息加工而成 (Hecber & Kaozor, 1988)。例如,想像自己投球這一動作過程,它涉及激活刺激命題 (包括球在手中的感覺以及有關的視覺信息等) 和反應命題 (包括手臂和肩部的肌肉變化以及心血管的激活等)。生動的表象還包括對刺激命題和反應命題的加工。陳敏 (1991) 指出,根據生物信息理論,我們可以這樣解釋表象練習提高運動操作水平的機制。第一,表象練習可激活影響運動操作的表象和為外顯運動操作提供原型的反應命題,從而在某種程度上改變了運動操作。研究表明,內部表象時的肌電活動強度要高於外部表象時的肌電活動強度 (Mahoney & Avener, 1977)。由此可見,內部表象更有利於對反應命題進行加工,也就是說,內部表象比外部表象更有助於運動操作水平的提高。第二,對反應命題的加工能引起可察覺的心理生理變化。這些變化是反應命題加工過程的傳出神經的輸出 (Lang, 1979)。研究表明,進行不同表象內容的演練 (被試具有該情境的經驗),可引起心率出現顯著的變化 (Hecber & Kaczor, 1988)。另外,表象練習也可引起微弱但明顯的肌電活動 (劉淑惠等，1993b；王惠民、崔秋耕，1991；Hale, 1982)。從生物信息理論來看，表象練習有助於提高運動操作主要是由於對反應信息進行了加工，引起閾下肌肉活動。另外，對有關運動情境的反應信息進行的加工，可調節人的激活系統，有利於形成最佳激活狀態，達到最佳運動操作水平。

從以上對生物信息理論的描述中，讀者已經看到了它同心理神經肌肉理論、符號學習理論以及注意-喚醒定向理論的許多相似之處。但目前還很難看出它對於解釋表象機制問題的特殊貢獻，實驗證據亦很少。儘管黑爾 (Hale, 1982) 認為它在體育運動心理學中具有巨大潛力，但要證明這一點，顯然還需要更多的研究。

(三) 表象訓練研究概述

1. 主要研究內容 在表象訓練領域進行開創性研究的當首推美國的雅克布森 (Jacobson, 1938)。19 世紀 30 年代，他在一項研究中將電極置於有關肌肉，讓被試想像某一運動動作，這時，可記錄到該肌肉的微弱肌電活動，其模式與實際做動作時的肌電活動相似。這一現象後來又被許多研究者所證實 (Suinn, 1976；陳舒永，1984；Hale, 1982；Harris & Robbinson, 1986；王惠民、崔秋耕，1991；劉淑慧等，1993b)。值得注意的是，張力為 (1990, 1991b) 以少年運動員為被試的研究，並沒有發現表象時肌張力提高的變化，也沒有發現表象訓練可改變這些被試表象時的肌張力狀況。也許這一現象同兒童的訓練程度不高，神經肌肉系統發育不成熟有關。

在 50 年代，我國運動生理學工作者就進行過表象時的腦電圖 (EEG) 研究。楊錫讓 (1957) 發現，有訓練者表象時 α 波波率減少，特別集中於皮層運動區，皮層其他區域變化不明顯，仍可見成組的 α 波出現。無訓練者表象時整個皮層區域出現變化，運動區的變化與其他區域的變化無明顯的差異。張振民曾報導 (1980)，中國科學院心理研究所在腦電與心理活動的研究中，曾讓田徑運動員進行運動回憶。回憶跳高和跑步動作能使 α 波節律受到抑制。她與楊偉鈞 (1980) 以自行車運動員為被試所進行的實驗也證明動作表象時 α 波節律受到抑制，其抑制的程度與訓練程度有關，訓練程度較高者，α 波指數被抑制的程度偏高。但張力為 (1990, 1991b) 以少年運動員為被試進行的研究表明，被試表象時左右枕區和左右運動區 2～7.9 赫茲 (Hz) 的功率譜百分比下降，左右運動區 11.1～27 赫茲的功率譜百分比也下降,而上述各部位 8～11 赫茲功率譜百分比無變化,表現出與成人被試明顯不同的模式。這可能同兒童神經系統的發育成熟程度以及運動訓練水平有關。

除了上述神經肌肉方面的生理心理研究之外,有關表象訓練的研究更多地是圍繞著運動技能學習來進行的 (Denis, 1985)。其實驗結果大致可分為兩類。第一類,如圖 12-4 (a) 所示,實際訓練組成績的提高明顯大於表象訓練組,表象訓練組成績的提高明顯大於控制組 (Twining, 1949;Eastron, 1964;Mendoza, 1978)。第二類,如圖 12-4 (b) 所示,表象訓練組與實際訓練組之間實驗後成績無差異,但這兩組成績明顯比控制組好 (Vandell, Davis & Clugston, 1943;Rawlings & Rawlings, 1974;Wrisberg & Ragsdale, 1979;Kohl & Roender, 1980)。

還有些研究將表象訓練與實際訓練結合在一起,把這樣訓練的效果同單獨進行實際訓練的效果加以比較,結果表明,兩種方法對於成績提高同樣有效 (Eastron, 1964;Stebbins, 1968;Oxendine, 1969)。有些研究還表明,結合訓練的效果比單獨訓練的效果要好 (張力為,1990;丁雪琴,1984;宋寶峰、張進深、李建周,1987;孫玉蘭,1984;張炳林,1984)。另外,有人發現,表象訓練還可促進運動員戰術水平的提高 (祝樹明,1984)。

儘管絕大多數研究支持了表象訓練的有效性,但也有些研究得出了相反的結論:如在一項以花樣滑冰運動員為被試的研究中 (Mumford & Hall,

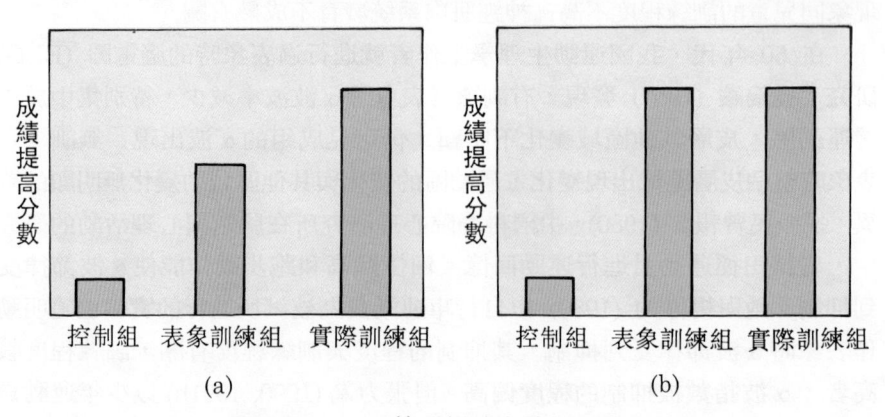

圖 12-4 心理技能訓練中的兩種結果
(採自張力為,1989)

1985)，研究者發現，將實際訓練與表象訓練相結合的實驗組和僅進行實際練習的控制組在實驗後的測驗成績上無顯著差異。還有研究發現 (Andre & Means, 1986)，兩個單純進行不同形式表象訓練的實驗組的成績與控制組無顯著差異。

那麼，表象訓練到底對運動操作成績有什麼影響呢？我們從上述研究中能否看出規律性的傾向呢？要回答這些問題，顯然需要借助更為客觀的分析手段。費爾茨和蘭德斯 (Feltz & Landers, 1983) 進行的一項元分析 (meta-analysis) (它是一種定量化的文獻分析方法，用效果量來描述同類的多項研究中實驗組與控制組差異的大小，分析研究條件對效果量的影響) 也許為我們理解這一問題提供了更有說服力的證據。他們對 60 項表象訓練研究進行了元分析，探討了表象訓練對運動技能學習和操作成績的影響。經統計計算，得出平均效果量為 0.48，即不到半個標準差單位。他們由此得出結論：對運動技能進行心理練習比根本不進行練習稍強一點。

2. 主要研究方法 有關表象訓練的生理心理研究，一般是將人表象活動作為自變量，將電生理反應作為因變量，觀察運動表象時電生理指標 (如腦電圖、肌電圖、皮膚電等) 的變化。有關表象訓練對運動技能作用的研究，一般是將人的表象活動作為自變量，將運動成績作為因變量 (如投籃命中率、擊高爾夫球的準確性、花式滑冰技術等級等等)。時常被採用的一種實驗設計是：將被試隨機分為三組。身體訓練組只進行實際練習，表象訓練組只進行表象練習，控制組不進行任何練習或進行無關技能的練習。三個組在實驗前後進行兩次測試，然後比較各組成績提高的幅度。

三、表象練習程序

表象練習一般有三個步驟：

1. 先進行放鬆練習，這種放鬆可以簡化些，用較短時間進行；
2. "活化"動員，使自己處於清醒、積極的工作狀態；
3. 表象運動技能和運動情境。

下面介紹幾種表象練習的一般方法，顯然，體育運動心理學工作者應同教練員一起制定適合於不同專項和不同運動員的專門練習方法。

(一) 卧室練習

表象少年時期 (12 歲) 卧室中的陳設：我站在門口看房間，窗子下面有一張床，上面舖著白綠相間的格子布床單，整齊的被子疊在床的一端，床頭放著與床單配套的綠格子大枕頭，很鬆軟，枕頭旁邊有雜誌和喜歡看的言情小說。床邊的桌子不很講究，但有一盞實用的桌燈，在晚間照明，伴我讀過很多書。床的一旁還有一張舊椅子，用來擺放平時換洗的衣服，大毛巾總是搭在椅背上，只要訓練回來，它總是在那個位置上……。這種練習是要設法引起對過去事物的鮮明的形象性的視覺回憶，要特別注意各個細節的清晰性。

(二) 木塊練習

想像有一塊六個面都塗了紅漆的方木塊，就像小孩玩的積木。

1. 用刀將它橫切，一分為二，想一想，這時有幾個紅面？幾個木面？
2. 再用刀縱切，二分為四，這時有幾個紅面？幾個木面？
3. 再在右邊兩塊中間縱切一刀，四分為六，這時有幾個紅面？幾個木面？
4. 再在左邊兩塊中間縱切一刀，六分為八，這時有了幾個紅面？幾個木面？
5. 再在上部四塊中間橫切一刀，八分為十二，這時有了幾個紅面？幾個木面？
6. 再在下部四塊中間橫切一刀，十二分為十六，這時有了幾個紅面？幾個木面？

記錄下提出問題結束至做出正確回答之間的時間 (秒)，標準答案如表 12-1。

這種練習的目的是提高對物體形象的操作能力和分析能力。應注意不要用數學方法推導出答案，而只憑表象操作。

表 12-1　木塊練習的標準答案

序號	心理操作方法	所得紅面	所得木面	總計面數	方塊數	所需時間 (秒)
1		10	2	12	2	
2		16	8	24	4	
3		22	14	36	6	
4		28	20	48	8	
5		38	34	72	12	
6		48	48	96	16	

(採自張力為，1995)

(三)　冰袋練習

　　想像在一次足球比賽中，你拐了腳，傷得挺嚴重，腳踝處有強烈的燒灼感，疼痛難忍。回到了宿舍，拿來一個冰袋敷在腳踝周圍，頓時感到一絲涼意，燒灼感和疼痛感在減輕……減輕……。慢慢地，腳在冰袋的作用下產生了麻木感，越來越涼，涼得發麻，涼得發疼，又漸漸失去了感覺，只要腳放著不動，就似乎是沒有感覺了……沒有感覺了……。然後你將冰袋拿走，腳仍覺得沒什麼，和剛才一樣……。過一會兒，腳又慢慢有了感覺，似乎是又開始產生些微的疼痛，隱隱作痛……。這種練習的目的是主動喚起強烈鮮明的身體感覺。

(四)　比率練習

　　李堅是你最要好的朋友，現在想像出他 (她) 的面孔、表情、身段、衣著、鞋襪、姿勢……。現在把他 (她) 縮小，全身按比例縮小，和原來一半那麼大……，再縮小，和兩歲小孩那麼大，但仍是個成年人的模樣……，再

補充討論 12-3
結合專項的表象練習

　　身體任何部位的肌肉出現緊張，都會影響表象的清晰性，因此，表象練習一般從放鬆練習開始(劉淑慧等，1993b)，如先放鬆5分鐘，再經過"活化"動員，便可開始表象練習。由於表象不如感知覺那樣直觀，沒有實物的支持，因此，很難長時間將注意集中在表象上，因此，表象的時間不宜太長。下面是一個乒乓球運動員進行表象練習的自我指示語：

1. 自然放鬆五分鐘。
2. 活化動員：我已得到了充分的休息。我的頭腦清醒，注意集中，全身充滿力量，準備投入新的工作。
3. 表象練習：我正在清晰地想像訓練的情境。先看優秀運動員正手攻球的動作，第一板，第二板，第三板………，第三十板。現在，我準備練習正手攻球。我可以清晰地想像出場地、燈光、球台、同伴、教練以及各種聲音。教練正站在對面給我發球，我應特別注意向優秀運動員學習，調整好引拍、揮拍方向、用力程度、擊球部位、重心交換、步法移動、放鬆和緊張的配合以及還原動作。第一板，第二板，第三板………第一百五十板。

　　以下內容是不同項目的教練員設計的表象練習，儘管還有不完善的地方，但至少可以啟發我們去考慮如何結合自己的運動專項進行表象訓練。

　　例1. 游泳教練　葛××

表象練習的對象：7～9歲的男女兒童游泳運動員。
表象體驗的情境：每天訓練的游泳館
表象練習的目的：使隊員從最熟悉的訓練環境中，開始啟蒙訓練，體驗自己的感覺，並做出準確答案，由淺入深，使小隊員逐漸地認識心理技能訓練。
訓練計畫的安排：每期為四週，每週2～4次練習，每次安排在正式水上課的前十分鐘進行，練習時間三分鐘，逐漸增加到五分鐘。
練習預期結果：能夠在自己熟習的環境中，敘述出較完整的體驗過程。
表象練習的場地：每天訓練的游泳館

　　每當進入游泳館，迎面吹來潮濕而溫暖的微風，聞到游泳池水中的氯氣和漂白粉刺鼻的氣味，同時，聽到了館內游泳擊水時發出的聲響和間斷的哨聲，雙腳踩在冰涼而粗糙的瓷磚上，感覺到一絲的涼意，看著蔚藍的水面，心中想著，有趣的水上訓練馬上就要開始了。教練宣布完訓練計畫，我雙腳有力地蹬踏著冰涼而堅硬的池壁，雙臂做有力協調的配合，第一個奮力躍入水中，頓時耳邊一切嘈雜聲消失了，水的壓力壓著耳膜和前胸，同時也感覺到皮膚接觸池水時的溫差和愜意，眼前隱隱約約看到對面的池壁，好似自己進入了一個水中宮殿，雙腿有力地打水，池底的瓷磚塊飛快地向後移動，同時，用力呼出體內的空氣，雙臂用力地劃水，清晰有力的第一次呼吸後，水上訓練真正開始了。

例 2. 田徑教練　王××

目的：通過表象訓練提高隊員跑步時的頻率，即提高速度。

(1) 讓隊員在暗示語的指導下，頭腦中反復想像跑時蹬地、擺腿、送胯等動作的情境，建立以上動作的正確的動力定型。

(2) 想像自己正在一塊燒得很熱的鋼板上跑過，鋼板被燒得通紅，頻率慢了，兩腳將被燙壞。想像的動作情境盡量與比賽一致，如想像面對紅色的跑道就像是面對被燒紅的鋼板，對手顯得緊張、害怕，自己卻充滿信心，奮力衝了過去。

例 3. 射擊教練　桑××

訓練目的：使隊員正確理解慢射動作要領，鞏固地掌握技術動作。

訓練方法：通過五次慢射射擊，找出一次最好的動作，作為表象訓練的內容，讓運動員在安靜的狀態下去回憶這一動作。

訓練程序：讓隊員自然地站在射擊線前閣上雙眼，靜靜地去感覺身體的晃動，這晃動越來越小，直到停止 (20 秒)。這時感覺身體停得特別穩，絲毫動也沒有，就像電線桿一樣，腳下非常牢 (20 秒)。開始舉槍，慢慢地舉起槍來，槍很重，抬臂很費力 (10 秒)。開始向瞄區靠近，槍是沈甸甸的，壓著我的臂，慢慢地落進瞄區 (15 秒)。槍很自然地進入瞄區，槍重的感覺使我的臂也增加了沈穩的感覺 (10 秒)。食指在開始不停地用力，壓扳機的力量越來越大 (10 秒)。槍響的聲音很沈很響，在耳邊迴蕩著，槍響的同時沒有了沈重的感覺 (5 秒)。之後，槍的重量又出現了，越來越沈 (10 秒)。很舒服地放下槍，慢慢地放下槍 (5 秒)。放下槍後產生輕鬆和舒服的感覺 (10 秒)。

預期結果：在正確理解、掌握慢射技術動作要領方面，進行表象訓練比不進行表象訓練效果要好，牢固性大，並能縮短掌握動作的時間。

例 4. 武術教練　崔××

採取自己感覺最舒服的一種姿勢坐在椅子上或凳子上，將雙眼輕輕地閉起來……想像中自己的頭髮今天梳理得格外光潔，紅色的表演服領子已扣好，繫上黑色的腰帶，人顯得特別精神、漂亮。袖口、褲角熨得很平整，穿起來很舒服，比賽鞋也正是最合腳的時候。一切停當，輕輕一抬頭，"看見"了場地，周圍坐滿了注視著自己的觀眾。"我"沈著輕鬆地走進了場地中間，站在自己起式的位置上，調整一下呼吸，瀟灑舒展地做了一個起式，第一段重點組合做得極完美 (每個人的套路不一樣，按自己的動作編排去表象，並伴有一定的肌肉動作)。第二段力點準確，動作穩健。第三段沒感到累就輕鬆地完成了。第四段速度一點也沒減，乾淨俐落。停住！一秒、二秒，規範，沈穩，充分顯示了自己的功底。收式非常精神。上步，輕靈地轉身，向裁判示意，聽到觀眾的熱烈掌聲。自豪地退場 (如閉上眼睛後心情平靜不下來，可以增加一些放鬆的暗示或聽音樂，或想像自己在淋浴，溫水從頭上流下來，一直流到腳下……)。慢慢睜開眼睛。

縮小，和火柴盒那麼大，但仍有鼻子有眼的，是個真人……。再把它放大回去，越放越大……，又和正常人一樣大了……，繼續放大，比一般人還大一倍，他(她)簡直就是個巨人……。再把他(她)縮小……，慢慢縮小……，終於又恢復到原來的樣子……。你對他(她)說："李堅，對不起，剛才我是在按老師的要求做作業呢，你沒事，成不了格列佛遇到的小人和大人。"這種練習的目的是培養表象的可控制性。

(五) 五角星練習

準備一個五角星，五個角的顏色分別為黑、紅、藍、黃、綠色。將黑角指向數字 1，紅角指向 2，藍角指向 3，黃角指向 4，綠角指向 5，作為基本位置。

讓練習者用 1 分鐘的時間觀看並記住五角星的基本位置。

然後讓練習者閉上眼睛並逐一回答下列問題，記錄提出問題結束至做出正確回答之間的時間。

1. 如果黑角指向 4，藍角將指向幾？
2. 如果黑角指向 3，紅角將指向幾？
3. 如果黑角指向 5，黃角將指向幾？
4. 如果紅角指向 4，綠角將指向幾？
5. 如果黃角指向 2，藍角將指向幾？
6. 如果藍角指向 5，黑角將指向幾？

四、監測表象的手段

對運動表象的監測與評價，可從它的清晰性、穩定性和可控性三個方面考慮，具體方法有腦電圖、肌電圖、心率、皮膚電、念動實驗以及問卷等。

(一) 腦電圖

腦電圖(或腦波圖)(electroencephalogram，簡稱 EEG)即大腦皮質中膜電位變化的記錄圖，呈波狀變化，一般用 α 波抑制的程度表示表象的質量。正常成年人在閉目、清醒、安靜時，腦電波呈 α 波狀態，頻率為 8～13 赫 (Hz)。有表象活動時，α 波受到抑制，出現大量的低振幅高頻率的快波。有研究表明，訓練水平同表象時 α 波受抑制的程度有關。

(二) 肌電圖

肌電圖 (electromyogram，簡稱 EMG) 即是肌肉電性活動的波狀記錄圖，可以用來考察微弱肌肉動作的幅度，一般來說，幅度越大，表象越逼真 (如圖 12-5)。

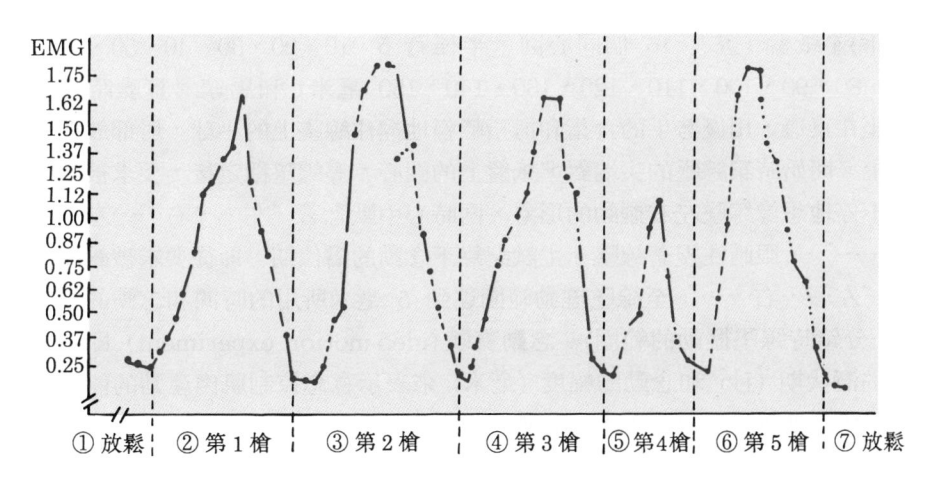

圖 12-5　表象運動手槍慢射一組的肌電圖變化 (前壁屈側肌群)
運動員反映第 4 槍不清晰，說明表象清晰性與肌電圖呈現的峰值高低有極大的一致性 (採自劉淑慧等，1993b，第 6 頁)

在記錄肌電圖的同時，還可記錄表象所用時間。該時間越接近真實比賽所用時間 (比如，風帆比賽的起程為倒計時 1 分鐘，女子輕量級單人划艇 1500 米比賽的時間約 8 分鐘)，表象的效果越好。

(三) 心率

逼真地表象訓練或比賽情境時，**心率** (heart rate) 一般都會有不同程度的提高。但如果表象得不夠逼真，或者表象的時間過短，心率也可能不出現明顯變化。

(四) 皮膚電

皮膚電 (skin conductance) 是最敏感的情緒指標之一。在表象時，皮膚電阻下降，皮膚導電性提高，其幅度同表象的清晰性有關。對於監測表象訓練來說，皮膚電比心率和肌電敏感，比腦電和肌電方便。

以上四項指標也可用於對放鬆訓練的監測。

(五) 念動實驗

儀器採用線墜 (20 厘米長的一根小線繩下端吊有一個羊角圈，其尖端向下)、紙盤 (畫有 16 個同心圓，半徑為 5、10、20、30、40、50、60、70、80、90、100、110、120、130、140、150 毫米) 和馬錶。實驗時讓被試坐在桌邊，用優勢手的食指和拇指輕輕地捏住線墜上的小球，肘部放在桌面上。開始時讓線墜的尖端對準紙盤上的圓心，等線墜穩定後，要求被試開始不停地想像線墜左右擺動的形象，同時心中默念著"左……右……左……右……"，眼睛注視著線墜。主試記錄下念動的潛伏期，即從要求被試開始想"左……右……"至線墜擺動範圍達到 5 毫米所用的時間和念動的幅度 (一分鐘時線墜擺動的範圍)。**念動實驗** (ideo-motion experiment) 即用念動的潛伏期 (秒) 和念動的幅度 (毫米) 來表示意念控制肌肉運動的能力水平：潛伏期越短，幅度越大，念動能力水平越高。

(六) 問　卷

問卷 (questionnaire) 也可以用來調查運動員進行表象練習的情況。需要特別注意的是表象問卷設計的指導思想，即運動表象不應是單一感覺道的，而應是多感覺道的、全方位的。經常用的運動表象問卷是**運動表象問卷** (Motor Imagery Questionnaire)，該問卷要求被試進行五種不同情境的表象，然後對不同感覺道的清晰程度進行五級評定，最後總加出視覺、聽覺、運動覺、心境的得分以及運動表象質量的總得分。

本 章 摘 要

1. **心理技能訓練**是現代競技運動訓練系統的重要組成部分，它利用特殊的方法和手段使運動員學會調節控制自己的心理狀態並進而調節和控制自己的運動行為，以提高訓練質量和比賽成績。同時，它還通過對運動員心理過程和個性心理特徵所施加的長期影響，使他們在生活中能夠更好地適應環境和應付挑戰。
2. 進行心理技能訓練，要以預防為主，防患於未然，要有計畫地進行並長期堅持，要爭取教練員、運動員積極主動的配合，要同運動員的專項訓練相結合並設法用量化指標評定心理技能訓練的效果。只有這樣，心理技能訓練才有可能產生實效。
3. 在**目標設置**過程中，應將長期目標、中期目標和短期目標相結合，尤其應當重視短期目標的制定和實施。
4. 具體的、具有挑戰性的、但經過艱苦努力仍然可以達到的目標最有助於調動人的積極性和發揮人的潛力，過易和過難的目標則不能達到這樣的目的。
5. **他人比較目標**更有助於維持長期性的訓練動機，**個人比較目標**則更有助於建立比賽中的注意指向。
6. **放鬆訓練**是以暗示語集中注意，調節呼吸，使肌肉得到充分放鬆，從而調節中樞神經系統興奮性的方法。放鬆練習有助於降低中樞神經系統的興奮性，降低由情緒緊張而產生的過多能量消耗，使身心得到適當休息並加速疲勞的恢復。放鬆技能是其它許多心理技能訓練的基礎。
7. **自生放鬆練習**的程序主要是從上肢肌群到下肢肌群逐漸產生沈重感和溫暖感，以達到自然放鬆的境地；**漸進放鬆練習**的程序主要是先使某肌群緊張，再使其充分放鬆，以建立肌肉緊張與放鬆程度的區分感覺。如果放鬆後將進行訓練或比賽，則應在放鬆後、訓練或比賽前加入"活化"練習，以保證以適宜的興奮程度進入訓練或比賽。
8. **運動表象**是在運動感知覺的基礎上產生的、在頭腦中重現出的動作形象或運動情境,對運動技能的形成起定向作用,可促進運動技能的完善與鞏固,促進運動員在比賽中達到最佳競技狀態,它是表象訓練的基礎。

9. **表象訓練**是在暗示語的指導下,在頭腦中反復想像某種運動動作或運動情境,從而提高運動技能和情緒控制能力的方法。表象訓練有利於建立和鞏固正確動作的動力定型,有助於提高動作的熟練程度和加深動作記憶;賽前對於成功動作的表象將會起到動員作用,使運動員充滿必勝的信心,達到最佳競技狀態。

10. **心理神經肌肉理論**認為,進行動作表象時,實現這種動作的神經衝動引起大腦皮層相應中樞的興奮,原有的暫時聯繫會恢復,這種興奮會引起相應肌肉進行難以覺察的動作。這種神經-肌肉運動模式與實際做動作時的神經-肌肉運動模式相似,從而使通過念動練習來改善運動技能成為可能。

11. **符號學習理論**認為,表象訓練之所以有助於提高運動技能,是因為人在進行運動表象時對某任務各動作序列進行了符號練習。在練習中,可以排除錯誤動作,熟悉動作的時間空間特徵,預見到動作的結果。

12. 表象練習一般有三個步驟:放鬆練習、"活化"動員和表象運動技能或運動情境。

13. 由於注意集中的有限性,一次表象練習的時間一般為 3~10 分鐘,不宜過長。

14. 對運動表象過程的監測可採用腦電圖、肌電圖、心率、皮膚電、念動實驗和問卷調查等方法。其中生理指標心率測量最為簡便,皮膚電和腦電圖最為敏感,這些生理指標亦可用於放鬆訓練的檢測。

建議參考資料

1. 丁雪琴、劉淑慧 (1987)：冠軍路上指迷津。北京市：科學普及出版社。
2. 王樹明、章耀遠 (1987)：心理訓練中的鬆靜練習對運動員心率的影響。體育科學，4 期，68～70 頁。
3. 王惠民、崔秋耕 (1991)：利用肌電反饋技術進行心理控制訓練的研究。體育科學，4 期，84～87 頁。
4. 馬啟偉 (編譯) (1982)：和教練員運動員談談心理學 (二)。北京體育學院學報，2 期，28～34 頁
5. 馬啟偉 (編譯) (1983)：和教練員運動員談談心理學 (三)。北京體育學院學報，1 期，54～61 頁
6. 陳 敏 (1991)：表象演練與運動操作關係的理論綜述。體育科學，4 期，88～90頁
7. 張力為 (1990)：兒童乒乓球運動員表象訓練的實驗研究。北京體育學院學報，2 期，21～26 頁
8. 張力為 (1991)：8～11歲兒童乒乓球運動員運動表象時的 EMG、EEG 特徵。體育科學，2 期，63～65 頁。
9. 劉淑慧、趙國瑞、王惠民、張全寧、張少穎 (1993)：高級射手比賽發揮的心理研究。北京體育師範學院學報，1 期，1～13 頁
10. Feltz, D. L., & Landers, D. M. (1983). The effects of mental practice on motor skill learning and performance: A meta-analysis. *Journal of sport psychology,* 5, 25～57.
11. Seiler, R. (1992). Performance enhancement—A psychological approach. *Sport Science Review,* 1 (2), 29～45.

第十三章

心理技能訓練（二）

本章內容細目

第一節　注意集中訓練
一、紙板練習　437
二、五星練習　438
三、記憶練習　438
四、實物練習　439
五、秒錶練習　439
六、發令練習　439
　（一）逆反口令法
　（二）輕微口令法

補充討論 13-1：注意力綜合鍛鍊法

第二節　認知調節訓練
一、合理情緒調節訓練　442

補充討論 13-2：應用合理情緒訓練對運動員的焦慮進行調控

二、暗示訓練　443
　（一）暗示訓練概述
　（二）暗示訓練的依據
　（三）暗示訓練的程序

補充討論 13-3：教練員的暗示在比賽中的重要作用

第三節　系統脫敏訓練
一、系統脫敏訓練的原理　450
二、系統脫敏訓練的程序　451
　（一）訓練肌肉完全放鬆
　（二）製定引起焦慮的刺激等級表
　（三）在完全放鬆後想像焦慮等級表中引起焦慮的事件

補充討論 13-4：運用系統脫敏訓練方法解決運動員的臨賽焦慮

三、系統脫敏訓練的其他形式　453
四、進行系統脫敏訓練的注意事項　455

第四節　模擬訓練
一、模擬訓練概述　455
二、模擬訓練的方法　456
　（一）對手特點的模擬
　（二）不同起點比賽的模擬
　（三）裁判錯判誤判的模擬
　（四）氣候條件影響的模擬
　（五）對觀眾影響的模擬
　（六）時差的模擬
　（七）地理環境的模擬

第五節　生物反饋訓練
一、生物反饋的概念　458
二、生物反饋的起源　459
三、生物反饋的幾種方式　460
　（一）肌電反饋
　（二）皮溫反饋
　（三）皮電反饋
　（四）腦電反饋
四、運動領域生物反饋訓練的研究成果　462
　（一）生物反饋訓練與心理應激控制
　（二）生物反饋訓練與生理應激控制
　（三）生物反饋訓練與運動技能學習

本章摘要
建議參考資料

上一章我們介紹了心理技能訓練的一般概念和主要原則，還討論了目標設置技能訓練、放鬆技能訓練和表象技能訓練的原理與方法。從以上介紹中我們已經了解了心理技能訓練的基本思路。需強調的是，目前，許多教練員、運動員理解的心理技能訓練多指出現了心理問題未及時、有效地處理，積累成影響比賽的行為障礙，再去找運動心理學家安排。他們此時急於求得問題的解決，希望見到立竿見影的效果，而沒有將心理技能訓練看作是同技術訓練、戰術訓練、身體訓練一樣的長期、系統、艱苦的過程。這樣，運動員心理問題的嚴重性與難解性和教練員、運動員對心理技能訓練的不現實的高期望值形成鮮明的矛盾和反差，一旦解決心理問題不能達到期望值，教練員和運動員就會對心理技能訓練失去耐心和信心，使他們認為心理能力是由先天決定而轉向求助心理選材。實際上，心理調節能力也是一種技能，服從學習規律，包括條件反射的形成規律，技能學習規律。既然不能指望運動員的技術、戰術、身體水平可以輕易得到大幅度提高，也不能指望心理技能訓練在短時間內產生奇蹟。

目前，在心理技能訓練領域，運動心理學家特別注重的幾個問題是：

第一，不僅強調它對運動成績的促進作用，更要強調它對運動員整個人生的意義。

第二，不僅在高水平運動員中進行，也嘗試在兒童運動員中進行，不僅在運動員中進行，也嘗試在普通人中進行。

第三，如何進行心理技能訓練才能達到最佳效果，常取決於運動心理學家的工作經驗。需要對這一方法問題展開研究，探討其中的規律。例如，運動項目、運動水平、比賽日程、運動員個性、運動員年齡等因素對心理技能訓練的實施會產生什麼影響？

第四，如何客觀評價高水平運動員進行心理技能訓練的效果，始終是運動心理學家希望解決的問題，今後仍將是努力的目標。

這一章我們繼續討論：

1. 注意集中技能訓練的原理和方法。
2. 認知調節技能訓練的原理和方法。
3. 系統脫敏訓練的原理和方法。
4. 模擬訓練的原理和方法。
5. 生物反饋訓練的原理和方法。

第一節　注意集中訓練

注意集中 (concentration) 是堅持全神貫注於一個確定目標，不為其他內外刺激的干擾而產生分心的能力。邱宜均 (1988b) 認為，這種能力一般包括四個方面：意願的強度、意願的延長、注意力集中的強度和注意力集中的延長。

運動員注意力的集中是非常重要的，如在體操、射箭等項目中，注意力稍有分散就會降低動作的成功率。美國的軍用步槍射擊冠軍安捷爾松在東京奧運會射擊比賽結束取得勝利後，幾分鐘內都沒有表現出絲毫為自己獲勝而高興的表情，甚至不明白朋友和觀眾為什麼向他祝賀。他心不在焉，臉上表情就像一無所知，過了一段時間才逐漸恢復正常狀態 (邱宜均，1988b)。可見，人們的注意力越集中，就越能擺脫周圍的干擾。注意力集中的練習方法有如下幾種：

一、紙板練習

剪一塊方形黑紙板，邊長 15 英寸。再剪一塊方形白紙板，邊長 2 英寸，將白紙板貼在黑紙板的中心，再將紙板掛在牆上，圖案中心的高度與眼睛並齊。室內要求光線充足，保證人能清楚地看到圖案。

用放鬆方法使自己處於放鬆狀態。

閉眼兩分鐘，想像有塊溫暖柔軟的黑色屏幕，就像電視沒打開電源般。

睜開眼睛，對著圖案的中心集中注意力看三分鐘，看圖案時不要眨眼，也不要太用力。

慢慢地將眼睛移開，看著空白的牆壁。這時在牆上會出現一個黑方塊虛像，直到它消失為止。當它開始消失時，要想像它仍在那裏。

虛像消失後，閉上眼睛，在頭腦中想像那個圖像，使頭腦中的圖像盡量穩定，重復上述整個過程。

這套練習做一週，每天一次，每次約 15 分鐘左右。

二、五星練習

剪一塊方形硬紙板，黑色，邊長 15 英寸。再剪一個白色五角星，8 英寸寬，將白色五角星貼在黑色紙板正中間，將紙板掛在牆上。坐在距牆 3 英尺遠的地方。進入放鬆狀態。

閉上眼睛，在頭腦中想像一個黑色屏幕。
睜開眼睛，注意五角星的圖案，凝視 2 分鐘。
把眼睛移開，看牆上的五角星虛像。
閉上眼睛，在頭腦中重現這個虛像。

也可在室外藉助自己的影子做這種練習：站或坐在陽光下，使自己身旁產生影子，盯著人影子的脖子看 2 分鐘，然後看淡色的牆（如在室外，則看天空），注視影子的虛像，閉上眼睛，在腦海中重現圖像。

三、記憶練習

這個練習可以訓練集中注意力和提高想像力，還可以幫助培養記憶力。在開始這個練習前，至少先練習一週前邊介紹的觀察圖案的技術。

找一個僻靜的地方，將燈光調暗，臉朝上躺著。
做一節放鬆或集中注意力練習。
閉上眼睛，想像有一個溫暖、柔軟的黑色屏幕。
想像在屏幕上出現一個白方塊，邊長 12 英寸，距自己一尺遠，努力使這個圖像穩定。
然後想像在屏幕上出現一個硬幣大小的黑圓圈，集中注意力看這個白方塊中的黑圓圈。突然整個圖像消失，想像這時突然閃過腦海中的各種圖像。

這種練習可以幫助回憶過去曾進入大腦的信息。進行回憶時先閉上眼睛自我暗示：「我一定要想起來（名字，事實，地點）」，然後做記憶練習。
把圖像保持幾秒鐘，使圖像消失。閉上眼睛待 10～15 秒鐘，看看自己是否憶起自己遺忘的東西。

四、實物練習

運動員可以使用身邊的體育用品，例如網球來做這個練習。凝視手中的球，觀察球的紋路、形狀、顏色等一些細節，也可以用石頭塊、蘋果或收音機等手邊的其他東西來做這種練習。

五、秒錶練習

注視手錶秒針的轉動，先看一分鐘，如一分鐘內注意沒有離開過秒針，再延長觀察時間到 2 分、3 分，等到確定了注意力不離開秒針的最長時間後，再按此時間重復 3、4 次，每次間隔時間 10～15 秒。如果能持續注視 5 分鐘而不轉移注意力，就是較好成績。每天進行幾次這樣的練習，經過一段時間，注意力集中的能力便會提高。

六、發令練習

(一) 逆反口令法

體育教師在體育課上，可以要求學生按照口令的相反意思去完成動作：如原地隊列操練，口令叫"立正"，學生們必須做"稍息"；口令叫"向左轉"，動作應為"向右轉"等。行進間隊列操練也一樣，口令是"立停"，動作應為"起步走"；口令是"向右轉走"，動作必須是"向左轉走"等。運用這種方法時應注意：

1. 逆反練習須在隊列操練（按口令要求）掌握較好的基礎上才能使用。
2. 口令必須聲音洪亮，口齒清楚，短促有力，節奏一致，快慢結合。
3. 開始可以用二個"口令"讓學生完成，然後過渡到 3～4 個，因為過多的要求會使學生一時適應不了，反而降低練習效果。
4. 如果發現學生做錯動作，就要立刻用表情、語言給予提醒。

補充討論 13-1

注意力綜合鍛鍊法

　　中國射擊隊長期堅持心理訓練，取得了明顯的成效，促進了技術水平並且提高了情緒控制的能力，總教練趙國瑞先生介紹的注意力綜合鍛鍊法，具有啟發意義。

　　要提高運動員集中注意力的能力，就要經常進行注意力集中的訓練。鍛鍊注意力集中的方法是多種多樣的。開始我們用看手錶秒針的辦法，做了數次以後，運動員普遍感覺容易發睏，而且思想溜號不溜號，教練員也沒法察覺。考慮到手槍運動員注意力集中的特點是既要照顧準星、缺口和目標的關係，又要保持槍支穩定和食指單獨、均勻不斷地扣引扳機，注意力的分配具有更重要的意義。根據這樣的特點和就地取材的原則，我們設計了一種新的練習方法——扎針眼。器材用小口徑子彈的塑料彈盒，在面板上製 20 個直徑 1 毫米的圓孔。孔與孔間隔 10 毫米，排列成橢圓形。方法是手捏一根吊針的細線，對準小孔後，利用針的重量，依次落入孔內。這方法既要求穩，又要求動，既要看得準，又要心平靜，既要扎得快，又要有耐性，可以鍛鍊注意力的集中、分配和轉移，所以起了個名字叫注意力綜合鍛鍊法。

　　在進行注意力的綜合鍛鍊時，我們按循序漸進、由易到難的原則，先用屈肘、坐姿、肘靠桌面的方式進行，一個月以後肘懸空進行，半年後改為坐姿直臂懸空進行，將來準備逐步過渡到與射擊動作銜接得更緊密些。另外，每次鍛鍊都採用比賽的方法進行。有時在比賽時再加點干擾，增加點心理負擔，使運動員精力不易集中。每次超過個人記錄的表揚，超過班記錄的給予獎勵。這樣在前三個月的集中注意的訓練中，班記錄就翻新了 18 次。一年多來我們共進行了 142 次這樣的練習，運動員並沒有產生厭煩的情緒，氣氛一直是認真的、活躍的。實踐說明，一些優秀射擊運動員注意力是能高度集中的，注意力的轉移和分配是迅速的、合理的。如奧運會自選手槍第三名王義夫在 50 秒可扎 20 個眼，比其他運動員扎得更快更多。(趙國瑞，1987)

　　應當指出，這種緊密聯繫運動專項實際的練習方法是值得提倡的，它容易為運動員理解和接受，也更可能產生較好的效果。不同專項的教練員都應當根據本專項的特點，發揮創造性，設計適合於本專項的注意力練習方法。還有必要指出，迄今為止，作者還很少看到注意力訓練促進運動成績提高的直接證據，這方面的實驗研究很少，多數研究僅是在經驗水平上的論述。

(二) 輕微口令法

體育教師或教練員可以極其微弱的、勉強能讓學生或運動員聽清的聲音發出命令，讓他們執行，迫使他們高度集中注意力，這種方法持續運用的時間不宜太長，一般不超過 3 分鐘。

第二節　認知調節訓練

一般來說，運動員情緒的調節與控制可以從兩個方面著手，一是採用以生理調節為主的方法，如放鬆訓練，二是採用以認知調節為主的方法，如本節將要介紹的合理情緒訓練和暗示訓練，這種認知調節訓練，就是要提高運動員對情境評價與處理問題的能力，以在複雜的比賽情況下依靠運動員自己解決問題 (劉淑慧等，1993b)。

認知調節訓練 (cognition-regulating training) 也可稱為**認知-行為調節訓練** (cognition-behavior regulation training)，源於 50 年代開始發展起來的**行為矯正技術** (behavior modification technique)。行為矯正是連接臨床心理學和實驗心理學的主要橋樑。在早期，這一領域中的大部分工作都是應用實驗室中的學習理論來解決行為問題。約瑟夫和沃爾普 (Joseph & Wolpe, 1958) 的工作也許是此類方法的典型代表。眾所周知，行為主義者關於人類行為的看法和態度同斯金納的觀點有密切關係，這種觀點強調外顯的行為，而對思維和情感則不屑一顧，認為這些內部行為難以用系統的科學方法進行研究 (Wolpe, 1976)。

隨著時間的推移，一些行為主義者開始考慮內隱行為和外顯行為中內部事件的重要性，他們的觀點和方法不盡相同 (Mahoney & Arnkoff, 1978)，但卻都在"認知行為治療學家"的大旗下形成集體，將行為主義理論應用於內部的認知事件。認知行為治療學家認為，不良行為模式是由於不恰當的或不正確的認知所引起的，也可以說是由於缺乏正確的或積極的認知技能引起的。人們可以學習和掌握積極的認知技能,消除不良行為模式。儘管調節的重點似乎是人的認知,但實際上強調的是人的行為。這些認知行為治療學家假定,如果採用合適的替代物取代錯誤的認知,人的行為將得到改善。

一般來說,認知-行為調節過程有四個階段 (Wilson, 1978)。第一個階段是探查階段,此時,心理學家要了解服務對象各方面的情況,比如,他是如何看待周圍世界的,是如何建立和組織自己的認知系統的。第二個階段是教育階段,此時,心理學家幫助服務對象建立一種新的認知模式,把問題看作是可以解決的,並採取具體的方法解決問題。第三個階段是鞏固階段,繼續進行幫助。第四個階段是評價階段,評價幫助措施和服務對象的行為變化在他生活中的意義。當然,這四個階段並無明顯區分,新問題的產生或舊問題的解決都可能導致人們在這四個階段之間的不斷跨越。

一、合理情緒調節訓練

這種訓練方法強調,認知過程對行為具有決定性作用,是解決心理問題的基礎,認為行為和情緒大多來自於個人對情境的評價,而評價受到信念、假設、形象、自我交談等的影響。埃利斯 (Albert Ellis, 1913~) 的 **A-B-C 理論** (A-B-C theory),即是這種訓練方法的基石 (Ellis, 1978, 1984, 1985;Ellis & Bernard, 1985;Ellis & Harper, 1975)。A (activating event) 是指一個事件,B (belief) 則是指人們關於該事件的假定,C (emotional consequence) 作為情感和行為,並非直接由 A 引起,而是由 B 引起。但是,人們往往錯誤地認為是 A 引起了 C 而忽視了 B 的作用。例如,運動員比賽中一路領先,勝利在握,但局勢突然急轉直下,竟然反輸了回去 (如大連對北京的足球賽,在先農壇進行,北京隊以 0:2 落後,但最後三分鐘連下兩城,最後一球是最後幾秒鐘進的),結果,感到十分沮喪、悔恨,問其原因,必答是由於領先後輸球 (A) 才這樣痛心 (C) 的。而埃利斯認為不是這一事件 (A) 引起痛心 (C),而是對該事件的看法 (如認為本應取勝,十分渴望成功,成功和失敗會產生不同影響等) 即 B 導致了痛心的情緒。這時,我們往往不能改變事件本身了,只能通過改變對該事件的認識來改變情緒,化消極情緒為積極情緒,以利於產生積極的行為。

埃利斯發現,人們頭腦中經常存在四種主要的不合理信念,即做人必須完美,所有人都應喜歡我,所有人都應接受我,必須達到真實的或設想的期望。正是這些不合理信念才使人們產生諸多的情緒與行為問題。和體育運動有關的不合理信念主要有四種:

1. 我必須在我所從事的體育項目上表現得很出色,如果我表現不好,那就太糟了,說明我是一個沒有能力的人,沒有價值的人。雖然盡善盡美的願望常常導致在運動競賽中產生取得冠軍的最佳表現,但盡善盡美的要求也會對運動員持續的努力造成損害,其副作用很可能比所有其他自我破壞性因素更大。

2. 我必須在我所從事的體育項目上做得十分出色,以便使其他人高興(教練員、隊友、朋友等)。如果我失去了這些人的愛戴,那就太糟了。

3. 獲勝欲望過於強烈。

4. 期待獲勝卻又沒有獲勝的訓練基礎。

埃利斯具體設計了**合理情緒療法**(或理情治療法)(rational-emotive therapy,簡稱 RET)來指導和幫助有心理問題的人們(參見補充討論 13-2)。

二、暗示訓練

(一) 暗示訓練概述

暗示訓練 (self-suggestion training) 是利用言語等刺激物對運動員的心理施加影響,並進而控制行為的過程。我國的氣功與印度的瑜珈運用了許多自我暗示的方法。19 世紀初,德國學者舒爾茨到印度,對瑜珈的暗示法進行了調查研究,他回國後在給病人治療時,把患者分為給藥組和給藥加暗示組,經一階段治療發現自我暗示對疾病治療有顯著效果。1932 年出版了《自我暗示訓練》一書,從而揭開了對自我暗示進行科學研究的序幕。

運動心理學的研究表明,自我暗示能夠提高動作的穩定性並能增加成功率。有的運動員在訓練日記中回憶說:"我在射擊瞄準時,心裏反復默唸準星,缺口,準星,缺口,可以提高射擊的穩定性和準確度。"還有的運動員說:"我為了要消除賽前的驚慌,使大腦安靜下來,我的暗示訣是:鎮靜,

補充討論 13-2
應用合理情緒訓練對運動員的焦慮進行調控

北京體育大學許小冬 (1992，1993) 曾利用合理情緒訓練解決運動員的實際問題，收到較好效果，下面是她介紹的具體案例。

例 1.
對象：摔跤運動員，男，20 歲，時間：1990 年 5 月 4 日至 6 月 18 日。
第一次主訴：該隊員身體素質好，技術比較全面，在平時的訓練中經常擊敗對手。但是在正式的比賽場上，卻往往不能發揮出平時訓練的水平，尤其表現在遇到應該進攻的機會時，卻害怕，不敢像平時訓練那樣進攻得分，因而坐失良機，比賽敗北。他希望通過諮詢，消除害怕心理，在未來的選拔賽中獲勝。對此，我們進一步詢問他對事情的看法和客觀依據，幫助他提煉並準確表達自己的思想和感受。

對話摘要：甲 (諮詢員)：為什麼該進攻不敢進攻？
乙 (該隊員)：我怕先進攻會輸，以前就曾這樣。
甲：是不是一進攻肯定就要輸？
乙：我怕一進攻就被對方制住了。
甲：是不是一進攻就會被對方制住，您能肯定這一點嗎？
乙：我就是擔心這個。
甲：這麼說，實際上進攻並不是肯定會輸，只是你心裏這樣認為。
乙：是的。
⋮

ABC 原理分析：經分析得出該隊員問題中的 ABC
A ── 比賽所面臨的應該主動進攻的機會；
iB1 ── 先進攻肯定會輸； ⎫
iB2 ── 過去經驗決定著現在行為的結果；⎬ (不合理想法)
C ── 害怕，做不出進攻動作，坐失良機。

幫助該隊員認識到 ABC 後，我們向他解釋 ABC 原理，並以此進一步分析他的具體情況，直到他認識到害怕情緒是由於他的不合理想法產生為止。然後，幫助他建立兩個相應的合理信念：
rB1──先進攻和失敗之間沒有必然聯繫，不進攻卻必然要丟分。從個人實力看，進攻得分的可能性更大，即使進攻失敗，也是在進攻中失敗；
rB2──過去經驗和現在結果之間沒有必然聯繫，找出過去失敗的原因，加以克服，就有獲勝的可能。

家庭作業：在這次諮詢結束時，給該隊員布置了以下家庭作業：
(1) 反復在 iB 與 rB 之間進行辯論；
(2) 表象訓練反復想像自己在比賽場上大膽進攻的情境。

結果反饋：五天以後，將離京赴賽的前一天，該隊員與教練再次來訪並彙報情況。該隊員報告說："我反復想過了，他 (指對手) 沒有什麼可怕的，只要到場上我頭腦不發夢，就輸不了了。"他還一再表示："我對比賽很有信心，肯定能贏"，還說："前日夜間夢見與對手交鋒，自己一上場就攻勢猛烈，連連得分，與以往的比賽場面大不相同"。5 月下旬，選拔賽結束，該隊員獲第一名。教練員彙報說：該隊員在比賽中沒有出現以前的心理問題。

該隊員自 5 月 15 日亞運會第一次選拔賽獲勝後，一直沒有來訪，6 月 4 日，時值第二次選拔賽前兩週，該隊員又主動來訪，主要諮詢過程及內容如下：

第二次主訴：前一次解決了對國內對手不敢進攻的問題。現在面對外國選手仍然有同樣的問題。而且，在場下做準備活動時情緒很好，可一上場，突然感到自己心跳，一下子就緊張起來，希望能解決這兩個問題。

ABC 原理分析：經過進一步對話，用 ABC 原理分析得出：
(1) 對國外運動員害怕不敢進攻的原因，除了與對手的年齡和文化差異之外，主要是該隊員在上次諮詢中的不合理想法還沒有徹底被合理想法取代；
(2) 在感覺心跳就緊張的問題中，不合理的信念：

A —— 感覺到心跳；
iB —— 感覺到心跳就是緊張；
C —— 害怕。

認識 ABC 後得出合理信念：
rB —— 感覺到心跳是身體已經充分激活、處於比賽狀態的信號，不一定表示本人情緒緊張。

家庭作業：
(1) 反復回想與諮詢員談話的內容；
(2) 模擬訓練，放鬆訓練，表象訓練。

結果反饋：6 月 18 日該隊員參加了第二次選拔賽，取得第二名，輸給伊朗隊員。但根據教練員的解釋，這次失敗並不是輸在心理上，而是由於其他原因。

例 2.
對象：跨欄運動員，女，30 歲，時間 1989 年 10 月至 1990 年 10 月。
主訴：因年齡較大，傷病較多以及與隊友或教練之間的小磨擦等問題，反復出現抑鬱、焦慮，影響日常訓練。
ABC 原理分析：提供多次合理情緒療法 (RET)，找出不合理想法：
iB1 —— 認為教練、隊友、裁判等都要友好地對待我；
iB2 —— 我必須做得出色，贏得比賽。
這些不合理的想法往往以不同的形式出現，特別是遇到新隊員取得好成績，自己身上舊病復發和面臨重大比賽的取捨時，表現得尤為突出。

認識 ABC 後得出合理信念：
rB1 —— 不能強迫別人服從自己，應當努力理解別人。
rB2 —— 我希望自己在比賽中獲勝，我要盡最大努力去做，即使失敗，我也不是一個毫無價值的人。

結果反饋：每次遇到人際關係問題進行諮詢後，都能及時有效地改善情況，使該隊員迅速恢復正常情緒，投入比賽。對於一次次重大比賽的抉擇（如全國冠軍賽、兩次亞運會選拔賽以及亞運會比賽），該隊員表現出越來越強的自我分析能力，並且在亞運會上取得了優異成績。

鎮靜，鎮靜就是勝利；我相信我自己的力量，我一定會取得勝利。"蘭德斯 (Landers, 1989, 個人交流) 曾談到對一個運動員進行的自我暗示訓練：有一個游泳運動員，在一次 1000 米長距離的重要比賽中，游到 700 米時，自己感到的體力不支，結果放慢了游速，最後，比賽成績因此而下降。這次比賽失敗的經歷對他產生很大的影響，以後比賽中一游到 700 米時，他就聯想起那次失敗的經歷，覺得自己體力不行，只能放慢游速。後來他就讓這個游泳運動員表象自己參加比賽，奮力游到 700 米時，立刻在心中默念："我渾身充滿了力量，我完全能夠保持游速"。蘭德斯讓他每天做幾次這種練習，一直做到這個運動員真正相信這個自我暗示語為止，從而在比賽中矯正了這種心理障礙。納粹戰犯戈培爾曾有一句臭名昭彰的話："謊言重復一千次，就成了真理！"這句話已成了很好的反面教材。而在心理學的意義上，這句話也提醒人們：有利於提高士氣、鼓舞信心的話，反復講，終會起到使人趨於相信，從而影響人們行為的作用。

(二) 暗示訓練的依據

通過言語，人能接受暗示和進行自我暗示，通過代表外部環境和體內環境的一切事物和現象的言語來調節認知、情感和意志過程。巴甫洛夫曾把詞語稱為"包羅萬象"的刺激物，並以它為人類行為的最高調節器。如在生物反饋練習中，通過中樞神經系統的言語刺激並輔之以內臟活動的及時反饋就可以調節和控制在通常情況下難以調控的內臟活動。

自我暗示對心理活動和行為的影響是巨大的，巴甫洛夫曾談到一些宗教狂熱者在受到迫害時，能從容地接受各種各樣的折磨，忠誠地相信冥府的存在，愉快地死去而不覺得痛苦。他斷定自我暗示的力量有時非常大，甚至肉體毀滅時機體也不做任何生理上的掙扎。巴甫洛夫學說認為：自我暗示訓練就是通過語詞，即第二信號系統的作用來調節運動員的中樞神經系統興奮水平，從而調節人體內部過程，如調節人的心境、情緒、意志和信心，改變內臟活動，提高和降低體溫，加速和減緩新陳代謝過程等。例如，如果自我暗示說："我吃了一顆很酸很酸的酸梅"，同時想像自己正在嚼一顆酸梅，口腔唾液分泌往往就會不由自主地增加。如果站在鏡子面前自我暗示說："我在微笑"，想像自己臉上在微笑，就會出現笑容。如果自我暗示說："我很冷"，同時想像自己在冰天雪地中顫抖的情境，身上就會出現雞皮疙瘩，此時體表溫度在降低。由此可見，人們的詞語和所想像的形象結合在一起，能使言語暗示更鮮明，使人的內臟器官或運動器官根據言語的暗示而產生相應的變化。

(三) 暗示訓練的程序

暗示訓練有六個主要步驟：

1. 使運動員理解認識及其表現方式如言語對情感和行為的決定作用。
2. 確定關鍵比賽中經常會出現的消極想法，例如，真倒霉，怎麼又是這個裁判？
3. 確定如何認識這種消極想法。
4. 以積極提示語取代消極想法，如裁判無法改變，關鍵在我自己！

可讓運動員將第 2、第 3 和第 4 條的內容寫在卡片上，每張卡片只涉及一個問題，有多少種主要的消極想法就填寫多少張卡片。卡片正面為經常出現的消極想法，背面上方為對這種消極想法的認識，下方為對抗消極想法的積極提示語。運動員填寫卡片時應注意：

(1) 比賽中的提示語應多考慮過程性問題，少考慮結果性問題。

過程性提示語：發別的落點；動手腕，多向前摩擦；上手快點。
結果性提示語：勝利；我準能贏這場球。

(2) 第 3 條很重要，它標誌著人的整個思維方式和行為習慣的基礎，應認真填寫。

(3) 提示語應有針對性，應具體化。

有針對性的提示語：固定拍型，掌握擊球點；要耐心追，咬住；冷靜，只有冷靜下來才能打球。

無針對性的提示語：遇到困難—解決困難；遭遇逆境—擺脫它。

(4) 提示語應為積極詞彙，不應為消極詞彙（表 13-1）。
(5) 對遇到的問題，有消極想法則改之，若無則不要窮思竭慮，非找出一個來不可。

補充討論 13-3

教練員的暗示在比賽中的重要作用

前中國體操隊主教練張健敘述的這個事例，可能表達了每個教練員和運動員的切身體驗：

1983 年第 22 屆世界體操錦標賽，中蘇團體名次的爭奪在自選動作的最後一項時，達到了白熱化的程度。中國隊在前一天的規定動作比賽中以 0.85 分的微弱優勢暫時領先，但在一場自選動作比賽中，蘇聯隊奮起直追，比分已相當接近。在此刻決定冠軍誰屬的最後一項時，場上氣氛十分緊張。雙方的比分隨時顯示在體育館上方的電子記分牌上，所有運動員、教練員的心理活動都異常激烈，其深刻和迅速超過了我經歷過的任何一次大賽。大家清楚，每隊上場的 6 名隊員中，哪怕一個人在一個動作上稍有疏忽，就會導致全場比賽的失敗，而任何人都不願意在這決定全隊命運的關鍵時刻充當這不光彩的角色。隨著比賽一個人、一個人地進行，壓力也在一層一層地增加。此時，包括場上的觀眾全都沈浸在這異常少見的激烈爭奪中去了。為中國隊加油的義大利隊、聯邦德國隊的運動員，按照他們的習慣，雙膝跪地，用手畫十字，為我們祈禱。可是賽場上這世界男子體操 12 名精英隊員在此激烈、複雜的競爭之時，儘管內心極不平靜，但表面上都顯得神態自若。他們堅信，只有穩定心理才可能最後取勝。哪怕是外表上的控制，也是對同伴的支持和鼓勵，同時，也是對對方的心理壓力。

蘇聯隊不愧為一支訓練有素的隊伍，在最後一項自由體操比賽中表現出色。他們除了落地不十分穩定之外，別無大的差錯，比賽進行順利。而我隊的單槓比賽在樓云做完成套動作之後，出現了暫停。執行裁判提出我隊教練員碰了樓云的身體，聲稱要按照規則進行扣分。這場比賽裁判的表現對我隊十分不利，明擺著這是有意在關鍵時刻幫蘇聯隊的忙。第一，他們的判決毫無根據；第二，有意擾亂我們的隊伍；第三，即將上場的李寧思緒被打亂。他已做好上場的準備，可"暫停"總在延長，當時的一秒鐘長似一小時，他走過來走過去，渴望比賽的興奮狀態每延長一秒鐘，都在無形中消耗著他的精力。

經過暫停，裁判們打出了樓云的得分9.75 分。這個得分對最後出場的李寧和童非來講，無疑地是在原有的基礎上又加了更沈重的精神負擔。此刻的比賽，與其說是比技術，不如說是比意志，比心理。蘇聯隊最後一名運動員做完動作後，他們不由自主地走到我隊比賽的單槓台下。李寧出場了，由於上述因素的干擾，他未能控制住自己，平時熟練的'特卡切夫騰越'失敗了。在他掉下槓的一刹那，全場觀眾同時惋惜，我隊隊員失聲大叫，我們三個教練頓時感到頭重腳輕，用最大的努力控制住自己，形色才免於外露。在這決定中國隊命運的非常時刻怎麼能掉下來呢？但這又是無情的事實。記分牌上亮出 9.45 分。對立的裁判戰術性"暫停"達到了目的。但是，只要最後一個童非能得到 9.9 分，我隊照樣能取勝。這對童非將是何等巨大的考驗！

爲了求勝，有的教練和隊員悄悄給我指出：是否讓童非減去一個騰越難度動作，這樣成功的保險係數更大些。此時的我，心情忐忑不安，萬萬沒有想到形勢會如此嚴峻，童非的這套動作要決定全場比賽的勝負。眼下怎麼辦？是減難度還是按原套動作比賽，必須在幾秒鐘做出決定。

童非已擦好鎂粉，準備上場，看著他胸有成竹的神態，想到他平時的千錘百煉，我當機立斷，決定動作不變，就按他已想好的去做。我立即對童非說："放開做，相信你！"心理學告訴我，適時恰當的語言暗示在童非百倍自信的心理上可能又會增加一份力量。此時此刻，增強運動員的自信心是取勝的主要途徑，而決不是在動作增減上做文章。如果真的讓他減掉動作難度，實際上會產生挫傷他的自信心的副作用，也會打亂他的思維程序和全套動作的動力定型。我深知，在這比賽的關鍵時刻，對一個成熟的運動員來說，重要的不是動作的難易，而是心理狀態的穩定。所以，我採取了果斷的決定。

童非憑著他常年累月磨練出的過硬本領，憑著他堅定的必勝信念，同時看到了教練對自己的信任，一切不必要的緊張都消失了，他成功地完成了全套動作。當下他落地時，大家激動地奔向童非，與他緊緊地擁抱在一起，淚水情不自禁地流了出來，是多麼不容易啊！中國隊終於以 0.1 分的優勢戰勝蘇聯隊，首次登上了世界冠軍的寶座。外電紛紛報導中國隊的勝利，稱贊童非"具有鋼索般的神經"和"無可抵擋的頑強毅力"。的確，若不是童非具備雄厚的實力和良好的心理素質，是很難在此千鈞一髮之際經受考驗，力挽狂瀾的。

實踐證明，一個優秀運動員不僅要有高超的技藝，還必須要有很強的抵禦外界刺激、有效控制自己情緒的能力。心理訓練如同技術訓練一樣是非常重要的，教練員和運動員對此必須給予足夠的重視。(張健，1987)

表 13-1　積極提示語與消極提示語的比較

消極提示語	積極提示語
這些觀眾真討厭	他們是在為我加油，在期待我打得更好
落後這麼多，沒戲了	這不是最後的結局。你有領先，我有機會；你打你的，我打我的；堅持到底，就是勝利
千萬別猛扣扳機	放鬆，食指單獨用力，"慢扣等響"
真倒霉，我又扣響了	我的穩定性很好，有充分時間做到"慢加力"
這次訓練(比賽)我打不好了	前面沒打好不要緊，只要我一發一發地做好扣板機的動作，我會打出水平的
別緊張，別着急	放鬆，穩住
(打球時)這場球千萬別輸在我手上	我一定能踢進去的

(採自張力為，1995)

5. 不斷重復相應的對子，如：這下完了——還有機會，拚搏到底。可以視情況具體規定重復的時間，如可規定每天早、午、晚各重復兩次。

6. 通過不斷重復和定時檢查(訓練日記、比賽總結和平時生活)，舉一反三，養成對待困難的積極態度和良好習慣。

第三節　系統脫敏訓練

一、系統脫敏訓練的原理

系統脫敏訓練(或敏感遞減訓練)(systematic desensitization training)是心理治療中的行為治療方法之一，適用於特殊領域的焦慮或恐怖症，其理論依據主要是沃爾普 (Wolpe, 1958, 1969, 1976, 1982, 1985；Wolpe & Lang, 1964；Wolpe & Lazarus, 1966) 提出的相互抑制原則。沃爾普認為，神經症習慣是在引起焦慮的情境中把中性刺激與焦慮反應相結合而習得的。如果在有引起焦慮刺激的情況下產生一種與焦慮不相容的反應，比如放鬆、性欲、自信等，那麼刺激與焦慮反應之間的聯繫必將減弱。他稱這個過程為相互抑制，遵循以下原則：一個人不能同時既緊張又放鬆。處於完全放鬆狀態時，本來可引起焦慮的刺激也會失去此作用，即對此刺激脫敏了。在體育運動領域移用系統脫敏技術，可以幫助運動員解決一些情緒問題如賽前焦慮。

二、系統脫敏訓練的程序

(一) 訓練肌肉完全放鬆

(參見第十二章第三節放鬆訓練)

(二) 製定引起焦慮的刺激等級表

心理醫生要與運動員懇切地談心，引導運動員詳盡地描述所有體驗過的引起焦慮和害怕情緒的那些刺激和刺激情境，不但要找出引起極度緊張和焦慮的刺激，而且要找出引起輕微緊張、焦慮的刺激。然後，同運動員一起細心地製定一個焦慮刺激等級表。等級表是按照引起焦慮的刺激強度排列的，引起運動員焦慮的事件有一定主題，該主題下包括不同的刺激，引起不同程度的焦慮。等級差一般為 5，由弱刺激到強刺激按 0，5，10……100 順次排列。標度為 0 的刺激是不能引起焦慮的刺激，列於等級表的最下端，標度為 100 的刺激是能引起最大焦慮的刺激，列於等級表的最上端。比如，一位害怕乘電梯的人和一位害怕蜘蛛的人的等級表見表 13-2 和表 13-3。

注意：在電梯的例子中，儘管這個人非常害怕待在擠滿人的電梯裏。但他單獨在電梯裏比和一些人一起在電梯裏更感到害怕。這說明構成一種對特定運動員的有效的等級表是十分重要。對一個運動員有效的等級表可能對另一個運動員無效，即使兩個人都具有相同類型的恐怖症。

表 13-2　電梯恐怖症的刺激等級表

反應水平	刺激內容
90 分	在全部擠滿人的電梯裏他被擠到牆邊
80 分	在有四分之三的地方擠滿人的電梯裏
70 分	只有他自己一個人在電梯裏
60 分	在有四個人的電梯裏
50 分	在有兩個人的電梯裏
40 分	站在電梯門外，等候電梯的到來
30 分	向距離 20 米遠的電梯走去
20 分	從有電梯的大樓的正門向電梯走去
10 分	走到一座有電梯的高樓頂層的約會地點

(採自林殷滬、林貽虹、孫明璇、周方和譯，1991，233 頁)

表 13-3　蜘蛛恐怖症的刺激等級表

反應水平	想像刺激
100 分	想像蜘蛛正在從我的體孔爬進爬出
	想像躺下後有一隻蜘蛛正在我的肚子上爬
	讓一隻蜘蛛在膝蓋上爬
	觸摸一隻不動的蜘蛛
50 分	看見一隻蜘蛛穿過房間
	在森林裏看見一隻蜘蛛在我前面
	聽某人說這個普通地帶有蜘蛛
	正走在森林中
	在電影中看見蜘蛛
	看見蜘蛛的圖片
0 分	在一次講演中聽老師提到蜘蛛這個詞

(採自丁煌、李吉金、武宏志譯，1987，174 頁)

(三) 在完全放鬆後想像焦慮等級表中引起焦慮的事件

脫敏時從 0 級或最弱刺激主題開始，以後遞增。方法是在完全放鬆情況下，想像一個刺激主題，如不引起焦慮反應，依次向上。具體作法如下：

讓運動員躺在椅子上，在放鬆的同時，心理醫生指示運動員清楚地想像等級表上的第一個情境，如果運動員在內心看到這個情境的同時，體驗到不管什麼樣的焦慮，就舉起一個手指向醫生示意（使用這個小動作不會破壞運動員的放鬆狀態），心理醫生立即指示運動員停止想像這個情境。然後，等運動員再次完全放鬆之後，指示他再次想像先前的情境。如果這一次沒有體驗到焦慮，則嘗試等級表上的下一個場面。如果沒有焦慮的表示，那麼心理醫生在大約 7～10 秒之後示意運動員放鬆，並停止想像。在約 15～30 秒的放鬆之後，再次要求運動員想像那個情境。每個刺激情境在早期可重復 8～10 次，到後期可增加次數。成功地想像這個情境之後（隨著每次想像成功之後有 15～30 秒時間的放鬆），心理醫生接著指示運動員清楚地想像等級表中下一個刺激情境。每次練習呈現 2～5 個刺激情境，共持續 15～30 分鐘。以這樣的方式交替想像刺激情境，然後停止想像，放鬆，從最輕微的引起焦慮的情境向最嚴重的引起焦慮的情境逐漸過渡，整個訓練過程一直持續到呈現引起最大反應的刺激主題仍能放鬆至無慮反應時為止。這時，在一般情況下，運動員遇到真實害怕的情境時，也就不會有過分的焦慮反應了。

三、系統脫敏訓練的其他形式

系統脫敏訓練在上述基本訓練方法上衍生了一些變形，常用的有：

1. 現實生活脫敏 即在現實生活中遇到引起焦慮的情境時，即採用放鬆技術，以降低或消除焦慮反應。

2. 團體脫敏 它常用於焦慮性質相同的人，如在運動員中治療臨賽焦慮，每次 8 人左右，集體進行。

3. 磁帶放音脫敏 讓運動員根據錄入磁帶的指示語，自己進行脫敏治療，這種作法的優點是可在自己認為合適的地點進行，缺點是不能及時調整程序。

補充討論 13-4
運用系統脫敏訓練方法解決運動員的臨賽焦慮

下面舉一運動實例，使大家了解如何利用系統脫敏訓練解決運動中的實際問題。

林祥開始感到他不能再繼續打球了。他非常著急，一個月內體重掉了 7 公斤多，在球場上他感覺疲倦和動作緩慢。雖然這種強烈的焦慮才發生不久，但他對球賽感到緊張卻是有年頭了。從 12 歲起，他就有在比賽當天噁心及嘔吐的現象。他父親似乎並不大關注他打球的活動，但他母親熱切希望他成功，這一點使他更加緊張。心理醫生和他面談了三次，製定出了焦慮刺激等級表（表 13-4）。

表 13-4　林祥臨賽焦慮問題的焦慮刺激等級

反應水平	焦　慮　刺　激
11 分	我在體育館換衣服準備比賽，直想吐
10 分	我正在自助餐廳排隊，看到食物就噁心
9 分	下午，賽前的吃飯時間已到，我向自助餐廳走去
8 分	母親和我正在吃飯，突然問我關於球賽的情況
7 分	在家時，母親正在議論另一位運動員
6 分	在運動場上看到教練正在記錄每個運動員的表現
5 分	在球場上感到非常疲倦、動作遲緩、情緒不佳
4 分	練完了球，看到一位球迷熱情地和隊友交談，但沒看我
3 分	打算去上文化課，但總是想著今天的訓練
2 分	在體育館換衣服準備練習時，注意到我的手開始出汗
1 分	在體育館碰見一位教練，但他沒向我打招呼

心理醫生訓練他學會了放鬆技術，然後進行脫敏訓練，經過 14 次的練習，所有焦慮等級都一一通過，林祥賽前不再嘔吐了，比賽時的噁心、疲倦以及動作遲緩的現象也隨之消失。在訓練過程中，心理醫生對他的勸告集中在學習習慣和籃球在他生活中所起的作用等問題上。綜合治療的結果還使他的學習成績的平均分從 "D" 上升到 "B"（韓進之等譯，1985）。

四、進行系統脫敏訓練的注意事項

1. 在開始脫敏前，要確保運動員：已掌握了自我放鬆的技術；確認了所有能引起焦慮的刺激並排列出一個有效的等級表；能夠形成清晰的想像，如果不能，則應對其進行想像訓練。

2. 在脫敏練習期間應當非常小心地呈現刺激情境，以保證這些情境絕對不會引起較大的焦慮。如果運動員在等級表上進展過快，或者沒有足夠的放鬆，就不可能獲得滿意的結果。事實上，存在著出現相反結果的危險，運動員可能對以前引起擔心的刺激產生更加害怕的反應。當運動員想像一種情境而沒有表示焦慮時，不要給予積極強化（例如說："好"），因為這種強化可能會使運動員在體驗到焦慮時不願說出來。在運動員成功地通過等級表中的一種刺激之後，應給予積極強化。

3. 在系統脫敏訓練結束後必須進行訓練後的隨訪，確保經過一段時間之後仍能保持顯著療效。如果問題重新出現，則應盡快進行附加訓練。

第四節　模擬訓練

一、模擬訓練概述

模擬訓練 (simulation training) 是針對比賽中可能出現的情況或問題進行模擬實戰的反覆練習，目的是為運動員參加比賽做好適應性準備。

模擬訓練的主要作用在於提高運動員臨場的適應性，在頭腦中建立起合理的動力定型結構，以便使技術戰在千變萬化的特殊情況下得到正常發揮。如果不進行模擬訓練，運動員對於意外的、不適應的超強度刺激沒有做好相應的應答準備，比賽中就可能出現暫時聯繫的中斷和自動化的消失，而對這些超強度刺激產生過度反應,致使技戰術得不到充分發揮,甚至造成比賽失常。蘇聯心理學家曾對足球運動員進行過調查統計(邱宜均,1988b),結果表明,只有 5% 的運動員表示他們在國外踢得更好,23% 的運動員表示他們無論到何處比賽都是一樣,而大部分運動員都不適應國外比賽,產生了種種煩惱和抱怨。經調查,其影響原因大致有以下幾點:(1) 裁判不公,偏袒東道國;(2) 對比賽場地、環境不能很快地適應;(3) 生活條件,包括飲食的改變;(4) 觀眾對東道國的明顯支持。

因此,他們感到出國比賽的平均成績比國內比賽要降低 34%,平均技術失誤係數(包括不準確的射門、傳球和其他失誤的戰術動作所占的比例)在國外約為 0.54,而在國內均不超過 0.40。由於運動員心理上產生不適應反應,比賽中交感神經的興奮性過高,體內產生了過多的兒茶酚胺,導致運動員出現急躁不安等失常表現(邱宜均,1988b)。而模擬訓練正是要解決這一類的不適應問題。

模擬訓練可分為實景模擬和語言圖像模擬兩類。**實景模擬** (simulation by setting real situations) 是設置競賽的情境和條件對運動員進行訓練,包括模擬對手可能採用的技術、戰術、賽場上可能出現的意外情況、比賽的天氣、場地、觀眾的行為等。

語言圖像模擬 (simulation by language and photograph) 是利用語言或圖像描述比賽情境。例如,描述比賽的實景、對手的行為和自己的行動,通過電影、錄相(影)及播放錄音等來顯示對手的特徵和比賽的氣氛等,以便使運動員形成對比賽情境的先期適應。

二、模擬訓練的方法

模擬訓練所包含的內容很廣,應根據比賽的實際情況和運動員本人的特點來確定,下面介紹幾種常用的模擬訓練方法。

(一) 對手特點的模擬

模擬國內外比賽對手的技術、戰術特點及他們的比賽風格、氣質表現,是許多對抗性運動項目訓練的常用方法。可以讓隊友扮演對手的各種活動,以更深入細緻地了解對手的特徵,演習各種有效的對策。

（二） 不同起點比賽的模擬

不同起點的比賽包括領先、落後和關鍵分相持三種情況。如羽毛球比賽在模擬訓練中可從 14：3 開始，強手從 3 分開始，弱手從 14 分開始，以鍛鍊在落後情況下轉敗為勝的頑強意志。再如，乒乓球比賽在模擬訓練中可從 17：18 開始，以鍛鍊在關鍵時沈著冷靜、處理果斷的品質。

（三） 裁判錯判誤判的模擬

裁判的錯判誤判是運動員最難應付的問題之一，這種模擬可以幫助運動員將注意集中在可以控制的事情上，即下一步的技術、戰術上，而忽略自己難以控制的事情，即裁判行為。

（四） 氣候條件影響的模擬

氣候條件往往對運動員的比賽狀態有重要影響，如"湯姆斯杯"羽毛球賽曾多次在印尼首都雅加達舉行，那裏氣候炎熱，室外溫度常常高達攝氏 30 多度，比賽場地擠滿一萬二千多名觀眾，體育館內又無空調設備，館內的門窗都關著，防止比賽受風的影響，這就對運動員對高溫條件的適應提出了很高的要求。高溫下的模擬訓練和比賽顯然有助於減小高溫對運動員的不利影響。

（五） 對觀眾影響的模擬

觀眾的鮮明態度和立場往往通過震耳欲聾的呼喊聲和激烈的表情動作表現出來，給運動員以極大的壓力和干擾，在這種情況下，即使是最有經驗的運動員也有可能分心或過於激動、緊張。如果在模擬比賽中組織一些觀眾，有意識地給運動員製造一些困難，如鼓倒掌、吹口哨、為對方加油等，有助於減少運動員實際比賽時的應激（或壓力緊張）反應。

（六） 時差的模擬

到國外參加比賽的運動員，需要考慮**時差** (time difference) 的適應問題。例如，中國運動員到美國亞特蘭大參加奧運會，時差 11 小時，幾乎是晝夜顛倒。在此情況下，一個人恢復到原有狀態的時間約為 8～10 天。

凡是到時差 6 小時以上的地方，到達 3～4 天內一般不進行大強度訓練，但可做些輕微的練習，使運動員逐漸適應時差的變化 (邱宜均，1988b)。對時差問題進行模擬訓練，可以在臨出發前的一段時間內，逐漸改變作息時間，假定已知比賽國的比賽時間大多為北京時間 8：00，則也在此時間安排模擬比賽，如在 5：00 起床，做各種必要的準備。

(七) 地理環境的模擬

地理環境的模擬訓練最常見的形式是**高原模擬訓練** (plateau-simulating training)，如日本為了對運動員進行高原缺氧訓練，要求他們每天在低壓艙裏待兩小時。

第五節 生物反饋訓練

一、生物反饋的概念

生物反饋(或**生理回饋**) (biofeedback) 是利用電子儀器將與心理生理過程有關的機體生物學信息 (如肌電、皮電、皮溫、心率、血壓、腦電等) 加以處理，以視覺或聽覺的方式顯示給人 (即信息反饋)，訓練人們通過對這些信息的認識，有意識地控制自身的心理生理活動，即通過中樞神經**系統** (central nervous system，簡稱 CNS) 調控以往難以調控的**植物性神經系統**(或**自主神經系統**) (autonomic nervous system，簡稱 ANS) 的功能或者調控運動行為。例如，運動員在訓練或比賽中出現了情緒緊張，在生理上表現為植物性神經系統控制的機體部分發生一系列變化，像心率加快、血壓升高、毛細血管擴張等。使用電子儀器顯示各種信號主要是視聽信號，告訴運動員緊張情況下的主要生理機能反應，從而將緊張控制在適宜程度，這就是"生物反饋"的作用。

生物反饋訓練不僅具有調整情緒狀態、消除過度緊張、改善機體各器官系統機能的作用，而且還可以提高運動感知能力，加速運動技能的形成，使技術動作更為協調。如運動員練習動作時，利用肌電儀讓運動員在示波器上直接觀察肌電變化，可以提高運動員的肌肉用力感覺，精確區分完成動作的用力肌肉、用力時間和用力強度，從而加速運動技能的形成與完善。在耐力性項目的運動中，使用心率監測儀使運動員能夠直接聽到自己的心率變化情況，以便調節和控制練習的強度。

生物反饋訓練的作用可以總歸為三大效應系統：從屬於骨骼肌肉系統的生物反饋、從屬於自主神經系統的生物反饋以及從屬於內分泌系統的生物反饋。第一種系統的生物反饋訓練最容易引起反應，對自主神經系統的生物反饋訓練可以引起中等程度的變化，但表現有極大的個別差異，對腺體的生物反饋訓練多通過間接的途徑實現 (邱宜均，1988b)。

二、生物反饋的起源

生物反饋技術的出現、發展與普及，首先是在醫學領域，而後才擴展到運動訓練領域，它的興起與以下四個方面有重要關係 (張蘇范，畢希名，周燮生，1987)：

1. 隨著"生物－心理－社會"醫學模式的建立，人們越來越認識到心理因素與疾病的發生有密切關係，這就迫使人們尋找新的有效的心理學治療手段。

2. 控制論 (cybernetics) 的興起加深了人們對人體機能調節的研究，認識到如果能改善信息的反饋內容、形式和質量，就能提高人們主動調節自身機能的能力。

3. 對操作性條件反射 (或操作制約) (operant conditioning) 的研究，證明了通過學習，內臟活動可以達到一定程度的隨意控制。而且，**神經心理學** (neuropsychology) 及有關學科研究的進展也證明了這種隨意控制是有大腦功能結構基礎的。

4. 電子學發展提供的技術，使人們不但能夠像用顯微鏡那樣認識自身的解剖學細微結構，而且，還能運用反饋儀器觀察自己體內心理生理的動態過程。

自從 20 世紀 20 年代雅克布森用肌電儀監測人的肌電活動以進行放鬆訓練以來，生物反饋的技術手段不斷發展，應用領域不斷擴大，70 年代末開始在體育運動領域得到重視和研究，成為心理技能訓練的重要方法之一。目前，生物反饋技術在運動領域。主要是用於提高運動員的放鬆能力、表象能力（王惠民、崔秋耕，1991）和注意集中能力（Zaichkowsky, 1984）。它往往同放鬆訓練、表象訓練、注意集中訓練、系統脫敏訓練等結合進行，以提高運動員進行各種心理技能訓練和技戰術訓練的質量和效果。比如，劉淑慧等人 (1993b) 的研究表明，使用反饋放鬆與聽放鬆磁帶相結合的手段，放鬆效果最好。這表現在被試能夠更快地達到主觀感覺與客觀的**肌電圖** (electromyograrn，簡稱 EMG) 水平一致，很短時間內達到放鬆，以及放鬆程度很深（20 人中有 7 人的肌電圖值達到 1.10 微伏以下）。

三、生物反饋的幾種方式

過去，生物反饋儀多為單一的或兩種形式的生物電反饋，反饋信息的呈現形式也比較單調。現在，由於電子技術和計算機技術的迅速發展，生物反饋儀已經逐漸發展為：(1) 可同時記錄肌電、皮電、皮溫、呼吸、腦電、心率、血容等多種生物電和機體內部信息；(2) 可呈現視覺和聽覺多種形式的反饋；(3) 配有計算機數據儲存和處理系統，可進行描述性統計學運算；(4) 體小體輕，便於攜帶。

儘管生物反饋儀的製造技術突飛猛進，但生物反饋的原理卻沒有改變。下面，僅介紹幾種常用的生物反饋技術的一般原理。

（一）肌電反饋

在**肌電反饋**（electromyograph feedback）中，生物電流是由於肌纖維中各個肌細胞正離子和負離子的運動造成的電位差而產生的。肌細胞本身相當於一個生物電池，可以處於極化和去極化狀態。肌肉是由許多肌細胞組成的，可以處於鬆弛和緊張兩種狀態，當肌細胞興奮或靜息時，由於**去極化**（depolarization）和**再極化**（repolarization）的作用就要產生一定的生物電活動。所謂肌電，通常是指多個肌細胞在興奮或靜息時的綜合電變化。

　　肌電反饋儀是能測到皮膚表面複雜肌電電壓幅度並能給出視覺或聽覺反饋信號的一種生物反饋儀器。肌電反饋是目前運動員心理技能訓練中使用得最為普遍的反饋形式之一。肌肉的鬆弛和緊張程度與肌電反饋儀測量的表面肌電電壓幅度有良好的線性關係。肌肉緊張時，肌電值迅速上升，肌肉放鬆時，肌電值迅速下降。

　　肌電反饋的優點是能較為敏感且迅速地反映機體不同部位肌肉的緊張程度，也可反映情緒的興奮程度，多用於放鬆訓練和表象訓練。

(二) 皮溫反饋

　　皮溫反饋(skin temperature feedback) 是測定皮膚溫度並給出視聽信息。皮溫反饋儀的傳感器是熱敏電阻，溫度變化時其電阻值也相應變化，進而產生相應的電壓或電流變化，這個變化信號即可為皮溫反饋儀中的電路所接受和處理。皮溫的變化是一種慢變化，皮溫反饋也不能即刻反映機體內部的變化，而有數秒的滯後。身體放鬆時，肢體末端皮膚溫度上升，身體緊張時，肢體末端皮膚溫度下降。

(三) 皮電反饋

　　皮電反饋(skin conductance feedback) 測定兩個選定測試點之間的導電性並給出相應的指示信息。這種導電性是汗腺活動性的反映，所以，皮電反饋儀是通過對皮膚汗腺活動變化的測定，來反映交感神經系統活動性的變化。汗腺的活動可以由皮電阻、皮電反應和皮電反射等參數來表示。皮電變化能夠非常迅速敏感地反映情緒狀態的變化，尤其是當情緒緊張時，如在實驗室中閉目想像大賽臨上場前的情境或在安靜的放鬆過程中突然聽到刺耳的電話鈴聲，可見到皮電阻的迅速下降。從緊張過渡到放鬆的過程中，也可見到皮電阻的顯著上升，但變化速率不如從放鬆進入應激狀態那麼快。皮膚電反饋也是運動員心理技能訓練中最常使用的反饋形式。

(四) 腦電反饋

　　腦電反饋(electroencephalogram feedback) 是測定所選定頻帶範圍內頭皮表面複雜交流信號的振幅和頻率，並給出相應的反饋信息。腦神經細胞的極化活動構成腦電活動，腦電活動產生腦電勢的變化。將傳感器置於頭部的不同位置，就能感知腦電勢的變化，再由儀器電路對該電勢的變化進行放大、處理，並給出反饋信號。腦電信號實際上是一種含有許多頻率分量、非周期性的複雜信號，因此，只能利用計算機輔助下的功率譜密度分析方法來得到腦電信號的分布情況。腦電反饋的技術較為複雜，由於頭髮的阻礙，電極的安放也不如其它類型生物反饋方法那樣方便，因此，其實際應用受到一些限制。但現在正在逐步解決這些問題。畢竟，腦的活動情況對於理解人的心理現象是太重要了，腦電反饋提供的信息能夠更為直接地反映和說明人的心理活動。比如，在第十二章我們就曾指出，有些研究表明，運動表象對 α 波 (alpha wave) 的抑制程度可反映運動員的訓練水平 (楊錫讓，1957；張振民，1980)。

四、運動領域生物反饋訓練的研究成果

(一) 生物反饋訓練與心理應激控制

目前為止，相當數量的研究都報告過用生物反饋 (主要是肌電圖) 可降低應激或緊張程度，從而提高了運動操作水平。其中有三個研究使用了穩定性測量器來測量實驗室的操作活動 (Blais & Orlick, 1977；French, 1978, 1980；Teague, 1976)。有一個研究，測量的是手動穩定性和握力 (Pinel & Schultz, 1978)，其餘的研究涉及射箭 (Bennett & Hall, 1979)、花式游泳 (Wenz & Strong, 1980)、籃球和橄欖球 (DeWitt, 1980)、體操 (Dorsey, 1976；Goodspeed, 1983；Tsukomoto, 1979) 和藝術體操 (Peper & Sohmid, 1983) 等不同的運動項目。以上大多數研究都說明，進行肌電圖生物反饋調節後有良好效果。如德維特 (DeWitt, 1980)、弗蘭奇 (French, 1978, 1980)、皮諾爾和舒爾茲 (Pinel & Schultz, 1978) 都曾報導，高度的肌肉緊張會使操作陷入混亂，被試使用了肌電反饋以後，就能夠減少肌肉緊張和提高操作能力。但是，用體操運動員作為被試的三個研究卻報告了不同的結果。楚克摩特 (Tsukomoto, 1979) 發現，在借助生物反饋和不借助生物反饋條件下，兩組被試學習放鬆的效果沒有差異。在波士頓大學的研究工作中，多爾西 (Dorsey, 1976) 發現，在中等或高應激情況下，焦慮的體操運動員經生

物反饋訓練後,和控制組被試相比,在 6 個項目中有 4 個完成得更好。此外,運動員報告:生物反饋有助於他們控制應激和促進操作活動的順利完成。

在這以後,古德斯皮德 (Goodspeed, 1983) 以 9 名女子大學體操運動員為被試繼續了多爾西 (Dorsey, 1976) 的研究。他研究了綜合自我控制訓練法對狀態焦慮和操作成績的影響,這種訓練包括皮電和皮溫反饋。通過生物反饋訓練,運動員與以前相比,能自我控制溫度的變化並提高操作水平。雖然不能把結果完全歸因於這一訓練措施,但運動員認為這一訓練對她們的操作水平的提高是有明顯作用的。

皮伯和施密德 (Peper & Schmid, 1983) 對藝術體操運動員進行了同樣的生物反饋訓練。兩年的訓練課程包括家庭自我練習和集中指導訓練,有漸進放鬆、自生訓練、表象練習、喚醒與能量的自我知覺訓練、肌電、皮溫和皮電生物反饋訓練。多數運動員提高了對外周溫度、肌電活動、心率和皮膚導電性進行有意識控制的能力。此外,運動員還報告,這一訓練對於將心理技能融於專項技術 (這是最重要的) 極為有益。

(二) 生物反饋訓練與生理應激控制

生物反饋訓練也用於健康人降低或提高身體應激水平以提高操作成績。

1. 心血管控制　在運動應激中進行心率控制方面,有兩篇未發表的論文以及這一領域的先行者所做的鮮為人知的研究工作,是十分值得注意的。第一項研究是邁茲 (Mize, 1970) 做的,他發現,對低強度功率自行車運動前和運動中的心率可進行有效控制,但在高強度時則不能使心率出現明顯下降。在另一研究中,里菲沃斯 (LeFevers, 1971) 證明,安靜狀態下降低心率的生物反饋訓練能夠遷移到跑台練習中,這在高強度應激水平(心率 160～180 次／分) 下也是可行的。

第一個有關心率控制的公開發表的研究是由戈爾德斯坦、羅斯和布瑞蒂 (Goldstein, Ross & Brady, 1977) 進行的。由於提出了生物反饋程序和實驗設計方案,因而這項研究具有十分重要的意義。在跑台運動中 (2.5 英里／小時,6 級),實驗組被試接受 25 個單元的反饋訓練,訓練中可將自己的當前心率同規定的標準心率進行比較。結果,明顯表現出實驗組被試心率比控制組被試平均低 12 次／分,收縮壓平均低 17 毫米汞柱,心率血壓乘積低 28%。這些結果在訓練結束後保持了 5 週之久。而控制組未表現出任何明顯變化,甚至在他們後來接受生物反饋訓練時也未發生變化。

佩斯基和恩杰爾 (Perski & Engel, 1980) 重復了戈爾德斯坦等人的研究並證明,生物反饋訓練組與控制組相比較,心率有大幅度下降 (20%),但收縮壓無顯著變化。和戈爾德斯坦等人的研究結果 (Goldstein, Ross & Brady, 1977) 相反,控制組在接受生物反饋訓練後,也出現了心率的大幅度下降。

羅爾和約翰斯頓發表了兩篇研究文章 (Lo & Johnston, 1984a),所做的實驗是檢驗功率自行車運動時兩種反饋的效果。他們運用了心跳間歇反饋 (與心率相關)、脈搏傳遞時間反饋 (與收縮壓相關) 和它們的乘積 (與通常的心率血壓乘積高度相關)。在第一個研究中,他們發現,在低強度功率自行車負荷 (4 公斤,29～31 周／分) 時,兩種生物反饋方式在降低交感神經系統喚醒方面均優於口頭指導。但這種降低都局限於練習時,不能遷移到沒有生物反饋的條件下。在第二個研究中 (Lo & Johnston, 1984b),他們發現,心跳間歇反饋與脈搏傳遞時間反饋的乘積較單獨的放鬆訓練能更有效地降低早先有氧運動造成的心血管系統反應水平。

科恩和科諾爾頓 (Cohen & Knowlton, 1981) 報告,在最大工作負荷的 40% 和 70% 時,通過生物反饋訓練,運動員可降低心率和氧消耗,但這一結果只限於生物反饋訓練中。值得注意的是,他們所獲得的是額部短時肌電反饋的結果。這些結果使人想到遷移效果,即從隨意肌的訓練遷移到自主神經系統機能的訓練。另外,在一個採用相似實驗設計方案的研究中,克爾克蒂和克理斯頓 (Kirkcaldy & Christen, 1981) 沒有發現任何從額部肌電生物反饋遷移到中樞或自主神經系統的現象。

人們對進行無氧練習時控制心率的能力也進行了探索。卡羅爾和萊斯-達維斯 (Carrol & Rhys-Davies, 1979) 考察了前臂屈肌等長收縮及等張收縮與控制心跳加快的關係。他們發現,在進行 2/3 最大肌肉隨意收縮時,進行生物反饋訓練的被試比僅給予口頭指導的被試心率增加的幅度更大。邁格紐森 (Magnusson, 1976) 在研究中也發現了前臂肌肉在進行 20% 最大收縮時控制心率加速能力的一些證據。克萊門斯和沙托克 (Clemens & Shattock, 1979) 也發現，在靜力練習的操作中，通過握力計進行 0%、10%、30% 和 50% 最大肌肉收縮時，掌握雙向（增加或減少）控制心率的能力也是可能的。

在健康的非運動員進行身體鍛鍊活動時 (Powers, 1981) 以及受過訓練的男子短跑運動員進行低於最大負荷的跑台實驗中 (Zeigler, Klinzing & Williamson, 1982)，心血管和呼吸系統的自我控制也成功地得到證實。但這些效應是生物反饋和其他放鬆技術共同作用的結果，因此很難從這一相當價值的結果中確定生物反饋單獨起的作用。健康成年人在完成各種低於最大負荷的練習中具備學習和掌握對心血管和呼吸系統進行控制的能力，其證據是相當可信的。目前仍然在沿用這一思路對從事次最大負荷的高水平運動員進行研究，確定生物反饋訓練是否有助於提高這些運動員的運動操作水平，或是有礙於這一提高。也許我們可以假設，在長跑中，一個處在低心率和低氧耗狀態下進行訓練或比賽的運動員是能夠更有效地工作的 (Zaichkowsky & Fuchs, 1989)。

2. 柔韌性控制　研究的另一個生理學問題是通過生物反饋提高體操和田徑運動員的柔韌性。在一個分為兩個階段的研究中，威爾遜和伯德 (Wilson & Bird, 1981) 將 10 名體操運動員分為兩組，控制組進行自我放鬆練習，生物反饋組接受髖部伸肌的肌電反饋訓練，在 9 次訓練結束時，兩組被試的髖關節柔韌性均有顯著提高，但生物反饋組提高得更快。在這一研究的第二階段中，15 名女子體操運動員分成三組：控制組（未進行處理）、改進了的漸進放鬆法的訓練組和髖部伸肌肌電反饋放鬆訓練組。結果表明，三個組的髖部柔韌性均有所提高，在研究的所有參數指標上，沒有一個組優於其它組。

在對 30 名運動員所進行的一個類似的研究中，庫明斯和威爾遜 (Cummings & Wilson, 1981) 將髖部伸肌專門性肌電反饋訓練與漸進放鬆、髖關節柔韌性練習進行了比較研究。8 次訓練後，三種方法均提高了運動員的髖部柔韌性，但當運動員停止這三種柔韌性訓練兩週後，只有放鬆組和肌電反饋組保持了原有的柔韌性水平。

由於柔韌性生物反饋訓練的研究數量不多，因此，現在還很難得出任何結論，但似乎對特定肌肉的柔韌性肌電反饋訓練確能促進柔韌性的提高。

3. 疼痛控制　肌電反饋也用於減輕肌肉疼痛的影響，這種疼痛通常發生於開始運動後在未工作的肌肉部位感覺到。麥格里恩、勞哥林和菲利歐斯 (McGlynn, Laughlin & Fillios, 1979) 讓 20 名被試進行單側腿負荷練習 (60% 最大隨意收縮)，直到出現難以忍受的疼痛時停止。被試者分為控制組和肌電反饋組，後者在停止練習後 6、25、30、54 小時接受股四頭肌的肌電反饋，兩組都在練習結束時和 24、48、72 小時後對平均疼痛程度做出評定，同時給兩組的四肢肌肉進行肌電測量 (不給反饋)。結果表明了，只有生物反饋組各次測量中的平均疼痛程度有顯著下降，但兩組平均肌電水平沒有顯著差異。不過，某一部位肌電反饋明顯減輕了肌肉疼痛，但肌電圖中沒有出現肌肉緊張程度下降的訊號，與以前同一組研究者的研究結果直接牴觸，即股二頭肌生物反饋訓練明顯降低了平均肌電水平但未使肌肉疼痛減輕 (McGlynn, Laughlin & Rowe, 1979)。

在通過肌電反饋訓練消除練習後肌肉疼痛這一領域中出現了相互矛盾的結果，對此很難做出解釋。但我們知道，所觀察到的疼痛程度可能是影響訓練和比賽的最重要的因素之一，我們也知道，生物反饋是康復醫療中解決慢性疼痛的非常有效的方法 (Basmajian, 1979)，因此，有必要進一步研究，以便就有關生物反饋對消除練習後肌肉疼痛的作用做出明確的結論。

4. 力量訓練 已經充分證明，通過肌電圖生物反饋可使神經性肌肉麻痺患者的肌肉力量和機能提高 (Basmajian, 1979)。將這一結果實際應用於健康人的實踐只是到了 80 年代才由米道夫、米勒和菲利歐斯 (Middaugh, Miller & Fillios,1982) 開展起來。他們的研究結果表明，通過肌肉表面電極進行的肌電反饋，能加強外展肌的主動外展。在反饋練習中，被試的肌電活動明顯加強，這反映出運動單位募集的數量增加，或是肌肉力量增加。

盧卡和雷克海蒂 (Lucca & Recchluti, 1983) 曾研究過通過肌電生物反饋訓練增加肌肉力量的問題。在他們的研究中，將 30 名健康女青年分為均等的三組，實驗組完成膝伸肌的等長收縮，同時接受肌電反饋，表面電極安放在股骨肌肉的肌腹處；第二組完成同樣的膝伸肌等長收縮，但沒有反饋；第三組 (控制組) 不進行活動。19 天的練習課程結束後，生物反饋組與單一練習組比較，所獲得的力矩／時間值更大。

通過專門的肌電生物反饋訓練可使健康肌肉的力量增長，其機制可以從心理學上解釋為：主體更多地意識和了解了生物反饋過程所提供的結果，並從神經生理學上增加了運動單位的效能和動員了新的運動單位。

(三) 生物反饋訓練與運動技能學習

丹尼爾和蘭德斯 (Daniels & Landers, 1981) 近年來的研究是將生物反饋用於提高運動技能的最好範例。這一創新的研究是給步槍射手提供他們射擊過程中心率與呼吸頻率的聲音反饋，並要求他們將擊發的動作與特定的心率和呼吸頻率相協調。進行這種反饋訓練的運動員其操作水平和協調性在訓練後都有所增加。而口頭指導組的被試只有很小變化或沒有變化。作者得出結論，生物反饋訓練是促進射擊技能的有效手段並建議在其他可以進行心理監測的運動項目中採用這種訓練。

總之，可以說以控制心理應激刺激為目的而運用某種生物反饋方式進行的研究，多數獲得了積極的效果，但這不意味著這些研究進行得十分完善，不存在著方法上的缺點。

本章摘要

1. **注意集中**是堅持全神貫注於一個確定目標，不為其他內外刺激的干擾而產生分心的一種能力。
2. 注意集中的練習方法有紙板練習、五星練習、記憶練習、實物練習、秒錶練習、發令練習以及注意力綜合鍛鍊法。
3. 運動員情緒的調節與控制可以從兩個方面著手，一是採用以**生理調節**為主的方法，如放鬆訓練，二是採用以**認知調節**為主的方法。認知過程的調節與控制對運動員尤為重要，往往成為心理技能訓練工作的重點。
4. 以埃利斯的 **A-B-C 理論**為基礎的合理情緒調節訓練強調，認知過程對行為具有決定性作用，是解決心理問題的基礎，認為行為和情緒大多來自於個人對情境的評價，而評價則受信念、假設、形象、自我交談等的影響。
5. 和體育運動有關的不合理信念主要有四種：(1) 我必須在我所從事的體

育項目上表現得很出色，如果我做不好，那就說明我是一個沒有能力和價值的人；(2) 我必須在我所從事的體育項目上表現得很出色，以便使其他人高興 (教練員、隊友、朋友等)。如果我失去了這些人的愛戴，那就太糟了；(3) 獲勝欲望過於強烈；(4) 期待獲勝卻又沒有獲勝的訓練基礎。這些不合理信念是運動員情緒問題的重要原因。

6. **暗示訓練**是利用言語等刺激物對運動員的心理施加影響，並進而控制行為的過程。通過言語，人能接受暗示和進行自我暗示，通過代表外部環境和體內環境的一切事物和現象的言語來調節認知、情感和意志過程。

7. 暗示訓練的程序有六個主要步驟：(1) 使運動員理解認識及其表現方式如言語對情感和行為的決定作用；(2) 確定訓練和比賽中經常出現的消極想法；(3) 確定如何認識這種消極想法；(4) 確定取代這種消極想法的積極提示語；(5) 不斷重復相應的對子；(6) 定時檢查，舉一反三。

8. 沃爾普認為，如果在有引起焦慮的刺激的情況下產生一種與焦慮不相容的反應，比如放鬆、性欲、自信等，那麼刺激與焦慮反應之間的聯繫必將減弱。他稱這個過程為相互抑制，遵循以下原則：一個人不能同時既緊張又放鬆。處於完全放鬆狀態時，本來可引起焦慮的刺激也會失去此作用，即對此刺激脫敏了。這就是系統脫敏訓練的理論依據。

9. **系統脫敏訓練**的主要程序包括 (1) 訓練肌肉完全放鬆；(2) 製定引起焦慮的刺激等級表；(3) 在完全放鬆的情況下想像焦慮等級表中引起焦慮的事件。

10. **模擬訓練**是針對比賽中可能出現的情況或問題，進行模擬實戰的反復練習，目的是為運動員參加比賽做好適應性準備。模擬訓練的主要作用在於提高運動員臨場的適應性，在頭腦中建立起合理的動力定型，以便使技戰術在千變萬化的特殊情況下也能正常發揮。

11. 模擬訓練可分為實景模擬和語言圖像模擬兩類。**實景模擬**是設置競賽的情境和條件對運動員進行訓練，包括模擬對手可能採用的技術、戰術、賽場上可能出現的意外情況，比賽的天氣、場地、觀眾的行為等。**語言圖像模擬**要利用語言或圖像描述比賽的情境。

12. **生物反饋**是利用電子儀器將與心理生理過程有關的機體生物學信息加以處理，以視覺或聽覺的方式顯示給人，訓練人們通過對於這些信息的認識，學會有意識地控制自身的心理生理活動，即通過**中樞神經系統調控**

以往難以調控的**植物性神經系統**(或**自主神經系統**)的功能或者調控運動行為。
13. "生物—心理—社會"醫學模式的建立、**控制論**思想的深入人心、對**操作性條件反射**的深入研究以及電子技術的迅速發展推動了生物反饋技術的出現、發展與普及。
14. 在**肌電反饋**中,生物電流是由肌纖維中各個肌細胞正離子和負離子的運動造成的電位差而產生的。**皮溫反饋**是利用熱敏電阻測定皮膚溫度並給出視聽信息。**皮電反饋**測定反映汗腺活動的皮膚導電性,進而反映交感神經系統活動性的變化。**腦電反饋**是測定所選定頻帶範圍內頭皮表面複雜交流信號的振幅和頻率,並給出相應的反饋信息。腦神經細胞的極化活動構成腦電活動,腦電活動產生腦電勢的變化。
15. 生物反饋往往同放鬆訓練、表象訓練、注意集中訓練、系統脫敏訓練等結合進行,以提高運動員進行各種心理技能訓練和技術訓練的質量。目前,在運動員的生物反饋訓練中,最常用的是肌電反饋和皮電反饋。
16. 許多研究表明,生物反饋訓練在心理性應激和生理性應激的控制中,在運動技能的學習、掌握與發展中,都具有積極的意義。但也有些研究結果並未發現這種作用。

建議參考資料

1. 丁雪琴、劉淑慧 (1987)：冠軍路上指迷津。北京市：科學普及出版社。
2. 全國體育學院教材委員會 (1983)：運動心理學。北京市：人民體育出版社。
3. 馬丁、皮爾 (林殷滬、林貽虹、孫明旋、周方和譯，1991)：行為矯正有效的心理療法。北京市：科學出版社。
4. 劉淑慧、趙國瑞、王惠民、張全寧、張紹穎 (1993)：高級射手比賽發揮的心理研究。北京體育師範學院學報。
5. Seiler, R. (1992). Performance enhancement—A psychological approach. *Sport Science Review*, 11 (2), 29~45.

第十四章

體育運動中的社會心理學問題

本章內容細目

第一節　體育運動的社會化作用
一、人的社會化概述　473
　㈠ 社會化的定義
　㈡ 社會化的特點
二、體育運動在社會化過程的作用　474
　㈠ 民族社會化
　㈡ 超民族社會化
　㈢ 道德社會化
　㈣ 性別角色社會化
三、社會化的影響因素　477
　㈠ 社會文化對個體社會化的影響
　㈡ 家庭教育的影響
　㈢ 學校教育的影響
　㈣ 同輩群體的影響
　㈤ 大眾傳媒的影響

第二節　教練員的領導行為
一、領導行為理論概述　481
　㈠ 領導概述
　㈡ 領導方式
　㈢ 領導者的功能
二、影響教練員領導行為的因素　486
　㈠ 教練員的基本素質
　㈡ 教練員的領導方式
　㈢ 情境的特點
　㈣ 運動員的特點

第三節　體育運動團體的凝聚力
一、凝聚力理論概述　491
　㈠ 凝聚力的含義
　㈡ 凝聚力的測量
二、影響團體凝聚力的因素　495
　㈠ 團體領導者的領導方式
　㈡ 目標的整合性
　㈢ 志趣的一致性
　㈣ 心理的相容性
　㈤ 成員的互補性
　㈥ 外界的壓力
　㈦ 團體規模的大小
三、凝聚力與團體工作效率的關係　498

第四節　體育運動的攻擊性行為
一、攻擊行為的理論概述　500
　㈠ 攻擊的概念
　㈡ 攻擊的種類
　㈢ 攻擊性的測量
二、影響攻擊行為的因素　504
　㈠ 本　能
　㈡ 挫　折
　㈢ 社會學習
　㈣ 生理喚醒
三、攻擊行為的預防與控制　509

本章摘要

建議參考資料

世界上最孤單的人可能莫過於魯賓遜了，他因所乘船隻失事而"單獨"在一個荒島上生活了 28 年。但是，笛福不忍心讓他過於孤獨，找來了"星期五"與他為伴。這是人的天性。人離不開其他人，人要依賴他人，學習他人，幫助他人，支配他人，傷害他人；一句話，人要與他人在一起。這麼一個簡單的事實成為了社會心理學研究的基礎和動力。脫離了與同類的相互作用，人至多只能作為"自然人"而不能作為"社會人"生存，並終不能逃脫十分悲慘的命運，"狼孩"即是明證。

　　人與人之間的相互作用是多層次、多方面的。體育運動活動是人與人之間相互作用的一種十分重要的形式。每天我們用完晚餐，打開電視機，欣賞體育畫面的時候，已經習慣了那種運動員之間的激烈爭鬥以及觀衆的群情激昂；我們去打球，必得找個伴；即使是那些完全可以自己單獨完成的鍛鍊，我們也喜歡到能同他人一起的地方做，到健身房、老年活動站或公園裏去打太極拳、練健美操。有的人參加體育運動的目的乾脆就是為了社交。他們認識到，這種社交是其他的社交都不能取代的。

　　社會心理學研究人與人之間的相互作用問題，所涉及的範圍十分廣泛，包括人的社會化、態度的形成與改變、自我意識、社會動機、社會知覺、社會輿論、團體凝聚力、領導行為、從衆心理、攻擊性、侵犯性、挫折感、生活環境影響，等等。我們只能有選擇地討論其中幾個與體育運動關係十分密切的問題作為本章討論的主題，並希望這一討論能夠使讀者了解：

1. 人的社會化的基本含義。
2. 體育運動在人的社會化過程中的作用。
3. 領導與領導方式對於團體活動的意義。
4. 影響教練員領導行為的因素。
5. 團體凝聚力的含義和測量方法。
6. 影響運動隊集體凝聚力的因素。
7. 攻擊性的含義、種類及其測量方法。
8. 影響攻擊性的因素。
9. 在體育活動中預防和控制攻擊行為的方法。

第一節　體育運動的社會化作用

社會心理學 (social psychology) 即要揭示個體心理發展變化與其所受的社會影響的關係，又要研究個體對社會環境表現出的行為方式的特殊性，即研究個體自出生以後是如何適應社會，又如何形成具有獨特行為方式的主體，這實質上就是人的社會化問題。

一、人的社會化概述

(一) 社會化的定義

社會化 (socialization) 作為一種發展過程，是在個人和他人之間存在著的一種連續的、經歷著許多階段和變化的相互作用過程。可以從個人或團體的角度來看社會化，也可以從某一社會的內部或者從造成人與人之間重大差異的影響方面來看社會化。社會化就是在特定的社會與文化環境中，個體形成適應於該社會與文化的人格，掌握該社會所公認的行為方式 (時蓉華，1989)。

人的社會化是一個極其複雜的、長期的過程，是經過個體與社會環境的相互作用而實現的，是一個逐漸內化的過程。每個人從來到這個世界的第一天起，就必然生活在一個具有某種關係的社會環境中，而在不同的歷史條件下，社會化的內容是不同的，因為不同的社會有不同的社會規範和不同的行為標準，對人們的要求也不同。

社會環境對人的影響，是通過各種直接與間接的渠道進行的。因此，個人對社會要求的認識與掌握可能是自覺的、積極的和主動的，也可能是不自覺的、消極的和被動的。也就是說，個人的社會化有時是有意識、有目的地進行的，有時是無意識、潛移默化地進行的。不管個人喜歡還是不喜歡，社會化總是會在他身上實現的。

從個體角度看，社會化是學習社會角色與道德規範的過程。人只有經過社會化才能從一個自然人成為一個社會人,否則,他就只能是個"狼孩";從社會角度看,社會化是使社會和文化得以延續的手段和形式,社會化誘導或"強制"兒童和成人去做能使社會正常運作而必須做的事情,去適應他所處的社會或團體的行為方式,因此,它亦包含了社會控制的因素。

(二) 社會化的特點

個體的社會化過程體現了一系列的特點。首先,個體的社會化是以人的遺傳素質為基礎的。"狼孩"經人的精心撫育,可以在一定程度上恢復人類行為,但大猩猩再聰明,人的培養再精心,仍不可能學會人類語言和直立行走的習慣,這是遺傳影響使然。

第二,個體的社會化是通過個體同與之有關係的其他個體及團體的相互作用而實現的。推動個體社會化的力量是能對個體發生影響的其他個人、團體,特別是各種社會制度、文化等,這些都稱之為社會化影響的代理人。

第三,個體的社會化是共同性與個別性的統一。同一國家、同一民族、同一宗教的成員,往往具有一些共同的心理傾向,如中國人家庭觀念較重,美國人富於開拓精神等,這是**共同性** (commonality);但是,即使生活在同一社會文化中,由於性別、年齡、智力、性格、體質等的不同,社會對人們的行為範圍和任務要求也不相同,同時,人對自己所處的環境也有主動的選擇性,因此,個體社會化的內容、程度、形式和結果也不一樣,這是**個別性 (或個別化)** (individualization)。

第四,個體的社會化是一個連續不斷的過程,貫穿人的整個一生。在人生的不同階段,社會化的內容、任務和要求都是不相同的。例如,埃里克森 (Erikson, 1950, 1987) 根據時間順序把人的個性發展過程分為內容不同但互相聯繫的八個階段,每個發展階段以一個危機為特徵 (表 14-1),並認為這八個階段的發展順序是遺傳因素決定的,不能改變,但社會環境決定危機是否能得到積極的解決。

二、體育運動在社會化過程的作用

社會化可以用"人格的發展"、"社會性的發展"、"社會態度的形成"以及"社會角色的獲得"等詞彙來具體表現,這些詞彙都意味著社會化的具

表 14-1 人格發展八個階段中的危機及其解決方式

階段	年齡	危機	對危機的積極解決	對危機的消極解決
1	0～1(歲)	信任對不信任	希望	恐懼
2	1～3	自主對害羞、懷疑	自我控制和意志	自我懷疑
3	3～6	主動對罪惡	方向和目的	無價值感
4	6～11	勤奮對自卑	能力	無能
5	12～20	同一性對角色混亂	忠誠	不確定感
6	21～24	親密對孤獨	愛	淡漠
7	25～66	繁殖對停滯	關心	自私
8	65～死亡	自我整合對絕望	智慧	絕望和無意義感

(改編自 Erikson, 1963)

體內容。從另一個角度看，社會化還可以分為政治社會化、民族社會化、法律社會化、性別角色社會化、道德社會化等等。這些都反映了社會化的不同方面。體育是廣義文化的一個組成部分，是各種非生產性的體力活動，它或以競技為目的，或以健身為目的，是人類普遍從事的一項活動，在人的社會化過程中起著重要作用。

(一) 民族社會化

民族社會化 (national socialization) 是使自然人成為具有民族意識的人的過程。各個民族都有自己固有的風俗與傳統，民族社會化的結果，使每個人都能尊重自己的民族習慣、風俗與傳統，具有民族自豪感。在民族社會化的過程中，體育運動起著不容忽視的作用。比如，一些重大的體育事件，總是激起國人的民族意識。

在 1959 年，乒乓球運動員容國團為中國奪得第一個男子單打冠軍，以後，中國乒乓球運動員又相繼為中國奪得了幾十個世界冠軍，極大地鼓舞了中國人民的民族自豪感，乒乓球也一度被譽為"國球"。

在 1993 年，當國際奧委會主席薩馬蘭奇走上主席台，拿起一張不起眼的小紙條，準備宣布 2000 年奧運會主辦城市時，多少中國人都屏住了呼吸，當得知申辦失利後，海內外華人無不惋惜，許多人流下了悲傷的淚水；

今天，在大眾心目中，志行風格 (指足球運動員容志行的高尚體育精神)、拼搏精神、女排精神 (指中國女子排球隊的高尚體育精神)、喬波精神 (指滑冰運動員葉喬波的高尚體育精神)，都是改革開放後，中國人民族風貌的體現和時代脈搏的表徵。

(二) 超民族社會化

科學是沒有國界的，體育更是沒有國界的，這一點從奧林匹克運動的宗旨體現得尤為明顯。奧林匹克運動的宗旨是：

1. 促進作為體育運動基礎的身體素質和優良道德品質的發展。

2. 通過體育運動，以相互更好的了解和友誼的精神教育青年，從而有助於建立一個更加美好與和平的世界。

3. 將奧林匹克原則傳播到全世界，從而建立國際親善關係。

4. 使世界運動員在每四年一次的盛大的體育節——奧林匹克運動會中聚會在一起。

這些宗旨反映了全人類的共同願望。奧林匹克的口號"更高、更快、更強"反映了人類不斷向自己的最大潛力挑戰的進取精神。體育運動中的道德準則——公平競爭，也為所有參加和不參加體育活動的人所接受。奧林匹克運動教育所有的人，使他們認識到：人們在競爭中可以友好相處，在友好相處中可以競爭；個人的潛力是有限的，但人永遠可以給自己提出更高的目標，發掘自己的潛力；成功和失敗是暫時的，只有努力才是最可靠的；⋯⋯。今天，不同國家的人們在實現自己各自的民族社會化的同時，也都接受了在體育運動中體現出的這些具有普遍意義的思想。

(三) 道德社會化

道德社會化 (moral socialization) 就是使人們按照道德標準來支配自己的行為。在社會中為了維護人們的共同利益，協調彼此的關係，便產生了調節人們行為的標準。個人如果遵守這些標準，就會受到社會輿論的贊許並感到心安理得，否則，就會受到社會輿論的譴責並感到內疚。體育遊戲和體育競賽也促進了這種道德社會化的過程。從孩提時的遊戲開始，人們就逐漸學會了公平競爭的原則。遵守規則，成為進行體育競賽的必要條件。遵守競賽規則，競賽得以順利進行，模範遵守競賽規則者，還可以獲得公平競賽獎(如第十五屆世界杯足球賽)；不遵守比賽規則，要受到裁判的制裁和輿論的譴責。即便是約翰遜和馬拉多納這樣的超級明星，如果違反競賽規則(服用興奮劑)，也要被毫不留情地罰出局。人們就是在這種典型的操作性條件反射作用下，逐漸學會了遵守體育運動規範，學會了區分競賽成績與體育人格的不同，並將這種學習遷移到遵守其它社會道德規範中去。

(四) 性別角色社會化

性別角色社會化 (sex role socialization) 就是使人們按照社會上普遍認為的男女性別角色的要求來支配自己的行為。由於男女的生理結構不同，社會習俗向男性和女性提出了不同的要求，男子需按男性角色要求行事，女子需按女性角色要求行事。從兒童時期開始，男孩就被鼓勵從事更多的戶外活動、身體接觸性活動以及大肌肉群的劇烈活動；女孩則被鼓勵更多地留在家裏，要保持清潔，少去戶外摸爬滾打。體育運動項目也根據性別做了明確的區分，表現在：

1. 男女均可參加的項目 比賽時分性別進行，此時，競賽規則有可能相同，如 100 米自由泳；更可能不同，如排球、羽毛球、體操等。

2. 男女性別分別設置項目 如，只有男子參加的項目有：拳擊、冰球等，只有女子參加的項目有：花式游泳，藝術體操等。

這樣的區分，似乎主要考慮的是男女生理特徵的不同。這些體育活動，具有非常強烈的性別角色的引導作用，如藝術體操可以充分體現女性的嬌柔美，橄欖球可以充分體現男子的粗獷和強悍，使人們對相應的性別角色產生認同和模仿。

三、社會化的影響因素

(一) 社會文化對個體社會化的影響

從廣義理解，**文化** (culture) 是指人類社會歷史實踐過程中所創造的物質財富和精神財富的總和。從狹義理解，文化是指社會的意識形態，以及與之相適應的制度和組織機構。文化是無所不在的，由於傳統的作用，也由於人類社會關係的多樣性與複雜性，即使是一些簡單的事物，哪怕如同動物一樣的基本生理需要，也都會披上一層文化模式的外衣。動物飢餓了，只要看見食物就吃，而人則必須等到開飯時才吃，一日三餐是人為的。打噴嚏似乎純屬生理現象，但也發展了一些習俗，有人必須趕緊用手帕捂住鼻子，有人打過噴嚏後會習慣地說一句"對不起"，可以說，人們的任何一種活動都是文化的產物，都有社會化的印跡。

體育一詞的英譯之一就是**身體文化** (physical culture)，說明體育活動與文化的緊密關係。有些文化對體育格外重視，比如，美國人崇尚體育，體育明星不但具有豐厚的酬金，也享有較高的社會地位，成為許多青少年的夢想，甚至總統候選人和任職總統也要十分注意使公眾知道自己參與某種體育活動，以體現自己進取的精神和充沛的體力；巴西的總統要會踢足球；義大利的總理就是 AC 米蘭隊的老闆。相比之下，中國文化對體育的熱衷程度就要低得多。但不論一種文化對體育的態度如何，我們都可以看到這樣一個事實，社會文化對個體社會化的影響也可以從個體的體育意識中反映出來。

(二) 家庭教育的影響

社會文化對個體進行影響的代理人，首先是家庭中的父母。父母對子女的社會化影響往往大於其他人的影響，如教師的影響，這是因為，第一，兒童首先受到的是家庭影響，然後才是幼兒園和學校的影響；第二，兒童在家庭中生活的時間很長，大約占全部生活時間的三分之二；第三，有研究表明 (參見時蓉華，1989)，學前期是接受社會化的最佳時期。比如，兒童出生以後，從小缺乏母愛，容易形成孤僻的性格；過去，孤兒院的孩子都很孤僻、任性、不合群，與正常兒童形成了鮮明的對照 (黃乃松，1981)。

父母的影響反映了社會文化的要求，他們在教育子女、與子女相處的過程中，加入了大量的文化準則和行為規範的影響。他們根據社會規範、價值標準、社會風俗和傳統習慣來判斷和要求子女的行為。實際上，父母是把自身早已內化了的社會文化灌輸給子女，限制和塑造著子女的言行舉止。他們常常告訴子女，他們對子女的期望是什麼，同時，子女從父母的各種反應中也逐漸理解了雙親的要求。這是一個十分重要而漫長的學習過程。許多優秀運動員的成長說明，他們的第一位體育啟蒙教師就是他們的父母，是他們的父母帶他們走進了培養世界冠軍的搖籃——青少年體育運動學校或俱樂部。有些家長，下午一下班便匆匆忙忙趕到運動學校，看著孩子在教練的監督下訓練，還自願幫助教練做些輔助性工作，如揀球。晚飯要親自照顧孩子吃好飯，休息一會兒，繼續練習，訓練結束後，再幫助孩子洗漱完畢，看著孩子鑽進被窩（有些兒童是住在運動學校的），才肯拖著疲憊的身軀走上回家的路。我們不去評價這種"保姆式"的方法是否真正有利於兒童的心理發展，但就兒童的社會化而言，父母的這種行為，無疑具有直接的導向作用，使兒童深深體驗到父母的期望和社會的期望。

（三） 學校教育的影響

學校的作用主要是有計畫、有目的地把社會規範、價值觀念和歷代所積累的知識、技能傳授給下一代。學校通過教學內容、教師人格、教育方式、考試、學生的各種組織以及課外活動等對學生的社會化發生影響。體育是教育的重要組成部分，對青少年身體發展的影響自不待言，對青少年心理的發展也不容忽視。比如，體育課上，學習難度動作時，教師要求學生要表現得勇敢；在體育比賽時，要求學生遵守規則，公平競爭；運動技能的學習，對於改善學生的動覺感受性、神經系統的分化水平以及操作思維的速度和靈活性等，也都具有重要作用。

在學校教育中，教師的作用尤為重要，它通過兩個方面表現出來。

1. 教師威信的作用 如果教師對學生具有威信，學生就會確認教師傳授的知識是真實的，所提出的要求和希望是合理的、正確的，並把這種要求和希望轉化為主觀需要。教師的表揚與批評能深入到學生的思想深處，並引起一定的情緒體驗。學生還把有威信的教師看作自己學習的榜樣，在言行舉止上模仿教師的內在品德，這種轉化把高深的倫理準則人格化、具體化，使學生在富有形象性、感染性和現實性的具體事例中受到深刻教育，從而實現其社會化。

2. 教師期待的作用 教師對學生的期待是從多種渠道表現出來並讓學生體驗到的，它可能是非常明確的要求，也可能是不很明確的其他舉動，如給某學生更多的作業或外出比賽的機會，提問某學生的次數更多，讓某學生做示範動作,讓不同的學生擔任不同的社會工作或參加不同的運動隊,批改作業時的評語有別,等等。教師在學生中一般都占有比較重要的地位,特別是教師有針對性地表揚、批評,更給學生留下深刻印象,由於教師的影響而決定自己人生道路的情況也不乏其例。

(四) 同輩群體的影響

青少年的發展正處於心理上的斷乳期,他們力求獨立,喜歡與同輩們在一起而不喜歡依附父母,時蓉華的研究表明 (時蓉華,1987),70% 以上的青年人遇到困難而煩惱時,不是首先與父母商量,而是與同伴商量,或者是悶在自己心裏。同輩群體的社會化影響有許多特點不同於父母和學校的社會化影響,第一,這種影響大都是在自然狀態下進行的,事先並無有計畫有目的地安排;第二,在同輩群體中,青少年可以自由選擇伙伴,並在平等的基礎上進行交往;第三,同輩群體開展活動是為了滿足自己的興趣、愛好和需要;第四,同輩群體中的伙伴之間可以敞開思想,自由探討諸如生死觀、戀愛觀、人體生理器官等問題,而這些問題,他們常常不願意同其他人探討;第五,同輩群體有自己的一套價值標準,這些標準可能與社會正統的價值標準相符,也可能不相符,甚至背道而馳。他們有自己心目中的英雄、榜樣,有自己的樂趣、消遣方式、服飾、髮型,有的還有自己的一些特殊用語。由於同輩群體往往可以滿足其成員個人的安全需要、歸屬需要、社交需要、自尊需要等,因此,它對其成員的社會化起著重要影響。

(五) 大眾傳媒的影響

大眾傳媒有多種不同的通訊形式,有眾多的聽眾、觀眾、讀者,但在信息的發送者和接受者之間很少有個人聯繫。報紙、雜誌、圖書、電視、廣播、電影、唱片、錄音帶、錄像 (影) 帶等,都是大眾傳媒工具。影響最大的大眾傳媒工具可能要算電視了。現在,體育運動通過大眾傳媒的影響深入千家萬戶,奧林匹克比賽、世界杯足球賽以及其他體育比賽的觀眾常常以十億計,從體育比賽轉播的費用之高,體育比賽在整個電視節目中所占比重之大,可知體育運動對社會生活的影響。

第二節　教練員的領導行為

當人們談到優秀運動隊時，都會想到它的教練員，想到教練員對專項運動的深刻理解，訓練中的嚴格要求以及比賽中的運籌帷幄。當然，人們可能還會提出：為什麼有些教練員成功了，有些教練員沒有成功？這裡，僅從管理和領導的角度，探討教練員成功的因素。因為管理運動員和領導運動員是教練員的基本職責。

一、領導行為理論概述

（一）　領導概述

領導 (leadership) 是指引和影響個人或組織，在一定條件下實現某種目標的行動過程。這個動態過程由領導者、被領導者及其所處環境三種因素組成。漢語中，領導除上述含義外，亦指領導者，不同於管理心理學中的特殊界定。在英語中，兩詞明顯不同，領導是 "Leadership"，領導者則是 "Leader"。

凡有人群聚集的地方，就有領導者的存在。任何組織或團體，無論其規模大小，總會有它的領導人。正是由於有領導者的存在，才可以對內主持和領導整個團體，對外代表整個團體同外界進行協調活動。這種領導者有的是自然產生的，有的是由團體成員推舉出來的，還有的是由上級組織委派的。領導者大致有以下特點：

1. 領導者是相對於一批被領導的群眾而言，沒有群眾，也就無所謂領導。因此，他們必定存在於組織或群眾中。

2. 領導者由於特殊原因，必然對一批群眾具有一定的影響力，體現在兩個方面：一是自然地領導一群人，二是勉強使一些人服從於自己的領導。

3. 領導者的領導作用常常體現在人類行為或團體活動的某些方面，而不是一切方面,所以常常在某一團體中能發揮領導作用的人,未必也能在其他團體中照常發揮領導作用。總之,領導者之所以成為領導者,關鍵在於他能夠影響和推動一批人,通過這些人去完成團體或組織的任務及目標。

(二) 領導方式

從本世紀 50 年代開始,一些心理學家和社會學家開始重視從領導者的行為、作風的角度,即領導者是怎樣做的,怎樣領導他的團體的角度研究領導的有效性,並產生了許多研究成果,對領導者的實踐活動具有一定指導意義。以下介紹的是較有代表性的關於**領導方式** (leadership style) 的研究。

1. 勒溫的分類　團體動力學創始人德國心理學家勒溫 (Lewin, Kurt, 1890～1947) 在實驗研究的基礎上,根據行使權力和發揮影響力的方式不同,將領導分為三類:

(1) **專制式領導** (autocratic leadership):這種領導主要依靠領導者個人的能力、經驗、知識和膽略來指導團體或組織的活動。他們大多獨斷專行而且缺乏對下屬的尊重。例如,團體或組織的活動方針都由領導者決定,團體成員的分工由領導者決定,領導者不參與團體作業,只根據個人的看法表揚或批評運動員。在這種情況下,團體成員往往唯命是從,但士氣低落,缺乏訓練熱情,因而工作效率不是很高。

(2) **民主式領導** (democratic leadership):這種領導以平等主義思想為指導,尊重下屬成員的不同能力與資歷,領導者以人格感召為主,使下屬由衷地願意追隨和接受其領導。例如,團體或組織的活動方針由全體成員共同討論決定,領導者從旁予以協助與激勵,成員的工作分工由團體決定,工作同伴的選擇由成員自己決定,領導者與下屬成員一起工作,並根據客觀情況表揚或批評成員。在這種情況下,團體的士氣最高,工作效率也最高。

(3) **放任式領導** (laissez-faire leadership):這種領導採取無為而治的態度,一切活動都由下屬成員自我摸索,團體或組織的方針和決策也由下屬自行決定,領導者不參與。除了成員要求外,一般情況下領導者對工作不提意見,對工作成果也不加評論。在這種情況下,成員的士氣不高,工作效率也低。

勒温認為，在實際工作情境中，三種極端的領導方式並不常見，大量的領導人採納的領導方式往往是處於兩種極端類型之間的混合型。

2. 李克特的分類　美國心理學家李克特把領導方式分為四類 (參見時蓉華，1989)：

(1) **剝削式的集權領導**：這種領導將權力集中在領導者身上，由領導者單獨做出決定，然後下達給下屬，並在必要時以強制的方法讓下屬執行，下屬無任何發言權。領導者與所屬成員之間存在著一種互不信任的氣氛，從而使團體或組織的目標難以實現。

(2) **慈善式的集權領導**：這種領導將權力控制在領導者身上，授予下屬部分權力。領導者對下屬有一種比較和氣的態度。做出決定時，領導者考慮下屬的反映，執行決定的過程中獎懲並用。領導者與下屬之間存在一些溝通和交流，但仍然是表面的、膚淺的。領導者對下屬並無信任，下屬對領導人心存畏懼，所以工作的主動性受到限制。

(3) **協商式的民主領導**：這種領導將權力控制在領導人身上，授予下屬部分權力。決策權雖然主要在領導者，但需在充分聽取下屬意見並在取得下屬同意之後才做決定。有時在一些次要問題上，下屬也有決定權，領導者與下屬溝通程度比較深，彼此都有一定的信任感，執行決定時，能獲得一定的相互支持。

(4) **參與式的民主領導**：這種領導讓下屬參與管理和領導，上下級處於平等地位，雙方有比較充分的信任，並且建立起一定的友誼。有問題時，雙方民主協商討論，由最高領導人做最後決策。按分工授權的原則，在規定的範圍內，下屬有自行決策權。領導者可以根據團體目標的要求，向下級提出具體目標，不過多地干涉下屬如何實現目標的方法，而是適當地給予實現目標的支持。

採用參與式的民主領導，效果最好，是大部分具有高度成就的部門領導者採用的方式；採用剝削式的集權領導，效果最差，是大部分成就低的部門領導者採用的方式。

3. 三隅的分類　日本心理學家三隅對領導者的兩種取向行為進行了大

量研究，把關心生產的工作取向 (P, p) 和關心人的人情取向 (M, m) 各分為高低兩種水平，進而構成了一個 2×2 維度的四種領導方式：

    PM：工作取向與人情取向均高
    Pm：工作取向高而人情取向低
    pM：工作取向低而人情取向高
    pm：工作取向與人情取向均低

  通過對日本的一些廠礦企業進行的多次現場調查，他發現領導行為處於 PM 型時，下屬成員的生產效率和勞動積極性最高，處於 pm 時，下屬成員的生產效率和勞動積極性最低。

  4. 費德勒的分類 費德勒 (Fiedler, 1967) 經過長達 15 年的調查研究，提出了一種有效領導的**權變模式** (contingency model)，從而第一次把人格測量同情境分類聯繫起來研究領導方式和領導效率。他認為，任何形態的領導方式都可能有效，關鍵要看情境如何。有效的領導方式依賴於領導者與下屬相互影響的方式、情境給予領導者的控制和影響程度的一致性。具體地說，影響領導效果有以下三個決定性條件：

  (1) **領導者與下屬的關係**：這是領導者被下屬接受和歡迎的程度；
  (2) **任務的結構**：這是領導者所安排的工作任務，其結構完善、規範和明確的程度；
  (3) **職位的權力**：這是指領導者所處地位的固有權力以及取得各方面支持的程度。

  費德勒認為，根據這三種因素的情況，領導者所處的環境從最有利到最不利，共可分為八個類型。其中，三種因素齊備是領導的最有利環境，三種因素均缺是最不利的環境。領導者所採取的領導方式，應該與環境相適應，才能卓有成效。他為了了解領導人人格特徵與情境之間的關係，曾對 1200 個團體進行了調查，證明在最不利和最有利這兩種情況下，採用"以任務為中心"的指令型領導方式，效果較好；而處於中間狀態的情境條件時，則採用"以人為中心"的寬容型領導方式，效果較好。例如，在工作任務明確，規定嚴格，但領導又不為人們歡迎，而必須採取機敏手段的情況下，"以人為中心"的領導方式便可能獲得較好效果；在領導為下屬歡迎而任務卻沒有明確規定的情況下，這種領導方式也能奏效 (表 14-2)。

表 14-2　費德勒關於領導形態與工作成績調查的情況比較

領導者所處情境	有　　利	中　間　狀　態	不利
情況類型	1　2　3	4　5　6　7	8
領導與職工的關係	好　好　好	好　較差　較差　較差	較差
任務結構	明確　明確　不明	不明　明確　明確　不明	不明
職位權力	強　弱　強	弱　強　弱　強	弱
應採取的能夠促進生產率的領導方式	指令　指令　指令	寬容　寬容　無資料　無關係	指令

(採自任寶崇，1987，288 頁)

(三) 領導者的功能

領導的基本功能是組織功能和激勵功能。領導者實現組織和激勵功能的過程叫**領導行為** (leadership behaviour)。管理心理學認為，激勵功能是領導的主要功能 (任寶崇，1987)。領導者是否具有這種激勵下屬的能力，直接關係到領導行為的效能。

激勵功能的內涵主要有如下三個方面：

1. 提高被領導者接受和執行目標的自覺程度　通常情況下，個體的行為活動目標 (即滿足需要的對象) 與團體或組織的目標並不完全一致。個體積極性、創造性的發揮程度與個體目標、團體目標之間的一致性成正比。因此，作為領導者，就要千方百計把實現團體目標與滿足運動員需要統一起來，努力創造一種環境，使運動員加強對團體目標的感受性，從而提高運動員接受和執行團體目標的自覺性。

2. 激發被領導者實現團體目標的熱情　運動員積極性、創造性的發揮，一方面取決於運動員個人目標與運動集體目標的吻合一致，另一方面又依賴於運動員訓練熱情的激發和保持。因此,運動員訓練熱情的激發是領導激勵功能的重要內容之一。在團體內部,領導者和被領導者的關係是人際關係的一種表現形式,他們之間不僅存在一般的組織關係,而且存在一種感情關係,一種相互影響的關係。在這種相互影響中,領導者的作用是主要的,因此,注意滿足被領導者的心理需要,是激發被領導者實現團體目標的熱情的關鍵措施。

3. 提高被領導者的行為效率 被領導者的行為效率,是指為實現團體目標所做貢獻的大小或能力才幹的發揮程度。它也是鑑定領導行為水平的直接依據之一。一個優秀的領導者,應當通過自己的領導行為給被領導者充分發揮其聰明才幹創造良好的環境條件,使"英雄大有用武之地",為團體目標的實現做儘可能大的貢獻。

二、影響教練員領導行為的因素

教練員的領導行為是否有效,即是否有助於團體目標的實現,受多種因素影響,下面就一些主要的影響因素加以討論。

(一) 教練員的基本素質

一個優秀的領導者應該具備哪些基本素質,或者哪些基本素質有助於一個領導者的成功,是人們都會關心的一個問題。

美國心理學家吉色利認為 (轉引自時蓉華,1989),職業成就需要、自我實現需要、自我保證、決策、智力和管理能力是優秀的領導者應當具備的個性品質,其中管理能力是預測領導有效性的最重要因素。美國學者戴金認為 (轉引自時蓉華,1989),對一般專業領導人來說,最重要的素質是技術能力,處理人際關係的能力以及管理能力 (即預測、計畫、組織和監督方面的能力)。加拿大學者霍化德認為 (轉引自時蓉華,1989),領導規模較大的勞動集體的領導者應具備的素質包括責任心強,靈活機動,力求對傳統進行改革,善於在家庭和工作集體中尋求經常的支持。而最重要的素質是熱愛本職工作,善於在高壓力的環境中保持鎮靜自若。同時他還認為,敢於經常胸有成竹地冒各種風險是天才領導人所必須具備的素質。美國學者包莫爾認為 (轉引自邱宜均,1986b),企業家應當具備 10 項條件,即合作精神、決策才能、組織能力、精於授權、善於應變、勇於負責、敢於求新、敢擔風險、尊重他人、品德超人。

日本企業要求管理人員具備信賴感、使命感、誠實、忍耐、對工作熱情負責和對同事、下屬關懷體貼、責任感、積極性、進取心、公平和勇氣 10 項品質以及思維決策能力、規劃能力、判斷能力、創造能力、洞察能力、勸說能力、對人的理解能力、解決問題的能力、培養下級的能力和調動積極性的能力等 10 項能力。

中國學者俞文釗對中國企業中層領導進行的研究表明 (轉引自時蓉華，1989)，領導者的心理品質可分為能力維度、知識維度、智力維度和修養維度，其中以修養維度最為重要，其次為能力、知識和智力。通過實測得出 4 個維度 20 個要素的先後排列順序是：組織紀律性、民主性、用人授權能力、決策能力、事業心、社會活動能力、專業知識、計畫實施能力、政策水平、組織能力、交涉能力、口頭表達能力、學歷、群眾威信、文字表達能力、基本理論知識、記憶、創造性、思維、觀察和注意。中國學者史美毅的研究表明 (轉引自時蓉華，1989)，中國企業領導人的主要性格類型屬 D 型性格，具有情緒穩定、主導性、社會外向性、社會適應性良好、無神經質等特點。

從以上論述中可以發現對領導者基本素質的研究有以下特點：

1. 研究者對優秀領導者應當具備的素質有共同看法，也有不同意見。

2. 討論問題的出發點有兩個不同的方向，一是評價領導者應當具備的素質，二是總結領導者實際所具有的素質。

3. 不同行業、不同工作中的領導者需要具備的素質可能不盡相同。

那麼，從體育運動領域的特殊性出發，教練員需要具備哪些素質才能進行有效的領導呢？這裏不想做窮盡式的論述，只擇其主要加以評價。

1. 高尚的人格　對運動員來說，教練員常常成為學習、模仿的對象，在運動員社會化過程中，教練員起著重要的引導作用，在有些情況下，這種引導作用甚至超過了家庭中的父母和學校中的老師。教練員要具備強烈的事業心、進取心、責任心、移情心，要尊重他人、嚴以律己，在人格上取得運動員的充分信任,才可能有效地實施技藝指導和行政管理。

2. 高超的管理能力 儘管教練員所組織管理的團隊一般來說都規模不大,少則幾個人,多也不過上百人,但是,由於運動訓練和比賽的強烈競爭性,使得人們對自身潛能的挖掘達到登峰造極的程度,在這種情況下,教練員必須從任何可能的方面去開發運動員和運動隊的潛能。運動隊的管理不但制約運動員和運動隊水平的提高,甚至關係到運動隊的生存,這已是體育行政管理人員、教練員和運動員的共識。有些教練員甚至將運動隊的主要問題歸結為管理問題,可見這一問題的重要性。

3. 高超的技術指導能力 教練員不同於企業的管理人員,後者並不一定需要具備高超的對某項具體生產環節和生產技術的指導能力,只要具備有關的生產知識即可,但是教練員必須全面地、具體地負責運動員所有的技術、戰術、身體方面的訓練和比賽,因此,教練員必須是某項運動的專家。

(二) 教練員的領導方式

前文曾介紹了勒溫關於領導方式的分類,這種分類特點鮮明,在教練員的領導行為中得到了一些印證。儘管將教練員分為專制型和民主型有簡潔明快的方便 (表 14-3),但是這種區分顯然是過於簡單化了。人類的大多數特點都處於一種連續體中,明顯二分的情況是鮮見的,領導方式也不例外。另外,即使一個教練員是專制型的,也不一定是任務定向型的。這些方式只是十分廣泛的、一般的定向。

表 14-3 專制型教練員和民主型教練員領導方式的比較

領導方式	專制型	民主型
領導行為特徵	以取勝為中心的 命令主義的 定向於任務的	以運動員為中心的 合作態度的 定向於運動員的

(採自 Martens, 1987)

優秀的教練員應能夠充分利用這兩種領導方式的長處。教練員應如何將這兩種截然不同的領導方式整合在一起,圖 14-1 提供了適當的解釋。就這

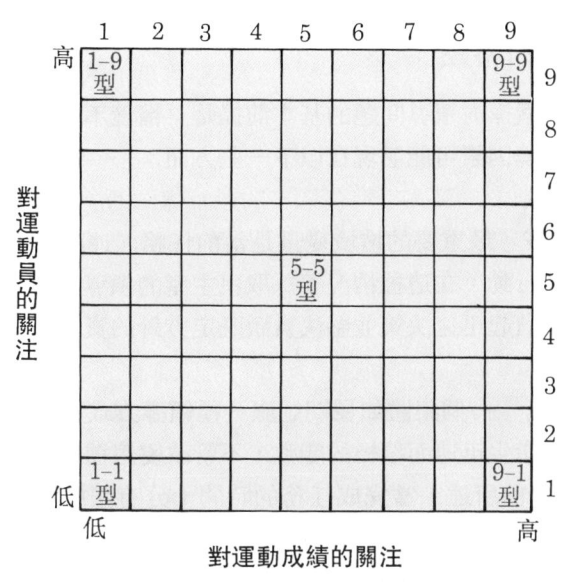

圖 14-1　教練員領導方式系統
（採自 Martens, 1987）

張圖進行分析，不同的領導方式具有如下特徵：

1-9 型：特別重視運動員的需要，保持一種友善的氣氛，追尋樂趣。

9-9 型：激發內部動機，在積極的環境同每個運動員有高交互作用，特別重視取得優異成績並在追尋樂趣中達到這一目標。

5-5 型：對運動員的需要和取得的優異成績給予同等關注，在這兩個方向上取得平衡。

1-1 型：很少盡領導之責，很少教授技能，並忽視運動員的需要。

9-1 型：強調計畫性、組織性和順利完成任務，但很少注意運動員的需要，運動成為一種工作，很少有樂趣。

顯然，9-9 型的教練員是最理想的教練員，這種教練員對於自己的領導方式採取一種靈活的和適應性的態度，他既不是專制型，也不是民主型，而是兩種類型的結合。需要根據不同的情境採取不同的方式。這種方式要求指導並授權助手和集體成員為達到集體目標承擔責任。

(三) 情境的特點

以情境為線索探討領導問題的基本前提是：情境不同，所要求的領導功能也不相同。情境因素可能體現在以下一些方面：

1. 當前任務 最重要的情境變量是當前任務。運動場上的現場領導要求迅速果斷採取行動，在這種情況下採取民主型的領導方式，效率就不高。這時，教練員應負起迅速決策並堅決貫徹既定方針的責任，不能有任何的猶疑和拖拉。

2. 團隊傳統 一個集體如長期經歷一種領導方式，就不大可能對這種領導方式的改變產生迅速而積極的響應，不管改變這種方式的領導者是誰。

3. 時間 如前所述，當完成任務的時間十分有限或情況十分緊迫時，專制型的方式比民主型的方式更有效。

4. 助手 領導者的助手越多，聯合他們向領導者指引的方向共同努力的問題就越重要。

5. 緊張 研究表明，在緊張的條件下，專制型領導下的被試任務完成得更好。而在不緊張的條件下，民主型領導下的被試任務完成得更好 (參見祝蓓里，1992)。因此，比賽期間高度的緊張可能會使運動員尋求一種更加專制的領導方式。

(四) 運動員的特點

運動員自身的某些特點也與領導行為有密切關係。這表現在：

1. 不同項目的運動員喜歡不同的領導方式 集體項目的運動員比個人項目的運動員更喜歡任務定向型的領導 (Martens, 1987)。比如，在像籃球這種變化較多、活動性較強的運動項目中的運動員比在游泳這類變化較少、封閉性更強的運動項目中的運動員更喜歡任務定向型的領導，因為任務定向型的領導傳授技術、戰術的效率更高。

2. 不同水平的運動員喜歡不同的領導方式 技能水平高的運動員更喜歡運動員定向的教練員，因他們能提供情感方面的支持 (Martens, 1987)。

3. 不同年齡的運動員喜歡不同的領導方式 對冰球運動員的研究表明

(Danielson, 1977),小學生年齡的運動員喜歡關係行為高、任務行為低的領導環境,大學生年齡的運動員喜歡關係行為低、任務行為高的領導環境。對女大學生籃球運動員的研究表明,較成熟的運動員比不成熟的運動員更希望任務行為和關係行為都很好的領導 (參見祝蓓里,1992)。這些研究成果都說明,應當根據運動員的成熟程度採取不同的領導方式。

4. 不同性別的運動員喜歡不同的領導方式　男運動員比女運動員更傾向於專制的和社會性支持的領導行為 (Chelladurai & Carron, 1978)。

5. 不同運動動機的運動員喜歡不同的領導方式　任務動機越高,越喜歡訓練和指導的領導行為;親和動機和外部動機越高,越喜歡社會支持性的領導行為 (參見祝蓓里,1992)。

以上研究成果並未直接涉及到教練員的領導行為與運動員運動成績的關係,但都涉及到運動員在訓練和比賽中體驗到的滿足感,這是運動動機的重要來源,直接影響到運動員對體育運動的投入,因此,有理由認為,它可能對運動成績有間接影響。

第三節　體育運動團體的凝聚力

一、凝聚力理論概述

(一) 凝聚力的含義

團體凝聚力 (group cohesiveness) 是指團體成員之間心理結合力的總體,表現在兩個方面:一方面是團體成員對團體所感受到的吸引力,從而自願參與團體的活動;另一方面是團體對其成員所具有的吸引力,從而把團體成員積極地組織到團體活動中去。也就是說,團體凝聚力即是表現團體團結力量的概念，又是表現個人的心理感受的概念。這種個人的心理感受又進一步表現為：

1.認同感 (perception of identification)　凝聚力強的團體內，各個成員對一些重大事件與原則問題，都保持共同的認識與評價。這種認同感往往會互相影響，這種影響是潛移默化的，尤其是當個人對外界情況不明時，個人的情緒焦慮不安時，團體其他成員對其影響更大。

2.歸屬感 (perception of affiliation)　每個團體成員在情緒上加入團體，作為團體的一員，具有"我們"和"我們的"這種情感。當團體取得成功或遭受失敗時，團體成員有共同感受，一部分成員會為其他成員的成功感到高興和自豪，從感情上愛護自己所屬的團體。

3.力量感 (perception of strength)　在團體凝聚力強的情況下，當一個人表現出符合團體規範，符合團體期待的行為時，團體就會給予他贊許和鼓勵，以支持其行動，從而使他們得到進一步的強化，使個人信心更足，決心更大。

總而言之，團體凝聚力表現在知、情、意三個方面。認同感對團體成員的認知給以知識和信息，歸屬感是團體成員情感上的依據，力量感則給團體成員以力量，使團體成員的活動堅持不懈（時蓉華，1989）。

(二) 凝聚力的測量

團體凝聚力是通過團體內人際關係表現出來的，如果人際關係密切，人與人之間互相選擇、互相吸引、互相關心的人數多，意味著團體內部的凝聚力強。因此，可以用對團體成員關係的測量方法分析團體凝聚力。對團體成員相互關係的測量方法叫**社會測量法** (method of social measurement)。

社會測量法是莫雷諾 (Jacob L. Moreno, 1892～1974) 於 1934 年首創的。他的基本觀點是：團體內人與人之間的關係和團體結構是吸引或排斥的力學緊張關係，由這種力學關係形成的結構是穩定的。因此，可以用測量方法分析團體內人際吸引或排斥的次數或強度，並表示出成員在團體內的人際地位和團體結構。莫雷諾曾研究了被拘留在收容青少年罪犯機構中的年輕姑娘是如何選擇她們的同住者的。他向這些姑娘提出了如下一些問題：在班

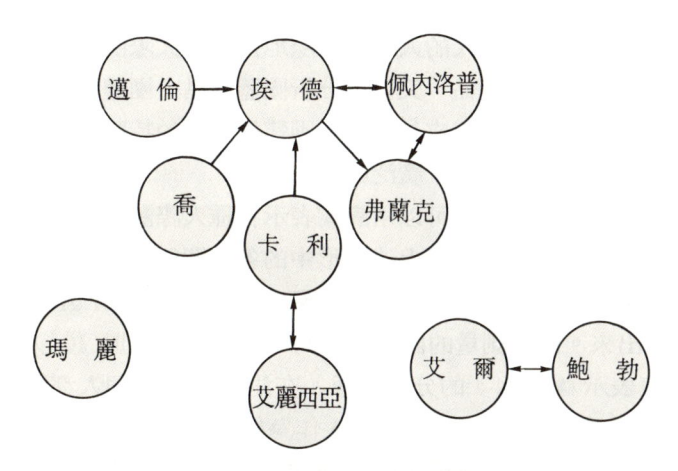

第十四章　體育運動中的社會心理學問題　**493**

圖 14-2　莫雷諾社會測量圖
連接圓圈的箭頭方向代表選擇者和被選擇者，雙箭頭表示相互選擇。團體凝聚力用一些相互關係的線條表示。
(根據巴克，1986 資料繪製)

上你喜歡同誰坐在一起？你願意請誰參加晚會？你喜歡同誰在一起工作？然後把這些姑娘的回答整理在一張社會測量圖中 (圖 14-2)。

莫雷諾通過這類測量得到的人際關係類型有六種，如圖 14-3 所示。這

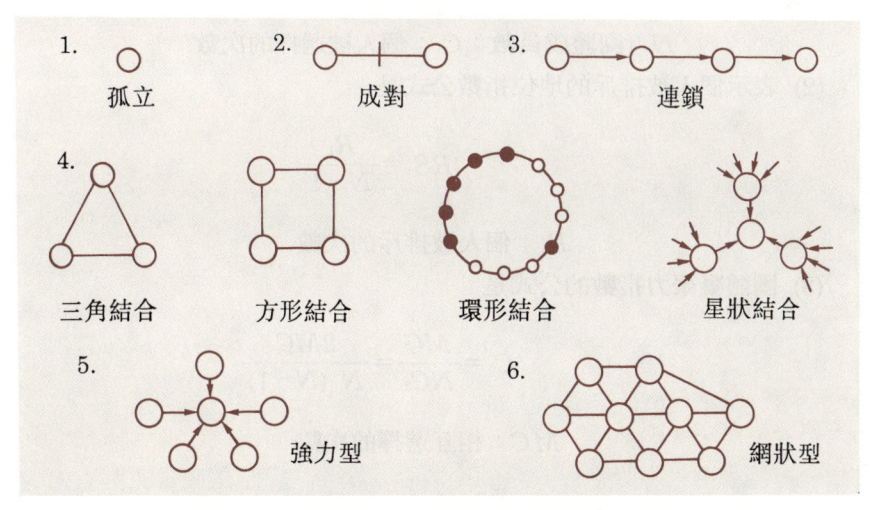

圖 14-3　莫雷諾的社會測量人際關係類型
(根據沙蓮香，1987 資料繪製)

六種類型，既可以分析個人的人格、人際地位、對人際關係的適應性、領導性、中心性和邊緣性等特點，又可以分析團體特點、團體結構、團體分化、團體凝聚力、穩定性、團體成員士氣、團體領導者的特點等，這種方法在以後的社會心理學研究中得到了廣泛應用。

　　莫雷諾的社會測量不僅可以用圖式表示各種人際關係、團體凝聚力等，而且可以利用指數分析來表示上述圖形中的各種關係。具體做法是把成員間相互選擇的次數列出矩陣，並用**團體凝聚力指數** (index of group cohesiveness) 表示出來。假如測量的團體成員為 10 人，就可把 10 人相互選擇的次數用矩陣表示為圖 14-4 的分布狀態。在測驗中，10 個人都既是選擇者，又是被選擇者。在每個人選擇 1 個人作為好朋友的情況下，每人被選的次數最多不會超過 9 次，被選次數為 9 的人，在該團體中最有人際地位，如果大家的選擇都集中在 1 個人，說明這個團體的人際關係密切，有凝聚力。如果用指數表示人際關係或凝聚力，則有不同的公式。例如：

(1) 表示個人被選擇的地位指數公式是：

$$CS_1 = \frac{C_1}{N-1}$$

　　N：團體成員數；C_1：個人被選擇的次數

(2) 表示個人被排斥的地位指數公式是：

$$RS_1 = \frac{R_1}{N-1}$$

　　R_1：個人被排斥的次數

(3) 團體凝聚力指數的公式是：

$$C_0 = \frac{MC}{NC_2} = \frac{2MC}{N(N-1)}$$

　　MC：相互選擇的次數

被選擇者＼選擇者	1	2	3	4	5	6	7	8	9	10	選擇數
1											
2											
3											
4											
5											
6											
7											
8											
9											
10											
被選擇數											

圖 14-4 社會測量的矩陣表示法
(採自沙蓮香，1987)

二、影響團體凝聚力的因素

(一) 團體領導者的領導方式

如前所述，勒溫和李克特提出的民主型領導方式以及日本心理學家三隅提出人情取向高的領導方式，容易造成較高的團體凝聚力。

(二) 目標的整合性

團體是由不同個體組成的一個整體，整體有整體的目標，個體有個體的目標，兩者的目標如果能夠統一起來保持一致，稱為**目標整合** (goal integration)。目標整合包括兩個方面：對團體來說，總目標應該滿足個體的需要和願望，使個體目標在團體內得以實現；對團體成員來說，各個個體目標必須與整體目標一致，或趨於一致，當整體目標和個體目標發生衝突時，應以整體利益為重，修正個人目標，甚至犧牲個人目標以顧全大局。

(三) 志趣的一致性

志趣的一致性是指團體成員在動機、理想、志向、信念、興趣、愛好等方面基本一致。而上述心理品質是個性心理結構中的重要組成部分和最活躍的因素，是個人行為的內在動力和個人積極性的源泉。志趣一致有以下兩方面的作用，一是可以保證團體成員間有相似的態度；二是可以保證團體成員獲得最大的心理滿足，因為志趣相投有利於團體成員間的信息溝通，產生較多的共同語言，使各成員的觀點、意圖和活動方式易被理解。

(四) 心理的相容性

心理的相容性是指團體成員與成員、成員和團體、領導者和下屬、領導者和領導者之間的相互吸引、和睦相處、相互尊重、相互信任、相互支持。如果是不相容，則表現為相互排斥、相互猜疑、相互攻擊、相互歧視。心理的相容性有兩方面的作用，一是它可以作為團體團結的心理基礎和實現團體目標的保證；二是它可以為創造性活動提供一個積極樂觀的心理氣氛，使團體成員保持良好的心境，有利於發揮人們的主觀能動作用。否則，團體成員之間將會互相設防、關係緊張、矛盾重重、貌合神離，把時間和精力消耗在糾紛之中。

(五) 成員的互補性

一個團體內，每個成員所扮演的角色不同，完成的工作任務也不同，因而，需要在不同方面互補，取長補短，才可能增強團體凝聚力。

互補表現在以下幾個方面：

1. 智力的互補 即需要具有不同智力水平的人們，也需要具有不同智力結構的人們共同協作。

2. 性格、氣質的互補 有時會看到這樣的現象，具有相同性格與氣質的人反而合作得不好，而不同性格、氣質的人在一起，因需要能夠得到互補，而使心理氣氛和諧。

3. 年齡的互補 領導成員應老、中、青三者結合，相互取長補短。

(六) 外界的壓力

團體處於外界壓力，或遇到外來威脅時，凝聚力會提高。邁厄斯的研究證實了這一點 (轉引自時蓉華，1989)。邁厄斯曾組織了幾個三人一組的步槍射擊組，設置了不同的情境，即讓有些組彼此競爭，有些組則沒有競爭活動。結果表明，組間有競爭的組比不競爭的組團結得更緊密，成員間彼此相互吸引，相互合作，親密寬容。我國在抗日戰爭時期，由於民族矛盾激化，而使階級矛盾趨於緩和，也是這個道理。

(七) 團體規模的大小

當**團體規模** (group size) 增大且用力集中在相當專門的作業時，很可能由於兩種原因而降低工作效率：

1. 個人動機的強度減弱，人們感到他們在整體的努力中顯得不重要。
2. 有時，由於某種機械的原因而使效率喪失。

這種情況可以在拔河測驗中看到，增加的人越多，則越不容易協調地進行努力；而參加拔河的人越少，則越容易協調他們的努力。比如，在里因戈曼的一項研究中 (參見克瑞蒂，1985)，團體人數由 2 名增加到 8 名時，工作效率下降。研究者將假設的團體努力的平均數 (如果總和是個人成績相加而得的) 與團體的實際拉力進行了比較，發現 63 公斤是個人努力的平均數。因此，2 名、3 名、8 名被試的團體努力感當分別是 126 公斤、189 公斤、504 公斤。但是，實際的團體努力分別是 118 公斤、160 公斤、248公斤。斯特納認為 (參見克瑞蒂，1985)，這一組數據揭示出下降程度是隨團體成員的增加而逐漸變化的。2 名成員構成的團體只有一種成員間的聯繫，而 3 名成員構成的團體則有 3 種聯繫，即 A 與 B、B 與 C、A 與 C 之間的關係。由 8 名成員構成的團體會有 28 種聯繫。根據斯特納的計算，上述實驗中工作效率下降的幅度應當分別是1、3、28。而 2 名、3 名和 8 名成員組成的團體，其工作效率實際下降幅度為 0.87、3.17 和 28。斯特納認為，這種差異是由抽樣誤差所引起的，因為在里因戈曼研究中採用的團體數量相當少。

這種團體規模和工作效率的關係還可以從**責任擴散**(或責任分散) (diffusion of responsibility) 現象中得到進一步的解釋。社會心理學家達利和拉坦內 (Darley & Latane, 1968) 在研究影響利他行為的因素時發現，在緊急情況下，只要有他人在場，個體的利他行為就會明顯減少，旁觀者的人數越多，利他行為減少的程度就越大。這種**旁觀者效應** (bystander effect) 產生的主要原因是，有其他人在場時，個人因袖手旁觀而產生的內疚感、羞恥感將會減少，因為見危不救的責任並非由一個人而是由在場的所有人承擔，即所謂的責任擴散。同理，在需要多人努力才能完成的任務中，團體成員亦會認為所有團體成員均對完成任務負責，從而產生依賴他人努力的傾向，降低了自己的責任感和進取心，導致工作效率的下降。這提示教練員，在完成必須由各團體成員合作的任務中，要仔細、具體地分派各成員的任務，明確各自的職責，並嚴格按照個人的成績進行獎懲。團體成員越多，就越要注意防止這種因"旁觀者效應"而產生的責任擴散。

三、凝聚力與團體工作效率的關係

　　凝聚力與團體的工作效率有重要關係，這是容易想到的，但並非總是呈現正相關。在沙赫特的一個實驗中 (轉引自任寶崇，1987)，他將被試分為五個組，進入五種不同情境：一是高凝聚力加積極誘導；二是高凝聚力加消極誘導；三是低凝聚力加積極誘導；四是低凝聚力加消極誘導；五是對照組。凝聚力的高低由指導語來控制，積極或消極的誘導用團體其他成員的名義寫的字條遞給被試，積極誘導要求增加生產，消極誘導要求減少生產。各組的生產任務是製作棋盤。對照組是在沒有上述兩種控制條件下從事生產勞動。實驗分兩個階段進行，第一個階段共 16 分鐘，沒有對實驗組進行誘導，被試只收到中性的字條，結果表明，各組的成績並無差異；第二階段也是 16 分鐘，被試都接到 6 次有誘導內容的字條，結果表明，凝聚力的高低與誘導的性質產生了兩種明顯不同的效應，從而使團體的工作效率產生了明顯的差異。圖 14-5 的曲線表明，無論凝聚力高低，積極誘導都能提高工作效率，而且凝聚力高的組工作效率更高；而消極誘導則會降低工作效率，凝聚力高的組工作效率下降得更明顯。也就是說，高凝聚力條件比低凝聚力條件更受誘導因素的影響。

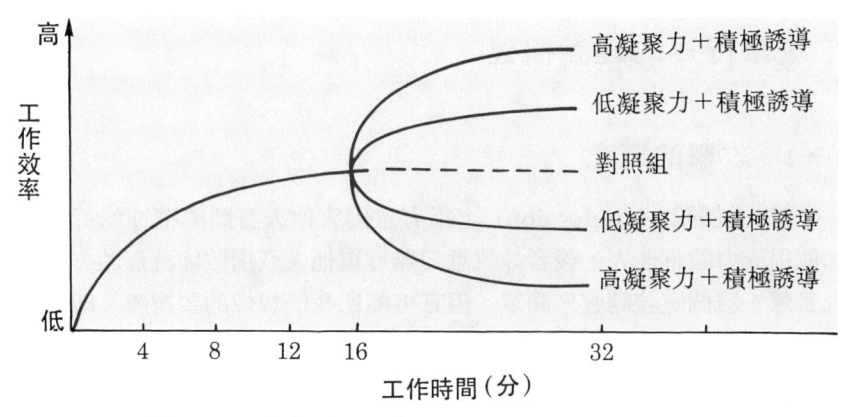

图 14-5 沙赫特凝聚力与工作效率关系实验的结果
(采自任宝崇，1987，202 页)

此实验以及其他一些研究都表明，团体凝聚力越高，其成员就越遵循团体的规范和目标。因此，如果团体倾向於努力工作，争取高产，那么，高凝聚力团体的工作效率就会更高。可是，如果团体凝聚力很高，却倾向於限制生产，甚至与其他群体产生摩擦，结果就会大大降低工作效率。这里，团体的倾向性是一个关键。这一研究成果提醒教练员，团体凝聚力越高，越要注意对团体行为的正确引导。因为一旦行为的方向有误，所产生的破坏力将是巨大的。

第四节　体育运动的攻击性行为

体育运动的攻击行为是表现得最明显的一种社会行为，这个似乎是必然存在於体育运动的现象，显得那么自然，但在社会心理学的眼中，它却是一种相当复杂的现象。它的起因是什么？它受哪些因素的影响？它有利於运动员技术水平的发挥吗？能否预防和控制攻击行为？要回答这些问题，有必要首先对攻击作一个心理学概念的界定。

一、攻擊行為的理論概述

(一) 攻擊的概念

攻擊 (或侵犯) (aggression)，指有意傷害他人身體與精神的行為。前者如使用暴力毆打他人，後者如故意刁難辱罵他人及用散佈流言的方法毀壞他人名聲。這個定義聽起來簡單，但它可能比我們想像的要複雜。即使某人傷害了另一個人，我們也不能簡單地斷言就是攻擊行為。要構成一個攻擊行為，必須是有意的，意外的傷害不是攻擊行為。一旦需要我們考慮行為背後的意圖時，正確區分攻擊行為和非攻擊行為就變得複雜起來。一個足球運動員在場上鏟球時將對方絆倒，要確定他的意圖是鏟球還是絆人，即是攻擊行為還是非攻擊行為，常常令裁判員為難。這個定義還有一個問題，假如一個運動員被對方絆倒，十分惱怒，爬起來就要打對方，但一看裁判正在注視，由於害怕懲罰，強忍住把拳頭收了回去。他沒有傷害到對方，但的確想傷害對方，這是攻擊行為嗎？在這種情況下，我們可以看到情境對攻擊行為的影響，使一個外顯的攻擊處於一種潛在的狀態。

(二) 攻擊的種類

1. 三維度分類 按照身體的和語言的、積極的和消極的、直接的和間接的三對單元的排列組合，可將攻擊行為分為八種類型，如表 14-4 所示。

表 14-4 三維度分類的攻擊類型

攻擊的類型	實 例
身體的-積極的-直接的	衝撞、毆打、開槍、設置陷阱、僱用刺客暗殺對手
身體的-積極的-間接的	同上
身體的-消極的-直接的	以物理方式妨礙他人從事 (如靜坐示威、設障罷工)
身體的-消極的-間接的	拒絕應做的事 (如單純的罷工)
語言的-積極的-直接的	侮辱他人或非難他人
語言的-積極的-間接的	散佈關於他人的流言蜚語
語言的-消極的-直接的	不回答別人的問話
語言的-消極的-間接的	別人受到不當的非難時，不為其辯護

(採自朱智賢，1989，493 頁)

2. 兩維度分類　根據攻擊目的的不同可將攻擊區分為工具性攻擊和敵對性攻擊兩大類。

(1) **工具性攻擊**(instrumental aggression)：目的是得到獎賞，有所收獲。它是人類特有的攻擊性行為。工具性攻擊雖然也包含傷害人的意圖，但它的主要目標是指向獲得外部獎勵，或者是為了達到某種目的。在體育運動中，它可能是為了獲得金錢、勝利或榮譽，攻擊行為只是達到目標的工具。例如，籃球比賽運球時用肘部推人、足球比賽中用鏟球阻擋對方進攻，都是工具性進攻的例子。

(2) **敵對性攻擊**(hostile aggression)：是由於攻擊者的憤怒引發的，攻擊者具有傷害人、使人產生痛苦的目的。敵對性攻擊的典型例子是反應性攻擊，例如，一個人受到侮辱後產生強烈的憤怒而誘發的攻擊行為，由於懼怕而誘發的攻擊行為以及為維護自己的身分、防禦對手而產生的攻擊行為，都屬於反應性攻擊。敵對性攻擊是人與動物共同具有的。

果敢行為
1. 不想傷害人
2. 正常的用力
3. 非凡的努力和付出能量

敵對性攻擊
1. 想傷害人
2. 有傷害的對象
3. 憤怒

工具性攻擊
1. 想傷害人
2. 有取勝的目標
3. 無憤怒

▨▨▨ 模稜兩可的區域

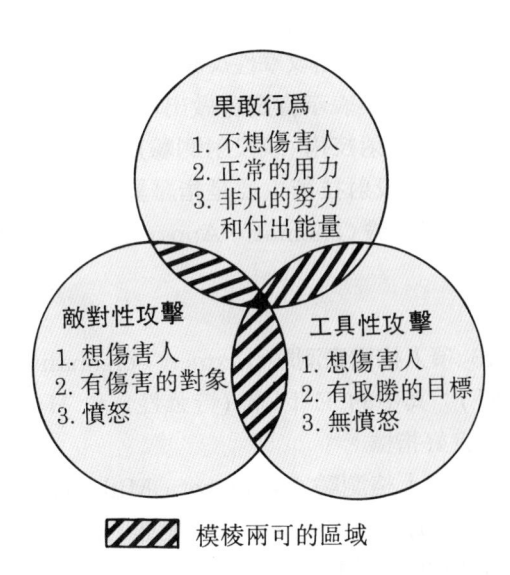

圖 14-6　工具性攻擊、敵對性攻擊和果敢行為之間的交叉
(採自 Silva, 1980)

祝蓓里 (1992) 認為，工具性攻擊和敵對性攻擊的主要區別在於，前者不包含憤怒情緒，後者包含憤怒情緒。因此，可從情緒上辨別攻擊的性質。但是，最準確的判別還是攻擊者本人對自己眞實意圖的說明。如果鏟人的目的是希望將球鏟掉，從而遏制對方的攻勢，則屬於工具性攻擊。如果鏟人的目的是報復對方剛才的一個粗野動作，則屬於敵對性攻擊。

圖14-6 表明，在工具性攻擊、敵對性攻擊和**果敢行爲**(或信心行爲) (assertive behaviour) 之間存在著交叉，即存在著模稜兩可的領域，這給研究者辨別攻擊的性質時帶來了困難，也說明了這一問題的複雜性。即使我們已經明瞭有無惱怒情緒是關鍵因素，但要辨別攻擊有無憤怒，有時也是困難的。

(三) 攻擊性的測量

測定攻擊性的方法有很多種，但各種方法之間的相關却很低 (祝蓓里，1992)。以下介紹的是幾種測定攻擊性的常用方法。

1. 特質性攻擊的測量 特質性攻擊 (trait agressiveness) 指相當穩定的、在某種情境中會反復做出攻擊性反應的個性傾向。這種傾向只表明做出攻擊行為的可能性，而不表示肯定會做出攻擊行為 (祝蓓里，1992)。測定特質性攻擊主要採用**投射技術**(或投射測驗) (projective test) 和**紙筆測驗** (paper-pencil test)。投射技術主要是指**羅夏墨漬測驗** (Rorschach Inkblot Test) 和**主題統覺測驗** (Thematic Apperception Test，簡稱 TAT)，紙筆測驗主要有：

(1) **卡特爾 16 項人格因素測驗** (Sixteen Personality Factor Questionnaire，簡稱 16PF)：其中的 E 因素 (恃強性) 和 H 因素 (敢為性)，是評定特質性攻擊的良好指標。

(2) **明尼蘇達多項人格測驗** (Minnesota Multiphasic Personality Inventory，簡稱 MMPI)：其中的 pd 項 (變態心理) 和 Mf－m 項 (性別色彩) 可作為特質性攻擊的指標。

(3) **布雷得麥耶運動攻擊問卷** (Bredemeier Athletic Aggressioin Inventory，簡稱 BAAGI)：該問卷由布雷得麥耶研製 (Bredemeier, 1975)，

含兩個分量表,分別評定運動中的工具性攻擊和反應性攻擊。每個分量表有 50 道題,被試答題時採用四級里科特量表形式。反應性攻擊分量表測量由憤怒引起的攻擊性,工具性攻擊分量表測量工具性攻擊和果敢行為。

(4) **兒童活動傾向量表** (Scale of Children's Action Tendencies,簡稱 SCATS):該量表也是由布雷得麥耶研製的 (Bredemeier, 1987),用於評定兒童在體育運動情境中的攻擊性傾向。該量表含體育運動情境中的 10 個小故事,配以三個可選擇的答案:攻擊性的、武斷性的、屈從性的。這三種答案以兩兩配對的形式呈現給被試,即有三種配對呈現的答案。攻擊性的答案又進一步分為身體性的和非身體性的。計分的根據是選擇某類答案的次數多少。

(5) **克利斯運動攻擊性量表** (Collis Scale of Athletic Aggression,簡稱 CSAG):該問卷由克利斯研製 (Collis, 1972),含 50 個條目,目的是評定與運動成就相關聯的攻擊性。有 25 個條目用來評定合法的攻擊性,25 個條目用來評定不合法的攻擊性。每個條目有 4 個可選答案,4 分表示高攻擊性。

(6) **觀衆對不良行為的態度問卷** (Spectator Misbehavior Attitudinal Inquiry),該問卷由卡瓦納夫和西爾瓦研製 (Cavanaugh & Silva, 1980),目的是評價觀衆對影響球迷不良行為因素的認識。問卷含 14 個因素,28 個條目,被試採用 4 級里科特量表形式回答問題。

(7) **運動攻擊性問卷** (Sport Aggression Questionnaire,簡稱 SAQ):該問卷由湯姆森研製 (Thompson, 1989),目的是了解人們如何看待發生於體育運動中的攻擊性行為。該問卷主要考察了五個方面的問題:對自己的不公、對隊友的不公、挫折、幫助隊集體和非誘發性攻擊。

2. 狀態性攻擊的測量 狀態性攻擊 (state agressiveness) 是以體驗到攻擊性情緒為特徵的和以暫時的情緒體驗為條件的攻擊行為 (祝蓓里,1992)。測定狀態性攻擊的方法有兩種:實驗室實驗和現場觀察。

(1) **實驗室實驗**:巴斯用一種電擊箱來測定攻擊性 (Buss, 1963)。主試用這個電擊箱對主試的助手施以電擊,並通過被試所能接受的對主試助手施以電擊的持續時間和強度來評價被試的攻擊性水平。實際上,主試並未對助手真正施以電擊,只是助手假裝的痛苦行為使被試感到有電擊。被試的攻擊性意向通過按壓鍵 1～10 和按壓的持續時間來加以評定。由於電擊是一種引起人反感甚至痛苦的刺激，所以可用它來確定攻擊性水平。由於實施電擊後，被試可能會感到心理上的不安和內疚，因此，這種方法的使用頻率在逐漸減少中。

(2) **現場觀察**：行為觀察法一般包括三個階段，第一階段，研究者要編製一張含有適當行為的選單，這也許是最重要的階段，因為無計畫地觀察運動員的攻擊行為是沒有任何意義的；第二階段，研究者必須訓練使用測量工具的助手，使觀察者明瞭要觀察什麼，使他們的主觀判斷和客觀情況一致，以免把攻擊性行為和果敢行為混淆起來；第三階段，研究者必須制訂一個把大量的觀察數據歸入到有意義的測量分數中去的計畫。觀察者要熟悉每一個觀察對象，比如，將要參加比賽的運動員。記錄的因變量是被試外顯的攻擊行為、被判犯規的次數等。自變量可以是轉折的事件、出場的時間、得分的百分率、他人對被試的攻擊行為等。

二、影響攻擊行為的因素

(一) 本 能

弗洛伊德、麥獨孤、洛倫茨等人早就提出，人有一種好鬥的內驅力**本能** (instinct) (弗里德曼，西爾斯，卡爾史密斯，1986，237 頁)。正如人們會感到饑餓、口渴或產生性的要求一樣，人們也會有攻擊的要求。儘管我們還無法弄清與攻擊性情感相關係的生理過程，但攻擊行為仍被認為是一種基本的**內驅動力** (或驅力) (drive)。

弗洛伊德認為，人有兩種基本驅動力，一種是建設性的性能量，即**里比多** (或欲力) (libido)，另一種是破壞性和侵犯性的能量，叫**死之本能** (thanatos)。他認為所有人身上都有很強的自我破壞性衝動，並把這種衝動叫作死的願望。這些衝動有時是內向的，有時是外向的。這些衝動為內向的時候，就使人們限制自己的能量。去懲罰自己，折磨自己，變成受虐狂，並且在極端的情況下可以使他們去自殺。當這些衝動為外向的時候，就表現為攻擊性的、好戰的行為。弗洛伊德的這種本能論使他得出一個悲觀的結論，即攻擊行為是不可避免的。所以，企圖減少或者消除攻擊行為是不會有結果的。然而他提出，培養人們之間的聯繫，製定出一些規章制度，通過激烈而無害的體育運動來減少攻擊衝動。人的攻擊性是由掃除和釋放攻擊衝動引起的，如同饑餓的動物吃飽了食物就不再有覓食的衝動一樣，有攻擊性的人可以通過精神宣洩來掃除或釋放被抑制的攻擊衝動。也就是說，如果一個運動員有很強的攻擊驅動力，參加了運動就可降低這種驅動力，因為他有機會發洩攻擊驅動力，這在身體接觸性項目（如拳擊、橄欖球、足球）中尤為如此。

但是，70年代以來的許多研究表明（參見祝蓓里，1992），**運動攻擊性** (sport aggression) 的成功不但不能起到精神宣洩的作用，反而會增強攻擊性，即它有正循環的效應。運用投射技術來研究觀看碰撞性運動項目或接觸性運動項目（如足球、摔跤、曲棍球等）的觀眾，也發現了同樣的正循環效應。相比之下，觀看游泳、體操等無接觸性的競技項目，則既不會表現出激起敵對性的效應，也不會表現出精神宣洩的效應。胡斯曼曾對拳擊手做了一次主題統覺測驗，結果發現，這些拳擊手在賽季中攻擊行為有所增加（參見克瑞蒂，1985）。許多關於兒童攻擊行為的研究表明，當試圖利用攻擊性和激烈的娛樂活動來減少攻擊行為時，結果往往適得其反，這些兒童的攻擊行為反而有所增加（參見克瑞蒂，1985）。還有一些經驗證據表明，不生氣的人實施攻擊行為以後，甚至更具有攻擊性，而不是"洩了氣"。事實表明，用生物學的本能理論並不能有效地解釋運動中的攻擊行為。

（二）挫折

由於弗洛伊德的攻擊理論遇到了許多困難，人們轉而尋求其他方面的解釋。多拉德等人 (Dollard, et al., 1939) 提出，攻擊性行為的產生總是以**挫折** (frustration) 的存在為先決條件的，挫折的存在也總是要導致某些形式的攻擊行為。如果一個人想去某個地方，想做某件事，想得到某件東西，但被阻止了，我們就說他受到了挫折。挫折一般會引起攻擊性的情緒。如果攻擊行為獲得了成功，減少了挫折，就會有**精神發洩** (catharsis) 的作用。但是，如果怕失敗或失敗了，則會提高攻擊性的需要，從而產生循環效應（圖14-7）。**挫折理論** (frustration theory) 還認為，攻擊性本能的強度與挫折的強度、挫折的次數及對做出攻擊性行為後收到何種批評的預期等因素有關。最強的攻擊性刺激物是指向挫折源的。因此，如果攻擊行為是挫折引起的，就最能預測到這種攻擊性行為是指向引起挫折的那個人的。

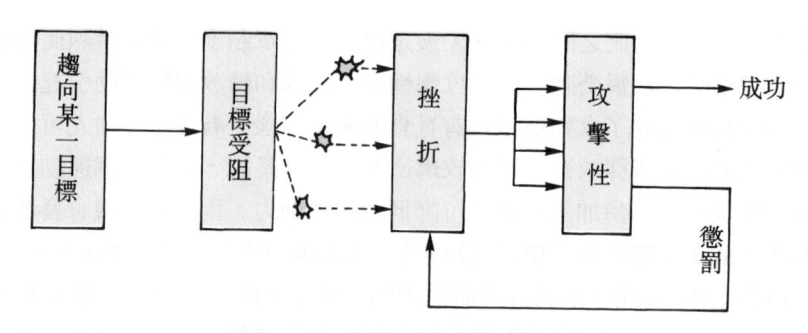

圖 14-7 挫折-攻擊性模式
(根據祝蓓里，1992 資料繪製)

有一個很典型的研究說明了挫折行為的作用 (參見弗里德曼，西爾斯，卡爾史密斯，1986)。在這項研究中，主試給孩子們看一個裝滿吸引人的玩具的房間，但不允許他們進去。這些孩子想玩這些玩具，但卻拿不到，只好站在外面看著這些東西。在他們等了一會兒之後，讓他們去玩這些玩具。但對另一些孩子則一開始就讓他們玩這些玩具。前一組受到挫折的孩子們把玩具摔到地上，或往牆上扔，通常表現得很有破壞性。後一組沒有受到挫折的孩子們卻很平靜，也不怎麼毀壞東西。另一項實驗也使用了類似的方法 (參見弗里德曼，西爾斯，卡爾史密斯，1986)，讓一個被試 (實際上是個同謀者) 遲到，使得其他人長時間坐等。對這種拖拉不做任何解釋。在另一種條件下，所有被試都準時到達。隨後給參加者們一個機會，向遲到者或向小組中一個無辜的成員隨意發洩攻擊性行為。結果發現，因為坐等，已經感受挫折的被試對遲到者和無辜者表現出了更大的攻擊性。

根據多拉德的挫折理論，不難做出如下預測：體育比賽中，失敗者表現出的攻擊性要多於成功者。但是這種預測並不總是為觀察結果所支持。許多研究表明，挫折後人們不一定產生攻擊行為。挫折後可能回去摔盤子，或在運動員休息室內罵裁判。這些行為都不是嚴格意義上的攻擊行為。

為了解決挫折理論遇到一些困難，對攻擊問題進行過 30 年研究的伯科威茨對該理論進行了一些調整 (Berkowitz, 1990, 1989, 1973)。他提出，受到挫折後，人的攻擊性是可以通過精神發洩來減弱的，但是，在以下情況下這種作法就不大可能：(1) 挫折繼續存在；(2) 攻擊性行為是一種習得性反應；(3) 攻擊行為導致懼怕挫折的焦慮或者導致再一次的攻擊行為。

他還提出，挫折事件為引起攻擊行為做好了準備，而實際發生的攻擊行為必定存在著與攻擊行為相聯繫的某種刺激。比如，受到挫折的籃球運動員只有在對手用一些帶有攻擊性的詞語去激怒他時才會產生攻擊行為。伯科威茨曾在一個實驗中證實了這一點。他把受挫和憤怒的人關在既有武器，又有羽毛球拍的房間裏。結果發現，看到槍的被試比看到羽毛球拍的被試有更多的攻擊性。

可見，經過伯科威茨 (Berkowitz, 1990) 調整後的挫折理論認為：

1. 挫折不一定導致攻擊行為，它只是能更有效地預測攻擊行為。
2. 挫折-攻擊反應是可以通過學習加以改變的，一個運動員可以學會不對挫折做出攻擊反應。
3. 採用攻擊行為進行精神發洩並不能降低攻擊性，相反，攻擊行為可能導致再一次的攻擊行為。受挫者在實現攻擊行為之前不會感到滿足，他必須暫時地實現了攻擊行為才會感到愉快，使緊張情緒減緩下來。然而，這種攻擊行為卻由此而得到了強化。因此，它只能導致再一次的攻擊行為。

（三） 社會學習

挫折、煩惱和攻擊往往都使人們感到憤怒，這種憤怒的情緒是攻擊性行為的重要原因。通常，一個人越感到憤怒，產生攻擊行為的可能性就越大。雖然也常見到人們感到非常憤怒，但行為舉止卻是平靜的，或起碼不具有公開的、明顯的攻擊性。也有心裏並不想攻擊他人但實際行為卻攻擊了他人。那麼，是否還有其他因素參與了攻擊行為的產生呢？班都拉認為 (Bandura, 1973, 1977b, 1986)，本能和挫折都不能說明人類的攻擊行為，攻擊性是在**社會情境** (social situation) 中習得的。在他和同事們做的著名的實驗中，主試讓兒童觀看一個成年人玩金屬玩具和假娃娃 (一個約一米五高的充氣塑膠娃娃)。在一種條件下，那個成年人先裝配約一分鐘的金屬玩具，然後把注意力轉移到假娃娃上。他拿起假娃娃，用拳頭打它，坐在它上面，用木槌敲它，在空中扔著玩並且在屋裏踢它，同時還叫喊著"打它的鼻子"，"打倒它"，等等。按這個辦法連續進行了 9 分鐘，讓小孩觀看。在另一種條件下，成年人安靜地擺弄金屬玩具而不去動假娃娃。過了一會兒之後，讓每個孩子拿著一些玩具單獨玩 20 分鐘。其中包括一個不到一米的假娃娃。這些兒童的行為表現如表 14-5 所示。

表 14-5 兒童目睹成人行為後所表現出的攻擊性行為

兒童目睹的成人行為	目睹後產生的攻擊行為	
	有形的攻擊行為	無形的攻擊行為
暴力模式	12.73	8.18
中立模式	1.05	0.35

(採自弗里德曼、西爾斯、卡爾史密斯，1984，252 頁)

總的來說，兒童都傾向於**模仿** (imitation) 許多成人的動作。那些看到成人攻擊性活動的兒童，對娃娃的攻擊性比那些目睹成人安靜地擺弄金屬玩具的兒童要強烈得多。第一組兒童的表現同成年人的表現一樣，他們拳打腳踢，捶打娃娃，並且說些帶有攻擊性的話。班都拉認為，許多社會行為通過觀察、模仿即可習得，不需強化。同理，體育運動中的攻擊性行為亦可通過這種方式習得。斯密斯的研究表明 (Smith, 1980)，冰球中暴力行為來自於榜樣，年輕人是通過觀看電視節目或現實比賽中的角色榜樣而學到攻擊性行為的。

班都拉還明確提出，攻擊性有一種循環效應，也就是說，一種攻擊性行為會導致另一種攻擊性行為。除非這種循環被一種積極的或消極的強化所打斷，否則就將繼續下去。

當然，兒童不會不加區別地模仿，他們模仿一些人勝於模仿另一些人。越是重要的、有能力的、成功的或惹人喜歡的人，越容易成為兒童模仿的對象。同樣，他們見得最多的人也就是他們模仿最甚的。與這個標準相適應，父母是兒童早期最先模仿的對象。由於父母既是強化的主要來源，又是模仿的主要對象，所以兒童未來的攻擊性行為極大地依賴於他們的父母如何對待他（她）以及父母自己的表現。

(四) 生理喚醒

喚醒並不必然導致攻擊，人們在比賽的關鍵時刻，如足球加時賽後的點球，籃球中最後決定勝負的罰球，喚醒水平急劇升高，但並不一定產生攻擊行為。但喚醒與攻擊行為仍存在著重要關係，這種關係呈現三個特點：

1. 敵對性攻擊必然以喚醒水平的升高為前提，或者說，喚醒是敵對性攻擊的必要但非充分的條件。

2. 生理上的喚醒必須與情緒上的憤怒結合在一起時，或者當人們將喚醒解釋為憤怒時，才可能引發攻擊行為。

3. 高喚醒比低喚醒更容易引發攻擊行為或強化攻擊行為。

拉賽爾的研究 (Russell, 1981) 表明，敵對性攻擊在高喚醒水平下更容易產生。他研究的是兩場冰球比賽，第一場比賽有攻擊行為，包括罰球在內總共是 142 分鐘。第二場比賽沒有攻擊行為，包括罰球在內總共只有 46 分鐘。在每種情境下都是隨機地選擇一些觀眾填寫測量攻擊性的問卷和測量喚醒水平的心境形容詞選擇問卷。結果表明，比賽場上，喚醒水平提高時，攻擊性也提高，同時，紙筆測驗所測得的攻擊性分數也有所提高。齊爾曼等人進行過一次現場研究 (參見祝蓓里，1992)，他們通過練習提高被試的喚醒水平，還通過對同謀輸出高強度的電擊來使被試激憤。然後再讓被試參加各項不同的運動活動。結果同樣說明了喚醒與攻擊性的聯繫：身體喚醒水平最高的項目的運動員，其攻擊性也是最高的。比如，籃球和足球運動員比棒球運動員產生了更多的攻擊行為。

三、攻擊行為的預防與控制

體育活動中，攻擊性導致了許多暴力事件的產生，其結果輕則使得參與者的關係惡化，重則致傷喪命。同時，這種攻擊行為還給其他人提供了很壞的榜樣，這顯然不利於個人的社會化進程和體育自身的發展。為了在體育活動中減少攻擊性，應注意以下幾點：

1. 教育運動員區分攻擊行為和果敢行為的不同，工具性攻擊和敵對性攻擊的不同，同時明確告知，在體育比賽中，無論是敵對性攻擊，還是工具性攻擊，都是不可接受的行為。

2. 在出現挫折時，要特別注意控制運動員的環境和行為，如帶他們退出比賽場地，同引起挫折的對象保持距離，或者轉移他們對挫折的注意。

3. 要為年輕運動員提供非攻擊性的事例，使他們有具體學習的角色榜樣。現在有些大型國際比賽如世界杯足球賽，特別設立了公平競爭獎，以鼓勵高尚的體育道德，是很值得推廣的。

4. 對於運動員不合法的攻擊行為要給予必要的懲罰，使他們特別認識到敵對性攻擊行為是不可接受的和將被懲罰的。還應譴責和制裁允許運動員採取暴力行為的教練員和管理人員。

5. 獎勵那些具有自我控制能力、能承受懲罰性打擊或受到攻擊但不予報復的運動員。

6. 在體育比賽中限制出售酒精飲料，因為酒精會降低人的自我控制能力，助發攻擊性行為。

7. 當運動場發生暴力事件時，電視台應立即停止播放這種不良行為。

8. 要教育觀衆，使他們認識到運動競賽不是搏鬥，而是促進身心健康和體現個人才能的手段。因此，應當促進兩隊之間的團結和友誼，分享比賽帶來的興奮和愉快。

本章摘要

1. 人的**社會化**是在個人和他人之間存在著的一種連續的、經歷著許多階段和變化的相互作用過程。從個體角度看，社會化是學習社會角色與道德規範的過程，從社會角度看，社會化是使社會和文化得以延續的手段和形式。

2. 人的社會化以人的遺傳素質為其基礎，通過個體同與之有關係的其他個體及團體的相互作用而實現的，它是**共同性與個別性**的統一，是一個連續不斷的過程，貫穿人的整個一生。

3. 社會化的主要內容有政治社會化、民族社會化、法律社會化、性別角色社會化、道德社會化等等。在體育運動領域，還有超民族社會化現象。

4. 社會文化、家庭教育、學校教育、同輩群體、大衆傳媒等對人的社會化產生了重要影響。

5. **領導**是指引和影響個人或組織，在一定的條件下實現某種目標的行動過程。這個動態過程經由**領導者**、**被領導者**及其所處**環境**三種因素組成。
6. 從領導的有效性出發，不同的研究者對領導方式提出了不同分類，但其共同關注的問題是領導者對工作任務、被領導者和權力的態度。
7. 領導的基本功能是組織功能和激勵功能。激勵功能表現在提高被領導者接受和執行目標的自覺程度、激發被領導者實現組織目標的熱情和提高被領導者的行為效率三個方面。
8. 教練員要想成為優秀的領導者，就必須具備高尚的人格、高超的管理能力和高超的技術指導能力。
9. **專制型領導**和**民主型領導**都有可能促進工作效率的提高。教練員應根據具體情境和運動員的特點採取不同的領導方式。
10. **團體凝聚力**指團體成員之間心理結合力的總體，表現在兩個方面：團體成員對團體所感受到的吸引力和團體對其成員所具有的吸引力，是團體成員**認同感**、**歸屬感**和**力量感**的體現。通過**社會測量法**可以具體量化地表示團體凝聚力的大小。
11. 影響團體凝聚力的因素有團體領導者的領導方式、個人目標和團體目標的整合性、團體成員之間志趣的一致性、心理的相容性、團體成員的互補性、外界的壓力、團體規模的大小等。團體凝聚力越高，其成員就越遵循團體的規範和目標。
12. **攻擊**指有意傷害他人身體與精神的行為。攻擊可區分為**工具性攻擊**和**敵對性攻擊**兩大類。前者的目的是得到獎賞，有所收穫，是人類特有的攻擊性行為；後者是由於攻擊者的憤怒引發的，攻擊者具有傷害人、使人產生痛苦的意圖。
13. 弗洛伊德等人將攻擊行為看作是人的**本能**，具有破壞性；多拉德等人認為攻擊行為是以**挫折**為前提的；班都拉提出，攻擊性是在社會情境中習得的。攻擊行為的產生還同**生理喚醒**有密切聯繫。看來，攻擊行為的產生是多因素影響的。
14. 在體育運動中，可以採取一些措施預防與控制攻擊行為的產生，最重要的是要教育運動員和觀眾，攻擊行為無助於比賽水平的發揮，違背了體育道德準則，會阻礙體育運動本身的發展。

建議參考資料

1. 任寶崇 (1987)：組織管理心理學。北京市：華夏出版社。
2. 沙蓮香 (1987)：社會心理學。北京市：中國人民大學出版社。
3. 克瑞蒂 (張桂芬、劉東等譯，1985)：體育社會心理學。武漢市：武漢體育學院。
4. 邱宜均 (1986)：體育管理心理學。武漢市：武漢體育學院。
5. 祝蓓里 (1992)：運動心理學的原理與應用。上海市：華東化工學院出版社。
6. 馬啟偉 (編譯) (1983)：和教練員運動員談談心理學 (五)。北京體育學院學報，3 期，54～61 頁
7. 時蓉華 (1996)：社會心理學。台北市：東華書局。
8. Carron, A. C. (1988). *Group Dynamics in Sport*. London: Ontario, Spodym Publishers.
9. Cox. R. H. (1994). *Sport psychology-concepts and applications*. Makison: Brown & Benchmark Publishers.
10. Hanin, Y. L. (1992). Social psychology and sport: Communication processes in top performance teams. *Sport Science Review,* 1 (2), 13～28.

第十五章

體育運動心理學的研究方法

本章內容細目

第一節 科學方法的內涵
一、科學方法的特點 515
　(一) 控　制
　(二) 操作性定義
　(三) 重復性
　(四) 科學的目標
二、科學的觀察 516
　(一) 反應性觀察
　(二) 非反應性觀察
三、研究的不同層次 518
　(一) 描述性研究
　(二) 關係性研究
　(三) 實驗性研究

第二節 研究變量及其相互關係
一、變量的概念 520
　(一) 刺激變量
　(二) 機體變量
　(三) 反應變量
　(四) 自變量
　(五) 因變量
二、各變量的相互關係 522
　(一) 反應是刺激的函數
　(二) 一種反應是另一種反應的函數
　(三) 機體變量是刺激變量的函數
　(四) 反應是機體變量的函數
　(五) 刺激變化是反應變化的函數
三、因果關係 525
　(一) 用歸納法推導因果聯繫

　(二) 因果關係的邏輯基礎

第三節 測驗的客觀性與正確性
一、信　度 530
　(一) 信度的概念
　(二) 信度係數的求法
　(三) 與測驗信度有關的因素
二、效　度 538
　(一) 效度的概念
　(二) 效度的分類
　(三) 確定效度的方法
　(四) 影響測驗效度的因素
三、精確性 545
　(一) 精確性的概念
　(二) 確定精確性的方法
　(三) 精確性的相對性

第四節 應用心理測驗的注意事項
一、特殊性與經濟性 551
二、測驗工具的完善化 552
三、測驗手冊的製訂 552
四、年齡的適用性 553
五、使用問卷應注意的問題 553
　(一) 研究應當有明確的理論思路
　(二) 開發和利用其他診斷方法

本章摘要

建議參考資料

科學 (science) 是反映自然、社會、思維等的客觀規律的分科的知識體系？還是在解決問題或是獲取知識的過程中運用的研究邏輯或研究方式？兩者似乎都有道理。這裏，我們準備從後一種角度來探討體育運動心理學的方法論問題。笛卡爾說過，最有用的知識就是關於方法的知識。掌握了研究思路和方法，不但可以學習現存的知識，更重要的是，還可以發展新的知識。

各門科學往往都遵循著同樣的研究邏輯，使用同樣的方法，如觀察法、實驗法，所不同的只是研究的技術方法：天文學家使用光學望遠鏡來觀察星星，生物學家用電子顯微鏡來觀察細胞，心理學家則用單向窺鏡(或單向透視窗) (one-way screen) 觀察人的行為。他們都是利用觀察法，只是觀察中所運用的技術手段不同。也就是說，各門科學研究方法既有異於其他學科的特殊性，也有其他學科共有的普遍性。同理，體育運動心理學的研究方法實際上不可能超出心理學研究方法的範圍，不過是在實際應用的操作過程中有些不同特點，但並無本質的區別。

人的心理現象是宇宙中最複雜的現象，心理現象的複雜性決定了心理學研究方法的複雜性和重要性。心理學的每一個進步，都依賴於方法學水平的提高。心理學能夠得到科學界的接納，也是與其研究方法的科學性得到承認有關的。實際上，心理學研究方法已經成為心理學體系中的一個專門研究領域，成果甚豐，不斷有專著問世。要想全面描述心理學的研究方法，顯然是本章的篇幅力不能及的，因此，只能根據體育運動心理學研究的特點，有選擇性地討論幾個基礎性的問題，具體涉及的方面包括：

1. 科學方法的內涵。
2. 心理學研究的反應性觀察與非反應性觀察。
3. 描述性研究、關係性研究以及實驗性研究的不同。
4. 變量的概念及其相互關係。
5. 確定因果關係的條件與方法。
6. 測驗的信度、效度和精確性。
7. 體育運動心理學領域心理測驗的發展情況。
8. 運用心理測驗進行體育運動心理學的研究應注意的問題。

第一節　科學方法的內涵

人們常把知識比作浩瀚的大海，取之不盡。然而，古往今來，人們獲取知識的途徑卻十分有限，不外乎迷信、直覺、推理、權威、經驗和科學方法六條渠道。顯然，這六種方法的可靠程度是遞進的。人類文明中的科學大廈正是用科學方法建築起來的。

一、科學方法的特點

（一）控　制

控制是科學方法最重要的特點。要想了解所研究的問題並確定變量之間的關係（特別是因果關係），必須盡可能在控制條件的情況下進行研究（雖然有些變量我們無法控制或不可能控制，但對它們的討論也仍有意義）。控制 (control) 在行為科學中有四個含義與要求，即：

1. 條件的恆常性：如使溫度變化局限於一定範圍；
2. 控制序列（有序性）：如觸覺二點閾測量中，隔一定次數給出一個單個觸針的刺激；
3. 以某種強化的程序塑造或操縱行為的能力（即控制環境的能力）；
4. 控制組的使用。

（二）操作性定義

在科學研究和科學交流過程中，解釋一個關鍵概念時，往往需要指明根據什麼方法對它進行測量。這是為了消除交流時可能產生的歧義。這裏主要的是給一個可能引起歧義的將要被用來討論或證明的關鍵概念下一個**操作性定義** (operational definition)。

(三) 重復性

科學研究的結果應能由他人在同樣條件下經觀察再次得到。**重復性** (repetitive) 是舉世公認的判斷科學與否的標準之一。

(四) 科學的目標

科學的最終目標是理解我們所生活的這個世界。科學意義上的理解包括四個特殊目的，即**描述** (description)、**解釋** (explanation)、**預測** (prediction) 和**控制** (control)。對於體育運動心理學來說，就是力圖對體育運動參加者的行為進行描述、解釋、預測和控制 (張力為，1991a)。一般來說，描述回答是什麼的問題，解釋回答為什麼的問題，預測回答將怎樣的問題，而控制回答我 (們) 將使它怎樣的問題。

二、科學的觀察

對客觀對象的觀察，是科學研究中的重要組成部分。科學研究結果的產生，建立在對客觀事物的正確觀察的基礎之上。**觀察** (observation) 即指有目的地仔細察看事物或現象。觀察過程直接影響觀察結果的**客觀性** (objectivity)。

在體育運動心理學的研究中，由於觀察者和觀察對象雙方的原因，極大地增加了觀察的難度。例如，某研究者要觀察一個運動員的負重深蹲次數，如果觀察時有重要師長陪同，則運動員可能因為深受鼓舞而超水平發揮；如果某地方籃球隊的運動員們得知場外的國家隊教練正在考察本隊某隊員的表現，則該運動員在訓練和比賽中就會更努力地發揮自己的水平，而同伴們也會注意適當地給他創造表現特長的機會。

因此，這就容易產生混淆。所得研究結果到底是心理規律的產物還是研究過程本身的產物。這是一個相當複雜的問題。由此可見，觀察分為兩種，即反應性觀察和非反應性觀察。

(一) 反應性觀察

反應性觀察 (reactive observation) 指觀察者的觀察，影響被觀察者或被觀察物體。

觀察者的期待會影響觀察者的行為，這種行為又進而影響觀察對象的性質或行為，心理學將這種現象稱作**羅森塔爾效應**(或**羅氏效應**) (Rosenthal effect)，亦稱**皮格馬利翁效應**(或**畢馬龍效應**) (Pygmalion effect)。皮格馬利翁是古希臘神話中塞浦路斯國王，善雕刻，熱戀自己所雕的少女像。愛神阿佛洛狄忒見他感情真摯，就給雕像以生命，使兩人結為夫婦。

心理學家羅森塔爾和雅克布松 (Rosenthal & Jacobson, 1968) 曾從小學一年級到六年級中各抽出三個班級進行測驗，然後挑選出一些兒童的名字告訴任課教師說，這些兒童將會有顯著進步。過一段時間再行測驗，這些兒童果然進步了，任課教師對他們也作出了較好的評定。開始，任課教師以為是心理學家的測驗揭示出了這些兒童的智力發展潛能，待他們得知真正原因後才吃了一驚。這些挑選出的兒童大都來自中下層家庭，平常被任課教師看不起，所以影響了學習積極性。而當教師受到心理學家的暗示，以為這些兒童有發展潛力後，就對他們刮目相看，這就進而促成了這些兒童心理上的變化並在行動中做出反應，學習就進步了。

以上例子說明，人們所預期的同所得到的往往一致。在科學研究中，研究者事先要提出假設，如果研究者對該假設將得到支持或得不到支持有先入為主的意見，常常會影響他們以後的研究活動，使這些活動帶上偏見。

(二) 非反應性觀察

非反應性觀察 (non-reactive observation) 指觀測者的觀測活動不影響觀測對象的活動或性質。

這種觀察是較為理想的觀察，單盲或雙盲實驗有助於實現這種觀察。

1. 單盲實驗法 **單盲實驗** (single blind experiment) 是向被試隱瞞實驗目的以控制被試對實驗結果進行估計或預期的方法。如考察藥物對記憶的影響，讓一組服藥物，另一組服安慰劑，並告訴被試：大家均服一種藥物以觀察對視力的影響。

2. 雙盲實驗法 **雙盲實驗** (double blind experiment) 中，實驗設計者既不告訴被試實驗目的，而且他本人也不做主試，而是讓一個對實驗目的毫無所知的人在實驗中做主試。這就不但控制了被試對實驗結果的估計和預期,也控制了主試對實驗結果的態度。

三、研究的不同層次

行為科學包括體育運動心理學,其研究工作是在三個不同的層次上進行的,即描述性研究、關係性研究和實驗性研究。不同層次的研究具有不同的目的、功能和方法,互相不能取代,即它們都有自己存在的必要性(張力為,1991a)。表 15-1 列舉了不同研究的實例。

表 15-1 兩個不同領域中描述性研究、關係性研究和實驗性研究的實例

研究領域	描述性研究	關係性研究	實驗性研究
靈長動物行為	狒狒群居數目為 9~185 個	進化層次越高的狒狒群體,群體中成員數目越少	與母親隔絕的猴子更喜歡同帶絨毛的玩具母親相處而不喜歡同金屬網玩具母親相處
人類服從行為	當有權威的人要求時,大多數被試才情願向另一個人施以可能產生危險的電擊	更情願向別人施以電擊的人較之不大情願向別人施以電擊的人產了了更多焦慮	同受電擊者距離較近時被試不大情願對其實施電擊;同受電擊者距離較遠時被試較易對其實施電擊

(採自張力為、褚躍德、毛志雄,1995)

(一) 描述性研究

描述性研究(或敘述性研究)(descriptive study)即從現實存在的諸多事項中,經由適當方法搜集資料從而分析研究,藉以了解實況或發現問題。其主要功能是:

1. 為構建複雜行為或組織結構的理論提供基礎。儘管這種結構我們尚不明了,但可以有感性的初步認識。
2. 一旦揭示出情境的性質,就可確立所研究課題的範圍。
3. 萌發在關係研究或實驗研究中可得到檢驗的想法。

（二） 關係性研究

關係性研究 (relational study) 是旨在了解變量之間相關關係的研究。進行這類研究時，需要建立研究假設以說明研究方向與內容，需要控制無關變量的影響，同時，可採用數理統計法分析研究變量之間的關係。關係性研究的主要功能是：

1. 揭示不同變量之間的關係；
2. 將時間作為自變量時，可進行比較，預測未來趨勢，得出變化模式；
3. 建立中介變量（或構想）效度。

（三） 實驗性研究

實驗性研究 (experimental study) 就是在控制無關變量的情況下，在被試身上操縱自變量，由被試的反應觀察因變量，以探求自變量與因變量之間函數關係的研究。非實驗法與實驗法的區別不在於在研究過程中是否使用儀器與設備或使用先進的儀器和設備，而在於研究過程中是否控制和操縱變量（黃希庭，1988）。而儀器在科學研究中的作用不外兩個方面：控制條件和觀測效應。實驗性研究的主要作用是：

1. 檢驗變量間是否存在因果關係；
2. 為準確確定一定時刻的理論關係提供經驗參照。

應當指出，心理學的研究方法有多種，但推動心理學發展使之成為科學的最基本的研究方法是實驗法，它也是科學界獲得知識的主要方法。

實驗可分為**現場實驗** (field experiment) 和**實驗室實驗** (laboratory experiment)，現場實驗是在真實的社會背景中，儘可能地控制無關變量，通過操縱自變量以觀測因變量的變化，從而揭示變量間因果關係的一種實驗方法。其特點是外部效度較好，即將研究結果推廣到樣本來自的總體和其他變量條件、時間和背景中去的可能性較大。實驗室實驗則是在實驗室中進行的，其特點是內部效度較好，即所得出的自變量與因變量之間關係的明確程度較高。

第二節　研究變量及其相互關係

一、變量的概念

所謂**變量**(或**變項**) (variable)，是指一個物體、事件或人等所具有的可以取兩個或兩個以上值的特徵。在心理學研究中，根據來源可將變量分為三類，即刺激變量、機體變量和反應變量。根據研究方法，可分為自變量、因變量，茲分述於下：

(一)　刺激變量

刺激變量(或刺激變項，簡稱 S 變項) (stimulus variable) 指已知對有機體的反應發生影響的刺激條件，包括研究者可以變化與控制的環境特徵。這些特徵大體上可將刺激分為多種類型：

1. 自然性刺激和社會性刺激　前者如物理或化學變化的聲、光、氣味、溫度等；後者如人的語言、表情、動作等。

2. 具體的刺激和抽象的刺激　前者如具體的人、事、物及其各種變化；後者如文字、符號、訊號等。

3. 外部刺激和內部刺激　前者來自機體的外部環境；後者則屬於有機體內部的變化如疾病、內分泌或體內物質失去平衡等。

應當注意的是，對於刺激還是應當從刺激與反應之間的關係上來考慮：凡是實際上使有機體反應的刺激，稱為**有效刺激** (effective stimulus)。通常，刺激變量是指有效刺激而言的；凡是有可能影響有機體反應的刺激，稱為**潛在刺激** (potential stimulus)。而潛在刺激在一定條件下可轉化為有效刺激，從而成為研究者必須加以分析的刺激變量。

(二) 機體變量

機體變量(或機體變項，簡稱 O 變項) (organism variable) 指有機體本身對反應有影響的特徵，亦稱為**被試變量**(或受試者變項)(subject variable)，包括年齡、性別、健康狀況、教育水平、特殊訓練、性格、動機、態度、內驅力等等。以上特徵與條件是有機體或被試在實驗前已經具備的，所以也稱為**先行變量**(或機體內在變項) (organismic variable)。某些先行變量是可以定量控制的，如內驅力強度可以用禁食、禁慾的時間來度量，而有些則較難定量分析，只能由研究者做具體的描述和規定。

(三) 反應變量

反應的特徵稱為**反應變量**(或反應變項，簡稱 R 變項) (response variable)，它是刺激變量引起的行為變化，可從以下幾個方面來度量：

1. 反應的速度 例如，簡單反應的時間或潛伏期，完成一項作業所需要的時間，一定時間內完成作業的件數或單元數等。

2. 反應的準確性 例如，計算的正誤次數，走迷津進入盲路的次數，射擊中靶的次數或環數等。

3. 反應的難度 有些工作可以定出難度量表 (難易的等級或水平)，看被試能達到什麼水平，如記憶廣度、韋克斯勒智力量表等。

4. 反應的次數或機率 指單位時間內被試做出反應的次數，如在心理物理實驗中，根據機率來規定閾限。

5. 反應的幅度和強度 例如，膝跳反射的幅度、皮膚電阻變化的大小等。

(四) 自變量

自變量(或自變項) (independent variable) 是指呈現給被試的某種形式的刺激，是因果關係中作為原因的那個方面，它總是處在主試完全的和主動的操縱之下。

(五) 因變量

因變量(或依變項) (dependent variable) 是指被試做出的反應，即因果關係中作為結果的那個方面。例如，在"心理技能訓練對促進中小學生心理發展的影響"這一課題中，自變量是心理技能訓練，因變量是心理發展程度，機體變量是中小學生。有些研究課題並未在題目中明確標明有關變量，但在方法介紹中都會做詳細交代。我們建議那些初次嘗試體育運動心理學研究的學生，將研究中的關鍵變量標明在題目當中，以利於自己和他人從題目中盡可能多地理解研究的性質。

二、各變量的相互關係

心理學研究的問題固然千變萬化，但基本上不會超出探討刺激 (S) 變量、機體 (O) 變量和反應 (R) 變量三者之間關係的範圍。還有一種和以上關於自變量與因變量的定義不同的解釋，認為在心理學研究中自變量和因變量之間存在著兩種關係；一為因果關係，與上述定義相同；二為預測關係，即自變量為預測的依據，因變量為預測的行為。心理學的研究就是要分析和測定這三種變量之間可能存在哪些基本關係，並用明確的數學形式來描述。據分析可以存在以下幾種關係式：

(一) 反應是刺激的函數

某種反應是某種刺激的函數，這種關係表示如下：

$$R = f(S)$$

在此，刺激 (S) 是自變量，反應 (R) 是因變量。這種刺激數值與反應數值變化的關係，是心理實驗中最常考察的和最基本的關係。這種關係式其實質就是測定和操縱刺激變量以觀測和分析反應特徵。感覺、知覺、學習等領域中所建立的定律就是根據這一關係式得出的。

(二) 一種反應是另一種反應的函數

一種反應是另一種反應的函數，這種關係式表示如下：

$$R_2 = f(R_1)$$

　　這種關係有兩種情況，一是行為的序列現象，如講話、作文的先行詞句對隨後詞句的影響或干擾作用，以及運動中先行動作對隨後動作的影響。這種關係是一種因果關係，即前一反應是後一反應的刺激。二是兩種反應量度之間的平行相關，如演算數學題的正確性與演算總時間的總相關。這種情況是兩個因變量之間的相關，故宜用相關係數的大小來表示。

(三) 機體變量是刺激變量的函數

　　某種機體變量是某種刺激變量的函數，這種關係式表示如下：

$$O = f(S)$$

　　在這種情況下，研究者主要是研究環境條件對有機體特徵的影響。如不同社會、家庭、教育訓練對人的性格、能力或智力的影響。這種研究通常採用**調查法** (survey method) 或**觀察法** (observation method)，但是如果用兒童、特別是孿生子進行實驗控制則可以求得更準確的關係。

(四) 反應是機體變量的函數

　　某種反應是某種機體變量的函數，這種關係式表示如下：

$$R = f(O)$$

　　研究這種關係的目的在於測定有機體的某些特徵，如教育水平、職業、性格、智力、年齡、性別、健康狀況、動機、態度、內驅力等等對反應的影響。在這些關係中，有些自變量，如動機、內驅力等可採用**實驗控制法** (experimental control method)，而另一些自變量如年齡、性別等則是不能用實驗控制的。

(五) 刺激變化是反應變化的函數

　　某種刺激變化是某種反應變化的函數，這種關係式表示如下：

$$S = f(R_2)$$

從控制論和大量實驗材料來看，有機體的反應活動存在著反饋聯繫，新刺激量的大小是根據前一個反應的結果，經過反饋輸入而加以校正的。因此還存在以上第五種關係式。

以上五種關係可用圖 15-1 表示。

$$R_1 = f(S)$$

$$O = f(S)$$

$$R_1 = f(O)$$

$$R_2 = f(R_1)$$

$$R_2 = f(O)$$

$$S = f(R_2)$$

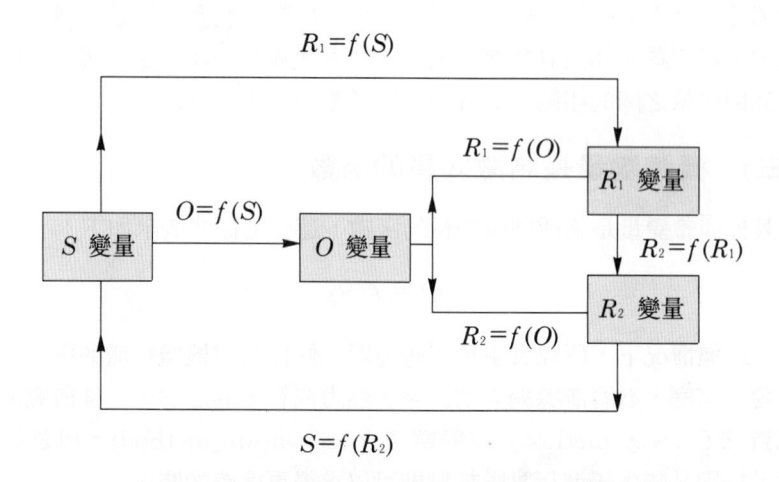

S 變量 → O 變量 → R_1 變量 → R_2 變量

圖 15-1 三種變量之間可能存在的基本關係
(採自黃希庭，1988)

在實際研究工作中，我們還可以研究多種反應變量之間的關係（如 $R_1 = f(R_2, R_3, R_4, \cdots\cdots R_n)$），某種反應變量與刺激變量及機體變量之間的關係（如 $R = f(S, O)$），等等。

應當指出，即使是準確達到函數關係的規律，也並不一定就是因果關係的規律。因為函數關係只表明自變量和因變量有共變關係，其任何一方既可能是因，也可能是果，還可以同為共因之果，或同為共果之因。所以單憑函數關係不能判定何方為因，何方為果。還有可能兩者不存在因果關係。

我們研究以上三種變量之間的種種關係，目的是研究被試腦中發生的心理活動。而被試的心理活動，我們難以直接觀察，只能根據上述關係式進行推論與解釋，這是心理學研究的一個特點。

三、因果關係

科學的認識過程，就是人們不斷地探求事物的原因，不斷深入把握事物本質的過程。事物之間**因果關係** (causal relationship) 的揭露，是認識事物本質的必然途徑。因此，如何判明現象間的因果關係，就成為科學方法論的一個重要課題。王重鳴指出 (1990)，心理學研究中，經常以因果關係分析的水平作為衡量研究質量的標準。一般來說，如果一項研究的變量及其因果關係明確，就認為該研究具有較好的效度，其層次水平也比較高。相反，如果一項研究中變量定義不明確，變量之間的因果關係含糊不清，就表明這項研究因果關係分析的水平很低，研究的質量和效果也比較差。下面，我們將討論確立因果關係的方法學基礎。

(一) 用歸納法推導因果聯繫

英國哲學家米爾 (John Stuart Mill, 1806～1873) 對通過實驗確立因果關係提出五種歸納法原則，對科學實驗活動產生了重要影響。

1. 求同法 (method of seeking common ground)　內容是：被研究對象在不同場合出現，而在各個場合中只有一個因素是共同的，則這個共同因素就是該現象的原因 (圖 15-2)。遺傳的主要物質基礎——DNA 的發現，就運用了這種方法。1944 年，加拿大的阿維利和麥克勞德等人在前人基礎

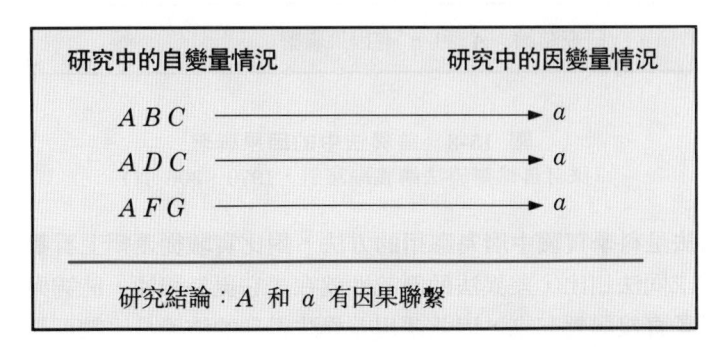

```
研究中的自變量情況            研究中的因變量情況

  A B C  ────────────────▶  a
  A D C  ────────────────▶  a
  A F G  ────────────────▶  a
  ─────────────────────────────────
  研究結論：A 和 a 有因果聯繫
```

圖 15-2　求同法中的因果聯繫
(採自自然辯證法講義編寫組，1979，306 頁)

上進行了細菌轉化實驗。他們分別用培養基加高溫殺死的有毒有莢膜的肺炎雙球菌、培養基加高溫殺死的有毒有莢膜的肺炎雙球菌提取液、培養基加提取液中的 DNA 來培養無毒無莢膜的雙球菌，結果都能使它們轉變成為有毒有莢膜的肺炎雙球菌(注射到動物體內能致肺炎)。在上述不同場合中，DNA 是不變因素，證明它是細菌轉化的原因。此後，DNA 是遺傳物質的結論才得到了公認。

求同法是一種研究客觀現象原因的初步方法，所得的結論具有或然性，通常只能得出具有假定性質的結論。此外，求同法是在不同事例中尋求共同原因的方法，在運用時假定該現象只有一個共同的情況為某原因。如果有不同的原因引起同一結果時，求同法就失去作用了。

2. 差異法 (method of seeking difference) 內容是：從二個場合的差異中尋找原因 (圖 15-3)。比如，將大白鼠隨機分入生活環境豐富組和生活環境貧乏組分別餵養一段時間，結果發現，生存在豐富環境條件下的大白鼠，大腦重量和皮層厚度更大，突觸聯繫更多，說明生活環境與中樞神經系統發育有直接聯繫。

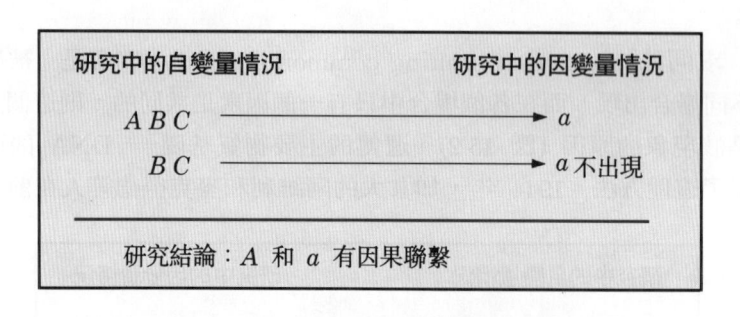

```
研究中的自變量情況           研究中的因變量情況
  A B C  ─────────────────→  a
    B C  ─────────────────→  a 不出現
─────────────────────────────────────
研究結論：A 和 a 有因果聯繫
```

圖 15-3 差異法中的因果聯繫
(採自自然辯證法講義編寫組，1979，306 頁)

差異法是科學實驗中廣為應用的方法，對比實驗從邏輯上看都要運用差異法。與求同法相比，差異法的優越性就在於它更為積極，能夠與實驗和其他實踐活動直接聯繫起來，因此運用差異法得到的結論是比較可靠的。

3. 求同差異並用法 (combination method of seeking common ground and difference) 內容是：如果在第一批被考察的現象中，有某一條件就有

所研究的現象出現；而在第二批被考察的現象中，沒有某一條件就沒有第一個場合裏的那種現象出現，由此可以推知，這一條件就是所研究現象的原因（圖 15-4）。例如，人們在考察根瘤與氮的關係時，從各種豆科作物的根瘤能增加土壤氮的含量，而各種禾本科作物則不存在這種現象，可以推論：根瘤有固氮作用。由於求同差異並用法仍然是一種依靠觀察的歸納法，所以其結論也具有或然性。

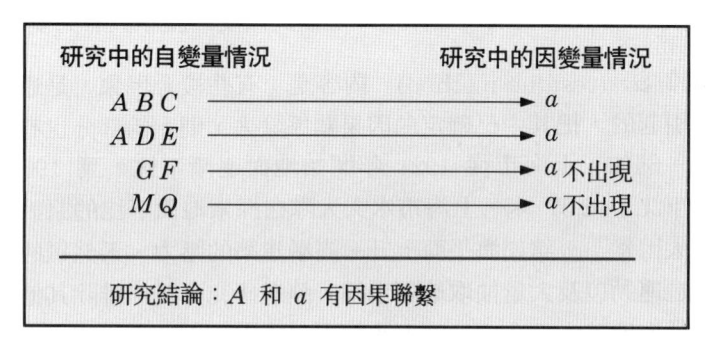

```
研究中的自變量情況            研究中的因變量情況
    A B C    ─────────────▶   a
    A D E    ─────────────▶   a
     G F     ─────────────▶   a 不出現
     M Q     ─────────────▶   a 不出現
    ─────────────────────────────────
    研究結論：A 和 a 有因果聯繫
```

圖 15-4　求同差異並用法中的因果聯繫
(採自自然辯證法講義編寫組，1979，306 頁)

4. 共變法 (covariance method)　內容是：如果在某一因素發生變化後，某一現象也發生變化，那麼就可以推知，該因素可能就是該種現象的原因（圖 15-5）。例如，在選擇反應中，可供選擇的數量越多，則選擇反應時

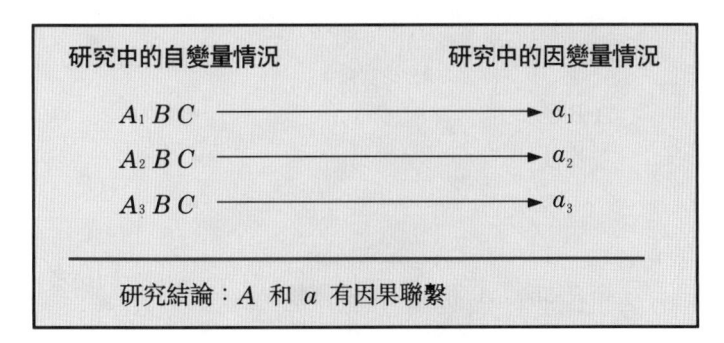

```
研究中的自變量情況            研究中的因變量情況
   A₁ B C   ─────────────▶   a₁
   A₂ B C   ─────────────▶   a₂
   A₃ B C   ─────────────▶   a₃
   ─────────────────────────────────
   研究結論：A 和 a 有因果聯繫
```

圖 15-5　求共變法中的因果聯繫
(採自自然辯證法講義編寫組，1979，306 頁)

越長，由此可推知，選擇反應時同選擇的數量有關。再如，人們考察研究了體重、素質各異的長跑運動員，發現成績好的運動員大都有體重/身高指數小、體脂比例小、最大吸氧量及心容積大等特徵。經多次考察，進一步發現最大吸氧量大的運動員，一般耐力水平也高；後者隨前者的變化而改變，表明兩者存在著穩定的因果關係。運用共變法時應注意：

(1) 只有其他因素保持不變時，兩種現象才能說明因果關係。
(2) 兩種現象的共變有一定限度，超出此限度，就不具有共變關係。

5. 剩餘法 (residue method)　內容是：有些複合現象，是通過另一些複合現象引起的，把其中已確定的因果關係除去，則剩餘部分也有因果關係（圖 15-6）。例如，上海市從 1921 年開始地面逐漸下沈，到 1965 年最嚴重的地區下沈了 2.37 米，上海市水文大隊在探索地面下沈的原因時，曾列舉了"十大因素"，諸如海平面上升、高層建築的壓力、天然氣的開採、地殼的新構造運動以及大量抽取地下水等，經過研究分析，排除其他因素，而確定大量抽取地下水是造成地面下沈的主要原因。再如，最初，人們認識到大腦和神經對身體的運動具有重要的調節和控制作用，但大腦雖然能控制骨骼肌的活動，也可在短時間內控制不呼吸，但卻不能控制心臟不跳（儘管可以影響心跳）。於是，大腦控制心臟活動的看法就被否定了。那麼其他器官如脊髓延髓能否控制心臟呢？人們在解剖青蛙的實驗中製成離體心臟，把所有影響心臟的器官都切除，發現心臟仍在跳，說明脊髓、延髓控制心臟的

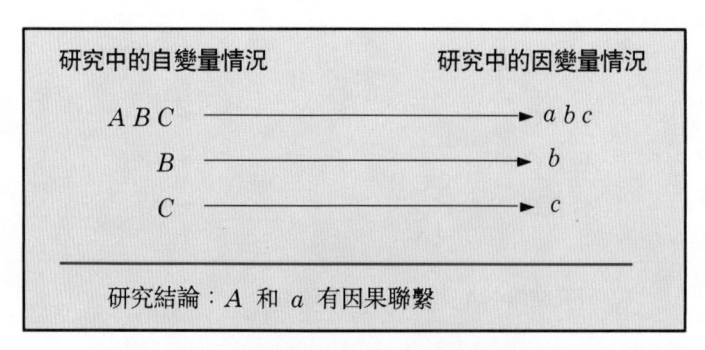

```
研究中的自變量情況          研究中的因變量情況
    A B C  ──────────▶  a b c
      B    ──────────▶    b
      C    ──────────▶    c
─────────────────────────────────
研究結論：A 和 a 有因果聯繫
```

圖 15-6　剩餘法中的因果聯繫
(採自自然辯證法講義編寫組，1979，306 頁)

想法也是不對的。但是否整個心臟都是自律性器官呢？通過對蛙心的進一步觀察和實驗才發現蛙心上有竇房結和房室結，它們都有分支伸進心房肌和心室肌。把竇房結紮住後，心跳立即變慢，甚至幾分鐘才跳一次。經過這樣逐步淘汰式的篩選，人們最後才認識到竇房結和房室結才是使心臟跳動的自律性組織。

（二） 因果關係的邏輯基礎

由於客觀事物的因果關係往往是錯綜複雜的，因此，上面所列舉的幾種判明因果關係的方法，往往不是孤立運用，而是交叉共同運用的。同時，應當指出，上述五種方法中，有些是有或然性的。一般來說，發現了某事件的原因意味著發現了該事件的充分必要條件，即米爾提出的求同差異共用法中所推導出的關係，即有 A 則有 B，無 A 則無 B。例如："一個數能被 2 除盡"，是"這個數是偶數"的充分必要條件；"一個三角形三內角相等"是"該三角形是等邊三角形"的充分必要條件，也許可以將判斷因果關係是否存在的邏輯基礎總結為：

1. 因發生於前，果發生於後。
2. 因和果相關。
3. 可以排除因果關係的其他解釋。

例如：在常態大氣壓力下，水加熱到攝氏 100 度，就會沸騰氣化，金屬受熱後會膨脹，注射腎上腺素，心率就會加快。這三對因果關係就符合上述三項邏輯條件。

根據上述討論，可以看出，儘管目前有些研究正在設法使得通過相關研究也能得出因果結論，但一般來說，相關研究方法無法得出因果結論，這是研究者應特別注意的問題 (張力為，1991a)。比如，某工廠作過一個有趣的考察，發現有個冬天，工人遲到人數與產品合格率有較高的正相關，經過深入了解，原來是冬天天氣冷，交通不便造成職工遲到；另一方面，乃由於天氣冷，生產設備散熱好，因而產品合格率高。遲到現象與產品合格率本是兩碼事，故兩者間的"正相關"實際上是一種沒有因果聯繫的"假"相關。

在體育運動心理學領域，相關性研究甚多，碩果累累。但我們在做因果推論時應持謹慎態度。例如，即使通過籃球運動員訓練年限與智力水平關係的研究，發現兩者間有可靠性的正相關，相關係數也較高，我們也不好就此得出籃球訓練有助於智力水平提高的結論，因為，第一，我們無法確定這兩個因素哪個發生在前，哪個發生在後；第二，我們無法確定是否是第三個因素或更多的因素共同影響智力水平和訓練年限而導致它們的相關。當然，我們可以根據這一研究結果，得出兩者可能存在因果聯繫的設想，然後再進一步進行實驗研究，以便檢驗兩者間存在因果聯繫的假設（張力為，1991a）。

第三節　測驗的客觀性與正確性

在任何測量中，測量者無論如何努力避免犯錯誤，還是可能在某種程度上犯某種類型的錯誤。他所得到的測量值與真值之間將有差距。測量者很難得到真值，他至多不過是採用各種方法不斷縮小測量值和真值的差距。下面將討論如何判斷測量者在觀測中的客觀程度或正確程度。

一、信　度

（一）　信度的概念

測驗的**信度**(reliability) 指測驗的可靠程度，表現為測驗結果的一貫性、一致性、再現性、穩定性。一個測驗，不論是多次再測或由多人進行測驗，其結果都大致相同，方能可信。任何測驗，只要它是從個人的行為樣本中得到的東西，就包含著某些測定誤差，難免有些不正確之處。因此，信度是一個相對概念，並非是絕對的有或無，而是一個程度上或多或少的問題。沒有一個測驗是絕對可靠的，只是其誤差有大小之別而已。信度只是告訴我們測驗結果的可信程度或可靠程度。

心理測驗在標準化的時候，必須確定它的信度。確定信度時，常以相關係數的大小來表示信度的高低，這個相關係數就稱為**信度係數** (reliability coefficient)，它表示測定誤差對測驗得分影響的程度。

(二) 信度係數的求法

信度係數的求法有再測法、等價法、折半法和內部一致性法等。

1. 再測法 再測法 (或重測法) (test-retest method) 指同一個測驗，在第一次施測之後，經過一段時期，對同一對象群再行測驗，求兩次測驗成績的相關係數，即檢查得分的穩定程度，這種穩定程度稱為**複測信度** (或**再測信度**) (test-retest reliability)。

再測驗的間隔時期，對信度係數有一定的影響。過於接近，會有練習效果，相隔太遠，在這期間的變化也可能影響測驗成績。表 15-2 是有關智力測驗施行再測法的信度係數的例子。

表 15-2 測驗間隔與測驗信度的關係

再測驗的間隔期	信度係數 (r)
同日或次日	0.90～0.95
1 年	0.85
2～2.5 年	0.80
5 年	0.75～0.80
9 年	0.78

(採自凌文輇、濱治世，1988)

2. 等價法 等價法 (或復本法) (equivalent form method) 就是對同一對象同時實施兩個同一性質的測驗 (A 本和 B 本)，求出兩個測驗得分的相關係數，稱為**等價係數** (或**等值係數、復式係數**) (coefficient of equivalence)。例如，斯坦福-比奈測驗的 L 和 M 兩種測驗，就是等價測驗。同時進行這兩種測驗所得到的相關係數是 0.91。因而說這兩個測驗的信度很高。

使用這種方法求信度時，必須有兩個相似的測驗復本，所以也稱為**復本法**。有這兩個復本，就可以利用同一組受測對象在兩個復本上的得分求取相關。這種方法所求得的信度稱為**復本信度** (alternate-forms reliability)。在實際測驗中,既可用兩個復本對被試進行連續施測,也可進行間隔施測。

等價法雖然比再測法具有有利之點,但也有些不足之處。第一,測驗問題的內容易出現練習效果。與再測法一樣,第一次測驗的影響波及到第二次測驗的結果,有可能影響相關係數(為抵消這種練習效應,在實際應用時,可讓半數被試先做 A 本再做 B 本,另一半則先做 B 本再做 A 本)。第二,由於測驗的反復進行,測驗的性質也有改變的可能。例如,第一次接受思維能力測驗後,即使是同類問題,第二次測驗中在心理學上亦有可能成為不同性質的測驗。如前述的 L 和 M,在 L 中測驗的可能是能力,而在 M 中,有可能就是測記憶的了。

由於等價法量表在現實中很少,故使用它的機會也不多。

3. 折半法 在測驗沒有復本且只能一次性施測的情況下,通常採用**折半法** (split-half method),所得信度稱之為**折半信度**(或**分半信度**) (split-half reliability)。其方法是把全部測驗題目分成相等的兩部分,求兩個部分的相關係數。最常用的折半法是奇數-偶數法,即將單號問題分成一組,雙號問題分成另一組。用折半法求得的信度係數並非得自兩個復本,也非得自兩次施測,只是根據一次施測而分析題目之間的關係,因此也稱為**內部一致性係數** (coefficient of internal consistency)。它檢查測驗的各個項目是否測定了所想要測定的東西。

由於折半,所以題目只是實際的一半,這就降低了信度。為了得到整個測驗的信度,有必要用**斯皮爾曼-布朗公式** (Spearman-Brown formula) 來修正相關係數的值。公式如下:

$$r_n = \frac{nr}{1+(n-1)r} \qquad [\text{斯皮爾曼-布朗公式}]$$

r:根據折半而求得的兩半部分的相關值
r_n:把測驗加大 n 倍時的信度係數

折半法是以下面兩點為前提的,即測驗的各個項目是同質的,並以對應的難易順序排列著,因此兩部分的得分偏差應是相等的。但是,這種假定實際上幾乎是不存在的。為了避開這種假定,可以根據**弗朗納根公式** (Flanagan formula) 來計算信度係數。

$$r_{tt} = 2\left(1 - \frac{SD_a^2 + SD_b^2}{SD_t^2}\right)$$ ［弗朗納根公式］

r_{tt}：測驗的信度係數
SD_a，SD_b：折半的測驗得分的標準差
SD_t：測驗全部項目得分的標準差

實際上該公式就是後面將要討論的克龍巴赫 α 係數在折半法中的運用 ($n = 2$)，根據這個公式不必計算相關係數就能得到信度係數。

折半法不適合於純粹的速度測驗。因為速度測驗的項目簡單而量大，目的是測量被試解決問題的速度，而大部分被試無法在規定的時間內完成所有的項目。這種速度測驗若使用折半法，往往會得出過高的信度係數，因此不適用。

一個測驗必須有高的信度，我們才能使用它作為判定個別差異的依據。測驗的信度越高，就越可靠，人們就越能相信被試在該測驗上的得分。通常在每種測驗的使用手冊中，都載明該測驗的信度係數。一般測驗的信度係數達到 0.80 以上時，就可以認為是一個信度相當高的測驗。

4. 內部一致性法 內部一致性法 (internal consistency method)，是分析一個測驗內部所有題目或分測驗、項目群之間得分的一致性的方法。其所測得的信度稱之為**同質性信度** (reliability of homogeneity)。若測驗的各個題目 (或分測驗、項目群) 之間在得分上有較高的正相關時，無論其內容和形式如何，則可認定此測驗是同質的。

並非所有的心理測驗都要求較高的同質性信度，現行的許多心理測驗都是異質的。在什麼情況下需要考察題目的內部一致性，取決於測量目的。一般地說，用於預測的測驗或學習成績的測驗可不考慮內部一致性，而在提出或驗證某種心理學理論的構想和假設時，卻要求對所研究的心理特徵或構想做出"純粹"的測量，否則就不能由測驗分數做出意義明確的推論。

同質性信度，其信度係數，常使用**克龍巴赫 α 係數** (Cronbach α coefficient) 或**庫德-理查森公式 20** (Kuder-Richardson formula 20，簡稱 KR

-20) 進行估計。克龍巴赫 α 係數可作為由 n 個項目或 n 個分測驗所構成的測驗合成得分的信度係數推定值。

$$\alpha = \frac{n}{n-1}\left(1 - \frac{\sum\limits_{j=1}^{n} SD_j^2}{SD_t^2}\right) \quad \text{［克龍巴赫 α 係數］}$$

  α ：測驗的信度係數
  n ：項目數或分測驗數
  SD_j：項目 j 得分的標準差
  SD_t：全測驗總得分的標準差

  如果測驗僅僅是由 n 個項目所組成，其信度係數由 KR-20 公式算出。它相當於項目反應為 1－0 型 (或正誤型) 時的 α 係數：

$$r_{tt} = \frac{n}{n-1}\left(\frac{SD_t^2 - \sum\limits_{j=1}^{n} p_j q_j}{SD_t^2}\right) \quad \text{［KR-20 公式］}$$

  r_{tt} ：測驗的信度係數
  n ：項目數
  SD_t：全測驗總得分的標準差
  p_j ：各問題的正答率 (通過率)
  q_j ：$1-p_j$
  $\sum\limits_{j=1}^{n} p_j q_j$：各問題的 ($p_j \times q_j$) 總和

  庫德-理查森 (KR-20) 公式不適合用於多重選擇記分的測驗工具。因此，對於評定量表和態度量表等，應使用克龍巴赫 α 係數。

  5. 肯德爾和諧係數法 對一些無法完全客觀評分的測驗來說，信度在一定程度上受評分者評定過程的影響。換言之，評分者之間的評分尺度差異所造成的誤差 (如評分時摻雜有主觀判斷成分)，也會影響測驗的信度。

  這種現象不僅在心理測驗中，而且在包括體育運動在內的許多活動中都普遍存在。例如，心理測驗中的**創造性思維測驗** (creative thinking test)，

畫人測驗 (Draw-a-Person Test)、**羅夏墨漬測驗** (Rorschach Inkblot Test) 和**主題統覺測驗** (Thematic Apperception Test) 等就是無法實現完全客觀記分的測驗；又如體育運動中的評分類項目（體操、武術、花式滑冰等），都在不同程度上存在評分者信度問題。甚至在高考數學的閱卷過程中也是如此。北京師範大學心理系的研究者曾將同一考生的數學高考試卷複印後，供全國許多省市的有關閱卷者試評，結果，其得分差異達到驚人程度：有人給 90 多分，也有人給不及格！可見，測驗應盡量採用標準化測驗，應力求使評分標準具有唯一性，以克服由評分者帶來的誤差。

考察評分者信度的方法是，隨機抽取相當份數的試卷，由兩位評分者按記分規則分別給分。然後根據每份試卷的兩個分數計算其相關係數，即得**評分者信度** (scorer reliability)。一般要求成對的受過訓練的評分者之間相關係數達到平均 0.90 以上，才認定評分是客觀的。

當多個評分者評多個對象，並以等級法記分時，可以採用**肯德爾和諧係數** (Kendall coefficient of concordance) 作為對評分者信度的估計。公式如下：

$$W = \frac{\Sigma R_i^2 - \frac{(\Sigma R_i)^2}{N}}{\frac{1}{12}K^2(N^3 - N)}$$

［肯德爾和諧係數］
（$3 \leqslant K \leqslant 20$；$3 \leqslant N \leqslant 7$）

W：肯德爾和諧係數；
R_i：每個對象被評等級的總和；
N：被評價的對象數；
K：評分者人數。

當評分者 (K) 為 3～20 人，被評對象 (N) 為 3～7 人 (屬小樣本) 時，可利用肯德爾和諧係數表來考驗肯德爾和諧係數 (W) 是否達到顯著水平。如果求得的肯德爾和諧係數 (W) 值大於統計表中所列的相應數值，就說明評分是較為一致的。

當 N 大於 7 時，可把 W 代入下式：

$$\chi^2 = K(N-1)W$$

然後查 $df=N-1$ 時的 χ^2 值表,看這個 χ^2 值是否顯著。如 χ^2 值達到顯著水平,則 W 也算達到顯著水平。

如果在評價中出現相同等級時,可應用下式:

$$W=\frac{\Sigma R_1^2-\frac{(\Sigma R_i)^2}{N}}{\frac{1}{12}K^2(N^3-N)-K\Sigma\frac{\Sigma(N^3-N)}{12}}$$ 〔肯德爾和諧係數〕

N:相同等級的個數

從上面我們可以看到,求信度係數的方法有各種各樣。然而,它們都是基於不同的假定和前提條件,故所求得的數值其意義也是不相同的。因此,只看數值來比較和討論它的信度高低是不適當的。一般說來,間隔施測的復本信度,因為很多因素有機會影響到分數,因此,其值最低;相反,校正過的分半相關,因為影響的因素少,所得到的信度也最高。

(三) 與測驗信度有關的因素

測驗信度受一些因素的影響,這裏可以舉出幾點,以便在編製和使用測驗時給予注意。

1. 測驗的長短 一般說來,測驗越長 (問題數越多),信度就越高。可是,測驗過多,被試就會厭煩,也會降低信度。而且項目越多,就可能包含有離開測定目標的不純項目。

在增加或減少測驗長度時,它的信度如何變化,可以根據斯皮爾曼-布朗公式算出。

2. 被試得分的離散程度 得分之差 (用標準差表示) 越小的組,其測驗的信度就越降低。因此,對於有大的個人差異的受測群來說是高信度的測驗,在運用於高度選擇了的對象群時,信度會變低而不起作用。例如,在全國性規模實施的升學能力傾向測驗,即使對全體被試顯示出相當高的信度係數,但若施測於優秀高中畢業生而作為一流大學的入學選拔,未必能成為信度高的測驗。

3. 被試群體的能力水平　在某種能力水平上信度高的測驗，對於別的能力水平的群體未必信度就高。例如，比奈智力測驗對低能的成人有相當高的信度，但對於普通智力以上的成人，其信度就低。

4. 被試的年齡　如前所述，一般來說，間隔期間越長，信度係數就越低。這是由於在間隔期間，個體的發展與成長所帶來的變化或其他因素影響了測驗的成績。表 15-3 是根據斯坦福-比奈智力測驗(或斯比量表)(Stanford-Binet Scale)，同樣相隔 6 年，兩次測驗的相關係數。我們可以看到，第一次測試時年齡越低，與第二次測驗的相關就越低。這表明，第一次測驗以後的發展變化是很大的，年齡越低，智力發展的變化就越大。此外，以下因素也會影心理測驗的信度：

表 15-3　年齡、測驗間隔和再測信度的關係

第一次測驗	第二次測驗	信度係數 (r)
4 歲	10 歲	0.73
9 歲	15 歲	0.87
11 歲	17 歲	0.92

(採自凌文輇、濱治世，1988)

(1) 被試方面：身心健康狀況、動機、注意力、持久性、求勝心、作答態度等；

(2) 主試方面：不按規定實施測驗，製造緊張氣氛，給予特別協助，評分主觀等；

(3) 測驗內容方面：試題取樣不當，內容一致性低，題數過少，題義模糊等；

(4) 施測情境方面：測驗現場條件，如通風、溫度、光線、噪音、桌面好壞、空間闊窄等。

二、效　度

(一) 效度的概念

測驗的**效度** (validity) 是指一個測驗在測量某項指標時具有的準確度。它所回答的基本問題是：一個測驗測量對象的特性是什麼？它對該特性的測量有多準？一個測驗的效度越高，則表示它所測結果越能代表所測對象的真正特徵。例如，智力從理論上說，應該是一個人的"絕對能力"，這個"能力"是不應該受一個人的知識背景影響的。如果在智力測驗中知識性的內容過多，勢必影響測驗的效度 (如"高分低能"現象)。但是，人所共知，完全離開知識的能力和完全離開能力的知識都是不存在的，人們無法將兩者截然分開。從這個意義上說，智力測驗的效度是不可能十全十美的。我們所能做的就是盡可能使這種測驗更多地反映人的能力特徵，避免使它成為"知識測驗"。

(二) 效度的分類

心理測驗的效度有多種分類方法，目前尚不統一，我們僅討論內容效度和效標效度。

1. 內容效度　**內容效度** (content validity) 指一個測驗的內容代表它所要測量的主題的程度。它在**成就測驗** (achievement test) 中特別重要。例如，為了測查體育管理系學生在社會心理學課程上對知識掌握的情況，若時間許可，可以進行一個全面的考試，包含所有有關的內容，但這顯然行不通。於是，就從這一範圍總體中選一樣本，也就是從可能的題目中取樣來測驗，根據測驗分數推論學生在該範圍總體的知識。若測驗題目是這個範圍的好樣本 (題目出得好)，則推論將是有效的 (高效度)；若選題有偏差，則推論將無效 (低效度)。比如，"試述攻擊的種類和攻擊產生的原因"和"試述統計學在社會心理學研究中的作用"兩道題目，前者就比後者的效度高，因為前者代表了社會心理學研究的一個主題，而後者則摻入了與社會心理學無直接關係的統計學內容。由於這種測驗的效度與測驗內容有關，所以叫內容效度。

一個測驗要有內容效度必須具備兩個條件：

(1) 要有定義完整的內容範圍；
(2) 測驗題目應是所界定的內容範圍的代表性取樣。

內容效度不但是評價成就測驗的最合適的方法，而且是編製任何測驗都要加以考慮的基本方面。因為它所考慮的題目與規定的內容或所取樣的行為範圍之間的符合性，可使選題更謹慎、更合理，以便從測驗內容上排除無關變量的影響。

內容效度對於**能力傾向測驗**(或**性向測驗**) (aptitude test) 和**人格測驗** (personality test) 一般是不適用的。因為能力傾向和人格不像成就測驗那樣容易限定範圍，而且，通過檢查測驗的內容來準確確定所有要測量的心理特性，實際上是不可能的。

內容效度具有一定的優點，也有一定的局限。它的主要缺點是缺乏理想的數量指標，因而妨礙了信息交流和各測驗間的相互比較。

2. 效標效度 **效標效度**(或**效標關聯效度**) (criterion-related validity) 也稱為**實證效度** (empirical validity)，指一個測驗對特定情境中的個體行為進行預測時的準確性，也就是對我們所感興趣的行為能夠預測得怎樣。例如，用百米成績預測跳遠成績、用焦慮量表預測某運動員賽前焦慮水平等。一個測驗預測得越準，其效標效度就越高。在這裏，被預測的行為是檢驗效度的標準，稱為**效度標準** (validity criterion)，簡稱**效標**。由於這種效度是看測驗對效標預測得如何，所以叫效標效度。

效標效度強調的是效標行為。我們對測驗分數感興趣是因為它能預測一些重要的外在行為，所以測驗的內容是次要的，而且測驗題目不需要和效標有明顯的關係，測驗分數能在事實上預測效標行為才是最主要的。

根據效標資料收集的時間，效標效度可分為同時效度和預測效度。前者的效標資料可與測驗分數同時收集；後者的效標資料需要過一段時間後才能收集到。

(1) **同時效度** (concurrent validity)：估計同時效度的常用方法是，對同一對象，將一個新編測驗得分與已有的測驗得分（即效標值）之間求取相關。用該方法所得相關係數稱**效度係數** (validity coefficient)。例如，有個智力測驗 A，雖很好，但實施起來很費時間，我們可以另外設計一個施測時間較短的測驗 B，用 B 來代替 A 進行測驗。如果 B 的成績與 A 的成績有很高的相關，則 B 可作為 A 的代用物。這時，可認為 B 和 A 的同時效度高。

為什麼效標資料與測驗分數能同時收集的情況下還要檢驗同時效度呢？因為，如果同時效度高，使用新的測驗方法能更簡單、省時、廉價、有效。

(2) **預測效度** (predictive validity)：這種效度是將所得到的測驗分數與相隔某一時間後對同一對象所測得的成績 (效標) 之間求相關，以檢查以前這個新編測驗的效度。

例如，高考入學考試成績如果能很好地預測入學後的學生成績的話，則高考對於學生入學後的學習成績具有較高的預測效度。假如在某項目運動員形態選材的測驗中，被篩選出的大部分運動員未能長成所預測的形態，則由於預測效度太低，日後肯定要拋棄這種測驗方法。

(三) 確定效度的方法

前面我們曾介紹過一些確定信度的方法，由於信度是測量本身的自我比較，而效度卻是有關測量與外部標準之間關係的評價，因此，總的來說，評定效度要比評定信度更為複雜，在此我們僅介紹內容效度和效標效度的評定方法。

1. 確定內容效度的方法　如前所述，確定內容效度，常苦於沒有理想的數量指標，目前，運用較多的是非定量化的評定方法，它實質上是一種從主觀上進行推理和判斷的過程。當然，也有幾種定量化方法可資利用。

(1) **專家判斷** (expert judgement)：為了確定一個測驗是否具有可接受的內容效度，最常用的方法是請有關專家對測驗題目與原定內容範圍的符合性做出判斷。看測驗題目是否適當地代表了所規定的內容。如果題目具有較好的代表性，則說明測驗具有較高的內容效度。由於該方法是個邏輯分析的過程，所以又稱**邏輯效度** (logical validity)。

採用這一方法，不同專家對同一測驗的內容效度判斷可能不一致。為了提高判斷過程的客觀性，應盡可能對測驗的編製過程和測驗目標進行詳細說明，並編製評定量表或專家調查表，以便專家對測驗做出客觀的評定。

(2) **等價法** (equivalent form method)：可採用類似復本信度係數的統計計算方法，求被試在兩個復本上得分的相關係數。如果相關係數較低，則說明兩復本中至少有一個缺乏內容效度，若相關高，一般可推論測驗有較好的內容效度。

(3) **再測法** (test-retest method)：可採用類似求復測信度係數的方法，先將測驗施測於某一團體，該團體對測驗所包括的內容僅具最少量的知識，因而得分較低。然後，讓該團體參與有關材料的教學與訓練計畫，結束後將測驗再施測一次。如果成績提高較大，說明該測驗測量的是課堂上所教的知識，而不是用其他方法所得的知識，亦說明測驗具有較好的內容效度。

(4) **經驗法** (empirical method)：用同一測驗檢查不同年級的學生。一般說來，如果測驗總分和每個題目的通過率隨年級而增高，就是測驗具有內容效度的證據。

2. 確定效標效度的方法

(1) **相關法** (correlational method)：最常用的建立效標效度的方法是求測驗分數與效標測量之間的相關，所得到的數量指標稱作**效度係數** (validity coefficient)。在測驗手冊中，常用它來報告測驗對每種效標的效度。

計算效度係數最常用的是**積差相關法** (product-moment correlation method)，但在特殊情況下，也可採用其他方法：

①當測驗成績是連續變量，而效標是等級評定時，可用賈斯朋 (Juspen) 公式計算**多列相關** (multiple serial correlation)；

②當測驗成績是連續變量，而效標是二分變量 (成功與失敗，通過與未通過等) 時，可用**二列相關** (biserial correlation) 公式計算；

③當測驗與效標均為二分變量時，可運用皮爾遜余弦 π 法來計算**四分相關** (quartile correlation)。

(2) **區分度** (discriminability)：該方法是看測驗分數是否可區分由效標測量所定義的團體。例如，某運動隊通過選拔錄取了一批運動員，過一段時間後，根據運動成績將他們分成合格的與不合格的兩組，然後回過頭來檢查他們的測驗分數，運用 **t 考驗** (t test) 看看兩組在測驗上的平均分數是否有顯著差異。公式如下：

$$t = \frac{\overline{X}_s - \overline{X}_u}{\sqrt{\dfrac{S_s^2}{N_s} - \dfrac{S_u^2}{N_u}}}$$

$\overline{X}_s$，$\overline{X}_u$ ：合格與不合格組的平均測驗分數
S_s，S_u ：兩組測驗分數的標準差
N_s，N_u ：兩組的人數

　　總之，兩組平均分數的差異在統計上顯著，並不保證測驗一定有效。然而，假如測驗分數無法區分校標定義組，則測驗肯定是無效的。

　　(3) **命中率** (hitting ratio)：當測驗用來作取捨的根據時，其有效性的指標就是正確決定的比例。

　　在簡單的情況下，預測源與效標都是二分的。在預測源方面是確定一個臨界分數（即分數線），高於臨界分數者接受（預測其成功），低於臨界分數者拒絕（預測其不成功）。在效標方面是根據實際情況（工作、學習的能力或成績），確定一合格標準，在標準之上者為成功，標準之下者為不成功。這樣便會有四種情況：預測成功且實際也成功；預測成功但事實上不成功；預測不成功而事實上成功；預測不成功且事實上也不成功。我們稱正確的預測（決定）為命中，不正確的預測（決定）為失誤。如表 15-4 所示：

表 15-4　測驗預測與實際成績的可能關係

測驗預測	實測失敗 (−)	實測成功 (＋)
成功 (＋)	(A) 失誤	(B) 命中
失敗 (−)	(C) 命中	(D) 失誤

(採自張力為、褚躍德、毛志雄，1996)

　　這裏有兩個取捨正確性的指標：

① **總命中率** (P_{ct})：正確決定數目（命中）對總決定數目 (N) 的比例。

$$P_{ct} = \frac{命中}{命中 + 失誤} = \frac{B+C}{A+B+C+D} = \frac{命中}{N} \qquad [總命中率]$$

P_{ct} 值越大說明測驗越有效。這裏考慮了所有的決定,並對正確與不正確的決定給予了等量加權。

②正命中率 (P_{cp}):即所選的人成功的比例,又稱**選擇效率** (selection efficiency)。

$$P_{cp} = \frac{B}{A+B} = \frac{成功人數}{選擇人數} \qquad [正命中率]$$

P_{cp} 的值越高說明測驗越有效。在許多情況下,人們只關心錄取者的成功與失敗,對於淘汰者的命運如何卻並不關心,所以對錯誤拒絕 (D) 的比例不予考慮。

(4) **功利率** (utility):為了確定測驗的功效,人們還常常對使用測驗所花掉的費用與得到的利益進行比較,看是否利大於弊。這種效度指標,叫功利率。計算公式如下:

$$U = B(N_s) - C(N_u) - S \qquad [功利率]$$

U:功利率
B:錄用一個成功的工作人員所產生的平均利潤
C:錄用一個不合格的工作人員所造成的損失
N_s:所錄用的人中成功者的人數
N_u:所錄用的人中不成功者的人數
S:整個測驗過程花費的費用

該公式看似簡單,但其中每個數值都需要進行複雜的審計核算才能夠得到。而在很多情況下,我們無法對各種結果指定確切的價值。假如所有的費用與收益都可以轉換成確切的價值 (例如折合成貨幣),該方法的好處是非常明顯的。而事實上,這是很難做到的,因此該方法在應用上有一定的局限性。例如,在工廠裏通過某種測驗錄取工人,儘管計算過程很複雜,但上述公式中的各項數值還是有可能計算出來的;但是,對於運動員的選材來說,雖然我們可以計算各項測驗在命題、施測、評分、錄取等各個環節的花費,但對招收一個合格或不合格的運動員給國家帶來的收益和損失卻很難計算。

測驗的功利率說明了這樣一個事實：一個測驗如果簡單易做，且省時又省錢，即使效度低些，也會有人採用。反之，一個測驗若過於複雜、編製、施測花費大，需要有受過專門訓練的測驗者或使用昂貴的儀器，並且只能個別施測，那麼只有效度極高，能給人帶來較大好處時，人們才會使用它。所以，在編製測驗時要考慮功利率和實用性。

(5) **合成法** (synthetic method)：近年來為配合職業選拔的需要，人事心理學工作者發展出一種新的確定效度的方法，叫做**合成效度**(或綜合效度) (synthetic validity)。包括三個步驟：

①通過工作分析，確定一項工作的基本元素及相對權數。例如，優秀籃球運動員需要良好的身體素質、技術水平、戰術意識以及心理技能；在心理技能中又包括集中注意力能力、放鬆能力、運動表象能力、精細的感知覺能力、良好的智力、靈活的神經過程等等。

②分別確定每一測驗與其相應元素的相關，意即估計測量各元素的測驗效度。

③依據每個元素的權數，將各相關係數合成，即得到合成效度。

(四) 影響測驗效度的因素

影響測驗效度的因素是很多的。大體上可歸納為以下幾個方面：

1. 測驗的組成 試題是構成心理測驗的要素，測驗題目的選取、試題的長度、區分度、難度及編排方式等均會影響測驗效度。

2. 測驗的實施 測驗的實施程序是影響效度的重要因素。若主試能夠適當控制測驗情境，嚴格遵照測驗手冊的各項規定實施測驗，則可避免外在因素影響測驗結果的正確性。

例如，測驗的場地佈置、時間限制、材料的準備等方面，如不遵照說明書規定的標準化程度進行，則必然使效度降低。

3. 被試的反應 被試的興趣、動機、情緒、態度和身體健康狀況等都足以決定在測驗情境中的行為反應；被試是否充分合作和盡力而為，也能影響測驗結果的可靠性與正確性。無論是能力測驗還是人格測驗，只有被試反應真實，其測驗效度才能高。

4. 其他因素 如被試的取樣是否具有代表性，所用效標的可靠性，效標和測驗分數的關係類型以及被試的機體變化等，都會影響到測驗的效度。

三、精確性

(一) 精確性的概念

精確性 (preciseness) 也稱區分度，指測量工具對所測特性的區分程度或**敏感性** (sensibility)。實際上它是項目的效度。例如，在考試時，如果全班成績都得 90 分以上，或者大部分人都得 0 分，則說明該成就測驗的區分度極低，因為它不能敏感地將學生的實際水平差異區分出來。假如學生考試成績分布成正態曲線 (或常態曲線)，則應該說這是理想的成就測驗。

(二) 確定精確性的方法

心理測量精確性的所有估測方法，都是以被試對項目的反應與某種參照標準之間的關係為基礎的。如智力測驗可用年齡作標準，看通過每一項目的人數是否隨年齡而增長；教育成就測驗可用年級或教師評定的等級作標準，看測驗項目能否把不同年級、不同水平的學生區分開；個性測驗可把被試的反應與由其他方式確定為具有某種個性特徵的人比較，看二者是否一致。

這些參照標準實際上就是測驗的效標。當外在的效標難以得到時，通常可用測驗總分 (即所有項目的分數之和) 代替。這個方法假定，測驗作為一個總體是對該特性的一個適當測量，因為個別項目易受某種偶然誤差因素的影響，但當項目足夠多時，在全部項目上誤差因素作用的方向不同，互相抵消，所以，可假定全部項目的考察結果是有效的。雖然看起來這是一個無力的假定，但經驗證明這個方法在大多數情況下是可行的。

1. 項目特徵曲線 假設某測驗由 A、B、C、D 四個項目組成，我們以效標 (或測驗總分) 分數為橫坐標，以被試各單項的通過率為縱坐標，則如下圖 15-7 所示，得出四條**項目特徵曲線** (item characteristic curve)。

上述四條曲線描述了效標分數不同的被試在四個項目上的通過率。其中項目 A 區分度最低，因為各種能力水平的被試在這個項目上都有幾乎相同

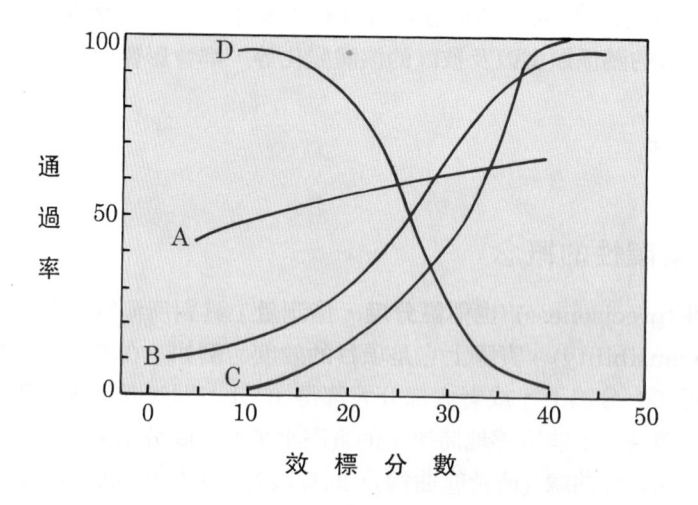

圖 15-7 項目特徵曲線
(採自鄭日昌，1987)

比例的人通過；項目 B 的通過率隨效標分數的增長而緩慢增長，説明該項目具有一定的區分能力；項目 C 的通過率在效標分數的低端很低，在效標分數的高端很高，説明這個項目能將不同水平的被試做出有效區分。一般説來，曲線坡度越陡，區分度越好，預測誤差越小。項目 D 的通過率與效標分數成負相關，這是特殊情況，説明題目出得有問題或定錯了答案。

項目特徵曲線不但可以提供項目效度的形象描述，而且可以用曲線的坡度作為精確性的指標，但使用此方法，計算過程非常複雜，一般要由計算機來完成。

2. 項目與效標的相關 比上述方法更常用的方法是相關法，即以項目分數與效標分數（或測驗總分）的相關作為精確度的指標，相關越高，區分能力越好。具體方法有多種：

(1) **二列相關** (biserial correlation)：該方法適用於兩個可以連續測量的變量，但其中有一個由於某種原因被分為兩個類別。例如，20 個學生參加內含 60% 作文的語文測驗，若作文分數為 37 分以上（包括 37 分）算通過，可用通過計算作文分數與總分之間的二列相關的方法，考察作文這一項目的區分度。

計算公式有兩個：

$$r_\mathrm{b} = \frac{\overline{X}_\mathrm{p} - \overline{X}_\mathrm{q}}{S_\mathrm{t}} \cdot \frac{pq}{y} \qquad [二列係數]$$

$$r_\mathrm{b} = \frac{\overline{X}_\mathrm{p} - \overline{X}_\mathrm{t}}{S_\mathrm{t}} \cdot \frac{p}{y}$$

$\overline{X}_\mathrm{p}$：二分變量中高級組 X 值的平均數
$\overline{X}_\mathrm{q}$：二分變量中低級組 X 值的平均數
$\overline{X}_\mathrm{t}$：所有 X 值的平均數
S_t：所有 X 值的標準差
p：高級組人數與總人數之比
q：低級組人數與總人數之比，即 $1-p$
y：p 與 q 交界處正態曲線的高度

二列相關係數 r_b 的顯著性考驗用下面公式：

$$Z = \frac{r_\mathrm{b}}{\dfrac{1}{y} \cdot \sqrt{\dfrac{pq}{N}}}$$

上式中 N 為總人數，Z 值求出後可查正態曲線表，如果大於或等於 1.96，即為顯著相關。二列相關的可靠性不如積差相關。

計算二列相關係數時，要求二分變量的分布在連續測量時，必須是正態的，即使樣本分布非正態，總體分布也應是正態。如果顯著地背離正態，則將導致非常錯誤的相關估計量。例如，在雙峰分布中，求得的 r_b 可能會超過 1.0。

(2) **點二列相關** (point biserial correlation)：該方法適用於一個變量為**連續變量** (continuous variable)，另一個變量為**二分變量** (或二分名義**變數**) (nominal dichotomous variables) 的資料。當一個變量是**雙峰分配** (bimodal distribution) 時，儘管它不是真正的二分變量，這種方法也能適用。例如，一個測驗的題目答對記 1 分，答錯記 0 分，題目的分數就是一個二分變量，而測驗總分則為連續變量，這時要計算題目的區分度，就可以用點二列相關。有時，一個題目雖不採用二分法記分，但其分數集中在兩個分數上，或者當題目分數為連續變量，而效標或總分為二分變量 (例如好、壞，高、低，及格、不及格等) 時，也可計算點二列相關。點二列相關的可靠性也不如積差相關。計算公式有兩個：

$$r_{pb} = \frac{\overline{X}_p - \overline{X}_q}{S_t} \cdot \sqrt{pq} \qquad \text{［點二列相關公式］}$$

$$r_{pb} = \frac{\overline{X}_p - \overline{X}_t}{S_t} \cdot \sqrt{\frac{p}{q}}$$

式中所用符號與二列相關公式所用符號意義相同。在計算 r_{pb} 時，只要求連續變量是單峰和對稱的分布，二分變量並不受正態分布的限制，因此它比 r_b 的用途更廣泛。當計算 r_b 有疑慮，或有一個變量是純二分時，便可用 r_{pb}。但點二列相關的可靠性也不如積差相關。

(3) **四分相關** (quartile correlation)：該方法適用於兩個常態的連續變量均被人為二分的資料。計算四分相關最常用的公式是**皮爾遜餘弦 π 公式** (Pearson's Cosine π Fomula)。如果一個題目分數被二分成通過與不通過，效標成績也被分成通過與不通過，這時我們就會得到四個類別，從而可組成一個四格表，即可用皮爾遜餘弦 π 公式計算區分度：

$$r_t = \cos\left(\frac{180°}{1+\sqrt{\frac{ad}{bc}}}\right)$$

式中 a、b、c、d 分別代表四格表中第一、二、三、四項所包含的次數，a 和 d 代表相同符號的次數 (＋＋或－－)，b 和 c 代表相反符號的次數 (＋－或－＋)。

例如，假定以期末考試及格或不及格作為題目是否有效的標準，377 個被試在某題上的結果如下：

效標成績

		不及格 (−)	及格 (+)	人數	比例
某題分數	及 格 (+)	68 (+−) b	124 (++) a	192	0.51 (p_2)
	不及格 (−)	100 (−−) d	85 (−+) c	185	0.49 (q_2)
	人數	168	209		
	比例	0.45 (q_1)	0.55 (p_1)		

將表中 a、b、c、d 的數字代入公式可得

$$r_t = \cos\left(\frac{180°}{1+\sqrt{(124\times100)/(68\times85)}}\right) = \cos 73°$$

要考驗四分相關是否顯著，可用下面公式：

$$Z = \frac{r_t}{\frac{1}{y_1 y_2}\sqrt{\frac{p_1 q_1 p_2 q_2}{N}}} \qquad (N \geqslant 100)$$

p_1、q_1、p_2、q_2：每個類別的累積百分比

y_1、y_2：累積百分比為 p_1、q_2 時正態曲線的高度

　　四分相關也不如積差相關可靠，為縮小誤差，被考驗的人數不得少於100，200 人以上的計算結果才能較好地說明問題。在實際應用過程中，只有兩個類別的分界點靠近中值時，r_t 才是最可靠的。當有一個變量分類太靠一邊（即四格表中有一項次數太少），特別是當某一項中出現零時，用公式計算就沒有意義或出現非線性相關的趨勢。例如，如果在 a、d 項中有 0，r_t 將等於−1，若 b、c 項中有 0，則 r_t 將等於+1。

　　(4) ϕ 相關 (phi correlation)：該方法適用於兩個變量都是點分配的資料，即兩個變量都是二分名義變量。在有些情況下，一些連續變量也可以用此方法計算相關程度。ϕ 相關不要求變量呈正態分布。用 ϕ 係數作為

區分度指標時，要求題目反應和效標變量都是二分狀態，一般是根據效標成績（或測驗總分）的高分組和低分組通過和未通過某一題目的人數列成四格表來計算，其公式如下：

$$r_\phi = \frac{AD-BC}{\sqrt{(A+B)(C+D)(A+C)(B+D)}}$$

例如，45 名足球運動員參加某俱樂部的招聘考試，其中有一項測驗是 30 米折返跑的測驗。在測驗中通過與不通過的人數見下表。假設以錄取情況作效標，看 30 米折返跑對運動員是否具有區分能力。

錄取情況

		錄取	未錄取	合計
測驗成績	通過	13 (A)	7 (B)	20
	未通過	5 (C)	20 (D)	25
	合計	18	27	45

將表中所列數值代入公式，得：

$$r_\phi = \frac{13\times 20 - 7\times 5}{\sqrt{20\times 25\times 18\times 27}} = 0.456$$

ϕ 係數的顯著性水平可以通過 r_ϕ 與 χ^2 的關係算出：

$$\chi^2 = N \cdot r_\phi^2 = 45\times 0.456^2 = 9.375$$

求得 χ^2 值後，查 $df=1$ 時的 χ^2 表，看是否達到顯著水平。若 χ^2 值顯著，則 r_ϕ 也顯著。查 χ^2 表，得 $\chi^2.005=7.88$，$\chi^2 \geq \chi^2.005$，χ^2 極顯著，因此 r_ϕ 也達到極顯著的水平，ϕ 係數是很可靠的。

（三）精確性的相對性

精確性的值也是相對的，這表現為以下四個方面：

1. **採用不同的計算方法則區分度的值不同**　由於區分度的絕對值隨所用指標而異，所以在分析一個測驗時，各個項目的區分度值要採用同一種指標，否則無法比較。

2. **用相關法計算的區分度值受樣本大小影響**　一般說來，樣本越大其統計值越可靠，但樣本增大到一定程度後，計算量的增加量與精確性值的提高量的比值就會大大降低。也就是說樣本過大，對精確性的改進效果微乎其微，因而並無實際價值。

3. **用兩個極端組通過率的差異作為區分度的指標，其值受分組標準的影響**　即在一定範圍內，分組標準越嚴格，將中間分數的人排除得越多，高分組與低分組的人越具典型性，區分度的值可能越高。

4. **區分度值的大小與樣本的同質性有關**　被試越具有同質性 (個別差異越小)，區分度值越小。

第四節　應用心理測驗的注意事項

一、特殊性與經濟性

迄今為止，大部分具有體育運動特點的心理測驗，是為一般體育運動情境設計的 (例如，運動競賽焦慮測驗)，而不是只為某一項體育活動設計的 (例如，高爾夫球競賽應激量表)。究竟是應更多地從特殊性出發，不惜花費極大的人力、物力，去為各個運動項目、各種運動情境研製效度更好的測量工具，還是應更多地從經濟性出發，僅集中人力、物力研製具有體育運動普遍意義的測量工具，仍是一個爭論的問題。但至少，體育運動心理學在自己的發展中越來越感到由於研究對象的特殊性，若僅依靠直接藉用其他心理學領域中的量具已不能適應研究的需要。同時，體育運動心理學自身的發展也使它在方法學上逐漸成熟起來，可以自己研製出符合體育運動特殊要求的量具 (張力為，1994c)。

二、測驗工具的完善化

迄今為止，絕大部分體育運動領域專用心理測驗都是用作研究工具，而不是用作在運動實踐中可以推廣的診斷、評價工具。在奧斯特洛搜集的 175 種體育運動心理學測量工具中，得到大量參考文獻支持的不足 10% (Ostrow, 1990)，說明大部分測量工具缺乏進一步的研究、開發、利用和完善，許多測驗的研製都成為一次性用過就丟的產品。

許多體育運動心理學研究人員從體育運動的特殊性出發，以其新穎的創意，研製符合研究目的的測量工具，的確令人鼓舞。但是，一些測驗研製者似乎缺乏不懈的努力精神使這些測量工具得以不斷完善 (Ostrow, 1990)。

眾所周知，測量工具的研製、發展和完善是一個長期的、艱苦的過程。需要對測驗條目不斷地進行修訂，需要在不同的群體中進行複測，要花費許多年的工夫才可使效度、信度、區分度等心理測量學特徵在目標群體中穩定下來。

三、測驗手冊的製訂

測驗手冊 (test manual) 一般都包括了信度、效度、常模、施測過程指導、施測注意事項、測驗的應用範圍等內容，它是評價和使用測驗的指南。

體育運動領域心理測驗手冊的一個範例是馬騰斯在 70 年代製定的《運動競賽焦慮測驗》手冊 (Martens, 1977)。該手冊說明了競賽特質焦慮構想的理論框架，以此作為實證的基礎。該測驗還敘述了選擇測驗條目時的各種考慮，說明了在不斷完善測驗的各個階段，都採取了那些具體措施。當然，測驗手冊還提供了信度、效度的證據、初次標準化工作時的常模以及一份完整的測驗題。由於測驗手冊的完整性和規範性，使得許多研究者得以利用這一測驗來對馬騰斯的理論構想進行檢驗並直接為運動實踐服務。其他國家的一些研究者將該測驗翻譯、修訂為本國文字，並進行了本國條件下的標準化工作。最近，上海華東師範大學的祝蓓里教授已將該測驗正式引入中國，發表了該測驗的中國版本。在英語原版的測驗手冊發表以後短短十幾年，就有幾千篇發表的和未發表的論文涉及到用該測驗進行的研究，可見這一測驗影響之大，傳播之廣。

但是，大部分測驗無法像《運動競賽焦慮測驗》那樣廣為流傳，為體育運動心理學的理論和實踐做出更大貢獻。究其根源，沒有一個標準化的測驗手冊顯然是一個不可忽視的重要原因。

四、年齡的適用性

迄今為止，大部分測驗都是以青少年為測驗對象製定常模。為兒童和老年人專用的測驗甚少。在有些情況下，考慮被試的年齡問題是極其必要的。比如，兒童言語理解能力可能會妨礙他們準確理解諸如"我感到十分焦慮"這樣的測驗題目，又例如給老年人提出"我寧願減少工作時間，進行系統嚴格的訓練，以爭取參加奧運會並取得優異成績"這樣的問題以調查被試的體育成就動機，也會讓人感到啼笑皆非。馬騰斯的《運動競賽焦慮測驗》之所以流傳甚廣，還有一個非常重要的原因，就是該測驗有適用於10～15歲的兒童和適用於16歲以上的成年人使用的兩個版本，即**運動競賽焦慮測驗兒童版** (Sport Competition Anxiety Test — Children，簡稱 SCAT — C) 以及**運動競賽焦慮測驗成人版** (Sport Competition Anxiety Test — Adult，簡稱 SCAT－A)。體育運動實踐的發展，使得兒童和老年的體育鍛鍊活動更為系統和廣泛地開展起來，受到社會的重視，因此，體育運動心理學似乎也應有所相應的關注 (張力為，1994c)。

五、使用問卷應注意的問題

（一）研究應當有明確的理論思路

在體育運動心理學的研究中，大多數研究都遵循提出問題──明確問題──提出假設──檢驗假設的常規思路進行。研究者們普遍對理論模式給予高度重視，許多論文以理論假說為導向提出研究目的，這似乎是研究者共同遵循的研究習慣。問卷調查方法的使用也多為檢驗理論假說，而不是沒有理論導向的簡單測驗和對測驗結果的簡單描述（張力為，褚躍德，1994）。

比如，在〈用大學生的競賽動機預測認知性特質焦慮〉(Ye, 1993) 一文中，作者認為，斯皮爾伯格的特質焦慮和狀態焦慮理論的一個缺陷是沒有指明與受威脅知覺有關的個體內變量，而競賽動機就是這樣的一個變量。作者假設：

1. 競賽動機可以單獨地預測認知性競賽特質焦慮。
2. 內部動機與認知性特質焦慮呈負相關，外部動機與認知性特質焦慮呈正相關。

作者對 406 名的問卷調查結果支持了第一項假設，而沒有完全支持第二項假設。

再如，維斯和斯蒂文斯以〈女教練員的動機與歸因：社會交換理論的實際應用〉為題進行了研究 (Weiss & Stevens, 1993)，方法也是問卷調查，題目本身已經清楚地表明了研究的理論意義。總之，我們應當盡量避免在沒有明確的、完整的理論構思的情況下，信手拈來一個問卷，"方便地"選取一個樣本，進行測驗，然後根據測驗結果得出結論。這樣做雖然省時省力，但卻不大可能產生出有價值的科學結論。

（二） 開發和利用其他診斷方法

利用現成的**標準化問卷** (standardized questionnaire) 進行診斷和評價，成本低廉，簡便易行，常可進行團體施測，能夠直接了解被試的主觀感受，為體育運動心理學的研究工作和諮詢服務提供了一種行之有效的方法，是了解運動員心理特徵的有力手段，其優越性是顯而易見的。但是，僅僅依靠**紙筆測驗** (paper-pencil test) 卻是不可取的，還應當開發和利用其他方法來進行多維度的診斷和評價，比如，生理、生化指標，行為評估量表，**結構性訪談** (structured interview) 以及**半結構性訪談** (semi-structured interview) 等，都是進行診斷和評價的可行方法。就診斷和評價的準確性而言，一般來說，多維度的綜合評價要比單因素的評價更為準確。

本章摘要

1. 科學方法的特點是在控制條件的情況下進行研究,必要時給關鍵概念以操作定義,所獲研究結果具有可重復性。科學的目標是**描述**、**解釋**、**預測和控制**。
2. 對客觀對象的觀察,是科學研究的重要組成部分。**反應性觀察**指觀察者的觀察影響了被觀察者或被觀察物體的性質或狀態。**單盲實驗**或**雙盲實驗**有助於消除反應性觀察產生的偏見。
3. 科學研究可分為**描述性研究**、**關係性研究**和**實驗性研究**。不同的研究具有不同的功能。只有實驗性研究才能檢驗變量間是否存在因果關係。
4. **刺激變量**即是指對有機體的反應發生影響的刺激條件。**機體變量**則是指有機體本身對反應有影響的特徵。**反應變量**是指刺激變量引起的反應特徵。心理學研究中各變量間的相互關係主要有 $R = f(S)$,$R_2 = f(R_1)$,$O = f(S)$,$R = f(O)$,$S = f(R_2)$。
5. 英國哲學家米爾提出的五種歸納法可以幫助判斷因果關係,即**求同法**、**差異法**、**求同差異共用法**、**共變法**和**剩餘法**。判斷因果關係的邏輯基礎是:因前果後,因果相關,可排除其他解釋。
6. 測驗的**信度**即測驗的可靠性,表現為測驗結果的一貫性、一致性、再現性和穩定性。常用相關係數來表示信度的高低。以不同的假定和前提為基礎,可採用**再測法**、**等價法**、**折半法**、**內部一致性法**和**肯德爾和諧係數法**來求出含義不同的信度係數。
7. 影響信度的因素包括測驗的長度、被試得分的離散程度、不同群體能力水平的差異和兩次測驗間隔的時間等。
8. 測驗的**效度**指一個測驗在測量某項指標時所具有的準確程度。**內容效度**指一個測驗的內容代表它所要測量的主題程度,確定方法包括了**專家判斷**、**等價法**、**再測法和經驗法**。效標效度指一個測驗對特定環境中的個體行為進行預測時的準確性,確定方法有**相關法**、**區分度法**、**命中率法**、**功利率法和合成法**。

9. 影響測驗效度的因素有測驗題目的性質、測驗的實施方式和過程、被試的反應等。
10. **精確性**指測量工具對所測特性的區分程度或**敏感性**。實際上，它就是測驗項目的效度。確定精確性可利用項目特徵曲線、項目與效標的各種相關等。
11. 影響精確性的因素有計算方法、樣本量、分組標準及樣本的同質性等。
12. 在研製和發展適用於體育運動情境的新的心理測驗時，需要處理好體育運動的特殊性和借用普通心理測驗的經濟性之間的關係，注意被試的年齡特徵，重視測驗手冊的製訂。
13. 在體育運動心理學研究實踐中使用問卷進行研究時，應當有明確的理論思路。另外，應當注意開發和利用其他的診斷和評價方法。

建議參考資料

1. 王重鳴 (1990)：心理學研究方法。北京市：人民教育出版社。
2. 張力為 (1991)：運動心理學研究中若干方法學問題的探討。體育科學，5 期，85～88 頁。
3. 張力為 (1994)：體育運動心理學領域心理測驗的發展。上海體育學院學報，3 期，60～63 頁。
4. 彭凱平 (1989)：心理測驗－原理與實踐。北京市：華夏出版社。
5. 董 奇、申繼亮 (1996)：心理與教育研究法。台北市：東華書局。
6. 楊治良 (1996)：實驗心理學。台北市：東華書局。
7. Aiken, L. R. (1994). *Psychological testing and assessment* (8th ed.). Boston: Allyn & Bacon.
8. Elmes, D. G., Kantowitz, B. H. & Roediger III, H. L. (1992). *Research methods in psychology* (4th ed.). St. Paul: West Publishing Company.
9. Kline, P. (1993). *The handbook of psychological testing*. London: Routledge.

第十六章

體育運動心理學
常用實驗指導

本章內容細目

第一節　運動員認知心理特徵實驗
一、簡單反應　559
二、選擇反應　560
三、綜合反應　561
四、肌肉用力感　562
五、時間知覺　565
六、速度知覺與距離知覺　568
七、動作頻率知覺　570
八、動覺方位知覺　571
九、旋轉-定向知覺　573
十、深度知覺　573
十一、時空判斷能力　574
十二、記憶品質　575
十三、注意品質　577
十四、操作思維能力　579
十五、手動作平衡性　580
十六、手動作穩定性　581
十七、手眼協調能力　582

十八、念動能力　583
十九、優勢眼　583
二十、改造舊習慣的能力　584
二十一、疲　勞　585
二十二、工作效率　585

第二節　運動員個性心理特徵實驗
一、動覺後效類型　586
二、場依賴性　587
三、精神運動的平衡性　588
四、精神運動的強度　589
五、受暗示性　590
六、情緒穩定性　591
七、抗干擾能力　591

本章摘要

建議參考資料

如果說"實驗"是心理學之"母"，也許並不過分。心理學能夠從哲學的思辨中衝殺出來，成為現代科學，主要和直接的原因是實驗方法被引入到心理學研究中。

　　在第十五章我們就曾提到，在心理學的研究中，人們經常以因果關係分析的水平作為衡量研究質量的標準（王重鳴，1990）。一般來說，描述性研究和相關性研究不具備檢驗因果關係的能力，只有實驗性研究才具有檢驗因果關係的能力。

　　在心理學的範圍中，實驗是在控制無關變量的情況下，在被試身上操縱自變量（或自變項），由被試的反應觀察因變量（或依變項），以探求自變量和因變量之間數量關係的研究方法。實驗是科學認識的基本方法，是單純的自然觀察方法發展到高級階段的產物，並突破了單純觀察的局限性（桂起權、張掌然，1990）。由於實驗可作因果推論，因此它比描述性研究層次更高。科學家們夢寐以求的是兩事物間一一對應的因果關係，實驗則是他們達到這一目標的最有利武器之一。

　　有必要指出，實驗不一定非要具備高、精、尖的儀器設備，有更好，可以使我們進行許多深入細緻的研究，但沒有也可有所作為。為心理學的發展做出重要貢獻的許多實驗，不是以儀器設備的先進取勝，而是以設計的巧妙取勝。從這些理論構想明確簡潔、實驗設計精細巧妙的研究中，我們甚至可以領略到科學研究的藝術性魅力。比如斯特盧普關於自動化操作效應的實驗 (Stroop, 1985)，柴利關於選擇性注意的雙耳分聽實驗 (Cherry, 1953) 以及黑猩猩動機強度與解決問題關係實驗（見周先庚等譯，1980）等，都具有構想清晰明確、設計簡單巧妙的特點。在我們尚缺乏資金購置先進儀器、實驗室設備比較簡陋的條件下，仍有可能在理論構想的深度和實驗設計的巧妙上多動腦筋，多下功夫，進而取得研究上的突破（張力為，1992a）。

　　本章不準備討論實驗設計的理論問題，僅介紹體育運動心理學常用實驗的基本操作方法，涉及的主要領域有：

1. 運動員認知心理特徵的實驗。
2. 運動員個性心理特徵的實驗。

第一節　運動員認知心理特徵實驗

一、簡單反應

1. 手的視與聽簡單反應時

(1) **目的**：測定運動員手的單一刺激反應速度。

(2) **儀器**：C－T3 神經機能測定儀 (四川 701 廠，成都體育學院研製) 或其他反應時測試儀。

(3) **程序**：①讓被試坐在儀器前，面對信號盒。②主試對被試說：這是反應鍵，你用優勢手拿著反應鍵，拇指指腹緊貼按鍵。當我發出"預備"口令時，就注視著信號盒同時注意看燈光 (聽聲音)。當一出現燈光 (聲音) 信號時你就立即按鍵，要求按鍵反應越快越好，但不要提前按鍵。③主試發出"預備"口令約 2 秒鐘後，呈現信號。視、聽反應各測 8 次。

(4) **結果**：分別記錄後 6 次反應的時間，然後求平均數 (單位為千分之一秒)。

2. 腳的聽覺簡單反應時

(1) **目的**：測定運動員對單一聽覺刺激的腳反應速度。

(2) **儀器**：起動反應儀及配套儀器 (武漢體育學院研製)。

(3) **程序**：①讓被試自然站立在起動反應儀上等待信號。②主試對被試說：請你自然站立在後一個起動反應儀上等待信號，當聽到"動"的口令後，迅速踏上前一個起動反應儀，然後再回到原處站好。一定要聽到"動"的口令後才動，不要搶動。共做 3 次。

(4) **結果**：記錄聽到聲音到起動開始的時間，求三次的平均值。

3. 起跑反應時

(1) **目的**：測定短跑運動員的起跑反應速度。

(2) **儀器**：起跑反應儀，槍聲傳感器及配套儀器 (武漢體育學院研製)。

(3) **程序**：①安裝好起跑反應儀。②主試對被試說：我一喊"各就位"

和"預備"的口令，你就做好相應的準備動作，一聽到槍聲時立即起跑 30 米，越快越好，但不要搶跑。如果我發現你搶跑，會立即再次鳴槍，你需停止起跑，重新開始。衝刺到 30 米處可逐漸停止，然後走回起點線。共做 3 次。③ 喊"各就位"和"預備"的口令後約 2 秒鳴槍。

(4) 結果：記錄槍聲響起至手離地的時間 (即反應潛伏期)，求三次的平均值。

4. 落尺簡單反應時

(1) 目的：測定手或腳的簡單反應時，此法比較適合課堂演示和教練員使用。

(2) 材料：落尺。它是根據自由落體公式 $h=1/2gt^2$ ($t=$?) 設計出來的，特點是價錢便宜，簡單易行，便於携帶，具有一定精度 (5 毫秒)。

(3) 程序：① 主試將尺頂端按壓在平直牆上，使尺豎直下垂，刻度面對被試。② 被試用手拇指上緣或腳趾對齊尺上"0"度線，但手指 (或腳趾) 不去碰觸尺，距離尺 5 毫米，並用兩眼注意尺。③ 主試對被試說：我喊"預備"口令後你就準備好，一見到尺下落就立即用手 (腳) 按住尺，越快越好，但不要提前按。共做 10 次。④ 喊"預備"後約 2 秒鬆手，使尺豎直下落，被試按住尺後，根據手拇指 (或腳拇趾) 上緣所對應的刻度線可直接讀出反應時。

(4) 結果：記錄每次的簡單反應時，計算 10 次的平均值。

二、選擇反應

1. 四肢選擇反應時

(1) 目的：測試運動員手腳選擇反應的準確性和速度，判斷被試注意力集中、分配與轉移的水平。

(2) 儀器：起動反應儀及配套儀器 (武漢體育學院研製)。

(3) 程序：① 主試對被試說：請你坐在凳子上，兩手兩腳與反應儀輕輕接觸，閉上眼睛，微睡半分鐘，然後睜開眼睛，聽口令做動作。當聽到"左腳"時，左腳立即踩一下反應儀，隨後放鬆，等候下一個指令；當聽到"右手"時，右手立即推一下反應儀，隨後放鬆，等候下一個指令，依此類推。注意聽清楚口令，叫那個部位動那個部位就快動，其餘部位都不動。每人做四組，十個指令為一組，第一組無干擾，第二、三組放錄音進行干擾，第四組無干擾。② 十個指令為一組，共做四組，A 組為無干擾，B 組加放錄音進行干擾，按 ABBA 的順序進行。

(4) **結果**：記錄選擇反應的正誤率及反應時，分別計算無干擾條件和有干擾條件的平均數。

2. 空間位置選擇反應時

(1) **目的**：測試運動員對不同空間位置的視覺信號的選擇反應速度和準確性。

(2) **儀器**：綜合反應儀。

(3) **程序**：① 被試坐在儀器前，面對著燈光信號板，左、右手各拿一個反應鍵，左、右腳各踏一個反應鍵。② 主試對被試說：我喊"預備"口令後，一個紅燈信號分別在信號板上四個不同位置連續呈現。要求你依據信號出現的不同位置分別用左、右手或腳連續按鍵反應。如果反應錯誤，儀器會發出特殊聲音，你應該立即按信號位置改正，再繼續往下做。24 次信號呈現為一組。共做四組。前一組做完後，休息 2 分鐘，再根據我的口令做下一組。要盡量做得又快又準。③ 喊"預備"口令後約 2 秒，使紅燈信號分別在信號板上四個不同位置隨機連續呈現 24 次。一組做完後，休息 2 分鐘，再開始做下一組。

(4) **結果**：分別記錄後三組測驗 24 次反應所用時間和錯誤次數，然後求平均數。

三、綜合反應

(1) **目的**：測定運動員視覺-動覺調節手、腳協調配合反應的敏捷性和準確性以及注意的穩定性和分配性。

(2) **儀器**：綜合反應測試儀 (保定地區體委研製)。

(3) **程序**：① 被試坐在儀器前，兩手各拿一個按鍵開關，兩腳各踩一個開關，眼睛注視燈光符號板上的顯示。② 主試對被試說：我一說"準備"後，你面前的儀器會呈現一組 6 個符號，你要按每個符號的走向，用相應的左、右手或左、右腳觸鍵以做出正確的反應一次。如果反應錯誤，儀器會發出特殊的響聲，你應立即按符號的要求改正，然後再繼續往下做。要盡量反應得又快又準。共做五組，做完一組後，休息 2 分鐘，再做下一組。③ 喊"準備"口令後約 2 秒，呈現各組刺激，做完一組 6 個符號後，主試變換符號模式，共做五組，每組間隔 2 分鐘。其中前兩組作為練習，後三組作為正式測驗。

(4) 結果：記錄後三組測驗所用的總時間、錯誤時間和錯誤次數和三次測驗的平均數。

四、肌肉用力感

1. 手肌肉用力感

(1) 目的：測定運動員對手臂、手腕以及手指肌肉用力大小的自我感覺能力。

(2) 儀器：握力計。

(3) 程序：① 被試站立，優勢手拿握力計，臂伸直於體側。② 主試對被試說：你先用最大力量握一次。然後放鬆一下，閉眼，用相同的姿勢慢慢握握力計，到一定程度後會響起一鈴聲，停止用力並記住此時的用力感覺。然後放鬆，恢復原位。休息 10 秒後我說"開始"，就再慢慢用力，感覺到了剛才響鈴處就告訴我說"到"並停住片刻。我將記錄你此時的用力程度。放鬆 10 秒鐘後我再次說"開始"，就再次複製到響鈴處的用力程度，告訴我說"到"並停住片刻，讓我再次記錄下你的成績。③ 被試第一次用最大力握握力計時，主試仔細觀察握力計上的刻度並記錄下來。④ 將發聲器啟動裝置調節到被試第二次握到最大用力的 1/2 處，要求被試再次慢慢用力，鈴聲響時提示被試盡量記住這時用的力。⑤ 撤去發聲器並要求被試複製 1/2 的最大用力，即在無反饋的條件下使這次用力的感覺盡量和上次用力的感覺相等。主試記下被試複製結果。然後讓被試放鬆 10 秒鐘，再做一次。

(4) 結果：用平均用力感的誤差相對值（見下列公式）來表示用力感辨別能力的水平，誤差相對值越小，用力感辨別能力越高。

$$用力感平均誤差（相對值）= \frac{\frac{1}{2}\left(\left|X_1 - \frac{最大力}{2}\right| + \left|X_2 - \frac{最大力}{2}\right|\right)}{最大力}$$

X_1、X_2 分別為第一次和第二次複製用力的結果。

2. 軀幹伸肌用力感

(1) **目的**：測定運動員軀幹伸肌用力大小的自我感覺能力。

(2) **儀器**：測力計及配套儀器 (武漢體育學院研製)。

(3) **程序**：① 讓被試兩腳平行站在測力板上，兩腿伸值，身體前屈，雙手於膝蓋處拉緊測力帶，準備做伸軀幹的運動。② 主試對被試說：你先用最大力量拉一次。然後放鬆一下，閉眼，用同上的姿勢慢慢拉拉力計，到一定程度後會響起一鈴聲，停止用力並記住此時的用力感覺。然後放鬆，恢復原位。休息 10 秒後我說"開始"，就再慢慢用力，感覺到了剛才響鈴處就告訴我說"到"並停住片刻。我將記錄你此時的用力程度。放鬆 10 秒鐘後再次說"開始"，就再次複製響鈴處的用力程度，告訴我說"到"並停住片刻，讓我再次記錄下你的成績。③ 被試第一次用最大力拉拉力計時，主試仔細觀察拉力計上的刻度並記錄下來。④ 將發聲器啟動裝置調節到被試第一次拉到最大用力的二分之一處，要求被試再次慢慢用力，鈴聲響時提示被試盡量記住這時用的力。⑤ 撤去發聲器並要求被試複製二分之一的最大用力，即在無反饋的條件下，使這次用力的感覺盡量和上次用力的感覺相等。主試記下被試的複製結果。然後讓被試放鬆 10 秒鐘，再做一次。

(4) **結果**：用平均用力感的誤差相對值 (見下列公式) 來表示用力感辨別能力的水平，誤差相對值越小，用力感辨別能力越高。

$$\text{用力感平均誤差 (相對值)} = \frac{\frac{1}{2}\left(\left|X_1 - \frac{\text{最大力}}{2}\right| + \left|X_2 - \frac{\text{最大力}}{2}\right|\right)}{\text{最大力}}$$

X_1、X_2 分別為第一次和第二次複製用力的結果。

3. 大腿屈肌用力感

(1) **目的**：測定運動員大腿屈肌用力大小的自我感覺能力。

(2) **儀器**：測力計及配套儀器 (武漢體育學院研製)。

(3) **程序**：① 讓被試背對測力計，兩腳平行站立。將測力帶固定在用力的腿的膝蓋上方，測力帶與傳感器的縱軸在同一直線上，準備做屈大腿的運動。② 主試對被試說：你先用最大力量做一次，即大腿全力向前用力，上體保持正直。然後放鬆一下，閉眼，用同上的姿勢再慢慢用力，到一定程度後會響起一鈴聲，停止用力並記住此時的用力感覺。然後放鬆，恢復原位。休息 10 秒鐘後我說"開始"，就再慢慢用力，感覺到了剛才響鈴處就告訴我說"到"並停住片刻。我將記錄你此時的用力程度。放鬆 10 秒鐘後我再次說"開始"，就再次複製響鈴處的用力程度，告訴我說"到"並停住片刻，讓我再次記錄下你的成績。③ 被試第一次用最大力量做時，主試仔細觀察測力計上的刻度並記錄下來。④ 將發聲器啟動裝置調節到被試第一次做到最大用力的二分之一處，要求被試再次慢慢用力，鈴聲響時提示被試盡量記住這時用的力。⑤ 撤去發聲器並要求被試複製二分之一的最大用力，即在無反饋的條件下使這次用力的感覺盡量和上次用力的感覺相等。主試記下被試複製結果。然後讓被試放鬆 10 秒鐘，再做一次。

(4) 結果：用平均用力感的誤差相對值（見下列公式）來表示用力感辨別能力的水平，誤差相對值越小，用力感辨別能力越高。

$$用力感平均誤差（相對值）= \frac{\frac{1}{2}\left(\left|X_1-\frac{最大力}{2}\right|+\left|X_2-\frac{最大力}{2}\right|\right)}{最大力}$$

X_1、X_2 分別為第一次和第二次複製用力的結果。

4. 足背伸肌用力感

(1) **目的**：測定運動員足背伸肌用力大小的自我感覺能力。

(2) **儀器**：測力計及配套儀器（武漢體育學院研製）。

(3) **程序**：① 讓被試面對測力計站立，用力腿膝蓋跪在支墊上，測力帶拴在腳前掌上，踝關節準備向後做蹬伸運動。② 主試對被試說：你先用最大力量做一次，即以踝關節全力向後做蹬伸。然後放鬆一下，閉眼，用同上的姿勢再慢慢用力，到一定程度後會響起一鈴聲，停止用力並記住此時的用力感覺。然後放鬆，恢復原位。休息 10 秒後我說"開始"，就再慢慢用力，感覺到了剛才響鈴處就告訴我說"到"並停住片刻。我將記錄你此時的用力程度。放鬆 10 秒鐘後我再次說"開始"，就再次複製響鈴處的用力程度，告訴我說"到"並停住片刻，讓我再次記錄下你的成績。③ 被試第一次用最大力量做時，主試仔細觀察測力計上的刻度並記錄下來。④ 將發聲器啟動裝置調節到被試第一次做到最大用力的二分之一處，要求被試再次慢慢用力，鈴聲響時提示被試盡量記住這時用的力。⑤撤去發聲器並要求被試複製二分之一的最大用力，即在無反饋的條件下使這次用力的感覺盡量和上次用的感覺相等。主試記下被試複製的結果。然後讓被試放鬆 10 秒鐘，再做一次。

(4) 結果：用平均用力感的誤差相對值（見下列公式）來表示用力感辨別能力的水平，誤差相對值越小，用力感辨別能力越高。

$$用力感平均誤差（相對值）= \frac{\frac{1}{2}\left(\left|X_1-\frac{最大力}{2}\right|+\left|X_2-\frac{最大力}{2}\right|\right)}{最大力}$$

X_1、X_2 分別為第一次和第二次複製用力的結果。

五、時間知覺

1. 視與聽時間知覺

(1) **目的**：測定運動員視、聽覺時間估計的準確性。

(2) **儀器**：視、聽覺時間知覺測試儀。

(3) **程序**：①讓被試坐在刺激信號盒前。②主試對被試說：這是一個信號盒，在這個盒子的上面可以看見燈光或聽到聲音信號，下面是按鍵。當我給你不同長短的聲音或燈光信號後，要你對燈光和聲音信號呈現的時間進行估計，我第二次給你燈光或聲音信號，你覺得和第一次時間長短相等時，就立即按下反應鍵，燈光或聲音刺激隨之停止。要求你複製的時間與剛才刺激呈現的時間盡量相等，兩次間的誤差越小越好。視覺、聽覺刺激各做 6 次。③主試給被試呈現不同時距(3 秒或 7 秒)的聲音或光信號，作為標準刺激。④要求被試按照主試剛才呈現的刺激(光或聲音)時距，複製一次。主試記下複製的時間。視覺、聽覺刺激各做 6 次，長短各 3 次。

(4) **結果**：分別記錄不同信號、不同時距被試複製結果的相對誤差(%)，再分別計算其平均數。

2. 動覺時間知覺

方法 I

(1) 目的：測定運動員對完成動作時間估計的準確性。

(2) 材料：紅、綠、黃色小球各 100 個，四個紙盒，馬錶。

(3) 程序：① 將三色的小球都放在同一紙盒中。② 主試對被試說：你的眼睛不要看紙盒中的球。我一說"開始"時，就用優勢手每次取出紙盒中的一個球，根據球的顏色分別放到其他三個紙盒中去。我一喊"停"，你就停止，並記住分球時持續動作所用的時間感覺。然後我把所有的球放回同一紙盒中，再說"開始"，你就按剛才同樣的方法分球，但這次分球的時間由你自己掌握，即以上次對分球的持續動作的感覺為標準，當這次分球動作的持續時間同上次相等時，你就自動停止。共做 3 組，兩組之間休息 1 分鐘。③ 第一次做時，主試在 90 秒鐘時喊"停"。④ 第二次被試複製完第一次的動作過程後，記下被試所用的時間 X (秒)。

(4) 結果：用 3 次複製時間的誤差 (X－90 秒) 平均數來表示動覺時間辨別能力的水平：誤差越小者，動覺時間辨別能力越強。

方法 II

(1) 目的：測定運動員對完成動作時間估計的準確性。

(2) 材料：畫有 20 個格子的紙板一塊，長形塑膠瓶 10 個。

(3) 程序：① 讓被試坐在放有實驗材料的桌前。紙板上面有20個格子，分成四排，每排五格。十個瓶子分放成兩排。② 主試對被試說：第一次做時，請你在 5～7 秒鐘之內，以你自己願意的速度，將紙板上的 10 個瓶子按照順序用優勢手從左到右、從前到後、一前一後、一個一個地移到相對應的 10 個格子內，不是越快越好，也不是越慢越好，而是要求準確記住放置 10 個瓶子的時間。第二次用同樣的時間再放置一次，做到與第一次的放置時間盡量相同。兩次為一組，兩次所用的時間誤差越小越好，總計做五組。兩組間隔時間 1 分鐘。做完一組後，聽我的口令再開始做下一組。③ 主試逐次逐組記下被試挪動瓶子的時間 (秒)。

(4) 結果：計算完成任務所用時間的相對誤差 (%) 平均數。

方法 Ⅲ

(1) 目的：測試賽跑運動員的時間知覺。

(2) 儀器：起跑反應儀及配套儀器（Y6D3A 應變儀及 SC－16 光線示波器）。

(3) 程序：① 被試自然站立，大拇指腹與起跑反應儀接觸。② 主試對被試說：聽到"預備"口令時，你就用拇指腹與起跑器輕輕接觸，聽到"按"的口令時立即壓緊起跑器，聽到"停"的口令，拇指立即鬆開。你想一想，剛才按壓起跑器用了多長時間。然後按照前面的時間感覺，自己再做兩次，盡量做到與第一次按的時間一樣，越接近說明對時間的估計越精確。③ 首次做時，主試依次發出"預備"、"按"、"停"三個口令，從"按"到"停"間隔 2000 毫秒。被試從"按"到"停"壓緊起跑反應儀。④ 被試思索片刻，複製上述動作時間二次。

(4) 結果：記錄標準時間與複製時間的誤差，並求出兩次誤差平均數。

方法 Ⅳ

(1) 目的：測試體操運動員的時間知覺。

(2) 儀器：動覺時間估計儀（武漢體育學院研製）

(3) 程序：① 被試蹲立，兩手撐反應器準備做前滾翻。② 主試對被試說：第一組前滾翻開始時兩手用力撐測試儀，聽到"滴嗒"聲音時，表示開始計時，你再連續做二次前滾翻，速度自行掌握，最後兩腳踏在測試儀上。我會把完成第一組的時間告訴你。做第二組時，你按第一組時間再做一遍，要求兩組時間盡量相同，誤差越小越好。共做四組。第一組為練習，後三組為正式測試。③ 在測試過程中，測試的複製誤差結果不告訴被試。

(4) 結果：記錄後三組複製時間誤差，再計算平均值。

方法 Ⅴ

(1) 目的：測試游泳運動員的時間知覺和節奏知覺。

(2) 儀器：秒錶。

(3) 程序：① 主試手持秒錶。被試注意聽但不看主試秒錶。② 主試對被試說：一聽到開錶信號，立即口唸 1、2、3、4、5、6、7 七個數碼，估計 10 秒的時間，力爭唸最後一個數碼 7 時，時間也正好用 10 秒。共做十一次。③當被試念 7 時，主試即停錶。然後記下實用時間，但不告訴被試成績。接著進行下一次實驗。

(4) **結果**：計算被試實際用的時間與 10 秒的差數，根據後 10 次的平均值評定時間感，越小越好。根據 10 次誤差的標準差評定節奏感，越小越好。

六、速度知覺與距離知覺

1. 速度知覺
(1) **目的**：測定運動員速度知覺與控制速度能力。
(2) **儀器**：電子秒錶。
(3) **程序**：①選擇有 50 米直線長度跑道的田徑場。讓被試在起點線上準備好。②主試對被試說：請你根據我的口令，從起點線開始，像平時行進間跑那樣跑一次 50 米，終點處的計時員會告訴你跑的成績，你就記住這個成績，並想想剛才的跑法及感覺。走回起點線後，再根據我的口令開始以同樣的速度再跑一次 50 米。後一次與前一次的成績越接近，說明速度感覺越好。共做 2 組。③被試完成行進間跑 50 米後，計時員將成績告知被試。④被試回到起點，稍思片刻後複製前次成績。
(4) **結果**：記錄每次跑的成績，計算 2 組的複製誤差及其平均數。

2. 速度預先估計
(1) **目的**：測定運動員提前估計自己跑步速度的能力。
(2) **儀器**：電子秒錶。
(3) **程序**：①選擇有 100 米長度跑道的田徑場。讓被試在起點線上準備好。②主試對被試說：請根據自己的實際水平、體力及競技狀態等主客觀條件，綜合分析各種感受，預先估計即將全力跑完 100 米的成績並告訴我，然後用站立式起跑跑一次 100 米，終點處的計時員告訴你實際跑的成績。休息 5 分鐘後按上面的方法再做一次，即先估計一個成績，然後跑 100 米。預先估計速度與實際跑速越接近，說明提前估計速度的能力越強。③讓被試根據自己情況，提前估計自己即將進行的站立式起跑 100 米的成績並告訴主試。④ 被試按估計的速度跑 100 米，終點處計時員將成績告訴被試。⑤ 休息 5 分鐘，被試再次估計成績後跑 100 米。

(4) **結果**：記錄兩次估計的成績和兩次實跑的成績，計算兩次估計和實跑之間時間誤差的平均數 (秒)。

3. 水中速度知覺

(1) **目的**：測定運動員在水中的速度知覺能力。

(2) **儀器**：秒錶、牽引測力計 (武漢體育學院研製)。

(3) **程序** I (測量速度差別閾限)：① 在游泳池中進行。② 主試對被試說：伸展身體，低頭俯臥水中，由牽引儀牽引前行。一旦感知牽引速度產生變化時立即抬頭示意，第一次實驗結束。共做兩次。③ 牽引儀以線速度 1 米/秒起動勻加速牽引之。主試同時開動秒錶，當運動員抬頭示意時，主試停錶，記下感知時間及牽引線速度。進行兩次。

(4) **結果**：計算被試兩次感知速度產生變化所用時間的平均數。

(5) **程序** II：① 在游泳池中進行。② 主試對被試說：你要伸展身體，低頭俯臥水中，由牽引儀牽引前行 25 米。不論何時感知牽引速度產生變化，都立即抬頭示意。共做兩次。③ 牽引運動員 25 米，線速度以 1 米/秒開始，每 10V 遞增一次線速度，計 1.21 米/秒、1.42 米/秒、1.63 米/秒、1.84 米/秒共遞增變化四次，運動員抬頭示意速度變化時，主試以正負符號記錄四次報告結果。第二次測定方法與前次同，但線速度改為 1.10 米/秒、1.20 米/秒、1.30 米/秒、1.40 米/秒，電壓由 10V 改為 5V。

(6) **結果**：記錄被試正確報告的速度和正確報告的次數。

4. 水中滑行距離知覺

(1) **目的**：測定游泳運動員水中滑行距離感。

(2) **材料**：遮眼罩。

(3) **程序**：① 被試立於游泳池中淺端處，用遮眼罩遮住眼睛，準備做中等力量蹬邊滑行。② 主試對被試說：我一說"開始"，你就用中等力量蹬邊，然後向前滑行，在滑行速度下降前任選一位置起立。我將告訴你該次滑行的距離。然後引導你回到起點處。你按照同樣方法再做三次，每當滑到與第一次滑行距離一致時就停住站起，但我不再告訴你滑行的距離，由我引導你回到起點處時再開始下一次。後三次滑行的距離越接近第一次越好。③ 主試測量每次滑行的距離並記下。

(4) 結果：計算三次複製距離與第一次距離誤差的平均數。

七、動作頻率知覺

1. 擺臂動作頻率知覺
(1) 目的：測試運動員擺臂的動作頻率知覺及最高擺臂動作頻率。
(2) 儀器：光電計數器，起動反應儀及配套儀器。
(3) 程序：① 被試自然地背對光電管，兩腳左右站立。② 主試對被試說：第一次做時，我一說"開始"，你就以最快的速度擺臂 5 秒鐘，後擺時要求肘關節遮光。休息 10 秒鐘後，第二次以小於最高速度的速度再擺臂 5 秒鐘，擺幅要求同上。再休息 10 秒鐘，同時思考一下，記住第二次擺臂的感覺，然後按這種感覺做第三次擺臂 5 秒，要求盡量與第二次擺臂的頻率相同。每次擺臂到 5 秒時，我會提示你停止。
(4) 結果：計算第二次和第一次擺臂頻率的誤差。

2. 抬腿動作頻率知覺
(1) 目的：測試運動員抬腿的動作頻率知覺及最高抬腿動作頻率。
(2) 儀器：光電計數器，起動反應儀及配套儀器。
(3) 程序：① 被試坐在凳子上，兩手扶桌子，兩腿放在反應儀上，要求小腿與地面垂直，大腿與地面平行。② 主試對被試說：第一次做時，我一說"開始"，你就以最快的速度抬腿 5 秒鐘，抬腿幅度以腳稍稍離開台面為準。休息 10 秒鐘後，第二次以小於最高速度的速度再抬腿 5 秒鐘，擺幅要求同上。再休息 10 秒鐘，同時思考一下，記住第二次抬腿的感覺，然後按這種感覺做第二次抬腿 5 秒，要求盡量與第二次抬腿的頻率相同。每次抬腿到 5 秒時，我會提示你停止。
(4) 結果：記錄第一次抬腿的最高頻率，記錄第二次和第三次抬腿頻率及兩者的誤差。

八、動覺方位知覺

1. 手臂動覺方位辨別

(1) **目的**：測定運動員手臂水平移動時動覺方位辨別能力。

(2) **儀器**：動覺儀 (北京大學儀器廠製)，遮眼罩。

(3) **程序**：① 讓被試大略看一下動覺儀，然後將手臂置於動覺儀的活動板上。戴上眼罩。② 主試在被試戴上眼罩後在動覺儀的 70 度處頂出一小棒，以使被試的移動在此處停止。③ 主試對被試說：第一次做時，我一說"開始"，你就從起點 (0 度) 開始慢慢沿弧度向外移動，直到不能再移動為止，這時要記住手臂移動這個範圍的動覺。然後將手臂慢慢移回到起點 0 度後，再做第二次。但這一次阻擋活動板不再會阻擋你的移動，你要用上次位移範圍的動覺作為標準，將手臂移動到和上次相等時就停止。我將記下這時手臂的位置 (度)。這樣的兩次為一組，共做三組。④ 被試做第二次前，主試抽出動覺儀上的阻擋小棒，以便讓被試用自己第一次位移 70 度時的動覺作為標準，複製第一次的動覺。⑤ 第二次被試移動到一定位置停止後，記下此時手臂的位置 (度)。⑥ 可按肩、肘、腕關節順序進行測定。⑦ 每組做完後，主試不向被試反饋成績。

(4) **結果**：用平均誤差 (按下列公式計算) 表示動覺方位辨別能力的水平：誤差越小者，動覺方位辨別能力越高。

$$平均誤差 = \frac{1}{2}\left(\left|X_1 - 70\ 度\right| + \left|X_2 - 70\ 度\right|\right)$$

X_1、X_2 分別為第一次和第二次複製的結果 (度)。

2. 腿動覺方位辨別

(1) **目的**：測定運動員腿部移動時動覺方位的辨別能力。

(2) **儀器**：動覺方位測量儀 (武漢體育學院研製)

(3) **程序**：① 讓被試看一下動覺方位測量儀，然後將腿部置於動覺方位測量儀的活動板上。戴上眼罩。② 主試在被試戴上眼罩後，在動覺方位測量儀的 70 度處頂出一小棒，以使被試的移動在此處停止。③ 主試對被試說：第一次做時，我一說"開始"，你就將腿按中等勻速自然舉起，當感到帶桿碰到阻擋板時，即為標準方位，這時要記住腿部移動這個範圍的動覺，隨即把腿放下。然後將腿部慢慢移回到起點 0 度後，再做第二次。但這一次阻擋板不再會阻擋你的移動，你要用上次位移範圍的動覺作為標準，將腿部移動到和上次相等時就停止。我將記下這時腿部的位置 (度)。這樣的兩次為一組，共做三組。④ 被試做第二次前，主試抽出動覺方位測試儀上的阻擋板，以便讓被試用自己第一次位移 70 度時的動覺作為標準，複製第一次的動覺。⑤ 第二次被試移動到一定位置停止後，即記下此時腿部的位置 (度)。⑥ 每組做完後，主試不向被試反饋成績。

(4) 結果：用後兩次測驗的平均誤差 (按下列公式計算) 表示動覺方位辨別能力的水平：誤差越小者，動覺方位辨別能力越高。

$$平均誤差 = \frac{1}{2} \left(\left| X_1 - 70 \text{ 度} \right| + \left| X_2 - 70 \text{ 度} \right| \right)$$

X_1、X_2 分別為第一次和第二次複製的結果 (度)。

3. 運動員水中動覺方位辨別

(1) 目的：測定水上項目運動員的動覺方位辨別能力。

(2) 儀器：牽引測力儀 (武漢體育學院製)。

(3) 程序 Ⅰ：水中分腿方位辨別：① 被試在游泳池伸展俯臥，兩臂伸直，手拉牽引測力儀上的牽引繩。兩腳伸直任選一角度 (必須大於肩寬)，左右分開。② 主試對被試說：我一啟動牽引開關，牽引測力儀就會以規定速度牽引你 25 米，你要在牽引過程體會與保持所選角度。然後重復做一次，要求兩次分腿角度盡量一致。

(4) 結果：根據記錄儀記下的兩次實驗的阻力數據進行評定。

(5) 程序 Ⅱ：水中收腿方位辨別：① 被試在游泳池以蛙泳姿勢放置雙腿，兩臂伸直，手拉牽引測力儀上的牽引繩。② 主試對被試說：我一啟動牽引開關，牽引測力儀就會以規定速度牽引你 25 米，你要在牽引過程體會與保持所選角度。然後重復做一次，要求兩次收腿角度盡量一致。

(6) 結果：根據記錄儀記下的兩次實驗的阻力數據進行評定。

九、旋轉-定向知覺

(1) **目的**：測定運動員在前庭、視覺、本體感覺共同參與之下的平衡能力。

(2) **儀器**：手扶旋轉椅，電動節拍器，測量底板等。

(3) **程序**：① 讓被試先在測量板上依直線自然慢步（一秒一步）走五公尺直線，視其兩腳踏點與 Y 軸（10 公分寬）延線有無偏離距離，確定基準值。② 讓被試坐在旋轉椅上（兩腳先擦上白粉作為標記）上體前屈約 90 度，用兩秒一圈的轉速（用電動節拍器調節）作順時針方向旋轉，五圈後停止，囑被試直立上體，兩腳踏地立即向 Y 軸沿線按一秒一步的速度走五公尺，記錄其踏點與基值的最大偏離距離，共做二次。③ 主試對被試說：你先踏上白粉，沿著直線按節拍器發出的一拍走一步的節奏，走五公尺直線，作為試做。正式測試時，坐在轉椅上，上體前傾約 90 度，兩手握緊轉椅坐板。轉完五圈後，抬起上體，兩腳落地，聽到"兩手叉腰，走直線"口令時，你按試做時走的方法，聽節拍器的聲音節奏走過去，不能跑，不能笑，兩腳盡量控制，走得越直越好。④ 第一次測完，休息二分鐘後，接著再測第二次。

(4) **結果**：計算兩次最大偏離中心線距離的平均值。

十、深度知覺

1. 視覺深度知覺測試儀的測定

(1) **目的**：測定運動員深度知覺的能力。

(2) **儀器**：視覺深度知覺測試儀（霍瓦爾曼儀）。

(3) **程序**：① 被試坐在離儀器半米遠處，通過小窗觀察儀器內兩根垂直的銅棒。② 主試對被試說：你試用手轉動儀器旋鈕來調節活動棒，使它和固定棒看起來離自己同樣遠。③ 活動棒從遠處或從近處開始調節。先練習兩次。正式測驗四次，起點順序為遠、近、近、遠。④ 被試做完一次後，記下被試判斷的誤差（固定棒的位置為 0 點）。

(4) **結果**：用 4 次測定的誤差平均數來表示辨別遠近能力的水平，誤差越小者辨別遠近能力水平越高。

2. 深度知覺測量圖片的測定

(1) 目的：測定運動員深度知覺能力。

(2) 材料：深度知覺測量圖片一套 9 張，每個圖片上有上、下、左、右四個同心圓，其中有一個同心圓的內圓看起來向上凸出，凸出的程度隨圖片的號數的增大而減小。

(3) 程序：①讓被試用明視距離 (25 厘米) 順次序觀看 1~9 號的圖片。②主試對被試說：這裏有 9 張圖片，每個圖片有上、下、左、右四個同心圓，其中有一個同心圓的內圓看起來向上凸出，你要針對每一號圖片，根據自己的感覺說出凸出內圓的是哪一個。③主試記下被判斷對了的最大的圖片號數 n。

(4) 結果：根據 n 從表 16-1 中查出被試的深度知覺閾限值，用輻合角差的大小來表示辨別遠近能力的水平：角秒數越小者辨別遠近的能力水平越高。

表 16-1　深度知覺測量圖片號數與輻合角差的對應關係

圖片號數	1	2	3	4	5	6	7	8	9
輻合角差 (秒)	400	200	140	100	80	70	60	50	40

十一、時空判斷能力

(1) 目的：測定運動員時、空判斷的準確性。

(2) 儀器：時、空判斷測試儀 (武漢體育學院研製)。

(3) 程序：①被試坐在儀器前，手拿微動開關。②主試對被試說：請你注視儀器上的一排紅色發光管，我說"開始"時，其中一個紅色發光管就會閃亮 (演示三次)。記住發光管的空間位置。然後，紅色發光管再依次從右到左 (從左到右) 地順序閃亮，形成一個運動的光點，當光點運動到剛才提示過的發光管閃亮處時，請你立即按鍵，越準越好。③主試接著打開起動開關，其中一個紅色發光管閃亮。④然後，紅色發光管依次從右到左

(從左到右)地閃亮，形成一個運動的光點，供被試進行反應。⑤ 紅色光點從左到右運動和從右到左各測五次。

(4) **結果**：計算被試按鍵判斷的時間與紅色光點實際運行到提示發光管處的時間的誤差平均數 (單位：秒)。

十二、記憶品質

1. 視覺記憶廣度

(1) **目的**：測定運動員的視覺記憶廣度。

(2) **儀器**：電子速視器 (天津師範學院電子儀器廠研製)。

(3) **程序**：① 被試坐在儀器前，眼睛與儀器鏡面同高，距離鏡面 2 米。呈現刺激的紙板寬 19.3 厘米。② 主試對被試說：當我發出"預備"的口令時，你就應當注意鏡面的中心。當鏡面出現字符時，你必須全面觀察 12 個字符，做好按順序報出呈現的任何一行字符的準備。指示板呈現停止後，我要你報出其中哪一行字符，你就立即根據指定的一行按順序報告出來。要求看得準，而且盡量報得準確無誤。共做 12 次。③ 主試在鏡面中呈現指示板，每塊板上有三行，每行四個字符一共 12 個字符。呈現時間為 500 毫秒。呈現時間一到，立即令被試說出三行中任意一行的 4 個字符。④ 按上述方法共做 12 次，記下被試每次所報的字符。並將所報的結果與指示板上的字符相對照，計算報對的總數。

(4) **結果**：報對的總數除以 4 即視覺記憶的容量。

2. 視覺短時記憶

方法 I

(1) **目的**：測定運動員視覺短時辨認與記憶能力。

(2) **儀器**：電子速視器 (天津師範學院電子儀器廠研製)。

(3) **材料**：目標動作圖形 15 個，無關動作圖形 35 個。三個目標動作圖形和七個無關動作圖形為一組，共五組。

(4) **程序**：① 被試坐在儀器前，眼睛與儀器鏡面同高，距離鏡面 2 米。呈現刺激的紙板寬 19.3 厘米。② 主試對被試說：當我發出"預備"的口令時，你就注意看鏡面，當呈現三個不同動作圖形時，應該全部看到並且記住。呈現結束後，必須儘快在 10 個圖形中確認出剛才看到的圖形並在相應的方格內打 "√"。共做五次。③ 主試在指示板上分別呈現三個不同動作圖形，呈現時間 2 秒。呈現結束後，要求被試在 10 秒內，在預先印好的 10 個圖形中找出指示板上呈現過的三個圖形。④ 正式測試前先讓被試看一組測試的圖形。⑤ 每次呈現指示圖的時間間隔為 15 秒。

(5) 結果：取五次辨認誤差的平均值。

方法 II

(1) 目的：測定運動員視覺短時辨認與記憶能力。

(2) 儀器：電子速示器 (天津師範學院電子儀器廠研製)。

(3) 材料：畫有無意義圖形的卡片二套，每套 10 張。

(4) 程序：① 讓被試坐在速示器前 2 米處。② 主試對被試說：請你注意看速示器，當呈現第一套圖片時，要記住這 10 張圖片的形象。然後給你呈現第二套圖片，它既含有你剛才看到過的圖片，也含有你剛才沒有看過的圖片。要求你每看一張圖片時，都要判斷這張圖片是否在前面已經看過。每次必須說出自己的判斷，如難於下判斷也要猜一下："是" 的可能性大，還是 "不是" 的可能性大些。③ 先按隨機順序 (每個被試的呈現順序相同) 呈現第一套圖片，每張呈現時間 500 毫秒。④ 然後將第二套圖片與第一套圖片混在一起隨機呈現 (各被試呈現的次序不變)，呈現時間同上。要求被試每看一張圖片時都要判斷這張圖形是否在前面已經看過。

(5) 結果：利用對圖片的保存量來表示視覺短時記憶能力：保存量越大者，視覺短時記憶能力越好，保存量按下列公式計算：

$$保存量 \ = \ (對的次數 - 錯的次數) \ /20$$

3. 聽覺記憶廣度

(1) 目的：測定運動員聽覺記憶的範圍。

(2) 儀器：紙、筆、錄音機、磁帶：念 3～10 位的數字各三個，分別為① 三位數：492，685，741；② 四位數：7459，1738，1693；③ 五位數：17423，72385，71493；④ 六位數：451978，681426，678912；⑤ 七位數：

6874193，7142386，7138926；⑥ 八 位 數：49523748，15785629，61784537；⑦ 九位數：591572368，513146874，941868527；⑧ 十位數：1824691458，2946185147，5283791864。

(3) 程序：① 主試對被試說：我將給你播放念出的許多串數字，每聽完一串數字後，你要立刻將剛才聽到的數字按原來的次序寫出來。② 按 3～10 位的順序，用同樣的方法進行實驗。

(4) 結果：記憶廣度水平的計算：用三次全記對的最大位數為基礎：更大位數每對一次加三分之一位。記憶廣度值可作為不同情況下記憶力水平變化的客觀指標。

4. 動覺記憶

(1) 目的：測定運動員手臂動覺記憶能力。

(2) 儀器：觸棒迷宮 (北京大學儀器廠製造)，馬錶，遮眼罩。

(3) 程序：① 實驗前不要讓被試看見迷宮的路線。實驗時令被試戴上眼罩，用優勢手拿小棒，主試引導被試將小棒置於迷宮起點處。② 主試對被試說：我一說"開始"，你就要移動小棒，儘快地從迷宮的起點走到終點。中途如有聲警告，表示發生了錯誤，進入了盲巷，這時你應立即退出盲巷，再繼續向前走。你應記住盲巷的位置和通路的位置。走到終點時停止。我再將小棒放回起點，你從起點處再開始走下一遍，直到一次都不進入盲巷地走到終點實驗即告結束。③ 主試記下每走一遍所用的時間和進入盲巷的次數。

(4) 結果：用被試達到學會標準(第一次在一遍內沒有錯誤) 所需要的學習遍數為動覺記憶水平的指標：所需學習遍數越少者，動覺記憶水平越高。

十三、注意品質

1. 注意廣度

(1) 目的：測定運動員的注意範圍。

(2) 儀器：電子速示器 (天津師範學院電子儀器廠製造)，畫有黑點的卡片 24 張 (5～12 個點卡片各 3 張)。

(3) 程序：① 讓被試坐在速示器前 2 米處。② 主試對被試說：請你注意看呈現的卡片，一張呈現完畢，立即告訴我卡片上有幾個黑點。③ 按隨機順序 (對每個被試相同) 呈現 24 張卡片，呈現時間 100 毫秒，每次呈現後要求被試判斷有幾點，主試記下答案。

(4) 結果：根據被試在短暫時間內能同時正確觀察到的點數來確定他注意的範圍。如果有個被試 8 個點全對了，9 和 9 以上的點都不對，他的注意廣度就是 8。如果除 8 全對外，9 和 10 點各對一次，則需增加三分之二，注意廣度就是 8.67 了。即注意廣度計算是以三次全判斷正確的最多點數為基礎，更多的點數每對一次增加三分之一點。

2. 注意分配

(1) 目的：測定運動員的注意分配能力。

(2) 儀器：注意分配儀 (北京大學電子儀器廠製造)。

(3) 程序：① 先讓被試熟悉區分高、中、低的三種聲調。② 主試對被試說：你要用右手儘快關掉在空間上隨機呈現的燈 (每個燈的下方有一個開關)；用左手的食指、中指和無名指分別根據呈現的聲調按下高、中、低三個電鍵。③ 按下列順序分六個單元進行實驗，每一單元 1 分鐘：

刺激	順序					
	1	2	3	4	5	6
光	*		*	*		*
聲		*	*	*	*	

(4) 結果：儀器自動記下一分鐘內正確反應的次數。分別計算單獨對光正確反應和對聲正確反應的次數的平均值 R_1 和 L_1，再計算同時對光、對聲反應的情況下對光和對聲正確反應的平均值 R_2 和 L_2。注意分配的程度 A 按下列公式計算的結果來確定：

$$A=\sqrt{(R_2/R_1) \times (L_2/L_1)}$$

如果 $A=1$ 表示完全的分配

如果 $A>0.5$ 表示不同程度的分配

如果 $A\leqslant 0.5$ 表示沒有分配

十四、操作思維能力

1. 五格盤測定

(1) **目的**：測定運動員操作思維的準備性及敏捷性。

(2) **材料**：一個五格盤和三個標有 1、2、3 的籌碼。

(3) **程序**：① 給被試呈現第一次實驗的五格盤、籌碼。② 主試對被試說：這裏有三個籌碼，開始的擺法不一，每次你都要以最短的時間、最少的步數，按照最終位置的形式把三個籌碼對號擺在五格盤 1、2、3 的位置。每次上下或左右移動籌碼一格，不能斜向移動或跳格移動，一個格子只能放一個籌碼。共做三次。③ 按照測試規定的三個籌碼三種不同的起始擺法，要求被試各做一次（見圖 16-1）。每次記下所走的步數和所用的時間。

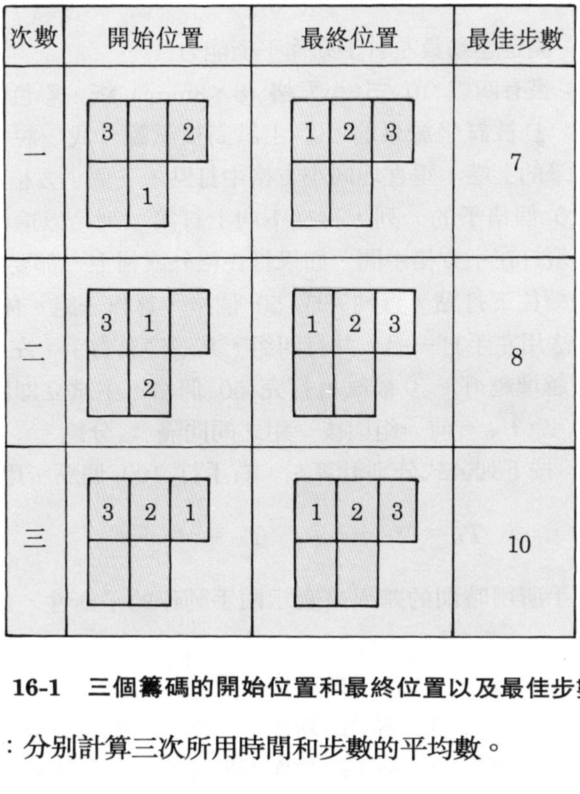

次數	開始位置	最終位置	最佳步數
一	3 _ 2 / _ 1 _	1 2 3	7
二	3 1 _ / _ 2 _	1 2 3	8
三	3 2 1	1 2 3	10

圖 16-1 三個籌碼的開始位置和最終位置以及最佳步數

(4) **結果**：分別計算三次所用時間和步數的平均數。

2. 十八塊模板測定

(1) 目的：測定運動員操作思維的準備性及敏捷性。

(2) 材料：18 塊不同形狀的模板和模板基座。

(3) 程序：① 主試將 18 塊模板順序打亂，然後呈現給被試。② 主試對被試說：這裏有十幾塊模板和一個模板基座，我說"開始"時，你就要用最快的速度細心地把每塊模板拼接在模板基座上，使模板基座上缺失的部分變得完整起來，形成一個個上紅下白的條形整體。③ 此法只做一次，實驗前不能練習。

(4) 結果：主試記錄完成拼接任務所用的時間。時間越短，操作思維水平越高。

十五、手動作平衡性

(1) 目的：測定運動員左右手動作平衡能力。

(2) 材料：畫有四組 10×5 小方格 ($8×8mm^2$) 紙，彩色水筆，馬錶。

(3) 程序：① 被試坐於桌前。② 主試對被試說：我一說"開始"，你就用右手握住筆的上端，垂直地向小方格中打點，一個小方格打一點，從上向下打完 10 個格子的一列，再從下向上打第二列，以這樣的方法依次打下去。點必須打在小方格中間，如果打在格外或格上，都要重新打，直到打正確了再繼續往下打點，直到完成 50 個格，算作一組。休息 1 分鐘，再以同樣的方法用左手打一組。共打四組，其順序為右手，左手，左手，右手。打得越快越準越好。③ 被試每打完 50 個格，主試立即記下所用的時間：$t_右$，$t_左$，$t'_左$，$t'_右$。前一組與後一組之間間隔 1 分鐘。

(4) 結果：按下列公式分別計算左、右手打 100 個點所用的時間：

$$T_右 = t_右 + t'_右 \quad T_左 = t_左 + t'_左$$

根據左右手所用時間的差異來表示兩手動作的平衡性，共有下列三種情況：

$T_左 - T_右 = 0$，兩手的動作平衡。

$T_左 - T_右 > 0$，兩手的動作不平衡，右手占優勢。

$T_左 - T_右 < 0$，兩手的動作不平衡，左手占優勢。

十六、手動作穩定性

1. 九洞儀測定

(1) **目的**：測定運動員手臂動作的穩定性。

(2) **儀器**：九洞儀 (北京大學儀器廠研製)。

(3) **程序**：① 被試坐於桌前，用優勢手懸肘握住金屬棒的木把，肘部不能靠在桌面上。② 主試對被試說：我一說"開始"，你就設法盡量快盡量準地將棒插入最大的洞 (棒與洞面要垂直)，到指示燈亮時抽出棒。如果棒碰了洞邊會發出聲音信號，就算錯了一次，需要拔出棒重新插。按從大洞到小洞的順序，每洞插入三次，同一洞三次都沒碰就算通過，三次都碰到洞邊就停止實驗。

(4) **結果**：用最後通過的洞的直徑的倒數，來表示手動作的穩定程度。九個洞的直徑和它的倒數見下表 16-2。最後通過的洞直徑越小，手的穩定性越好。

表 16-2　九洞儀各洞的直徑及其倒數

洞號	1	2	3	4	5	6	7	8	9
直徑 (mm)	13.00	8.00	6.50	5.00	4.00	3.50	3.00	2.50	2.00
1/直徑	0.08	0.13	0.15	0.20	0.25	0.29	0.33	0.40	0.50
穩定性	0.16	0.26	0.30	0.40	0.50	0.58	0.66	0.80	1.00

2. 打點測定

(1) **目的**：測定運動員手臂動作的穩定性。

(2) **材料**：畫有用直線連接起來的 100 個小圓圈 (R＝2mm) 的紙，彩色水筆，馬錶。

(3) **程序**：① 被試用優勢手握住筆的上端，手臂不能靠在桌上。② 主試對被試說：我說"開始"，你就用筆垂直地向小圓圈中打點，越快越好。點打在圈外或圈上都算錯，而且不能改正。從起點沿直線打點，打到 40 秒時停止。

(4) 結果：以每秒鐘平均正確打點的個數 N 表示動作穩定性的程度：N 越大者，動作的穩定性越好。$N=$ 正確打點的個數/40。

3. 畫線測定

(1) 目的：測定運動員手臂動作的穩定性。

(2) 材料：畫有 200 個用直線連接起來的通道 (寬 2mm) 的紙，彩色水筆，馬錶。

(3) 程序：實驗時，讓被試用優勢手握住筆的上端，手臂懸空地從起點畫線，順次序通過通道，凡畫線碰到通道的兩邊就算錯，而且不能改正。要求被試又快又準地從通道中間通過。從起點開始記時，畫到兩分鐘時停止，主試計算正確通過的次數。

(4) 結果：用每分鐘平均正確通過的次數 $N=$ 正確通過的總次數/2 來表示動作穩定性的程度：N 越大者，動作穩定性越好。

十七、手眼協調能力

(1) 目的：測定運動員的手眼協調能力。

(2) 儀器：雙手調節器 (北京大學儀器廠研製)，馬錶。

(3) 程序：① 被試坐於桌前。實驗前不要讓被試試作，也別讓被試看別人操作。② 主試對被試說：你要用左、右手分別旋轉兩個把手，儘快地調節雙手調節器上的筆，使筆尖從第 1 號圈內經過第 2 至第 11 號圈，最後到達第 12 號圈內，越快越好。你必須按著圈號的次序調節筆，筆尖必須進入每個圈內。完成一次後休息 1 分鐘，再做第二次，共做兩次。③ 主試記下筆尖從起點 (第 1 號圈) 到終點 (第 12 號圈) 所用的時間 T_1，用同樣的方法重復做一次，記下時間 T_2。

(4) 結果：用 T_1 和 T_2 的平均值 T 來表示手眼協調的能力水平：T 較短者，手眼協調能力的水平較高。

十八、念動能力

(1) **目的**：測定運動員動覺表象的能力。

(2) **材料**：線墜，重 50 克 (北京大學儀器廠製造)，紙盤 (畫有 12 個同心圓，半徑為 2.5，5，10，20，30，40，50，60，70，80，90，100 毫米)，馬錶。

(3) **程序**：① 實驗前詢問被試是否做過念動實驗。如做過，再詢問做過幾次，用何種方法，成績如何，以作為評定時的參考。② 被試坐在桌邊，用優勢手的食指和拇指輕輕地捏住線墜上的小球，將肘放在桌面上，全身放鬆。讓線墜的尖端對準紙盤上的圓心，等待線墜慢慢穩定。③ 主試對被試說：我一說"開始想像"，你就不停地在腦中想像線墜正在左右擺動的形象，同時心中默念"左右擺動，越擺越大，……。左右擺動，越擺越大……。"此時，眼睛注視線墜。做到 1 分鐘時停止。④ 主試記下被試念動的潛伏期 (從要求被試開始想像到線墜擺動的範圍達到 5mm 時所經過的時間) 和念動的幅度 (從擺動達到 5mm 起到 1 分鐘時的擺動範圍)。

(4) **結果**：用念動的潛伏期 (秒) 和念動的幅度 (毫米) 來表示觀念控制肌肉運動的能力：潛伏期越短，幅度越大者，念動能力越高。

十九、優勢眼

1. 優勢眼測量器測定

(1) **目的**：測定運動員的優勢眼。

(2) **儀器**：優勢眼測量器，畫有黑色點的白紙，或有黑色垂直線的白紙。

(3) **程序**：① 先將兩個活動窗都打開，雙眼從觀察窗通過小圓孔對準白紙上的黑點，頭與儀器的位置在整個測定過程中要保持不動。然後關閉左邊小窗，讓被試只用右眼觀察，並報告是否到了白紙上的黑點；再讓被試換左眼觀察，並報告是否看到了白紙上的黑點。② 主試對被試說：這是一個檢查視力的實驗。首先你要用雙眼從觀察窗通過小圓孔對準白紙上的黑點，頭與儀器的位置在整個測試過程中要保持不動。然後我關閉左邊小窗，讓你只用右眼觀察，你應告訴我是否到看到了白紙上的黑點；再用左眼觀察，然後告訴我是否看到了白紙上的黑點。

(4) 結果：被試用右眼觀察時如果看見了黑點，但換左眼觀察時則看不見黑點，就是右眼優勢；反之，左眼優勢。如果在兩種情況下都可以看見黑點，就沒有哪一隻眼在視覺中占優勢。

2. 垂直線測定

(1) 目的：測定運動員的優勢眼。

(2) 材料：垂直線，鉛筆。

(3) 程序：主試對被試說：請你面對垂直線，一手拿筆垂直地移動它的位置，用雙眼觀察，使筆與垂直線重疊，頭與筆的位置關係在整個過程中不能改變。然後閉左眼，用右眼觀察筆與線是否還重疊並告訴我結果；再閉右眼，用左眼觀察筆與線是否還重疊並告訴我結果。

(4) 結果：如果二種單眼觀察情況下與雙眼觀察相同，就沒有優勢眼；如果左眼觀察筆與線分開，右眼就是優勢眼，反之，左眼是優勢眼。

二十、改造舊習慣的能力

(1) 目的：測定運動員改造舊習慣的能力。

(2) 材料：有支架的平面鏡兩個，畫有 1～10 號小圓圈的紙，鉛筆。

(3) 程序：① 實驗過程中，讓被試只從鏡中看紙，不能直接看見自己拿筆的手。② 主試對被試說：我說"開始"，你就用優勢手拿筆，從鏡中看紙，並儘快地用筆把紙上各圈連接起來：從第 1 號圈經過第 2 號至第 10 號圈，最後再回到第 1 號圈內。③ 主試記下被試從起點 (第 1 號圈) 連接到終點 (再回到 1 號圈) 所用的時間。被試必須按規定的順序連，並且必須畫到每個圈內。按同樣的方法畫 7 遍。

(4) 結果：第一遍所用時間為 100，分別求出第 2～7 遍所用時間的百分數。如果這個百分數隨著遍數增加而減小，就說明克服了舊動作習慣，開始掌握了新動作。百分數越小越說明改造舊習慣的能力越強。

二十一、疲　勞

(1) **目的**：測定運動員在不同條件下如訓練後和比賽後的疲勞程度。
(2) **儀器**：閃光融合儀 (北京大學電子儀器廠製造)。
(3) **程序**：① 主試對被試説：我一説"開始"，你就從觀察窗看儀器內的亮點，它會逐漸地產生變化，當你剛感到光不閃了時，請立即報告我。主試開動閃光融合儀，使亮點閃爍的頻率開始很低，讓被試明顯地看到閃光。然後逐漸增加閃光的頻率，直到被試剛感到光不閃了時為止，記下這時的頻率。② 主試再對被試説：我一説"開始"，你就再從觀察窗看儀器內的亮點，它會逐漸地產生變化，當你剛感到光閃了時，請立即報告我。主試開動閃光融合儀，使亮點閃爍的頻率開始很高，讓被試看不到閃光。然後逐漸降低閃光的頻率，直到被試剛感到光閃了時為止，記下這時的頻率。③ 重復程序 ②。④ 重複程序 ①。

(4) **結果**：計算四次測試的閃光頻率平均值，作為被試**閃光融合臨界頻率** (flicker fusion frequency，簡稱 CFF)。閃光融合臨界頻率越高者，辨別閃光持續時間的能力水平越高。

當人的腦力和體力疲勞時，閃光融合臨界頻率有下降的趨勢，因此可以用閃光融合臨界頻率的變化來表示疲勞的程度：閃光融合臨界頻率下降得越多，疲勞程度越大。

二十二、工作效率

(1) **目的**：測定運動員在不同條件下短時間內的工作效率。
(2) **材料**：印有隨機數字 (50×40) 的測試紙，筆，馬錶。
(3) **程序**：① 主試對被試説：在這張紙上有不同的數字 50 行，我一説"開始，畫掉……"，你就從左到右，一行行地畫掉我等一會給你指定的一個數字。不得同時畫幾行，也不能轉圈地畫。每畫一分鐘，我就提示你"一分鐘到"，你立即在檢查到的最後一個數字上打一個圈，共畫 4 分鐘，我一説"停"，你就在最後檢查到的那個數字上畫一個圈。要畫得又快又準。② 實驗開始時，告訴被試要又快又準地畫掉"8"字 (或別的數字，但要比較的各被試都應畫同一數字)。

(4) **結果**：按下列公式計算每分鐘的工作效率 E：

$$E = eA , A = \frac{(C-w)}{(C+O)}$$

e＝檢查個數，A＝精確度，C＝已畫的個數，
w＝錯畫數 ，O＝漏畫數。

工作效率可以作為表示各種心理活動的客觀指標，如疲勞用工作效率的下降來表示；注意集中和分心用在有干擾的條件中工作效率維持不變或下降來表示。另外，漏畫較多者多屬外向性格，等等。

第二節　運動員個性心理特徵實驗

一、動覺後效類型

(1) **目的**：根據被試的動覺後效類型，可以估計被試的某些心理特點：如縮小型痛閾較高，不能耐受剝奪，多屬外向；擴大型痛閾較低，較能耐受感覺剝奪，多屬外向。

(2) **儀器**：動覺後效測量器 (北京大學儀器廠製造)，遮眼罩，馬錶，節拍器。

(3) **程序**：① 被試戴上遮眼罩，然後用優勢手的食指和拇指觸摸 4 厘米寬的木條的兩邊，用非優勢手的食指和拇指觸摸斜尺的兩邊。② 主試對被試說：你要先從斜尺的寬端開始，在斜尺上找到和另一木條感覺同樣寬的地方，然後報告我。再從斜尺的窄端開始，在斜尺上找到和另一木條感覺同樣寬的地方，然後報告我。然後，再用優勢手跟著節拍器的節奏來回摸第三

個木條，1 分鐘後立即再估計原木條的寬度，並報告我。休息 2 分鐘後，再做另外一組。共做兩組。③讓被試先從斜尺的寬端開始，在斜尺上找到和 4 厘米寬的木條感覺同樣寬的地方並報告主試時，主試記下結果 X_1。再讓被試從斜尺的窄端開始，在斜尺上找到和 4 厘米寬的木條感覺同樣寬的地方並報告主試時，主試記下結果 X_2。然後，再讓被試用優勢手跟著節拍器的節奏來回摸 2 厘米寬的木條，1 分鐘後立即讓被試再估計原木條的寬度，報告主試時，主試記下結果 X_3。休息 2 分鐘後重復以上實驗，只是將按節奏摸的木條寬度改為 6 厘米，得結果 X'_1、X'_2、X'_3。

(4) **結果**：按下列公式計算動覺後效的相對值：

$$N = (X_3 - \overline{X}) / \overline{X}$$
$$B = (X'_3 - \overline{X'}) / \overline{X'}$$

式中 $\overline{X}$ 代表 X_1 和 X_2 的平均值，$\overline{X'}$ 代表 X'_1 和 X'_2 的平均值。

根據每個被試 N 和 B 值的關係來確定其動覺後效類型和內外向的特點，如表 16-3：

表 16-3 動覺後效類型評定標準

得 分	動覺後效類型	內外向
$-N$，$-B$	縮小型	多屬外向
$N+B<0$	偏縮小型	偏外向
$N+B>0$	偏擴大型	偏內向
$+N$，$+B$	擴大型	多屬內向

二、場依賴性

1. 棒框測驗

(1) **目的**：測定運動員的場獨立性和場依賴性。
(2) **儀器**：棒框實驗儀 (北京大學心理系製造)。

(3) 程序：① 主試將方框調到左傾 17 度，把框內的棒調到右傾 20 度。然後讓被試坐於桌前。② 主試對被試說：這是一個調整小棒方向的實驗。你緊貼著這個觀察孔往裏看，就會看到裏面有一個方框，框裏有一個小棒。你調節這個旋鈕，那根棒就能轉動。現在讓你把那根棒調節得與地面垂直。調好後眼睛就離開觀察孔，不要再往裏看，等待下一次實驗。每次都是我一喊"開始"，你就往裏看，並將那根棒調節到與地面垂直的方向。③ 主試記下每次小棒偏離垂直位置的角度和方向。按照表 16-4 的順序，共做 8 次：

表 16-4　棒框測驗的實施順序

實驗順序	1	2	3	4	5	6	7	8
方框 17 度的傾斜方向	左	右	右	左	右	左	左	右
棒 20 度±的傾斜方向	右	左	右	左	右	左	右	左

2. 鑲嵌圖測驗

(1) 目的：測定運動員的場獨立性和場依賴性。

(2) 材料：鑲嵌圖形二套，馬錶，彩色水筆。

(3) 程序：① 被試坐於桌旁，給他/她一支彩色筆。② 主試對被試說：現在請你做一個實驗。這張紙上的 8 個圖形是簡單的，等實驗開始時我再給你複雜的圖形，要求你在每個複雜圖形中找出一個簡單的圖形（一定是 8 個中的一個），並用彩色筆把它的輪廓描繪出來。可以隨時對照著簡單圖形找。第一套給你的複雜圖形有 7 個，給你 2 分鐘時間找。聽我的口令開始和停止。然後找第二套 18 個圖形，給你 9 分鐘時間找。同樣聽我的口令開始和停止。

(4) 結果：凡描對的圖形都可得分，描錯了或沒有描的圖形都不給分；根據被試得的總分來確定其場依賴性的大小：得分越少者，場依賴性越大。

三、精神運動的平衡性

(1) 目的：測定運動員中樞神經系統興奮過程和抑制過程的平衡性。

(2) 儀器：紅、綠、黃燈光呈現器，1/100 秒電鐘，微動反應鍵。

(3) 程序：① 被試坐在離燈光二米處，燈光呈現窗與被試眼同高，被試用優勢手拿反應鍵。② 主試對被試說：這是一個反應時的實驗。第一組實驗時，你看見紅色光就儘快按反應鍵；第二組實驗時，呈現的刺激可能是紅光，也可能是黃光，要求你只對紅光做出迅速反應，不對黃光反應；第三組同第二組相似，只是要求你只對黃光進行迅速反應，不對紅光反應。③ 共測 30 次反應時：前 10 次都是呈現紅光，中間 10 次中有三次將紅光換為黃光，後 10 次中只有三次呈現紅光。

(4) 結果：統計被試在後 10 次中反應錯的次數（$N_錯$）（對紅光不應反應，如果反應了就算錯），計算被試在紅光呈現後一次反應時比紅光呈現前一次反應時延長的次數（$N_長$）。

按下列公式確定被試的精神運動的平衡性：

$N_錯 \geq 2$ 為興奮占優勢；$N_長 \geq 2$ 為抑制占優勢；$N_錯 = N_長$為平衡。

四、精神運動的強度

(1) **目的**：測定運動員中樞神經系統的強度。

(2) **儀器**：敲擊板（銅板兩塊，$10 \times 10 cm^2$，北京大學儀器廠研製），馬錶。

(3) **程序**：① 被試坐於桌前，用優勢手握緊敲擊棒的上端。② 主試對被試說：這是一個敲擊實驗，要求你用敲擊棒垂直地在距離 40 厘米的兩塊銅板上來回儘快地敲擊一分鐘。休息一分鐘後，再敲擊一分鐘。聽我的口令開始和停止。③ 主試分別記下兩次敲擊前半分鐘和後半分鐘敲擊的次數 N_1、N_2、N_3、N_4。

(4) **結果**：按下列公式確定被試的精神運動強度：

$$N_2 - N_1 \geq 0 \ (1);$$
$$N_4 - N_3 \geq 0 \ (2);$$
$$N_3 - N_2 \geq 0 \ (3)。$$

如果被試的結果完全符合上列三式或二式，確定為"強"，如果只符合一式則確定為"中"等；如果三式均不符合，即後半分鐘敲擊次數均低於前半分鐘，而且休息後的敲擊次數比休息前也減少者，則確定為"弱"。

五、受暗示性

1. 提重測定

(1) 目的：測定被試的受暗示性，以考察其接受放鬆訓練、表象訓練等心理技能訓練的可接受程度。

(2) 材料：外觀相同但是重量不同的木盒一套，14個，編號為1～14。1～5號盒的重量分別為20、40、60、80、100克，6～14號盒子的重量均為120克。

(3) 程序：① 將 1～14 號盒子按重量（輕在左，重在右）從左到右排在桌上。② 主試對被試說：這是一個提重實驗。要求你用優勢手的食指和拇指先拿起 1 號盒，注意感覺它的重量，時間為 1 秒左右，然後放下 1 號盒再拿 2 號盒，比較二盒的重量，並告訴我後面的盒子比前面的盒子輕還是重，如感到 2 號盒重就說"重"，感到 2 號盒輕就說"輕"。拿 3 號盒時，與 2 號盒比，並報告自己的判斷。這樣，從 2 號盒開始，每拿一個盒總是與前面的盒重比較。舉重量的高度為 4 厘米，且要前後一致，拿前一個盒子和拿後一個盒子的間隔時間為 2 秒左右。要較快地提重量和及時報告。

(4) 結果：用連續感到重的最後一個盒號 (X) 減去 6 來表示受暗示的程度：X－6 的範圍是 0～8。X－6 的值越大（或 X 值越大）者，受暗示性也越強。

2. 定勢題測定

(1) 目的：測定被試的受暗示性，以考察其接受放鬆訓練、表象訓練等心理技能訓練的可接受程度。

(2) 材料：定勢題 5 個，檢查題 10 個，紙，筆。

(3) 程序：① 主試對被試說：這是一個解題實驗。每個題有四個數字，前三個數 A、B、C 代表三個水杯的容量，要求你用它們量出第四個數的水容積，並用公式表示。例如：50 (A)，70 (B)，20 (C)，100，答案為 B－C＋A，也可以是 2A。即先用 B 杯裝滿水，然後用這杯水把 C 杯裝滿倒掉，再用 A 杯裝滿水和 B 杯中剩下的水放在一起就是所要求的答案；

也可以只用 1 或 2 個水杯，即用 A 杯量二次加在一起，結果亦相同。這裏共有 15 道題，一定要按題的順序解答，不能漏掉，也不能跳過去以後補做。解開每道題後將答案寫在紙上。②必須等到被試完全明白了如何做後再給他 15 題去解答。

(4) **結果**：由於定勢題只有一種解法，檢查題則除了可以用解定勢題的方法外，還可以用更簡便的方法予以解答。因此，可以用解定勢題的公式解檢查題的次數來表示受暗示性的程度：次數越多者，受暗示性越大。

六、情緒穩定性

(1) **目的**：測定運動員的情緒穩定性。

(2) **儀器**：心率測量儀或多道生物電記錄儀，或用手試脈搏，錄音機和磁帶 (錄有能產生緊張情緒的聲音)。

(3) **程序**：①被試進入實驗室，安靜地坐 5 分鐘後，測心率半分鐘，10 秒記一次，共記三次。②接著開錄音機 30 秒施放干擾，同時用上述方法記三次心率。③關錄音機後再測三次心率。

(4) **結果**：分別計算三種情況下的心率平均數：$\overline{X}_{前}$，$\overline{X}_{中}$，$\overline{X}_{後}$，和標準差 $S_{前}$，$S_{中}$，$S_{後}$。用心率平均數和標準差的變化來表示情緒波動的程度和情緒波動的持續性：①如果 $\overline{X}_{中} > \overline{X}_{前}$ 或 $S_{中} > S_{前}$，屬情緒易波動；如果 $\overline{X}_{中} \leq \overline{X}_{前}$ 或 $S_{中} \leq S_{前}$ 則屬情緒較穩定。②如果 $\overline{X}_{後} \geq \overline{X}_{中}$，或 $S_{後} \geq S_{中}$ 者，情緒波動持續時間長；如果 $\overline{X}_{後} = \overline{X}_{前}$ 或 $S_{後} = S_{前}$，則情緒波動較易恢復。

七、抗干擾能力

(1) **目的**：測定運動員保持注意集中和情緒穩定方面的抗干擾能力。

(2) **儀器**：錄音機二台，心率遙測發射機、接收機各一台，錄有比賽現場情況的錄音帶，算數題答案記錄紙。

(3) **程序**：①被試進入一安靜的實驗室，平靜地坐 5 分鐘。實驗開始前測試一分鐘心率。要求被試精神狀態良好。②主試對被試說：這兩台錄音機裏，一台錄有簡單的加減算術題，另一台錄有比賽時的噪音。當我一說

"開始"，就進行第一次測試，這時，你應注意聽左邊錄音機中播放的算術題，進行心算，並迅速將結果自左向右寫在記錄表內，中間如算不及，可以空過去接著做下一題，不要緊張，不要中途停下來。共做 50 道題。第一次計算完畢後，休息一分鐘，聽我的口令接著進行第二次計算。第二次測試開始時，右邊一台錄音機同時播放比賽的現場噪音，你應盡量排除干擾，集中聽左邊錄音機播放的算數題並進行心算，也是做 50 題。第二次算錯、算漏的題越少，你的抗干擾能力就越好。在正式測試前，先做四題，作為練習，掌握方法。③ 先引導被試練習四題。然後開始正式實驗。在說出"開始"的口令後，播放錄音機播放事先錄好的簡單的加減算術題 (個位數相加或相減，十位數加個位數或減個位數)，被試隨著播放速度 (平均 3.5 秒一次) 進行心算，並將答案迅速填寫在預先印好的方格內。④ 第一次在沒有干擾條件下，邊聽邊做 50 道題，同時記下遙測心率的變化。⑤ 第二次在播放算術題的同時播放錄有比賽現場噪音的磁帶，以此為干擾條件，邊聽邊做 50 題 (算術題的內容與第一次相同，但順序不同)，同時記下遙測心率變化。⑥ 播放音量控制在 65～70 分貝 (舒適強度：聲強適中，不刺耳，不需要聚精會神地傾聽，即能聽懂)，播放距離與被試約 60 公分處。

(4) 結果：① 算術計算成績：答對一題得一分，以第一次聽算 50 題的成績為基數，第一次計算成績減去第二次計算成績的值越小越好。② 心率變化：先計算第一次測試 3 分鐘 (A) 的平均心率與測試前基礎心率之差值，然後計算第二次測試 3 分鐘 (B) 的平均心率與測試前基礎心率之差值，最後計算 B 與 A 之差值，二者差值越小心率越穩定。

本 章 摘 要

1. 體育運動心理學的實驗方法主要是用於運動員認知特徵和個性特徵的評定，其中有些方法是直接借鑒心理學的，有些方法是專門為體育運動情境設計的。
2. 運動員認知特徵的實驗主要涉及反應時、知覺、記憶、思維、注意等領域，這些心理特徵在體育運動實踐中有重要意義。
3. 運動員個性特徵的實驗主要涉及場獨立性和場依賴性、神經系統活動特性、受暗示性、情緒穩定性等方面，這些心理特徵在體育運動實踐中也具有重要意義。
4. 設計適用於具體運動情境的實驗方法是了解體育運動中人的心理過程和個性心理特徵更為有效的途徑。
5. 本章所介紹的各項心理學實驗，僅討論了可向學生演示的最基本的操作方法。在實際研究工作中，需要根據研究需要，進行更加嚴格的條件控制，比如，在簡單反應時的實驗中，應控制"預備"與呈現刺激的間隔時間等。

建議參考資料

1. 朱 瀅、焦書蘭 (1989)：實驗心理學。北京市：光明日報出版社。
2. 黃希庭 (1988)：心理學實驗指導。北京市：人民教育出版社。
3. 楊治良 (1996)：實驗心理學。台北市：東華書局。
4. 楊博民 (1989)：心理實驗綱要。北京市：北京大學出版社。
5. 赫葆源、張厚粲、陳舒永 (1983)：實驗心理學。北京市：北京大學出版社。
6. Woodworth, R. S. (1985). *Experimental psychology*. New York: Henry Holt & Company.

參 考 文 獻

丁忠元 (1986)：體育心理學簡編。濟南市：山東教育出版社。

丁雪琴 (1984)：對於放鬆和念動訓練程序及其應用效果的研究。見中國體育科學學會運動心理學會和中國心理學會體育運動心理專業委員會 (主編)：全國運動心理學學術論文暨國外運動心理學譯文彙編，237～239 頁。

丁雪琴 (1990)：對我國優秀足球運動員幾項個性心理特徵的測試分析。中國體育科技，5 期，24～27 頁。

王文英、張卿華 (1983)：關於"80·8"神經類型測試表的設計機理、測試及評定方法。體育科學，1 期，69～72 頁。

王樹明、章耀遠 (1987)：心理訓練中的鬆靜練習對運動員心率的影響。體育科學，4 期，68～70 頁。

王重鳴 (1990)：心理學研究方法。北京市：人民教育出版社。

王惠民、崔秋耕 (1991)：利用肌電反饋技術進行心理控制訓練的研究。體育科學，4 期，84～87 頁。

尤晨、史文偉 (1990)：如何克服不良情緒。大衆心理學，5 期，26 頁。

毛志雄、張力為 (1992)：不同性質的學習活動與智力發展水平關係的研究。四川體育科學，1 期，23～30 頁。

毛志雄、張力為、楊冬玉 (1994)：對體育大學生個性發展的追踪研究。北京體育大學學報，4 期，8～12 頁

卞薇 (1991)：我國成年女排二傳手性格特徵及部分二傳手性格特徵與其二傳行為的關係初探。體育科學，1 期，75～79 頁。

方興初、周家驥 (1986)：上海地區世界冠軍、世界記錄創造者個性特點的初步分析。體育科研，8 期，22～24 頁。

巴克 (南開大學社會學系譯，1984)：社會心理學。天津市：南開大學出版社。

尹吟青 (1985)：肌電圖 (EMG) 在體育科研中的應用。見北京體育學院生理教研室：運動生理學參考資料，213～250 頁。北京市：北京體育學院。

加藤久 (丁雪琴譯，1982)：心理學研究法。濟南市：山東心理學會。

札斯皮羅夫 (尤培芬譯，盧振南校)：音樂作用能使運動員賽前狀態最佳化。武漢體育學院譯報，4 期，53～55 頁。

石岩 (1992)：運動員感覺尋求特質與人格特徵的研究。山西體育科技，51～

57 頁。

布　恩、埃克斯特蘭德 (韓進之、吳福元、張湛譯，1985)：心理學原理和應用。上海市：知識出版社。

丘鍾惠、莊家富、孫梅英、張振海、岑浩望、吳煥群、李富榮、徐寅生、梁友能、梁焯輝 (1982)：現代乒乓球技術的研究。北京市：人民體育出版社。

司馬賀 (荊其誠、張厚粲譯，1986)：人類的認知，北京市：科學出版社。

弗里德、西爾斯、卡爾史密斯 (高地、高佳等譯，1986)：社會心理學。哈爾濱市：黑龍江出版社。

朱智賢 (1989)：心理學大詞典。北京市：北京師範大學出版社。

朱　瀅、焦書蘭 (1989)：實驗心理學。北京市：光明日報出版社。

任未多 (1991)：喚醒水平對手臂快速動作準確性的影響及其與特質焦慮的關係。福建體育科技，3 期，12～19 頁。

任未多、王小銘、肖　雲 (1993)：動作反應過程中速度——準確性權衡的研究。心理科學，5 期，291～294 頁。

任寶崇 (1987)：組織管理心理學。北京市：華夏出版社。

任炳南、李振彪 (1990)：中國男子乒乓球隊員個性特徵的研究。天津體育學院學報，3 期，68～72 頁。

全國九所綜合性大學心理學教材編寫組 (1982)：心理學。南寧市：廣西人民出版社。

全國體育學院教材委員會 (1988)：運動心理學。北京市：人民體育出版社。

全國體育學院教材委員會 (1990)：運動生理學。北京市：人民體育出版社。

自然辯證法講義編寫組 (1979)：自然辯證法講義。北京市：高等教育出版社。

余敏克、劉志雲 (1987)：摔跤運動員的性格特點。山西體育科技，2 期，5～12 頁。

吳友瑩 (1986)：中國大學生體育專業性格特徵的研究。體育科學，3 期，77～79 頁。

宋寶峰、張進深、李建周 (1987)：運用心理訓練方法提高體操技能的實驗研究。全國第六屆心理學學術會議文摘選集，475～486 頁。

李少丹 (1988)：我國男子高水平自行車和籃球運動員智力發展發展水平的現狀及智力結構的特點。北京體育學院圖書館：碩士論文集 (運動訓練)，1。

李志林 (1991)：乒乓球運動員反應速度和動作速度的發展特徵及其評價的研究。體育科學，6 期，25～31 頁。

李建周、劉慎年、許尚俠 (1986)：體育運動心理學。西安市：陝西人民教育出版社。

沙蓮香 (1987)：社會心理學。北京市：中國人民大學出版社。

克雷奇、克拉奇菲爾德、利維森等 (周先庚、林傳鼎、張述祖等譯，1980)：心理學綱要。北京市：文化教育出版社。

克瑞蒂 (張桂芬、劉東等譯，1985)：體育社會心理學。武漢市：武漢體育學院。

周　工、姒剛彥、劉㟱昕 (1987)：中國划艇運動員個性特徵的研究。體育科學，7 (2)，65～68 頁。

周百之 (1984)：乒乓球運動員的操作思維。中國體育科技，7 期，3～5 頁。

周家驥 (1985)：體育系學生的智力狀況初析。北京市：心理學在運動訓練和體育教學中的應用專題論文集。

周　謙 (主編) (1992)：學習心理學。北京市：科學出版社。

姒剛彥 (1990)：體育運動焦慮與歸因的診斷。見邱宜均 (主編)：運動心理診斷學，157～176 頁。武漢市：中國地質大學出版社。

姒剛彥、劉㟱昕 (1984)：對我國跳水運動員 16 項個性因素的測定。見武漢體育學院運動心理學研究室 (編)：優秀運動員個性特徵研究，138～146 頁。

孟昭蘭 (1989)：人類情緒。上海市：上海人民出版社。

孟昭蘭 (1994)：普通心理學。北京市：北京大學出版社。

季　瀏 (1987)：認知心理學與體育運動。四川體育科學學報，3 期，17～21 頁。

季　瀏、符民秋 (1994)：當代運動心理學。重慶市：西南師範大學出版社。

林逸琦、冉強輝、殷志新 (1987)：淺析我國女排運動員的智力結構。上海體育學院學報，3 期，23～26 頁。

松本岩男 (閻海等譯，1982)：體育心理學。北京市：國家體委百科體育卷編寫組。

波　林 (高覺敷譯，1982)：實驗心理學史。北京市：商務印書館。

邱宜均 (1984)：對我國甲級排球運動員操作思維的初步研究。見中國體育科學學會運動心理學會和中國心理學會體育運動心理專業委員會 (主編)：全國運動心理學學術論文暨國外運動心理學譯文彙編，134～136 頁。

邱宜均 (1986a)：運動員個性特徵研究的幾個問題。體育科學，2 期，68～72 頁。

邱宜均 (1986b)：體育管理心理學。武漢市：武漢體育學院。

邱宜均 (1988a)：運動心理學的理論與應用。武漢市：中國地質大學出版社。

邱宜均 (1988b)：實用運動心理學。武漢市：湖北省體育運動委員會。

邱宜均、貝恩渤 (1984a)：對我國優秀短跑運動員個性特徵的初步研究。見武漢體育學院運動心理學研究室編：優秀運動員個性特徵研究，23～46 頁。武漢市：武漢體育學院。

邱宜均、貝恩渤 (1984b)：對我國優秀短跑運動員反應時、手頻及其與運動成績的關係的探討。見優秀運動員個性特徵研究，70～78 頁。武漢市：武漢體育學院。

柳起圖、韓　潮 (1985)：射擊運動員反應速度研究初探。心理科學通訊，4 期，23～28 頁。

姚家新 (1994)：心理選材測試方法的研究。見鍾添發、田麥久、王路德(編)：運動員競技能力模型與選材標準，26～59 頁。北京市：人民體育出版社。

祝蓓里 (1986)：體育運動心理學的歷史與現狀，心理學報，2 期，224～226 頁。

祝蓓里 (1992)：運動心理學的原理與應用。上海市：華東化工學院出版社。

祝蓓里、方興初 (1988)：上海市健將級運動員的智力狀況分析。心理學報，3 期，283～290 頁。

祝樹明 (1984)：足球戰術教學與運動表象回憶，想像訓練。見中國體育科學學會運動心理學會和中國心理學會體育運動心理專業委員會 (主編)：全國運動心理學學術論文暨國外運動心理學譯文彙編，236～237 頁。

凌文銓、濱治世 (1988)：心理測驗法。北京市：科學出版社。

孫　平 (1986)：體育院系足、籃、排球專業學生智力結構特點的研究。體育科學，1 期，55～58 頁。

孫　波、于維新 (1986)：對我國女子柔道運動員個性特徵與選材問題的初步研究。遼寧體育科技，5 期，13～23 頁。

孫玉蘭 (1984)：運用自覺表象活動促進動作機能形成。北京體育學院學報，2 期，71 頁。

桂起權、張掌然 (1990)：人與自然的對話——觀察與實驗。杭州市：浙江科學技術出版社。

柴文袖 (1991)：我國古代運動心理學思想再探，體育科學，5 期，89～92 頁。

時蓉華 (1987)：父母與子女，家庭與婚姻，8 期。

時蓉華 (1989)：現代社會心理學。上海市：華東師範大學出版社。

秦志輝 (1990)：我國男子優秀足球運動員個性特徵的研究。四川體育科學，1 期，4～9 頁。

荊其誠 (1990)：現代心理學發展趨勢。北京市：人民出版社。

馬力宏 (1988a)：電機械延遲 (EMD) 及其研究趨向。天津體育學院學報，2 期，37～39 頁。

馬力宏 (1988b)：反應時，電機械延遲之研究。天津體育學院學報，4 期，26～29 頁。

馬文駒 (1990)：當代心理學手冊。上海市：上海科學技術出版社。

馬啟偉 (編譯) (1982)：和教練員運動員談談心理學 (二)。北京體育學院學報，2 期，28～34 頁。

馬啟偉 (編譯) (1983a)：和教練員運動員談談心理學 (四)。北京體育學院學報，2 期，59～68 頁。

馬啟偉 (編譯) (1983b)：和教練員運動員談談心理學 (六)。北京體育學院學報，4 期，74～80 頁。

馬丁・皮爾 (林殷滬、林貽虹、孫明璇、周方和譯，1991)：行為校正——有效的心理療法。北京市：科學出版社。

高德耀 (1991)：不良心理的自我調節。大眾心理學，3 期，25～26 頁。

海克弗特、斯皮爾伯格 (主編) (張力為、任未多、王大衛譯，1990)：體育運動中的情緒及其控制。北京市：北京體育科學學會運動心理專業委員會。

張人駿、朱永新、袁振國 (1987)：諮詢心理學。北京市：知識出版社。

張力為 (1989)：論運動中情緒的動機作用。天津體育學院學報，1 期，41～47 頁。

張力為 (1990)：兒童乒乓球運動員表象訓練的實驗研究。北京體育學院學報，2 期，21～26 頁。

張力為 (1991a)：運動心理學研究中若干方法學問題的探討。體育科學，5 期，85～88 頁。

張力為 (1991b)：8～11 歲兒童乒乓球運動員運動表象時的 EMG、EEG 特徵。體育科學，2 期，63～65 頁。

張力為 (1992a)：中國運動心理學發展若干問題的探討。體育科學，4 期，83～86 頁。

張力為 (1992b)：右腦功能和體育運動。哈爾濱體育學院學報，3 期，61～64 頁。

張力為 (1993a)：訓練與比賽中的歸因問題 (綜述一)。山西體育科技，4 期，44～52 頁。

張力為 (1993b)：運動智力——思考中的困惑與困惑中的思考。中國體育科技，1 期，39～45 頁。

張力為 (1994a)：訓練與比賽中的歸因問題 (綜述二)。山西體育科技，1 期，27～32 頁。

張力為 (1994b)：字詞刺激與圖形刺激對視覺選擇反應時的影響。北京體育大學學報，4 期，86～89 頁。

張力為 (1994c)：體育運動心理學領域心理測驗的發展。上海體育學院學報，3 期，60～63 頁。

張力為、毛志雄 (1994)：乒乓球運動員反應時與運動技能水平關係的探討。體育科學，1 期，87～91 頁。

張力為、任未多 (1992)：運動心理學發展的理論範式。體育與科學，4 期，29～31 頁。

張力為、任未多、毛志雄、李　鉑 (1992)：競技運動心理學簡編。北京市：北京第五運動技術學校。

張力為、李翠莎 (1993)：運動員個性特徵的評價及其實踐意義精英。香港體育學院學報，11 期，17～24 頁。

張力為、陶志翔 (1994)：中國乒乓球運動員智力發展水平的研究。體育科學，4 期，73～78 頁。

張力為、陶志翔、孫紅標 (1994)：中國女子游泳運動員個性特徵的研究，江蘇體育與科學 (學術版)，3 期，3～5 頁。

張力為、褚躍德 (1994)：1993 年國際運動心理學發展動態述評。天津體育學院學報，4 期，15～18 頁。

張力為、丁雪琴 (1994)：中國運動心理學的發展：歷史，現在與未來。心理學報，3 期，324～330 頁。

張力為 (1989)：7～11 歲業餘體校乒乓球運動員表象訓練的實驗研究。未發表的碩士論文。北京市：北京體育大學。

張力為 (1995)：運動員的心理技能訓練。見翟群、曾芊 (主編)：運動心理學應用指導手冊。廣州市：廣東教育出版社。

張力為、褚躍德、毛志雄 (1996)：運動心理學——移植、借鑒與發展。北京市：北京體育大學出版社。

張述祖、沈德立 (1987)：基礎心理學。北京市：教育科學出版社。

張忠秋 (1992)：對動作技能中專門化知覺最佳培養方式的探討。上海體育學院學報，3 期，59～64 頁。

張炳林 (1984)：形成運動技術的一種心理訓練方法，見中國體育科學學會運動心理學和中國心理學會體育運動心理專業委員會 (主編)：全國運動心理學學術論文暨國外運動心理學彙編，115～119 頁。

張振民、楊偉鈞 (1980)：自行車運動員"動作回憶"對腦電波 α 指數的影響。體育科技資料，總刊 26 期，2 期，59～64 頁。

張　健 (1987)：體操運動員的心理素質至關重要。見中國體育科學學會 (編)：運動場上的心理學，47～49 頁。北京市：中國體育科學學會。

張聚武 (1990)：我國青年女排運動員肢體操作反應時與運動成績關係初探。體育科學，2 期，70～76 頁。

張毓芬、劉　惟 (1983)：籃球運動員的反應和協調能力的評定。體育研究，1 期，1～7 頁。

張蘇範、華希名、周孌生 (1987)：生物反饋。北京市：北京科學技術出版社。

曹日昌 (1980)：普通心理學。北京市：人民教育出版社。

莊錦彪 (1992)：應激的災難模型。山西體育科技，2 期，30～34 頁。

郭元奇 (1991)：關於運用音響助跑節奏模式進行跳遠助跑訓練的實驗研究。北京體育學院學報，3 期，52～61 頁。

許小冬 (1992)：合理情緒療法對運動員情緒障礙的調整。中國心理衛生雜誌，1 期，29～31 頁。

許小冬、王衛星、丁雪琴 (1993)：對某優秀跨欄運動員的心理監督、諮詢和訓練。體育科學，6 期，88～90 頁。

許尚俠 (1984)：操作思維與運動操作的關係。見中國體育科學學會運動心理學會和中國心理學會體育運動心理專業委員會 (主編)：全國運動心理學學術論文暨國外運動心理學譯文彙編，131～134 頁。

陳　敏 (1991)：表象演練與運動操作關係的理論綜述。體育科學，4 期，88～90 頁。

陳舒永 (1984)：念動訓練與動作控制。見中國體育科學學會運動心理學會和中國心理學會體育運動心理專業委員會 (主編)：全國運動心理學學術論文及國外運動心理學譯文彙編，105～114 頁。

陳舒永、楊博民、邱宜均、貝恩渤、李季年 (1982)：六種心理特點與體育運動的關係。武漢體育學院學報，1 期，20 頁。

陳舒永、楊博民、韓　昭 (1986)：不同肢體的反應時間和運動時間。心理學報，1 期，1～7 頁。

彭凱平 (1989)：心理測驗。北京市：華夏出版社。

曾凡輝、王路德、刑文華 (1992)：運動員科學選材。北京市：人民體育出版社。

曾振毫 (1990)：有序訓練和無序訓練對提高乒乓球運動員判斷應答能力的作用之研究。體育科學，3 期，21～29 頁。

湯志慶、陸建平 (1992)：關於我國優秀運動員性格特徵研究的綜合報告。山東體育科技，4 期，67～73 頁。

黃乃松 (1981)：關於"個性"中幾個問題的探討。江蘇師範學院學報，4 期。

黃希庭 (1988)：心理學實驗指導。北京市：人民教育出版社。

黃希庭 (1991)：心理學導論。北京市：人民教育出版社。

楊宗義、丁雪琴 (1987)：運動競賽心理。重慶市：西南師範大學出版社。

楊治良 (1984)：實驗心理學簡編。蘭州市：甘肅人民出版社。

楊治良 (1996)：實驗心理學。台北市：東華書局。

楊錫讓 (1957)：運動中的"極點"與"第二次呼吸"，北京市：北京體育學院研究生論文集。

楊錫讓 (1985)：關於運動技能學的某些理論。見北京體育學院生理教研室：運動生理學參考資料，87～154 頁。北京市：北京體育學院。

賈芝祖 (1976)：肌電控制假手。科學普及，3 期，6 頁。

翟　群 (1991)：對左右利手者的視簡單反應時及空間方向識別能力的研究。體育科學，5 期，80～84 頁。

趙建中 (1990)：笑與健康。大衆心理學，6 期，23 頁。

趙國瑞 (1987)：手槍運動員的心理調節訓練。見中國體育科學學會 (編)：運動場上的心理學，76～87 頁。

赫葆源、張厚粲、陳舒永 (1983)：實驗心理學。北京市：北京大學出版社。

赫根法 (文一、鄭雪、鄭敦淳等編譯，1988)：現代人格心理學歷史導引。石家莊：河北人民出版社。

鄭日昌 (1987)：心理測量法。福州市：福建科學技術出版社。

劉淑慧、王惠民、任未多、李京誠、張力為 (1993a)：實用運動心理問答。北京市：人民體育出版社。

劉淑慧、趙國瑞、王惠民、張全寧、張少穎 (1993b)：高級射手比賽發揮的心理研究。北京體育師範學院學報，1 期，1～13 頁。

劉淑慧、韓桂鳳 (1989)：對體育專業學生智力水平的探討。北京體育師範學院學報，1 期，56 頁。

劉智勇 (1991)：音樂的情感表現。大衆心理學，5 期，45 頁。

潘　前、劉志民 (1990)：用韋氏量表進行智力選材的可行性探討。中國體育科技，10 期，45～48 頁。

摩　根 (張力為譯，1992)：慢性疲勞綜合症的監測與預防。甘肅體育科研，2 期，18～21 頁。

遲立忠 (1990)：色彩的心理效應。大衆心理學，1 期，37～38 頁。

鄧　壯、余　民 (1988)：優秀無線電測向運動員個性因素的分析與研究，四川體育科學學報，1 期，19～27 頁。

駱　正 (1994)：論我國運動心理學的發展戰略方向。河南體育科技，1 期，39～41 頁。

邁耶、薩門 (丁煊、李吉全、武宏志譯，1987)：變態心理學。瀋陽市：遼寧人民出版社。

牆　壯 (1984)：不同項目少年運動員的反應時。江蘇體育科技，4 期，39～40 頁。

謝三才、于中芝、劉曉茹、胡　智 (1984)：我國射擊運動員個性特點的研究。見中國體育科學學會運動心理學會和中國心理學會體育運動心理專業委員會 (主編)：全國運動心理學學術論文暨國外運動心理學譯文彙編，76～95 頁。

魏運柳 (1991)：我國無線電測向優秀女運動員十六種個性因素特點初探。福建體育科技，2 期，26～30 頁。

羅季奧昂諾夫 (盧振南等譯，1984)：運動能力診斷學。武漢市：武漢體育學院。

藤田厚 (丁雪琴譯，1984)：運動員的表象訓練，見中國體育科學學會運動心理學會和中國心理學會體育運動心理專業委員會 (主編)：全國運動心理學學術論文暨國外運動心理學譯文彙編，269～276 頁。

Adams, J. A. (1952). Warm-up decrement in performance on the pursuit rotor. *American Journal of Psychology,* 65, 404～414.

Adams, J. A. (1961). The second fact of forgetting : A review of warm-up decrement. *Psychological Bulletin,* 58, 257～273.

Adams, J. A., & Díjkstra. S. (1966). Short-term memory for motor responses. *Journal of Experimental Psychology,* 71, 314～318.

Ahart, F. C. (1973). *The effects of score differential on basketball free throw shooting accuracy.* Unpublished Master's thesis. Ithaca College, Ithaca, NY.

Allard, F., & Starkes, J. L. (1980). Perception in sport: Volleyball. *Journal of Sport Psychology,* 2, 22～23.

Allen, R. M. (1948). Factors in mirror drawing. *Journal of Education Psychology,* 39, 423～427

Allport, G. W. (1960). *Personality and social encournter.* Boston: Beacon Press.

Andre, J. C., & Means, J. R. (1986) Rate of imagery in mental practice: An experimental investigation. *Journal of Sport Psychology,* 8, 124～128.

Anshel, M. H. (1979). Effect of age, sex, and type of feedback on motor performance and locus of control. *Research Quarterly,* 50, 305～317.

Anshel, M. H. (1990). *Sport psychology: From theory to practice.* Scottsdale: Gorsuch scarisbrick.

Apter, M. J. (1982). *The experience of motivation: The theory of psychological reversals.* London: Academic Press.

Apter, M. J. (1984). Reversal theory and personality: A review. *Journal of Resarch in Personality,* 18, 265～288.

Apter, M. J., & Svebak, S. (in press). Stress from the reversal theory perspective. In C. D. Spielberger & J. Strelau (Eds.), *Stress and Anxiety,* Vol. 12. Washington, DC.: Hemisphere.

Apter, M. J., Fontana, D., & Murgatroyd, S. (1985). *Reversal theory: Applications and developments.* Cardiff, Wales: University College Cardiff Press.

Ascoli, K. M., & Schmidt, R. A. (1969). Proactive interference in short-term motor retention. *Journal of Motor Behavior,* 1, 29~35.

Bacon, S. J. (1974). Arousal and the range of cue utilization. *Journal of Experimental Psychology,* 103, 81~87.

Baddeley, A.D. (1972). Selective attention and performance in dangerous environments. *British Journal of Psychology,* 64 (4), 537~546.

Baker, K. E., & Wylie, R. C. (1950). Transfer of verbal training to a motor task. *Journal of Experimental Psychology,* 40, 623.

Bandura, A. (1973). *Aggression: A social learning analysis.* Englewood Cliffs, NJ: Prentice-Hall.

Bandura, A. (1977a). Self efficacy: Toward a unifying theory of behavioural change. *Psychological Review,* 84, 191~215.

Bandura, A. (1977b). *Social learning theory.* Englewood Cliffs, NJ: Prentice-Hall.

Bandura, A. (1986). *Social foundations of thought and action: A social cognitive theory.* Englewood Cliffs, NJ: Prentice-Hall.

Bard, C., & Fleury, M. (1981). Considering eye movement as a predictor of attainment. In I. M. Cockerill & W. W. MacGillivary (Eds.), *Vision and Sport,* pp. 28~44. Cheltenham, England: Stanley Thornes.

Basmajina, J. V. (1979). Introduction: Principles and background. In J. V. Basmajian (Ed.), *Biofeedback: Principles and practice for clinicians.* Baltimore: Williams & Wilkins.

Baylor, A. M., & Spirduso, W. W. (1988). Systematic aerobic exercise and components of reaction time in older women. *Journal of Gerontology,* 43, 121~126.

Bell, G. J., & Howe, B. L. (1988). Mood state profiles and motivations of triathletes. *Journal of Sport Behavior,* 11, 66~77.

Bennett, B., & Hall, C. R. (1979). *Biofeedback training an archery performance.* Paper presented to the International Congress in physical education. Quebec: Trois Rivieres.

Bercheid, E., & Walster, E. (1969). *International attraction.* New York: Addison-Wesley.

Berkowitz, L. (1972). Social norms, feelings, and other factors affecting helping and altruism. In L. Berkowtiz (Ed.), *Advances in Experimental Social Psychology,* Vol. 6, pp. 63~108. New York: Academic.

Berkowitz, L., & Alioto, J. T. (1973). The meaning of an observed event as a determinant of its aggressive consequences. *Journal of Personality and Social Psychology,* 28, 206~217.

Berkowitz, L. (1989). Frustration–aggression hypothesis: Examination and reformulation. *Psychological Bulletin,* 106, 59~73.

Berkowitz, L. (1990). On the formation and regulation of anger and aggression. *American Psychologist,* 45, 494~503.

Bezjak, J. E., & Lee, J. W. (1990). Relationship of self–efficacy and locus of control constructs in predicting college students' physical fitness behaviors. *Perceptual and Motor Skills,* 71 (2), 499~508.

Biddle, S. J. H., & Jamieson, K. J. (1988). Attribution dimensions: Conceptual clarification and moderator variables. *International Journal of Sport Psychology,* 19, 47~59.

Blais, M., & Orlick, T. (1977). *Electromyographic biofeedback as a means of competition anxiety control: Problems and potential.* In Proceedings of the 9th Canadian Sport Psychology Symposium. Baniff: Alberta.

Blucker, J. A., & Hershberger, E. Causal attribution theory and the female athlete: What conclusions can we draw? *Journal of Sport Psychology,* 5, 353~360.

Boggiano, A., & Barrett, M. (1984). *Performance and motivational deficits of helplessness: The role of motivational orientations.* Unpublished manuscript, University of Colorado, Boulder.

Bolles, R. C. (1967). *Theory of motivation.* New York: Harper & Row.

Borkovec, T. D., & O'Brien, G. T. (1977). Relation of autonomic perception and its manipulation to the maintenance and reduction of fear. *Journal of Abnormal Psychology,* 86, 163~171.

Bowers, K. S. (1973). Situationalism in psychology: An analysis and a critique. *Psychological Review,* 80, 307~336.

Boyce, B. A. (1992). The effects of goal proximity on skill acquisition and retention of a shooting task in a field–based setting. *Journal of Sport and Exercise Psychology,* 14 (3), 298~308.

Brawley, L. R. (1980). *Children's causal attributions in a competitive sport: A motivational interpretation.* Unpublished Ph. D. dissertation, Pennsylvania State University, University Park, PA.

Brawley, L. R. (1984). Attributions as social cognitions: Contemporary perspectives in sport. In W. F. Straub & J. M. Williams (Eds.) *Cognitive sport psychology*, pp.212~230, Ithaca. NY: Sport Science Associates.

Bray, C. W. (1928). Transfer of learning. *Journal of Experimental Psychology,* 11, 443~467.

Bredemeier,B.J.(1975). The assessment of reactive and instrumental athletic aggression. In D. M. Landers (Ed.), *Psychology of sport and motor behavior*-II, pp. 71~83. Englewood Cliffs, NJ: Prentice-Hall.

Bredemeier, B. J., Weiss, M. R., Shields, D. L., & Cooper, B. A. (1987). The relationship between children's legitimacy judgments and their moral reasoning, aggression tendencies, and sport involvement. *Sociology of Sport Journal,* 4, 48~60.

Brody, E. B., Hatfield, B. D., & Spalding, T. W. (1988). Generalization of self-efficacy to a continuum of stressors upon mastery of a high-risk sport skill. *Journal of Sport and Exercise Psychology,* 10 (1), 32~44.

Broen, W. F., & Storms, L. H. (1961). A reactive potential ceiling and response decrements in complex situation. *Psychology Review,* 68, 405~415.

Browne, M. A., & Mahoney, M. J. (1984). Sport psychology.*Annual Review of Psychology,* 35, 605~625.

Bryan, W., & Harter, N. (1897). Studies in the physiology and psychology of telegraphic language. *Psychological Review,* 4, 27~53.

Bryan, W., & Harter, N. (1899). Studies on the telegraphic language: The acquisition of a hierarchy of habits. *Psychological Review,* 6, 345~375.

Bryant, W. L. (1892). On the development of voluntary motor ability. *American Journal of Psychology,* 4, 123~204.

Budzinski, T. H., Stoyva, J. M., & Peffer, K. E. (1980). Biofeedback techniques in psychosomatic disorders. In A. Goldstein & E. Foa (Eds.), *Handbook of behavioral interventions — A clinical guide.* New York: John Wiley.

Buhler, C. (1959). Theoretical observations about life's basic tendencies. *American Journal of Psychotherapy,* 13, 561~581.

Bunch, M. E. (1939). Transfer of training in the mastery of an antagonistic habit after varying intervals of time. *Journal of Comparative Physiological Psychology,* 28, 189~200.

Burton, D. (1989). The impact of goal specificity and task complexity on basketball skill development. *Sport Psychologists,* 3 (1), 34~47.

Buss, A. H. (1963). Physical aggression in relation to different frustrations. *Journal of Abnormal and Social Psychology,* 67, 1~7.

Buss, A. H., & Plomin. R. (1984). *Temperament: Early developing personality traits.* Hillsdale, NJ: Erlbaum.

Buton, D., & Martins, R. (1986). Pinnbed by their own goals: An exploratory investigation into why kids drop out of wrestling. *Journal of Sport Psychology,* 8, 183~197.

Byrne, D. (1964). Repression-sensitization as a dimension of personality. In Maher, B. A. (Ed.), *Progress in Experimental Personality Research,* Vol. 1, 169~220. New York: Academic Press.

Caplan, C. S. (1969). *Transfer of fatigue in motor performance.* Unpublished study, University of California, Berkeley.

Carrol, E. N. (1978). *Sensation seeking and psychological reactions to drugs that stimulate and depress the central nervous system arousal.* Unpublished doctoral dissertation, University of Delaware, Newark.

Carroll, D., & Rhys-Davies, L. (1979). Heart rate changes with exercise and voluntary heart rate acceleration. *Biological Psychology,* 8, 241~252.

Carron, A. V. (1975). Personality and athletics: A review. In B. S. Rushall (Ed.), *The status of psychomotor learning and sport psychology research.* Dartmouth, Nova Scotia: Sport Science Associates.

Carron, A. V. (1984). *Motivation: Implications for coaching and teaching.* London, Ontario, Canada: Sports Dynamics.

Carver, C. S., & Scheier, M. F. (1981). *Attention and self-regulation: A control theory approach to human behavior.* New York: Springer-Verlag.

Cattell, R. B., & Scheier, J. H. (1961). *The meaning and measurement of neuroticism and anxiety.* New York: Ronald.

Cavanaugh, B., & Silva, J. (1980). Spectator perceptions of fan misbehavior: An attitudinal inquiry. In C. H. Nadeau, W. R. Halliwell, K. M. Newell, & G. C. Roberts (Eds.), *Psychology of Motor Behavior and Sport—1979,* pp. 189~198. Champaign, IL.: Human Kinetics.

Chelladurai, P., & Carron, A. V. (1978). Leadership. *Canadian Association For Health, Physical Education and Recreation, Sociology of Sport Monograph Series.* Ottawa. Ontario: Canadian Association for Health, Physical Education and Recreation.

Cherry, E. C. (1953). Some experiments on the recognition of speech with one and with two ears. *Journal of Acoustical Society of America,* 25, 975~979.

Chodzo-Zajko, W. J., & Ringel, R. L. (1989). Evaluating the influence of physiological health on sensory and motor changes in the elderly. In A. C. Ostrow (Ed.), *Aging and motor behavior,* pp. 307~323. Indianapolis: Benchmark.

Christopher, H. (1989). Developing the control needed for consistency and confidence. *Excel,* 6, (1), 24~27.

Clarkson-Smith, L., & Hartley, A. A. (1989). Relationships between physical exercise and cognitive abilities in older adults. *Psychology and Aging,* 4, 183~189.

Clemens, W. J., & Shattock, R. J. (1979). Voluntary heart rate control during static muscular effort. *Psychophysiology,* 16 (4), 327~332.

Clingman, J. M., & Hilliard, D. V. (1987). Some personality characteristics of the super-adherer: Following those who go beyond fitness. *Journal of Sport Behavior,* 10, 123~136.

Cofer, C. N., & Johnson, W. R. (1960). Personality dynamics in relation to exercise and sports. In W. R. Johnson (Ed.), *Science and medicine of exercise and sport.* New York: Harper & Row.

Cohen, M. D., & Knowlton, R. G. (1981). *The effects of short term biofeedback training on the metabolic response to submaximal exercise.* Paper presented at the 12th annual meetintg of the biofeedback society of America meeting, Louisville, Kentucky.

Collis, M. L. (1972). The collis scale of athletic aggression. *Proceedings of the fourth Canadian symposium on psycho-motor learning and sport psychology,* pp. 366~370. University of Waterloo, Waterloo, Ontario, Canada.

Cook, T. W. (1933). Studies in cross-education. Further experiments in mirror tracing the star-shaped maze. *Journal of Expermental Psychology,* 16, 679~700.

Cooper, L. (1969). Athletics, activity, and personality: A review of the literature. *Research Quarterly,* 40, 17~22.

Cox, R. H. (1987). *Relationship between psychological variables with player position and experience in women's volleyball.* Unpublished manuscript.

Cox, R. H. (1994). *Sport psychology: Concepts and applications.* Madison: Brown & Benchmark.

Craighead, D. J., Privette, F. V., & Byrkit, D. (1986). Personality characteristics of basketball players, starters, and nonstarters. *International Journal of Sport Psychology,* 17, 110～119.

Cratty, B. J. (1962). The influence of small-pattern practice upon large pattern learning. *Research Quarterly,* 33, 523～535.

Cratty, B. J. (1973). *Movement behavior and motor learning.* Philadelphia: Lea & Febiger.

Cummings, M. S., & Wilson, V. E. (1981). *Flexibility development using EMG biofeedback and relaxation training.* Paper presented at the 12th annual meeting of the biofeedback Society of America meeting. Louisville, Kentucky.

Daniels, F. S., & Landers, D. M. (1981). Biofeedback and shooting performance: A test of disregulation and systems theory. *Journal of Sport Psychology,* 3, 271～282.

Danielson, R. R. (1977). Leadership motivation and coaching classification as related to success in minor league hockey. In D. M. Landers & R. W. Christina (Eds.), *Psychology of motor behavior and sport,* Vol. 2. Champaign, IL: Human Kinetics Publishers.

Darley, J. M., & Latane, B. (1968). Bystander intervention in emergencies: Diffusion of responsibility. *Journal of Personality and Social Psychology,* 8, 377～383.

Davis, H. (1991). Criterion validity of the athletic motivation inventory: Issues in professional sport. *Journal of Applied Sport Psychology,* 3, 176～182.

Deci, E. L. (1971). Effects of externally mediated rewards on intrinsic motivation. *Journal of Personality and Social Psychology,* 18, 105～115.

Deci, E. L., & Ryan, R. M. (1980). The empirical exploration of intrinsic motivational processes. In L. Berkowitz (Ed.), *Advances in experimental social psychology,* Vol. 13, pp.39～80. New York: Academic Press.

Deci, E. L., Betley, G., Kahle, J., Abrams, L., & Porac, J. (1981). When trying to win: Competition and intrinsic motivation. *Personality and Social Psychology Bulletin,* 7, 79～83.

Deci, E. L., & Schwartz. A. J., Sheinman, L., & Ryan, R. M. (1981). An instrument to assess adults' orientations toward control versus autonomy with children: Reflections on intrinsic motivation and perceived competence. *Journal of Educational Psychology,* 73, 642～650.

Denis, M. (1985). Visual imagery and the use of mental practice in the development of motor skills. *Canada Journal of Applied Sport Science,* 10 (4), 4～16

Denny, M. R., & Reisman, J. M. (1956). Negative transfer as a function of manifest anxiety. *Perception of Motor Skills,* 6, 73～75.

DeWitt, D. J. (1980). Cognitive and biofeedback training for stress reduction with university athletes. *Journal of Sport Psychology,* 2, 288～294.

Diamond, M. C. (1989). *Enriching heredity.* New York: Free Press.

DiFebo, J. E. (1975). Modification of general expectancy and sport expectancy within a sport setting. In D. M. Landers (Ed.), *Psychology of Sport and Motor Behavior,* Vol. 2. University Park, PA: Pennsylvania State University Press.

Dollard, J., Doob, L. W., Miller, N. E., Mowrer, O. H., & Sears, R. R. (1939). *Frustration and aggression.* New Haven: Yale University Press.

Dorsey, J. A. (1976). *The effects of biofeedback assisted desensitization training on state anxiety and performance of college age male gymnasts.* Unpublished doctoral dissertation, Boston University, Boston.

Duda, J. L., Olson, L., & Templin, T. J. (1991). The relationship of task and ego orientation to sportsmanship attitudes and the perceived legitimacy of injurious acts. *Research Quarterly for Exercise and Sport,* 62, 69.

Duda, J. L. (1992). Motivation in sport settings: A goal perspective analysis. In G. Roberts (Ed.), *Motivation in sport and exercise,* pp. 57～91. Champaign, IL: Human Kinetics.

Duncan, C. P. (1953). Transfer in motor learning as a function of 1st task learning and inter-task similarity. *Journal of Experimental Psychology,* 45, 1～11.

Duncan, C. P., & Underwood, B. J. (1953). Retention of transfer in motor learning after twenty-four hours and fourteen months. *Journal Experimental Psychology,* 46, 445～452.

Dustman, R. E., Ruhling, R. O., Russell, E. M., Shearer, D. E., Bonekat, H. W., Shigeoka, J. W., Wood, J. S., & Bradford, D. C. (1984). Aerobic exercise training and improved neuropsychological function of older individuals. *Neurobiology of Aging,* 5, 35～42.

Dustman, R. E., Emmerson, R. Y., Ruhling, R. O., Shearer, D. E., Steinhaus, L. A., Johnson, S. C., Bonekat, H. W., & Shigeoka, J. W. (1990).

參考文獻 **611**

Age and fitness effects on EEG, ERPs, visual sensitivity, and cognition. *Neurobiology of Aging,* 11, 193～200.

Dweck, C. S., & Reppucci, N. D. (1973). Learned helplessness and reinforcement responsibility in children. *Journal of Personality and Social Psychology,* 25, 109～116.

Dweck, C. S. (1975). The role of expectations and attributions in the alleviation of learned helplessness. *Journal of Personality and Social Psychology,* 31, 674～685.

Dweck, C. S., & Elliot, E. (1983). Achievement motivation. In M. Hetherington (Ed.), *Handbook of Child Psychology* (4th ed.), Vol. 4: *Socialization, personality and social development,* pp. 643～691. New York: John Wiley.

Dweck, C. S. (1986). Motivational processes affecting learning. *American Psychologist,* 41, 1040～1048.

Dzewaltowski, D. A., & Noble, J. M., & Shaw, J. M. (1990). Physical activity participation: Social cognitive theory versus the theories of reasoned action and planned behavior. *Journal of Sport and Exercise Psychology,* 12 (4), 388～405.

Earn, B. M. (1982). Intrinsic motivation as a function of extrinsic financial rewards and subjects' locus of control. *Journal of Personality,* 50, 360～373.

Easterbrook, J. A. (1959). The effect of emotion on cue utilization and the organization of behavior. *Psychological Review,* 66, 183～201.

Eastron, G. H. (1964). Effect of an emphasis on conceptualizing techniques during early learning of a gross motor skill. *Research Quarterly,* 35, 472～481.

Eberhard, U. (1963). Transfer of training related to finger dexterity. *Perception of Motor Skills,* 17, 274.

Elias, M. F., Robbins, M. A., Schultz, N. R., & Pierce, T. W. (1990). Is blood pressure an important variable in research on aging and neuropsychological test performance? *Journal of Gerontology: Psychological Sciences,* 45, 128～135.

Elig, T. W., & Frieze, I. H. (1975). A multi-dimensional scheme for coding and interpreting perceived causality for success and failure events: The CSPC. *Catalog of Selected Documents in Psychology,* 5, 313 (ms no. 1069).

Elliot, E. S. & Dwek, C. S. (1988). Goals: An approach to motivation and achievement. *Journal of Personality and Social Psychology,* 54, 5～12.

Ellis, A., & Harper, R. A. (1975). *A new guide to rational living.* Englewood Cliffs, NJ: Prentice–Hall.

Ellis, A. (1978). Rational emotive theory: Toward a theory of personality. In R. J. Corsino (Ed.), *Readings in current personality theories.* Itasca, IL: Peacock.

Ellis, A. (1984). *Rational–emotive therapy and cognitive behavior therapy.* New York: Springer–Verlag.

Ellis, A. (1985). Expanding the ABCs of rational–emotive behavior therapy. In M. J. Mahoney & A. Freeman (Eds.), *Cognition and Psychotherapy.* New York: Plenum.

Ellis, A., & Bernard, M. E. (1985). *Clinical applications of rational–emotive therapy.* New York: Plenum.

Erbaugh, S. J., Barnett, M. L. (1986). Effects of modeling and goal-setting on the jumping performance of primary–grade children. *Perceptual and Motor Skills,* 63 (3), 1287~1293.

Erickson, E. H. (1950). *Childhood and society.* New York: Norton.

Ewart, C. K., Stewart, K. J., Gillilan, R. E., & Kelemen, M. H. (1986). Self–efficacy mediates strength gains during circuit weight training in men with coronary artery disease. *Medicine and Science in Sports and Exercise,* 18 (5), 531~540.

Eysenck, M. W. (1979). Anxiety, learning and memory: A reconceptualization. *Journal of Research in Personality,* 13, 363~385.

Eysenck, M. W. (1982). *Attention and arousal: Cognition and performance.* Berlin: Springer–Verlag.

Fahrenberg, J. (1977). Physiological concepts in personality research. In R. B. Cattell & R. M. Dreger (Eds.), *Handbook of modern presonality theory,* pp. 585~611. Washington, DC: Hemisphere.

Fazey, J. A., & Hardy, L. (1988). The inverted–U hypothesis: Catastrophe for sport psychology. *British Association of Sports Sciences Monograph,* Vol. 1. Leeds: The National Coaching Foundation.

Feltz. D. L. (1981). *A path analysis of the causal elements in Bandura's theory of self–efficacy and an anxiety–based model if avoidance behavior.* North American society for the psychology of sport and physical activity. Annual conference. Montery, California. (May 31–June unpublished), 46.

Feltz, D. L., & Landers, D. M. (1983). The effects of mental practice on motor skill learning and performance a meta-analysis. *Journal of Sport Psychology,* 5, 25~57.

Feltz, D. L. (1988a). Gender differences in the causal elements of self-efficacy on a high avoidance motor task. *Journal of Sport and Exercise Psychology,* 10 (2), 151~166.

Feltz, D. L. (1988b). Self-confidence and sports performance. In K. B. Pandolf (Ed.), *Exercise and sport sciences reviews,* pp. 423~457. New York: Macmillan.

Feltz, D. L., & Riessinger, C. A. (1990). Effects of in vivoemotive imagery and performance feedback on self efficacy and muscular endurance. *Journal of Sport and Exercise Psychology,* 12 (2), 132~143.

Feltz, D. L. (1992). Understanding motivation in sport: A self-efficacy perspective. In G. C. Roberts (Ed.), *Motivation in sport and exercise,* pp. 93~106. Champaign: Human Kinetics.

Fenz, W. D., & Epstein, S. (1967). Gradients of physiological arousal of experienced and novice parachutists as a function of an approaching jump. *Psychosomatic Medicine,* 29, 33~51.

Fenz, W. D., & Epstein, S. (1969). Stress in the air. *Psychology Today,* 3, 27~28, 58~59.

Fenz, W. D., & Jones, C. B. (1972). Individual differences in physiological arousal and performance in sport parachutists. *Psycholosomatic Medicine,* 34, 1~8.

Fenz, W. D. (1975). Strategies for coping with stress. In I. G. Sarason & C. D. Spielberger (Eds.), *Stress and anxiety,* Vol. 2. New York: John Wiley.

Fisher, C. D. (1978). The effects of personal control, competence, and extrinsic reward systems on intrinsic motivation. *Organization Behavior and Human Performance,* 21, 273~288.

Flishman, E. A., & Parker, J. F. (1962). Factors in the retention and relearning of perceptual motor skill. *Journal of Experimental Psychology,* 64, 215~226.

Floderus-Myrhed, B., Pedersen, N., & Rasmuson, L. (1980). Assessment of heritability for personality, based on a shortform of the Eysenck Personality Inventory: Study of 12898 twin pairs. *Behaviour Genetics,* 10, 153~162.

Frankl, V. E. (1969). *The will to meaning: Foundations and applications of logotherapy.* New York: Plume.

French, S. N. (1978). Electromyographic biofeedback for tension control during gross motor skill acquisition. *Perceptual and Motor Skills,* 47, 883~889.

French, S. N. (1980). Electromyographic biofeedback for tension control during fine motor skill acquisition. *Biofeedback and Self-regulation,* 5 (2), 221~228.

Frierman, S. H., Weinberg, R. S., Jackson, A. (1990). The relationship between goal proximity and specificity in bowling: A field experiment. *Sport Psychologist,* 4 (2), 145~154.

Gagne, R. M., Baker, K. E., & Foster, H. (1950). Transfer of discrimination training to a motor task. *Journal of Experimental Psychology,* 40, 314.

Gagne, R. M., & Fleishman, E. A. (1959). *Psychology and Human Performance.* New York: Henry Holt.

Garcia, A. W., & King, A. C. (1991). Predicting long-term adherence to aerobic exercise: A comparison of two models. *Journal of Sport & Exercise Psychology,* 13 (4), 394~410.

Garland, D. J., & Barry, J. R. (1990). Personality and leader behaviors in collegiate football: A multidimensional approach to performance. *Journal of Research in Personality,* 24, 355~370.

Geron, D., Furst, P., & Rotstein, P. (1986). Personality of athletes participating in various sports. *International Journal of Sport psychology,* 17, 120~135.

Giambrone, C. P. (1973). *Effect of situation criticality on foul shooting.* Unpublished master's thesis, University of Illinois, Urbana.

Gleitaman, H. (1991). *Psychology.* New York: W. W. Norton.

Goldstein, D. S., Ross, R. S., & Brady, J. V. (1977). Biofeedback heart rate training during exercise. *Biofeedback and Self-regulation,* 2, 107~125.

Goodspeed, G. A. (1983). *The effects of comprehensive self-training on state anxiety and performance of female gymnasts.* Unpublished doctoral dissertation, Boston University, Boston.

Gould, D., Weiss, M., & Weinberg, R. (1981). Psychological characteristics of successful and nonsuccessful Big Ten wrestlers. *Journal of Sport Psychology,* 3, 69~81.

Gould, D., & Weiss, M. (1981). Effects of model similarity and model talk on self-efficacy and muscular endurance. *Journal of Sport Psychology,* 3 (1), 19~79.

Gould, D., Horn, T., & Spreemann, J. (1983). Competitive anxiety in juniorelite wrestlers. *Journal of Sport Psychology,* 5, 58~71.

Gowan, G. R., Botterill, C. B., & Blimkie, C. J. R. (1979). Bridging the gap between sport science and sport practice. In R. Klavora & J. V. Daniel (Eds.), *Coach, athlete, and the sport psychologist,* p.7.Champaign, Illinois: Human Kinetic Publishers.

Greenspoon, J., & Foreman, S. (1956). Effect of delay of knowledge of results on learning a motor task. *Journal of Experimental Psychology,* 51, 226~228.

Guastello, S. J. (1987). A butterfly catastrophe model of motivation in organizations: Academic performance. *Journal of Applied Psychology,* 72, 161~182.

Hackfort, D., & Schwenkmezger, P. (1989). Measuring anxiety in sports: Perspectives and problems. In D. Hackfort & C. D. Spielberger (Eds.), *Anxiety in sport: An international perspective,* pp.55~76.New York: Hemisphere.

Hackfort, D., & Spielberger, C. D. (1989). Sport-related anxiety: Current trends in theory and research. In D. Hackfort & C. D. Spielberger (Eds.), *Anxiety in sports: An international perspective,* pp. 262~267. New York: Hemisphere.

Hahn, E. (1989). Emotions in sports. In D. Hackfort & C. D. Spielberger (Eds.), *Anxiety in sports: An international perspective,* pp. 153~164. New York: Hemisphere.

Hale, B. D. (1982). The effects of internal and external imagery on muscular and ocular concomitants. *Journal of Sport Psychology,* 4, 379~387.

Hale, W. D., & Strickland, B. R. (1976). Induction of mood states and their effect on cognitive and social behaviors. *Journal of Consulting and Clinical Psychology,* 44, 155.

Hall, H. K., & Erffemyer, E. S. (1983). The effect of visuo-motor behavior rehearsal with videotaped modeling on free throw accuracy of intercollegiat on female basketball players. *Jounal of Sport Psychology,* 5, 343~346.

Hall, H. K., & Byrne, A. T. J. (1988). Goal setting in sport: Clarifying recent anomalies. *Journal of Sport and Exercise Psychology,* 10 (2), 184~198.

Hall, B. E. (1939). Transfer of training in mirror tracing. *Journal of Experimental Psychology,* 25, 316~318.

Hanin, Y. L. (1989). Interpersonal and intragroup anxiety in sports. In D. Hackfort & C. D. Spielberger (Eds.), *Anxiety in sports: An international perspective,* pp. 19～28. New York: Hemisphere.

Hanrahan, S. J., Grove, J. R., & Hattie, J. A. (1989). Development of a questionnaire measure of sport-related attributional style. *International Journal of Sport psychology,* 20, 114～134.

Hanrahan, S. J., & Grove, J. R. (1990). A short form of the sport attributional style scale. *The Australian Journal of Science and Medicine in Sport,* 22 (4), 97～101.

Hardman, K. (1973). A dual approach to the study of personality and performance in sport. In H. T. A. Whiting, K. Hardman, L. B. Hendry & M. G. Jones (Eds.), *Personality and performance in physical education and sport.* London: Kimpton.

Hardy, L., & Fazey, J. (1987). *The inverted-U hypothesis: A catastrophe for sport psychology?* Paper presented at the Annual Conference of the North American Society for the Psychology of Sport and Physical Activity. Vancouver, June.

Hardy, L. (1990). A catastrophe model of performance in sport. In J. G. Jones & L. Hardy (Eds.), *Stress and performance in sport,* pp. 81～106. Chichester: John Wiley.

Harlow, R. G. (1951). Masculine inadequacy and compensatory development of physique. *Journal of Personality,* 19, 312～323.

Harlow, M. F. (1953). Motivation as a factor in the acquistion of new responses. In M. R. Jones (Ed.), *Current theory and research in motivation: A symposium,* pp. 24～29. Lincoln, Nebraska: University of Nebraska Press.

Harlow, H. F. (1949). The formation of learning sets. *Psychology Review,* 56, 51～65.

Harrington, E. F. (1965). *Effect of manifest anxiety on performance of a gross motor skill.* Unpublished master's thesis, University of California, Berkeley.

Harris, D. V. & Robbinson, W. J. (1986). The effects of skill level on EMG activity during internal and external imagery. *Journal of Sport Psychology,* 8, 105～118.

Harter, S. (1978). Effective motivation reconsidered: Toward a developmental model. *Human development,* 21, 34～64.

Hebb, D. O. (1955). Drives and the C. N. S. (Conceptual Nervous System). *Psychological Review,* 62, 243～254.

Hecber, J. E., & Kaczor, L. M. (1988). Application of imagery theory to sport psychology: Some preliminary findings. *Journal of Sport & Exercise Psychology,* 10, 363~373.

Heide, F. J., & Borkovec, T. D. (1983). Relaxation and induced anxiety-aradoxical anxiety enhancement due to relaxation training. *Journal of Consulting and Clinical Psychology* , 51, 171~182.

Henry, F. M. (1941). Personality differences in athletes, Physical education and aviation students. *Psychological Bulletin,* 38, 745.

Highlen, P. S., & Bennet, B. B. (1976). Psychological characteristics of successful and nonsuccessful elite wrestlers: An exploratory study. *Journal of Sport Psychology,* 1, 123~137.

Hodges, W. F., & Spielberger, C. D. (1969). Digit span: An indicant of trait or state anxiety? *Journal of Consulting and Clinical Psychology,* 33, 430~434.

Holloway, J. B., Beuter, A., & Duda, J. L. (1988). Self-efficacy and training for strength in adolescent girls.*Journal of Applied Social Psychology,* 18 (8), 699~719.

Homer, S. (1968). *Sex differences in achievement motivation and performance in competitive and noncompetitive situations.* Unpublished doctoral dissertation, University of Michigan, Ann Arbor.

Hull, C. L. (1943). *Principles of Behavior.* New York: Appleton-Century.

Hunt, P. J., & Hillary, J. M. (1973). Social facilitation in a coaction setting: An examination of the effects over learning trails. *Journal of Experimental Social Psychology,* 9, 563~571.

Isen, A. M. (1970). Success, failure, attention, and reactions to others: The warm glow of success. *Journal of Personality and Social Psychology,* 15, 294~301.

Isen, A. M., & Levin, P. F. (1972). The effect of feeling good on helping: Cookies and kindness. *Journal of Personality and Social Psychology,* 21, 384~388.

Isen, A. M. (1975). Positive affect, accessibility of cognitions and helping. In J. Piliavin (Ed.), *Current directions in theory on helping behavior.* Symposium presented at the meeting of the Eastern Psychological Association Convention, New York.

Isen, A. M., Schalker, T. E., Clark, M. S., & Karp, L. (1978). Positive affect, accessibility of material in memory, and behavior: A cognitive loop? *Journal of Personality and Social Psychology,* 36, 1~12.

Isen, A. M., & Schalker, T. E. (1982). Do you "accentuate the positive, eliminate the negative" when you are in a good mood? *Social Psychology Quarterly,* 45, 58~63.

Isen, A. M., Means, B., Patrick, R., & Nowicki, G. (1982). Some factors influencing decision-making strategy and risk taking. In S. Clark & S. T. Fiske (Eds.), *Affect and cognition,* pp. 243~261. New Jersey: Lawrence Erlbaum.

Iso-Ahola, S. (1980). *The social psychology of leisure and recreation.* Dubuque, IA: W. C. Brown.

Jacobson, E. (1938). *Progressive relaxation.* Chicago: University of Chicago Press.

Jickling, R. (1977). The effects of a course at the Canadian outward bound school at Keremeos British Columbia. *Canadian Association for Health, Physical Education and Recreation Journal,* 44 (1), 30~37.

Jones, C. M., & Miles, T. R. (1978). Use of advance cues in predicting the flight of a lawn tennis ball. *Journal of Human Movement Studies,* 4, 231~235.

Julian, J. W., Lichtman, C. M., & Ryckman, R. M. (1968). Internal-external control and need to control. *Journal of Social Psychology,* 76, 43~48.

Kane, J. E. (1970). Personality and physical abilities. In G. S. Kenyon (Ed.), *Contemporary psychology of sport: Second international congress of sports psychology.* Chicago: The Athletic Institute.

Kane, J. E. (1976). Personality and performance in sport. In J. G. Williams & P. N. Sperryn (Eds.), *Sports Medicine.* Baltimore: The Williams and Wilkins Company.

Kane, J. E. (1980). Personality research: The current controversy and implications for sport studies. In W. F. Straub (Ed.), *Sport psychology: An analysis of athlete behavior* (2nd ed.). Ithaca, NY: Movement.

Karbe, W. W. (1968). The relationship of general anxiety and specific anxiety concerning the learning of swimming. *Dissertation Abstracts,* 28, 3489.

Katin, E. S. (1965). Relationship between manifest anxiety and two indices of autonomic response to stress. *Journal of Personality and Social Psychology,* 2, 324~326.

Kavanagh, D., & Hausfeld, S. (1986). Physical performance and self-efficacy under happy and sad moods. *Journal of Sport Psychology,* 8 (2), 112~123.

Kelley, H. H., & Michela, J. L. (1980). Attribution theory and research. In M. R. Rosenzweig & L. W. Porter (Eds.), *Annual Review of Psychology,* 31, 459~501.

Kerr, G., & Leith, L. (1993). Stress Management and athletic performance. *The Sport Psychologist,* 7, 221~231.

Kerr, J. H. (1989). Anxiety, arousal, and sport performance: An application of reversal theory. In D. Hackfort & C. D. Spielberger (Eds.), *Anxiety in sports: An international perspective,* pp. 137~152. New York: Hemisphere.

Killey, H. H. (1972). Attribution in social interaction. In E. E. Jones, et al. (Eds.), *Attribution: Perceiving the causes of behavior.* Morristown, NJ. General Learning Press.

Kirkcaldy, B. D., & Christen, J. (1981). An investigation into the effect of EMG frontalis biofeedback on physiological correlates of exercise. *International Journal of Sport Psychology,* 12, 235~252.

Kirsta, A. (1986). *The book of stress survival.* New York:Simon & Schuster.

Klavora, P. (1978). An attempt to derive inverted-U curves based on the relationship between anxiety and athletic performance. In D. M. Landers & R. W. Christina (Eds.), *Psychology of motor behavior and sport.* Champaign, IL.: Human Kinetics.

Kohl, R. M., & Roenker, D. L. (1980). Bilateral transfer as a function of mental imagery. *Journal of Motor Behavior,* 12, 197~206.

Krohne, H. D. (1986). Coping with stress: Dispositions, Strategies, and the problem of measurement. In M. H. Appley & R. Trumbull (Eds.), *Dynamics of stress (in press).* New York: Plenum.

Kroll, W. (1967). Sixteen personality factor profiles of collegiate wrestlers. *Research Quarterly,* 38, 49~57.

Kroll, W., & Carlson, R. B. (1967). Discriminant function and hierarchical grouping analysis of karate participants personality profiles. *Research Quarterly,* 38, 405~411.

Kroll, W. (1970). Current strategies and problems in Personality assessment of athletes. In L. E. Smith (Ed.), *Psychology of motor learning.* Chicago: The Athletic Institute.

Kroll, W., & Lewis, G. (1970). America's first sport psychologist. *Quest,* 13, 1~14.

Kroll, W., & Crenshaw, W. (1970). Multivariate personality profile analysis of four athletic groups. In G. S. Kenyon (Ed.), *Contemporary psychology of sport: Second international congress of sport psychology*, pp. 97～106. Chicago: The Athletic Institute.

Kutash, I. L., & Schlesinger, L. B. (1980). *Handbook on stress and anxiety*. San Francisco: Jossey-Bass.

Laabs, G. J. (1973). Retention characteristics of different reproduction cues in motor short-term memory. *Journal of Experimental Psychology*, 100, 168～177.

Lacey, J. I. (1950). Individual differences in somatic response patterns. *Journal of Comparative and Physiological Psychology*, 43, 338～350.

Lacey, J. I., & Lacey, B. C. (1958). Verification and extenion of the principle of autonomic response-stereotype. *American Journal of Psychology*, 71, 51～73.

Lamb, D. H. (1973). The effects of two stressors on state-anxiety for students who differ in trait-anxiety. *Journal of Research in Personality*, 7, 116～126.

Landers, D. M. (1980). The arousal-performance relationship revisited. *Research Quarterly for Exercise and Sport*, 51, 77～90.

Lang, P. J. (1977). Imagery in therapy: An information processing analysis of fear. *Behavior Therapy*, 8, 862～886.

Lang, P. J. (1979). A bio-informational theory of emotional imagery. *Psychophysiology*, 16, 495～512.

Latane, B., & Darley, J. M. (1968). Group inhibition of bystander intervention in emergencies. *Journal of Personality and Social Psychology*, 10, 215～221.

Latane, B., & Darley, J. M. (1970). *The unresponsive bystander: Why doesn't he help?* New York: Appleton-Century-Crofts.

Lazarus, R. S. (1966). *Psychological stress and the coping process*. New York: McGraw-Hill.

Lazarus, R. S., & Opton, E. M. (1966). A study of psychological stress: A summary of theoretical formulations and experimental findings. In C. D. Spielberger (Ed.), *Anxiety and behavior*, pp. 255～262. New York: Academic Press.

Lazarus, R. S., & Launier, R. (1978). Stress-related transactions between person and environment. In L. A. Pervin, (Ed.), *Perspectives in interactional psychology*, pp. 287～327. New York: Spectrum.

Lazarus, R. S. (1981). The stress and coping paradigm. In C. Eisdorfer, D. Cohen, A. Kleinman & P. Maxim (Eds.), *Models for clinical psychopathology,* pp. 177~214. New York: Spectrum.

Lazlo, J. I. (1967). Training of fast rapping with reduction of kinesthetic, tactile, visual and auditory sensations. *Quarterly Jouranl of Experimental Psychology,* 19 (6), 344~349.

Leavitt, J., Young, J., & Connelly, D. (1989). *Journal of Applied Research in Coaching and Athletics,* 4 (4), 225~232.

Lee, C. (1982). Self-efficacy as a predictor of performance in competitive gymnastics. *Journal of Sport Psychology,* 4 (4), 405~409.

Lefcourt, H. M. (1966). Internal versus external control of reinforcement: A review. *Psychological Bulletin,* 65, 206~220.

Lefcourt, H. M. (1967). Effects of cue explanation upon persons maintaining external control tendencies. *Jouranl of Personality and Social Psychology,* 5, 272~278.

Lefcourt, H. M., Lewis, L., & Silverman, I. W. (1968). Internal versus external control of reinforcement and attention in a decision-making task. *Journal of Personality,* 36, 663~682.

Lefcourt, H. M., & Wine, J. (1969). Internal versus external control of reinforcement and the deployment of attention in experimental situations. *Canadian Journal of Personality,* 1, 167~181.

Lefcourt, H. M. (1976). *Locus of control.* Hillsdale, NJ: Erlbaum.

LeFevers, B. A. (1971). *Volitional control of geart rate during exercise stress.* Unpublished doctoral dissertation, Texas Women's University.

Leonard, D. S. (1970). Effects of task difficulty on transfer performance on rotary pursuit. *Perception of Motor Skills,* 30, 731~736.

Lesten, K. C. (1968). Transfer of movement components in motor learning task. *Research Quarterly,* 39, 575~581.

Lewis, D., Smith, P. N., & Mcallister, D. E. (1952). Retroactive facilitation and interference in performance on the two-hand coordinator. *Journal of Experimental Psychology,* 44, 44~50.

Liebert, R. M., & Morris, L. W. (1967). Cognitive and emotional components of test anxiety: A distinction and some initial data. *Psychological Reports,* 29, 975~978.

Light, K. C. (1978). Effects of mild cardiovascular and cerebrovascular disorders on serial reaction time performance. *Experimental Aging Research,* 1, 209～227.

Lo, C. R., & Johnston, D. W. (1984a). Cardiovascular feedback during dynamic exercise. *Psychophysiology,* 21 (2), 199～206.

Lo, C. R., & Johnston, D. W. (1984b). The self-control of the cardiovascular response to exercise using feedback of the product of interbeat interval and pulse transit time. *Psychosomatic Medicine,* 46 (2), 115～125.

Locke, E. A., Latham, G. P. (1985). The application of goal setting to sports. *Journal of Sport Psychology,* 7 (3), 205～222.

Long, B. C., & Haney, C. J. (1986). Enhancing physical activity in sedentary women: Information, Locus of control, and attitudes. *Journal of Sport Psychology,* 8, 8～24.

Loratt, D. J., & Warr, P. B. (1968). Recall after sleep. *American Journal of Psychology,* 81, 432～435.

Lordahl, D. S., & Archer, E. J. (1958). Transfer effects on a rotary pursuit task as a function of first task difficulty. *Journal of Experimental Psychology,* 56, 421～426.

Lowe, R. (1971). *Emotional arousal and Little League performance.* Unpublished doctoral dissertation, University of Illinois, Urbana.

Lucca, J. A., & Recchiuti, S. J. (1983). Effect of electromyographic biofeedback on isometric strengthening program. *Physical Therapy,* 63 (2), 200～203.

Lupinacci, N. S., Rikli, R. E., Jones, J., & Ross, D. (1993). Age and physical activity effects on reaction time and digit symbol substitution performance in cognitively active adults. *Research Quarterly for Exercise and Sport,* 64, 144～150.

Ma, Q. W. (1989). The development of sport psychology in China. *Proceedings of 7th world congress in sport psychology,* pp.206～209.

Machac, M., & Machacova, H. (1989). Fructification of anxiety and its autoregulative control in sports. In D. Hackfort & C. D. Spielberger (Eds.), *Anxiety in sports: An international perspective,* pp. 215～234. New York: Hemisphere.

MacRae, P. G. (1989). Physical activity and central nervous system integrity. In W. W. Spirduso & H. M. Eckerl (Eds.), *Physical activity and aging,* pp. 69～77. Champaign, IL: Human Kinetics.

Maehr, M. L., & Nicholls, J. G. (1980). Culture and achievement motivation: A second look. In M. Warren (Ed.), *Studies in cross cultural psychology,* pp. 221~267. New York: Academic Press.

Maehr, M. L., & Braskamp, L. A. (1986). *The motivation factor: A theory of personal investment.* Lexington, MA: Lexington Books.

Magni, G., Rupolo, G., Simini, G., DeLeo, D., & Rampazzo, M. (1985). Aspects of the psychology and personality of high altitude mountain climbers. *International Journal of Sport Psychology,* 16, 12~19.

Mahnusson, E. (1976). The effects of controlled muscle tension on performance and learning of hear trate control. *Biological Psychology,* 4, 81~92.

Mahoney, M. J., & Avener, M. (1977). Psychology of the elite athlete: An exploratory study. *Cognitive Therapy and Research,* 1, 135~141.

Mahoney, M. J. (1979). cognitive and skills and athletic performance. In P. C. Kendall & S. D. Hollon (Eds.), *Cognitive-behavioral interventions: theory, research, and procedures,* pp. 423~443. New York: Academic Press.

Mahoney, M. J., & Meyers, A. W. (1989). Anxiety and athletic performance: Traditional and cognitive-developmental perspectives. In D. Hackfort & C. D. Spielberger (Eds.), *Anxiety in sports: An international perspective,* pp. 77~94. New York: Hemisphere.

Malmo, R. B. (1959). Activation: A neuropsychological dimension. *Psychological Review,* 66, 367~386

Manuck, S. B., Hinrichsen, J.J., & Ross, E.O. (1975). Life stress, locus of control and treatment seeking. *Psychological Reports,* 37, 589~590.

Marisi, D. Q., & Anshel, M. H. (1976). The effects of related and unrelated stress on motor performance. *New Zealand Journal of Health, Physical Education and Recreation,* 9, 93~96.

Marteniuk, R. G. (1973). Retention characteristics of motor short-term memory cues. *Journal of Motor Behavior,* 5, 249~259.

Martens, R., & Landers, D. M. (1970). Motor performance under stress: A test of the inverted hypothesis. *Journal of Personality and Social Psychology,* 16, 29~37.

Martens, R. (1971). Anxiety and motor behavior: A review. *Journal of Motor Behavior,* 3, 151~179.

Martens, R. (1972). Trait and state anxiety. In W. P. Morgan (Ed.), *Ergogenic aids in muscular performance,* pp. 35~66. New York: Academic Press.

Martens, R. (1976). The paradigmatic crises in American sport personology. In A. C. Fisher (Ed.), *Psychology of sport*. Palo Alto, CA: Mayfield.

Martens, R., & Simon, J. (1976). Comparison of three predictors of state anxiety in competitive situations. *Research Quarterly, 47*, 381~387.

Martens, R. (1977). *Sport competition anxiety test*. Champaign, IL: Human Kinetics.

Martens, R. (Ed.) (1978). *Joy and sadness in children's sports*. Champaign, IL: Human Kinetics.

Martens, R. (1982). *Sport competition anxiety test*. Champaign, IL: Human Kinetic.

Martens, R. (1987). *Coaches guide to sport psychology*. Champaign, IL: Human Kinetics.

Martens, R., Vealey, R. S., & Burton, D. (1990). *Competitive anxiety in sport*, pp. 117~213. Champaign, IL: Human Kinetic.

Maslow, A. H. (1954). *Motivation and personality*. New York: Harper & Row.

Maslow, A. H. (1970). *Motivation and personality* (2nd ed.). New York: Harper & Row.

Matarazzo, J. D., Ulett, G. A., & Saslow, G. (1955). Human maze performance as a function of increasing levels of anxiety. *Journal of General Psychology, 53*, 79~95.

Matarazzo, R., & Matarazzo, J. D. (1956). Anxiety level and pursuit motor performance. *Journal of Consulting Psychology, 20*, 70.

McAllister, D. E. (1953). The effects of various kinds of relevant verbal pretraining on subsequent motor performance. *Journal of Experimental Psychology, 46*, 329~336.

McAuley, E., & Gross, J. B. (1983). Perceptions of causality in sport: An application of the causal dimension scale. *Journal of Sport Psychology, 5*, 72~76.

McAuley, E. (1985). Modeling and self-efficacy: A test of Bandura's model. *Journal of Sport Psychology, 7* (3), 283~295.

McCaffrey, N., & Orlick, T. (1989). Mental factors related to excellence among top professional golfers. *International Journal of Sport Psychology, 20* (4), 256~278.

McCready, M. L., & Long, B. C. (1985). Locus of control, attitudes toward physical activity, and exercise adherence. *Journal of Sport Psychology,* 7, 346~359.

McGlynn, G. H., Laughlin, N. T., & Filios, S. P. (1979). The effect of electromyographic feedback on EMG activity and pain in the quadriceps muscle group. *Journal of Sports Medicine and Physical Fitness,* 19 (3), 237~244.

McGlynn, G. H., Laughlin, N. T., & Rowe, V. (1979). Effects of electromyographic Feedback and static stretching on artificially induced muscle soreness. *American Journal of Physical Medicine,* 58 (3), 139~148.

Mendoza, D., & Wickman, H. (1978). "Inner" darts: Effects of mental practice on performance of dart throwing. *Perceptual and Motor Skills,* 47, 1195~1199.

Meyers, A. W., Cooke, C. J., Cullen, J., & Liles, L. (1979). Psychological aspects of athletic competitors: A replication across sports. *Cognitive-therapy and Research,* 3, 361~366.

Middaugh, S. J., Miller, M. C., Foster, G., & Ferdon, M. B. (1982). Electromyographic feedback: Effects of voluntary muscle contractions in normal subjects. *Archives of Physical Medicine and Rehabilitation,* 63, 254~260.

Miller, J. T., & McAuley, E. (1987). Effects of a goal-setting training program on basketball free-throw self-efficacy and performace. *The Sport Psychologist,* 1 (2), 103~113.

Miller, N. E. (1948). Studies of fear as an acquirable drive: Fear as motivation and fear reduction as reinforcement in the learning of new responses. *Journal of Experimental Psychology,* 38, 89~101.

Mize, N. J. (1970). *Conditioning of heart rate under exercise stress.* Unpublished masters thesis, Texas Women's University, Texas.

Morgan, W. P. (1972). Sport psychology. In Singer, R. N. (Ed.). *The psychomotor domain.* Philadelphia: Lea & Febiger

Morgan, W. P., & Costill, D. L. (1972). Psychological charateristics of the marathon runner. *Journal of Sports Medicine and Physical Fitness,* 12, 42~46.

Morgan, W. P., & Pollock, M. L. (1977a). Psychological characterization of the elite distance runner. *Annals of the New York academy of science,* 301, 382~403.

Morgan, W. P., & Johnson, R. W. (1977b). Psychological characterizations of the elite wrestler: A mental health model. *Medicine and Science in Sports,* 9 (1), 55~56.

Morgan, W. P., & Johnson, R. W. (1978). Psychological characteristics of successful and unsuccessful oarsmen. *International Journal of Sport Psychology,* 11, 38~49.

Morgan, W. P. (1979a). Anxiety reduction following acute physical activity. *Psychiatric Annals,* 9, 141~147.

Morgan, W. P. (1979b). Prediction of performance in athletics. In P. Klavora & J. V. Daniel (Eds.), *Coach, athlete, and the sport psychologist,* pp. 172~186. Champaign, IL: Human Kinetics.

Morgan, W. P. (1980a). Sport personology: The credulous-skeptical argument in perspective. In W. F. Straub (Ed.), *Sport psychology: An analysis of athlete behavior* (2nd ed.), pp. 330~339. Ithaca, NY: Movement.

Morgan, W. P. (1980b). The trait psychology controversy. *Research Quarterly for Exercise and Sport,* 51, 50~76.

Morgan, W. P., O'Connor, P. J., Sparling, P. B., & Pate, R. R. (1987). Psychological distance runner. *International Journal of Sports Medicine,* 8, 124~131.

Morgan, W. P., O'Connor, P. J., Ellickson, K. A., & Bradley, P. W. (1988). Personality structure, mood states, and performance in elite male distance runners. *International Journal of Sport Psychology,* 19, 247~263.

Morgan, W. P., & Ellickson. (1989). Health, anxiety, and physical exercise. In D. Hackfort & C. D. Spielberger (Eds.), *Anxiety in sports: An international perspective,* pp. 165~182. New York: Hemisphere.

Morris, L. W., & Liebert, R. M. (1970). Relationship of cognitive and emotional components of test anxiety to physiological arousal and academic performance. *Journal of Consulting and Clinical Psychology,* 35, 332~337.

Mumford, B., & Hall, C. (1985). The effects of internal and external imagery on performing figures in figure skating. *Canada Journal of Applied Sport Science,* 10 (4), 171~177.

Munn, N. L. (1938). Bilateral transfer of learning. *Journal of Experimental Psychology,* 15, 343~353.

Munn, N. L. (1941). Bilateral transfer of learning. *Journal of Experimental Psychology,* 21, 343~356.

Murgatroyd, S., Rushton, C., Apter, M. J., & Ray, C. (1978). The development of the telic dominance scale. *Journal of Personality Assessment,* 42, 519~528.

Murgatroyd, S. (1985). Introduction to reversal theory. In M. J. Apter, D. Fontana & S. Murgatroyd (Eds.), *Reversal theory: Applications and development,* pp. 20～41. Cardiff, Wales: Unriversity College Cardiff Press.

Murphy, L. E. (1966). Muscular effort, activation level and reaction time. *Proceedings of the 74th Annuation of the American Psychological Association,* 1.

Naatanen, R. (1973) The inverted-U relationship between activation and performance: A critical review. In S. Kormblum (Ed.), *Attention and performance,* pp. 155～174. London: Academic Press.

Nacson, J., & Schmidt, R. A. (1971). The activity-set hypothesis for warm-up decrement. *Journal of Motor Behavior,* 3, 1～15.

Nagle, F. G., Morgan, W. P., Hellickson, R. V., Serfass, P. C., & Alexander, J. F. (1975). Spotting success traits in Olympic contenders. *Physician and Sports Medicine,* 3 (12), 31～34.

Namikas, G., & Archer, E. J. (1960). Motor skill transfer as a function of intertask interval and pre-transfer task difficulty. *Journal of Experimental Psychology,* 59, 109～112.

Natale, M., & Hantos, M. (1982). Effect of temporary mood states on selected memory about the self. *Journal of Personality and Social psychology,* 42, 927～934.

Nelson, L. R., & Furst, M. L. (1972). An objective study of the effects of expectations on competitive performance. *The Journal of Psychology,* 81, 69～72.

Neumann, E., & Ammons, R. B. (1957). Acquisition and long-term retention of a simple serial perception motor skill. *Journal of Experimental Psychology,* 53, 159～161.

Nicholls, J. G. (1984a).Achievement motivation: Conceptions of ability, subjective experience, task choice and performance. *Psychological Review,* 91, 328～346.

Nicholls, J. G. (1984b). Conceptions of ability and achievement motivation. In R. Ames & C. Ames (Ed.), *Research on motivation in education: Student motivation,* Vol 1. New York: Academic Press.

Nicholls, J. G. (1989). *The competitive ethos and democratic education.* Cambridge, MA: Harvard University Press.

Nideffer, R. M. (1976a). Test of attentional and interpersonal style. *Journal of Personality and Social Psychology,* 34, 394～404.

Nideffer, R. M. (1976b). *The inner athlete: Mind plus muscle for winning.* New York: Thomas Y. Crowell.

Nideffer, R. M. (1978). *Attention control training.* New York: Wyden Books.

Nideffer, R. M. (1980a). Attentional focus self-assessment. In R. M. Suinn (Ed.), *Psychology in sports: Methods and applications.* Minneapolis: Burgess.

Nideffer, R. M. (1980b). The relationship of attention and anxiety to performance. In W. F. Straub (Ed.), *Sport psychology: An analysis of athlete behavior* (2nd ed.). Ithaca, NY: Movement.

Nideffer, R. M. (1986). Concentration and attention control training. In J. M. Williams (Ed.), *Applied sport psychologist,* pp. 257~269. Palo Alto, CA: Mayfield.

Nideffer, R. M. (1990). Use of the test of attentional and interpersonal style (TAIS) in sport. *The Sport Psychologist,* 4, 285~300.

Nishida, T. (1988). Reliability and factor structure of the achievement motivation in physical education test. *Journal of Sports and Exercise Psychology,* 10 (4), 418~430.

Offenback, S. I., Chodzko-Zajko, W. J., & Ringel, R. L. (1990). Relationship between physiological status, cognition, and age in adult men. *Bulletin of the psychonomic society,* 28, 112~114.

Ogilvie, B. C., & Tutko, T. A. (1966). *Problem athletes and how to handle them.* London: Palham Books.

Ogilvie, B. C. (1968). Psychological consistencies within the personality of high-level competitors. *Journal of the American Medical Association,* 205, 780~786.

Ogilvie, B. C. (1976). Psychological consistencies within the personality of high-level competitors. In A. C. Fisher (Ed.), *Psychology of sport.* Palo Alto, CA: Mayfield.

Okwumabua, T. M. (1985). Psychological and physical contributions to marathon performance: An exploratory investigation. *Journal of Sport Behavior,* 8 (3), 163~171.

Orlick, T. D., & Mosher, R. (1978). Extrinsic awards and participant motivation in a sport related task. *International Journal of Sport Psychology,* 9, 27~39.

Ostrow, R. C. (1990). *Directory of psychological tests in sport and exercise sciences.* Morgantown, WV: Fitness information technology.

Oxendine, B. (1969). Effect of mental and physical practice on the learning of three motor skills. *Research Quarterly,* 40, 755~763.

Oxendine, J. (1970). Emotional arousal and motor performance. *Quest,* 13, 23~30.

Oxendine, J. (1984). *Psychology of motor learning.* Englewood Cliffs, NJ: Prentice-Hall.

Peper, E., & Schmid, A. B. (1983). Mental preparation for optimal performance in rhythmic gymnastics. In *Proceedings of the fourteenth annual meeting of the biofeedback society of America.* Wheat Ridge, Colorado.

Perski, A., & Engel, B. T. (1980). The role of behavioral conditioning in the cardiovascular adjustment to exercise. *Biofeedback and Self-regulation,* 5, 91~104.

Phares, E. J. (1968). Differential utilization of information as a function of internal-external control. *Journal of Personality,* 36, 649~662.

Phares, E. J. (1976). *Locus of control in personality.* New York: General Learning Press.

Pinel, J. P., & Schultz, T. D. (1978). Effect of antecedent muscle tension levels on motor behavior. *Medicine and Science in Sports,* 10 (3), 177~182.

Pines, H. A., & Julian, J. W. (1972). Effects of task and social demands on locus of control differences in information processing. *Journal of Personality and Social Psychology,* 25, 262~272.

Pines, H. A., & Julian, J. W. (1973). An attributional analysis of locus of control orientation and source of information dependence. *Journal of Personality and Social Psychology,* 36, 649~662.

Pinneo, L. R. (1961) The effects of induced muscle tension during tracking on level of activation and on performance. *Journal of Experimental Psychology,* 62, 523~531.

Pittman, T. S., Davey, M. E., Alafat, K. A., Wetherill, K. V., & Kramer, N. A. (1980). Informational versus controlling verbal rewards. *Personality and Social Psychology Bulletin,* 6, 228~233.

Poulton, E. C. (1957). On prediction skilled movement. *Psychological Bulletin,* 54, 467~478.

Powers, C. J. (1981). The psychophysiological effects of biofeedback open focus self-regulation training upon homeostatic efficiency during exercise. *Dissertation Abstracts International,* 41 (10), 2927~B.

Prapavessis, H., & Carron, A. V. (1988). Learned helplessness in sport. *The Sport Psychologist,* 2, 189~201.

Privette, G. (1981). Dynamics of peak performance. *Journal of Humanistic Psychology,* 21, 57~67.

Ravizza, K. (1977). Peak experience in sport. *Journal of Humanistic Psychology,* 17, 35~40.

Rawlings, E. I., & Rawlings, I. L. (1974). Rotery pursuit tracking following mental rehearsal as a function of voluntary control of visual imagery. *Perceptual and Motor Skills,* 38, 302.

Reis, H. T. & Jelsma, B. (1978). A social psychology of sex differences in sport. In W.F. Straub (Ed.), *Sport psychology,* pp. 276~286. Ithaca, NY: Movement.

Rejeski, W. J. (1980). Causal attribution: An aid to understanding and motivating athletes. *Motor Skill: Theory into Practice,* 4, 32~36.

Rejeski, W. J., & Brawley, L. R. (1983). Attribution theory in sport : Current status and new perspectives. *Journal of Sport Psychology,* 5, 77~79.

Rejeski, W. J. (1992). Motivation for exercise behavior. In G. C. Roberts (Ed.), *Motivation in sport and exercise,* pp. 129~158. Champaign, IL: Human Kinetics.

Rikli, R. E., & Busch, S. (1986). Motor performance of women as a function of age and physical activity level. *Journal of Gerontology,* 41, 645~649.

Rikli, R. E., & Edwards, D. J. (1991). Effects of a 3-year exercise program on motor funtion and cognitive processing speed in older women. *Research Quarterly for Exercise and Sport,* 62, 61~67.

Roberts, G. C. (1975). Win-loss causal attributions of Little League Players. *Movement,* 7, 322~351.

Roberts, G. C., Kleiber, D. A., & Duda, J. L. (1981). Motivation in children's sport: The role of perceived competence. *Journal of Sport Psychology,* 3, 206~216.

Roberts, G. C. (1984). Children's achievement motivation. In J. Nicholls (Ed.), *The development of achievement motivation.* Greenwich, CT: JAI Press.

Roberts, G. C. (Ed.) (1992). *Motivation in sport and exercise.* Champaign, IL: Human Kinetics.

Ross, L. (1977). The intuitive psychologist and his shortcomings . In L.

Berkowing (Ed.), *Advance in experimental social psychology,* Vol. 10. New York: Acamdemic Press.

Rotter, J. B. (1954). *Social learning and clinical psychology.* Englewood Cliffs, NJ: Prentice-Hall.

Rotter, J. B. (1966). Generalized expectancies for internal versus external control of reinforcement. *Psychological Monograph,* 80, 1~28.

Rushall, B. S. (1970). An evaluation of the relationship between personality and physical performance categories. In G. S. Kenyon (Ed.), *Contemporary psychology of sport: Second international congress of sports psychology.* Chicago: The Athletic Institute.

Rushall, B. S. (1972). Three studies relating personality variables to football performance. *International Journal of Sport Psychology,* 3, 12~24.

Rushall, B. S. (1973). The status of personality research and application in sports and physical education. *Journal of Sports Medicine and Physical Fitness,* 13, 281~290.

Rushall, D. (1982). The causal dimension scale: A measure of how individuals perceive causes. *Journal of Personality and Social Psychology,* 52, 1248~1257.

Russell, G. W. (1981). Conservatism, birth order, leadership, and the aggression of Canadian ice hockey players. *Perceptual and Motor Skills,* 53, 3~7.

Ryan, R. M. (1977). Attribution, intrinsic motivation and athletics. In L.I. Gedvilas & I. E. Kneer (Eds.), *Proceedings of the National College Physical Education Association for Men National Association for Physical Education of College Women, National Conference.* Chicago: Office of Publications Services, University of Illinois at Chicago Circle.

Ryan, R. M. (1980). Attribution, intrinsic motivation, and athletics. In C. H. Nadeau, W. R. Halliwell, K. M. Newell & G. C. Roberts (Eds.), *Psychology of motor behavior and sport—1979.* Champaign, IL: Human Kinetics.

Ryan, R. M. (1982). Control and information in the intrapersonal sphere: An extension of cognitive evaluation theory. *Journal of Personality and Social Psychology,* 43, 450~461.

Ryan, R. M., Vallerand, R. J., & Deci, E. L. (1984). Intrinsic motivation in sport: A cognitive evaluation theory interpretation. In W. F. Straub & J. M. Williams (Eds.), *Cognitive sport psychology,* pp. 231~

242. New York: Sport Science Associates.

Ryckman, R. M., Robbins, M. A., Thornton, B., & Cantrell, P. (1982). Development and validation of a physical self-efficacy scale. *Journal of Personality and Social Psychology,* 42, 891~900.

Sackett, R. S. (1934). The influence of symbolic rehearsal upon the retention of maze habit. *Journal of General Psychology,* 10, 376~395

Salmela, J. G. (1984). Comparative sport psychology. In J. M. Silva, III & R. A. Weinberg (Eds.), *Psychological Foundations of Sport,* pp. 23~24. Champaign, IL: Human Kinetics.

Salthouse, T. A. (1989). Age-related changes in basic cognitive processes. In M. Storandt & G. R. Banden Bos (Eds.), *The adult years: Continuity and change,* pp. 9~40. Washington, DC: American Psychological Association.

Sarason, I. G. (1960). Empirical findings and theoretical problems in the use of anxiety scales. *Psychological Bulletin,* 57, 403~415.

Sarason, I. G. (1972). Experimental approaches to test anxiety: Attention and the uses of information. In C. D. Spielberger (Ed.), *Anxiety: Current trends in theory and research,* Vol. 2. New York: Academic Press.

Sarason, I. G. (1975). Anxiety and self-preoccupation. In I. G. Sarason & C. D. Spielberger (Eds.), *Stress and anxiety,* Vol. 2, pp.27~44. Washington, DC: Hemisphere.

Sarason, I. G. (1978). The test anxiety scale: Concept and research. In C. D. Spielberger & I. G. Sarason (Eds.), *Stress and anxiety,* Vol. 6, pp. 193~216. New York: Hemisphere.

Sarason, I. G. (Ed.) (1980). *Test anxiety: Theory, research, and applications.* Jillsdale, NJ: Erlbaum.

Scanlan, T. K., & Passer, M. W. (1981). Competitive stress and the youth sport experience. *Physical Educator,* 38, 144~151.

Scanlan, T. K., & Simons, J. P. (1992). The construct of sport enjoyment. In G. C. Roberts (Ed.), *Motivation in sport and exercise,* pp. 199~215. Champaign, IL: Human Kinetics.

Scanlan, T. L., & Lewthwaite, R. (1986). Social psychological aspects of the competitive sports experience for male youth sport participants: Predictors of enjoyment (IV). *Journal of Sport Psychology,* 8, 25~35.

Schachter, S., & Singer, J. E. (1962). Cognitive, social and physiological determinants of emotional state. *Psychological Review,* 69, 379~399.

Schildkraut, J. J., & Kety, S. S. (1967). Biogenic amines and emotion. *Science,* 156, 21~30.

Schlein, S. (Ed.) (1987). *A way of looking at things: Selected papers from 1930 to 1980.* New York: Norton.

Schmidt, R. A. (1982). *Motor control and learning: A behavioral emphasis.* Champaign, IL: Human Kinetics.

Schurr, K. T., Ashley, M. A., & Joy, K. L. (1977). A multivariate analysis of male athlete characteristics: Sport type and success. *Multivariate Experimental Clinical Research,* 3, 53~68.

Seeman, M., & Evans, J. W. (1962). Alienation and learning in a hospital setting. *American Psychological Review,* 27, 772~782.

Seligman, M. E. P., Abramson, L. Y., Semmel, A., & Van Baeyer, C. (1979). Depressive attributional style. *Journal of Abnormal Psychology,* 88, 242~247.

Shaw, W. (1983). The distribution of muscular action potentials during imaging. *The Psychological Record,* 2, 195~216.

Shneidman, N. N. (1979). Soviet sport psychology in the 1970s and the superior athlete. In R. Klavora & J. V. Daniel (Ed.), *Coach, athlete, and the sport psychologist,* pp. 230~247. Champaign, IL: Human Kinetic.

Silva, J. M. III. (1980). Assertive and aggressive behavior in sport: A definitional clarification. In C. H. Nadeau (Ed.), *Psychology of motor behavior and sport*—1979. Champaign, IL.: Human Kinetics.

Silva, J. M., Schultz, B. B., Haslam, R. W., & Murray, D. F. (1981). A psychophysiological assessment of elite wrestlers. *Research Quarterly for Exercise and Sport,* 52, 348~358.

Silva, J. M., Schultz, B. B., Haslam, R. W., Martin, T. P., & Murray, D. F. (1983). *Discriminating characteristics of contestants at the United States Olympic Wrestling Trials.* Manuscript submitted for publication.

Silva, J. M., & Hardy, C. J. (1984). *Discriminating contestants at the United States Olympic Marathon Trials as a function of precompetitive affective state.* Unpublished manuscript.

Silva, J. M., Schultz, B. B., Haslam, R. W., Martin, T. P., & Murray, D. F. (1985). Discriminating characteristics of contestants at the United States Olympic wrestling trials. *International Journal of Sport Psychology,* 216, 79~80.

Singer, R. N. (1969). Personality differences between and within baseball and tennis players. *Research Quarterly,* 40, 582~587.

Singer, R. N. (1978). Sport psychology: An overview. In W. F. Straub (Ed.), *Sport psychology: An analysis of athlete behavior,* pp. 3~15. Ithaca, NY: Movement.

Singh, W. P. (1968). Anxiety and sensory-motor learning. *Psychological Studies,* 13, 111~114.

Slamcka, N. J., & Graf, P. (1978). The generation effect: Delineation of a phenomenon. *Journal of Experimental Psychology: Human Learning and Memory,* 4, 592~604.

Smith, R. E. (1989). Athletic stress and burnout: Conceptual models and intervention strategies. In D. Hackfort & C. D. Spielberger (Eds.), *Anxiety in sports: An international perspective,* pp. 183~202. New York: Hemisphere.

Smith, M. D. (1980). Hockey violence: Interring some myths. In W. F. Straub (Ed.), *Sport psychology: An analysis of athlete behavior* (2nd ed.). Ithaca, NY: Movement.

Sonstroem, R. J., & Bernardo, P. (1982). Intraindividual pregame state anxiety and basketball performance: A reexamination of the inverted-U curve. *Journal of Sport Psychology,* 4, 235~245.

Spence, J. T., & Spence, K. W. (1966). The motivational components of manifest anxiety: Drive and drive stimuli. In C. D. Spielberger (Eds.), *Anxiety and behavior.* New York: Academic Press.

Spielberger, C. D. (1966). Theory and research on anxiety. In C. D. Spielberger (Ed.), *Anxiety and behavior.* New York: Academic Press.

Spielberger, C. D. (1972). Anxiety as an emotional state. In C. D. Spielberger (Ed.), *Anxiety: Current trends in theory and research,* Vol. 1. New York: Academic Press.

Spielberger, C. D., Gonzalez, H. P., Taylor, C. J., Lgaze, B., & Anton, W. D. (1978). Examination stress and test anxiety. In C. D. Spielberger & G. Sarason (Eds.), *Stress and anxiety,* Vol. 5. Washington, DC: Hemisphere.

Spielberger, C. D. (1984). *State-Trait Inventory: A comprehensive bibliography.* Palo Alto, CA: Consulting Psychologists Press.

Spirduso, W. W. (1975). Reaction and movement time as a function of age and physical activity level. *Journal of Gerontology,* 30, 435~440.

Spirduso, W. W., & Clifford, P. (1978). Replication of age and physical activity effects on reaction and movement time. *Journal of Gerontology,*

33, 26~30.

Spirduso, W. W., MacRae, H. H., MacRae, P. G., Prewitt, J., & Osborne, L. (1988). Exercise effects on aged motor function. *Annals of the New York Academy of Sciences,* 515, 363~375.

Stacey, C., Kozma, A., & Stones, M. J. (1985). Simple cognitive and behavioral changes resulting from improved physical fitness in persons over 50 years of age. *Canadian Journal on Aging,* 4, 67~73.

Stebbins, J. (1968) A comparison of the effects of physical and mental practice in learning a motor skill. *Research Quarterly,* 39, 714~720.

Stones, M. J., & Kozma, A. (1988). Physical activity, age, and cognitive/motor performance. In M. L. Howe & C. J. Brainerd (Eds.), *Cognitive development in adulthood: Progress in cognitive development research,* pp. 273~321. New York: Springer-Verlag.

Straub, W. F., & Williams, J. M. (Eds.) (1984). *Cognitive sport psychology.* New York: Sport Science Associates.

Stroop, J. R. (1935). Studies of interference in serial verbal reactions. *Journal of Experimental Psychology,* 18, 643~662.

Svebak, S., & Stoyva, J. (1980). High arousal can be pleasant and exciting. The theory of psychological reversals. *Biofeedback and Self-Regulation,* 5 (4), 439~444.

Swift, E. J. (1903). Studies in the psychology and physiology of learning. *American Journal of Psychology,* 14, 201~251.

Tappe, M. K., & Duda, J. L. (1988). Personal investment predictors of life satisfaction among physically active middle-aged and older adults. *Journal of Psychology,* 122, 557~566.

Taylor, J. A. (1951). The relationship of anxiety to the conditioned eyelid response. *Journal of Experimental Psychology,* 41, 81~92.

Taylor, J. A. (1953). A personality scale of manifest anxiety. *Journal of Abnormal and Social Psychology,* 48, 285~290.

Teague, M. (1976). *A combined systematic desensitization and electromyogragh biofeedback technique for controlling state anxiety and improving gross motor skill performance.* Unpublished doctoral dissertation, University of Northern Colorado.

Teasdale, J. D., & Fogetty, S. J. (1979). Differential affects of induced mood on retrieval of pleasant and unpleasant events from episodic memory. *Journal of Abnormal Psychology,* 88, 248~257.

Tenenbaum, G., Furst, D., & Weingarten, G. (1984). Attribution of causality in sport events: Validation of the Wingate Sport Achievement Responsibility Scale. *Journal of Sport Psychology,* 6, 430~439.

Tenenbaum, G., & Furst, D. (1985). The relationship between sport achievement responsibility, attribution and related situational variables. *International Journal of Sport Psychology,* 16, 254~269.

Tenenbaum, G., Pinchas, S., Elbaz, G., Bar-Eli, M., & Weinberg, R. (1991). Effect of goal proximity and goal specificity on muscular endurance performance: A replication and extension. *Journal of Sport and Exercise psychology,* 13 (2), 174~187.

Thirer, J., & Greer, D. L. (1981). Personality characteristics associated with beginning, intermediate, and competitive body builders. *Journal of Sport Behavior,* 4, 3~11.

Thom, R. (1975). *Structural stability and morphogenesis trans.* New York: Addison Wesley.

Thompson, C. E., & Wankel, L. M. (1980). The effect of perceived activity choice upon frequency of exercise behavior. *Journal of Applied Social Psychology,* 10, 436~443.

Thompson, M. (1989). The development of a Sport Aggression Questionnaire for the study of justification of acts of aggression (Abstract). *Proceedings of the association for the advancement of applied sport psychology,* pp. 104. Seattle, WA.

Thorndike, E. L., & Woodworth, R. S. (1901). The influence of improvement in one mental function upon the efficiency of other functions. *Psychology Review,* 8, 247~261.

Thune, A. R. (1949). Personality of weight lifters. *Research Quarterly,* 20, 296~306.

Toole, T., & Abourezk, T. (1989). Aerobic function, information processing and aging. In A. C. Ostrow (Ed.), *Aging and motor behavior,* pp. 37~65. Indianapolis: Benchmark.

Tresemer, D. (1976). The cumulative record of research on "fear of success". *Sex Roles,* 2, 217~236.

Triplett, N. (1897). The dynamogenic factors in pacemaking and competition. *American Journal of Psychology,* 9, 507~553.

Tsukomoto, S. (1979). *The effects of EMG biofeedback assisted relaxation on sport competition anxiety.* Unpublished master's thesis, Univesity of Western Ontario, London, Ontario.

Twining, W. E. (1949). Mental practice and physical practice in learning a motor skill. *Research Quarterly,* 20, 432~435.

Vallerand, R. J., Gauvin, L. I., & Halliwell, W. R. (1982). *When you're not good enough: The effect of failing to win a performance-contingent reward on intrinsic motivation.* Unpublished manuscript, University of Waterloo.

Vallerand, R. J. (1983). Effect of differential amounts of positive verbal feedback on the intrinsic motivation of male hockey players. *Journal of Sport Psychology,* 5, 100~107.

Vallerand, R. J., Gauvin, L. I., & Hallivell, W. R. (1986). Negative effects of competition on children's intrinsic motivation. *Journal of Social Psychology,* 126, 649~657.

Vandell, R. A., Davis, R. A., & Clugston, H. A. (1943). The function of mental practice in the acquisition of motor skills. *Journal of General Psychology,* 29, 243~250.

Vealey, R. S. (1987). Imagery training for performance enhancement. *Paper presented at the Sport Psychology Institute.* Portland, ME.

Vealey, R. S. (1989). Sport personology: A paradigmatic and methodological analysis. *Journal of Sport & Exercise Psychology,* 11, 216~235.

Wachtel, P. L. (1967). Conceptions of broad or narrow attention. *Psychological bulletin,* 68, 417~429.

Walters, J., Apter, M. J., & Svebak, S. (1982). Colour preference, arousal and the theory of psychological reversals. *Motivation and Emotion,* 6 (3), 193~215.

Watson, D. (1967). Relationship between locus of control and anxiety. *Journal of Personality and Social Psychology,* 6 (1), 91~92.

Weinberg, R. S., & Ragan, J. (1978). Motor performance under three levels of stress and trait anxiety. *Journal of Motor Behavior,* 10, 169~176.

Weinberg, R. S., & Ragan, J. (1979). Effects of competition, Success/failure, and sex on intrinsic motivation. *Research Quarterly,* 50, 503~510.

Weinberg, R. S., Gould, D., & Jackson, A. (1979). Expectation and performance: An empirical test of Bandura's self-efficacy theory. *Journal of Sport Psychology,* 1 (4), 320~331.

Weinberg, R. S., Yukelson, D., & Jackson, A. (1980). Effect of public and private efficacy expectations on competitive performance. *Journal of Sport Psychology,* 2 (4), 340~349.

Weinberg, R. S., Jackson, A., Gould, D., & Yukelson, D. (1981). Effect of preexisting an manipulated self-efficacy on a competitive muscular endurance task. *Journal of Sport Psychology,* 3 (4), 345～354.

Weinberg, R. S., & Jackson, A. (1984). Relationship between self-efficacy and cognitive strategies in enhancing endurance performance. *Olympic Scientific Congress.* Eugene, Oregon. July 19～26, unpublished, 21.

Weinberg, R. S. (1986). Relationship between self-efficacy and cognitive strategies in enhancing endurance performance. *International Journal of Sport Psychology,* 17 (4), 280～292.

Weinberg, R. S., Bruya, L., Jackson, A., Garland, H. (1987). Goal difficulty and endurance performance: A challenge to the goal attainability assumption. *Journal of Sport Behavior,* 10 (2), 82～92.

Weinberg, R. S., Bruya, L., Longino, J., & Jackson, A. (1988). Effect of goal-proximity and specificity on endurance performance of primary-grade children. *Journal of Sport and Exercise Psychology,* 10 (1), 81～89.

Weinberg, R. S. (1989). Anxiety, arousal, and motor performance: theory, research, and applications. In D. Hackfort & C. D. Spielberger (Eds.), *Anxiety in sports: An international perspective,* pp. 95～116. New York: Hemisphere.

Weinberg, R. S., & Jackson, A. (1990). Building self-efficacy in tennis players: A coach's perspective. *Journal of Applied Sport Psychology,* 2 (2), 164～174.

Weinberg, R. S., Fowler, C., Jackson, A., Bagnall, J., & Bruya, L. (1991). Effect of goal difficulty on motor performance: A replication across tasks and subjects. *Journal of Sport and Exercise Psychology,* 13 (2), 160～173.

Weiner, B., Frieze, I., Kukla, A., Reed, L., Rest, S., & Rosenbaum, R. M. (1971). *Perceiving the causes of success and failure.* Norris-town, NJ: General learning press.

Weiner, B. (1982). The emotional consequences of causal attributions. In S. Clark & S. T. Fiske (Eds.), *Affect and cognition,* pp. 185～209. New Jersey: Lawrence Erlbaum.

Weiner, B. (1985). An attributional theory of achievement motivation and emotion. *Psychological Review,* 92, 548～573.

Weiss, M. R., Wiese, D. M., & Kent, K. A. (1989). Head over heels with success: The relationship between self-efficacy and performance in competitive youth gymnastics. *Journal of Sport and Exercise Psychol-*

ogy, 11 (4), 444~451.

Weiss, M. R., & Stevens, C. (1993). Motivation and attrition of female coaches: An application of social exchange theory. *The Sport Psychologist,* 7, 244~261.

Wenz, B., & Strong, D. (1980). An application of biofeedback and self regulation procedures with superior athletes: The fine tunning effect. In R. Suinn, (Ed.), *Psychology in sports: Methods and applications.* Minneapolis, MN: Burgess.

Werner, A. C., & Gottheil, E. (1966). Personality development and participation in college athletics. *Research Quarterly,* 37 (1), 126~131.

Whitehead, J. R., & Corbin, C. B. (1988). Multidimensional scales for the measurement of locus of control reinforcements for physical fitness behaviors. *Research Quarterly for Exercise and Sport,* 59, 108~117.

Wieg, E. L. (1932). Bilateral transfer in the motor learning of young children and adults. *Child Development,* 3, 247~267.

Wiggins, D. K. (1984). The status of sport psychology: A national survey of coaches. In J. M. Silva & R. S. Weinberg (Eds.), *Psychological Foundations of Sport,* pp. 9~22. Champaign, IL: Human Kinetics.

Wilkes, R. L., & Summers, J. J. (1984). Cognitions, mediating variables, and strength performance. *Journal of Sport Psychology,* 6 (3), 351~359.

Williams, L. R., & Parkin, W. A. (1980). Personality profiles of three hockey groups. *International Journal of Sport Psychology,* 11, 113~120.

Wilson, B. E., & Bird, E. I. (1981). Effects of relaxation and/or biofeedback training upon hip flexion in gymnasts. *Biofeedback and Self-regulation,* 6, 25~34.

Wine, J. D. (1971). Test anxiety and direction of attention. *Psychological Bulletin,* 76, 92~104.

Wine, J. D. (1980). Cognitive-attentional theory of test anxiety. In I. G. Sarason (Ed.), *Test anxiety: Theory, research and applications,* pp. 349~385. Hillsdale, NJ: Erlbaum.

Wine, J. D. (1982). Evaluation anxiety: A cognitive attentional construct. In J. W. Krohne & L. Laux (Eds.), *Achievement, stress, and anxiety,* pp. 349~385. Washington, DC: Hemisphere.

Wolpe, J. (1958). *Psychotherapy by reciprocal inhibition.* Stanford, CA: Stanford university press.

Wolpe, J. (1969). *The practice of behavior therapy.* Elmsford, NY: Pergamon.

Wolpe, J. (1976). Behavior therapy and its malcontents—II. Multimodal electricism, cognitive exclusivism, and 'exposure' empiricism. *Journal of Behavior Therapy and Experimental Psychiatry, 7,* 109～116.

Wolpe, J. (1982). *The practice of behavior therapy.* Elmsford, NY: Pergamon.

Wolpe, J. (1985). Requiem for an institution. *The Behavior Therapist, 8,* 113.

Wolpe, J., & Lang, P. J. (1964). A fear survey schedule for use in behaviour therapy. *Behavior Research and Therapy, 2,* 27～30.

Wolpe, J., & Lazarus, A. A. (1966). *Behavior therapy techniques: A guide to the treatment of neuroses.* Elmsford, NY: Pergamon.

Wood, C. G., & Hokanson, J. E. (1965). Effects of induced tension on performance and inverted-U. *Journal of Personality and Social Psychology, 1,* 506～510.

Wood, G. A. (1979). Electrophysioloigcal correlates of local muscular fatigue effects upon human visual reaction time. *European Journal of Applied Physiology, 41,* 247～257.

Woodworth, R. S. (1899). Accuracy of voluntary movement. *Psychology Monograph, 3,* 3.

Woolfold, R. L., Murphy, S. M., Gottesfeld, D., & Aitken, D. (1985). Effects of mental rehearsal of talk motor activity and mental depiction of task outcome on motor skill performance. *Journal of Sports Psychology, 7,* 191～197.

Wright, J., & Mischel, W. (1982). Influence of affect on cognitive social learning person variables. *Journal of Personality and Social Psychology, 43,* 901～914.

Wrisberg, C. A., & Ragsdale, M. R. (1979). Cognitive demand and practice levels: Factors in the mental rehearsal of motor skills. *Journal of Human Movement Studies, 5,* 201～208.

Wurtele, S. K. (1986). Self-efficacy and athletic performance: A review. *Journal of Social and Clinical Psychology, 4* (3), 290～301.

Ye, P. (1993). Competitive motives as predictors of cognitive trait anxiety in university athletes. *International Journal of Sport Psychology, 24,* 259～269.

Yerkes, R. M., & Dodson, J. D. (1908) The relation of strength of stimulus to rapidity of habit formation. *Journal of Comparative Neurology* of *Psychology,* 18, 459~482.

Yukelson, D., Weinberg, R. S., West, S., & Jackson, A. (1981). Attributions and performance: An empirical test of Kukla's theory. *Journal of Sport Psychology,* 3, 46~57.

Zaichkowsky, L. D., & Fuchs, C. Z. (1989). Biofeedback-assisted self-regulation for stress management in sports. In D. Hackfort & C. D. Spielberger (Eds.), *Anxiety in sports: An international perspective,* pp. 235~246. New York: Hemisphere.

Zaichkowsky, L. D. (1984). Attentional Styles. In W. F. Straub & J. M. Williams (Eds.), *Cognitive sport psychology,* pp.148. Ithaca, NY: Sport Science Associates.

Zajonc, R. B. (1965). Social facilitation. *Science,* 149, 269~274.

Zajonc, R. B. (1980). Feeling and thinking: Preferences need no inferences. *American Psychologist,* 35, 151~175.

Zajonc, R. B., Pietromonaco, P., & Bargh, J. (1982). Independence and interaction of affect and cognition. In S. Clark & S. T. Fiske (Eds.), *Assessment and modification of emotional behavior,* pp. 71~94. New York: Plenum.

Zeeman, E. C. (1976). Catastrophe theory. *Scientific American,* 234, 65~82.

Zeigler, S. G., Klinzing, J., & Williamson, K. (1982). The effects of two stress mangement training programs on cardiorespiratory efficiency. *Journal of Sport Psychology,* 4, 280~289.

Zucherman, M. (1987). All parents are environmentalists until they have their second child. Peer commentary on Plomin, R. and Daniels, K, Why are children from the same family so different from one another? *Behavioural and Brain Sciences,* 10, 38~39.

Zuckerman, M., Porac, J., Lathin, D., Smith, R., & Deci, E. L. (1978). On the importance of self-determination for intrinsically motivated behavior. *Personality and Socal Psychology Bulletin,* 4, 443~446.

目标	goal 396	
自我比较目标	autogenic method compared with self 407	
自生法	autogenic method 407	
自生放松	autogenic relaxation 400	
自主性	system 458	
自主神经系统	autonomy 35	
肌纤维类型	autonomic nervous	
	muscle type 357	
肌电图	electromyogram 418, 429,460	
肌电反馈	electromyograph feed- back 460	
肌肉张力	muscle tension 312	
	tion 247	
肌肉的搭配配合	muscle coordina-	
死之本能	Thanatos 504	
有效刺激	effective stimulus 520	
有序训练一无序训练	ordered and non- ordered training 342	
成就测验	achievement test 538	
成功恐惧	fear of success 74	
成就定向的运动员	success ori- ented athlete 56	
安全的需要	safety need 36	
字词反应时间	word reaction time 339	
多级目标	multilevel goal 399	
多重基因遗传	multiplegene heredity 356	
多列相关	multiple serial correla- tion 541	
因变量	dependent variable 522	
因果关系	causal relationship 525	
合理情绪疗法	rational-emotive therapy 146,443	
合成效度	synthetic validity 544	
合成法	synthetic method 544	
同质性信度	reliability of homo- geneity 533	

六 画

同质性信度	reliability of homo- geneity 533	
自我效能	self efficacy 46	
自我贬抑	self-abasement 71	
自我贬低	self-abasement 71	
自我定向	ego orientation 51	
自我实现需要	self actualization need 37	
自我价值感	perception of self va- lue 56	
自信心	self confidence 9	
自动化	automation 241	
自然发生状态	autogenic state 407	
自变量	independent variable 521	
自变量	independent variable 521	
艾森克个性测验	Eysenck person- ality inventory 364	
血红蛋白	hemoglobin 357	
行为矫正技术	behavior modifica- tion technique 441	

七 画

克利斯运动攻击量表	Collis Scale of Athletic Aggression 503	
克隆巴赫α 系数	Cronbach α coefficient 533	
利克特量表	Likert scale 73	
完形理论	Gestalt theory 269	
技巧	acrobatic skill 240	
技能	skill 239	
技能类项目	skill oriented sport 193	
技术风格	technique style 254	
折半法	split-half method 532	
折半信度	split-half reliability 532	
投射技术	projective test 502	

生理回馈 biofeedback 458
生理心理学 physiological psychology 155
生理学理论 physiological theory 420
生物讯息理论 bioinformation 32
生物性动机 biological motivation 458
生物回馈 biofeedback 458
民族社会化 national socialization 475
民主式领袖 democratic leader-ship 482
正迁移 positive transfer 264
正态分布 normal distribution 317
本能 instinct 504
弗朗纳根公式 Flanagan formula 532
布里德等的运动攻击问卷 Brede-meier Athletic Aggression Inventory 502
失败定向的运动员 failure oriented athlete 56
外源奖励 extrinsic reward 34
外部控制 external control 71
外在动机 extrinsic motivation 33
外部表象 external imagery 415
外部控制 external control 71
外在动机 extrinsic motivation 33
四分相关 quartile correlation 548
古典情绪理论 classical emotion theory 167
可控性 controllability 77
可减的临界 reducible margin 327
可能性动机状况 metamotivational states 122

六画

交互作用模式 interactional model 381
任务定向 task orientation 51
先行变量 organismic variable 521
全身反应 body response 343
全身反应时间 body reaction time 343
全距 range 350
共同性 commonality 474
共同因素理论 common factor theory 268
共变法 covariance method 527
再测法 test-retest method 531, 541
再测信度 test-retest reliability 531
再极化 repolarization 460
冰山图形 iceberg profile 384
同时效度 concurrent validity 539

六画

交互作用模式 interactional model 381

多极化 depolarization 460
皮格马利翁效应 Pygmalion effect 517
半结构性访谈 semi-structured interview 554
生理的需要 physiological need 36
生理性动机 physiological motivation 32
皮温反馈 skin temperature feedback 461
皮电反馈 skin conductance feedback 461
皮尔逊积差 r 公式 Pearson's Co-sine r Formula 548
皮肤电 skin conductance 430
目标定向状态 telic state 120
目标设置 goal setting 393
目标整合 goal integration 495

ency method 533
内部一致性系数 coefficient of internal consistency 532
内部表象 internal imagery 415
内部动机 intrinsic motivation 34
内部奖励 intrinsic reward 34
内部控制 internal control 71
内驱力理论 drive theory 109
内驱力 drive 504
分化性抑制 differential inhibition 245
分半信度 split-half reliability 532
分布练习 distributed practice 259
反射弧 reflex arc 294
反应 response 291
反应性观察 reactive observation 516
反应的中间型 middle type of response 293
反应的知觉型 perception-oriented type of response 292
反应的运动型 movement-oriented type of response 293
反应时 reaction time 293
反应时间 reaction time 293
反应过程 response process 291
反应潜伏期 latency period of response 294
反应器 effector 294
反应量 response variable 521
反应变量 response variable 521
天花板效应 ceiling effect 112
心率 heart rate 429
心理性屈光 psychological refractory period 319
心理性能训练 mental training 13,391
心理性动机 psychological motiv-

五画

主体文化 culture 477
主观状态 profile of mood state 174,384
主观选材 talent selection by psychology 9,14
主观咨询 psychological consultation 12,13
主观排演 mental rehearsal 9
主观疲劳 mental fatigue 10
主观健康模型 mental health model 383
主观倦怠 mental burnout 161
主观神经肌肉理论 mental-neuromuscle theory 418
主观紧张状态 mental-neuration 32
主观统觉测验 Thematic Apperception Test 502,535
主观性因素 subjective factors 301
主观努力水平 rate of perceived exertion 51
主观身体能力分量表 Perceived Physical Ability Scale 49
他人比较目标 compared with others goal 396
功利率 utility 543
功能性工效学 ergonomics 337
功能性年龄标志 functional age effect model 355
北美运动心理学春 North American Society for the Psychology of Sport and Physical Activity 4
卡特尔 16 项人格因素测验 Sixteen Personality Factor Questionnaire 502
卡特尔 16 项问卷测验 Cattell's 16 personality factors questionnaire 364

索　引

说明：1. 每一名词后所列之数字为该名词在本书中出现之页码。
2. 由英文字母起头的中文名词排在该英文名词之最后。
3. 同一索引名词而有两种或两种以上不同排法，除在正文及附加括号有所指明外，索引中均予以同样编列。

一、汉英条目

一画

一般性 consensus 70
一般因素 general factor 219
一般智力测验 general intelli-gence test 215
一致性 consistency 70

二画

二列相关 biserial correlation 541,546
二分变量 nominal dichotomous variables 547
二分名义变量 nominal dichotomous variables 547

三画

三类方程式 personal equation 287
人格 personality 362
人格测验 personality test 539
力量感 perception of strength 492
三维突变模型 three dimentional catastrophe model 118
三线松弛 three line relaxation 411
上限效应 ceiling effect 112
大肌肉活动 gross motor activ-ity 243

四画

干扰 interference 265
工效学 ergonomics 337
工具性攻击 instrumental aggres-sion 501
工作取向 task orientation 51
小肌肉活动 fine motor activity 243
不可缩的最少值 irreducible mini-mum 327
不现实的目标 unrealistic goal 395
中心周期 central period 291
中央凹 foveal 309
中枢延搁 center delay 294
中枢神经系统 central nervous system 168,458
五维突变模型 five dimentional catastrophe model 118
元分析 meta-analysis 423
内化方式 internalization method 59
内在动机 intrinsic motivation 34
内抑制 internal inhibition 260
内省测量 retrospective measures 113
内容效度 content validity 538
内部控制 internal control 71
内部一致性 internal consist-